ZHONGGUO GUDAI

ZHI TAO

GONGCHENG JISHU SHI

中国古代
制陶
工程技术史

李文杰 / 著

山西出版传媒集团
山西教育出版社

湖北枝江关庙山遗址大溪文化的彩陶及仿制品

1. 出土的彩陶：A，蛋壳彩陶圈足碗（T64 ⑤ AH102∶54）；B，蛋壳彩陶单耳环（T10 ④∶38）；C，彩陶豆（T51 ⑤ A∶192）；D，蛋壳彩陶圈足碗（T52 ⑤ AH43∶5）

2. 彩陶仿制品：A，蛋壳彩陶圈足碗（仿∶1）；B，蛋壳彩陶圈足碗（仿∶2）；C，蛋壳彩陶单耳杯（仿∶3）；D，彩陶豆（仿∶4）

出土的彩陶和彩绘陶

1. 庙底沟类型彩陶人头形器口瓶
（甘肃秦安大地湾）

2. 马家窑类型彩陶尖底瓶
（甘肃陇西吕家坪）

3. 陶寺文化彩绘陶盘（山西襄汾陶寺 M3072:6）

4. 西汉彩绘云纹陶壶（河南洛阳北郊烧沟汉墓）

唐代全绞胎器及仿制品

1. 全绞胎釉陶带盖盂
（陕西西安东郊韩森寨出土）

2. 全绞胎釉陶带盖盂仿制品（仿 :502，带盖）

3. 全绞胎釉陶带盖盂仿制品（仿 :502，不带盖）

4. 全绞胎釉陶盂仿制品（仿：498）

5. 全绞胎盂仿制品（仿：500，未施釉）

6. 全绞胎釉陶碗仿制品（仿：503）

唐代三彩器皿仿制品

1. 三彩珍珠纹罐（仿 : 508, 带盖）

2. 三彩珍珠纹罐（仿 : 508, 不带盖）

3. 三彩带纹罐（仿 : 509）

4. 三彩菱形纹罐（仿∶510）

5. 三彩盘（仿∶507）

6. 绞胎钵内壁试烧蓝釉（仿∶505）

大溪文化的夹蚌陶残片

1. 倒梯形鼎足（关庙山 T62 ⑤ A:63）

2. 罐形鼎（关庙山 T51 ⑤ A，左器身底部，右倒梯形鼎足，从底部脱落）

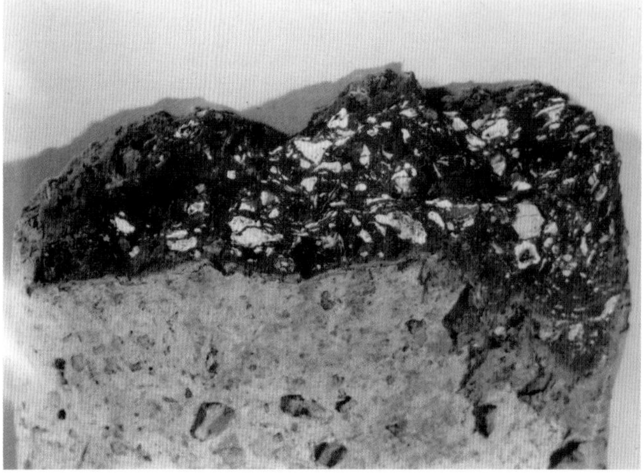

3. 罐口沿（关庙山 T51 ⑤ A:479）

4. 罐口沿（清水滩遗址采集）

5. 罐口沿（关庙山 T51 ⑤ A，上半块未经稀盐酸浸泡，下半块经稀盐酸浸泡）

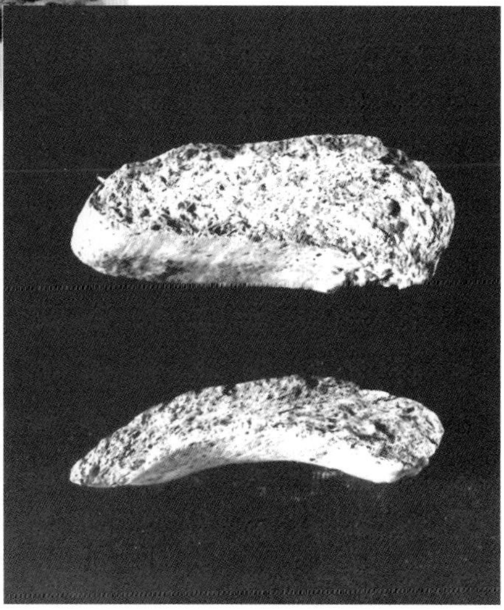

6. 罐口沿
（上：关庙山 T74 ④ C∶26，下：关庙山 T64 ④ B）

湖北枝江关庙山遗址出土大溪文化的陶器

1. 碗形豆圈足（T52 扩方③ G3:27，仰视）

2. 豆圈足（T66 ③ B:71，仰视）

3. 细颈壶底部（关庙山 T57 ③：156，俯视）

4. 彩陶罐外表涂刷红陶衣痕迹（T51 ③：462）

5. 平底杯下半身（关庙山 T53 ③：278，俯视）

6. 内卷沿圜底盆（T64 ⑤ AH102：119）

出土的陶器及仿制品

1. 仙人洞遗址第一期陶罐仿制品（仿 :188）

2. 镇江营遗址第一期陶釜仿制品（仿 :263）

3. 关庙山遗址大溪文化第二期彩陶罐仿制品（仿 :5）

4. 庙子沟遗址彩陶带响球器盖仿制品（仿 :329）

5. 大汶口文化红陶兽形器仿制品（仿：314）

6. 大汶口文化狗形鬶仿制品（仿：316）

7. 大河村遗址的尖底瓶（左：大口尖底瓶，右：小口尖底瓶，均为俯视）

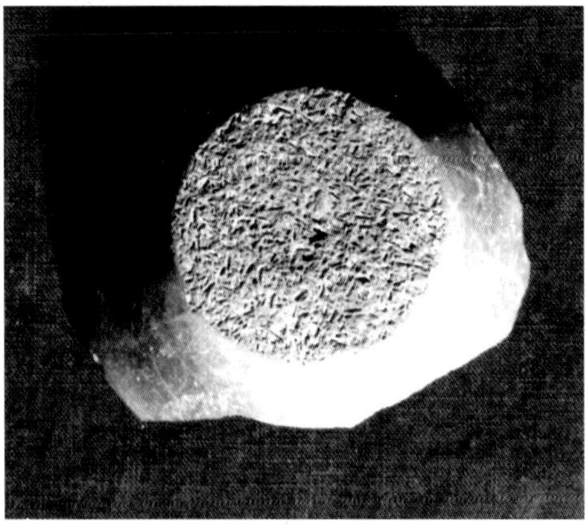

8. 垣曲古城东关遗址的陶罐底部（IVT110H84:3，仰视）

甘肃出土的马家窑文化彩陶

1. 马家窑类型瓮（永靖三坪）

2. 马家窑类型盆（榆中马家坬，俯视）

3. 马家窑类型盆（榆中马家坬，正视）

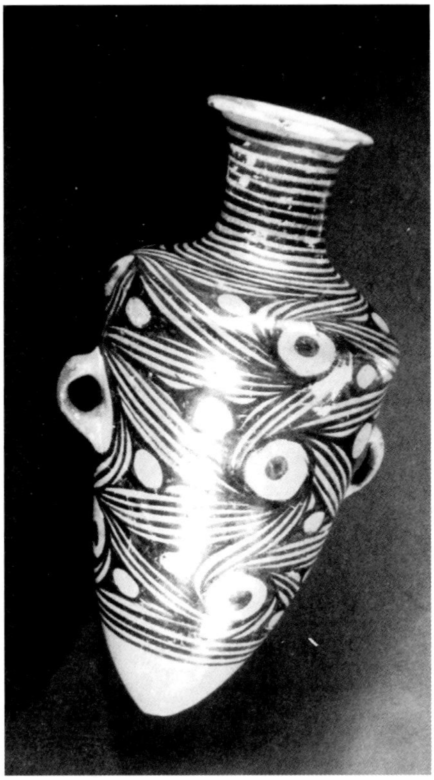

4. 马家窑类型尖底瓶（陇西吕家坪）

5. 马家窑类型瓶（兰州杏核台）

甘肃出土的马家窑文化彩陶

1. 半山类型壶（康乐边家林）

2. 半山类型壶（景泰张家台）

3. 半山类型瓮（广和地巴坪）

4. 半山类型瓮（广和地巴坪）

5. 半山类型壶（广和地巴坪）

6. 半山类型带流瓮（兰州关帝坪）

7. 马厂类型瓮（兰州土谷台）

陶器仿制品

1. 大汶口文化彩陶鼓仿制品（仿：169）

2. 仰韶文化彩陶鼓仿制品（仿：205）

3. 仰韶文化陶鼓仿制品（仿：178）

4. 陶寺文化陶鼓仿制品（仿：239）

5. 阳坬遗址陶鼓仿制品（仿：168）

6. 齐家文化双大耳罐仿制品（仿：262）

7. 兴隆洼文化敞口筒形罐仿制品（仿：333）

8. 庙底沟类型彩陶人头形器口瓶仿制品（仿：17）

9. 齐家文化双大耳尊仿制品（仿：241）

西藏拉萨曲贡遗址出土的陶器及仿制品

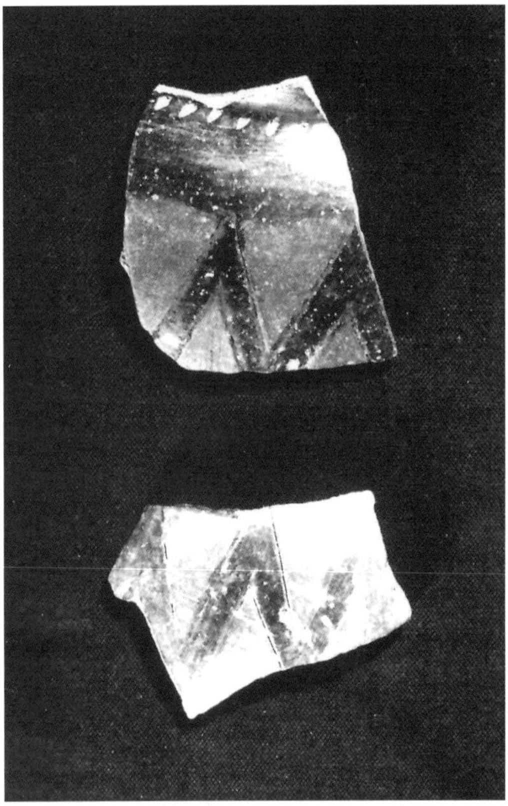

1. 曲贡扁圆腹单耳罐腹片
（上：H5，下：H7）

2. 曲贡扁圆腹单耳罐仿制品（仿：197）

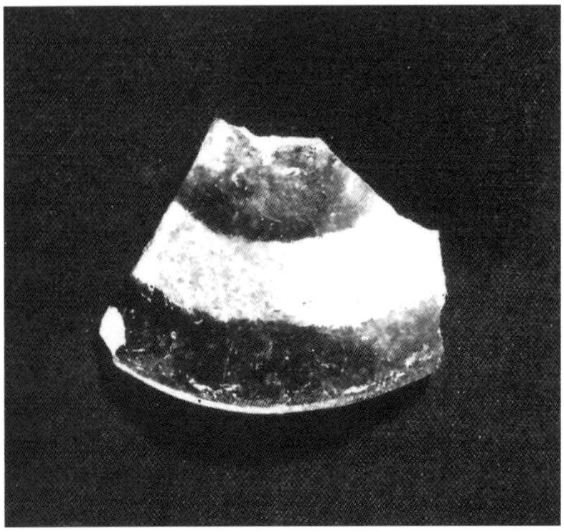

3. 曲贡豆圈足残片（H9）

4. 曲贡折腹单耳罐腹片（T123 ④）

5. 曲贡折腹单耳罐仿制品（仿：199）

6. 曲贡猴面贴饰（T103 ③：55）

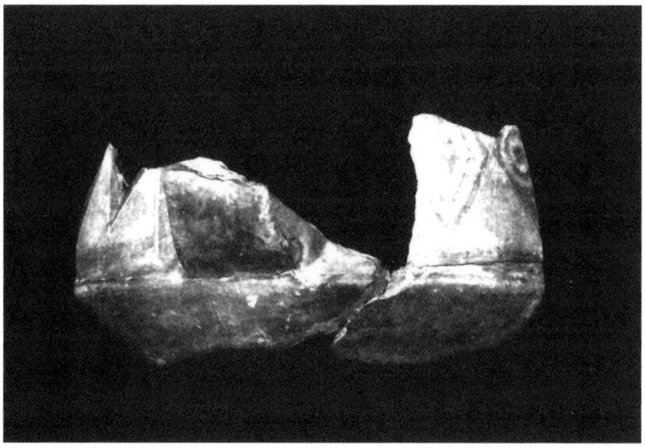

7. 曲贡折腹单耳圈足罐残器（T149 ③：182）

8. 曲贡折腹单耳圈足罐仿制品（仿：198）

9. 曲贡猴面贴饰仿制品（仿：201）

山西天马－曲村西周墓葬出土的陶鬲及仿制品

1. 天马－曲村联裆鬲仿制品
（仿 :458，俯视）

2. 天马－曲村联裆鬲仿制品
（仿 :458，正视）

3 天马－曲村联裆鬲仿制品
（仿 :458，仰视）

4. 天马－曲村平裆鬲仿制品
（仿：459，正视）

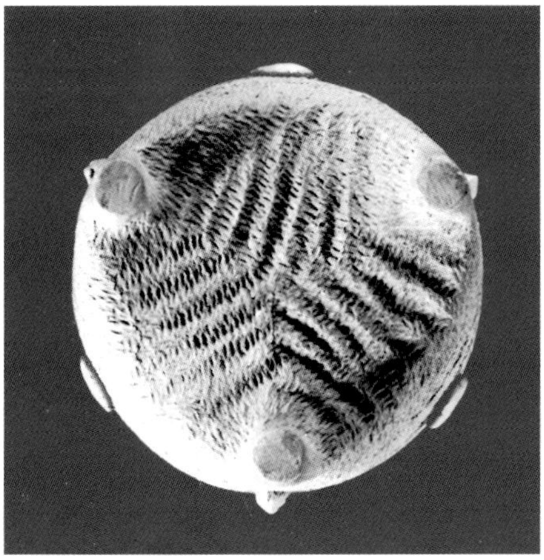

5. 天马－曲村平裆鬲仿制品
（仿：459，仰视）

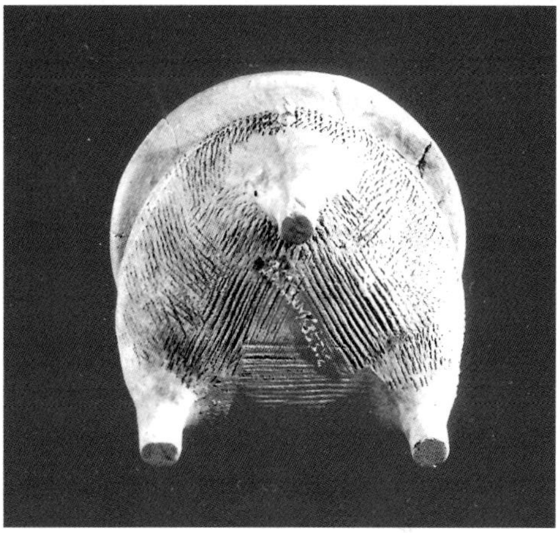

6. 天马－曲村平裆鬲
（M6353：2，仰视）

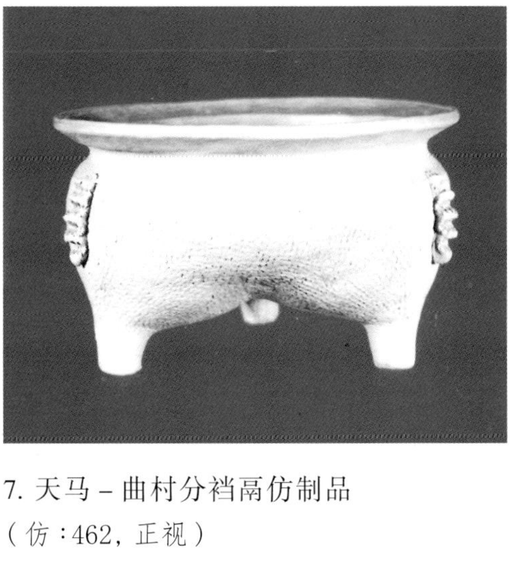

7. 天马－曲村分裆鬲仿制品
（仿：462，正视）

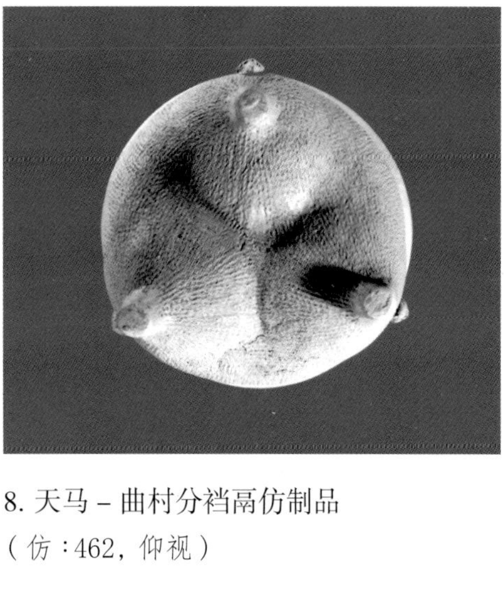

8. 天马－曲村分裆鬲仿制品
（仿：462，仰视）

山西平朔汉墓陶器的仿制品

1. 彩绘陶盒仿制品（仿：296，俯视）

2. 彩绘陶盒仿制品（仿：296，正视）

3. 彩绘陶壶仿制品（仿：291）

5. 彩绘陶钫仿制品（仿：331，俯视）

4. 陶井仿制品（仿：318）

6. 彩绘陶钫仿制品（仿：331，正视）

山西平朔汉墓陶器的仿制品

2. 圈足碗形熏炉仿制品（仿 :295，正视）

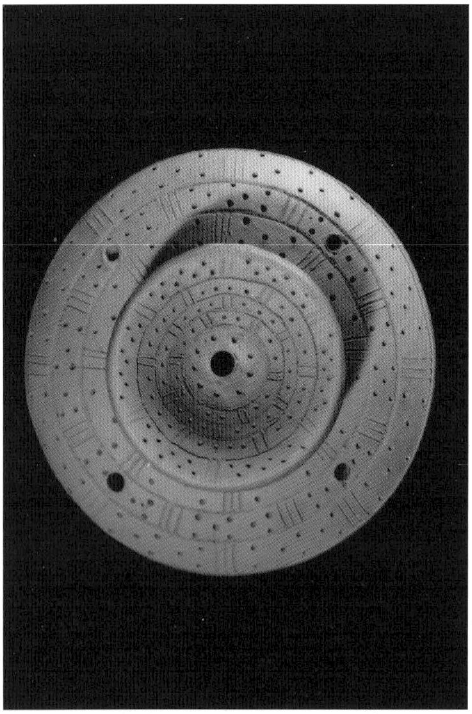

1. 圈足碗形熏炉仿制品（仿 :295，俯视）

3. 彩绘陶鸭形熏炉仿制品
（仿 :290，俯视）

4. 彩绘陶鸭形熏炉仿制品
（仿:290，正视）

5. 博山盖豆形熏炉仿制品
（仿:313，俯视）

6. 博山盖豆形熏炉仿制品
（仿:313，正视）

总　序

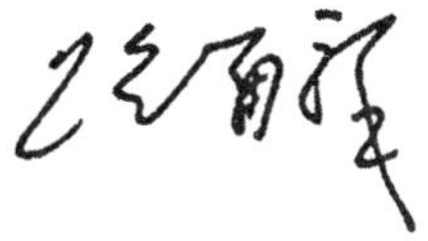

“工程技术”活动是人类最为基本的社会实践之一。现代工程技术主要表现为以科学发现引导技术创新，并应用于生产；又围绕生产过程对技术实行集成，并以理论的形态，形成诸多独立的学科，起到联结科学与生产的桥梁作用。工程技术是在人类利用和改造自然的实践过程中逐渐产生并发展起来的。在古代，人们只有有限且不太系统的科学知识；科学与生产的联系也不像今天这样直接和紧密。古代工程技术，主要表现为累积了世代经验的生产手段和方法，这些手段和方法，有的经过了一定的总结和概括，有的就蕴含于生产过程之中。当然，由于目的及所采用的手段和方法的不同，古代工程技术也形成了许多门类。就中国古代工程技术而言，最为主要的有以下内容：采矿技术、冶铸技术、机械技术、建筑技术、水利技术、纺织和印染技术、造纸和印刷技术、陶瓷技术、军事技术、日用化工技术等。这些门类，也就是《中国古代工程技术史大系》所要包括的内容。

在科学技术突飞猛进的现代，来研究中国古代工程技术史，我觉得不能不思考三个问题，一是中国古代工程技术发展的特点或规律，二是中国古代工程技术实践的历史意义，三是中国古代工程技术实践的现实价值。我是学现代工程技术的，近些年因工作关系，与科学史界有较多接触，这次《中国古代工程技术史大系》编委会要我担任主编，也促使我有意识地对这些问题进行了思考，借此机会，谨将一些初步的认识梳理罗列于下，以与海内外科学史界的朋友交流、讨论。

（1）中国古代工程技术发展的主要特点

根植于中华农业文明，发展进程具有连续性、渐进性和相对独立性。

国家因素起着重大作用，具有强大组织功能的中央集权制国家机器推动产生了一系列规模宏大的工程技术实践。

独特的环境、独特的资源和独特的历史，孕育了诸多独特的发明创造。

辽阔与各具特点的地域，既孕育了丰富多样的技术成果，也导致了技术发展的地区差异。

（2）中国古代工程技术实践的历史意义

与中国古代农业技术相结合，共同构成了中华农业文明体系的技术基础。

以富有特色的大量发明创造，形成了世界古代工程技术的独特体系。

以一系列独具匠心的发明，对人类文明进步和近代世界发展做出了贡献。

凝聚了中国古代对于自然以及人与自然关系的丰富而独到的认识。

（3）中国古代工程技术实践的现实价值

当前我们正面临一个全球化的时代，现代化和全球化不能以失落传统为代价，未来世界应当是一个高度发达，同时又保有多样文化传统的多彩世界，中国古代工程技术实践的成果结晶既是中华民族文化传统的有机组成部分，也是人类科学技术传统的重要组成部分。

基于“敬于悯人”的意识，中国先贤一直以“顺天而动”“因时制宜”“乘势利导”“节约民力”为工程技术活动的重要原则，由于多种因素的交互作用，既有成功，也有失败，这部“悲欣交集”的历史长卷，对于今天的工程技术实践乃至整个人类的活动，仍有丰富的启迪意义。历史的经验和教训从来都是一笔宝贵的财富，后来者要善于以史为鉴、服务当今、创造未来。

以上诸点，只是粗线条的概括性认识。我相信，本书各卷的撰著者，必然都从各自的领域和角度对这些问题进行了深入的思考，并以大量的资料进行论证，从而得出自己独立的见解，为读者展现出丰富而生动的学术成果。

中国科技史研究以往存在重数理而轻技术的现象，我希望这次通过编纂《中国古代工程技术史大系》，能够集中全国各方面专家学者的力量，对中国古代工程技术实践进行系统的整理和研究，力求科学地理解中国古代工程技术发展的历史，并对以往有关中国古代工程技术史的研究进行一次总结。

序

在人类早期历史中，制陶技术的发明及其发展具有极为重要的意义，因而一直受到考古学、历史学、人类学以及化学、工艺、技术史等方面相关研究人员的重视。

制陶研究，60 年代以前研究基础是相当薄弱的。1964 年，中国科学院上海硅酸盐研究所的周仁先生等，在《考古学报》1964 年第 1 期上发表的《我国黄河流域新石器时代和殷周时代制陶工艺的科学总结》，可称得上是真正开始了我国古代制陶工艺技术的研究。在此后 30 年左右的时间内，由此开创的系统研究道路，主要是在制瓷工艺方面的研究；对于制陶工艺研究方面，绝少有人涉足。直到 20 世纪 90 年代，李文杰先生出版了《中国古代制陶工艺研究》（科学出版社，1996 年）一书，总结了他自 80 年代以来对古代陶器制作技术的研究心得，用大量的实例得出的研究结论，才使我国古代制陶技术的研究有了一个研究方法的框架。

正是在这样的研究方法和观察、分析经验的基础上，李文杰先生在以后十余年时间里，又经过大量的个案研究，集中力量将所有研究成果编纂成书，完成了这部《中国古代制陶工程技术史》。

李文杰先生是研究我国古代制陶工艺知识渊博、掌握各地发现的具体材料极多的一位学者，他的这部著作，反映了这方面的水平，具有很高的学术价值。具体而言，这部著作有以下的几大特点。

一、具有人文学科和自然科学相互渗透的特点，是考古学、物理学、化学、制陶工艺学等学科门类的综合研究成果。这在写作的体系上就能表现出来。例如本书是以时代先后为章，每章之内又以工艺流程的内容来分节，既按照历史时代的顺序来阐述其工艺技术进步过程，在每个特定历史时期内，又仔细地说明其技术变化状况。全书就以这样的体例，相当全面和系统地反映了我国自新石器时代至宋元明清的制陶技术发展史。

二、全书所用材料，几乎都是通过亲身观察实物后得到的结果，因而其采用资料具有很强的科学性。

在这方面，首先是所有资料全部来自考古发掘，其时代及文化性质完全可靠。其次，作者尽十余年之力，仔细观察了各地所出成千上万件古代陶器，依靠这些陶器在制作过程中遗留在器物上的痕迹，作为说明工艺技术的直接证据，可靠性极大。同时，作者还做了大量的模拟实验，用此结果来验证观察过程中所得到的结论。此书并将这些研究成果绘制出模拟制陶工艺流程图，把研究成果表达得很清晰。

正是采用了这样一套研究方法，此书中根据模拟实验结果，说明唐代的全绞胎釉陶和半绞胎釉陶是用模制法制作出来的，而并非像过去认识的那样，是轮制而成。这个例子，可以说明全书中有关制陶工艺进步过程的认识，都不是随意的推测，而是在理性思考和模拟实验相结合的基础上达到的。

三、本书既从技术史的角度说明了我国古代制陶技术的发展过程，在许多方面，又把制陶技术的进步和社会因素的变动联系起来。这样，本书就不仅是一本技术史，而且还是一本很好的文化史。

我国地域辽阔，文化发达，古代陶器的数量之多，不可胜数，撰写者自然难以对所有材料都做仔细的直接观察和模拟实验。但本书作者在利用其他学者的研究成果时，都一一注明了来源。例如，夏家店下层文化的彩绘陶、秦始皇陵的兵马俑、唐三彩等有关资料来自于相关研究成果。这说明作者极为尊重他人的研究成果，学术作风良好。

总起来说，本书是作者在20余年的专门研究基础上，实事求是地完成的，反映了当前我国制陶工艺研究的最新成就，对进一步提高我国古代制陶工艺技术的研究，将会起到很好的促进作用。

中国历史博物馆教授　俞伟超

2001年9月17日

目 录

前　言

中国古代历史悠久，如果以生产工具作为划分时代的标准，则可以分为旧石器时代、新石器时代、铜石并用时代、青铜时代、铁器时代。旧石器时代只有打制石器。新石器时代除了打制石器外，又出现了磨制石器，新石器时代可分早、中、晚三期。铜石并用时代除了石器外，又出现了铜器，但以石器为主，目前发现铜器的遗址和数量不多，如山西襄汾县陶寺遗址出土一件铜铃，属于红铜；甘肃武威市皇娘娘台遗址出土小铜刀六件，也属于红铜，铜石并用时代可分早晚两期。青铜时代从夏代至周代。战国时期出现了铁器，从秦汉开始进入了铁器时代。

什么叫考古学文化？考古学文化是历史上的人们共同体在生产、生活、军事、宗教等活动中所遗留下来的遗迹、遗物的总称，由于时代的不同，地区的差异，形成了许多个不同特征的考古学文化；而隐藏在不同的考古学文化背后，实际上存在着不同的人们共同体。人们共同体系指部落或者部落联盟等组织。作为一个考古学文化必须有一群具有共同特征的典型遗迹、遗物，可以明显地与其他考古学文化区别开来。考古学文化以最先发现的地点来命名，例如仰韶文化以河南渑池县仰韶村来命名，龙山文化以山东章丘市龙山镇来命名，大溪文化以四川巫山县大溪遗址来命名。先民遗留下来的文化遗存包括遗迹、遗物两大类。遗迹如房屋、窖穴、陶窑、墓葬等。遗物如陶器、瓷器、石器、骨器、铜器、铁器等。遗物中以陶器出土数量最多，因为陶器是人们的日常生活用具。陶器具有以下特点：一是容易制造；二是容易破碎；三是容易更新换代，新的制法、新的造型、新的花纹装饰都会在陶器上反映出来，因此陶器是时代特征、文化特征最明显的器物，区分考古学文化往往以陶器群的特征为标准；四是陶器容易保存下来，因为陶器经过烧制，已经陶化，具有一定的耐腐蚀性，即使破碎了，碎片还可以粘对在一起，复原成完整的器物。

中国的制陶技术具有一万五千多年的历史，纵向观察各时代的制陶技术，既有连续性，又有阶段性；横向观察各地区的制陶技术，既有共同点，又存在差异，因此阅读《中国古代制陶工程技术史》，首先会遇到制陶技术的分期和类型问题，下面简要地介绍中国古代制陶技术的分期和类型。

一、中国古代制陶技术的分期

中国古代制陶技术史可分 12 个时期（表前 -1）。分期的依据有两个：一是制陶技术的发展水平和各种新技术的出现，例如新原料（高岭土、滑石黏土）、新工具（慢轮、快轮）、新技术（慢轮修整、快轮拉坯、内模制法、外模制法）、新工艺（渗碳、还原烧成、施釉）、新窑炉（半倒焰窑、平焰窑）的出现在分期上具有重要意义，尤其是坯体的成型工艺在分期上占有举足轻重的地位；二是考古学文化上发生的变化，例如庙底沟二期文化在黄河中游地区具有由手制技术向轮制技术过渡、由氧化烧成工艺向还原烧成工艺过渡、由仰韶文化向龙山文化过渡的性质，在分期上具有重要意义。

表前－1　中国古代制陶技术的分期和类型表

年代	分期		北方类型：甘青文化区	北方类型：中原文化区	北方类型：山东文化区	北方类型：燕辽文化区	南方类型：长江中游文化区	南方类型：江浙文化区	南方类型：华南文北区
公元前12000—7000	新石器时代	早期		虎头梁、南庄头、转年			仙人洞		庙岩、玉蟾岩、鲤鱼嘴、甑皮岩
7000—5000	新石器时代	中期		老官台、贾湖、裴李岗、磁山	后李	兴隆洼	彭头山、皂市下层		
5000—3000	新石器时代	晚期		师赵村一期、仰韶	北辛、大汶口	赵宝沟、红山	城背溪、大溪	马家浜、崧泽、河姆渡	
3000—2000	铜石并用时代	早期	马家窑	庙底沟二期	大汶口	小河沿	屈家岭	良渚	
	铜石并用时代	晚期	菜园、齐家	陶寺、河南龙山	山东龙山		石家河	良渚	
2000—1000	夏商								
1000—	西周、春秋								
	战国、秦								
公元	汉								
	三国～隋								
1000	唐								
	五代～清								

（一）新石器时代早期的制陶技术

新石器时代早期（公元前13000—前7000年）的遗址有：广西桂林市庙岩，湖南道县玉蟾岩，江西万年县仙人洞、吊桶环，广西柳州市大龙潭（鲤鱼嘴），河北阳原县虎头梁（于家沟），河北徐水县南庄头，北京市怀柔区转年、门头沟区东胡林，广西桂林市甑皮岩、临桂县大岩，广东英德市牛栏洞等10余处。这些遗址都有陶器出土。

从总体上看，此期陶器相当原始，从原料选择、坯体成型，到烧制，都显示了这一特点。但值得注意的是，今日所见早期陶器也达到了一定的技术水平。如玉蟾岩遗址出土的陶釜，陶胎中的羼和料既有磨圆磨光的自然河沙，又有人工砸碎的有棱角的石英颗粒，这表明该遗址的陶器不是最原始的刚发明的陶器，制陶技术已经越过"就地取土"的阶段，进入"就地选土"的阶段，因为就地取来的土中不会有人工砸碎的有棱角的石英颗粒，在此之前应当还有更加原始的陶器。

坯体的成型方法均为手制，有泥片贴筑法、泥条筑成法两种，如甑皮岩遗址出土的陶罐，采用泥片贴筑法成型，从底部开始贴筑到口部。据此推测，当时采用垫树叶制陶的方法，以树叶作为坯体与地面之间的隔离层，防止粘连。

值得注意的是，南方诸遗址的陶器以圜底器（外底呈球面状）为特征，北方诸遗址的陶器以平底器为特征，器物形制特征的差异表明，中国早期陶器的起源是多元的，存在着南北两个独立的起源中心。

早期陶器烧制工艺的特点是：烧成温度低，颜色不均匀，陶质松软，容易破碎。如甑皮岩遗址出土的陶片经过测定，烧成温度只有680℃±20℃。推测先出现平地露天烧制的陶器，这是无窑烧制，后出现平地封泥烧制的陶器，这是从无窑烧制向有窑烧制过渡的形式，二者合称为平地堆烧。

仙人洞的制陶者在坯体上施加各种纹饰，还在烧制后的陶器上涂朱砂，这表明纯粹出于审美需要的装饰工艺已初步形成。

（二）新石器时代中期的制陶技术

新石器时代中期（公元前7000—前5000年）的文化遗存有城背溪文化、贾湖文化、老官台文化（大地湾文化）、彭头山文化、高庙文化、皂市下层文化、裴李岗文化、磁山文化、兴隆洼文化、后李文化、镇江营一期文化等。城背溪文化可以作为长江中游地区新石器时代中期的代表，贾湖文化可以作为中原地区新石器时代中期的代表。此期制陶技术中值得注意的几点：

一是湖南境内的高庙文化、皂市下层文化和湖北境内的城背溪文化都出现了白陶，其原料有两种：一种是高铝质耐火黏土（高岭土），另一种是高镁质易熔黏土（滑石黏土）。

二是制陶者以木板垫在地上，在垫板上采用泥片贴筑法和泥条筑成法成型。有了垫板，人可以原地不动，用手转动垫板，坯体就会随着转动，垫板已经是一种制陶工具。由于垫板没有轴，转动时不平稳，若干坯体出现歪斜现象，如贾湖遗址出土的罐形壶。

三是到新石器时代中期的最后阶段出现了慢轮装置。制陶者发现用石凿在垫板下面中央凿一个圆洞，在地上栽一根木桩，再将垫板置于木桩上，用手拨动垫板就会旋转，垫板与木桩变成最原始的慢轮装置，垫板变成轮盘，木桩变成车桩。后来制陶者发现这种慢轮旋转时很不平稳，于是在轮盘下面中央装一个轴筒，这样慢轮旋转时就比较平稳了。起先是直接在木质轮盘上制陶，后来发现木质轮盘怕水，于是专门烧制了陶转盘，将它扣放在木质轮盘上，作为坯体与木质轮盘之间的隔离层，在陶转盘的小平顶上面制陶。属于贾湖文化晚期的大岗遗址出土了帽式陶转盘，还出土了经过慢轮修整、留有细密轮纹的陶盆。

四是出现了彩陶，尤其是大岗遗址彩陶罐外表的红彩平行条纹，是利用慢轮边旋转边绘制而成的，这是中国境内目前所发现年代最早的轮绘制成的彩陶。

五是贾湖文化和裴李岗文化都出现了陶窑，例如贾湖遗址有坑穴形窑和横穴形窑，完成了由平地堆烧向有窑烧成的过渡。陶窑处于地面以下，有利于窑内保温，因而提高了陶器的烧成温度，如贾湖遗址两块质地较硬的陶片经过测定，烧成温度分别为920℃和960℃。

（三）新石器时代晚期的制陶技术

新石器时代晚期（公元前5000—前3000年）的文化遗存有北辛文化、大汶口文化、师赵村一期文化（相当于北首岭下层类型）、半坡文化、庙底沟文化、汤家岗文化、咸头岭文化、大溪文化、河姆渡文化、马家浜文化、崧泽文化、赵宝沟文化、红山文化等。考古界将新石器时代晚期称为“仰韶时代”。

大溪文化、河姆渡文化都有大量夹炭陶，以炭化稻壳作为羼和料。大溪文化还有一定数量的夹蚌陶，以蚌壳碎片或螺壳碎片作为羼和料。

湖南盛产高铝质耐火黏土和高镁质易熔黏土，二者的共同点是氧化铁含量低，因此，制成的陶器都呈现白色，有利的自然资源使湖南成为白陶制作工艺的中心和发祥地。白陶的装饰工艺复杂，如汤家岗遗址出土的白陶圈足盘，装饰篦点纹，呈现八角纹图案。湖南白陶制作工艺的影响范围很广，北至陕西南郑县龙岗寺遗址的仰韶文化，南至广东深圳市咸头岭遗址的咸头岭文化，东至浙江桐乡县罗家角遗址的马家浜文化。

此期普遍流行慢轮制陶，泥条筑成法取代了泥片贴筑法。制陶者逐渐改进慢轮的结构，提高慢轮的转速，终于在新石器时代晚期的最后阶段出现了快轮制陶。快轮制陶简称轮制，系指利用轮盘快速旋转所产生的离心力和惯性力，将置于轮盘中央、陶转盘的小平顶之上的泥料直接提拉成所需形状的坯体而言。现有资料表明，在中国境内，快轮制陶的起源是多元的，起源于三个地区及文化：一个是黄河下游地区的大汶口文化中期偏晚，如山东曲阜市西夏侯遗址下层墓、上层墓；另一个是长江中游地区的大溪文化晚期，如湖北枝江市关庙山遗址大溪文化第四期；还有一个是长江下游地区的崧泽文化晚期，如上海市青浦县崧泽遗址中层墓葬第三期和青浦县福泉山遗址灰黑土层。上述西夏侯遗址没有测定过^{14}C年代数据，其余遗址经过^{14}C年代测定，最早的为公元前3606—前3142年，最晚的为公元前3360—前2944年。快轮是新石器时代晚期最先进的一种生产工具，快轮的使用明显地提高了制陶手工业的劳动生产率，并对后世的陶瓷生产具有深远的影响。

彩陶制作工艺迅速发展，黄河中游地区庙底沟文化彩陶最典型的图案是凹边三角纹，其影响范围很广，大溪文化的筒形瓶上也有这种图案，这是南北地区之间文化交流的反映。大溪文化的薄胎彩陶（又称蛋壳彩陶）是稀有的艺术珍品。

横穴式升焰窑的改进表现在燃烧室与烧成室已经分离，如西安市半坡遗址半坡文化的陶窑，火膛在前方，窑室在后方，由火道和火眼使两部分相通。陶窑的改进使陶器烧成温度的上限达到1 000℃左右。仰韶时代氧化烧成工艺达到高峰，因此陶器以红色为主。

（四）铜石并用时代早期的制陶技术

铜石并用时代早期（公元前3000—前2500年）的文化遗存有马家窑文化、菜园文化、庙底沟二期文化、屈家岭文化等。铜石并用时代早期是从“仰韶时代”向“龙山时代”过渡的时期，表现在两方面：一是由手制技术向轮制技术过渡；二是由氧化烧成工艺向还原烧成工艺过渡。但在山东地区未见明显的过渡阶段。

此期有羼和料的陶器逐渐统一于夹砂陶，南方地区的夹炭陶和夹蚌陶已经基本退出历史舞台。

长江中游地区的屈家岭文化，在快轮制陶技术方面走在前列；黄河中游地区的庙底沟二期文化刚开始出现少量轮制陶器，可见快轮制陶技术的发展是不平衡的。然而庙底沟二期文化首创模制法，这是一种新的成型方法，用陶质内模制作斝的袋足，如山西垣曲县古城东关遗址庙底沟二期文化的斝。

黄河上游地区马家窑文化的彩陶制作工艺高度发达，尤其是半山类型的彩陶制作工艺达到最高峰。

庙底沟二期文化的制陶者经常利用竖穴式升焰窑进行还原烧成，烧制出灰陶或灰褐陶，这是烧制工艺上的一项创新。如山西垣曲县古城宁家坡遗址庙底沟二期文化的两座陶窑，既可烧氧化焰，又可烧还原焰。另外，屈家岭文化晚期的制陶者已能采用强还原气氛烧制灰陶。

（五）铜石并用时代晚期的制陶技术

铜石并用时代晚期（公元前2500—前2070年）的文化遗存有陶寺文化、河南龙山文化、山东龙山文化、石家河文化、良渚文化、客省庄二期文化、齐家文化等。考古界将铜石并用时代晚期称为“龙山时代”。

在黄河中下游地区和长江中下游地区普遍呈现出快轮制陶技术的第一次高潮，山东沿海地区成为轮制技术最发达的地区。如山东龙山文化晚期的鬶和甗，三个袋足分别轮制，是倒着拉坯成型的。薄胎高柄杯（又称蛋壳黑陶高柄杯），代表了山东龙山文化轮制技术的最高水平，在轮制技术史上是空前绝后的。

黄河中游地区成为内模制法最流行的地区，例如山西襄汾县陶寺遗址陶寺文化的肥足鬲代表了内模制法的最高水平。

彩陶工艺走向衰落，彩绘陶工艺有所发展，如陶寺墓地出土的彩绘龙盘，在经过渗碳的黑衣陶上用朱砂绘成龙纹图案。

竖穴式升焰窑得到发展，出现双层窑箅的陶窑和垒叠装窑的方法。由于还原烧成工艺的普及和成熟，烧制出大批颜色纯正的灰陶。山东沿海地区成为渗碳工艺最发达的地区，蛋壳黑陶高柄杯渗碳透彻，漆黑光亮，代表了渗碳工艺的最高水平。渗碳是将微小的碳粒渗入陶胎的孔隙之内，将孔隙堵塞，可以防止盛在黑陶容器内的液体往外渗漏，可见渗碳工艺的成就不仅使器表更加美观，而且具有实用意义。

（六）夏商时代的制陶技术

夏代（公元前2070—前1600年）、商代前期（公元前1600—前1300年）、商代后期（公元前1300—前1046年），共经历了一千多年。从夏代开始进入奴隶社会。夏商时代的文化中心在河南，典型的文化遗存有偃师二里头、偃师商城、郑州商城、安阳殷墟。此外还有河南渑池县郑窑遗址、内蒙古赤峰市敖汉旗大甸子夏家店下层文化墓地、山西垣曲商城、湖北黄陂盘龙城及江西等地的印纹硬陶。

夏商时代的快轮制陶技术明显倒退，进入了低潮阶段，慢轮制陶、泥条筑成法重新上升到主要地位，如郑窑遗址的陶器内壁有明显的泥条痕迹。模制的陶鬲得到发展，如二里头遗址的鬲，三个袋足分别模制，拼接成下半身，上半身为手制，然后上半身与下半身接合在一起成为鬲。

夏代出现印纹硬陶，商代出现原始瓷，制陶技术开始向制瓷技术过渡，整个过渡时期从夏代延续至汉代，长达二千多年。印纹硬陶是有拍印或滚印的纹饰、质地坚硬的陶器，如福建闽侯黄土仑遗址出土的商代印纹硬陶豆，拍印雷纹。

商代出现平焰窑和半倒焰窑。平焰窑俗称龙窑，如江西清江县（今樟树市）吴城的商代平焰窑，呈长条状，窑炉一侧有九个投柴口，将燃烧室分散开来，使窑室内各部位的坯体均匀受热。浙江上虞县李家山的商代平焰窑也呈长条状，窑底倾斜16°，因此对空气的抽力较大，升温速度较快。平焰窑容易维持还原气氛，有利于提高陶器的质量。

彩绘陶工艺迅速发展，如大甸子夏家店下层文化墓地处于夏商之际，出土彩绘陶420件，约占随葬陶器总数（1683件）的25%，彩绘陶成为当时最重要的明器（又称冥器）。

（七）西周、春秋时代的制陶技术

西周（公元前1046—前771年）和春秋（公元前770—前476年）时代仍属奴隶社会。文化遗存有陕西长安县张家坡西周墓地，山西曲沃县、翼城县天马—曲村居址和墓葬，山西侯马市上马墓地以及江西等地的印纹硬陶。西周王朝的文王建丰邑，武王建镐京，张家坡墓地是丰镐遗址内的墓地。天马—曲村是早期晋都所在地，上马墓地是晚期晋都的墓地。

坯体的成型仍以泥条筑成法为主，例如天马—曲村居址出土的陶罐，内壁有泥条痕迹。张家坡西周墓地出土的陶鬲均为手制。上马墓地出土的联裆鬲内壁有泥条痕迹，成型方法是先倒筑泥筒，后合拢成裆。手制联裆鬲的发明者是夏族，沿用者是商族和先周，大力推广者是周族，使手制陶鬲成为周代最有代表性的器物，上马墓地出土陶鬲877件，占随葬陶器总数（965件）的90.88%。

快轮制陶技术仍处于低潮，天马—曲村居址出土少量春秋晚期轮制的细柄豆。

印纹硬陶流行于西周，如江苏句容县浮山果园西周墓出土的印纹硬陶罈，器表拍印方格纹；印纹硬陶瓿，器表拍印曲折纹。

半倒焰窑基本定型，如天马—曲村春秋中期的半倒焰式馒头窑，由窑门、火膛、窑床、完全封闭的窑顶、后壁的垂直竖烟道组成。半倒焰窑容易维持还原气氛，因而用它烧制的陶器，其质量明显地高于升焰窑烧制的陶器。

（八）战国、秦代的制陶技术

从战国（公元前475—前221年）开始进入封建社会。秦始皇以武力兼并了韩、赵、魏、楚、燕、齐六国，结束了封建诸侯割据的历史，建立了统一的封建制国家秦帝国即秦代（公元前221—前207年）。战国、秦代的文化遗存有陕西西安市半坡遗址的秦国墓葬、河南渑池县班村遗址的战国墓葬、湖北云梦县睡虎地的秦墓、秦都咸阳第一号宫殿建筑遗址、陕西临潼县秦代兵马俑坑、江西等地的印纹硬陶。

在秦始皇陵东侧发掘了秦代兵马俑坑三处，是秦始皇陵园建筑的一部分，共出土陶俑1179件，陶马132匹，陶艺获得了惊人的发展。兵马俑一般为两层胎，内层为夹砂陶，外层为泥质陶，两层胎的优点是既坚固又美观，这是用料方式上的创新。一般采用泥条筑成法和外模制法成型，如陶俑躯干的内壁有泥条痕迹，俑头为前后合模成型；陶马的躯干、马头由许多块泥片斗合而成，马腿应为左右合模成型。兵马俑是彩绘陶，烧制后绘红、绿、紫、蓝、黄、白、黑、赭等色。

空心砖是大型建筑用陶，起源于战国时期的秦国，后来其它地方也制造，如河南新郑市郑韩故城战国晚期的空心砖，采用泥板逐块拼接法成型，属于模制法范畴。瓦当采用外模制法成型。

南方的平焰窑和北方的半地下式半倒焰窑都得到发展。

（九）汉代的制陶技术

汉代包括西汉（公元前206—公元25年）和东汉（公元25—220年）两个时期，是封建社会逐步走向兴盛的时期，文化遗存有河南洛阳烧沟汉墓、山西平朔汉墓、西安市汉长安城窑址等。

此时制陶业已成为一种商品生产，市场的需求促使快轮制陶技术呈现出第二次高潮，其规模远远超过铜石并用时代晚期的第一次高潮。

外模制法基本上取代了内模制法，而且已达到部件标准化的程度，内模制法只见于瓦的制作。

彩绘陶成为汉代装饰工艺的显著特征，如洛阳烧沟汉墓出土的彩绘龙纹陶壶。平朔汉墓出土的彩绘陶达800余件，约占陶器总数（12000余件）的6%，色彩有白、黑、灰、红、黄、绿、蓝七种。

西汉出现了低温铅釉陶，如河南三门峡市出土的汉代绿釉鸮尊，陕西宝鸡市谭家村四号汉墓出土的西汉晚期褐红釉加彩壶。低温铅釉以铅的氧化物作为助熔剂，以铜作为着色元素，在氧化气氛中一次烧成，烧成温度为900℃左右。

半倒焰窑有明显改进，如汉长安城的陶窑，在窑室内设有隔火墙和分火道隔墙，在窑壁与窑床相接处，设有三个进烟口，这些措施使窑室内各部位的温度分布均匀，防止局部出现生烧或过烧的现象，从而提高了陶器的成品合格率和质量。

（十）北魏的制陶技术

北魏（公元386—534年）的制陶技术过去报道甚少。拓跋鲜卑是鲜卑族的一部，公元398～494年曾以山西大同作为北魏的都城，大同南郊北魏墓群是拓跋鲜卑在此期间的文化遗存。考古工作者在这里发掘墓葬167座，共出土陶器754件，其中普通陶器占93.37%，低温铅釉陶占6.63%。

鲜卑族制陶所用的陶轮装置以慢轮为主，快轮为辅。使用慢轮时，在器底与轮盘之间一般不设置隔离层，直接在轮盘上面制作坯体，在泥料含水量较低的条件下，器底产生慢轮装置的印痕，包括车筒榫头及木楔印痕、轮盘圆心定位点印痕、轮盘木板印痕，这些印痕为复原北魏慢轮装置提供了依据。

普遍装饰暗纹是北魏陶器的民族特色，在682件手制普通陶器中，装饰暗纹的有419件，占61.44%。

有些陶器外表刻划着汉字，其中有别字，这表明鲜卑族陶工在学习汉族制陶技术的同时也学习汉族的文化，这是民族融合的反映。

北魏釉陶的釉色呈酱色或酱黄色的占95.92%，这些釉陶是以铁作为着色元素；呈偏绿色或青绿色的占4.08%，这些釉陶是以铜作为着色元素。釉陶的烧成方法有两种：一种是一次烧成法，直接在坯体上施釉，然后烧制；另一种是二次烧成法，第一次先将坯体进行素烧，估计素烧温度约1000℃，第二次在素胎上施釉，再进行釉烧，估计釉烧温度约900℃—950℃。鲜卑族首创低温铅釉陶的二次烧成法，对后世低温铅釉陶的烧制工艺具有深远的影响。

（十一）唐代三彩器的制陶技术

唐代（公元618—907年）是封建社会的鼎盛时期。唐代的文化遗存有陕西、河南两省，尤其是西安、洛阳两个地区的唐墓，河南巩义市黄冶唐三彩窑，陕西铜川市唐代黄堡窑址等。三彩器是唐代最具代表性的陶制品。

唐三彩大部分以高岭土作为制胎的原料，也有一部分以红黏土作为制胎的原料，后者表面施白色化妆土。

坯体的成型方法有模制、轮制、轮制与模制兼用、雕塑四种，其中绞胎模制法是唐代陶瓷工匠的独特创新。在唐代黄堡窑址内发现三彩作坊一座，由七孔窑洞组成，快轮装置是窑洞内最重要的设备，根据有关资料，可将快轮装置复原。

坯体上的装饰方法有旋划、刻划、戳印、模印、模贴五种，其中以模贴装饰效果最佳。

汉代和北魏的低温铅釉陶在同一件器物上只用单色釉（绿釉或黄釉），唐三彩的显著特征是集多色釉于一身，有黄釉、绿釉、白釉、蓝釉，其中以黄、绿、白为主要呈色，故称为“唐三彩”，蓝釉是唐代陶瓷工匠新发明的。在素烧后的素胎上施釉的方法有点绘、线绘、填釉、涂釉四种。“搅釉”是独特的施釉方法。

唐三彩都采用二次烧成法：第一次为素烧，在大型半倒焰窑内进行，素烧温度为1150℃；第二次为釉烧，在小型半倒焰窑内进行，釉烧温度为950℃，在氧化气氛中进行。两次都以木柴作为燃料。

（十二）宋、元、明、清的制陶技术

宋、元、明、清（公元960—1911年）的制陶技术总体上属于衰退时期，但还有一些发展。北宋（公元960—1127年）和辽代（公元907—1125年）生产的三彩低温铅釉陶分别称为宋三彩、辽三彩。北宋的文化遗存有河南济源县勋掌宋三彩窑场等。辽是契丹族在北方建立的地方政权，辽代的文化遗存有内蒙古赤峰市缸瓦窑、辽宁抚顺市大官屯窑等。

宋三彩和辽三彩都以高岭土作为制胎的原料，辽三彩普遍施白色化妆土。

坯体的成型方法有模制、轮制两类，其中辽三彩碟采用内模制法成型，其形状源于木制品，这是具有契丹民族特色的陶制品。

坯体上的装饰方法有旋划、刻花等，其中刻花立体感较强。

宋三彩和辽三彩都没有蓝釉，这一点与唐三彩明显不同。

宋三彩和辽三彩都用半倒焰窑烧制，采用二次烧成法，辽三彩的釉烧温度为880℃—990℃。赤峰市缸瓦窑以木柴作为烧制辽三彩的燃料，抚顺市大官屯窑以煤作为烧制辽三彩的燃料。

元、明、清的制陶技术到了尾声，只有紫砂陶、琉璃陶、珐华陶、石湾陶的技术还有所发展。紫砂陶独产于江苏宜兴，用当地产的紫砂泥作为制胎原料。琉璃陶是从唐三彩派生出来的低温铅釉陶的新品种，主要作为建筑用陶。珐华陶是从琉璃陶派生出来的新品种，它与琉璃陶的共同点是都以铁、铜、钴、锰作为着色元素，差别是珐华陶以硝酸钾全部或部分地代替氧化铅作为助熔剂。石湾陶是一种低温铅釉陶，以铜、铁作为着色元素。

从上述分期中可以看到，中国古代制陶技术的发展，一方面是人类认识自然和改造自然的结果，另一方面是掌握制陶技术的人，处在一定的社会环境中，与各种社会因素发生密切关系的结果。在社会因素当中起决定性作用的是社会制度（包括原始社会、奴隶社会、封建社会），此外，还有民族传统、经济形态、政治因素、战争因素、管理制度、审美观念、丧葬制度、信仰崇拜、文化交流等。制陶技术与其他手工业（制瓷、建筑、冶金等）之间也有联系，尤其是制瓷技术是由制陶技术发展而来的。

制陶技术的发展，对社会的进步具有推动作用，各种社会因素对制陶技术的发展具有反作用，因此制陶技术的发展道路是曲折的，既有高潮，也有低潮，而不是直线上升。如铜石并用时代晚期属于原始社会末期，呈现出快轮制陶技术的第一次高潮。然而夏代至春秋为奴隶社会阶段，快轮制陶技术明显倒退，产生这种现象与社会因素的变动有密切关系。在奴隶社会，制陶手工业的优先地位被青铜器铸造手工业所取代。青铜器有生产工具、兵器和容器三类。在容器当中，一部分是专为奴隶主贵族祭祀祖先和鬼神而铸造的礼器，一部分是供奴隶主贵族使用的生活用具，还有一部分是专为奴隶主贵族死后随葬而铸造的明器。因此，青铜器铸造业受到占统治地位并且掌握政权的奴隶主贵族的高度重视，他们把注意力转移到青铜器生产方面。制陶与冶铜之间，在制造陶范、建造窑炉、高温烧成、还原烧成诸方面的技术是相通的，奴隶主贵族将本来从事制陶手工业的能工巧匠调去铸造青铜器，导致制陶手工业的技术力量明显地削弱。1997 年 3 月 23 日笔者由烟台市博物馆林仙庭先生陪同，在海阳市博物馆同时考察了海阳市盘石镇嘴子前四号墓出土的青铜器和陶器。这是春秋晚期的一座贵族墓葬，随葬的青铜器有青铜匜、蟠龙纹铜钟、青铜寝盂[1]。这些青铜器铸造工艺相当先进，尤其是青铜寝盂，高 37 厘米、口径 69. 5 厘米，器身饰多重蟠龙纹。口沿有铭文。此盂器形之大，制作之精实属罕见[1]。然而，随葬的六件泥质灰胎黑皮陶豆、一件泥质灰胎黑皮陶簋、一件泥质灰胎黑皮陶罐、一件夹砂红褐陶鼎全部采用泥条盘筑法成型，制作粗劣，笔者拍摄了照片，如泥质灰胎黑皮陶豆 M4:116，圈足内壁有逆时针方向盘旋上升的泥条缝隙；夹砂红褐陶鼎 M4:237，器身内壁有逆时针方向盘旋上升的泥条缝隙，泥条粗细不匀。在同一座墓葬内的随葬品中，先进的青铜器铸造工艺，与落后的制陶工艺形成鲜明对照，这一事实表明奴隶主贵族高度重视青铜器生产，忽视陶器生产，这是导致奴隶社会阶段制陶手工业的地位猛然下降，快轮制陶技术明显倒退的主要原因。至于还有别的什么原因，尚待探索。汉代是封建社会逐步走向兴盛的时期，制陶业已经成为一种商品生产，市场的需求促使快轮制陶技术呈现出第二次高潮，这一事实再次表明制陶技术的发展与社会因素的变动有密切关系。

二、中国古代制陶技术的基本类型

中国古代制陶技术大致可分北方地区（旱地农业经济文化区）、南方地区（稻作农业经济文化区）两大类型（表前 -1），二者大体上以秦岭—淮河为界，各类型的特征如下：

（一）北方类型的制陶技术

北方类型的显著特征是：黄河上游地区是彩陶制作工艺最发达的地区，黄河中游地区是内模制法最流行的地区，黄河下游地区是轮制技术和渗碳工艺最发达的地区，也就是说，三个地区制陶技术的发展各有侧重。

原料制备工艺方面。北方制陶原料的一般特征是：含铝量稍高，故高铝白陶主要见于北方，后来的白瓷亦首盛于北方，但具体情况又因时代、地域的不同而呈现千差万别。北方诸考古学文化制陶原料的使用情况是：南庄头遗址的砂质陶、裴李岗遗址和磁山遗址的陶胎，其化学组成都以低氧化硅、低氧化铝、高助熔剂为特征，这表明是以普通易熔黏土作为制胎的原料。北方类型以高镁质易熔黏土制作的陶器罕见，应与本地区这类黏土较少有关。甘青地区的辛店文化常以陶末（制陶工艺上称为“熟料”）作为陶器的羼和料，具有特色。

坯体成型工艺方面。在甘青文化区，从马家窑文化、菜园文化到齐家文化都普遍采用泥条筑成法，未见轮制陶器，青海民和县喇家遗址的齐家文化有少量陶鬲、陶鬶的袋足采用内模制法成型，器身为手制。在中原文化区，磁山文化采用泥条筑成法；贾湖文化泥片贴筑法与泥条筑成法长期共存，并行发展，处于由泥片贴筑法向泥条筑成法过渡的阶段；属于贾湖文化晚期的大岗遗址，泥条筑成法完全取代了泥片贴筑法，并且出现了慢轮制陶；半坡文化、庙底沟文化都采用泥条筑成法；庙底沟二期文化沿用泥条筑成法，出现模制法，少量小型器物采用轮制法；陶寺文化沿用泥条筑成法，流行模制法，轮制技术不发达；河南龙山文化以轮制法为主。在山东文化区，后李文化采用泥条筑成法较多，泥片贴筑法较少；北辛文化采用泥条筑成法；大汶口文化以泥条筑成法为主，中期偏晚出现轮制法；山东龙山文化普遍采用轮制法。在燕辽文化区，从兴隆洼文化、赵宝沟文化到红山文化都采用泥条筑成法。上述情况表明，快轮制陶是最先进的一种成型方法，如果以快轮制陶出现的早晚和普及的程度作为主要标准来衡量，即可发现在北方类型内部，坯体成型工艺的发展是很不平衡的，山东文化区领先，中原文化区居中，甘青文化区和燕辽文化区在后。

陶器烧制工艺方面。一般而言，北方的陶窑，及至后来的瓷窑，基本上都是馒头窑，龙窑只见于南方。在相当长一个时期内，北方主要采用氧化焰烧制，还原焰的采用稍晚，亦不如南方普遍。但有一点值得注意：山东龙山文化的还原焰烧制工艺较为先进，以灰陶为主，而且渗碳工艺发达，很多陶器漆黑光亮。

（二）南方类型的制陶技术

南方类型的显著特征是：长江中游地区是泥片贴筑法最流行的地区，又是白陶制作工艺的中心区；南方地区是印纹硬陶流行的地区。如果说北方类型山东龙山文化的蛋壳黑陶是空前绝后的轮制陶器精品，那么南方类型大溪文化和屈家岭文化晚期的蛋壳彩陶则是罕见的艺术珍品。

原料制备工艺方面。南方制陶原料的一般特征是：含硅量稍高，含铝量稍低；印纹硬陶多见于南方，后来的青瓷盛于南方；高镁质白陶和夹炭陶亦主要见于南方。当然，这是一般情况，实际上，不论南方还是北方，都有一些含硅量稍高、含铝量稍低，或含硅量稍低、含铝量稍高的陶器，唯程度不同而已。南方各考古学文化制陶原料的使用情况是：玉蟾岩遗址的陶器以高铝质耐火黏土为原料，这可能是偶然现象。仙人洞遗址下层的砂质陶以高硅质黏土为原料。甑皮岩遗址下层的砂质陶以普通易熔黏土为原料。南方类型以高镁质易熔黏土和高铝质耐火黏土制作的白陶明显多于北方类型，这与当地的黏土资源状况有关。江西、湖南、湖北及四川等省境内，有一种滑石黏土或黏土岩，以富镁贫铝为特征，一般含氧化镁为20%～30%，氧化铝常占1%～2%[2]。本书提到的组成含量都以质量分数计，不再另行说明。湖南醴陵的高岭土一般含氧化铝20%～30%[3]。丰富的滑石黏土和高岭土资源为南方地区先民制作白陶提供了物质条件，从而使湖南成为白陶制作工艺的中心和发祥地。湖南洪江市高庙遗址的高庙文化最早出现白陶，岳阳市坟山堡遗址的皂市下层文化较早出现白陶，安乡县汤家岗遗址的汤家岗文化和澧县三元宫遗址的大溪文化层出土白陶数量较多。以高硅质黏土或瓷石为原料制作的印纹硬陶主要产于南方，这与当地高硅低铝质黏土资源丰富有关。据报导，福建出产的高硅低铝质黏土，氧化硅含量一般在73%以上，氧化铝含量都在18%以下，烧成温度达1380℃～1410℃（表前－2）[4]。

表前－2　福建出产的高硅低铝质黏土化学组成表（%）

原料	IL（烧失量）	SiO_2	Al_2O_3	Fe_2O_3	TiO_2	CaO	MgO	K_2O	Na_2O	助熔剂总和
龙岩土	4.95	74.5	16.87	0.16	0.01	0.33	0.23	2.28	0.05	3.06
庄洋土	5.69	74.73	16.69	0.20	0.06	0.26	0.13	1.17	0.23	2.05
隔刀土	6.15	75.62	16.77	0.16	0.11	0.30	0.11	0.02	0.05	0.75
关元山土	4.10	76.79	16.01	0.41	0.10	0.03	0.16	2.49	0.43	3.62

南方类型制陶所用的羼和料也有特色。彭头山文化、皂市下层文化、城背溪文化、汤家岗文化、大溪文化、河姆渡文化有很多陶器以炭化稻壳作为羼和料，这是稻作农业在制陶工艺上的反映。大溪文化、屈家岭文化、马家浜文化、崧泽文化有一定数量的陶器以蚌壳碎片（或螺壳碎片）作为羼和料，反映出制陶工艺与捕捞河蚌、田螺的活动有关，具有南方水乡的特色。

坯体成型工艺方面。如前所云，古代陶器成型的许多基本方法，在南方北方都有采用，但程度上各有不同，如泥片贴筑法在南方较为流行，圜底器始终都有使用，平底器则稍少。南方各考古学文化坯体成型工艺的演变情况是：在长江中游文化区，仙人洞遗址坯体的成型方法有泥片贴塑、泥条叠筑两种；彭头山文化、皂市下层文化、城背溪文化采用泥片贴筑法，其中城背溪文化已出现泥条筑成法；大溪文化沿用泥条筑成法，晚期出现快轮制陶；屈家岭文化处于由泥条筑成法向轮制法过渡的阶段；石家河文化普遍采用快轮制陶。在江浙文化区，河姆渡文化少数器物沿用泥片贴筑法，大多数器物采用泥条筑成法；马家浜文化采用泥条筑成法；崧泽文化沿用泥条筑成法，晚期出现快轮制陶；良渚文化普遍采用快轮制陶。在华南文化区，玉蟾岩遗址的陶器采用泥片贴筑法；甑皮岩遗址的陶器流行正筑泥片贴筑法；咸头岭文化也流行正筑泥片贴筑法。上述情况表明，在成型工艺当中以快轮制陶最先进，如果以快轮制陶出现的早晚和普及的程度作为主要标准来衡量，即可发现在南方类型内部，长江中游文化区与江浙文化区坯体成型工艺的发展水平相近。

上述地区特征的形成，与自然资源的差异有关，制陶工艺受到各地区自然资源的制约；也与各地区经济形态的不同、制陶工艺传统的不同有关。

两个类型之间互相交流，促进了制陶技术的发展，如中原地区模制袋足器的技术传到了南方，因而石家河文化也有模制的鬶、盉，南方的白陶制作技术传到了北方，因而陕西南郑县龙岗寺遗址的仰韶文化也有白陶。在新石器时代中期，北方类型的磁山文化采用泥条筑成法，贾湖文化泥片贴筑法与泥条筑成法共存；南方类型的彭头山文化、皂市下层文化、城背溪文化都采用泥片贴筑法。到新石器时代晚期，两个类型都普遍采用泥条筑成法。到铜石并用时代晚期，两个类型都流行快轮制陶，在广大区域内呈现出快轮制陶技术的第一次高潮，在更高的水平上达到新的统一。

参考文献

［1］《中国文物精华》编辑委员会：《中国文物精华》，文物出版社，1997 年，第 71、72、73 号。

［2］章人骏：《滑石黏土的成分性质及用途》，《中国陶瓷》1991 年第 5 期。

［3］西北轻工业学院等：《陶瓷工艺学》，轻工业出版社，1991 年，第 68 页。

［4］吴任平：《“建玉瓷”与二次烧成高级细瓷》，《福建文博》1993 年第 1、2 期合刊。表前 -2 的数据也引自该文。

第一章
新石器时代早期的制陶技术

新石器时代早期（公元前13000—前7000年）的遗址有广西桂林市庙岩，湖南道县玉蟾岩，江西万年县仙人洞、吊桶环，广西柳州市大龙潭（鲤鱼嘴），河北阳原县虎头梁（于家沟）、徐水县南庄头，北京市怀柔区转年、门头沟区东胡林，广西桂林市甑皮岩、临桂县大岩，广东英德市牛栏洞等10余处，年代最早的为公元前13710±260年，最晚的为公元前7260±100年（表1－1）。这些遗址都有陶器出土。

表1－1　新石器时代早期^{14}C测定年代数据表

实验室编号	遗址名称	测定物质	^{14}C实测年代（按5730年计）	
			距今（BP）	公元前（BC）
	广西桂林市庙岩	陶片	15660±260	13710±260
		陶片	15560±500	13610±500
	湖南道县玉蟾岩	陶片基质	14810±230	12860±230
		木炭	14490±230	12540±230
		陶片上的腐殖酸	12320±120	10370±120
	江西万年县仙人洞	木炭	12430±80	10480±80
PV0402	广西柳州市大龙潭（鲤鱼嘴）	下层人骨	11785±150	9835±150
PV0401			10505±150	8555±150
PV0156	河北阳原县虎头梁	犀牛骨化石	11000±210	9050±210
BK87088	河北徐水县南庄头	淤泥	10815±140	8865±140
BK87075		木炭	10510±100	8560±100
BK87086		淤泥	9980±100	8030±100
BK86120		木头	9875±160	7925±160
BK89060		木头	9850±90	7900±90
BK87093		木头	9810±100	7860±100
BK121		木头	9690±95	7740±95
BK92056	北京怀柔区转年	木炭	9210±100	7260±100

注：庙岩、仙人洞的数据引自张弛：《江西万年早期陶器和稻属植硅石遗存》，玉蟾岩的数据引自袁家荣：《湖南道县玉蟾岩一万年以前的稻谷和陶器》，两文都载于严文明、安田喜宪主编：《稻作、陶器和都市的起源》，文物出版社，2000年。虎头梁、大龙潭（鲤鱼嘴）、甑皮岩的数据都引自《中国考古学中碳十四年代数据集（1965～1991）》，文物出版社，1991年。南庄头的数据引自《考古》1992年11期第965页。转年的数据引自《文物》1996年6期第91页。

第一节　制陶技术的发明

在介绍中国古代制陶技术史之前，首先要介绍陶器的定义，陶器是如何发明的，发明陶器的意义，以及目前我国境内出土早期陶器的概况。

在发明陶器之前，人类使用的器物都是利用天然物质制成的，例如石器、木器、骨器等。然而陶器与石器、木器、骨器有质的区别，陶器是人类利用自然界存在的黏土烧制而成的器物，确切地说陶器是将黏土加水后揉成泥料，利用泥料的可塑性制成坯体，干燥后置于火上烧制，使其发生物理、化学变化，成为人工制造的自然界不存在的第一种新型物质——陶质器物。

关于陶器如何发明的问题，考古学家至今还没有找到答案，因为目前还没有发现刚刚发明的属于起源阶段的陶器。笔者推测在距今15000年之前的旧石器时代末期，人们用手将泥土捏塑成泥块、泥片或泥条，干燥后成为最原始的泥塑制品；在黏土地面上用火烧烤食物时，看到地面变成红烧土灶面，这种现象对于人们发明陶器具有启发作用。一旦人们将泥塑制品置于灶面上，经过火烧就会变成最原始的陶器，也就是说，陶器是旧石器时代末期的人们用火烧烤食物的经验积累到一定程度的产物，发明陶器的过程应是先出现最原始的泥塑制品，后出现在灶面上烧制而成的最原始的陶器；先出现块状、片状或条状的陶器，后出现碗、钵、釜、罐等陶质生活用具。可以设想，属于起源阶段的陶器，烧成温度相当低，质地松软，很容易破碎，遇到水就会解体，因而很难保存下来，也就难以发现。

有了陶质生活用具，人们就可以将食物煮熟吃，食物的营养更容易被人吸收，从而增强人类的体质，促进人类智力的发展；就可以过长期定居的生活，从而有利于采集经济、原始农业和畜牧业的发展；有了利用火来烧制陶器的技术，后来才会出现利用火来冶炼金属的技术，才会烧制砖瓦，出现以砖瓦作为建筑材料之一的土木工程技术，才会由制陶技术发展为制瓷技术。由此可见，制陶技术的发明对于人类的生活、社会生产、（与制陶）相关技术的发明都具有深远的意义。

目前所发现的新石器时代早期遗址都有陶器出土，概况如下：广西桂林市庙岩遗址第5层下部出土几片极为粗糙的灰黑色陶片，这是我国境内目前所发现年代最早的陶器[1]；道县玉蟾岩洞穴遗存的文化面貌表现出一种由旧石器文化向新石器文化过渡的特征，出土的石器全部为打制石器，还出土了十分原始的陶片，已复原一件陶釜（图1-1），据此估计，中国在旧石器时代晚期的后一阶段发明陶器（容器）是不应该感到奇怪的[2]；万年县仙人洞遗址试掘时，“第一期文化”出土陶片90余片，复原一件陶罐（图1-2）[3]，第二次发掘时，下层出土陶片298片[4]。后来两年又发掘和采集早期陶片200余片[5]；柳州市大龙潭遗址下层出土陶片8片[6]；阳原县虎头梁遗址出土数块陶片（图1-3）；徐水县南庄头遗址试掘时出土陶片15片，正式发掘时出土陶片40余片，器形有罐和钵等（图1-4）[7]；北京市转年遗址出土筒腹罐和盂等残片[8]；桂林市甑皮岩洞穴遗址经过试掘[9]，尤其是经过正式发掘，将史前文化遗存分为五期，其中第一期距今约12000~11000年，属于新石器时代早期前段，第二至四期距今约11000~8000年，属于新石器时代早期后段，出土大量地层关系清楚的早期陶片[10]。

图1－1　湖南道县玉蟾岩遗址出土的陶釜（95DMT9:26）

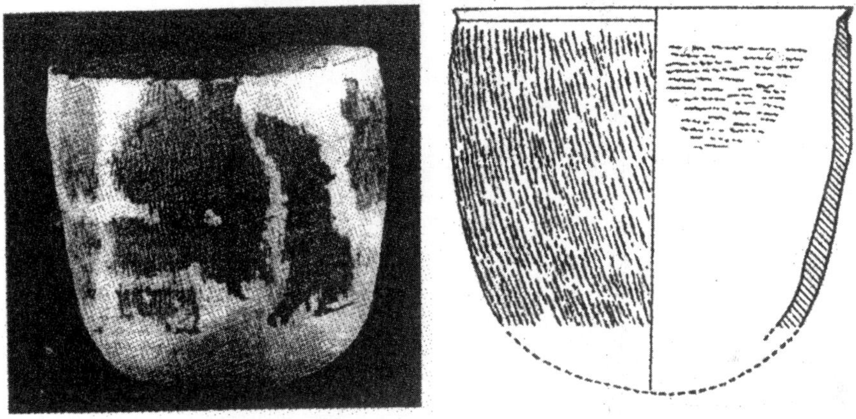

图1－2　江西万年县仙人洞遗址“第一期文化”出土的夹砂红陶罐（T3③:1）

图1－3　河北阳原县虎头梁遗址出土的陶片（与泥土粘接在一起）

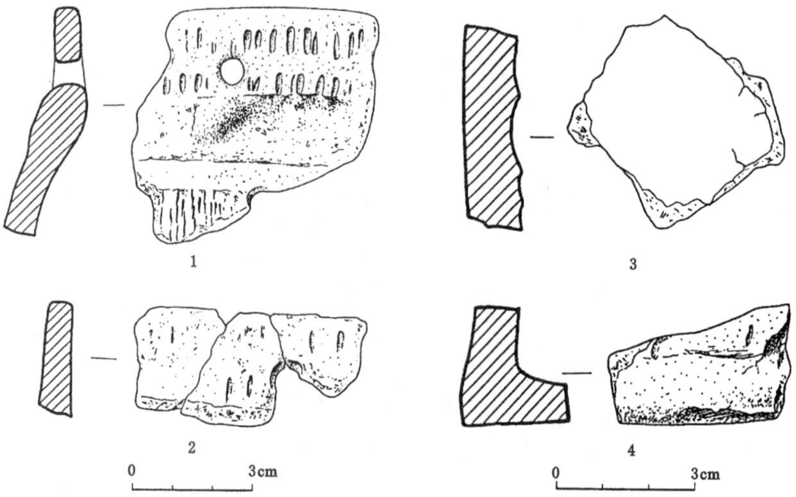

图1－4　河北徐水县南庄头遗址出土的陶片

1. 夹砂灰陶罐口沿（97XNZ1:3）；2. 夹砂灰陶罐口沿（97XNT6⑤:22）；

3. 夹砂黄褐陶腹片（97XGN3:280）；4. 夹砂灰陶罐底部（97XNG3:394）

新石器时代早期的制陶技术包括原料制备、坯体成型、坯体修整、坯体装饰、陶器烧制、烧后装饰等工艺流程，现叙述如下。

第二节　原料的制备工艺

制作陶器之前，首先要制备好原料，这是制作陶器的前提条件。原料制备工艺包括制胎原料的选择和配料方式两方面。

一、制胎原料的选择

制胎原料有陶土、羼和料两类，以前者为主，后者为辅。

1. 陶土

陶土就是黏土，是制陶的主要原料，其特点是具有黏性和可塑性。黏性可使土的颗粒黏结在一起，成为整体，黏性为黏土所独有，砂土没有黏性。在制陶工艺上将黏土称为塑性原料。可塑性系指泥料在外力作用下发生形变而不破裂，失去外力之后仍然保持变化后的形状这种性质。泥料的可塑性是坯体成型工艺的基础，坯体的修整工艺和装饰工艺也要充分利用泥料的可塑性。可塑性亦为黏土所独有，砂土没有可塑性。由于两种土的性质明显不同，决定了黏土能够用于制陶，砂土不能用于制陶。

新石器时代早期的人们在长期实践中已经充分认识到黏土的性质，表现在制陶时选用的原料全部为黏土，不用砂土，根据现代科学分析，当时所用的黏土有高铝质耐火黏土、高硅质黏土和普通易熔黏土三类，其中以普通易熔黏土为主。现将各类黏土分别介绍如下。

（1）高铝质耐火黏土。其化学组成以低氧化硅、高氧化铝、低助熔剂为特征，例如玉蟾岩遗址的陶器，陶土中硅的含量约在49.5%以上，铝的含量达30.3%，助熔剂镁的含量为6.57%[2]。笔者认为，高铝质耐火黏土是最好的一种制胎原料，新石器时代早期人们就选择它作为制陶原料可能带有偶然性，是就地取材所致。

（2）高硅质黏土。其化学组成以高氧化硅、低助熔剂为特征，例如仙人洞遗址下层的“砂质陶”（表1－2），氧化硅含量为70%～75%。这里需要指出的是，所谓“砂质陶”并非以砂土作为制陶原料，而是所用的黏土当中含有较多的砂粒（下同）。

（3）普通易熔黏土。其化学组成以低氧化硅、低氧化铝、高助熔剂为特征，例如南庄头遗址的“砂质陶”（表1－3）和甑皮岩遗址的“砂质陶”（表1－4）。前者助熔剂中氧化铁的含量较高。

表1－2　江西万年县仙人洞遗址下层“砂质陶”胎的化学组成

原序号	SiO_2	Al_2O_3	Fe_2O_3	TiO_2	CaO	MgO	K_2O	Na_2O	烧失量	总量	助熔剂总和
4	70.80 75.06	15.86 16.82	1.90 2.01	0.52 0.55	0.10 0.11	1.65 1.75	2.93 3.11	0.56 0.59	5.41 0.00	99.73 100.00	7.66 8.12

注：引自李家治主编：《中国科学技术史·陶瓷卷》，科学出版社，1998年，表2－1－4

表1－3　河北徐水县南庄头遗址“砂质陶”胎的化学组成

原序号	SiO_2	Al_2O_3	Fe_2O_3	TiO_2	CaO	MgO	K_2O	Na_2O	MnO	P_2O_5	烧失量	总量	助熔剂总和
1	49.49 54.25	13.65 14.96	9.72 10.66	0.42 0.46	5.78 6.34	10.92 11.97	0.68 0.75	0.27 0.30	0.10 0.11	0.19 0.21	9.40 0.00	100.62 100.01	27.79 30.48

注：引自李家治主编：《中国科学技术史·陶瓷卷》，科学出版社，1998年，表2－1－1。

表1－4　广西桂林市甑皮岩遗址下层“砂质陶”胎的化学组成

原序号	SiO_2	Al_2O_3	Fe_2O_3	TiO_2	CaO	MgO	K_2O	Na_2O	MnO	P_2O_5	烧失量	总量	助熔剂总和
16634	51.03 59.45	19.90 23.18	6.40 7.46	1.32 1.54	2.93 3.41	2.76 3.22	0.55 0.64	0.06 0.07	0.04 0.05	0.85 0.99	13.41 0.00	99.25 100.01	14.02
7	50.70 59.47	20.19 23.68	6.05 7.10	1.18 1.38	0.00 0.00	5.75 6.74	0.78 0.91	0.60 0.70	0.00 0.00	0.00 0.00	14.15 0.00	99.40 99.98	14.36 16.83

注：引自李家治主编：《中国科学技术史·陶瓷卷》，科学出版社，1998年，表2－1－6、7。

2．羼和料

羼和料是人工羼入陶土中使用的辅助性原料，它的特点是没有黏性，因此在制陶工艺上将羼和料称为瘠性原料。瘠性是与塑性相对而言的，塑性原料与瘠性原料按照适当比例配制在一起使用，可以互相取长补短，从而改善泥料、坯体和陶器的性能。具体地说，羼和料的作用如下：减少塑性原料的黏性，使其不易粘手，便于坯体成型，还可以增加坯体的成型强度，防止坯体在成型过程中坍塌或开裂；减少坯体的干燥收缩，缩短干燥时间，提高制坯效率；如果坯体的干燥速度太快或者在烧制过程中升温过急，由于表层与胎心之间收缩不匀，会出现应力，尤其要强调指出的是：将陶器作为“炊器”使用时，如果升温过急或冷却太快，胎壁各部位之间膨胀或收缩不一致，会产生破坏应力。当上述应力超出胎壁的强度时，胎壁就会开裂。加入羼和料的作用就在于改善陶器，特别是炊器的耐温度急变性能，增强胎壁的强度，减少应力，防止开裂。众所周知，凡是作为实用器（不包括明器，又称冥器）的炊器，其烧火使用的部分都是有羼和料的，现今使用的“砂锅”也不例外，这一事实证明了羼和料的加入，对于改善炊器在烧火使用过程中的耐温度急变性能、防止开裂具有十分重要的作用。

早期陶器的羼和料有矿物类、动物类、陶类，其中以矿物类为主，动物类较少，陶类罕见。目前未见植物类羼和料。

矿物类有石英、长石、方解石颗粒，如玉蟾岩遗址的陶器，羼和料为石英砂，既有磨圆磨光的自然河砂，也有用石英砾石砸碎的颗粒。砂粒大小悬殊，大者长径达20毫米，一般在5～10毫米之间[2]。自然河砂是被河水冲刷时互相摩擦而磨圆磨光的。引人注目的是用砸碎的石英砾石颗粒作为羼和料，其表面有明显的棱角，应是制陶者故意将石英砾石砸碎后羼入泥料中的，因为就地取来的土中不会含有人工砸碎的石英颗粒。至于所用的砂粒大小悬殊，这是砂粒未经筛选、混杂在一起使用的缘故。这里还需要说明的是：方解石的化学成分是碳酸钙（$CaCO_3$），在高温下会分解，一般不宜作为陶器的羼和料，然而，新石器时代早期陶器都是在低温中烧制而成的，因此方解石不会分解，也可以作为陶器的羼和料。

动物类有蚌壳碎片，见于南庄头遗址的陶器[7]。蚌壳碎片都是人工砸碎的。

陶类有陶末，只见于仙人洞遗址，用绳纹碎陶片作羼和料[5]，陶末是制陶者故意将废弃的陶片砸碎后作为羼和料的。它是已经烧制过的制胎原料，因此在制陶工艺上将陶末称为“熟料”，其优点是在烧制过程中膨胀系数较小，可以防止陶器开裂。

上述砸碎的石英砾石颗粒、蚌壳碎片和陶末都是经过人为加工的羼和料，不是就地取来的，这一事实表明玉蟾岩、南庄头、仙人洞遗址的陶器都不是最原始的刚刚发明的陶器，当时的制陶技术已经越过“就地取土”的阶段，进入了有意识选择并且人为加工制胎原料的阶段，换句话说，陶器的发明应当早于这个（人为加工制胎原料的）阶段，即发明于旧石器时代末期。

二、配料方式和陶器品种

这里主要介绍制胎原料的配制方式，以及由此而产生的不同陶器品种。从总体上看，我国古代陶器大体上可区分为“有羼和料”陶器（夹砂陶等）和“无羼和料”陶器（泥质陶）两大类，其下还可依原料或羼和料的不同，再细分出多个不同品种来。不同时代、不同考古学文化和技术传统，陶器种类或成分都会有一些差别。一般而言，新石器时代早期陶器的基本特点是：有羼和料的陶器占绝大多数，夹砂陶成为流行的使用方式和品种；无羼和料的陶器不仅数量很少，而且出现的年代较晚，泥质陶成为后段新出现的使用方式和品种。产生这些特点的原因有两个：一是先民在长期实践中已经初步认识到羼和料在陶器烧制和烧火使用过程中的重要作用，因此普遍制作有羼和料的陶器；二是有羼和料的陶器在烧制过程中不易开裂，烧制难度较小，无羼和料的陶器在烧制过程中容易开裂，烧制难度较大，由于后段烧制陶器的技术有所提高，开始烧制难度较大的泥质陶。由此可见，先易后难是陶器烧制技术发展的客观规律，泥质陶器的出现是新石器时代早期后段制陶工艺有所进步的重要表现。

1. 有羼和料的陶器

由陶土与羼和料配制而成，根据配制方式的不同，可分为夹砂陶、夹蚌陶、夹陶末陶三种，其中以夹砂陶占绝大多数。例如甑皮岩遗址下层出土的 921 片陶片中，有夹砂陶 904 片[9]，占 98.16%。

2. 无羼和料的陶器

也就是泥质陶，只见于大龙潭和甑皮岩两处遗址，如甑皮岩遗址下层出土的 921 片陶片中，有泥质陶 17 片[9]，仅占 1.84%。

第三节　坯体的成型工艺

在制陶工艺上，将烧制以前的器物称为坯体，烧制以后的器物称为陶器。成型是将泥料制成坯体的工艺过程，是制作工艺的第一个阶段。新石器时代早期坯体的成型方法有捏塑法、泥片贴筑法、泥条筑成法三种，其中以第一种最原始，后两种并存而且都已经定型。本节着重介绍广西桂林市甑皮岩遗址第三期和第四期的泥片贴筑法。

一、捏塑法

捏塑法也称直接成型法，系指没有经过泥片或泥条等中间环节，直接将泥料捏塑成坯体的方法。见于甑皮岩遗址第一期，仅发现 1 件，标本 DT6㉘:072（图 1－5），为圜底釜，敞口，圆唇，斜弧壁。夹粗石英灰白陶，内、外壁及胎心同色，近口沿部分呈灰褐色，石英颗粒较大，最大粒径 1.1～1.5 厘米。烧成温度极低（不超过 250℃），胎质疏松。器表开裂，呈鳞片状。制作粗糙，捏制而成。口径 27 厘米，高 16.4 厘米，胎厚 3.6 厘米，表面灰白色，较致密，有一定的耐水性，而内层则非常疏松，遇水则立即解离开来。它应该属于未经过 250℃以上温度烧制过的黏土，也就是说这一样品是没有经过 250℃以上的温度烧制过的[10]。笔者认为，这件圜底釜有两点值得注意：一是采用捏塑法成型；二是处于由泥塑制品向陶器过渡的中间状态，这一事实表明：陶器不是突然出现的，应是从泥塑制品逐步演变而来的，因此对于研究陶器的起源具有重要意义。

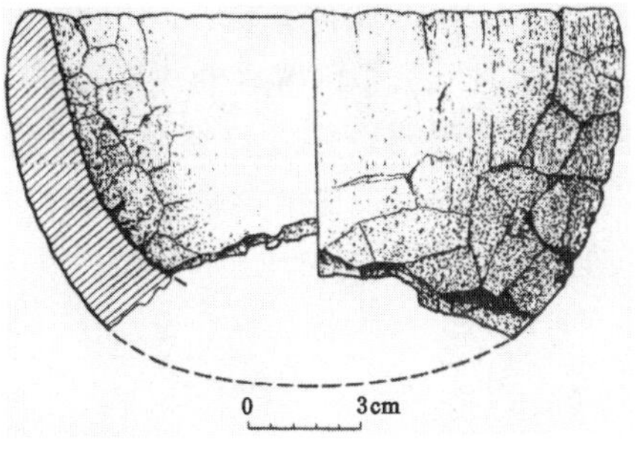

图 1－5　广西桂林市甑皮岩遗址第一期的圜底釜（DT6㉘:072）

二、泥片贴筑法

泥片贴筑法系指将泥料先搓成泥球或短泥条，再按压、拍打或滚压成泥片，然后经过手捏、拍打或滚压使各泥片之间互相粘接在一起筑成坯体的方法。俞伟超[11]、牟永抗[12]两位先生最早研究了这种成型方法。

甑皮岩遗址第三期的陶器（图1－6）采用泥片贴筑法成型，考古工作者绘制了泥片贴筑法复原示意图（图1－7），并且认为此期的成型方法与第二期大体相同，主要是泥片贴筑成型，即先制作一定大小的泥片，再粘接成器。口沿部分贴片有两层和三层之分，腹部则多为两片贴筑而成。器物尖厚的底部普遍用手捏塑成型[10]。笔者认为，这里有一个问题没有讲到：泥片贴筑法的步骤如何？是正筑，还是倒筑？换句话说，是从底部筑到口部，还是从口部筑到底部？

下面对泥片贴筑法的步骤进行研究，所用的引文和线图全部引自《桂林甑皮岩》第三期和第四期，不再逐一注明。

（1）第三期。首先对口部标本进行分析和判断。

未定名器　标本DT6⑰:001（图1－6，1），“有两层贴片，并且由外向里包，口沿内壁有明显的痕迹”。从口部剖面图上看，内壁呈现竖直状，外片上端呈现弯钩状，包住内片的上端。据此可以设想，制作坯体时，器物的口部朝上，已经有一块泥片（即剖面图上的内片）贴在胎壁上，制陶者将另一块泥片（即剖面图上的外片）贴在它的外侧，也就是说，泥片是从胎壁的外侧贴上去的。在整件器物都已贴筑到口边时，处于口边一周的泥片都有内片、外片之分，而且参差不齐，外片都明显地高于内片。这时制陶者用手按压外片的上部，使其先向内弯曲，再向下弯曲，将内片的上端包裹起来，因此，在剖面图上显示出“由外向里包”的弯沟状包裹现象，此现象是制陶者对泥片的上端施加外力，使其发生弯曲形变所致。这样做既可将口边取齐，又有加固口边的作用。

未定名器　标本DT6㉑:009（图1－6，2），“有两层贴片，外片在口沿处内裹，包住内片”。从剖面图上看，内片呈现竖直状，下部较厚，上部较薄，外片下部甚薄，上部逐渐加厚，上端呈现短而粗的钩状，包住内片的上端。制陶者先将一块泥片贴在胎壁上，形成内片，然后将另一块下部甚薄、上部很厚的泥片贴在内片的外侧，形成外片。外片高于内片，制陶者用手将外片的上端向内按压，形成短而粗的钩状，包住内片。

敞口罐　标本DT3⑪:005（图1－6，3），“从口沿到颈部可见三层贴筑痕迹，器表贴片在口沿处略向内包”。从剖面图上看，三层贴片都呈现弯曲状，中片较厚，但上端甚薄，内片下部较厚，上部较薄，外片厚薄较匀称，上端呈现短而小的钩状，包住中片和内片的上端。制陶者先将一块较厚的泥片贴在胎壁上，形成中片，再将另一块厚薄不匀的泥片贴在中片的内侧，形成内片，其上端略高于中片，最后将一块厚薄匀称的泥片贴在中片的外侧，形成外片。外片略高于中片和内片，制陶者用手将外片的上端向内按压，形成短而小的钩状，包住中片和内片。至于口沿剖面呈现弯曲状应是后来在外表滚压绳纹时产生形变所致。

敞口罐　标本DT4㉔:016（图1－6，4），“口颈部可见明显的两层贴筑痕迹，内片向外卷包裹住外片”。从剖面图上看，两片厚度相近，内片上端呈现短而小的钩状，包住外片的上端。制陶者先将一块泥片贴在胎壁上，形成外片，再将另一块泥片贴在外片的内侧，形成内片，其上端略高于外片，制陶者用手将内片的上端向外按压，形成短而小的钩状，包住外片。

上述4件口部标本不仅都有明显的泥片贴筑痕迹，而且从剖面图上看，其口边都有钩状包裹现象，这种现象只有在正筑的条件下才有可能产生，换句话说，都是在口部朝上的条件下，制陶者用手将口边的泥片上端向内或向外按压，使其产生弯曲形变所致。由此可见，口部的钩状包裹现象是这批器物采用正筑泥片贴筑法成型的直接证据，极其重要。

然后对底部标本进行分析和判断。

既然已经断定在成型过程中口部朝上，也就可以肯定底部朝下，从底部开始筑成，直到口部，制作坯体时呈现正立状。

器底标本DT4⑯:004（图1－6，5），“较尖厚，底部不见贴片痕迹，当是手捏制而成，略靠上可见一层贴片”。也就是说器底是用泥料直接捏塑而成，应是承袭了第一期的捏塑法。从剖面图上可以看到器底与腹壁衔接的方法，即捏塑法与泥片贴筑法之间衔接的方法是：泥片从器底上部内侧贴上去，呈现为套接，套接的优点是互相之间接触面较大，衔接得比较牢固。

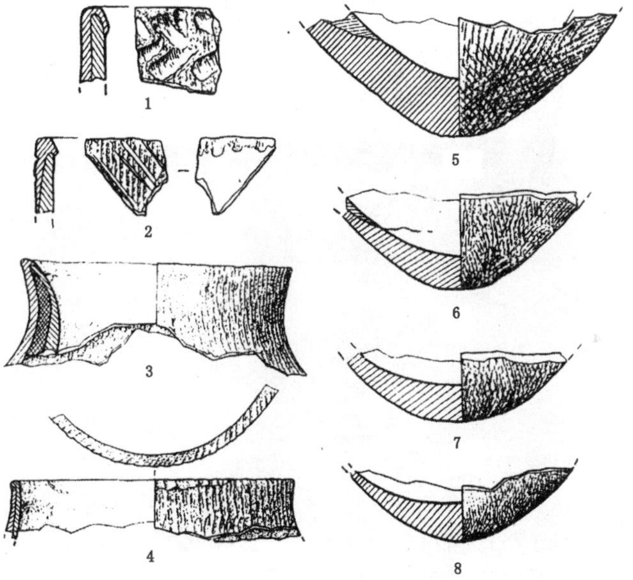

图1－6　广西桂林市甑皮岩遗址第三期的陶器

1. 未定名器（DT6⑰:001）；2. 未定名器（DT6㉑:009）；3. 敞口罐（DT3⑪:005）；4. 敞口罐（DT4㉔:016）；5. 器底（DT4⑯:004）；6. 器底（DT4⑰:002）；7. 器底（DT6⑱:009）；8. 器底（K:218）

器底标本DT4⑰:002（图1－6，6），“最底部用一块泥捏制成底，然后向上贴筑”。从剖面图上可以看到，泥片从器底上部内侧贴上去，内壁留有一道器底与泥片之间的接缝。

目前所见的器底都是圜底，那么，成型之初的毛坯是否也是圜底呢？毛坯是成坯的前身，毛坯底部的形状有两种可能：一种可能是平底，后来经过拍打整形变成圜底。拍打外表时，内壁要用垫子作依托，会留下垫窝。例如标本DT6⑱:009（图1－6，7），“内壁可见较明显相互叠压的砾石垫窝”；标本K:218（图1－6，8），

“内壁可见砾石垫窝”；另一种可能是圜底，然而，只有将圜底放置在圆形圈状的器座上，才能够稳当。目前在遗址内未发现陶质器座，会不会用植物材料编成器座？究竟哪一种可能更符合当时的实际情况，尚待今后探索。

最后对腹部标本进行分析和判断。

既然口部和底部的制作程序都是自下而上，腹部也就一目了然：先贴筑腹下部（图1－7，2），后贴筑腹中部（图1－7，3）。从剖面图上看，腹部有两层或三层贴片，有时泥片从器壁内侧贴上去，有时从器壁外侧贴上去，这表明贴泥片的方法还不规范。

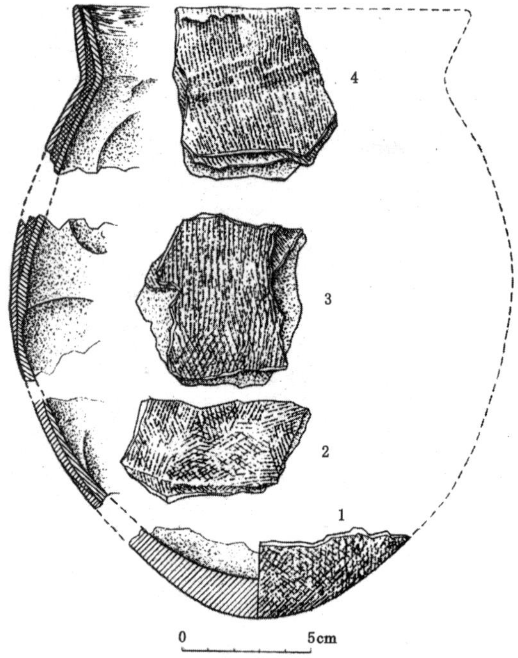

图1－7　广西桂林市甑皮岩遗址第三期陶器泥片贴筑法复原示意图

1. DT6⑱:009；2. KDT3:020；3. K:232；4. K:228

（2）第四期。此期陶器（图1－8）也采用泥片贴筑法成型。

首先对口部标本进行分析和判断。

敞口罐　标本DT4⑮:002（图1－8，1），“泥片贴筑法制成，断面可见两层贴筑痕迹，口沿处由里往外包贴”。从剖面图上看，外片颈部较厚，内片颈部较薄，其上端呈现钩状，包住外片的上端。据此可以设想，制陶者先将一块上部较厚的泥片贴在胎壁上形成外片，再将一块上部较薄的泥片贴在外片的内侧，形成内片，其上端略高于外片，制陶者用手将内片的上端向外按压，形成钩状，包住外片。

敞口罐　标本DT4⑫:006（图1－8，2），“泥片贴筑法，内片向外包住外片”。从剖面图上看，外片较厚，先贴在胎壁上，内片较薄，后贴在外片的内侧，两片上端的高度相当，最后用条状泥片横向贴在唇部，其用意与“内片向外包住外片”相同，也有加固口边的作用。

敞口罐　标本DT4⑭:004（图1－8，3），“断面可见两层贴片，内片向外包住外片”。从剖面图上看，外片颈部较厚，先贴在胎壁上，内片颈部较薄，后贴在外片的内侧，其上端高于外片的上端。制陶者用手将内片的上端向外按压，形成短而小的钩状，包住外片的上端。

敞口罐　标本 DT4⑮:008（图 1－8，4），“泥片贴筑，内片向外包住外片，器表沿下可见明显贴片痕迹”。从剖面图上看，外片相当厚，呈现竖立状，先贴在胎壁上，内片相当薄，后贴在外片的内侧，其上端明显地高于外片的上端。制陶者用手将内片的上端向外按压，形成弯钩状，包住外片，弯过来的泥条呈现横条状，因而“器表沿下可见明显贴片痕迹”。

敞口罐　标本 KDT7:008（图 1－8，5），“断面可见两层贴片”。从剖面图上看，外片较厚，先贴在胎壁上，内片较薄，后贴在外片的内侧，其上端略高于外片的上端。制陶者用手将内片的上端向外按压，形成短而小的钩状，包住外片。

高领罐　标本 DT4 灶 1:001（图 1－8，6），“断面可见两层贴筑痕迹，在口沿处由里往外包”。从剖面图上看，外片较厚，先贴在胎壁上，内片较薄，后贴在外片的内侧，其上端略高于外片的上端。制陶者用手将内片的上端向外按压，形成短而小的钩状，包住外片。

敞口罐　标本 DT3⑤:004（图 1－8，7），“泥片贴筑法，断面可见三层贴片，内片向外包住外片”。从剖面图上看，中片下部较厚，往上逐渐变薄，先贴在胎壁上，外片厚薄不匀，后贴在中片的外侧，其上端高于中片的上端，内片较薄，最后贴在中片的内侧，其上端高于外片的上端。制陶者用手将内片的上端向外按压，形成钩状，包住中片和外片。

敞口罐　标本 DT4⑨:011（图 1－8，8），“可见三层贴筑痕迹”。从剖面图上看，中片较厚，先贴在胎壁上，外片很薄，后贴在中片的外侧，内片较薄，最后贴在中片的内侧，其上端高于中片和外片的上端。制陶者用手将内片的上端向外按压，形成钩状，包住中片和外片。

上述 8 件口部或颈肩部标本都有明显的泥片贴筑痕迹，从剖面图上看，其口边都有钩状包裹现象。

然后对底部标本进行分析和判断。

第四期的器“底较薄、较平缓，不似第二、三期尖厚。均捏制而成”。值得注意的是：圜底的内壁留有砾石垫窝。例如标本 K:216（图 1－8，9），“内壁可见相互叠压的砾石垫窝”；标本 KDT3 西隔梁:007（图 1－8，10），“内壁有清晰砾石垫窝”。这些现象表明，器底的外表经过拍打整形，拍打时内壁以砾石垫子作依托。

如上所述，笔者将考察陶器上所遗留的痕迹和现象与逻辑推理相结合，对甑皮岩遗址泥片贴筑法的具体步骤进行研究，得出应有的结论，这是认识上的飞跃，研究方法上的创新。

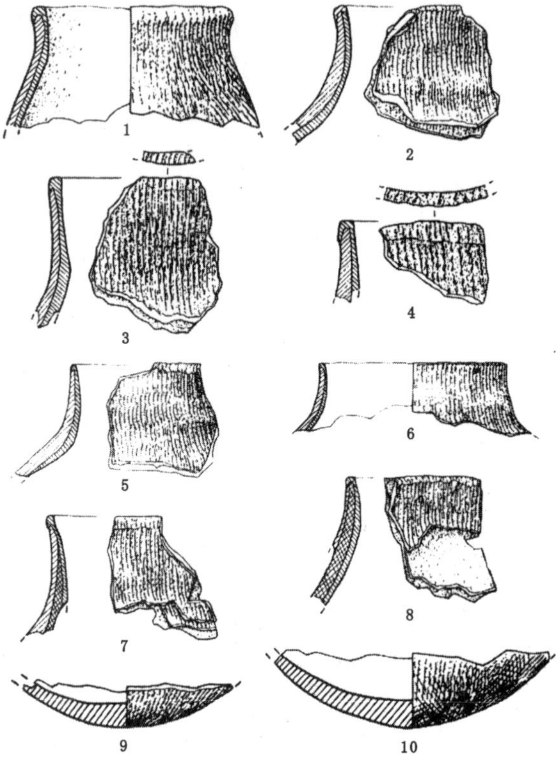

图1-8　广西桂林市甑皮岩遗址第四期的陶器

1. 敞口罐（DT4⑮:002）；2. 敞口罐（DT4⑫:006）；3. 敞口罐（DT4⑭:004）；4. 敞品罐（DT4⑮:008）；5. 敞品罐（KDT7:008）；6. 高领罐（DT4 灶 1:001）；7. 敞口罐（DT3⑤:004）；8. 敞口罐（DT4⑨:011）；9. 器底（K:216）；10. 器底（KDT3 西隔梁:007）

通过研究，对甑皮岩遗址坯体的成型工艺有以下认识：

第三期和第四期许多陶器口部标本有一个共同现象，即剖面图上所显示的钩状包裹现象，有外片包住内片、外片包住中片和内片、内片包住外片，内片包住中片和外片等形式。这种现象是制陶者对泥片的上端施加外力，使其发生弯曲形变所致，也可以说是对泥片进行窝边处理所致。这里必须强调一点：窝边处理是制作毛坯的最后一道工序，即收尾工序。可见钩状包裹现象是甑皮岩遗址陶器采用正筑泥片贴筑法成型的直接证据，实施泥片贴筑法的步骤是从底部筑到口部。

第三期和第四期坯体成型工艺的特点是：都流行正筑泥片贴筑法，器底都是捏塑而成，器壁都是泥片贴筑而成。捏塑法可以追溯到第一期的圜底釜，而泥片贴筑法是第二期新出现的，在制作坯体的过程中已经将捏塑法与泥片贴筑法巧妙地融合在一起。

与第三期相比，第四期贴泥片的方法有明显进步，表现在口部标本的钩状包裹现象上：第三期向内包裹的占大多数，向外包裹的占少数，这表明泥片主要是从胎壁外侧贴上，还表明贴泥片的方法尚未规范化；第四期几乎全部是向外包裹，这表明泥片主要是从胎壁内侧贴上，还表明贴泥片的方法基本上达到规范化。从胎壁内侧贴泥片的优点是：制陶者比较容易看清和掌握泥片之间相互叠压的宽度，从而贴的位置更准确，泥片之间粘贴得更牢固。规范化的优点是可以提高制陶的效率。

三、泥条筑成法

泥条筑成法系指将泥料先搓成泥条，再用泥条筑成坯体的方法。例如仙人洞遗址的泥条叠筑陶是用直径 2～3 厘米的泥条层层向上叠筑的，这类陶片破碎时多从泥条接缝处断开[5]。

第四节　坯体的修整工艺和装饰工艺

毛坯成型之后都要经过修整，才能变为成坯，因此修整工艺是制作工艺的第二个阶段；一般地说，修整之后还要特意对器表进行装饰，装饰工艺是制作工艺的第三个阶段。然而，有很多器物在修整器表的过程中产生纹饰（例如绳纹），这些纹饰保留下来兼有装饰作用，在这种情况下，第二、第三两个阶段难以区分。

一、修整工艺

修整的作用如下：消除坯体上的泥片缝隙或泥条缝隙，提高胎壁的致密度，从而加固胎壁；使各部位厚薄比较均匀、器物形制尤其是口部形制比较规整，具有整形作用；使器表平整或留有纹饰，变得比较美观。新石器时代早期修整坯体的方法有拍打、滚压、刮削、湿手抹平四种，重点介绍拍打绳纹。

1. 拍打

用木质的绕绳拍子拍打坯体外表。拍打时，如果在内壁用素面垫子作依托，则外表留有绳纹，内壁为素面，就成为单面绳纹陶；如果在内壁用绕绳垫子作依托，则外表和内壁都留有绳纹，就成为双面绳纹陶。例如玉蟾岩遗址的双面绳纹陶釜（图 1－1），外表有斜绳纹，内壁有横绳纹。仙人洞遗址既有单面绳纹陶，外表有竖绳纹或交错绳纹，内壁为素面；又有双面绳纹陶，外表有竖绳纹，内壁有横绳纹（图 1－2）。

这里值得注意的是双面绳纹陶：为什么外表的绳纹是斜绳纹或竖绳纹，而内壁的绳纹都是横绳纹？为探明这个问题，笔者仿制了仙人洞遗址的夹砂红陶罐，即仿:188（图版 3，1），外表用绕绳木拍子横向进行拍打，留有竖绳纹，内壁用绕绳长条形鹅卵石垫子作依托，由于有器壁的阻挡，垫子不能横向使用，只能竖向使用，而且鹅卵石垫子的形状是外鼓的，内壁产生一条条纵向的凹槽，凹槽之内留有横绳纹，由此可见，内壁的横绳纹都是绕绳垫子竖向使用所遗留的痕迹。

新石器时代早期的陶器流行绳纹，其原因何在？如果用素面拍子进行拍打，由于拍面是平整的，拍子只能沿垂直方向对器表施加压力；如果用绕绳拍子进行拍打，由于一条条绳股都是向外凸出的，绳股将泥料往两边挤压，即拍子沿多个方向同时对器表施加压力，从而更有效地提高胎壁的致密度，并且消除泥片缝隙或泥条缝隙，对器壁具有明显的加固作用，因此，拍打绳纹成为新石器时代早期修整坯体最常用的一种方法。

绳纹是修整坯体时遗留的痕迹，而不是特意的装饰，尤其是双面绳纹陶内壁的绳纹，处于隐蔽部位，平常是看不到的，毫无装饰作用，这表明新石器时代早期的修整工艺与装饰工艺之间尚无明显的界限。

2. 滚压

在坯体上用绕绳圆棍连滚带压，外表留有竖绳纹或交错绳纹。例如甑皮岩遗址第三期（图1-6，2~8；图1-7）和第四期（图1-8）陶器上的绳纹。

3. 刮削

用片状工具刮掉器表上多余的泥料，使胎壁变薄，并且使各部位厚薄均匀。例如仙人洞遗址，用竹或木质平齿形片状工具在坯体上刮削，内壁、外表留有类似浅篮纹的条状纹[5]。

4. 湿手抹平

用沾水的手将坯体表面抹一遍，由于坯体吸水，从泥料中析出细泥浆，遮盖在小凹坑和粗颗粒之上，使器表显得平整。例如仙人洞遗址有些陶器，在器表刮削后用湿手抹平，成为素面陶[5]。

二、装饰工艺

在修整后的坯体上特意施加的纹饰有齿状凹槽、按压纹、乳凸纹、圆窝纹、刻划纹、附加堆纹。

1. 齿状凹槽

仙人洞遗址的陶器，在唇沿上每隔约1厘米压出一周“V”字形或“U”字形齿状凹槽[5]。前者应是用三棱棍压成的，后者应是用圆棍压成的。

2. 按压纹

甑皮岩遗址未定名器标本DT6⑰:001（图1-6，1），外表饰按压纹，宽而浅，先从左上方向右下方斜压，后从右上方向左下方斜压，二者稍有叠压[10]。

3. 乳凸纹

仙人洞遗址的陶器，在近口部用小棒状器由内壁向外顶出一周单行乳凸，乳凸直径平均0.6厘米，间距约1厘米[5]。

4. 圆窝纹

仙人洞遗址的陶器，在口部外表戳印单行或双行小圆窝[5]，圆窝底平，大者直径1厘米，小者0.5厘米[4]。笔者认为，圆窝纹也可称为圆形戳印纹，所用的施纹工具应与乳凸纹相同，都是平头的小棒状器。二者的差别是：圆窝纹是由外表向内戳印而成，戳而不透；乳凸纹是由内壁向外顶出而成，顶而不透。

5. 刻划纹

仙人洞遗址的陶片，在绳纹上刻划格纹[4]。甑皮岩遗址未定名器标本DT6㉑:009（图1-6，2），在绳纹上施刻划纹，从左上方向右下方斜划[10]。

6. 附加堆纹

用泥条或泥饼在器表上附加而成。南庄头遗址的陶器（图1-4，1），颈部有附加堆纹[7]，从外表看，附加堆纹呈横条状。

此外，涂刷陶衣、器表磨光也有装饰作用。

涂刷陶衣。陶衣又称色衣，是将经过淘洗的细泥浆涂刷在坯体表面，以便改善器表的颜色和光洁度。见于甑皮岩遗址下层一片泥质红陶，器表施红色陶衣[9]，红色陶衣一般是用含铁量较高的红黏土淘洗成细泥浆，然后涂刷在器表上的，淘洗是比较先进的工艺。这块陶片只是孤证，是否可靠，有待查证。今后考古工作者应继续注意新石器时代早期是否已经出现淘洗工艺，查明究竟有无红色陶衣。

器表磨光。在坯体将干未干时，用质地坚硬而光滑的工具（如鹅卵石或骨器）在器表上进行摩擦，使器表的致密度明显提高，并且产生光泽。见于转年遗址的陶片，外表经过打磨较为光滑[8]，这是目前所发现年代最早的磨光陶片。

如上所述，新石器时代早期的制陶者，原先只考虑到陶器的实用性，只有成型工艺和修整工艺；后来考虑到陶器既要实用又要美观，逐渐出现坯体修整之后的装饰工艺，包括特意施加各种纹饰、涂刷陶衣和器表磨光，换句话说，审美观念是在制陶技术进一步发展的过程中逐渐形成的。

第五节 陶器的烧制工艺和烧后装饰工艺

如前所述，坯体的制作工艺包括成型工艺、修整工艺和装饰工艺三个阶段。

坯体制作完成之后，先要经过逐渐阴干，再将已经干燥的坯体置于火上烧制，使制坯所用的陶土发生物理、化学变化，才能使坯体变成陶器，因此，制作工艺之后必须经过烧制工艺阶段，使坯体发生质的变化，达到陶化的程度，这是制陶工艺当中最重要、最关键的一个阶段。假如烧制失败，制作工艺则前功尽弃。

在玉蟾岩遗址发现平地烧火的灰堆，直径约 40～50 厘米，厚不足 10 厘米[2]；在虎头梁遗址发现三个炉灶坑[7]。这些主要是生活用火的遗迹，人们在火上烧烤食物，或冬季烤火取暖，目前尚未发现烧制陶器的遗迹，因此，关于陶器是如何烧制而成的，还不得而知。不过，平地上的火堆和炉灶坑应与烧制陶器有关，可以设想，当时尚未出现专门用于烧制陶器的窑，很可能是将坯体置于平地的火堆上或炉灶坑内烧制而成的，也就是说，平地上的火堆和炉灶坑应是生活（炊事、烤火取暖）和生产（烧制陶器）两用的遗迹。

新石器时代早期陶器的特点是：烧成温度低，颜色不均匀，陶质松软，容易破碎。例如玉蟾岩遗址的陶器，质地非常疏松，好似泥团捏成，一碰即碎[2]；甑皮岩遗址的陶片经过测定，烧成温度为 680℃ ±20℃[13]。笔者推测最先出现的应是平地露天烧制，或在炉灶坑内烧制，二者都属于无窑烧制，在坯体和柴草上面没有遮盖物，热量很容易散失，陶器的烧成温度很低，质地松软；经过一个阶段积累经验之后，才出现平地封泥烧制，这是从无窑烧制向有窑烧制的过渡形式，但是仍然属于无窑烧制范畴，可能与云南景洪傣族烧制陶器的方法相似（见本书第十三章第一节），在坯体和柴草上面利用泥壳作为遮盖物，它具有一定的保温作用，可以在一定程度上提高陶器的烧成温度，使其质地变得稍硬，然而，泥壳不同于陶窑，它只能使用一次，而且保温性能也不如陶窑，提高烧成温度是很有限的。平地露天烧制和平地封泥烧制合称为平地堆烧，都属于无窑烧制。

坯体烧制成陶器以后，整个制陶工艺还没有完全结束，因为有一部分陶器的表面还要经过一道装饰工艺，即“彩绘陶”工艺。所谓彩绘陶是在经过烧制的陶器上用颜料绘成彩色图案，朱绘陶是我国古代陶器上最先出现的一种彩绘陶，它是用朱砂（HgS）作为红色颜料绘成的，朱砂也叫辰砂或丹砂，是无机化合物，其颜色鲜艳。彩绘的缺点是彩料容易脱落。朱绘陶见于仙人洞遗址下层，在绳纹之上涂朱的陶片有13片，也有的在圆窝纹之上涂朱[4]，这是目前在我国境内所发现年代最早的彩绘陶。

如上所述，目前在我国境内所发现的新石器时代早期陶器，从原料制备、坯体成型、坯体修整和装饰，到陶器烧制和烧后装饰这一套制陶工艺流程的框架已经初步形成，这套工艺流程框架为后世制陶技术的发展奠定了初步基础，在中国古代制陶技术史上具有开创性的意义。但是，由于目前考古发掘资料有限，各项工艺的内容还不充实、不具体，只能了解到框架和轮廓，而且现在所看到的新石器时代早期陶器并非刚发明的陶器，在它之前应当还有更加原始的陶器，陶器究竟是如何发明的？至今还不能回答，仍然是我国考古工作者的一个重要研究课题。

最后讲一下国外发现的早期陶器。据说日本出土了公元前一万三四千年的陶片，但其中有些陶片的烧成温度只有400℃～500℃，是还没有完全陶化的土器。在俄罗斯远东地区出土了公元前一万年以前的陶片，蒙古国也发现了公元前一万年左右的陶片，在印度也发现了公元前第九千年至第八千年的陶器，西亚最早的陶器不早于公元前7000年。世界各地早期陶器有不同的器形和纹饰，说明在世界上，陶器的起源是多元的[14]。从现有资料来看，中国境内出现陶器的年代较早，最早的是广西桂林市庙岩遗址的陶器，为公元前13610±500年和公元前13710±260年（表1－1）。

参考文献

［1］曹兵武：《中国早期陶器与陶器起源》，《中国文物报》2001年12月7日，第7版。

［2］袁家荣：《湖南道县玉蟾岩一万年以前的稻谷和陶器》，严文明、安田喜宪主编：《稻作、陶器和都市的起源》，文物出版社，2000年。

［3］江西省文物管理委员会：《江西万年大源仙人洞洞穴遗址试掘》，《考古学报》1963年第1期。

［4］江西省博物馆：《江西万年大源仙人洞洞穴遗址第二次发掘》，《文物》1976年第12期。

［5］张池：《江西万年早期陶器和稻属植硅石遗存》，严文明、安田喜宪主编：《稻作、陶器和都市的起源》，文物出版社，2000年。

［6］柳州市博物馆、广西壮族自治区文物工作队：《柳州市大龙潭鲤鱼嘴新石器时代贝丘遗址》，《考古》1983年第9期。

［7］郭瑞海、李珺：《从南庄头遗址看华北地区农业和陶器的起源》，严文明、安田喜宪主编：《稻作、陶器和都市的起源》，文物出版社，2000年。保定地区文物管理所、徐水县文物管理所、北京大学考古系、河北大学历史系：《河北徐水县南庄头遗址试掘简报》，《考古》1992年第11期。

［8］郁金城：《北京市新石器时代考古发现与研究》，于炳文主编：《跋涉

集》，北京图书馆出版社，1998 年。

［9］广西壮族自治区文物工作队、桂林市革命委员会文物管理委员会：《广西桂林甑皮岩洞穴遗址的试掘》，《考古》1976 年第 3 期。

［10］中国社会科学院考古研究所、广西壮族自治区文物工作队、桂林甑皮岩遗址博物馆、桂林市文物工作队：《桂林甑皮岩》，文物出版社，2003 年。

［11］俞伟超：《中国早期的“模制法”制陶术》，《文物与考古论集》，文物出版社，1986 年。

［12］牟永抗：《关于我国新石器时代制陶术的若干问题》，《考古学文化论集》（二），文物出版社，1989 年。

［13］李家治主编：《中国科学技术史·陶瓷卷》，科学出版社，1998 年，第 30 页表 2－2，1。

［14］严文明：《稻作、陶器和都市的起源》，严文明、安田喜宪主编：《稻作、陶器和都市的起源》，文物出版社，2000 年。

第二章
新石器时代中期的制陶技术

新石器时代中期（公元前7000—前5000年）的文化遗存有湖北的城背溪文化，河南的贾湖文化、裴李岗文化，陕西和甘肃的老官台文化（又称大地湾文化），湖南的彭头山文化、高庙文化、皂市下层文化，河北的磁山文化，浙江的上山文化、跨湖桥文化，内蒙古的兴隆洼文化，山东的后李文化，北京的镇江营一期文化等。其中对城背溪文化和贾湖文化的制陶技术研究工作做得较多。

城背溪文化以湖北宜都市城背溪遗址为代表，还包括宜都市枝城北、孙家河，枝江市青龙山等遗址。其年代上限不超过公元前6500年，下限为公元前5000年[1]。1990年4月，笔者应湖北省文物考古研究所杨权喜先生邀请，考察了城背溪文化的陶器，并且绘制了陶器线图。

贾湖文化以河南舞阳县贾湖遗址为代表，分为三期，经^{14}C年代测定和树轮校正，第一期年代为公元前7000—前6600年，第二期年代为公元前6600—前6200年，第三期推定为公元前6200—前5800年[2]。1996年4月8日至29日，笔者应河南省文物考古研究所张居中先生邀请，考察了贾湖遗址的陶器，并且绘制了陶器线图。

如果说“城背溪一类遗存资料比较丰富，特征明确，年代较早，完全可以作为长江中游新石器时代中期的代表”[3]，那么，根据同样理由，贾湖一类遗存完全可以作为中原地区新石器时代中期的代表。如果说城背溪文化是大溪文化的前身之一，那么，贾湖文化则是仰韶文化的源头之一。

上山文化以浙江浦江县上山遗址为代表，跨湖桥文化以浙江杭州市萧山区跨湖桥遗址为代表，二者都是近年来的重大发现，从制陶技术的发展水平上看，二者分别相当于新石器时代中期的前段和后段，但从^{14}C年代测定数据上看，上山文化的年代较早（距今11400~8600年），相当于新石器时代早期的后段，产生这种矛盾现象的原因是什么尚待研究。

在新石器时代中期的制陶技术中，值得注意的技术事件有以下6个方面：

1. 出现了白陶，开高铝白陶和高镁白陶之先河；

2. 普遍利用无轴的垫板制陶，沿用泥片贴筑法和泥条筑成法成型，发展趋势是泥片贴筑法所占比重逐步减少，而泥条筑成法所占比重逐步增加；

3. 新石器时代中期的最后阶段出现了慢轮装置，从此由垫板制陶向慢轮制陶过渡，开始利用轮轴机械制陶；

4. 出现了彩陶，这是审美观念和装饰工艺的重大发展；

5. 出现了陶窑，完成了由无窑烧制向有窑烧制的过渡；

6. 出现了还原烧成工艺和渗碳工艺。

上述新石器时代中期出现的白陶、慢轮装置、彩陶、陶窑、还原烧成和渗碳工艺具有强大的生命力，对后世的制陶技术具有深远的影响。其中在制陶技术史上起决定性作用的是慢轮装置和陶窑的出现，慢轮装置是新石器时代晚期出现的快轮装置的前身。

第一节　原料的制备工艺

原料的制备工艺包括制胎原料的选择和配制方式两方面。

一、制胎原料的选择

制胎所用原料依然是陶土、羼和料两类。

1. 陶土

根据化学分析数据和笔者对出土实物的观察，新石器时代中期制陶所用黏土有普通易熔黏土、高镁质易熔黏土、高铝质耐火黏土三类，其中以普通易熔黏土为主。现将各类黏土分别介绍如下：

（1）普通易熔黏土。其化学组成以低氧化硅、低氧化铝、高助熔剂为特征，例如城背溪文化的陶器，绝大多数化学组成（质量分数）为氧化硅 52.76% ~67.15%，氧化铝 16.60% ~20.09%，助熔剂总和 11.22% ~14.36%（表 2－1，2，3，4，6，7）。这一成分范围较宽。其实，从新石器时代到商周，我国南北陶器成分都是一个既较宽，却又在相对稳定的范围内波动的，但不同时代、不同地域，都存在一些差别。

表 2－1　湖北宜都市城背溪、枝城北遗址城背溪文化陶器胎的化学组成（%）

编号	出土地点	原编号	器物名称	陶质陶色	SiO_2	Al_2O_3	Fe_2O_3	FeO	CaO	MgO	K_2O	Na_2O	烧失量	总量	吸水率	助熔剂总和
1	城背溪	T6③:100	罐口沿分离出的土	夹砂白陶	62.94	5.52	2.01		0.88	23.89	0.24	0.75	3.75	99.86	30.56	27.77
2	城背溪	T6③:24	釜腹片	夹砂红陶	67.15	16.60	7.04		0.83	1.07	1.36	0.92	4.89	99.86	14.07	11.22
3	城背溪	T6③:48	釜腹片	夹炭夹砂红陶	57.87	19.15	9.36		1.84	0.48	1.65	1.03	7.98	99.36	10.10	14.36
4	城背溪	T6③:61	圆足盘口沿	夹炭红陶	62.36	16.86	5.36		1.86	1.19	2.01	1.18	6.17	96.99	22.04	11.60
5	枝城北	T1⑤	腹片	夹砂灰陶	54.85	5.41	1.09	0.80	1.55	25.57	0.56	1.16	6.45	97.50	14.62	30.73
6	枝城北	H1	圆足盘口沿	泥质红陶	59.27	19.85	7.76		0.84	1.08	1.90	1.24	6.04	97.98	14.55	12.82
7	枝城北	H1	扁壶口沿	泥质红陶	52.76	20.09	9.63		0.85	1.10	1.70	0.81	8.89	95.83	14.05	14.09

注：陶片标本是由湖北省文物考古研究所陈振裕、杨权喜先生提供的。城背溪 T6③:100 罐口沿分离出的砂 SiO_2 的含量为 75.66%。表 2－1 引自湖北省文物考古研究所：《宜都城背溪》附录三表二，文物出版社，2001 年。

裴李岗遗址的陶器，其化学组成为氧化硅 51.01% ~65.67%，氧化铝 17.11% ~23.13%，助熔剂总和 14.25% ~18.53%（表 2－2）。

表 2－2　河南新郑市裴李岗遗址陶器胎的化学组成（%）

原序号	陶质	SiO_2	Al_2O_3	Fe_2O_3	TiO_2	CaO	MgO	K_2O	Na_2O	MnO	P_2O_5	烧失量	总量	助熔剂总和
11	泥质陶	53.24	17.26	7.81	0.66	2.86	2.04	2.13	1.08	0.05	5.38	7.08	99.59	16.58
		57.55	18.66	8.44	0.71	3.09	2.21	2.30	1.17	0.05	5.82	0.00	100.00	17.92
12	砂质陶	62.11	17.33	7.79	0.41	0.84	1.58	3.50	0.13	0.19	0.70	5.24	99.82	14.25
		65.67	18.32	8.24	0.43	0.89	1.67	3.70	0.14	0.20	0.74	0.00	100.00	15.07
13	砂质陶	51.01	21.56	11.45	0.55	1.51	1.81	1.87	0.08	0.37	3.00	5.79	99.00	17.27
		54.73	23.13	12.28	0.59	1.62	1.94	2.01	0.09	0.40	3.22	0.00	100.01	18.53
14	泥质陶	57.43	17.11	7.31	0.96	1.55	1.96	1.33	2.24	0.00	4.07	6.19	100.15	15.35
		61.12	18.21	7.78	1.02	1.65	2.09	1.42	2.38	0.00	4.33	0.00	100.00	16.34
15	泥质陶	60.00	18.61	8.64	1.01	1.15	2.75	2.00	1.13	0.05	0.96	5.35	101.65	16.68
		62.31	19.33	8.97	1.05	1.19	2.86	2.08	1.17	0.05	1.00	0.00	100.01	17.32
16	砂质陶	56.09	19.51	9.00	0.71	1.07	1.45	3.58	0.17	0.13	1.65	7.56	100.92	15.98
		60.08	20.90	9.64	0.76	1.15	1.55	3.83	0.18	0.14	1.77	0.00	100.00	17.11

注：引自李家治主编：《中国科学技术史・陶瓷卷》，科学出版社，1998 年，表 2－1，11～16。助熔剂总和为引者所加。

磁山遗址的陶器，其化学组成为氧化硅 48.87%～60.23%，氧化铝 17.88%～21.59%，助熔剂总和 14.27%～21.89%（表 2－3）。

表 2－3　河北武安县磁山遗址陶器胎的化学组成（%）

原序号	陶质	SiO_2	Al_2O_3	Fe_2O_3	TiO_2	CaO	MgO	K_2O	Na_2O	MnO	P_2O_5	烧失量	总量	助熔剂总和
17	砂质陶	55.96	20.06	4.95	0.80	2.26	0.90	2.11	4.54	0.08	1.25	6.20	99.11	15.56
		60.23	21.59	5.33	0.86	2.43	0.97	2.27	4.89	0.09	1.35	0.00	100.01	16.75
18	砂质陶	48.87	18.21	7.55	0.52	5.80	1.64	0.82	3.54	0.12	3.64	8.48	99.19	19.87
		53.87	20.07	8.32	0.57	6.39	1.81	0.90	3.90	0.13	4.01	0.00	99.97	21.89
19	泥质陶	54.30	17.88	7.31	0.67	2.02	1.62	1.84	0.81	0.08	4.33	8.70	99.56	14.27
		59.76	19.68	8.05	0.74	2.22	1.78	2.03	0.89	0.09	4.77	0.00	100.01	15.71

注：引自李家治主编：《中国科学技术史・陶瓷卷》，科学出版社，1998 年，表 2－1，17～19。助熔剂总和为引者所加。

贾湖遗址的陶器，从陶质陶色上观察，都以普通易熔黏土作为制胎原料，含有个别天然砂粒。遗址所在地区的黏土为含有个别砂粒的红色或青褐色黏土，可以作为制胎原料。大地湾遗址处于黄土高原，黄土之下覆盖着第四纪红土，由于山水冲刷，红土往往暴露在外。当地现在制陶以这种可塑性较强的红土作为原料，推测老官台文化（大地湾一期）也用这种红黏土作为制胎原料。

（2）高镁质易熔黏土。其化学组成以低氧化硅、贫氧化铝、富氧化镁、高助熔剂为特征。例如城背溪文化的陶器，化学组成为氧化硅 54.85%～62.94%，氧化铝 5.41%～5.52%，氧化镁 23.89%～25.57%，助熔剂总和 27.77%～30.73%（表 2－1，1，5）。其中表 2－1，1 为高镁白陶，手摸陶片有滑腻感；表 2－1，5 由于采用还原烧成，成为灰陶。

（3）高铝质耐火黏土。城背溪文化有的白陶，颜色洁白，手摸陶片没有滑腻感，与高镁白陶的手感不同，推测以高铝质耐火黏土为原料，当然，最后尚须科学分析来印证。

湖南洪江市高庙遗址的高庙文化最早出现了白陶，距今约 7800 年[4]。岳阳市钱粮湖农场坟山堡遗址第二期（皂市下层文化晚期）较早出现白陶和白衣陶[5]。

2. 羼和料

有植物类、矿物类、陶类、动物类。植物类有炭末，是经过炭化处理的稻壳，这是新石器时代中期新出现的羼和料。矿物类有砂粒、滑石碎末、云母片三种，其中后两种是新石器时代中期新出现的羼和料。陶类有陶末。动物类有骨屑，是用兽骨砸成碎块，这是新石器时代中期新出现的羼和料。

与新石器时代早期陶器相比，新石器时代中期陶器羼和料的种类明显增多了，即选择的范围明显扩大了，其中最引人注目的是使用了炭末，这表明各地区的制陶者不断地选择本地区存在的最适用的物质作为陶器的羼和料。

各文化陶器的羼和料存在差异，例如城背溪文化以炭末较多，贾湖文化以砂粒为主，镇江营一期文化则以云母片作为羼和料。产生这种差异既有就地取材的原因，制陶者往往选择当地存在的最适用物质作为羼和料；也有人为选择的原因，而人为选泽与当地的技术传统有密切关系，制陶技术是师徒传承、世代相传的。

现将各种羼和料介绍如下：

炭末。如贾湖遗址的一部分陶器，以经过炭化处理的稻壳（即炭末）作为羼和料，这是今日所知中国境内年代最早的陶器羼炭技术。城背溪文化的陶器，多数以炭末作为羼和料，夹炭红陶的胎心呈黑色，是留有炭末所致，内壁、外表皆红色，留有梭形和头发渣状的炭末痕迹，这表明所用的羼和料也是经过炭化处理的稻壳。

砂粒。如贾湖遗址的陶器，常用粒径约 0.5 毫米的细砂作为羼和料。城背溪文化的夹砂红陶所含的砂粒直径 1 ~3 毫米不等；从夹砂白陶中分离出来的砂粒，氧化硅含量为 75.66%（表 2 -1，表注），这表明主要是石英砂，应是取自河滩。

滑石碎末。如贾湖遗址有些陶器，将滑石砸成碎末作为羼和料，滑石末质软、硬度低，手摸器表有滑腻感。

云母片。如镇江营遗址第一期的夹云母陶，羼和料为银白色，薄片状，有光泽。根据其化学组成（表 2 -4）[6]和外貌特征，断定是一种含镁较多的云母片。该遗址位于一个高台地上，台地北部的基岩高出地表 1 米余，基岩的表层含有大量的硅镁云母，显然先民制陶所用的羼和料是就地取材的[7]。笔者仿制了镇江营一期的夹云母陶釜，即仿:263（图版 3，2）以镇江营产的含硅镁云母基岩作为羼和料，验证了这一点。

表 2 -4　北京市房山区镇江营遗址出土陶盆的片状羼和料化学成分的光谱定性分析

编号	原编号	名称	分析物质	化学成分			
				主量	较多量	少量	微量
1	H1022	盆	羼和料	Si	Mg	Al、Fe	Na、K、Ca、V、Ni、Cr
2	T1309⑦	盆	羼和料	Si	Mg	Al、Fe	Na、K、Ca、V、Ni、Cr

陶末。见于城背溪文化一件红陶支座，所含陶末呈鲜红色，粒径 2 ~4 毫米，是将废弃的陶片砸成碎末作为羼和料的。

骨屑。如贾湖遗址有些陶器，用兽骨砸成碎块状作为羼和料，长 0.5 ~3 毫米，从位于 Y9 旁经过火烧的骨屑堆来看，作为羼和料的骨屑应是先经火烧再砸成碎块的。这样做的理由是：用火烧烤可以除去兽骨中的一部分胶质，使其质地变脆，因而比较容易将兽骨砸断、砸裂，以至砸成碎块。

二、配料方式和陶器品种

根据配料方式的不同，可将新石器时代中期的陶器分为有羼和料的陶器、无羼和料的陶器两类。前者还可再分出若干品种来。

1. 有羼和料的陶器

此类陶器都是由黏土与羼和料两部分配制而成，由于此期羼和料的种类明显增多，制胎原料的配制方式也明显增多，这表明制陶者在不断地探索最佳的配制方式，以便制作出最适用的陶器。根据配制方式的不同，可将新石器时代中期有羼和料的陶器细分为夹炭陶、夹砂陶、夹滑石陶、夹云母陶、夹陶末陶、夹骨屑陶等品种。今举数例如下。

（1）夹炭陶。常见于城背溪文化，如夹炭红陶（表2－1，4），由普通易熔黏土与炭化稻壳配制而成，由于炭化稻壳质轻，夹炭陶使用时具有轻便的优点。

（2）夹砂陶。如城背溪文化的夹砂红陶（表2－1，2），由普通易熔黏土与砂粒配制而成；夹砂白陶（表2－1，1）和夹砂灰陶（表2－1，5），都由高镁质易熔黏土与砂粒配制而成。大地湾遗址一期的夹砂陶由夹细砂胎心与泥质内外表层构成，两种泥料间隔使用，胎心和表层所用黏土均为普通易熔黏土，这样做的理由是：夹细砂胎心可以加固胎壁，泥质内外表层可以使器表光洁，这是用料方法上的创新。

（3）夹云母陶。常见于镇江营遗址第一期，由普通易熔黏土与云母配制而成，如陶釜 FZH39:17，夹粗云母，近底部呈黑色。器身用泥条筑成，方唇，沿下折棱不明显，近底部略向内收缩形成一周凹陷。口径42厘米，高44.8厘米[8]。1997年笔者由北京市文物研究所陈光女士陪同，考察了该遗址的陶器，仿制了这件夹云母陶釜，即仿:263（图版3，2），以北京市昌平区红泥沟的红黏土作塑性原料，以镇江营遗址所处台地北侧裸露基岩中所含的硅镁云母矿石碎末作羼和料。

2. 无羼和料的陶器

无羼和料的陶器即泥质陶，都以未经淘洗的泥料制成，黏土中原来就含有个别砂粒等杂质，目前未见经过淘洗、质地纯净而细腻的细泥陶。如城背溪文化的泥质陶（表2－1，6、7），以普通易熔黏土作为制胎的原料，含有少量砂粒，这些砂粒是从黏土中带来的。

第二节　坯体的成型工艺

研究古代制陶技术的重点和难点是坯体的成型方法，容易出错之处也是成型方法。抓住重点、克服难点、避免出错的诀窍是亲身考察出土实物，从实物上找到坯体的成型方法。笔者考察贾湖遗址的陶器时，重点是从实物上寻找成型方法，还亲自绘制了陶器线图，这些图的独特之处是明显地表现出成型方法，这是认识上的飞跃，研究方法上的创新。这种研究方法已被国内考古界接受，必将产生深远的影响。

新石器时代中期坯体的成型方法主要是沿用新石器时代早期的手制法，包括泥片贴筑法、泥条筑成法和捏塑法。从发展趋势上看，泥片贴筑法所占比重逐步减少，而泥条筑成法所占比重逐步增加。产生这种量变的原因是：制陶者在长期实践中逐渐认识到，泥条筑成法比泥片贴筑法先进，因为泥片贴筑法手续烦琐，制成的胎壁不太牢固，而泥条筑成法手续比较简单，制成的胎壁比较牢固，可见这样的量变是有进步意义的。至于捏塑法只见于个别器形，仅是一种补充。

现将各种成型方法介绍如下。

1. 泥片贴筑法

见于贾湖文化和城背溪文化。泥片贴筑法有倒筑、正筑之分，盘筑、圈筑之别，具体操作方法也有差异：捏泥片时有的用右手，有的用左手，后者是“左撇子”操作方法；加泥片时有的从器壁内侧加上，有的从器壁外侧加上。因此，泥片贴筑法又可以细分为倒筑盘筑法、倒筑圈筑法、正筑圈筑法三种：

（1）倒筑盘筑法。操作要点是：从口部开始筑成，当时坯体呈倒立状，泥片排列成盘旋上升状。

如贾湖遗址一期的罐形壶 M110:1（图 2－1），夹细砂红陶，砂粒直径小于 0.5 毫米。用 17 块泥片筑成，都已从泥片缝隙处开裂，多数泥片呈现菱形。倒筑时，坯体随同垫板按逆时针方向转动，用右手持泥片，左手捏泥片，主要靠左手的技巧，这是“左撇子”操作方法，泥片从距制陶者自已较远一边的器壁内侧加上，按顺时针方向排列。筑至第 10 块后暂停，在第 4 块右侧筑第 11～13 块。然后在第 11、12 块上侧筑第 14 块，在第 13 块右侧筑第 15、16 块。剖面显示当时上述泥片都向器内倾斜。最后用第 17 块小泥片从器壁外侧加上，将底部的孔洞封死。经过拍打整形，呈现为小平底。由于垫板没有轴，转动时不平稳，底部的平面与口部的平面不平行，经笔者测定，器底的垂直线与器身的中轴线之间形成的夹角达 4.5°，

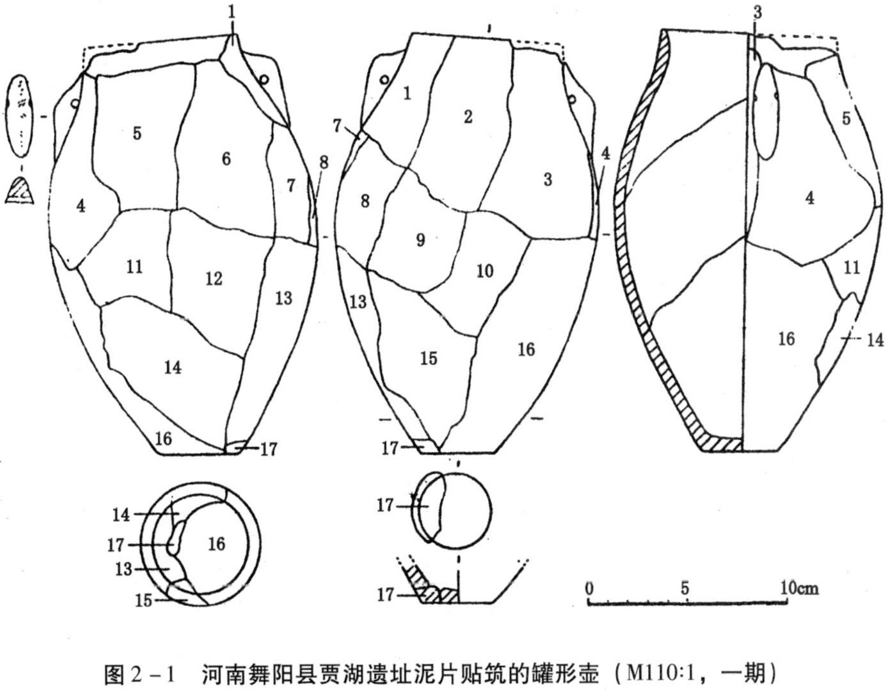

图 2－1 河南舞阳县贾湖遗址泥片贴筑的罐形壶（M110:1，一期）

因此器身明显歪斜。口径 7.8～9 厘米、腹径 12.6～13.7 厘米、底径 3.7～3.8 厘米、高 20～20.8 厘米、胎厚 0.5 厘米。

（2）倒筑圈筑法。操作要点是：从口部或肩部开始筑成，当时坯体呈倒立状，泥片排列成一圈又一圈，垒叠而上，每圈首尾衔接。

如贾湖遗址三期的双耳罐 M28:1（图 2－2，1），泥质红陶，含个别砂粒。口欠圆，器身歪斜。从肩部至底部用 13 块泥片筑成，都已从泥片缝隙处开裂，泥片为弧边，略呈鱼鳞状。倒筑时坯体随同垫板按顺时针方向转动，用左手持泥片，右手捏泥片，泥片从器壁内侧加上，按逆时针方向排列，大致呈水平状。第 1～5 块筑成第一圈；第 6 块较小，填补第 2、3 块上方的缺口；第 7～11 块筑成第二圈。第 12、13 块很小，从器壁外侧加上，将底部的孔洞封死。经过拍打整形，呈现为圜底。将坯体翻转正放，置于草圈之类的器座上，用泥条圈筑成口沿（连续编号为第 14），泥条从器壁内侧加上，内壁有泥条缝隙一周。口径 5.9～6.4 厘米、高 13 厘米、胎厚 0.6 厘米。

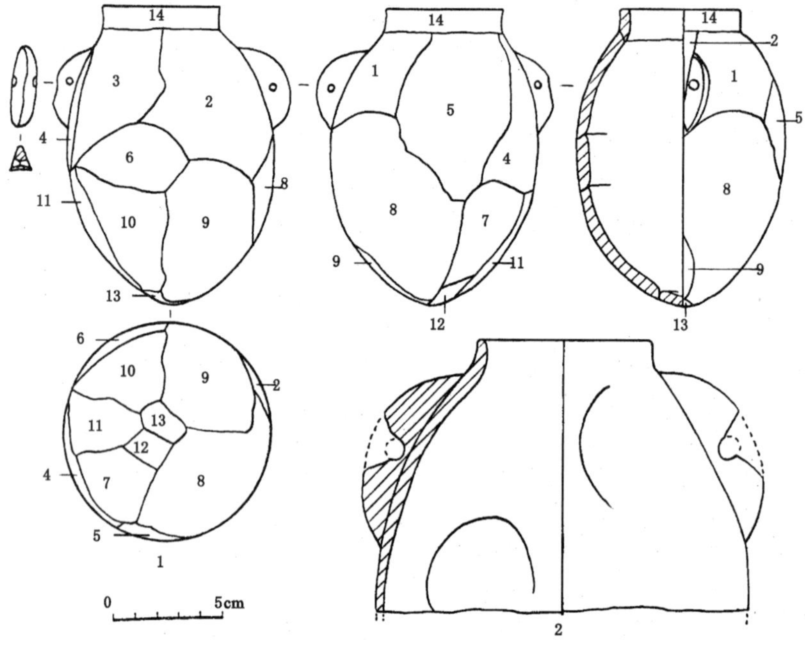

图 2－2　河南舞阳县贾湖遗址泥片贴筑的双耳罐

1. M28:1；2. H113:11（皆三期）

（3）正筑圈筑法。操作要点是从底部开始筑成，泥片排列成一圈又一圈，垒叠而上，每圈首尾衔接。

如贾湖遗址二期的侈口罐 M22:3（图 2－3，1），夹炭红陶，胎心灰黑色，含碎末状炭化稻壳。用 11 块泥片筑成，从泥片缝隙处开裂。用左手捏泥片，泥片按顺时针方向排列。第 1 块为圆饼底，在其上侧用第 2～6 块筑成第一圈；在第 2 块上侧筑第 7 块，填补缺口；用第 8～11 块筑成第二圈。经过拍打整形，形成方唇。口径 8.5 厘米、底径 3.6 厘米、高 13.8 厘米、胎厚 0.8 厘米。

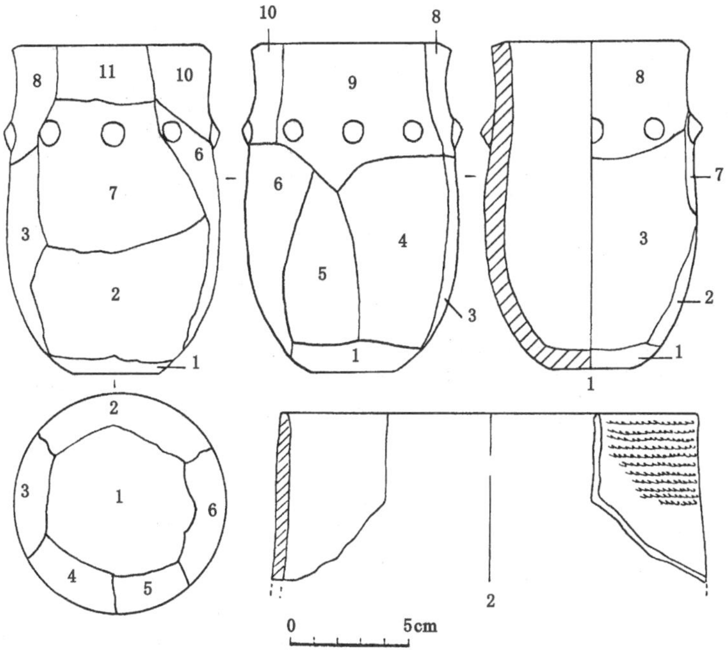

图 2－3　河南舞阳县贾湖遗址泥片贴筑的陶罐

1. 侈口罐（M22:3，二期）；2. 角把罐（H330:19，一期）

三期的双耳罐 T17③B:9（图 2－4，2），泥质红陶，含有少量砂粒。仅存肩部以上的泥片，从泥片缝隙处开裂，泥片的界线分明。圈筑时用右手捏泥片，泥片按逆时针方向排列。肩下部用小泥片筑成，如第 3 块长 5.3 厘米、宽 2.8 厘米，第 6 块长 8 厘米、宽 4 厘米。就现存部分而言，第 1、2 块属于第一圈；第 3、4 块填补缺口（其中第 4 块已经脱落，留有疤痕）；第 5～8 块属于第二圈。剖面显示上述泥片都从器壁内侧加上，泥片向器内倾斜。肩上部和口沿用大泥片筑成，第 9、10 块都从器壁外侧加上，泥片向器外倾斜。泥片从器壁内侧还是从外侧加上，可以灵活掌握，这是操作方法不规范的表现。一些泥片长与宽的比值较大，介于泥片与泥条之间，这是由泥片贴筑法向泥条筑成法过渡的表现。口径 15.6 厘米、残高 10.8 厘米、胎厚 0.6 厘米。

三期的双耳罐 H28:36（图 2－4，1），泥质红陶。仅存肩部以上 9 块泥片，从泥片缝隙处开裂，泥片的界线分明。泥片大小相差悬殊，如第 1 块较大，长 11 厘米、宽 6.4 厘米；第 6 块很小，长 4.3 厘米、宽 1.8 厘米。圈筑时，用右手捏泥片，大多数泥片按逆时针方向排列，个别泥片（第 7 块）按顺时针方向排列，填补缺口。以第 1～4 块筑成肩下部一圈（其中第 3 块已经脱落，留有疤痕），第 5、6 块筑成肩上部半圈，第 7 块填补缺口（已经脱落，留有疤痕），第 8～11 块筑成口沿一圈。剖面显示泥片一律从器壁外侧加上，泥片都向器外倾斜。有的泥片略呈条状，这是由泥片形式向泥条形式过渡的表现。口径 9 厘米、残高 8 厘米、胎厚 0.6 厘米。

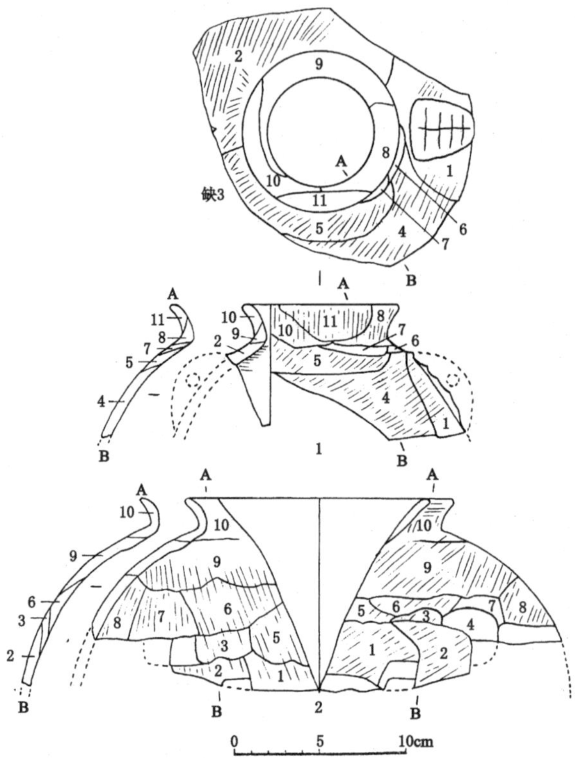

图 2－4　河南舞阳县贾湖遗址泥片贴筑的双耳罐

1. H28:36；2. T17③B:9（皆三期）

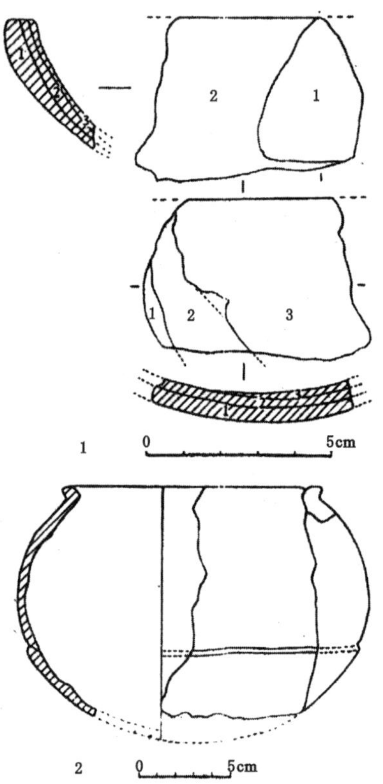

图 2－5　城背溪文化泥片贴筑的陶器

1. 圈足盘（青龙山 H1:41）；

2. 圜底罐（青龙山 T6④）

又如城背溪文化的圈足盘青龙山 H1:41（图 2－5，1），夹炭红陶，胎心黑色。口部的内壁、外表和剖面上都有泥片贴筑痕迹。笔者在绘完线图之后，曾用剃须刀片插入泥片缝隙，可以将泥片逐层剥离，证实所绘的线图是准确的。从外表看（图 2－5，1 上右），泥片 1 在右，泥片 2 在左；从内壁看（图 2－5，1 中），泥片 1 在左，泥片 2 居中，泥片 3 在右。这表明泥片是按顺时针方向逐片贴上去的。从纵剖面（图 2－5，1 上左）和横剖面（图 2－5，1 下）看，均为泥片 1 在外，泥片 2 居中，泥片 3 在内。这表明泥片是从距制陶者自己较远那一边的器壁内侧贴上去的。残宽 5.8 厘米、残高 4.4 厘米、胎厚 0.6～1 厘米。

圜底罐青龙山 T6④（图 2－5，2），夹砂红陶，含少量粗砂。先用 1 块大泥片制作成圜底，内底有几个垫窝，应是拍打外表时一手持鹅卵石垫子在内壁作依托所致，拍打后大泥片变成圜底。然后将圜底置于器座之上，在圜底边缘内侧大约用 5 块略呈圆角方形的大泥片筑成器壁。器壁与器底相接处外侧未经修整，呈现为台阶状。口径 14 厘米、残高 6.6 厘米、胎厚 0.5 厘米。

2. 泥条筑成法

在贾湖文化中，泥条筑成法与泥片贴筑法并行发展；在城背溪文化中，泥条筑成法只是个别现象。这表明贾湖文化比较先进。与泥片贴筑法同样，此法在操作上也有差异：捏泥条时有的用右手，有的用左手；加泥条时有的从器壁内侧加上，有的从器壁外侧加上。因此，泥条筑成法又可以细分为倒筑盘筑法、倒筑圈筑法、正筑盘筑法、正筑圈筑法、倒筑与正筑兼用盘筑法五种：

（1）倒筑盘筑法。操作要点是：从口部开始筑成，坯体呈倒立状，泥条呈盘旋上升。

如贾湖遗址一期的罐形壶 H234:1（图 2－6，1），泥质红陶。外表有泥条缝隙，倒筑时，坯体随同垫板按顺时针方向转动，用左手持泥条，右手捏泥条，主要靠右手的技巧，泥条按逆时针方向盘旋上升。至近底部时，坯体改为按逆时针方向转动，拍打近底部，将底部封死成为尖底，再将尖底拍打成小平底，俯视内底有小凹坑和放射状褶皱。至近底部时，改变坯体转动的方向，表明操作方法还不规范，可以灵活掌握。口径 6.3 厘米、底径 1.2 厘米、高 13.4 厘米、腹部胎厚 0.8 厘米。

一期的罐形壶 M303:1（图 2－6，2），泥质红陶。外表有泥条缝隙，倒筑时用右手捏泥条，泥条按逆时针方向盘旋上升，拍打封底后再拍成小平底，内底有小凹坑。口径 7.4 厘米、底径 1.9 厘米、高 24.3 厘米、胎厚 0.6 厘米。

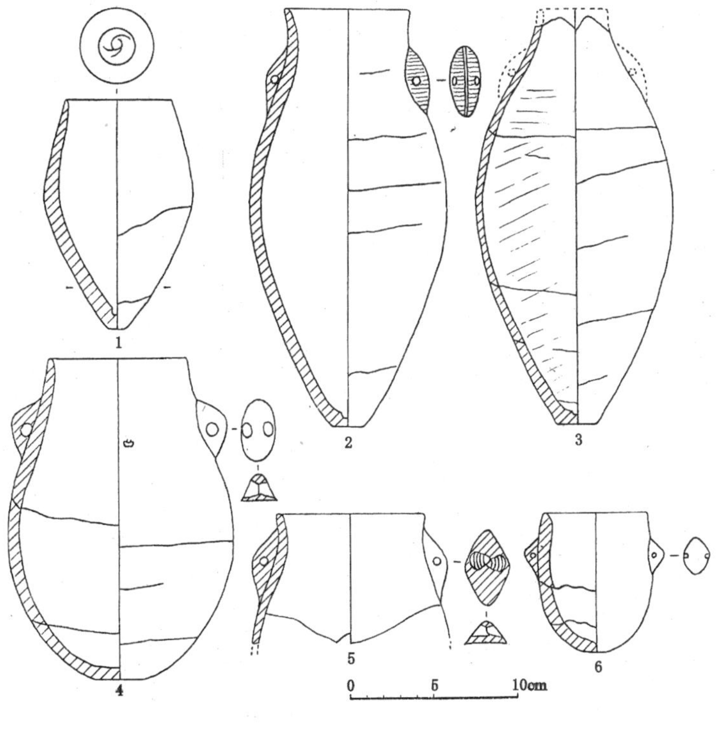

图 2－6　河南舞阳县贾湖遗址泥条筑成的陶器

1～5. 罐形壶（H234:1、M303:1、H383:13、M411:1、T103③C:45）；

6. 双耳罐（H229:19）（1～3 为一期，4～6 为二期）

（2）倒筑圈筑法。操作要点是：从口部开始筑成，泥条一圈又一圈垒叠而上，每圈首尾衔接。

如贾湖遗址二期的侈口罐 M282:2（图 2－7，1），夹砂红陶。腹部内壁、外表有泥条缝隙 4 周，已经开裂，剖面显示倒筑时泥条从器壁内侧加上。口径 12.8 厘米、高 34.2 厘米、胎厚 0.6 厘米。

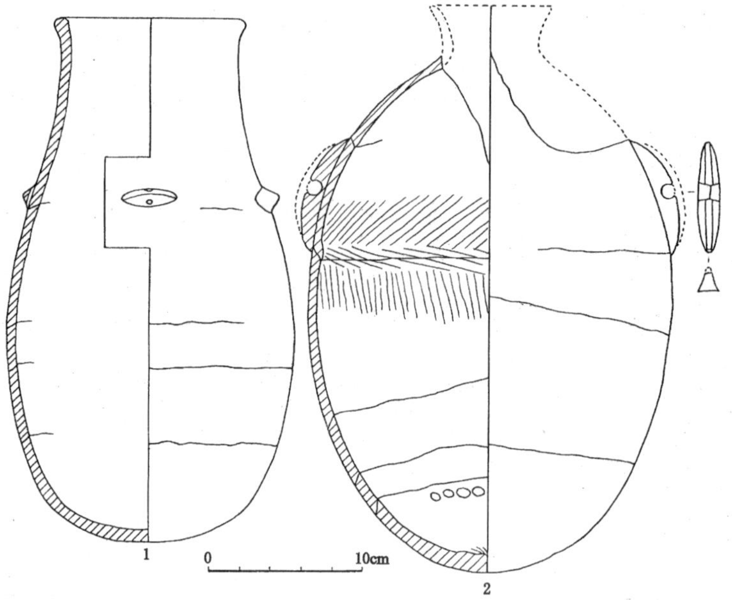

图2－7　河南舞阳县贾湖遗址泥条筑成的陶器

1. 侈口罐（M282:2，二期）；2. 双耳罐（H14:1，三期）

（3）正筑盘筑法。操作要点是：从底部开始筑成，泥条呈盘旋上升。

如贾湖遗址二期的双耳罐 H229:19（图2－6，6），夹砂红陶。内壁有泥条缝隙。用右手捏泥条，泥条从器壁内侧加上，按逆时针方向盘旋上升。口径 6.3 厘米、底径 1.6 厘米、高 8.2 厘米、胎厚 0.6 厘米。

二期的罐形壶 M411:1（图2－6，4），泥质红陶，含少量砂粒。内壁、外表都有泥条缝隙。用右手捏泥条，泥条从器壁内侧加上，按逆时针方向盘旋上升。口径 8.2 厘米、底径 2.8 厘米、高 18.6 厘米、胎厚 0.6 厘米。

（4）正筑圈筑法。操作要点是：从底部开始筑成，泥条一圈又一圈垒叠而上，每圈首尾衔接。

如贾湖遗址二期的圆腹壶 M383:1（图2－8，3），泥质红陶。口部残。在圆饼底上侧筑器壁（壁压底），内壁、外表都有泥条缝隙，已经从缝隙处开裂一周，泥条从器壁内侧加上。底径 5 厘米、残高 14.4 厘米、胎厚 0.3 厘米。

二期的圆腹壶 M323:1（图2－8，4），泥质红陶。口部残。在圆饼底上侧筑器壁（壁压底），用左手捏泥条，泥条按顺时针方向延伸，内壁留有左手大拇指的印痕（指窝）14 个，排列成一周，每个都向右倾斜，指窝长 0.9～1.7 厘米、宽 0.7～1.1 厘米，间距约 1.2 厘米。近底部经过拍打整形，由于器壁收缩，内壁出现竖向褶皱。底径 4 厘米、残高 17 厘米、胎厚 0.3 厘米。

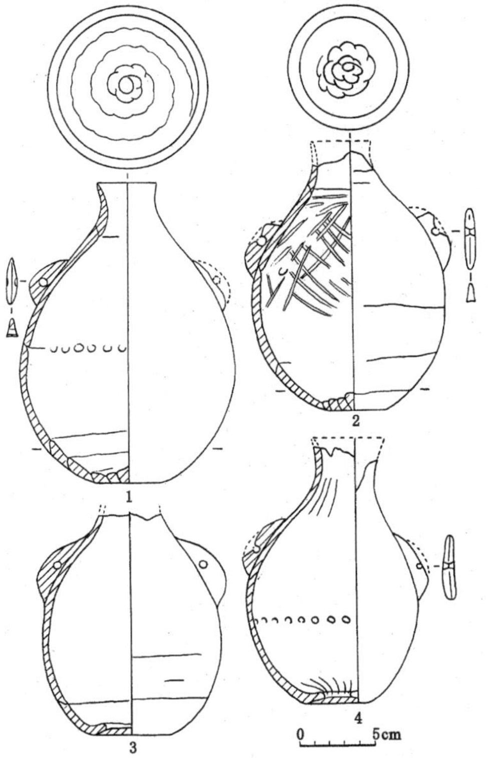

图 2－8　河南舞阳县贾湖遗址泥条筑成的圆腹壶

1. M358:1；2. M366:1；3. M383:1；4. M323:1（皆二期）

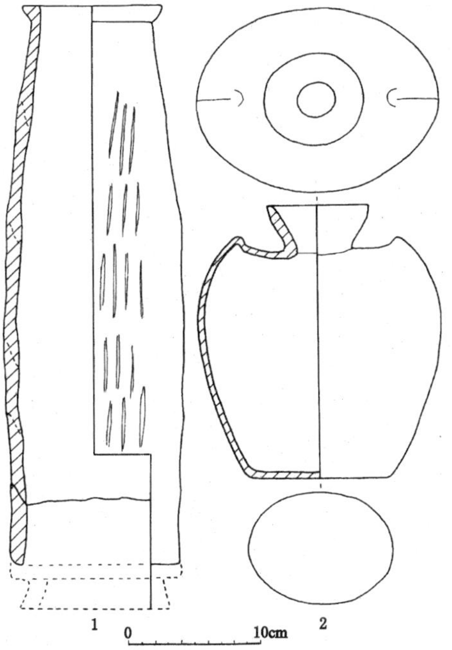

图 2－9　城背溪文化泥条筑成的陶器

1. 筒形器（青龙山 T2④:2）；2. 平底扁壶（城背溪 T7③:10）

又如城背溪文化的筒形器青龙山 T2④:2（图 2－9，1），泥质红陶，含有少量炭末。虽然经过拍打修整，但是留有泥条圈筑痕迹。器身由 6 周泥条圈筑而成，器底和圈足已经脱落。第一周泥条下端比较圆钝、向器内倾斜，应是在器底边缘上侧筑器壁（壁压底）；上端较锐利，内壁有泥条缝隙一周，大致呈水平状。据此断定采用泥条圈筑法成型，泥条从器壁内侧加上。口径 11.2 厘米、残高 41.8 厘米、胎厚约 1 厘米。

平底扁壶城背溪 T7③:10（图 2－9，2），泥质红陶。原先坯体应呈扁圆形筒状，采用正筑圈筑法成型，后来将筒的口部前后两侧捏合在一起形成肩部，最后安装领部，成为扁壶。笔者仿制了这件扁壶。

（5）倒筑与正筑兼用盘筑法。具体操作方法有以下两种：

一种是下半身倒筑，上半身正筑，然后二者套接在一起。例如贾湖遗址三期的双耳罐 H14:1（图 2－7，2），泥质红陶。口部残缺。首先倒筑下半身，其内壁、外表都有泥条缝隙，坯体随同垫板按逆时针方向转动，用右手持泥条，左手捏泥条，泥条从器壁内侧加上，按顺时针方向盘旋上升。至近底部时，坯体改为按顺时针方向转动，左手垫在内壁作依托，右手持拍子拍打外表，以便加固，内壁留有指窝若干组，其中一组四个相依，是左手食指、中指、无名指和小拇指的印痕，印痕共长 4.2 厘米，指窝很小，据此推测制陶者应是女子。抽出左手后，坯体继续转动，拍打近底部，使其直径逐渐缩小，最后将底部封死成为圜底，内底出现小凹坑和放射状褶皱。将坯体翻转正放之后，推测置于草圈之类器座上。然后正筑上半身，用左手捏泥条，泥条从器壁内侧加上，按顺时针方向盘旋上升。上半身在内侧，下半身在外侧套接。相接处胎较厚，达 0.7 厘米，使内壁呈现鼓棱状。笔者根据这件双耳罐的硬度较低，估计其烧成温度约 700℃。腹径 24 厘米、残高 34 厘米、腹部胎厚 0.4 厘米、底部胎厚 1.2 厘米。

另一种是下半身倒筑，将坯体翻转正放之后，在下半身的基础上继续盘筑上半身。例如贾湖遗址二期的圆腹壶 M358:1（图 2－8，1），泥质红陶。内壁有泥条缝隙。倒筑下半身用左手捏泥条，泥条从器壁内侧加上，按顺时针方向盘旋上升。至近底部时，将泥尾塞入圆洞内，拍打底部，将其封死成为小平底。俯视内底有螺旋状泥条痕迹和凸起的泥尾。将坯体翻转正放之后，将边缘捏薄，继续盘筑上半身，泥条从器壁内侧加上。上、下半身交界处内壁有凹槽一段和指窝一周，是继续捏泥条时遗留的痕迹。笔者根据这件圆腹壶的硬度稍高，估计其烧成温度约 750℃。口径 4 厘米、底径 4.4 厘米、高 19.5 厘米、胎厚 0.5 厘米。

二期的圆腹壶 M366:1（图 2－8，2），泥质红陶。口部残。内壁、外表都有泥条缝隙。下半身倒筑、将坯体翻转正放之后，继续盘筑的方法与 M358:1 相同。上、下半身交界处内壁有凹槽一周，是手捏所致，凹槽内存有右手大拇指印痕（指窝）一个，指窝向左倾斜。器表上先涂泥浆层，后涂红陶衣，大部分泥浆层和红陶衣已经脱落，用指甲刻划陶胎会掉粉末，笔者根据这些现象，估计这件圆腹壶的烧成温度约 650℃。底径 4.3 厘米、残高 16.7 厘米、胎厚 0.4 厘米。

3. 捏塑法

见于城背溪文化的陶支座。如城背溪 T10⑩:48，夹砂红陶。用整坨泥料捏塑成型。顶面长径 8 厘米、短径 6.4 厘米、残高 7.6 厘米。

第三节　坯体的修整工艺及附件制作法

本节先叙述修整工艺，再叙述附件制作法。

一、修整工艺

新石器时代中期坯体的修整方法有拍打、滚压、刮削、湿手抹平、敷泥、慢轮修整六种。其中前四种是沿用和发展了新石器时代早期的修整方法，后两种是新出现的修整方法，慢轮的出现开启了轮轴机械制陶的先河，具有重要意义。因此，下面着重介绍慢轮修整。

1. 拍打

这是城背溪文化和贾湖文化制陶者修整坯体时常用的方法。城背溪文化有的用素面（光面）拍子拍打外表，器表呈现为素面；有的用绕绳拍子拍打外表，器表留有绳纹（图2－10）。贾湖遗址常用素面拍子拍打外表，例如圆腹壶M358:1（图2－8，1）、M366:1（图2－8，2）都是将泥尾塞入圆洞之内，先将底部拍打封死，再拍打成小平底；从剖面图上看，圆腹壶器壁下端呈现鼓棱状，并且内壁出现褶皱，这是拍打外表导致器壁下端往里收缩所致。

2. 滚压

例如贾湖遗址的圆腹壶M323:1（图2－8，4），利用素面圆棍在颈部进行上下滚压，使颈部变得更细，外表留有滚压的痕迹，由于器壁往里收缩，颈部内壁出现竖向褶皱。制陶者采用滚压方法迫使颈部变细，达到改善器物造型的目的。

3. 刮削

用工具刮掉内壁和外表多余的泥料，使胎壁变得厚薄均匀，还可消除泥片缝隙或泥条缝隙。贾湖遗址刮削器表所用的工具有两种：一种是用圆棍加工而成，前端修成弧刃，可以称为“弧刃刮棍”，如圆腹壶M366:1（图2－8，2），将弧刃刮棍伸入器内进行刮削，内壁留有一道道排列成交错状的刮削痕迹；另一种是用板状工具（应是木板）加工而成，刃部带有篦齿，可以称为“带篦齿刮板”，如双耳罐H28:36（图2－4，1）、T17③B:9（图2－4，2），都在内壁和外表，用带篦齿刮板进行竖向、横向或斜向刮削，留有印痕较浅的篦划纹。值得注意的是：内壁的篦划纹位于暗处（隐蔽部位），纯属刮削痕迹，毫无装饰作用；外表的篦划纹位于明处，既是刮削痕迹，又兼有装饰作用。这种双面篦划纹是新石器时代中期新出现的，它的存在是本期的修整工艺与装饰工艺尚无严格界限的一种表现。

4. 湿手抹平

在刮削之后，用沾水的手将坯体表面抹一遍，使其显得平整，与此同时，从胎内析出来的细泥浆会覆盖在器表上。例如贾湖遗址的侈口罐M282:2（图2－7，1），内壁和外表都有湿手抹平的痕迹。笔者从模拟实验中得知，湿手抹平应当只抹一遍，见好就收，不可一遍又一遍地进行，因为坯体表面吸水过多，会使胎变软变形，还会将从胎内析出来的细泥浆洗掉，露出粗颗粒，反而使表面显得粗糙。

5. 敷泥

敷泥就是在坯体原胎表面敷一层泥，例如城背溪遗址的泥质红陶圜底钵

T7③:54（图2－10，1）、夹砂红陶圜底罐T8H1①（图2－10，2），两件均为三层胎，中层都较厚，是成型时形成的原胎，内层和外层都较薄，是修整时形成的敷泥层，敷泥是通过加厚胎壁，达到加固胎壁的目的。如果说刮削是采用减法对坯体进行修整，那么敷泥则是采用加法对坯体进行修整。两种做法恰好相反。

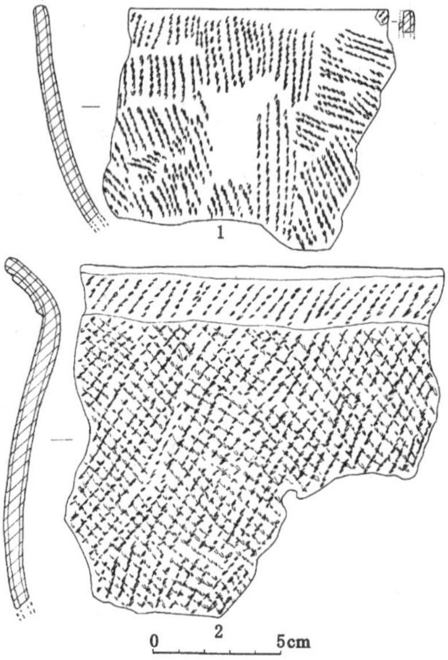

图2－10　城背溪文化三层胎的陶器

1. 圜底钵（城背溪T7③:54）；2. 圜底罐（城背溪T8H1①）

6. 慢轮修整

慢轮是新石器时代中期的制陶者在长期使用垫板制陶的基础上发明的，它是由垫板逐渐演变和发展而来的。在垫板下面中央凿一个圆洞，在圆洞内安装一个轴筒，将轴筒套在插入地里的木桩（车轴）上，用手拨动垫板，垫板就会慢速旋转，这样的垫板就变成了慢轮的轮盘，整个装置就成为慢轮，这是中国古代历史上首先出现的、最原始的轮轴机械，它是新石器时代晚期出现的快轮装置的前身，如果没有慢轮，就不会有后来的快轮，因此慢轮的出现具有重要意义。

然而，由于慢轮装置在结构上存在缺陷，具体地说，由于轴筒与车轴之间的接触面太大，导致摩擦力太大，轮盘的转速存在很大的局限性，只能以慢速旋转用于修整坯体，不能以快速旋转用于拉坯成型。这是慢轮与快轮的根本区别。

所谓慢轮修整是在利用慢轮装置带动毛坯慢速旋转的条件下，用刮板、湿手或湿布对毛坯进行修整，使胎壁变得厚薄均匀、表面平整、形制规整浑圆，尤其是唇沿的细部特征显得更加鲜明。经过慢轮修整，毛坯变为成坯，器表留有平行线状的细密轮纹。在现有考古资料中，最早的慢轮修整痕迹（细密轮纹）见于河南舞阳县大岗遗址，该遗址的年代晚于贾湖遗址第三期，属于贾湖文化晚期。

大岗遗址出现慢轮装置上的构件——帽式陶转盘，例如H4:4（图2－11，1），泥质红陶。顶部残缺。采用泥条圈筑法成型，已经从泥条缝隙处开裂，剖面图上所显示的卷沿是将坯体扣放之后，再用泥条圈筑而成的。口沿外表涂刷深红色陶衣并且经过磨光。笔者根据其硬度，估计烧成温度约800℃。圆唇保存完好，没有磨损现象，口沿下侧（挨着轮盘处）却有一周使用磨损痕迹，由此可见，帽式陶转盘是扣放在慢轮的轮盘上使用的一个构件。口径 44.4 厘米、残高 4 厘米、胎厚 0.7 厘米。这是中国境内目前所发现年代最早的慢轮制陶工具，至于木质的慢轮装置本身应是由轮盘、轴筒和车轴三部分构成，都已经腐朽，没有发现。

陶转盘的作用有三点：一是由于轮盘是木质的，常遇水会腐朽，陶转盘是陶质的，经过烧制不怕水，可以为轮盘起挡水作用；二是将陶转盘扣放在轮盘上，在陶转盘的小平顶上面修整坯体，工作台明显地提高了，制陶者可以坐着修整坯体，非常方便；三是陶转盘小平顶的圆心与轮盘的圆心重合（处于同一垂直线上），将坯体置于小平顶中央，也就恰好置于轮盘中央，轮盘旋转时，坯体不会晃动。

大岗遗址出现了经过慢轮修整的陶器，例如盆 H4:13（图 2－11，2），泥质红陶。底部残缺。形制规整，胎壁厚薄均匀，口沿内壁和外表及腹中部以上内壁都留有细密的慢轮修整纹理（细密轮纹）。腹部外表经磨光。口径 22.8 厘米、残高 10.1 厘米、胎厚 0.5 厘米。这是中国境内目前所发现年代最早的经过慢轮修整的陶器。大岗遗址还出现了彩陶，如彩陶罐 H4:10（图 2－11，3），利用慢轮边旋转，边在腹中部以上外表绘红彩平行条纹 15 周，这是中国境内目前所发现年代最早的轮绘而成的彩陶。

上述帽式陶转盘、经过慢轮修整的陶盆和轮绘的彩陶同时出现，互相印证，证实在中国境内新石器时代中期的最后阶段出现了慢轮制陶技术，从此进入了轮轴机械制陶的时期。将三者连贯起来思索，找出它们之间的内在联系，做出正确判断，得出慢轮制陶起源的结论，这是认识上的飞跃，研究方法上的创新。

最后，需要说明一点：在慢轮上制作坯体时，成型方法没有什么变化，还是沿用泥条筑成法，因此慢轮制陶仍然属于手制范畴。有的学者避开成型方法，说慢轮制陶和快轮制陶都是轮制，这种说法是不确切的。所谓轮制是快轮制陶的简称，系指快轮拉坯成型而言。

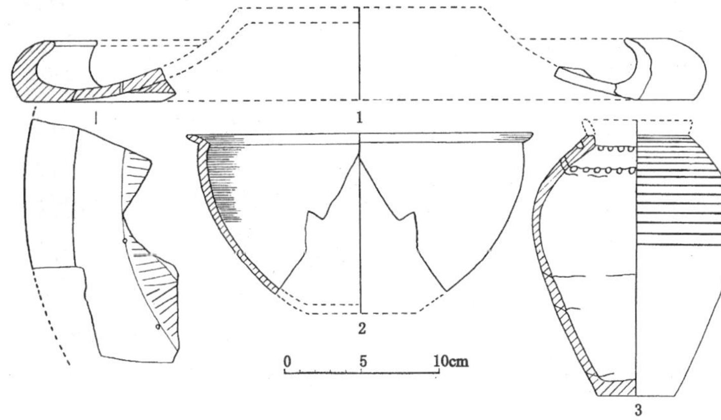

图 2－11 河南舞阳县大岗遗址泥条筑成的陶器

1. 慢轮陶转盘（H4:4）；2. 盆（H4:13）；3. 彩陶罐（H4:10）

二、附件制作法

新石器时代中期陶器上的附件有器鋬、器耳、三足等。器鋬和器耳都是安装在器物上用于手端或手提的附件；三足为实心，安装在器身底部，用于支撑器身。通常是修整器身的工序在前，安装附件的工序在后，但有的器物在安装附件之后继续修整器身，也就是说，修整器身与安装附件交替进行。在器耳上有的捅成圆孔，有的钻成圆孔。笔者从模拟实验中得知，手制坯体成型时，适宜的含水量为22%～20%；在坯体上安装附件时，适宜的含水量为15%～14%；在附件上钻孔时，适宜的含水量为10%。也就是说，各项工序必须在各自适宜的含水量范围内进行。

贾湖遗址的陶器常有器鋬或器耳，其制作方法有以下几种：

（1）在器身上需要安装附件的部位，用（骨质或竹质）锥状工具刻划一道道沟槽，或用（骨质、竹质、木质、陶质或石质）弧刃的刮板刮成一道道凹槽，形成粗糙面，以便附件安装牢固，例如双耳罐H28:36（图2－4，1），用弧刃的刮板在肩部刮成横向的凹槽5道，使安装器耳处呈现凹凸不平；

（2）用手将事先做好的附件置于胎壁上，然后用绕绳圆棍在附件表面进行滚压或按压，使其附着牢固，如罐形壶M303:1（图2－6，2），双耳，器耳上留有滚压的细绳纹；

（3）安装附件后，在附件上用锥状工具或圆棍捅成圆孔，如侈口罐M282:2（图2－7，1），颈部有4个对称器鋬，在每个鋬中间从上往下捅成圆孔；双耳罐M28:1（图2－2，1），在每个器耳中间从左右两面捅成圆孔；

（4）在附件上用（石质、骨质、木质或竹质）双面刃或三面刃的钻头钻成圆孔，如罐形壶T103③C:45（图2－6，5），双耳，在每个器耳中间从左右两面对钻，形成圆孔，孔壁上留有明显的钻头旋转时产生的细密纹理，由于采用左右两面对钻方法，孔壁剖面呈现“〉〈”状。

在罐或壶的器鋬或器耳上穿孔后，可以穿绳，将器物提起来或挂起来。

第四节　坯体的装饰工艺及阴干坯体的设施

坯体的装饰工艺可以分为修整过程中产生的纹样、修整后施加的纹饰、涂刷泥浆层和陶衣、彩陶、器表磨光五类，现在分别叙述如下：

一、坯体修整过程中产生的纹样

在这类纹样中以绳纹为主，而且最有特色，下面着重加以介绍。与新石器时代早期相比，新石器时代中期制陶者的审美意识有了明显提高，在修整坯体过程中故意使绳纹排列有序，以便留下来作为装饰。根据所用施纹工具和施纹方式的不同，可将绳纹分为滚印绳纹和拍印绳纹两种。笔者从模拟实验中得知，在坯体的含水量下降到17%～16%时，软硬适当，还有较弱的可塑性，坯体与施纹工具之间几乎没有粘连现象，此时重新滚印或拍印的绳纹既清晰又美观。

1. 滚印绳纹

它是在坯体上用绕绳圆棍滚印而成的，方法是一手持圆棍的后段（没有绕绳），另一手滚压圆棍的前段（绕绳）。1991年10月笔者由甘肃省文物考古研究所郎树德先生陪同，考察了秦安县大地湾遗址一期（老官台文化，又称大地湾文化）的陶器，看到外表的绳纹普遍是滚印而成，例如三足罐F371:42（图2－12），夹砂灰褐陶，外表滚印交错绳纹，口径16.8厘米，高26.6厘米。根据绳纹上所遗留的痕迹，可以断定滚印的方法是：将坯体扣放在垫板上，滚印绳纹分两遍进行。第一遍，用右手推动绕绳圆棍的前段，从器表右下方（近底部）至左上方（口部）滚印，形成斜绳纹，暂停时用左手的手指捏住绕绳圆棍的后段；第二遍斜绳纹的走向恰好与第一遍相反。第一遍斜绳纹被第二遍斜绳纹打破（切割）和挤压，因此变成断续状而且较细。第二遍斜绳纹呈连续状而且较粗。由于三足罐从下到上直径变化不大，滚印的斜绳纹看起来似乎上下贯通，但是仔细观察后，即可发现实际上有错位现象，并非贯通，因为制陶者的手指和手掌的长度是有限的，所以推动绕绳圆棍滚印一段之后必须停顿一下，手向后移动，再重新开始向前滚印，暂停之后再启动难免产生错位现象。

又如圜底钵 H254:12（图 2－13），将坯体扣放在垫板上，第一遍斜绳纹也是从器表右下方至左上方滚印，由于绕绳圆棍是直的，而钵的形制是底小口大，越接近口部，胎壁的弧度越小，饶绳圆棍与器表的接触面越大，滚印斜绳纹的面积也就越大，因此，各组斜绳纹都呈现为下小上大的“纸扇形”。第二遍斜绳纹的走向与第一遍相反，打破第一遍斜绳纹。

笔者通过仿制三足罐和圜底钵的模拟实验，证实了上述用绕绳圆棍在坯体上滚压绳纹的方法。有的学者说大地湾遗址一期陶器上的绳纹是从“绳网”上印下来的，这种说法显然与实际情况不符。

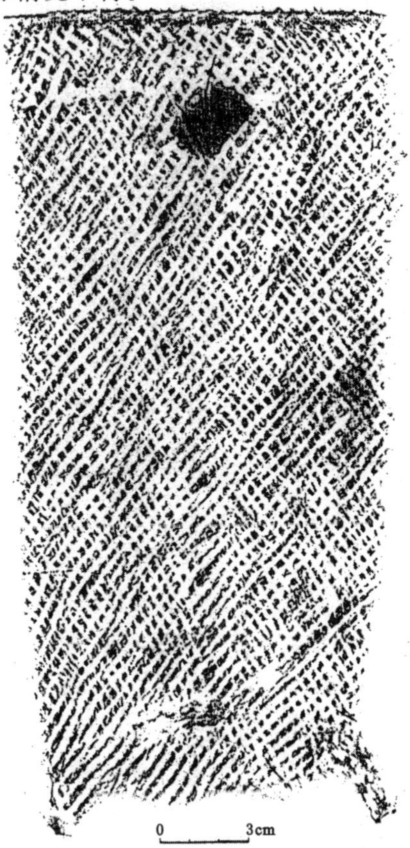

图 2－12　甘肃秦安县大地湾遗址一期三足罐的绳纹拓片（F371:42）

图 2－13 甘肃秦安县大地湾遗址一期圜底钵的绳纹拓片（H254:12）

2. 拍印绳纹

它是在坯体上用绕绳拍子拍印而成的。例如城背溪遗址的圜底钵 T7③:54（图 2－10，1），泥质红陶，外表拍印斜绳纹；T8H1①（图 2－10，2），夹砂红陶，肩部和腹部外表拍印交错绳纹。由于绕绳拍子的拍面是平的，拍印绳纹之后，器表留有一个个小平面，与滚印绳纹所遗留的痕迹明显不同。

二、坯体修整后施加的纹饰

有乳钉纹、篦点纹等。

1. 乳钉纹

如贾湖遗址的侈口罐 M22:3（图 2－3，1），腹上部有乳钉纹 8 个，排列成一周，是用一个个泥钉在坯体上附加而成的。

2. 篦点纹

由于地区差别，产生以下两种情况：

处于中原地区的贾湖文化，其篦点纹呈虚线状，是用竹片或木片制成的篦状工具压印而成的，这种篦点纹是由新石器时代早期的篦划纹演变而来的，篦点纹与篦划纹所用的施纹工具相同，但是施纹方法不同。例如大岗遗址的双耳罐 H4:6（图 2－14），泥质灰陶。器耳下部脱落后露出素面，可知安装器耳的工序在先，施加篦点纹的工序在后。施纹方法是：将四个篦状工具用绳捆扎在一起，成为复合的篦状工具，在坯体上横向压印篦点纹。仰视腹下部的篦点纹，有两个起点，前后对称，应是先从一个起点开始按逆时针方向压印，篦点纹呈现螺旋式上升，各组篦点纹之间留有较大的空当；再从另一个起点开始，在空当内压印篦点纹。正视外表有 23 组篦点纹，每组都由四条虚线组成。口径 7.6 厘米、底径 6.7 厘米、高 17.1 厘米、胎厚 0.4 厘米。

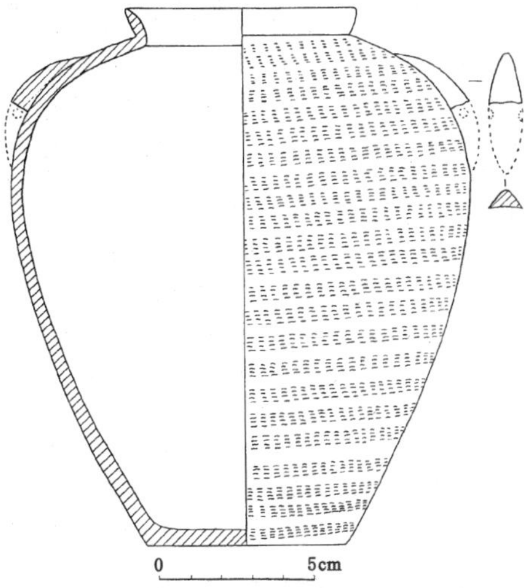

图 2－14　河南舞阳县大岗遗址的双耳罐（H4:6）

处于内蒙古东南部的兴隆洼文化，也属于新石器时代中期，其篦点纹是用近海产的蚶子壳口边压印而成的，实际上呈现齿状曲线，明显不同于贾湖文化呈虚线状的篦点纹。1992 年 11 月笔者由内蒙古自治区文物考古研究所魏坚先生陪同，考察了赤峰市林西县白音长汉遗址出土的陶器，看到许多敞口筒形罐的篦点式之字纹是用蚶子壳的口边压印而成的。例如筒形罐 T37②:8，在压印过程中，蚶子壳内壁的朝向有以下变化：从上往下，一周朝顺时针方向，另一周朝逆时针方向，二者一正一反，相间排列，结果形成竖压横排的篦点式之字纹。笔者仿制了这件筒形罐，即仿:333（图版 6，7），在坯体的含水量下降到 15% ~14% 时，用北戴河海滨产的蚶子壳口边在腹中部至下部压印篦点式之字纹，呈现为阴纹的齿状曲线，就像城墙上的垛子那样。

上述事实表明，各地区、各文化的制陶者总是就地取材的，因而所用的施纹工具各异，还由于各人群的工艺传统及审美观念不同，陶器上所产生的纹样也就各有特色。

三、涂刷泥浆层和陶衣

这是两个不同的概念，不能混淆在一起，涂刷泥浆层属于器表修整工艺，涂刷陶衣属于器表装饰工艺。有时二者是重合的，先涂刷泥浆层，后涂刷陶衣；有时二者是分离的，只涂刷泥浆层，或者只涂刷红陶衣。

就一般遗址而言，基本操作方法是：将淘洗所得的细泥浆涂刷在坯体表面，坯体干燥之后入窑烧制，主要目的是改善陶器表面的致密度和光洁度。涂刷泥浆层的作用主要是为涂刷陶衣打底（类似于如今在木板上抹腻子，为涂刷油漆打底），若无需打底，则直接在胎壁上涂刷陶衣。陶衣还有改善器表颜色的作用。

泥浆层与陶衣的化学成分不尽相同。贾湖遗址的泥浆层烧制前呈浅灰色，烧制后呈浅红色。陶衣习见有红、白等色。考古界一般认为涂陶衣工艺始见于新石器时代中期，在贾湖、彭头山、城背溪等遗址都可看到；也有的资料说甑皮岩遗址下层新石器时代早期的陶器上曾有红色陶衣（见本书第一章参考文献〔9〕）。

贾湖遗址陶器上的涂泥浆层和涂陶衣工艺最值得注意，相当一部分陶器上都以青灰色泥浆打底，其上再涂红陶衣，这种现象在其他遗址未见。贾湖遗址中发现过一个灰坑 H288（图 2－15），属二期，壁底形制较规整，口径 1.25 米、底径 1.20 米、坑自深 1.10 米。坑内填土分 4 层，其中第 4 层为青泥层，厚 10～20 厘米，质地纯净、细腻，显然经过淘洗，推测此灰坑原先是泥浆淘洗池[9]。“青泥”干燥后呈浅灰色，因含铁量较低，烧制后颜色较浅，呈浅红色。贾湖遗址红陶衣的原料具有特殊性，是用褐铁矿加水研磨成颜料浆，然后涂刷而成，质地比泥浆层更加细腻，附着力更强，烧制后呈深红色而且鲜艳美观。在贾湖遗址内发现几块经过长期磨砺的褐铁矿石，应是红陶衣的原料。贾湖遗址陶器上涂刷泥浆层和红陶衣的情况有以下三种：

（1）数量最多，泥浆层与红陶衣先后施于同一件坯体上，先涂一层泥浆打底子，再涂一层红陶衣作为装饰。如双耳罐 H14:1（图 2－7，2）的泥浆层厚 0.2 毫米，其上再涂红陶衣，装饰效果良好；

（2）未涂泥浆层，直接涂红陶衣作为装饰。如罐形壶 M110:1（图 2－1）和双耳罐 H229:19（图 2－6，6）；

（3）只涂一层泥浆打底子，没有涂红陶衣，在泥浆层上滚印绳纹或施篦划纹。如角把罐 H330:19（图 2－3，2）的外表滚印绳纹；双耳罐 T17③B:9（图 2－4，2）的外表施篦划纹。

如上所述，就贾湖遗址的陶器而言，涂泥浆层与涂陶衣是两码事，二者既有区别，又有一定关系。

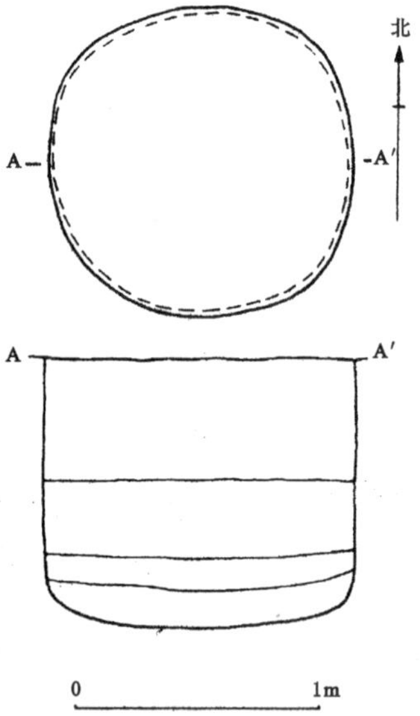

图 2－15　河南舞阳县贾湖遗址 H228 平、剖面图

四、彩陶

所谓彩陶系指在坯体上用矿物颜料绘成彩色图案的陶器，是烧制前用富含着色剂（如氧化铁、氧化锰等）或基本上不含着色剂的天然矿物（如白色的高岭土）作为颜料，在坯体表面绘制出各种不同的图案，然后经过烧制成为彩陶。制作彩陶的目的是提高产品的艺术效果，因此，彩陶工艺与人们的审美观念有密切关系。依照彩料成分和烧成气氛的不同，烧制后彩陶上会呈现出赭红、黑、棕、白诸种颜色。彩陶工艺大约发明于新石器时代中期，贾湖文化、大地湾一期、陕西渭南北刘遗址下层（老官台文化）都有少量彩陶出土，在新石器时代晚期，彩陶工艺得到了充分发展。

贾湖文化大岗遗址出土一件彩陶罐 H4:10（2－11，3），泥质红陶，含有个别砂粒。口沿已从泥条缝隙处脱落。外底留有植物碎末印痕，表明制作坯体时在陶转盘的小平顶上撒一层植物碎末，作为器底与陶转盘之间的隔离层，防止粘连。采用正筑泥条圈筑法成型，在圆饼底上侧筑器壁（壁压底），陶轮按顺时针方向转动，用左手持泥条，右手捏泥条，泥条从器壁内侧加上，按逆时针方向延伸。利用慢轮边旋转，边在腹中部以上外表绘赭红彩平行条纹 15 周，由于坯体的腹部不够圆，有的线条略有粗细不匀和上下起伏的现象，有的线条接笔处有交叉的现象，这表明当时尚处于“轮绘技术”[10]的初期，制陶者的轮绘技术还不够熟练。绘彩之后，外表略加磨光，彩上略有光泽。在使用过程中口沿脱落，在肩上部企图钻一圆孔，以便穿绳将口沿与肩部缀合在一起，但是尚未钻透，呈现圆窝状。底径 5.4 厘米、残高 16.6 厘米、胎厚 0.5 厘米。

大地湾遗址一期钵类口部外表有一周宽带状红色彩带。笔者通过仿制该遗址陶钵的模拟实验了解到，将赤铁矿石砸碎、研磨成粉末，再加水研磨成浆，经过淘洗后成为细腻的红颜料浆，在坯体的含水量下降至 15%～14%时，将红颜料浆涂刷在钵的口部外表，就成为红色彩带，烧制后与出土陶钵上的红色彩带相似。

五、器表磨光

器表磨光是新石器时代中期陶器制作工艺当中的最后一道工序，也是最后一次利用泥料的可塑性。在坯体将干未干时，用坚硬而光滑的工具（如骨器、鹅卵石等）将器表打磨光亮，既可提高器表的致密度，又使器表产生光泽，具有装饰作用。凡是涂红陶衣的器表都经过磨光，但磨光的程度和保存状况有所不同，有些经过精细磨光并且保存较好的器表，至今还能辨认出磨光纹理的方向。大岗遗址的彩陶罐绘彩之后略加磨光。大地湾遗址一期钵类涂刷红色彩带之后都经过磨光，笔者从模拟实验中得知，磨光时坯体适宜的含水量为 13%～11%。

制作工艺完成后，需要将坯体置于通风或阴凉的地方阴干，也称“晾干”，不宜置于阳光下晒干，因为在晒干过程中由于表面与胎心干燥速度不一，会产生具有破坏性的应力（简称破坏应力）导致胎壁开裂。值得注意的是，贾湖遗址第二期两座陶窑 Y5 和 Y6 附近有近 20 个烧土洞或黑土洞，呈圆形或椭圆形，大小不一，大的直径约 60 厘米，小的只有 10 厘米，看不出什么规律，而且无别的遗迹存在，推测这一片数十平方米的空地应是晾干坯体的场所，这些烧土洞或黑土洞应是反复多次支撑简易晾坯棚的柱洞[11]。笔者认为，当时已经初步形成制坯、晾坯、烧窑配套的设施。

第五节　陶窑和陶器的烧制工艺

本节先叙述陶窑，再叙述烧制工艺。

一、陶窑

陶窑是人工建造的可以多次重复使用的烧制陶器的设施。中国古代的陶窑始见于新石器时代中期的贾湖文化和裴李岗文化，陶窑的出现是制陶技术史上的重大进步，与新石器时代早期的无窑烧制即平地堆烧（包括平地露天烧制与平地封泥烧制）相比，新石器时代中期的有窑烧制具有明显的优点：由于陶窑有窑壁包围，有利于窑内保温，从而有利于提高陶器的烧成温度、控制烧成气氛和进行窑内渗碳，对于全面提高陶器的质量具有重要意义。根据陶窑形制的不同，可将新石器时代中期的陶窑分为坑穴形窑、横穴形窑两类，从火焰流向角度来看，这两类陶窑都属于升焰窑。现将两类陶窑分别叙述如下：

1. 坑穴形窑

只见于贾湖遗址。这是利用圆形或椭圆形、圜底或平底的坑穴烧制陶器的窑，它有两种情况：

一种是为烧制陶器特意挖成的坑穴。有4座，编号为一期Y1（图2－16）、二期Y3、二期Y5、二期Y7。其底部有一层厚10～20厘米的原生红烧土。烧烤程度从窑内向窑外由深渐浅，（由于火力向上）周边厚于底部。坑内填土为大量大小不等的红烧土碎块，并且夹杂大量草木灰。推测其建造和使用程序是：先挖一个圜底坑穴；铺一层柴草后，在上面架一层坯体，然后柴草与坯体层层相隔；最后在上面铺一层柴草并且用泥封抹，在泥壳上捅出若干出烟孔，在一侧点火。

另一种是利用废弃的窖穴，将其平整砸实，在烧土面之下往往有原来灰坑内厚薄不等的填土。有3座，编号为一期Y2、三期Y4、二期Y6。烧土面上有大量草木灰和破红烧土块，应是烧窑后的堆积。[12]

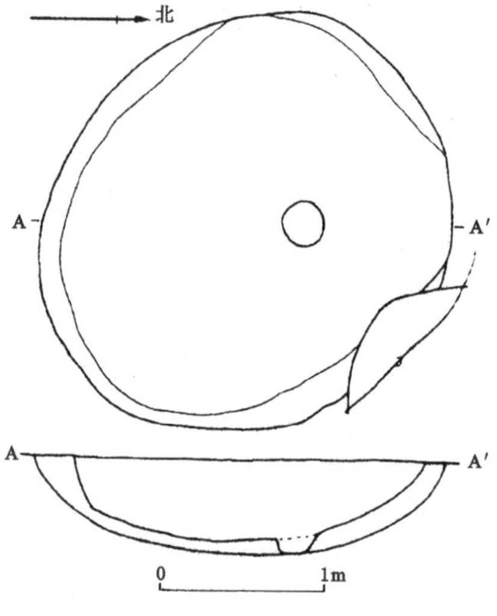

图2－16　河南舞阳县贾湖遗址坑穴形窑（Y1）平、剖面图

2. 横穴形窑

贾湖遗址发现2座，编号为二期Y8（图2－17）、二期Y9（图2－18）[12]，裴李岗遗址发现1座[13]。以贾湖遗址为例，这是为烧制陶器特意建造的圆形或近圆形的窑，一侧有火门，另一侧有一至两个出烟口，还有烟道、火道和窑壁。推测其

建造程序是：先挖一个坑穴，修成平底作为火台；在窑室中间或周围挖一火道，一端通到窑室以外作为火门，另一端修出一孔眼作为烟道和出烟口；然后在坑壁上涂一层厚约 10 厘米的泥作为窑壁。使用时应是在火台上架坯体，上面为封顶式[12]。

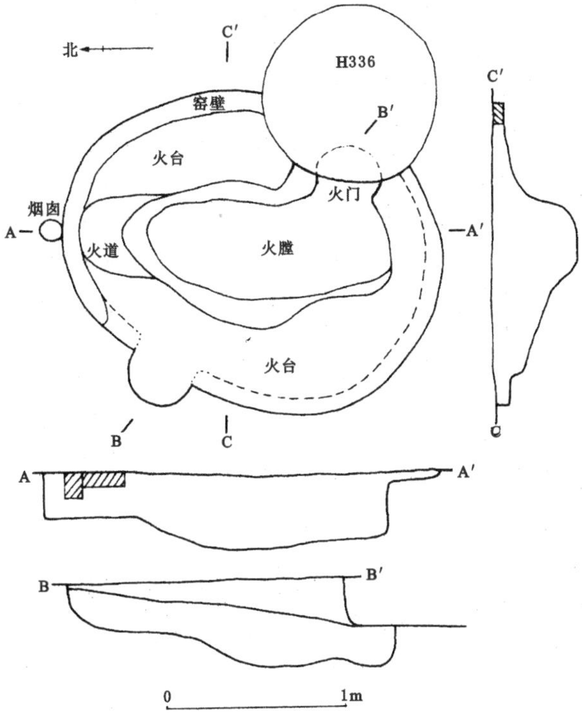

图 2－17 河南舞阳县贾湖遗址横穴形窑（Y8）平、剖面图

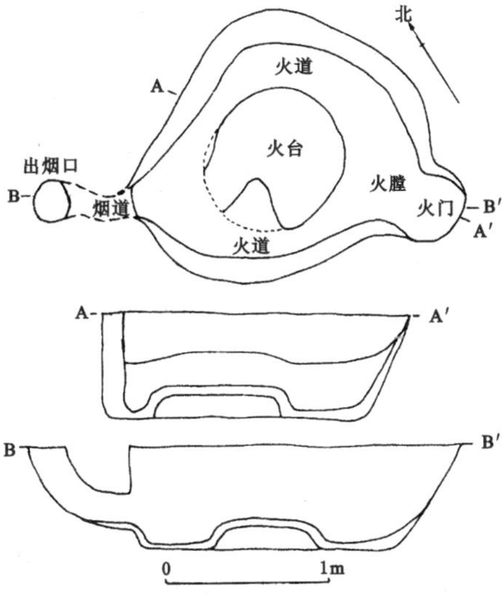

图 2－18 河南舞阳县贾湖遗址横穴形窑（Y9）平、剖面图

笔者认为，贾湖遗址的坑穴形窑结构简陋，是有窑烧制的最初形式，即由平地封泥烧制向横穴形窑过渡的形式。与平地封泥烧制相比，坑穴形窑的优点是坑壁处

于地面以下可以保温，烧制陶器时热量不易散失，有利于提高陶器的烧成温度。

横穴形窑比坑穴形窑又前进了一步，表现在：坑穴形窑尚无火膛（燃烧室）、火台（烧成室）之分；横穴形窑不仅有火膛、火台，而且有相对固定的火门、火道和出烟口，每个组成部分都有专用的功能，有利于陶器的烧制。

贾湖遗址的 Y8 和 Y9 基本上具备了横穴形窑应有的各个组成部分，是新石器时代晚期横穴形窑的前身。但是，还相当原始，具体表现有两点：一是 Y8 和 Y9 的燃烧室与烧成室都还处于同一个空间，没有分离为两个相对独立的空间，换句话说，燃料和坯体还置于同一个空间，不利于将坯体烧制成陶器；二是 Y8 的火膛在中央，火台在火膛两侧，火道在火膛与烟囱之间，Y9 的火台在中央，火膛在火台与火门之间，火道在火台两侧，二者存在差别，表明这种横穴形窑的结构尚未定型，还处于摸索阶段。

二、陶器的烧制工艺

烧制工艺包括温度控制、气氛控制、渗碳操作三个方面。

1. 温度控制

与新石器时代早期陶器的烧成温度普遍偏低（都在 680℃ ±20℃以下）相比，新石器时代中期陶器的烧成温度普遍有所提高，从总体上看，城背溪文化、老官台文化、后李文化陶器的烧成温度稍低一些，贾湖文化、裴李岗文化、磁山文化陶器的烧成温度较高。具体情况如下：

城背溪文化多数器物质地较松软，器表颜色往往深浅不匀，局部有黑色或青灰色斑块，笔者根据其硬度，估计烧成温度一般为 650℃ ~800℃。个别器物如平底扁壶（图 2 -9，2）质地较硬，颜色均匀，陶衣呈深红色，烧成温度可能接近 850℃。

大地湾遗址一期（老官台文化或称大地湾文化）多数器物质地较软，器表颜色不匀，有杂色斑块，许多器物胎心呈黑灰色，这是所含碳素尚未烧尽所致。只有少数器物击之有清脆的声音，烧成温度较高。

贾湖遗址的陶器，笔者根据陶胎的硬度、表层的保存状况（如泥浆层和红陶衣是否脱落、表层是否有剥落现象），估计多数陶器的烧成温度约 700℃ ~850℃。H39 和 H174 出土的两块泥质陶，质地较坚硬，经过测定，烧成温度分别为 960℃和 920℃[14]。有个别器物烧流变形成为次品，如罐形壶 M110:1（图 2 -1），笔者估计烧成温度高于 1050℃。

经过测定，裴李岗遗址陶器的烧成温度为 820℃ ~920℃（表 2 -5，3 ~5），磁山遗址陶器的烧成温度为 890℃ ~1020℃（表 2 -5，6、7）。

表 2 -5　新石器时代中期部分陶器的烧成温度

原序号	出土地点、品名	烧成温度 ±20℃
3	河南新郑裴李岗泥质陶	910
4	河南新郑裴李岗砂质陶	920
5	河南新郑裴李岗砂质陶	820
6	河北武安磁山砂质陶	1020
7	河北武安磁山泥质陶	890

注：表 2 -5 引自李家治主编《中国科学技术史 · 陶瓷卷》表 2 -2，3 ~7，科学出版社，1998 年。

2. 气氛控制

一般地说，陶窑内的气氛有氧化气氛、还原气氛之分。新石器时代中期的制陶者控制窑内气氛的能力尚弱，一般只能采用氧化焰烧制，在氧化气氛中，陶胎内所含铁质成为红色的氧化铁（Fe_2O_3），致使陶胎呈现红色，如城背溪文化和贾湖文化的陶器大多数为红陶。个别采用还原焰烧制，在还原气氛中，陶胎内所含铁质由红色的氧化铁还原成灰色的氧化亚铁（FeO），致使陶胎由红色变成灰色，如城背溪文化有的夹砂灰陶（表2－1，5），其化学组成中氧化亚铁与氧化铁含量的比值（即还原比值）为0.80/1.09＝0.73，处于弱还原气氛范围内。属于贾湖文化晚期的大岗遗址出现少量颜色纯正的灰陶。

3. 渗碳操作

这里指窑内渗碳，是在烧制陶器的后期，采用适当的操作方法使窑内产生黑烟，黑烟中的碳粒渗透到处于红热状态（500℃以上）陶胎的孔隙之内，致使器表乃至胎心变成黑色的工艺过程。新石器时代中期的制陶者很少采用窑内渗碳的方法，仅在裴李岗文化、贾湖遗址的陶器中，见到少量黑陶。

参考文献

［1］湖北省文物考古研究所：《宜都城背溪》，文物出版社，2001年，第282页。

［2］河南省文物考古研究所：《舞阳贾湖》，（上卷），科学出版社，1999年，第518页。

［3］湖北省文物考古研究所：《宜都城背溪》，文物出版社，2001年，《序》。

［4］湖南省文物考古研究所：《湖南洪江市高庙新石器时代遗址》，《考古》2006年第7期。

［5］岳阳市文物工作队、钱粮湖农场文管会：《钱粮湖坟山堡新石器时代遗址试掘报告》，《湖南考古辑刊》第6集，1994年。

［6］北京市文物研究所：《镇江营与塔照》（下），中国大百科全书出版社，1999年，附录3。

［7］北京市文物研究所：《镇江营与塔照》（上），中国大百科全书出版社，1999年，第6页。

［8］北京市文物研究所：《镇江营与塔照》（上），中国大百科全书出版社，1999年，第56页；图33，16。

［9］河南省文物考古研究所：《舞阳贾湖》（上卷），科学出版社，1999年，第85、138页。

［10］李湘生：《试析仰韶文化彩陶的泥料、制作工艺、轮绘技术和艺术》，《中原文物》1984年第1期。

［11］河南省文物考古研究所：《舞阳贾湖》（上卷），科学出版社，1999年，第138页。

［12］河南省文物考古研究所：《舞阳贾湖》（上卷），科学出版社，1999年，

第四章第六节。

［13］河南省开封地区文物管理委员会：《裴李岗文化》，1979 年。

［14］河南省文物考古研究所：《舞阳贾湖》（下卷），科学出版社，1999 年，第 935 页。

第三章
新石器时代晚期的制陶技术

新石器时代晚期（公元前5000—前3000年）制陶技术较为发达的考古学文化有山东的北辛文化，山东、安徽的大汶口文化，甘肃、陕西的师赵村一期文化（相当于北首岭下层类型），河南、陕西、山西的仰韶文化群，湖南的汤家岗文化，广东的咸头岭文化，四川、湖北、湖南的大溪文化，浙江的河姆渡文化，浙江、江苏的马家浜文化，上海、江苏的崧泽文化，内蒙古的赵宝沟文化，内蒙古、辽宁的红山文化等。考古界将新石器时代晚期称为“仰韶时代”。其中以北辛文化、大汶口文化、仰韶文化、汤家岗文化、大溪文化等的制陶技术最为先进，研究工作亦做得比较多。

山东地区的北辛文化、大汶口文化是两种先后相承袭的文化，经^{14}C年代测定，北辛文化大约跨越了公元前5300～前4400年一段时间[1]；大汶口文化自公元前4300～前2400年左右[2]。1989年10月笔者由滕州市博物馆翟力军女士陪同，考察了北辛遗址的陶器，在已发表的陶器线图上加绘了泥条缝隙。

仰韶文化因1921年首次发现于河南渑池县仰韶村而得名。山西垣曲县古城东关遗址位于黄河北岸，与渑池县班村遗址隔河相望。东关遗址的仰韶文化遗存可分四期，经^{14}C年代测定，按高精度树轮较正表，一期为公元前3780～前3340年，四期为公元前3496～前3137年[3]。1989～1992年笔者应中国历史博物馆佟伟华女士、张素琳女士邀请，先后三次考察了东关遗址的陶器，绘制了陶器线图。班村遗址仰韶文化庙底沟类型的相对年代，介于东关遗址仰韶文化一、二期之间。1995年11月笔者应中国历史博物馆信立祥先生、张广如先生邀请，考察了班村遗址的陶器，绘制了陶器线图。

汤家岗文化因最初发现于湖南安乡县汤家岗遗址而得名，其年代在距今6800～6500年前后，早于大溪文化。1979年3月笔者由湖南省博物馆何介钧先生陪同，考察了汤家岗遗址的陶器。

大溪文化因1925～1926年发现于四川巫山县大溪遗址而得名，以出土遗迹和遗物最丰富的湖北枝江市关庙山遗址为代表。1978～1986年笔者参加了关庙山遗址的发掘和资料整理工作的全过程，对大批陶器进行了周密考察，并且亲自绘制了二百多件重要陶器的线图。从已发现的陶器来看，大溪文化的发展经历了四个时期，即初步形成期、蓬勃发展期、繁荣鼎盛期、孕育新文化因素期[4]。笔者曾依据关庙山遗址的资料[5]，对有关制陶技术进行过比较深入的探讨[6]。

在新石器时代晚期的制陶技术中，值得注意的技术事件有以下五个方面：

（1）有羼和料的陶器逐步减少，无羼和料的陶器逐步增多，制胎所用的一部分黏土经过淘洗，一部分砂粒经过筛选，从而出现了细泥陶和细砂陶，由此可见，与新石器时代中期相比，新石器时代晚期的原料制备工艺有了明显进步。盛产高岭土和滑石黏土的湖南地区，成为白陶制作工艺的中心和发祥地。

（2）新石器时代晚期，既是以慢轮作为制陶工具，以泥条筑成法作为成型方法的流行期，又是快轮制陶、拉坯成型技术的初级阶段。快轮装置发明于新石器时代晚期，这是中国古代制陶技术史上的重大事件。快轮制陶技术的起源是多元的，新石器时代晚期的多个地区和考古学文化，如山东地区的大汶口文化中期偏晚、长江中游地区的大溪文化晚期、长江下游地区的崧泽文化晚期的制陶者皆各自独立创造了快轮制陶技术。然而中原地区的仰韶文化群尚未出现快轮制陶技术，这表明各地区坯体成型技术的发展是不平衡的。快轮是新石器时代晚期最先进的一种制坯工具，利用快轮拉坯成型在很大程度上提高了制陶手工业的劳动生产率，是新石器时代晚期生产力提高的重要标志。快轮制陶技术具有强大的生命力，其影响深远，后世制作瓷器仍然主要采用快轮拉坯成型的方法。

（3）新石器时代晚期的彩陶制作工艺得到迅速发展，尤其是仰韶文化庙底沟类型（现在考古界也将它称为“庙底沟文化”）的彩陶图案（凹边三角纹），其影响范围很广。大溪文化第二期的薄胎彩陶（又称“蛋壳彩陶”）圈足碗和单耳杯，胎厚仅 0.7～1.5 毫米，以点纹、曲线纹、曲线网格纹等组合成各种图案，相当美观，是大溪文化中的艺术珍品。

（4）与新石器时代中期相比，新石器时代晚期的升焰横穴式陶窑有了明显进步，表现在燃烧室与烧成室已经分离，结构基本定型，形制多样化，为陶器烧制工艺的发展提供了物质条件，烧成温度的上限达到 1000℃左右，氧化烧成技术高度发达，达到了高峰。

（5）渗碳操作有窑内渗碳和窑外渗碳之分，其中窑外渗碳是新石器时代晚期新出现的。从地区上看，黄河中游地区的渗碳工艺不发达，长江中游地区的渗碳工艺发达，窑外渗碳主要流行于长江中游地区的大溪文化。从发展趋势上看，窑内渗碳逐渐取代了窑外渗碳，因而大溪文化晚期经过窑外渗碳的陶器明显减少，窑内渗碳而成的黑陶数量猛增。

第一节　原料的制备工艺

与新石器时代中期相比，新石器时代晚期原料制备工艺的特点是：细泥陶所占比重逐步增加，因而本期相当一部分器物向薄胎和精细的方向发展，这表明在新石器时代晚期，原料的制备工艺已经达到基本成熟的程度。

一、制胎原料的选择

1. 陶土

根据化学分析资料和对出土陶器的观察，制胎所用的塑性原料依然是普通易熔黏土、高铝质耐火黏土、高镁质易熔黏土三类，仍以普通易熔黏土为主，但高镁质易熔黏土的使用量有所增加。现将各类黏土分别叙述如下：

（1）普通易熔黏土。其化学组成以低氧化硅、低氧化铝、高助熔剂为特征。例如北辛文化的陶器，其化学组成为氧化硅 56. 74% ~68. 09%，平均值 62. 04%；氧化铝 15. 64% ~18. 61%，平均值 17. 00%；助熔剂总和 11. 34% ~17. 64%，平均值 13. 78%（表 3 -1）。这种易熔黏土在不同地域、不同考古学文化、不同陶器品种中都有使用。如山东宁阳大汶口墓葬出土的红陶、灰陶、黑陶、彩陶这些不同品种的陶器，都以普通易熔黏土为原料。山西垣曲县古城东关遗址仰韶文化各期的陶器也都以这种黏土为原料。湖北枝江市关庙山遗址大溪文化的大多数陶器，包括泥质橙黄陶、泥质红陶、泥质黑陶、夹砂红陶、夹砂黑陶、夹炭红陶、夹蚌红陶等，其化学组成为氧化硅 52. 27% ~67. 47%，氧化铝 10. 97% ~22. 56%，助熔剂总和 8. 61% ~20. 13%（表 3 -2，1 ~26），这亦是以普通易熔黏土为原料。

表 3 -1　山东滕州市北辛遗址出土陶片的化学组成及吸水率（%）

编号	原编号	陶质陶色	文化性质	SiO_2	Al_2O_3	Fe_2O_3	CaO	MgO	K_2O	Na_2O	烧失量	总量	吸水率	助熔剂总和
1	H1004:11	夹粗砂红陶	北辛文化	65. 85	16. 83	3. 12	0. 77	2. 03	2. 42	3. 08	2. 97	97. 07	9. 15	11. 42
2	H1004:12	夹粗砂红陶		68. 09	15. 64	3. 33	0. 18	2. 43	2. 50	2. 90	2. 76	97. 83	9. 00	11. 34
3	H1004:13	夹粗砂红陶		63. 96	16. 20	5. 39	0. 84	2. 50	2. 39	3. 06	1. 89	96. 23	11. 85	14. 18
4	H1004:14	泥质红陶，胎心灰		60. 54	16. 83	9. 55	1. 06	2. 31	2. 47	2. 25	1. 83	96. 84	14. 05	17. 64
5	H1004:15	泥质红陶，胎心灰		63. 03	18. 61	7. 03	1. 32	2. 67	2. 29	2. 50	0. 75	98. 20	9. 29	15. 81
6	T604②:51	夹粗砂红陶		61. 08	17. 60	5. 79	0. 18	2. 28	1. 99	3. 13	3. 89	95. 94	12. 86	13. 37
7	T604②:52	夹砂陶，外黑内红		61. 43	16. 74	5. 03	0. 69	1. 83	2. 41	2. 69	3. 54	94. 36	11. 92	12. 65
8	T604②:53	夹砂红陶		61. 14	16. 59	5. 33	0. 36	2. 22	2. 39	2. 71	3. 94	94. 68	12. 24	13. 01
9	T604②:54	夹砂黑陶		62. 07	16. 43	5. 83	0. 78	2. 41	2. 01	2. 72	4. 37	96. 62	11. 52	13. 75
10	T604②:56	泥质红陶，胎心灰		56. 74	17. 23	7. 11	0. 94	2. 91	1. 94	2. 00	5. 57	94. 44	15. 22	14. 90
11	T604②	夹砂红陶		58. 53	18. 33	7. 28	0. 71	1. 71	1. 88	1. 91	2. 85	93. 20		13. 49

注：表 3 -1 数据是由中国社会科学院考古研究所实验室测定。

表3－2　湖北枝江市关庙山遗址大溪文化陶片和有关原料的化学组成及吸水率（%）

序号	原编号	器物（或陶土）名称	陶质陶色	分期	SiO_2	Al_2O_3	Fe_2O_3	CaO	MgO	K_2O	Na_2O	烧失量	总和	氧化铁的存在状态		吸水率	助熔剂总和	铁质还原比值
														Fe_2O_3	FeO			
1	T57⑧:154	细矮领广肩壶	夹炭红陶，外表深红衣，胎心黑色	一早	58.65	16.78	7.76	0.92	1.83	2.12	0.73	8.69	97.48			20.43	13.36	
2	T57⑧:155	斜沿罐口沿	夹炭红陶，土红色，胎心黑色	一早	59.05	18.88	8.55	0.89	1.14	1.68	0.37	6.91	97.47			22.55	12.63	
3	T64⑤AH102:119	内卷沿圜底盆腹片	夹炭红陶，浅土红色，胎心黑色	二	63.88	17.84	6.84	1.11	1.35	1.79	0.96	5.39	99.16			21.11	12.05	
4	T1④H2:89	凹沿罐腹片	夹炭红陶，外表土红衣，胎心黑色	二	61.66	19.13	7.32	1.09	1.45	2.02	0.95	6.73	100.35			17.25	12.83	
5	T51④A:467	直口尖底缸口沿	夹砂红陶，红色，胎心深灰色	三	66.41	17.90	5.21	0.95	1.05	1.79	0.81	5.13	99.25			9.63	9.81	
6	T64⑤B:145	光底缸腹片	夹砂灰陶，灰色，胎心灰黑色	二	67.47	16.90	5.30	0.93	1.08	2.27	0.84	5.02	99.81			8.77	10.42	
7	T51④A:468	缸腹片	夹砂灰陶，浅灰色，胎心深灰色	三	63.62	18.40	3.06	0.45	1.08	2.43	1.59	5.11	95.74			10.18	8.61	
8	T51④A:469	平沿盆口沿	细砂黑陶，内外表黑色，胎心黑色	三	66.77	15.78	6.21	0.85	1.23	1.54	0.97	6.07	99.42			7.81	10.80	
9	T51④A:470	小口高领罐肩部	细砂黑陶，内外表黑色，胎心黑色	三	66.84	16.78	5.66	1.06	1.52	1.51	1.17	4.69	99.23				10.92	
10	T51④AH39:472	扁三角形鼎足	夹蚌红陶，通体土红色	三	55.54	14.01	7.47	7.70	0.49	1.10	1.37	10.50	98.18			32.12	18.13	
11	T51⑤A:474	斜沿罐口沿	夹蚌红陶，通体土红色	二	55.68	14.52	6.25	6.60	1.06	1.03	1.34	10.05	96.53			25.08	16.28	
12	T51⑤A:475	斜沿罐口沿	夹蚌红陶，通体土红色	二	52.27	12.41	5.45	9.61	2.26	1.19	1.62	12.58	97.39			22.41	20.13	
13	T74④C:164	翻沿罐口沿	夹蚌红陶，通体土红色	三	55.81	10.97	6.29	6.46	1.55	1.41	1.35	10.11	93.95			36.87	17.06	
14	T75④B:207	侈沿高领罐口沿	夹蚌红陶，通体土红色	三	56.87	13.29	6.85	4.12	2.84	1.38	1.23	8.77	95.35			26.85	16.42	
15	T51⑤B:477	扁三角形鼎足	夹蚌红陶，通体土红色	二	63.77	14.80	5.32	2.05	1.26	1.54	1.19	7.32	97.25			21.36	11.36	

续表 3－2

16	T51⑤A:476	扁三角形鼎足	夹蚌红陶，通体土红色	二	61.28	15.05	7.65	2.97	0.74	1.42	1.45	6.74	97.30			35.25	14.23	
17	T64③B:144	扁三角形鼎足	夹蚌红陶，通体土红色	四	56.38	13.24	7.32	3.45	0.80	2.34	1.53	15.17	100.23			50.35	15.44	
18	T51③:364	弧壁器盖口沿	夹蚌灰陶，通体深灰色	四	58.36	13.78	7.00	2.31	1.97	1.59	1.50	9.98	96.49				14.37	
19	T51③:463	卷沿圈足碗	泥质橙黄陶，胎心浅灰色	四	65.92	18.97	5.17	0.89	1.19	1.71	1.49	4.85	100.19			11.77	10.45	
20	T58⑦B:85	罐腹片	泥质红陶，外表深红衣，胎心灰色	一晚	63.90	18.83	5.15	0.81	1.17	2.03	0.73	5.04	97.66			10.82	9.89	
21	T65⑥:110	敞口弧壁碗圈足	泥质红陶，外表鲜红衣，胎心灰色	二	64.17	17.98	6.69	0.84	1.22	1.96	1.59	4.25	98.70			10.62	12.30	
22	T51④A:471	曲腹簋圈足	泥质红陶，外表鲜红衣，胎心红色	三	63.71	17.32	5.07	1.11	1.05	1.60	1.23	6.65	97.74	2.98	1.88	13.18	10.06	0.63
23	T51⑤A:473	折沿罐口沿	泥质浅灰陶，通体浅灰	二	60.45	22.56	8.09	0.69	2.74	2.92	1.07	1.03	99.55	0.78	6.59	15.64	15.51	8.45
24	T51⑤B:478	折沿折腹罐腹部	泥质灰陶，通体灰色	二	60.21	19.21	8.36	1.31	1.85	2.69	0.93	3.68	98.24	2.00	6.00	19.47	15.14	3
25	T64④C H110:16	曲腹杯底部	泥质黑陶，通体黑色	三	62.71	18.26	3.63	1.50	1.06	2.03	0.89	7.43	97.51				9.11	
26	T64③A:143	卷沿圈足碗	细泥黑陶，通体黑色	四	54.62	21.39	6.32	1.73	1.42	2.03	1.27	8.35	97.13				12.77	
27	T11④:83	豆圈足	泥质白陶，通体白色	三	68.12	20.57	2.68	1.85	0.09	2.43	0.75		96.49				7.80	
28	T11④:42	尊腹片	泥质白陶，通体白色	三	67.79	5.52	3.41	1.18	18.01	0.61	0.69		97.21				23.90	
29	T70⑥:110	尊腹片	泥质白陶，外表银白，胎黄白色，有滑腻感	二	68.33	5.57	1.33	0.53	19.31	0.34	0.41	3.27	99.09				21.92	
30	枝江市善溪窑	红黏土（生土）			62.29	17.66	9.58	0.16	0.99	1.54	0.21	8.02	100.45					
31	枝江市雅畈	白黏土（生土）			76.57	13.33	0.93	0.07	0.91	1.26	0.69	3.86	97.62					
32	枝江市关庙山	黄黏土（生土）			67.43	16.39	4.39	0.61	1.11	1.79	0.60	5.40	97.72					
33	枝江市关庙山	灰白黏土（生土）			74.82	11.67	4.67	1.68	0.13	1.69	1.54		96.20					
34	枝江市熊家窑	灰白黏土（生土）			70.75	16.12	2.83	0.75	1.03	1.55	1.62	3.87	98.52				7.78	

注：表3－2数据曾发表于田昌五、石兴邦主编：《中国原始文化论集》，文物出版社，1989年。

（2）高铝质耐火黏土。其化学组成以低氧化硅、高氧化铝、低助熔剂为特征。例如山东宁阳县大汶口墓葬出土的白陶，占陶器总数近18%，都是用坩子土制成[7]，坩子土是我国北方地区关于高岭土的方言。汤家岗文化中白陶较多，例如湖南安乡县汤家岗遗址早、中期的泥质白陶分别占陶器总数的4%和5.3%[8]。大溪文化中白陶较少，其中有一种化学组成为氧化硅68.12%～70.35%，氧化铝20.04%～20.57%，助熔剂总和7.58%～7.80%（表3－2，27，表3－3，1），这种白陶是以高铝质耐火黏土即高岭土为原料。众所周知，湖南醴陵盛产高岭土，湖北宜昌县官庄也产高岭土。

（3）高镁质易熔黏土。其化学组成以低氧化硅、贫氧化铝、富氧化镁、高助熔剂为特征。大溪文化的白陶中有一种化学组成为氧化硅67.79%～68.92%，氧化铝3.28%～5.57%，氧化镁18.01%～23.38%，助熔剂总和21.92%～25.93%（表3－2，28、29，表3－3，2），这种白陶是以高镁质易熔黏土即滑石黏土为原料。

如上所述，两种白陶的共同点是：着色剂氧化铁的含量都很低，为1.33%～3.41%（表3－2，27～29，表3－3，1、2），因此都呈现白色。

差异点是：高铝质白陶的外貌特征为质地较硬，手摸器表没有滑腻感，这种白陶与后世瓷器制胎的原料有密切关系，从制胎原料的角度来说，高铝质白陶应是瓷器的前身之一，因此，如果单纯从制胎原料角度去研究瓷器的起源，往上一直可以追溯到新石器时代晚期的高铝质白陶。当然，瓷器有釉，白陶无釉，而且瓷器的烧成温度明显高于白陶，瓷器与白陶之间存在质的区别；高镁质白陶的外貌特征为质地较软，手摸器表有滑腻感（有摸滑石的感觉），这种白陶与后世瓷器制胎的原料无关，不是瓷器的前身。

表3－3　湖南澧县梦溪三元宫遗址大溪文化白陶的化学组成、烧成温度及吸水率（%）

序号	SiO_2	Al_2O_3	Fe_2O_3	TiO_2	CaO	MgO	K_2O	Na_2O	烧失量	总和	助熔剂总和	烧成温度(℃)	吸水率
1	70.35	20.04	1.63	1.10		0.80	3.57	0.48	2.36	100.33	7.58	880	11.74
2	68.92	3.28	1.35		0.98	23.38	0.13	0.09	2.11	100.24	25.93		

注：序号1数据引自中国硅酸盐学会主编：《中国陶瓷史》，文物出版社，1987年，“我国新石器时代陶器的化学组成（%）、烧成温度（℃）和物理性能（%）”表中顺序46；序号2数据是湖南省博物馆何介钧先生提供的。助熔剂总和均为引者所加。

2. 羼和料

新石器时代晚期陶器的羼和料与新石器时代中期同样，有砂粒、炭末、蚌壳末、云母片等，但是各地区、各文化所用的羼和料存在差异。

引人注目的是：新石器时代晚期制胎所用的砂粒多数经过筛选，分为粗砂、细砂，根据陶器胎壁厚薄和用途的不同，分别选用粗砂或细砂作为羼和料，以便制作出更加适用的陶器，这是原料制备工艺上的明显进步。例如垣曲县古城东关遗址仰韶文化的夹砂陶，所用砂粒取自附近的河滩，粗砂粒径一般为1～3毫米，细砂粒径则小于1毫米。渑池县班村遗址仰韶文化庙底沟类型（也称庙底沟文化）的夹砂陶，所用粗砂粒径一般为 2～4 毫米，细砂粒径小于 1 毫米。由此可见，粗砂与细砂的粒径有明显区别，这显然是所用砂粒经过人工筛选的结果。由于原料制备工艺的明显进步，陶器的使用价值也有明显提高。

此期羼入炭末（炭化稻壳）的陶器尤以大溪文化为多。在枝江市关庙山遗址大溪文化的陶器中，以夹炭陶最多，其次是夹蚌陶。夹云母陶在我国古代始终较少，垣曲县古城东关仰韶文化遗址曾有少量夹云母陶出土，其器表露出的云母片闪闪发亮。

二、配料方式和陶器品种

黏土既可单独用于制胎，亦可在黏土中羼入辅助性材料（炭末、蚌壳末、砂粒、云母片等）来制胎。根据制胎原料配制方式的不同，可将新石器时代晚期的陶器分为夹炭陶、夹蚌陶、夹砂陶、夹云母陶、泥质陶等五种。其中前四种为有羼和料的陶器，后一种（泥质陶）为无羼和料的陶器。

值得注意的是：处于长江中游地区的大溪文化有羼和料的陶器当中以夹炭陶数量最多，夹蚌陶次之，夹砂陶最少（表 3－4）；处于黄河中游地区的仰韶文化有羼和料的陶器当中则以夹砂陶占绝大多数，还有少量夹云母陶。大溪文化与仰韶文化之间的地区差别显而易见。产生这种差别与就地取材有关，例如大溪文化居民是以种植水稻作为主要生活来源的，稻壳随处可得，制作夹炭陶很方便；也与当地的工艺传统有密切关系，大溪文化是从城背溪文化发展演变而来的，很自然地承袭了城背溪文化制作夹炭陶的工艺。

表 3－4 湖北枝江市关庙山遗址大溪文化陶质陶色统计表

分期	陶质 / 陶色 / 百分比 / 编号	泥质						夹炭			夹蚌	夹砂		合计
		橙黄陶	红陶	红褐陶	灰陶	黑陶	白陶	红陶	红褐陶	灰褐陶	红陶	灰陶	白陶	
第四期	T52扩方③G3	18	19.08		7.72	30.47				20.44	4.25	0.04		100
第三期	T64④A H110		66.55	0.35	7.67	7.32		1.39			10.1	6.62		100
第二期	T64⑤A H102	1.13	32.07	0.41	1.13	0.2		59.82	2.16		0.92	2.16		100
第一期晚段	T11④G1		8.19			0.03	0.03	76.11	14.18		0.04		1.42	100
第一期早段	T61⑦H144		21.19	5.08				38.14	8.47		27.12			100

注：第一期早段除 T61⑦H144 外，还有 T36⑦BH13、T57⑧。T52 扩方③G3 开口在③层底部，打破④A 层 F9、④B 层 F22，地层关系表明 G3 是第四期当中年代较早的一条灰沟。

现将新石器时代晚期各种陶器分别叙述如下。

1. 夹炭陶

在今日所见考古资料中，以枝江市关庙山遗址大溪文化的夹炭陶最值得注意，其主要器形有圜底罐、釜、鼎、三足盘、圈足碗、内卷沿圜底盆（图版2，6）和鼓形大器座等，大多数为盛储器和饮食器，少数为炊器。断面均为黑色，肉眼可见到炭末。尤其是圜底罐和釜的内壁，用刮板刮削之后未经湿手抹平，因此炭末的痕迹暴露无遗，清晰可见：少数呈梭形，大多数呈头发渣状或粉末状。其中，呈梭形和头发渣状的是泥料揉练得不充分，炭化稻壳保存较好的缘故；呈粉末状的是泥料经过充分揉练，炭化稻壳被揉碎所致。

炭化稻壳内含有大量碳元素（C），或者说主要成分是碳元素。碳元素的特点是：在常温下化学性质稳定，因此，夹炭陶在土壤中埋藏了数千年，胎心内的炭末依然保存完好，陶胎内没有出现孔隙。

由于炭的密度很小（1.8～2.1克/厘米^3），致使胎内含有大量炭末的夹炭陶具有轻便的优点，便于使用，这一点明显不同于夹砂陶。大溪文化中流行夹炭陶与当时人们看中夹炭陶使用轻便的优点也有一定关系。

学术界对夹炭陶中的稻壳羼和料有两种不同看法：有的学者认为是“在烧制过程中炭化”[9]的；也有的学者认为是“事先经过燃烧炭化”[10]的。为探明这个问题，笔者用关庙山遗址文化层下的黄黏土（表3－2，32）作为塑性原料，羼入略有差别的稻壳，仿制成三批大小相同的倒梯形鼎足，都烧制到700℃，所得结果不同，具体情况如下：

第一批，用事先经过炭化处理的稻壳作为羼和料。在练泥过程中炭化稻壳被揉成头发渣状或粉末状，坯体表面平整。烧制时炭化稻壳收缩不多，从鼎足断面观察到，炭末周围没有出现较大缩孔。鼎足的机械强度较高，用工具才能将其砸断。

第二批，用碎稻壳作为羼和料。因稻壳纤维是顺直的，纵向容易开裂，横向具有韧性，多呈现梭形。碎稻壳吸收泥料中的水分之后增强了韧性，练泥时不会折断，坯体表面出现许多碎稻壳毛刺，因而欠平整。烧制后器表留有梭形碎稻壳痕迹。鼎足的机械强度略低于第一批。

第三批，用粗稻壳作为羼和料。坯体表面凹凸不平。由于粗稻壳在炭化过程中收缩较多，炭末周围的缩孔较大。鼎足的机械强度较低，徒手即可将其折断。

上述模拟实验结果表明：用经过炭化处理的稻壳作为羼和料优点较多；用生的碎稻壳可以作为羼和料，但是效果不如炭化稻壳；用生的粗稻壳作为羼和料缺点较多。

就长江中游地区而言，大溪文化的制陶者熟知炭化稻壳的优点和生稻壳的缺点，自然会选择炭化稻壳作为陶器的羼和料。

在我国南方地区，夹炭陶经历了一个发生、发展和衰落的过程，情况如下：

在长江中游地区，夹炭陶始见于新石器时代中期，尤以城背溪文化为多。新石器时代晚期（例如大溪文化），便发展到了鼎盛阶段，铜石并用时代早期（例如屈家岭文化）便很快衰落。至铜石并用时代晚期（例如石家河文化）渐近消亡。

中原文化区的贾湖文化亦有少量夹炭陶出土。

又如在浙江宁绍平原，新石器时代晚期的河姆渡文化，一期6个探坑出土夹炭黑陶27726片，占此期陶片总数的79.90%；二期6个探坑出土夹炭灰陶10356片，占此期陶片总数的56.93%；三期3个探坑出土夹炭灰陶356片，占此期陶片总数的8%；四期出土夹炭灰陶91片，占此期陶片总数的7.26%。由此可见，从一期至四期夹炭陶所占的比例逐步减少。

2. 夹蚌陶

实际上包括以蚌壳碎片和螺壳碎片作为羼和料的陶器，主要见于南方，如大溪文化各期，器表一般呈土红色，有些呈灰褐色。这类陶器总量不多，器类亦很少，绝大多数为圜底罐和罐形鼎，还有少量高领罐及个别钵和盆。

关庙山遗址的夹蚌陶，陶胎内蚌壳碎片的保存状况差别较大，大致可分三种：

第一种是密实陶，数量较少，从新的断面上可见到大量白色、不规则形、片状的蚌壳碎片。内壁、外表的蚌壳碎片都已消失，留下许多大小不一、形状不规则而有棱角的凹坑。一般蚌壳末长1~4毫米、厚0.3~1毫米；最长为8毫米、最厚为1.5毫米（图版1，3，5上）。

第二种是泡陶，数量较多，胎内有大量不规则形孔洞，强度低，容易破碎，内壁、外表状况与密实陶相同（图版1，1，2，6下）。器形与密实陶完全相同。

第三种是半泡陶，数量较少，破茬附近和内外表层都已变泡，陶胎深处还存有大量蚌壳碎片。有些罐口沿的泡层与密实层之间形成明显界线（图版1，6上）。半泡陶正处于由密实陶向泡陶转变的过程中。

根据化学分析，在夹蚌陶当中，密实陶含氧化钙6.60%~9.61%（表3-2，10~12），半泡陶含氧化钙4.12%~6.46%（表3-2，13、14），泡陶含氧化钙2.05%~3.45%（表3-2，15~18）。由此可见，三种夹蚌陶羼和料的主要成分都是碳酸钙。

新鲜的蚌壳和螺壳含有碳酸钙和贝壳素（贝壳素又称壳基质，是由多种有机基质形成的混合物），以碳酸钙为主，贝壳素较少，因而质地坚硬，又具有韧性。经笔者实验，用铁锤都难以将其砸成碎片状，但经过小火烘烤，烧掉一部分贝壳素之后就容易砸成碎片状。可以设想，先民制作夹蚌陶时，所用的蚌壳和螺壳也经过小火烘烤。本书第二章第一节说过，新石器时代中期贾湖文化的夹骨屑陶，作为羼和料的骨屑应是先经火烧，除去骨中的一部分胶质使其质地变脆，然后砸成碎块状。虽然大溪文化与贾湖文化所处的时代和地区都不同，但是用火烧烤蚌壳或骨屑，使其质地变脆的原理是相同的。

关庙山遗址为酸性土壤，pH值为6.45~6.75，因此多数夹蚌陶质地变泡。宜昌县清水滩遗址新石器时代文化层为中性土壤，pH值为7.0，因此夹蚌陶的蚌壳碎片保存良好，表层和胎心的蚌壳碎片都还存在（图版1，4）。

为了解夹蚌陶与酸接触后的变化，笔者将关庙山遗址的一块夹蚌陶片（密实陶）敲成两半：上半块（图版1，5上）留作比较，未经稀盐酸浸泡；下半块（图版1，5下）浸泡在稀盐酸中，蚌壳碎片上冒出二氧化碳气泡，化学反应后变成半泡陶，破茬附近和表层的蚌壳碎片都已经消失，胎心的蚌壳碎片依然存在，泡层与密实层之间形成明显界线。实验结果表明，泡陶的成因是密实陶废弃之后长期与酸性土壤接触的结果。

3. 夹砂陶

夹砂陶在我国南方、北方都可以看到。但以关庙山遗址大溪文化夹砂陶最值得注意，其陶色有红、灰、黑、白4种，其中红色最多，白色最少。其砂粒粗细亦因陶器种类而异，尖底缸、圜底缸（也可能是用于舂米的陶臼）和草帽形器座等大型厚胎器物所含砂粒较粗；小口高领罐、罐形鼎等器物所含砂粒较细。一般砂粒的主要成分是氧化硅，据枝江市水泥厂化验室分析，枝江市云池长江边的砂粒化学组成为：氧化硅89.28%，氧化铝4.56%，氧化铁0.96%，氧化钙0.68%，氧化镁1.23%，烧失量2.36%。这是石英砂，笔者通过仿制夹砂陶的实验了解到，石英砂是制陶的优质羼和料。

夹砂陶的优点是：坚固耐用，缸和草帽形器座非常笨重，是长期固定在屋内某处使用的；耐温度急变性能良好，作为炊器在烧火使用过程中不易开裂。其缺点是：大多数表面比较粗糙。因此，夹砂陶适宜作为盛储器和炊器，一般不作为饮食器。

4. 泥质陶

这是无羼和料的陶器，根据黏土加工情况的不同，可将泥质陶分为普通泥质陶和细泥陶两种，现在分别叙述如下：

（1）普通泥质陶。所用的黏土未经淘洗，颗粒稍粗，含有个别砂粒，有的还含有钙质结核颗粒（钙质结核主要是碳酸钙组成的结核状自生沉积物，大多数为姜结石状或椭圆状，俗称料姜石），这些砂粒和钙质结核颗粒是从碱性黏土中带来的。例如渑池县班村遗址仰韶文化庙底沟类型（也称庙底沟文化）的普通泥质陶，含有个别砂粒和钙质结核，盆H2073:177所含的钙质结核粒径约2毫米。枝江市关庙山遗址大溪文化的普通泥质陶，器形主要有圈足碗、平底碗、圈足盘、豆、簋、曲腹杯、筒形瓶、钵、盆、罐、瓮、器盖等，数量很多。笔者从模拟实验中得知，关庙山遗址文化层之下的黄黏土（表3-2，32）是制作普通泥质陶的好原料。

（2）细泥陶。所用的黏土经过淘洗，质地细腻而纯净，没有杂质。例如大汶口文化墓葬出土的尊、杯、壶、罐，采用了淘洗比较严格的细腻黏土[11]。关庙山遗址大溪文化第二期出现少量细泥陶，主要器形为彩陶圈足碗和单耳杯以及白陶圈足盘。第三期的黑陶曲腹杯和彩陶圈足碗也是细泥陶。到第四期，细泥陶的数量猛增，其中有细泥黑陶的圈足碗、碗形豆、细颈壶、曲腹杯、碗形鼎、器盖；细泥橙黄陶的圈足碗等。关庙山遗址西南角文化层之下的灰白黏土（表3-2，33），质地细腻，仅含个别砂粒，只要稍加淘洗即可用于制作细泥陶。枝江市城西2公里的熊家窑遗址，在大溪文化层之下蕴藏着丰富的质地细腻而纯净的灰白黏土（表3-2，34），笔者以这种黏土作原料，未经淘洗就仿制成薄胎彩陶（也称蛋壳彩陶）圈足碗（彩版1，2A、2B）。熊家窑的黏土是经过长江水"自然淘洗"[12]而成的，质地细腻而纯净，这种优质黏土极为罕见，不是各地都有的。因此，在通常情况下，制作细泥陶所用的黏土应是经过人工淘洗的。

第二节　坯体的成型工艺

新石器时代晚期坯体的成型方法有手制法、轮制法两大类。其中，轮制法是本期新出现的成型方法，极为重要，本节将详细地加以介绍。

一、手制

手制法当中包括泥条筑成法和捏塑法，二者都是承袭了新石器时代中期的成型方法，其中，以泥条筑成法居支配地位，是主流；捏塑法只是个别现象，作为一种补充。值得注意的是：泥片贴筑法在新石器时代晚期已经消失，由此可见，它是一种比较原始、以较落后的成型方法，终于被制陶者淘汰。

现将泥条筑成法和捏塑法分别叙述如下：

1．泥条筑成法

如前所云泥条筑成法有倒筑、正筑之分，盘筑、圈筑之别，今亦将其分为倒筑盘筑法、倒筑圈筑法、正筑盘筑法、正筑圈筑法、倒筑与正筑兼用盘筑法五种。

（1）倒筑盘筑法。操作要点是：从口部开始筑成，坯体呈现倒立状，泥条呈现盘旋上升。

例如滕州市北辛遗址[13]的Ⅰ式鼎 H1002:17（图3－1，1），底部内壁和外表都有泥条缝隙；Ⅱ式釜 H604:7（图3－1，2），肩部内壁和外表都有泥条缝隙。二者泥条都向器外倾斜，为倒筑。北辛文化包括淄博市临淄区齐陵镇后李遗址第⑨文化层及相关遗存[14]，1989年10月20日笔者由山东省文物考古研究所王守功先生陪同在该遗址考察陶器时，看到H555出土的尖底漏器（图3－2），泥质红陶，底部内壁有泥条缝隙5道，泥条宽0.6～1.2厘米，笔者当即绘了陶器线图。

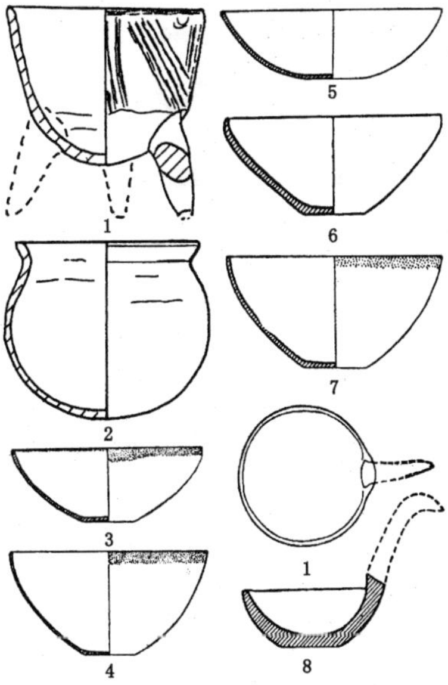

图3－1　山东滕州市北辛遗址北辛文化手制的陶器

1．Ⅰ式鼎（H1002:17）；2．Ⅱ式釜（H604:7）；
3．Ⅰ式钵（H612:2）；4．Ⅱ式钵（H603:14）；
5．Ⅲ式钵（H1001:22）；6．Ⅱ式碗（H710:6）；
7．Ⅳ式碗（H702:1）；8．勺（T605③:10）

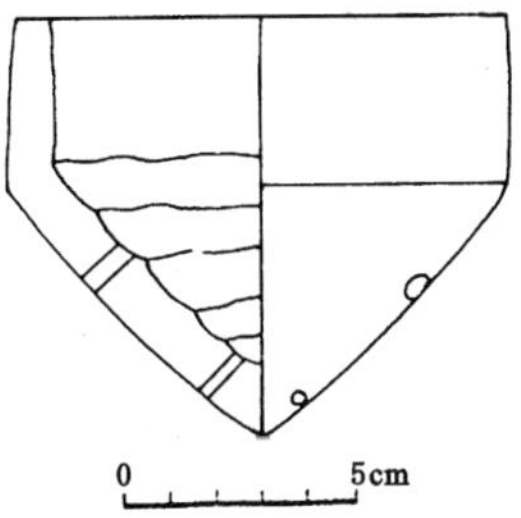

图3－2　山东淄博市临淄区后李遗址H555北辛文化的尖底漏器

又如邹城市野店遗址大汶口文化的三足觚形杯、空足鬶、漏器等[15]，其泥条盘筑成型的方式别具特色。三足觚形杯的柄部制作时常采用细泥条盘筑在一根圆棒上，然后将棒心慢慢地抽出便形成管状。在一些觚形杯的柄内有抽出棒心时由于摩擦所留下的痕迹（图 3－3，2）。笔者认为，这种管状柄的成型方法应是模制法的萌芽，圆木棒心实际上起内模作用。一部分空足鬶的足尖内底安放一块较干的橄榄形泥心，起支撑作用，避免坯体在干燥和烧制过程中坍塌（图 3－3，4）。漏器 M22:24（图 3－3，5），泥质红陶，折腹处附加三个环状钮，腹部和底部各有小圆镂孔，口缘外有一圈乳钉，腹部绘白彩长方形框和大圆圈。有的学者认为这件“漏器”应是“陶鼓”[16]。笔者仿制了这件彩陶鼓，即仿:169（图版 6，1），采用倒筑盘筑法成型，在氧化气氛中烧制到 900℃。在口部蒙上生猪皮作为鼓面，猪皮周边穿有小孔，套在乳钉上，在口外绕绳将猪皮加以固定，猪皮干燥收缩之后会自然地绷紧。打击鼓面时会发出咚咚的声音。腹下部的三个环状钮可以穿绳，将陶鼓固定在木质三叉支架上，笔者从模拟实验中得知，将陶鼓架空使用，打击鼓面时发出的声音较响亮。至于腹中部和底部中央的小孔则具有通气作用。

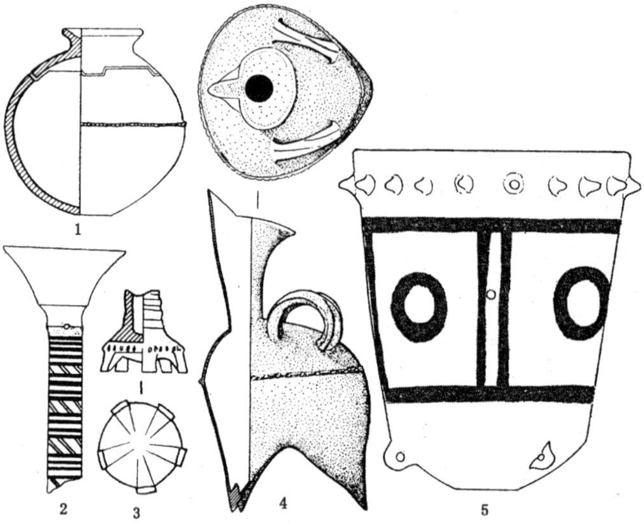

图 3－3　山东邹城市野店遗址大汶口文化的陶器

1. 球腹陶罐 M37:14；2. ⅢA 型觚形杯 M10:1；3. 觚形杯杯底 M22:01；4. Ⅳ型鬶 M51:50；5. 漏器（彩陶鼓）M22:24

再如枝江市关庙山遗址大溪文化的圜底缸（图 3－4，4），底部剖面有泥条缝隙，泥条向器外倾斜，这表明采用倒筑盘筑法成型。用篮纹拍子拍打近底部，使其直径缩小、以至封死形成圜底，内底出现放射状褶皱。圈足盘（图 3－5，6），外底和剖面都留有泥条缝隙，用左手持泥条，右手捏泥条，泥条按逆时针方向盘旋上升。

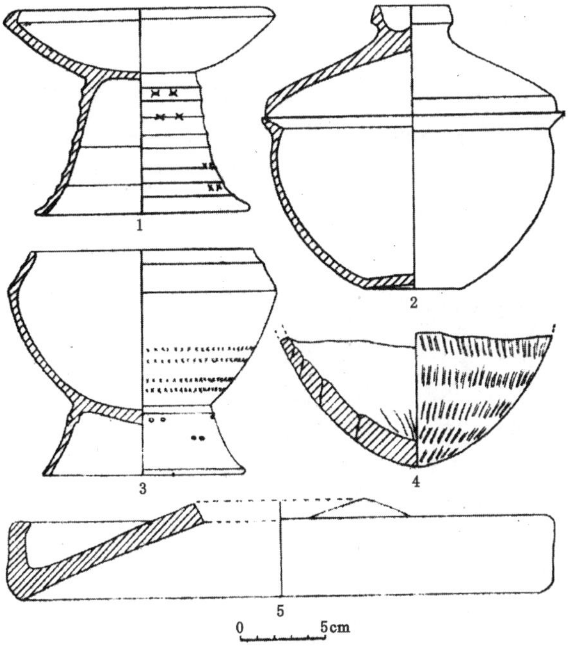

1. 泥质红陶内折沿盘形豆（T69④C:179）；
2. 下：泥质红陶折沿平底盆（T56④BH96:1a），上：泥质红陶瓶口形钮器盖（H96:1b）；
3. 泥质红陶内折沿簋（T65④C:67）；
4. 粗砂灰陶圜底缸（T9③:53）；
5. 夹炭灰陶帽式陶转盘（T64④C:85）

图3－4　湖北枝江市关庙山遗址大溪文化第三期的陶器

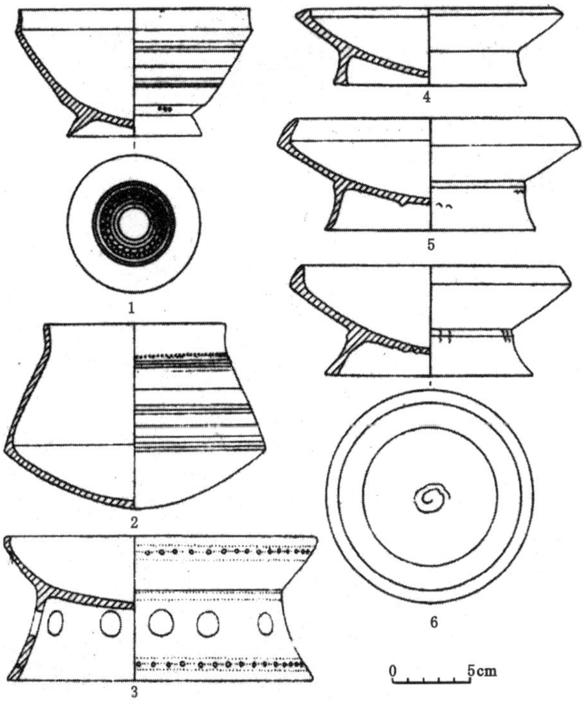

1. 泥质红陶内折沿圈足碗（T64⑤AH102:59）；
2. 泥质红陶直口折腹釜（T65⑤AS35:6 0）；
3. 细泥白陶彩陶内卷沿圈足盘（T68⑤:93）；
4，5. 泥质红陶内折沿圈足盘（T211 西北 W127:3、2，瓮棺内随葬器物）；
6. 泥质红陶内折沿圈足盘（T51⑤A:233）

图3－5　湖北枝江市关庙山遗址大溪文化第二期的陶器

河南内乡县朱岗遗址出土一件彩陶鼓（图3－6，1、2），从内壁可以看出用泥条盘筑法制成[17]，鼓首呈喇叭状，有隔离层，正中穿孔，使鼓首与鼓身相通，从所绘图案上看，属于仰韶文化庙底沟类型[18]（又称庙底沟文化）。笔者仿制了这件彩陶鼓，即仿:205（图版6，2），首先倒筑盘筑圜底状的隔离层，然后在隔离层外侧倒筑盘筑喇叭状鼓首和直筒状鼓身。烧制到900℃。在鼓首口部用猪皮蒙成鼓面，周围用绳捆牢。打击鼓面时，隔离层中央的镂孔具有传音的功能，发出洪亮的声音。

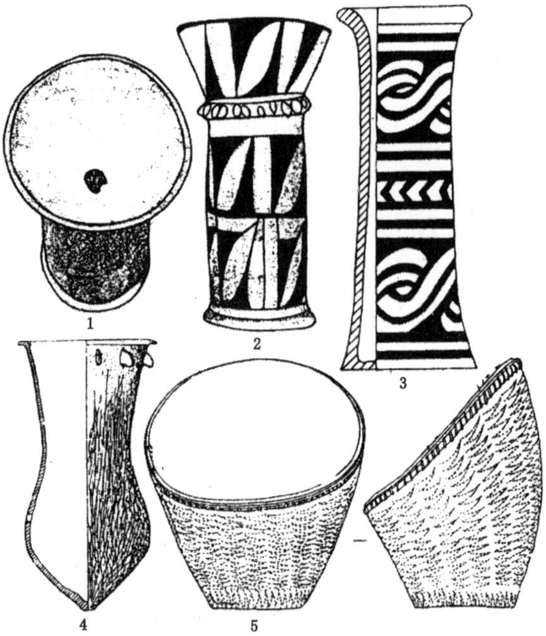

图3－6　新石器时代晚期的陶器

1、2. 河南内乡县朱岗遗址仰韶文化庙底沟类型彩陶鼓；

3. 四川巫山县大溪遗址大溪文化彩陶筒形瓶（M114:2）；

4. 河南郑州市大河村遗址仰韶文化大河村类型陶鼓（W1:1）；

5. 内蒙古自治区赤峰市水泉遗址红山文化之字纹斜口罐

（2）倒筑圈筑法。操作要点是:从口部开始筑成，泥条一圈又一圈垒叠而上，每圈首尾衔接。

例如渑池县班村遗址仰韶文化庙底沟类型（又称庙底沟文化）的帽式陶转盘H613:3（图3－7，5），内壁、外表都有泥条缝隙。郑州市大河村遗址仰韶文化大河村类型的大口尖底瓶（图版3，7左），内底有清晰的倒筑泥条圈筑痕迹。大河村遗址第四期的大口尖底瓶W1:1（图3－6，4），口外有4组8个勾钮[19]，在作为瓮棺使用之前应是陶鼓。笔者仿制了这件陶鼓，即仿:178（图版6，3），采用倒筑圈筑法成型。烧制后用生猪皮蒙在口部作为鼓面，其四周被勾钮牢牢地钩住。击鼓时，发出咚咚的声音。

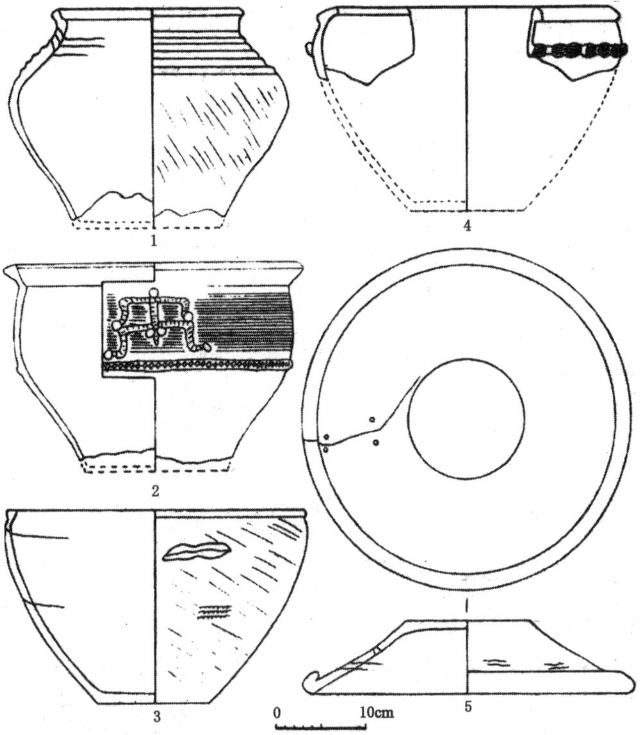

图 3－7　河南渑池县班村遗址仰韶文化手制的陶器

1，2．罐（H2076:39、G206:28）；3，4．盆（H622:125、H2062③）；5．帽式陶转盘（H613:3）

枝江市关庙山遗址大溪文化的双折壁圈足碗 T53⑥（图 3－8，8），剖面上留有泥条缝隙 2 道，是采用倒筑圈筑法成型时遗留的痕迹。

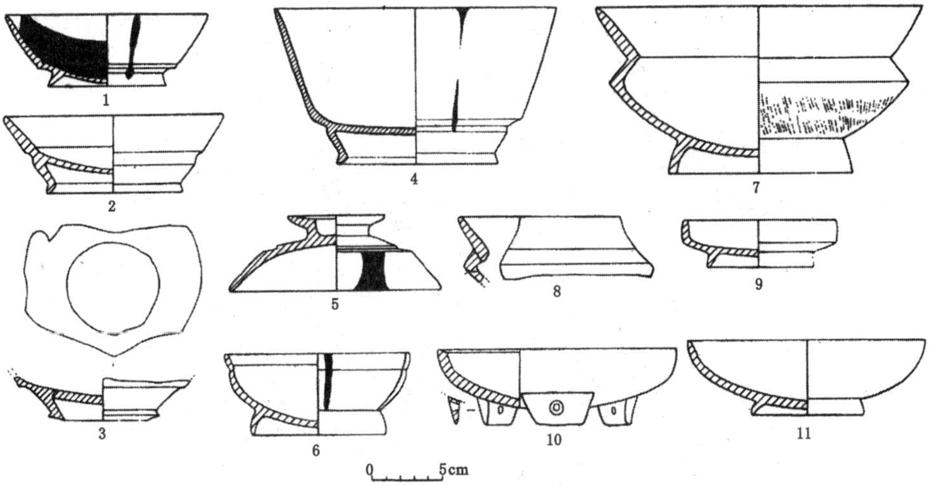

图 3－8　湖北枝江市关庙山遗址大溪文化第一期晚段的陶器

1．泥质红陶浅腹斜壁圈足碗（T69⑦:164）；2．夹炭红陶浅腹斜壁圈足碗（T71⑦G9:5）；
3．泥质红陶浅腹斜壁圈足碗（T11④G1:105）；4．夹炭红陶深腹斜壁圈足碗（G9:4）；
5．泥质红陶菌形钮器盖（G1:68）；6．泥质红陶直沿浅腹圈足碗（T69⑦H170:159）；
7、8．夹炭红陶双折壁圈足碗（T64⑦:68、T53⑥）；9．夹炭红陶直沿圈足盘（T69⑦:125）；
10．夹炭红陶斜方唇三足盘（T77⑦:48）；11．泥质红陶弧壁圈足盘（T64⑦S45:108）

（3）正筑盘筑法。操作要点是：从底部开始筑成，泥条呈现盘旋上升。

例如滕州市北辛遗址的钵（图3－1，3～5）、碗（图3－1，6、7）和勺（图3－1，8）的外底都留有粟糠印痕[13]，应是将粟糠撒在陶轮上作为隔离层，防止器底与陶轮粘连。大汶口文化中一些兽形器，其器身应是采用正筑盘筑法成型。如胶州市三里河墓葬出土的狗形鬶 M267:1（图3－9，1），夹砂褐陶，昂首张嘴，尾残[20]。笔者仿制了这件狗形鬶，即仿:316（图版3，6）。宁阳县大汶口墓葬出土的兽形器 M9:1（图3－9，2），夹砂红陶，圆面耸耳，拱鼻张口，尾上翘[21]。笔者仿制了这件兽形器，即仿:314（图版3，5）。狗形鬶和兽形器的仿制品均为器身中空，从管状口灌入水，可以从口中将水倒出来。

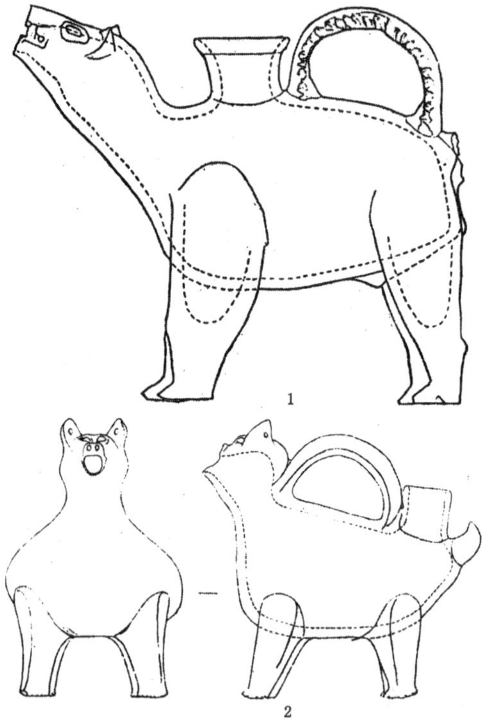

图3－9　大汶口文化手制的陶兽形器

1. 胶州市三里河狗形鬶（M267:1）；2. 宁阳县大汶口红陶兽形器（M9:1）

引人注目的是，渑池县班村遗址仰韶文化庙底沟类型（又称庙底沟文化）的葫芦瓶一律采用正筑泥条盘筑法成型。例如，葫芦瓶 H2124:41（图3－10，4）、H2133:35（图3－10，5）、H2018:11（图3－10，6）、G206⑥:27（图3－10，7）、H2073:199（图3－10，8），内壁都有泥条缝隙，泥条向器内倾斜，按逆时针方向盘旋上升，这表明用右手捏泥条。其中 H2133:35（图3－10，5）的腹下部，泥条按顺时针方向盘旋上升，这表明其局部用左手捏泥条。图3－10，6、7 泥条上有向左斜的皱纹，这是右手大拇指往下、食指和中指往上错动，使泥条向器内扭转所致。这种皱纹只有细心观察才能看到。手指上下错动的好处是：可以使上、下两根泥条之间呈现斜茬相接即“套接”（陶器剖面上的泥条缝隙呈现倾斜状），由于套接比平接（陶器剖面上的泥条缝隙呈现水平状）的接触面更大，泥条之间接合得更加牢固，因此，手指上下错动成为捏泥条时常用的普遍流行的手法，从新石器时代中期至周代，在很多遗址手制成型的陶器上，都可以看到泥条之间呈现为套接，其原因就在于都是手指上下错动所致。上述事实充分地表明，仰韶文化的葫芦瓶是采用正筑泥条盘筑法成型的，属于手制法范畴，这样就更正了过去有的学者说仰韶文化的葫芦瓶是采用轮制法成型的观点。杯 H2018:1（图 3－10，1）、H3046:3（图 3－10，2），内壁有泥条缝隙，泥条向器内倾斜，按逆时针方向盘旋上升。

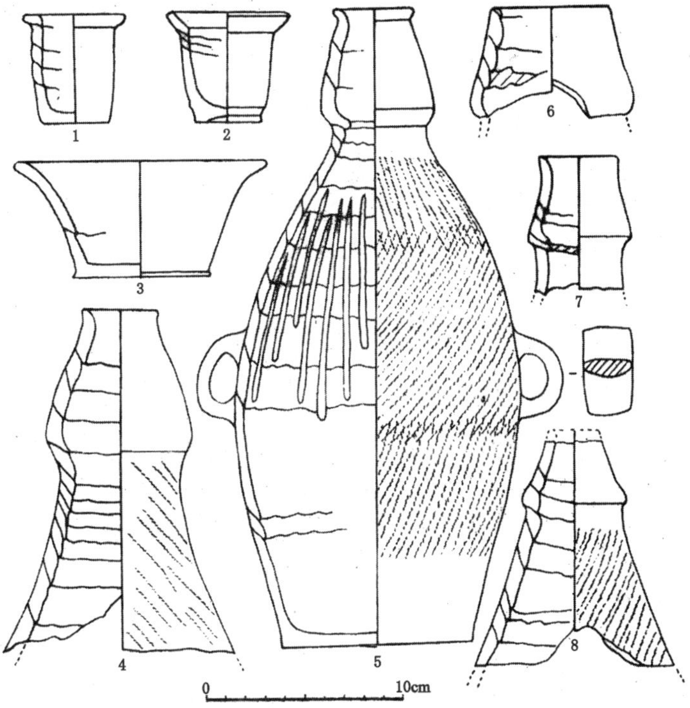

图 3－10　河南渑池县班村遗址仰韶文化手制的陶器

1，2. 杯（H2018:1、H3046:3）；3. 碗（H2018:42）；4－8. 葫芦瓶（H2124:41，H2133:35，H2018:11，G206⑥:27，H2073:199）

1992 年 11 日 11 日笔者由内蒙古文物考古研究所魏坚先生、陆思贤先生陪同，考察了察右前旗庙子沟遗址出土的一件具有独特工艺做法和使用功能的彩陶器盖，这件器盖编号为 QMH22:5，是从房址 QMF15 的室内窖穴 H22 内出土的。器身呈覆钵形，钮呈伞状，钮下有短颈，短颈下部有三个相通的镂孔，上部为空腔，藏有小石子或陶丸，用手捏住短颈摇动器盖时能发出响声，可以称为带响球器盖。器身绘红彩三角纹、网格纹、重菱纹，握手顶部绘黑彩。据报道，该遗址出土的陶器内壁往往留有泥条盘筑痕迹，带有明显的中原（仰韶文化）庙底沟类型晚期的特征[22]。笔者仿制了这件彩陶带响球器盖，即仿:329（图版 3，4），分为三段制作：下段为器身，采用正筑泥条盘筑法成型，小平顶；中段为短颈下部，在小平顶上先附加一个泥圈，再用刀具切除三部分作为后来的镂孔；上段为短颈上部至伞状盖钮，有底有壁，空腔内先装入一粒圆球状石子再将顶部封死，然后将上段与中段粘接在一起，用圆棍滚压实。在氧化气氛中烧制到 900℃。用手捏住短颈摇动器盖时能发出响声，三个镂孔既有装饰作用，又有传音作用，器身具有扩音作用。通过模拟实验进一步认识到：仰韶时代的制陶者将日常生活用具（器盖）与乐器（响球）结合为一体，一器两用，这件器盖充分地反映了先民的智慧和创造力。

（4）正筑圈筑法。操作要点是：从底部开始筑成，泥条一圈又一圈垒叠而上，每圈首尾衔接。

例如垣曲县古城东关遗址仰韶文化一期罐ⅣT110H84:3（图版3，8）的外底有粟糠印痕。一期盆ⅣH20:13（图3－11，6）的外底也有粟糠印痕，推测在轮盘上撒粟糠作为隔离层，防止器底与轮盘粘连。在圆饼底上侧圈筑器壁（壁压底），内壁有断续的接缝一周。外表留有指窝，排列成三周，指窝向左斜，是用左手捏泥条时遗留的食指印痕，表明泥条按顺时针方向延伸。一期盆ⅣH37:7（图3－11，7），在圆饼底外侧圈筑器壁（壁包底），仰视外底有接缝1周。外表有泥条缝隙，泥条向器内倾斜。一期小口瓶ⅣH40:163（图3－12，2），器身成型后，在腹中部安装半环形双耳，这是盛水、运水的器具。笔者仿制了这件小口瓶。

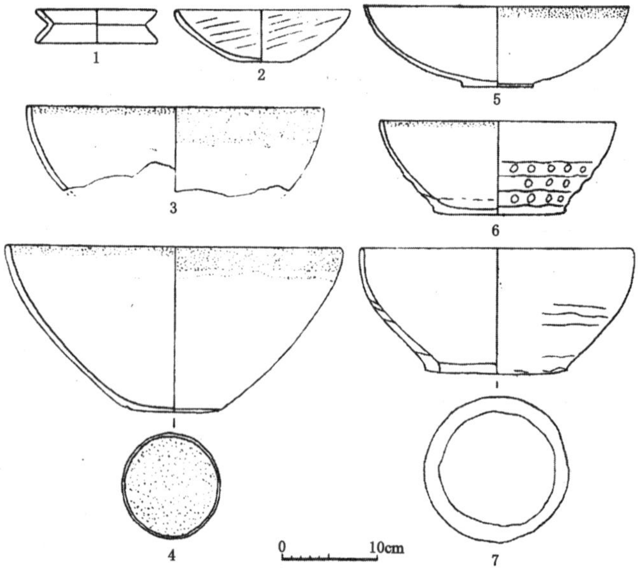

图3－11　山西垣曲县古城东关遗址仰韶文化一期手制的陶器

1. 器座（ⅣH40:138）；2－5. 钵（ⅣH213:1，ⅣH37:15，ⅣH40:148，ⅣH85:12）；6，7. 盆（ⅣH20:13，ⅣH37:7）

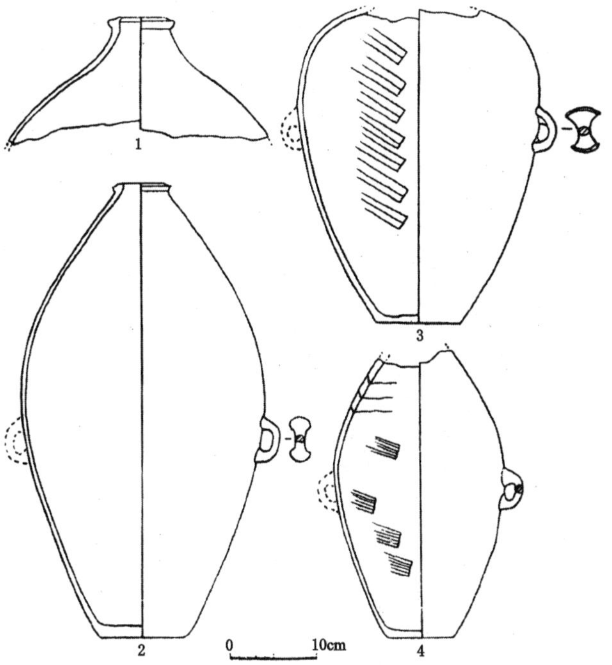

图3－12　山西垣曲县古城东关遗址仰韶文化一期手制的小口瓶

1. ⅣH20:21；2. ⅣH40:163；3. ⅣH20:39；4. ⅣH40:190

枝江市关庙山遗址大溪文化的草帽形器座（图3－13，2）和筒形罐（图3－14，4）的内壁及剖面都有泥条缝隙，泥条从器壁内侧加上，向器内倾斜，每圈首尾衔接。有的斜壁圈足碗（图3－8，3）在圆饼底外侧圈筑器壁（壁包底），器底

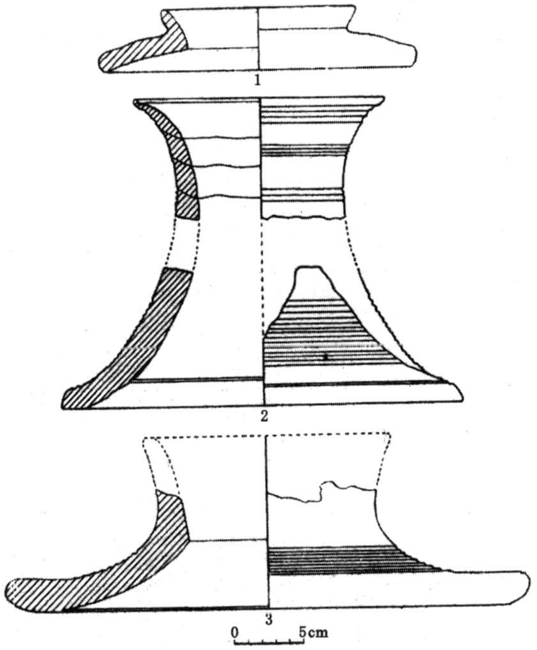

图3－13　湖北枝江市关庙山遗址大溪文化第二期的草帽形器座

1. 泥质红陶（T56⑤:85）；2，3. 粗砂红陶（T11④:98、T4④:17）

与器壁之间已经出现一周裂缝。有的圈足盘圆饼底已经脱落。有一个脱落下来的圆饼底，其边缘呈现凹槽状，是与泥条相接时形成的。圈足器的圈足都是后接的，往往在器身上安装圈足的部位用锥状工具刻划成交错状的沟槽，形成粗糙的接触面，以便二者接合得更加牢固。

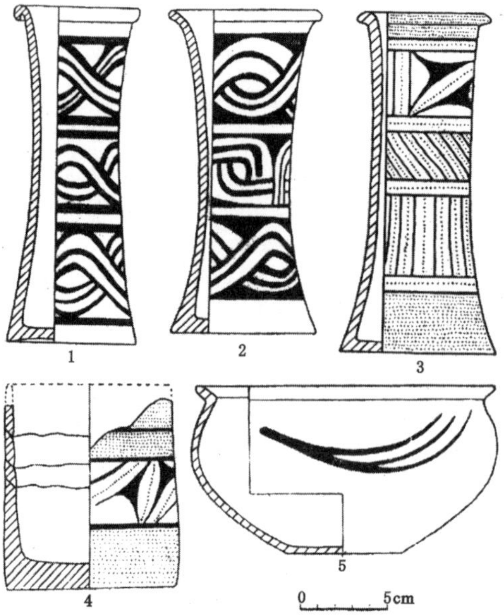

图 3－14　湖北枝江市关庙山遗址大溪文化第三期的彩陶

1－3. 泥质红陶筒形瓶（T64④AH110:80，T34④A:6，T34④BF1:8）；

4. 泥质红陶筒形罐（T52④BF22:39）；

5. 泥质橙黄陶折沿平底盆（T52④A:107）

（5）倒筑与正筑兼用盘筑法。操作要点是：下段采用倒筑盘筑法，上段采用正筑盘筑法，然后将两段接合在一起。

例如邹城市野店遗址大汶口文化的球腹陶罐 M37:14（图 3－3，1），先用泥条盘筑成两个半球体，再黏合成球形体，在接合处外表施附加堆纹以便加固，内壁用手指抹去接缝，留有指纹，在球形体上端切割成榫卯式器盖[15]。笔者认为，下段的半球体应采用倒筑盘筑法成型，上段的半球体应采用正筑盘筑法成型。

又如渑池县班村遗址仰韶文化庙底沟类型（也称庙底沟文化）的小口尖底瓶，下半身采用倒筑盘筑法成型，如：F104:19（图 3－15，1）、H1071:8（图 3－15，2）、H1037②:5（图 3－16，1）、H2124（图 3－16，3）的底部或腹下部内壁都有泥条缝隙，泥条向器外倾斜；上半身采用正筑盘筑法成型，如 H1071:8（图 3－15，2）、H1074:2（图 3－15，3）、H4007:9（图 3－16，2）的颈部或腹上部内壁都有泥条缝隙，泥条向器内倾斜。然后下半身在内侧，上半身在外侧套接在一起（图 3－15，2），内壁有接缝一周。这里需要说明的是：由于倒筑时与正筑时坯体的朝向恰好相反，导致下半身与上半身泥条倾斜的方向也恰好相反，反过来说，现在我们可以根据泥条倾斜的方向去判断当时制陶者究竟采用倒筑法成型还是正筑法成型。

郑州市大河村遗址仰韶文化大河村类型（又称大河村文化）的小口尖底瓶

（图版3，7右），内底有清晰的倒筑泥条盘筑痕迹。

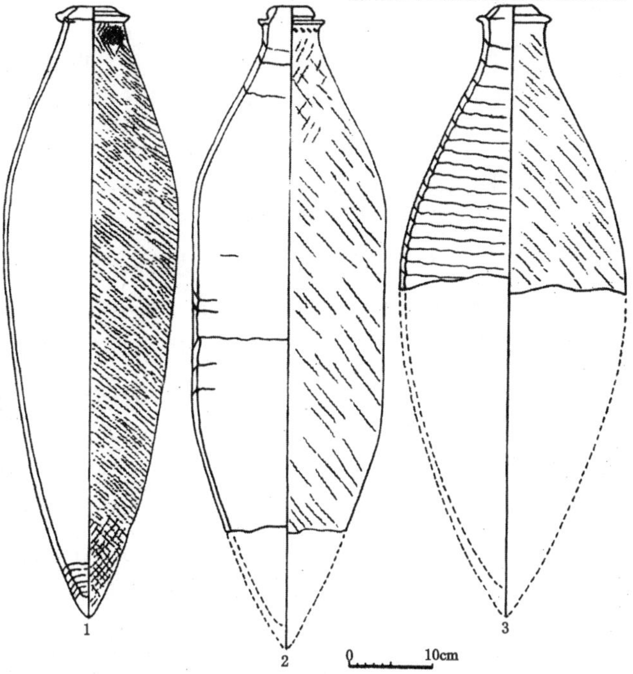

图3-15 河南渑池县班村遗址仰韶文化手制的小口尖底瓶

1. F104:19；2. H1071:8；3. H1074:2

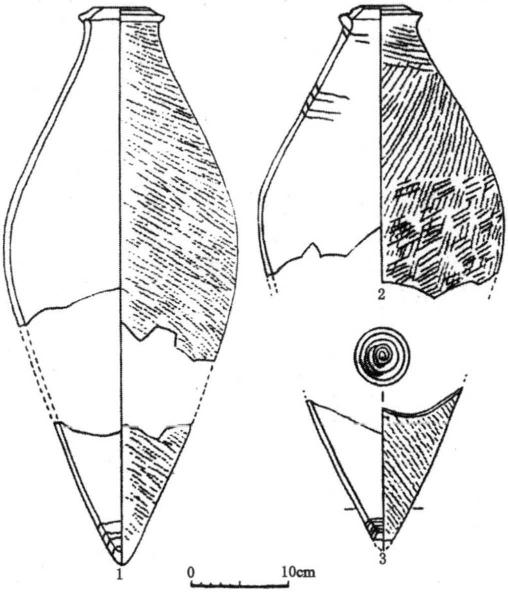

图3-16 河南渑池县班村遗址仰韶文化手制的的小口尖底瓶

1. H1037②:5；2. H4007:9；3. H2124

2. 捏塑法

陶球是大溪文化常见的器物之一，数量很多，均系直接用手捏塑成型。大多数为空心陶球，摇动时能发出嘎嘎响声，可以称为陶响球。《尚书·益稷》所记载的

“戛击鸣球”[23]可能与这种陶响球有关。少数为实心陶球。

为了查明空心陶球的捏塑方法和能发出响声的原因，笔者1975年和1978年先后在宜都县红花套遗址和枝江县关庙山遗址参加考古发掘期间，曾经将数个空心陶球敲开观察，绘图之后粘对复原，发现陶球的空腔内有的装小石子（图3－17，2），有的装小泥丸（图3－17，1、3，小泥丸都已经陶化）。摇动陶球时，小石子或小陶丸撞击内壁，因而能发出嘎嘎响声。还发现空心陶球有两种具体的捏塑方法：一种是先捏成两个“小碗”形状（图3－17，5），装入小石子或小泥丸之后再扣合粘接在一起，由于将坯体置于平板上进行滚动整形时，胎壁受到挤压，内壁产生褶皱，褶皱的特点是分散的；另一种是先捏成“小罐”形状（图3－17，3、4），装入小石子或小泥丸之后，将口部捏拢封死，由于坯体置于平板上进行滚动整形时，胎壁受到挤压，内壁产生褶皱，褶皱的特点是都向封口处集中。可见由于二者捏塑的方法不同，内壁所产生的褶皱也有差别。为了防止小石子或小泥丸粘连在内壁上，导致摇动陶球时发不出响声，应当先在内壁涂抹一层细砂或炭末，起隔离层作用，然后装入小石子或小泥丸。烧制后细砂或炭末可从镂孔倒出来。1980年笔者在关庙山遗址发掘工地仿制了大溪文化的空心陶响球和能够发出响声的空心陶龟，证实了上述两种捏塑方法。这是笔者第一次进行仿制古代陶器的模拟实验，从此开始专心研究中国古代制陶技术史，从一而终，一直延续至今，已达30年。

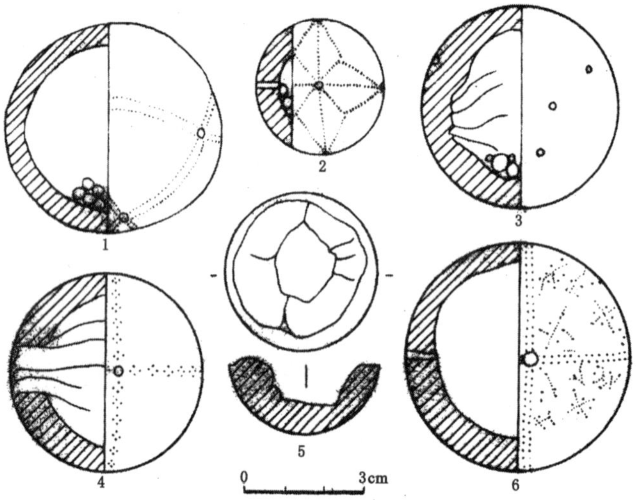

图3－17　大溪文化的空心陶球

1. 泥质红陶（关庙山T7③A:8，内装小泥丸）；2. 泥质红陶（关庙山T7③CH5:15，内装小石子）；3. 泥质灰陶（红花套T116④:5，内装泥质灰陶小泥丸12粒，其中直径4，3，2，1.5mm分别为3，6，1，2粒）；4. 泥质红陶（红花套T110⑤F301:10）；5. 泥质红陶（红花套T110⑥:10）；6. 泥质灰陶（红花套T110⑥:4）（1～3属大溪文化第三期，4～6属大溪文化第二期）

二、轮制

制陶者在长期使用慢轮修整坯体的基础上，逐渐改进慢轮装置的结构及其操作方法，从而提高了轮盘的转速，终于在新石器时代晚期的最后阶段发明了快轮装置及其操作方法，从此出现了快轮制陶技术。快轮制陶简称为轮制，系指利用轮盘快速旋转所产生的离心力和惯性力，将置于轮盘中央、陶转盘的小平顶之上的泥料直接提拉成所需形状的坯体这一工艺过程而言。如果坯体加工不细，在内壁甚至外表留有螺旋式拉坯指痕，外底留有用线绳将坯体从陶轮上切割下来时形成的偏心涡纹。

现有资料表明，在中国境内，快轮制陶的起源是多元的，在三个地区及文化中各自独立发明了快轮制陶技术。笔者将分布在三个地区及文化中涉及快轮制陶的资料逐一进行分析，找出它们之间的内在联系，并且连贯起来思索，归纳出快轮制陶的特点，但是目前未见它们之间互相传播快轮制陶技术的迹象，终于得出三者各自独立发明了快轮制陶技术的结论，这是认识上的飞跃，研究方法上的创新。这一事实表明，连贯思索是科研创新当中极为重要的思维方法。现将三个地区及文化分别介绍如下：

一是黄河下游地区的大汶口文化中期偏晚。例如山东曲阜市西夏侯遗址下层墓和上层墓[24]，都发现少量轮制的小陶器，有的小鼎（图 3－18，2）内壁和内底都有螺旋式拉坯指痕，这是快轮拉坯成型的痕迹；有的高柄杯（图 3－18，3）内壁有细密轮纹，这是快轮慢用修整的痕迹；有的实柄小豆（图 3－18，1）下端有偏心涡纹，这是用线绳切割时遗留的痕迹。上述痕迹反映了快轮制陶的全过程。

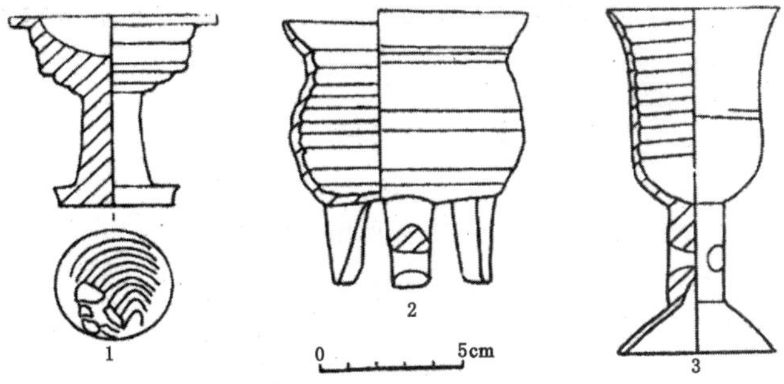

1. 实柄小豆（M4:39）；
2. 小鼎（M5:39）；
3. 黑陶高柄杯（M12:3）

图 3－18　山东曲阜市西夏侯遗址大汶口文化轮制的陶器

二是长江中游地区的大溪文化晚期。例如湖北枝江市关庙山遗址大溪文化第四期（即大溪文化晚期），碗形豆 T52 扩方③G3:27（图 3－19，1），圈足内壁未经修整，留有明显的螺旋式拉坯指痕，圈足外表经过修整，拉坯指痕还隐约可见；碗形豆 T52 扩方③G3:32（图 3－19，2），圈足内壁也留有螺旋式拉坯指痕。由于制陶者用手的习惯不同，快轮旋转的方向也就不同，反映在陶器上，螺旋式拉坯指痕盘旋的方向有两种：一种是拉坯指痕按逆时针方向盘旋，如碗形豆 T52 扩方③G3:27（图 3－19，1，图版 2，1）和 G3:32（图 3－19，2）、豆圈足 T66③B:71（图版 2，2）、细颈壶 T66③B:49（图 3－20，1）、平底杯 T53③:278（图版 2，5）。拉坯时，轮盘按顺时针方向快速旋转，右手放在器壁内侧，左手放在器壁外侧，主要靠左手用力，这是“左撇子”操作方法；另一种是拉坯指痕按顺时针方向盘旋，如细颈壶 T68③:137、T69③B:188、T57③:156（图版 2，3）。拉坯时，轮盘按逆时针方向快速旋转，左手放在器壁内侧，右手放在器壁外侧，主要靠右手用力。上述两种方法同时存在，表明快轮制陶技术发明不久，操作方法尚未达到规范化的程度。1981—1986 年笔者在整理关庙山遗址出土陶器时，观察过一千余件陶器和十多万块陶片，终于得出结论：大溪文化第一至第三期的陶器全部为手制成型，唯独第四期出现了轮制陶器。这期间笔者曾到宜都红花套遗址和宜昌杨家湾遗址观察过陶器上所遗留的痕迹，验证了在关庙山遗址所得出的结论是可靠的。

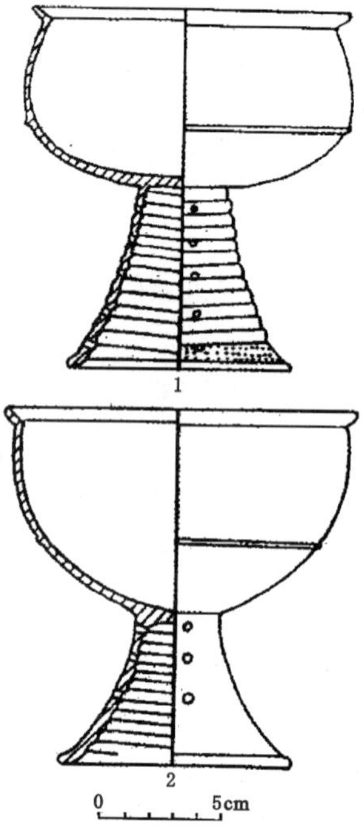

图3－19　湖北枝江市关庙山遗址大溪文化第四期轮制的陶豆

1，2．细泥黑陶外折沿碗形豆（T52 扩方③G3:27，G3:32）

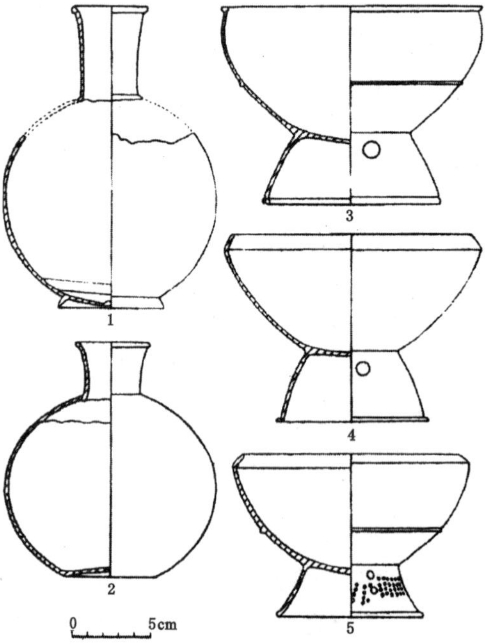

1．细泥灰陶矮圈足细颈壶（T66③B:49）；
2．细泥黑陶平底细颈壶（T53③F10:2）；
3．细泥黑陶窄沿碗形豆（T52 扩方③G3:25）；
4，5．细泥黑陶内折沿碗形豆（G3:19、T71③BH93:3）

图 3－20　湖北枝江市关庙山遗址大溪文化第四期的陶器

三是长江下游地区的崧泽文化晚期。例如上海市青浦县崧泽遗址中层墓葬第三期的陶杯 M85:4（图 3－21，1），内底有清晰的轮旋痕（即螺旋式拉坯指痕）[25]，线图上表现出内底呈现凹凸状。青浦县福泉山遗址灰黑土层[26]的陶壶 T39⑤:9（图 3－21，2），内底也有轮旋痕，线图上表现出内底呈现凹凸状；陶壶 83 采:1（图 3－21，3），从内底至内壁都有顺时针方向的螺旋式拉坯指痕，表明拉坯时轮盘按逆时针方向快速旋转，左手放在器壁内侧，右手放在器壁外侧。

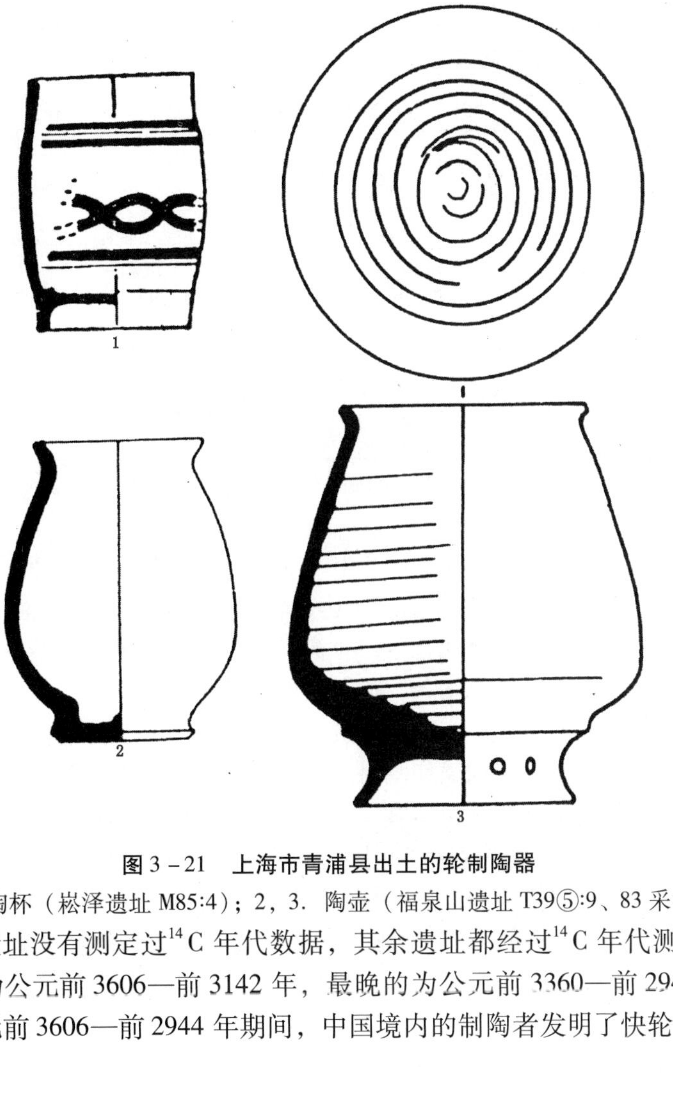

图 3－21　上海市青浦县出土的轮制陶器

1. 陶杯（崧泽遗址 M85:4）；2，3. 陶壶（福泉山遗址 T39⑤:9、83 采:1）

西夏侯遗址没有测定过^{14}C 年代数据，其余遗址都经过^{14}C 年代测定（表 3－5），最早的为公元前 3606—前 3142 年，最晚的为公元前 3360—前 2944 年。也就是说，在公元前 3606—前 2944 年期间，中国境内的制陶者发明了快轮制陶技术。

表 3－5　大溪文化晚期和崧泽文化晚期 ^{14}C 年代数据

实验室标本号	遗址	地层或单位	文化性质及分期	标本物质	测定年代（^{14}C 半衰期 5730）	树轮校正年代	
						按达曼表	按高精度表
ZK－0832	湖北枝江市关庙山	T51③	大溪文化第四期	木炭	4760±110	5330±145	BC3606～3142
ZK－0991	湖北枝江市关庙山	属于 T76③层的一个柱坑，它打破③H180 和④BF30 的北火膛	大溪文化第四期	③层柱坑内的炭化木柱	4680±80	5235±120	BC3371～3101
ZK－1250	上海青浦县福泉山	T3 灰黑土层	崧泽文化晚期	炭化木	4730±80	5295±120	BC3499～3142
ZK－437	上海青浦县崧泽	T4②M87	中层墓葬第三期	人骨	4635±105	5180±140	BC3360～2944

注：表 3－5 数据引自《中国考古学中碳十四年代数据集（1965—1991）》，文物出版社，1991 年。

与慢轮制陶、手制成型相比，快轮制陶、拉坯成型具有以下特点：

一是因其凭借陶车（快轮装置）快速旋转而产生的离心力、惯性力，采用提拉方式使坯体成型，因此转速快，生产率高，一件普通小罐，成型只在片刻之间。

二是器形规整，胎壁厚薄均匀，而且可做出很薄的制品来。

三是器表上可能残留三种不同的痕迹：第一种，普遍留有平行的螺旋式拉坯指痕；第二种，外底会留下用细绳切割时形成的偏心涡纹；第三种，有时从坯体内外表面还可以看到细密的麻花状扭转皱纹。这三种痕迹也是今人鉴别古代陶器是否轮制的重要依据。其中，“拉坯指痕”是主要的证据；“偏心涡纹”有时在慢轮制陶中也可看到，因此只能作为旁证；“麻花状扭转皱纹”则往往较难看到（将在本书第七章第二节轮制陶器中介绍）。当然，如果经过较好的修整和装饰，这几种痕迹都有可能消失。在相当长一个时期内，我国考古界对快轮制陶的发明期和发明地区都产生过一些不同的观点，有些学者认为它发明于仰韶文化晚期，其实仰韶文化晚期并无快轮制陶技术，产生这些分歧的一个重要原因是：对快轮成型的这些痕迹存在不同的理解和看法。

上述特点显示出快轮制陶与慢轮制陶之间存在质的区别，由慢轮制陶发展为快轮制陶，这是由量变到质变的过程，是中国古代制陶技术史上的一次飞跃。

第三节 坯体的修整工艺

本节先叙述修坯工具，再叙述修整方法。

一、修坯工具

修整坯体所用的工具都是一些简单的器具，保存下来的只有骨质、角质修坯工具，但是，不同文化、不同地域的制陶者所用的修坯工具未必完全相同，实际上应当还有其他质料（如竹质、木质等）的修坯工具，都已腐朽不见。

在胶州市三里河遗址的66座大汶口文化墓葬中，有21座随葬修坯工具，器类有骨刮器、鹿角勾形器两种（表3－6）[27]。现在分别介绍如下：

（1）骨刮器。共4件，出土于4座墓葬，大多握在死者手中。呈圆角长方环形，可用手扣握，一面扁薄有刃。例如M129:11（图3－22，1），使用时以手指扣握窄厚的一边，利用扁薄一边的刃部刮削坯体内壁或外表，这件骨刮器陈列在中国历史博物馆时，经笔者观察，其刃部有使用磨损痕迹，应是实用器。

表3－6 山东胶州市三里河大汶口文化墓葬出土修坯工具登记表

墓号	性别	年龄	工具名称及数量	
			骨刮器	鹿角勾形器
M103	男	35～40	1	2
M104	男	55～60		2
M114	男	40～45		2
M121	男	45～50		2
M124	男	40～45		2
M127				2
M129	男	55～60	1	
M215	女	40～45		2
M248	男	25～30		3
M249	男	约35		1
M250	男	约40		2
M267	男	50～55		2
M269	男	25～30		2
M275	男	30～35	1	2
M279	男	55～60	1	2
M282	男	约60		2
M288	男	50～55		2
M296	男	40～45		2
M297	男	55～60		2
M2101	男	35～40		2
M2110	男	55～60		4

注：表3－6根据《胶县三里河》附表一列出。

（2）鹿角勾形器（图3－22，2）。共42件，除M129外，其余20座墓都有出土。有两座墓出土此器为单数：M248有3件，M249有1件。有18座墓出土此器为双数：M2110有4件，其余17座墓各有2件。全器呈曲尺形，柄部有穿孔，孔两侧有凹槽，刃部呈鸭嘴形，少数使用后呈光滑的浅褐色。

这里顺便提一下，其他地区和文化中也有少量鹿角勾形器出土。河南郑州市大河村遗址第三期（仰韶文化晚期）出土4件，例如T11④:31（图3－22，3），一侧刻三道浅槽；第四期（仰韶文化向龙山文化过渡阶段）出土1件，H75:1（图3－22，4），未刻浅槽[19]。1989年12月14日笔者由大河村遗址博物馆李昌韬先生陪同，考察过此器的使用痕迹。江苏常州市圩墩遗址马家浜文化出土3件，如M14:2（图3－22，5），外侧折弯处呈直角，磨成平面，内侧近顶部有一槽，槽边有穿孔，折弯处有一孔[28]。

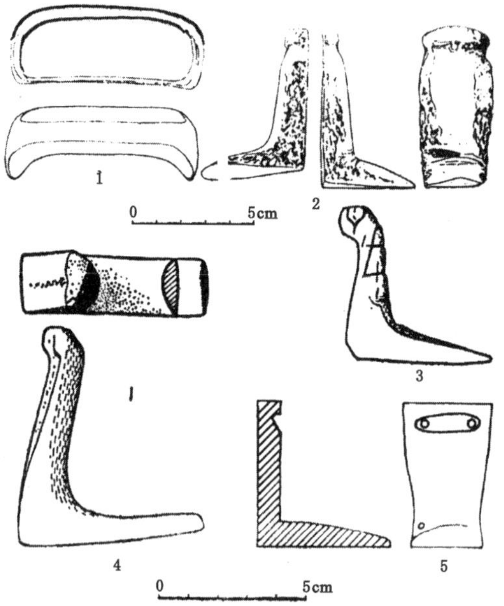

图3－22　修坯工具

1. 骨刮器（胶州市三里河M129:11）；

2－5. 鹿角勾形器（胶州市三里河M279:20，郑州市大河村T11④:31，大河村H75:1，江苏常州市圩墩M14:2）

上述鹿角勾形器分布于山东、河南、江苏一带，有柄有刃，柄部多有凹槽和穿孔。笔者推测有两种使用方法：一种是直接握住柄部使用，利用刃部刮削坯体表面；另一种是先在柄上安装一根适当长度的木柄，用绳子通过穿孔或绕在凹槽处，将鹿角柄与木柄捆牢，成为复合工具，握住木柄伸进坯体内部深处进行刮削。

随葬的修坯工具应是死者生前使用过的。从表3－6可以看到死者年龄在25～60岁之间，都是成年人。在21座墓中，1座（M127）性别不明，1座（M215）为女性，其余19座均为男性。在性别明确的20座墓中，男性占95%，女性占5%，由此可以得出推论：三里河大汶口文化墓葬出土的陶器主要是由男子制作的。

二、修整方法

有拍打、刮削、湿手抹平、慢轮修整、快轮慢用修整五种。其中，快轮慢用修整是新石器时代晚期新出现的修整方法，要着重介绍。

1. 拍打

拍打坯体外表时，既可用素面拍子，也可用绕线（线比绳更细，笔者从渑池县班村遗址的小口尖底瓶上观察到并且经过测量，线的直径约1毫米，为双股）拍子或篮纹拍子进行。枝江市关庙山遗址大溪文化的双折壁圈足碗（图3－8，7），腹部外表留有线纹，是用绕线拍子拍打而成的；圜底缸（图3－4，4）外表留有篮纹，是用篮纹拍子拍打所致。拍打外表时内壁都用垫子作依托，宜都市红花套遗址大溪文化层内出土许多扁圆形鹅卵石，表面光滑，是先民从长江边的河滩上取来的，制陶时很可能用这些鹅卵石作为垫子使用。

2. 刮削

刮削是用刮板进行的。垣曲县古城东关遗址仰韶文化一期的小口瓶（图3－12，3、4），内壁都留有明显的刮削痕迹，是用平刃的刮板进行斜向刮削所致。

渑池县班村遗址仰韶文化庙底沟类型（又称庙底沟文化）的盆（图3－7，3）和罐（图3－7，1），外表留有斜向的刮削痕迹；葫芦瓶（图3－10，5），内壁留有一道道纵向的刮抹痕迹，割断了泥条缝隙，这些痕迹是用细圆棍伸入坯体的空腔内自下而上连刮带抹所致，刮抹的目的是防止坯体从泥条缝隙处开裂。这种以细圆棍作为刮抹工具的现象尚属首次发现。

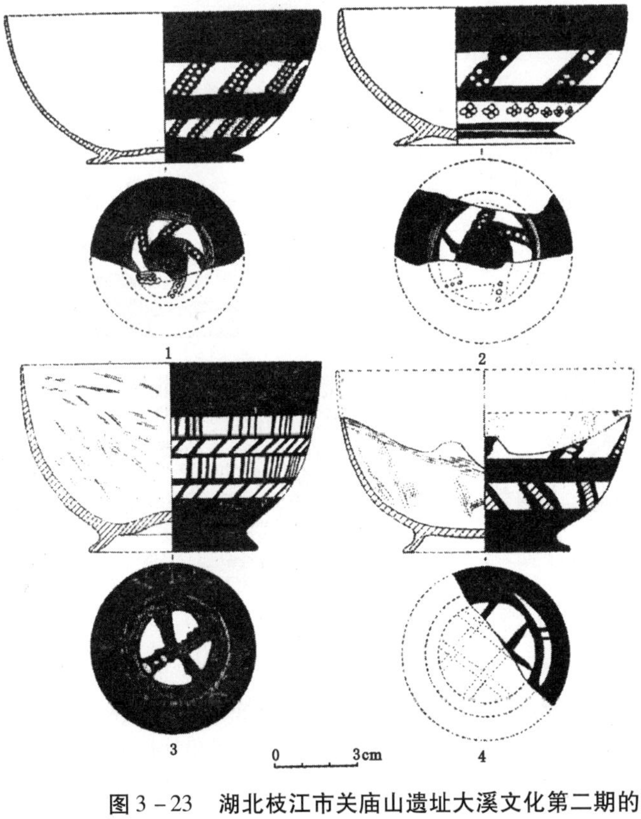

1. 细泥灰陶（T62⑤AH141:8）；
2. 泥质红陶（T77⑥:79）；
3. 细泥橙黄陶（T56⑤:55）；
4. 泥质红陶（T51⑤BH45:313）

图3－23　湖北枝江市关庙山遗址大溪文化第二期的彩陶圈足碗

枝江市关庙山遗址大溪文化第二期的蛋壳彩陶碗（图3－23，1；图3－24，1，2，4；彩版1，1A，1D）和蛋壳彩陶单耳杯（图3－25，1－4；彩版1，1B），均为手制成型，但是胎厚仅0.7～1.5毫米。笔者用放大镜观察到腹部内壁常有一道道纤细的方向不一的刮削痕迹，痕迹之间有“打破关系”。笔者从模拟实验中了解到，刮削的方法是：制陶者将坯体托在左手的手心上，并且使坯体逐渐转动着，右手持用新鲜的富有弹性的竹篾弯曲成弓形刮削器，进行横向刮削或斜向刮削，刮削器的作用力通过胎壁传递到左手的手心上，制陶者凭借手心感觉到作用力强弱的微小差异，即可判断各部位胎壁的厚薄，厚处多刮削一些，薄处少刮削一些或不再刮削，因此既可将胎壁刮得很薄，使各部位厚薄均匀，又不会刮漏。

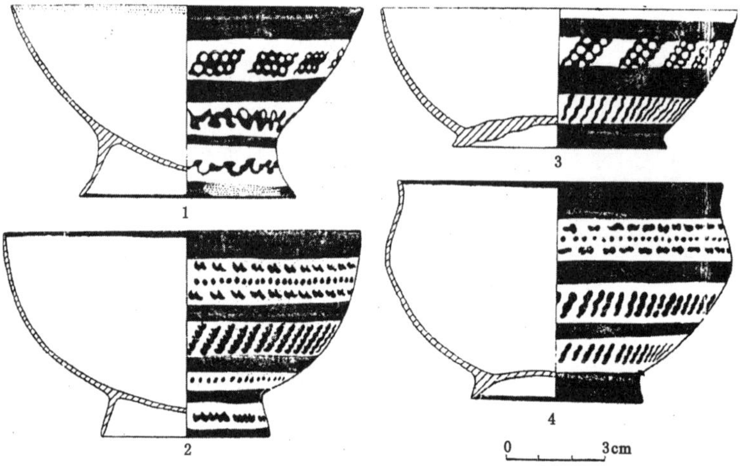

1～3. 弧壁圈足碗（T52⑤AH43:5，T64⑤AH102:54，T70⑤H111:3）；4. 直口鼓腹圈足碗（H102:46）

图3－24　湖北枝江市关庙山遗址大溪文化第二期的彩陶圈足碗

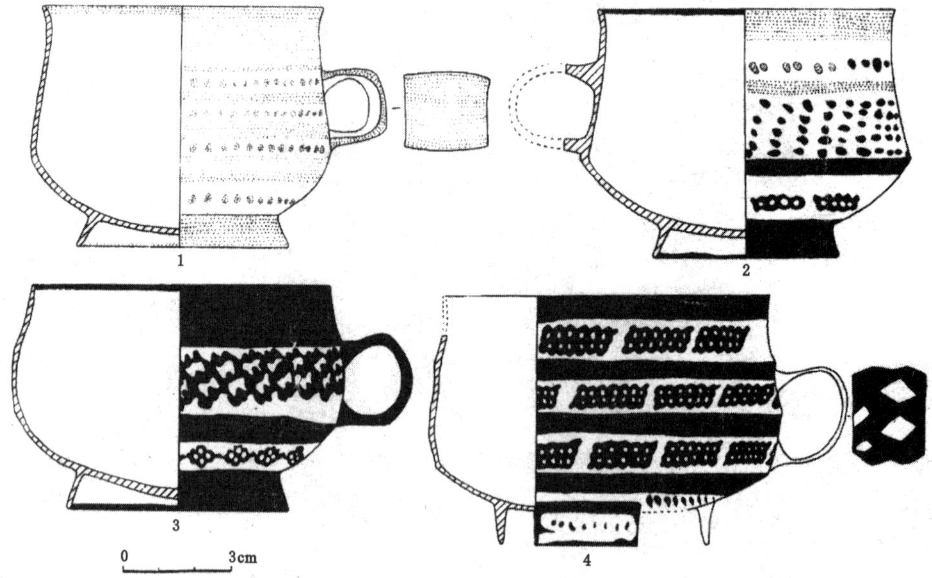

图3－25　湖北枝江市关庙山遗址大溪文化第二期的彩陶单耳杯

1. 细泥黄陶圈足单耳杯（T64⑤AH102:48）；2. 细泥橙黄陶圈足单耳杯（T10④:38）；3. 细泥灰陶圈足单耳杯（H102:53）；4. 细泥红陶三足单耳杯（T58⑤H177:3）

3. 湿手抹平

用沾水的手将坯体表面抹一遍，使其显得平整。垣曲县古城东关遗址仰韶文化一期的盆（图3－11，6），腹中部以下外表用沾水的手指抹成凹槽3周，但是未抹彻底，指窝尚存。这里需要说明两点：一是经过湿手抹平的器表没有光泽，也不可能产生光泽，有些考古发掘报告将湿手抹平称为“抹光”，既不确切，又会将湿手抹平与器表磨光两个概念混淆在一起；二是用湿手抹平时，从胎壁中析出来的细泥浆没有与胎壁分离，也不可能分离，然而，在器表上涂刷而成的红陶衣是可以与胎壁分离的，甚至陶衣会脱落，因此，湿手抹平也不同于涂刷陶衣。

4. 慢轮修整

第二章中已经讲过，慢轮发明于新石器时代中期最后阶段，虽然在慢轮上制陶的成型效率远不及快轮，却长期被制陶者沿用，不但用于坯体的成型即在慢轮上用泥片或泥条筑成坯体，而且还广泛用于修整坯体，在新石器时代晚期，很多陶器是经过慢轮修整的。例如垣曲县古城东关遗址仰韶文化一期的钵（图3－11，5），内壁和外表都经过慢轮修整，留有细密轮纹。渑池县班村遗址仰韶文化庙底沟类型（又称庙底沟文化）的小口尖底瓶（图3－15，图3－16），其口部大多数先经过慢轮修整，然后与颈部套接在一起。

5. 快轮慢用修整

快轮装置主要用于拉坯成型，但是如果将其转速放慢，也可以用于修整坯体，这就是快轮慢用修整。例如枝江市关庙山遗址大溪文化第四期轮制的器物，在快轮拉坯成型之后，都经过快轮慢用修整。一批细泥黑陶和细泥橙黄陶器物，胎厚仅1.5～2毫米，这样薄既与快轮拉坯成型有关，更是快轮慢用修整所致，快轮慢用修整之后器表都留有细密轮纹。本期陶器口沿一些细部特征的形成也与快轮慢用修整技术有密切关系，例如窄沿的特征（图3－20，3），笔者从陶器剖面上观察到，是在快轮慢用修整时将很薄的口沿先向外翻，然后折叠而成的。窄沿成为大溪文化晚期陶器中最常见、最显著的细部特征，它充分地反映了制陶者的轮修技术水平和特有的审美观念。

第四节　坯体的装饰工艺

本期在修整坯体过程中产生的纹样明显减少，修整之后特意施加的纹饰不但种类繁多，而且工艺复杂，这种变化突出地表现在彩陶制作工艺上，因此，本节将详细叙述彩陶制作工艺。此外，暗纹是本期新出现的纹饰，很有特色。

一、坯体修整过程中产生的纹样

有线纹、篮纹两种：

1. 线纹

其施纹方法和纹样的成因有两种：一种是用绕线圆棍滚印而成的，例如渑池县班村遗址仰韶文化庙底沟类型的葫芦瓶（图3－10，4，5，8）和小口尖底瓶（图3－15，图3－16），都滚印斜线纹，经笔者测量，双股线的直径约1毫米；另一种是用绕线拍子拍印而成的，如枝江市关庙山遗址大溪文化的双折壁圈足碗（图3－

8，7），腹下部拍印线纹，不如滚印绳纹那样整齐和美观。

2. 篮纹

是用刻有一道道平行沟槽的拍子拍印而成的，例如关庙山遗址大溪文化的圆底缸（图3－4，4），外表拍印竖篮纹。

二、坯体修整后施加的纹饰

有以下十种：

1. 凹弦纹

它是坯体随着陶轮旋转，手持锥状或篦状工具固定不动，在坯体表面旋划而成的一周周平行线沟槽状的纹饰。例如渑池县班村遗址仰韶文化庙底沟类型（又称庙底沟文化）陶罐（图3－7，1）的肩部用锥状工具旋划稀疏的凹弦纹7周；陶罐（图3－7，2）的肩部用篦状工具旋划密集的凹弦纹。枝江市关庙山遗址大溪文化的草帽形器座（图3－13，2，3），外表也用篦状工具旋划密集的凹弦纹；鼓形大器座（图3－26，3），上口和下口附近各用锥状工具旋划稀疏的凹弦纹1组，中部旋划密集的凹弦纹2组。

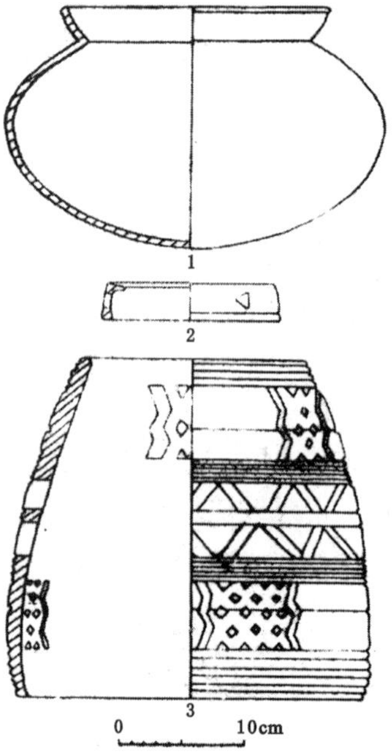

1. 泥质红陶凹沿釜（T11④G1:76）；
2. 夹炭红陶内折沿矮器座（G1:101）；
3. 泥质红陶鼓形大器座（T54⑦H57:3）

图3－26 湖北枝江市关庙山遗址大溪文化第一期晚段的陶器

2. 凸弦纹

从关庙山遗址来看，凸弦纹的施纹方法有两种：一种是用贴附在胎壁上的细泥条加工而成，可以称为贴弦纹，有的贴弦纹局部已经脱落，器表上留有贴附痕迹，贴弦纹见于手制成型的陶器上；另一种是快轮慢用修整时，在胎壁上故意旋留成凸起的线条，可以称为旋留凸弦纹，由于它本来就是胎壁的一部分，不会从胎壁上脱落，见于第四期轮制成型的陶器，如碗形豆（图3－19，1，2；图3－20，3，5），腹下部各有旋留凸弦纹1周。

3．划纹

划纹少见，是用锥状工具在坯体上刻划而成的。例如关庙山遗址大溪文化的筒形瓶（图 3－27，3），外表先刻划一个斜向的长方形边框，好像一条溪涧，后在边框之内刻划双线的曲折纹，好像一条水蛇在游泳，生动活泼。

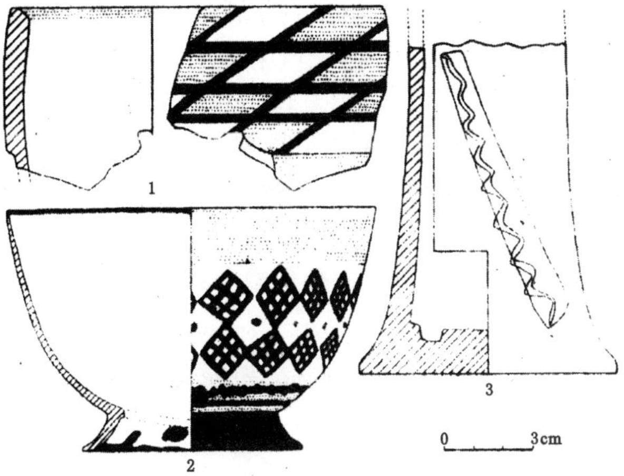

1．泥质红陶彩陶直口钵（T51④A:458）；
2．细泥黄陶彩陶弧壁圈足碗（T52④BF22:38）；
3．泥质红陶筒形瓶（T34④C:43）

图 3－27　湖北枝江市关庙山遗址大溪文化第三期的陶器

4．瓦纹

它是在坯体随着慢轮旋转时，用光滑的圆棍在坯体表面横向滑压而成的。从器物正面看，一道道凹槽与棱脊相间排列，呈现瓦垄状；从外轮廓线上看，一段段方向相同的弧线相连接，呈现竹节状；由于受到圆棍压磨，器表产生光泽。见于关庙山遗址大溪文化陶豆（图 3－4，1）的圈足上和矮领罐的外表。笔者仿制了矮领罐，将坯体置于慢轮上，边旋转边用细竹竿滑压成瓦纹，烧制后器表呈现鲜红色，并且有光泽。

5．附加堆纹和圆饼纹

附加堆纹是先将泥条附加在器表上，再用工具将泥条压成波状；圆饼纹是用小泥饼附加在器表上的。例如渑池县班村遗址庙底沟类型（又称庙底沟文化）的陶罐（图 3－7，2），腹中部施附加堆纹 1 周；肩部由附加堆纹和圆饼纹组成一幅坐式裸体男子图案。纹饰上各部分之间的叠压关系表明：先附加躯干和阴茎，作为中轴线；再附加上肢和下肢，都呈现弯曲状；最后附加圆饼纹，分别表示头颅、手掌、脚掌和睾丸。这种图案尚属首次发现，它反映了庙底沟文化居民具有男性崇拜的意识。陶盆（图 3－7，4）肩部的附加堆纹上用裹布的圆棍压成波状，压痕内留有布纹，经笔者测量，1 厘米内有 7 条经线或纬线，是平纹布的印痕，布纹间接地反映出先民的纺织工艺水平。

6．压印竖条纹

例如关庙山遗址大溪文化第二期的内卷沿圜底盆 T64⑤AH102:119（图版 2，5），夹炭红陶。外底中央有一个小浅窝，这是采用倒筑泥条盘筑法成型时封底不严所致，内表有刮削痕迹，口外及沿面施深红色陶衣并磨光。施纹方法是：将坯体扣放在轮盘上慢速地旋转，在腹中部间隔适当距离分别旋划凹弦纹 1 周、7 周、7

周、3 周，其间压印竖直短条纹，竖条纹呈楔形，与圜底大盆腹壁的倾斜度大致相适应。这件圜底大盆的口径 76 厘米，高 26.1 厘米，胎厚 0.8～1.5 厘米。陶轮的直径应大于陶盆的口径，由此可见，大溪文化第二期已经出现大型陶轮。

7. 戳印纹

它是在胎壁软硬适当（既能戳进去，又不会与工具粘连）时，用特制的各种形状的小戳子由外表向内戳而不透形成的纹饰。常见于关庙山遗址大溪文化各期，大多数施于圈足上。戳印纹的形状有圆形、长方形、C 形、X 形等。如圈足盘（图 3－5，3），腹上部和圈足下部各有圆形戳印纹一周；曲复簋（图 3－28，1），圈足上部有长方形戳印纹四组，每组 5 个，排列成花朵状；圈足盘（图 3－5，5；图 3－5，6），圈足上部有 C 形戳印纹，前一件两个为一组，后一件四个为一组；盘形豆（图 3－4，1），圈足上有 X 形戳印纹，是由两个 C 形戳子背靠背绑在一起戳印而成的。

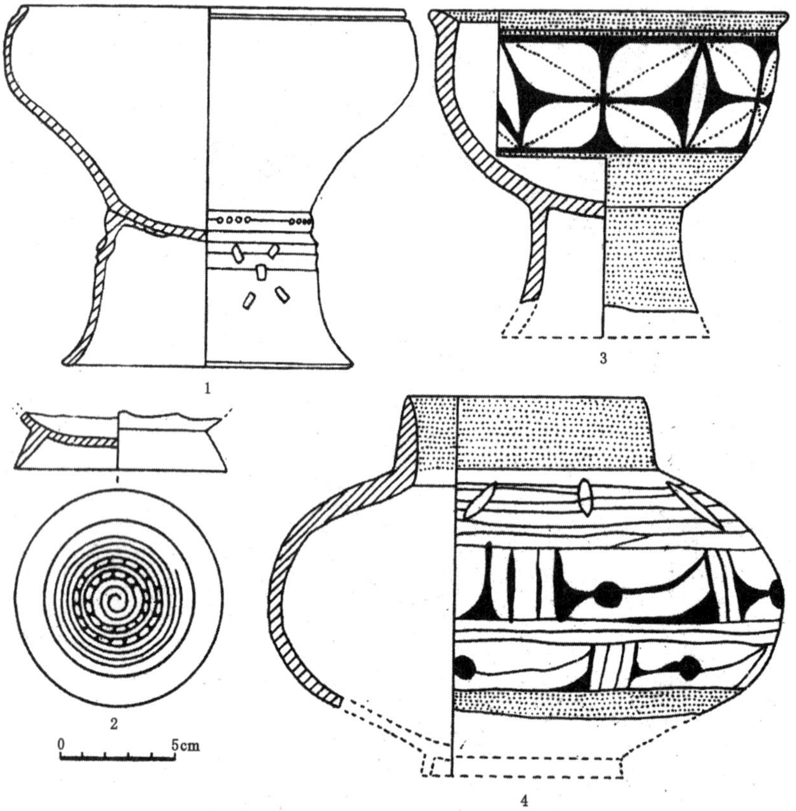

图 3－28　湖北枝江市关山遗址大溪文化第二期的泥质红陶

1. 敛口曲腹簋（T6④:34）；2. 碗圈足（T65⑤AS35）；
3. 彩陶窄沿碗形豆（T51⑤A:192）；4. 彩陶直领扁腹罐（T51⑤A:171）

8. 乳钉纹

乳钉纹是在胎壁软硬适当时，用平头圆棍由内壁向外戳而不透形成的，圆棍将外表顶起乳钉状的泥凸作为装饰。见于关庙山遗址大溪文化第四期的碗形豆（图 3－19，1；图 3－20，5），前一件圈足下部有乳钉纹，排列成三周，后一件圈足上有乳钉纹，纵向排列成行，每行4个。笔者从模拟实验中得知，圆棍故意加工成平头状，向外戳时阻力较大，可将胎壁顶起，使外表产生泥凸。乳钉纹与圆形戳印纹的共同点在于施纹的时机相同，即坯体的含水量相同（15% ~14%）；施纹工具都呈平头状；区别在于乳钉纹是由内壁向外戳成的，圆形戳印纹是由外表向内戮成的。乳钉纹出现的年代明显晚于戳印纹，表明乳钉纹是由圆形戳印纹演变而来的，是在圆形戳印纹基础上的创新。

9. 镂孔

关庙山遗址大溪文化陶器上的镂孔，其施纹方法有三种，现在分别介绍如下：

（1）在坯体含水量较高（17% ~16%）、胎较软时用锥子由外表向内捅扎成圆形镂孔，一般施于圈足上。例如第四期的碗形豆（图3－19，1，2；图3－20，5），圈足上的圆形镂孔纵向排列成行；碗形豆（图3－20，3，4），圈足上有单个圆形镂孔。

（2）在坯体含水量较低（10%）、胎较硬时用刀具雕刻成三角形、菱形、曲折形镂孔，孔壁留有刀刻痕迹。例如矮器座（图3－26，2），有三角形镂孔。鼓形大器座（图3－26，3），有三角形、菱形、曲折形镂孔，组成复杂的图案：上部、下部各有“窗格子”纹三组，上下各组错开位置，在变化中取得均衡；中部有等腰三角形镂孔，横向排列成2周，每周16个，上下对称。笔者从模拟实验中得知，这些镂孔是在磨光工序刚结束（坯体的含水率为10%）时雕刻而成的，此时胎壁有较强的硬度和最强的韧性，能够承受刀具所施加的作用力和坯体自身重量所产生的压力，因而不会变形和开裂。准确地掌握施纹时机是鼓形大器座制作成功的关键。鼓形大器座是与圜底罐配套使用的，经笔者观察，其上口内侧常有明显的使用磨损痕迹，磨损面向器内倾斜，由此可见，鼓形大器座虽然外形像鼓，但是并非陶鼓。有研究音乐的学者将它误认为陶鼓，这是不了解出土实物的具体情况所致。

（3）在坯体含水量较低（10%）、胎较硬时用两面刃或三面刃的钻头钻成圆形镂孔，孔壁上留有钻头旋转时产生的细密的痕迹。例如三足盘（图3－8，10）的足上，由正面向背面钻成一个圆形镂孔；圈足盘（图3－5，3）的圈足上，先由外表向内钻、后由内壁向外钻，形成两面对钻的圆形镂孔，排列成一周。

10. 篦点纹

主要见于汤家岗文化。1979年3月，笔者由湖南省博物馆何介钧先生陪同，考察了安乡县汤家岗遗址出土的白陶圈足盘（图3－29，1），看到篦点纹与戳印纹在同一件器物上并用，引人注目的是在外底由篦点纹组成八角星图案，篦点排列密集，经笔者测量，每厘米内有5~7个小方格状凹坑，凹坑之间有纤细的“隔梁”。为了解篦点纹的施纹方法，笔者仿制了这件圈足盘，坯体的含水量约15% ~14%时，用竹片制成的篦子在外底逐步戳印成八角星图案。

另外，关庙山遗址和红花套遗址出土的大溪文化的空心陶球上（图3－17，1，2，4，6）常施篦点纹，其中有的（图3－17，2）由篦点纹组成“米”字纹图案。

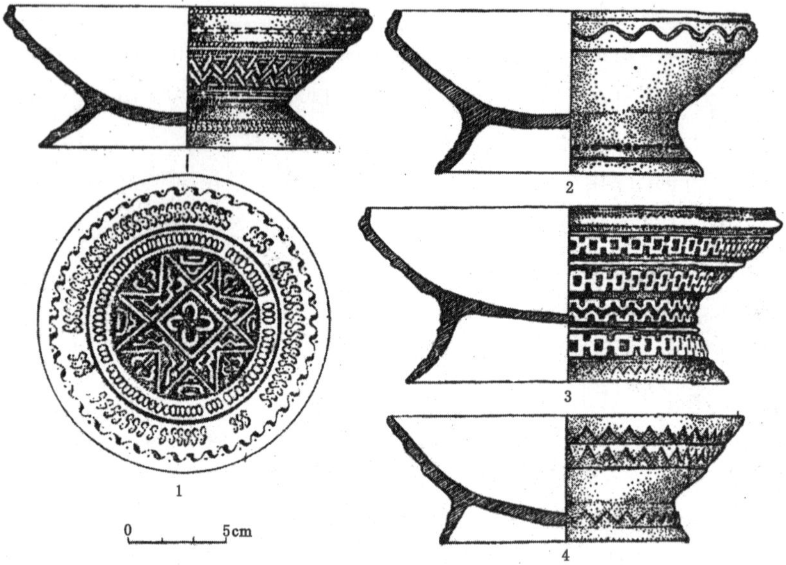

图3－29　湖南安乡县汤家岗遗址汤家岗文化的白陶及白衣红陶圈足盘

1. Ⅰ式（泥质白陶，M1:1）；2. Ⅰ式（泥质白陶，M2:1）；

3. Ⅱ式（白衣粗泥红陶，M7:1）；4. Ⅲ式（白衣细泥红陶，M5:1）

这里顺便讲一下内蒙古赤峰市水泉遗址出土的红山文化“之”字纹斜口罐（图3－6，5）[29]。这件罐造型的奇特之处在于呈斜口状。其腹部饰横压竖排“之”字纹，近底部饰竖压横排“之”字纹，“之”字纹的奇特之处在于：看起来都像篦点纹，实际上不是用篦子压印而成，而是用近海产的蚶子壳口边压印而成的。为研究其施纹方法，笔者仿制了这件斜口罐，用北戴河海边滨产的蚶子壳口边压印成“之”字纹。从水泉遗址“之”字纹斜口罐上可以看到，红山文化承袭了新石器时代中期兴隆洼文化“之”字纹的施纹方法（见本书第二章第四节）。

三、涂刷陶衣

陶衣也称色衣，是用经过淘洗的细泥浆在器表上涂刷而成，有红陶衣、白陶衣两种，以前者为主。现在分别介绍如下：

1. 红陶衣

例如渑池县班村遗址仰韶文化庙底沟类型（又称庙底沟文化）的陶转盘（图3－7，5），口沿、器壁、小平顶的外表都涂刷红陶衣。枝江市关庙山遗址大溪文化的泥质红陶（图版2，4）和夹炭红陶（图版2，6）亦普遍涂红陶衣，其中前者（图版2，4）是彩陶罐残片，在红陶衣上留有一道道呈现平行线状的痕迹，显然，红陶衣是利用陶轮边旋转边用毛刷蘸红泥浆涂刷而成的；少量夹砂陶（图3－13，3）也有红陶衣。从第一期至第四期，红陶衣呈现逐渐衰退的现象：泥浆由浓变稀，陶衣由厚变薄，红颜色由深变浅，附着力由强变弱。红陶衣所含的着色剂是氧化铁，其原料是含铁量较高的红黏土泥浆，位于枝江市城西27千米的善溪窑就出产这样的红黏土（表3－2，30），其氧化铁含量高达9.58%。

2. 白陶衣

较为少见，在关庙山遗址只有一部分彩陶器物上白陶衣与红陶衣并用（图3－

14，3、4；图3－27，1；彩版1，1C）。凡是红、白两种陶衣并用时，都在白陶衣上面绘彩色图案，这样做的理由是白色与彩色之间对比强烈，图案显得更加醒目，红陶衣则起衬托作用。白陶衣的原料是含铁量很低的白黏土泥浆，一般是用高岭土淘洗成泥浆，位于枝江市城西18千米的雅畈就出产这样的白黏土（表3－2，31）。

为探明涂刷陶衣的适宜时机，笔者进行了模拟实验，用关庙山的黄黏土泥料仿制成缩小的碗形豆（彩版1，2D）、直领扁腹罐（图版3，3），刚成型时坯体的含水量约20%，在含水量下降到约15%～14%时，在不同部位分别涂刷善溪窑的红黏土泥浆和雅畈的白黏土泥浆。选择此时涂刷陶衣的理由是：由于坯体的含水量适宜，不仅对泥浆具有吸附性能，而且泥浆与坯体可以同时干燥收缩，因此效果良好，陶衣上没有出现裂纹。

四、彩陶

彩陶技术发明于新石器时代中期，新石器时代晚期便发展到较为成熟的阶段，但是各文化之间存在差异，仰韶文化彩陶技术比较发达，大溪文化彩陶技术不发达。

渑池县班村遗址仰韶文化庙底沟类型（也称庙底沟文化）的彩陶见于陶盆（图3－30，3）和陶罐（图3－30，1，2），均绘黑彩，以平行条纹、斜条纹、圆点纹、凹边三角纹等组成图案。其中凹边三角纹是仰韶文化庙底沟类型彩陶中最典型的图案，这种图案的分布范围很广，西边到达甘肃东部，例如秦安县大地湾遗址出土的庙底沟类型彩陶人头形器口瓶（彩版2，1），从肩部至腹部都绘有凹边三角纹；这种图案的影响范围则更广，例如大溪文化的筒形瓶（图3－14，3；图3－31，1）、筒形罐（图3－14，4）、碗形豆（图3－28，3）、直领扁腹罐（图3－28，4）、窄沿敛口罐（图3－31，2）上都绘有凹边三角纹，这是长江南北两个地区之间文化交流的反映。

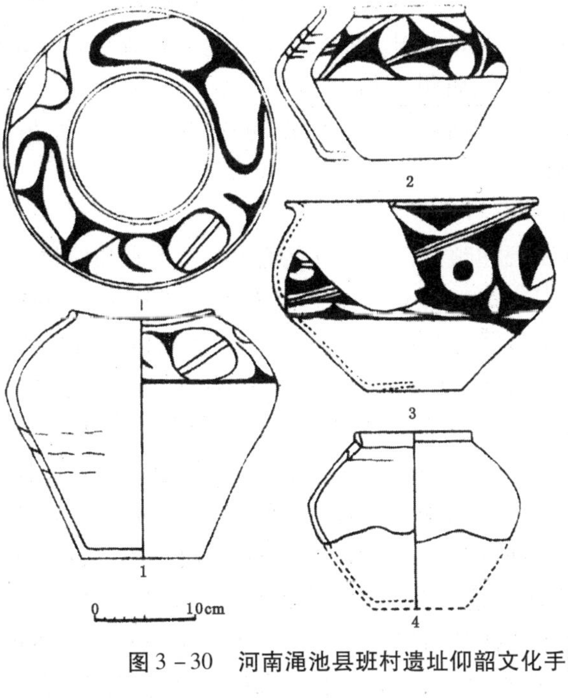

1，2，4．罐（H1071:5、H2133:36、H1037:21）；
3．盆（H2073:177）

图3－30　河南渑池县班村遗址仰韶文化手制的陶器

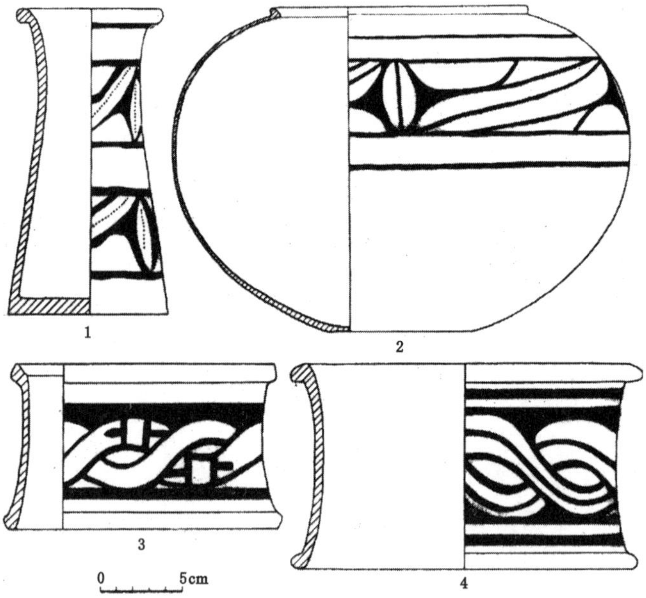

图 3－31　湖北枝江市关庙山遗址大溪文化第三期的彩陶

1. 筒形瓶（T60④AF26:34）；2. 窄沿敛口罐（T76④BF30:22）；

3，4. 凹腰器座（T53④:246、T34④B:31）

关庙山遗址大溪文化的彩陶，虽然数量不多，但是在制胎原料和彩料的选择及加工、地色处理、图案绘制诸方面都已经形成一套完备的工艺流程，现在按照工艺流程分别叙述如下：

1. 彩陶胎的质料

从陶质陶色上看，彩陶并非独立的陶系，彩陶分别从属于泥质红陶、细泥红陶、泥质橙黄陶、细泥橙黄陶、细泥白陶、细泥灰陶。绝大多数彩陶以普通易熔黏土作为制胎的原料，极少数以高铝质耐火黏土（高岭土）作为原料。多数泥料未经淘洗，少数泥料经过人工淘洗成为细泥陶。细泥陶的主要器形有圈足碗和单耳杯，其胎厚为0.7～1.5毫米。

2. 彩陶所用的矿物颜料

有黑、棕、褐、红、深灰五种颜色，其中以黑色为主。黑彩和棕彩的着色剂是氧化铁和氧化锰（表3－7，1，2）。1985年春，笔者由枝江县文化局杨良吉先生陪同，由枝江县陶器厂技术员带路，在枝江县城西25千米的柳林村丘陵地，红黏土层之下的鹅卵石堆积层中，采集到扁球形的“铁锰结核”，一般直径5～23厘米，最大一块直径40厘米。经光谱分析，上述“铁锰结核”与国家海洋局从太平洋底部打捞上来的“锰结核”[30]（表3－7，4）相比，其化学组成基本相同，但是，陆地上的“铁锰结核”铁含量高于海洋的“锰结核”，比重也大于海洋的，海洋的锰、钠含量高于陆地的。据枝江县土肥站土壤普查资料记载，关庙山遗址文化层的土壤中含有少量球形“铁锰结核”，直径5毫米左右。铁锰结核不是原生矿物，而是一种次生矿物，即由各种矿物聚合而成。笔者将柳林村的一块重91.5克的“铁锰结核”砸碎后用水淘洗，除去所含的石子和砂粒，泥浆沉淀和干燥之后，得到铁锰等矿物粉末10.5克，仅占总质量（91.5克）的11.48%。先将粉末用研钵干磨，当粉末达到200目时，加水之后用手摸感到还有砂性，而且粉末会沉淀，达到300目时，加水之后用手摸感到具有黏性，而且粉末呈现浆状，已经不会沉淀，即可作为颜料使用了。然后加水进一步研磨，研磨得越细腻，颜料浆的黏性越强，附着力也越强。用研磨所得颜料浆在仿制的碗形豆（彩版1，2D）和直领扁腹罐（图版3，3）坯体上绘成黑彩凹边三角纹等。上述模拟实验结果表明，“铁锰结核”颜料浆是绘制黑彩图案的优良颜料之一。当然，在其他地区，彩陶上的黑彩还有别的颜料，例如河南淅川县下王冈遗址仰韶文化一期出土的锰铁矿石（见本书第四章第五节）。

表3-7 黑彩、棕彩、铁锰结核、锰结核的发射光谱定性测定

序号	原编号或产地	名称及测定物质	化学组成				样品来源
			主量	较多量	少量和微量	痕量	
1	湖北枝江市关庙山遗址T51④A:466	泥质红陶罐腹片上的黑彩（平行条纹、弧线三角纹）	Si,Al	Mn,Fe	Ti,Ni,Cr,Co,Ca, Mg, Na,Cu		1979年考古发掘
2	关庙山遗址T52④:102	泥质红陶斜沿罐口口沿上的棕彩（平行条纹）	Si,Al	Mn,Fe	Ti,Ni,Cr,Co,Cu,Mg,Na		1979年考古发掘
3	枝江市柳林村	铁锰结核	Fe,Mn	Si,Al	Cu, Co, Ti,Zn,Ni,Mg,V	Ca, Na,Cr, Mo,Ba	1985年笔者采集
4	太平洋底部	锰结核	Mn,Fe	Si,Al	Mg, Cu, Co,Ti,Ni,V,Mo,Ca,Na,Ba	Zn,Cr	国家海洋局提供

3. 彩陶的地色

彩陶的地色有三种：第一种是主要的，以红陶衣作为地色，在红陶衣上绘彩；第二种数量较少，是在坯体上不同部位分别涂刷红陶衣、白陶衣作为地色，在白陶衣上绘彩，由于白色与彩色之间反差大，对比强烈，地色的映衬作用比第一种更佳，彩色图案显得更加鲜明；第三种为薄胎彩陶（也称蛋壳彩陶），没有陶衣，是以胎本身的颜色（主要为橙黄色）作为地色，直接在胎壁上绘彩，由于橙黄色与彩色之间对比鲜明，彩色图案清晰，相当美观。

4. 绘彩的工具

薄胎彩陶（蛋壳彩陶）圈足碗和单耳杯上所绘的曲线纹和曲线网格纹，其线条粗1~2毫米，弯曲自然，柔中有刚，只有使用既柔软又有一定弹性的工具才能绘成这样的线条，笔者推测制陶者是用兽毛制成类似毛笔的工具绘成的。笔者仿制的蛋壳彩陶就是用细毛笔绘成线条的，与出土实物上的线条相似。绘彩时坯体的含水量约15%~14%，此时坯体对颜料浆具有吸附性能，因此绘彩效果良好。

5. 彩陶的纹饰图案

纹样有宽带纹、平行条纹、点纹、曲线纹、曲线网格纹、“轮子”纹、“十”字纹、“井”字纹、竖条纹、斜条纹、斜线网格纹、绳索纹、草叶纹、柳叶纹、凹边三角纹、弧线纹等十六种，具体情况如下：

宽带纹。轮绘而成，施于口部外表或圈足上，见于圈足碗（图3－23，1—4；图3－24，1，2，4；图3－27，2）、单耳杯（图3－25，1—3）。

平行条纹。也是轮绘而成，比宽带纹要窄得多，施于腹部，见于筒形瓶（图3－14，1，3；图3－31，1）、筒形罐（图3－14，4）、敛口罐（图3－31，2）、圈足碗（图3－23，1—4；图3－24，1—4；）、单耳杯（图3－25，1—4）、器座（图3－31，3，4）。

点纹。见于圈足碗（图3－24，2，4；图3－27，2）、单耳杯（图3－25，1，2，4）、直领扁腹罐（图3－28，4）。

曲线纹。由点纹联成，最短的由两个点联成，最长的由六个点联成，有斜向、横向之分，见于圈足碗（图3－24，1—4）。笔者从模拟实验中得知，曲线纹都是用右手持“笔”绘成的，斜向的从左下方至右上方绘成，横向的从左至右绘成。

曲线网格纹。这是彩陶上最复杂的一种纹样，是大溪文化彩陶的典型纹样之一。笔者用放大镜从实物上观察到，曲线网格纹是由数条曲线相依而成，不是由数条曲线相交而成，还通过模拟实验证实了这一点。曲线网格纹有斜向、横向之分，分组、连片之别，见于圈足碗（图3－23，1，2，4；图3－24，1，3）、单耳杯（图3－25，2—4）。连片的只见于单耳杯（图3－25，3）。关庙山遗址的大溪文化层内常见大青鱼（为大型鱼类）的牙齿和鱼骨，鱼牙每颗有手指那么粗，由此可见，先民经常捕鱼，彩陶上出现曲线网格纹应是与受到鱼网的启示所致，可以说是捕鱼活动的真实写照。

“轮子”纹。见于圈足碗（图3－23，1，2）的外底和圈足内壁，图案中好像有轮子的“轴”、“辐”、“辋”。以圆饼纹为“轴”，位于外底中央；以五组斜向曲线网格纹为“辐”，位于圆饼纹周围；以宽带纹为“辋”，位于圈足内壁，“辐”向后斜，好像轮子正在滚动。“轮子”纹的出现应与仿照陶轮旋转状况有关，可以说是慢轮制陶的真实写照。

“十”字纹。由曲线网格纹相交而成，见于圈足碗（图3－23，3）的外底。

“井”字纹。由四条直线相交而成，见于圈足碗（图3－23，4）的外底。

竖条纹。见于筒形瓶（图3－14，3）、圈足碗（图3－23，3）、直领扁腹罐（图3－28，4）。

斜条纹。见于筒形瓶（图3－14，3）、圈足碗（图3－23，3）。

斜线网格纹。由数条水平线、斜线相交而成，见于单耳杯（图3－25，4）的器耳、直口钵（图3－27，1）、圈足碗（图3－27，2）。其中直口钵在黑彩网格之内，一个隔着一个填红彩，未填红彩的格内露出白衣，形成黑、红、白相间的图案，相当美观。斜线网格纹应是由曲线网格纹简化而来。

绳索纹。为双股，每股由两条或三条弧线组成，见于筒形瓶（图3－14，1，2）、器座（图3－31，3，4）的腹部。大溪文化居民在建造红烧土房屋的过程中，经常用绳索绑扎木材、竹材、茅草等建筑材料，彩陶上的绳索纹反映了这种情况。

草叶纹。由三条弧线联成，类似禾本科草，见于平底盆（图3－14，5）腹部。

柳叶纹。由两条弧线扣合而成，见于直领扁腹罐（图3－28，4）肩部。

凹边三角纹（也称弧边三角纹）。见于碗形豆（图3－28，3；彩版1，1C）、直领扁腹罐（图3－28，4）、筒形罐（图3－14，4）、敛口罐（图3－31，2）、筒形瓶（图3－14，3；图3－31，1）。其中碗形豆的凹边三角纹内露出白衣，呈现花瓣状图案。大溪文化彩陶上的凹边三角纹图案应是受中原地区庙底沟文化的影响而产生的，是南北两个地区之间文化交流的反映。

弧线纹。常与凹边三角纹在同一件器物上配合使用，例如碗形豆（图3－28，3）、直领扁腹罐（图3－28，4）。

从总体上看，关庙山遗址大溪文化彩陶的纹饰有以下特点：

一是以外彩为主。也有少量内彩，例如圈足碗（图3－23，3，4）的器身内壁采用晕染法绘彩，颜料浓淡不匀，线条方向不一，没有形成图案，这是开江汉地区晕染法绘彩之先河，比屈家岭文化晚期彩陶上所采用的晕染法早1200多年。引人注目的是：圈足碗（图3－23，1—4）的外底和圈足内壁也有精美的图案，说明这些器物具有两种使用功能：平时仰放当作圈足碗使用，外底和圈足内壁的图案处于隐蔽部位是看不见的；有时扣放当作器盖使用，外底和圈足内壁的图案处于显眼部位，正好在视线之内。

二是由数条曲线纹相依，组成曲线网格纹，这种绘彩方法独具特色。

三是宽带纹和平行条纹除本身有装饰作用外，还兼有划分图案带的作用。

四是圈足碗或单耳杯上有五种纹饰，包括点纹、曲线纹、曲线网格纹、“轮子”纹、十字纹，从逻辑上说，五种纹饰之间有一定的演变关系：先是点纹，它最简单，是演变过程的起点；后由点纹联成曲线纹；再由数条曲线纹相依形成曲线网格纹，它最复杂，是演变过程中的关键，又是大溪文化最典型、最有特色的一种纹饰；还由曲线网格纹组成“轮子”纹；最后由“轮子”纹简化为“十”字纹，它是演变的终点。

五是筒形瓶是大溪文化的典型器物，将仰韶文化庙底沟类型（又称庙底沟文化）的凹边三角纹绘在筒形瓶上，反映出大溪文化制陶者善于汲取其他文化的因素，来丰富自己的文化内涵，文化交流促进了大溪文化的发展。

六是在彩陶上绘曲线网格纹与捕鱼活动有关，绘绳索纹与房屋建筑活动有关，“轮子”纹与制陶有关，这些都说明大溪文化的彩陶艺术来源于生活而高于生活。

这里顺便说一下，陕西南郑县龙岗寺遗址出土的仰韶文化半坡类型（又称半坡文化）的尖底罐H23:1（图3－32），细泥红陶，外表绘黑彩平行条纹、人面纹、花瓣纹[31]。绘人面纹是这件彩陶的特色。笔者仿制了这件尖底罐，采用泥条倒筑盘筑法成型，在坯体的含水量约15%～14%时，先后绘黑彩平行条纹、人面纹、花瓣纹图案，含水量下降至约11%时，将外表磨光。

甘肃秦安县大地湾遗址出土的仰韶文化庙底沟类型（又称庙底沟文化）的彩陶人头形器口瓶（彩版2，1），口径4.5厘米，底径6.8厘米，高31.8厘米，细泥红陶，双耳已残，头的左右和后部披发，前额垂一排整齐的短发，眼和鼻都雕空成洞孔，腹部以上施浅红色陶衣，涂黑彩，画三排弧边三角纹和斜线组成的二方连续图案[32]。这件彩陶的特点是将人形与彩陶艺术融为一体。笔者仿制了这件彩陶人头形器口瓶，即仿:17（图版6，8），复原了器盖（头顶）和双耳。

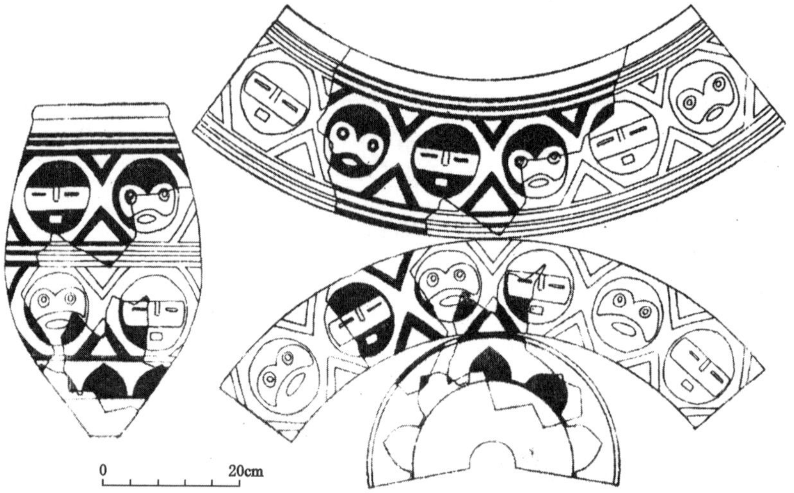

图3－32　陕西南郑县龙岗寺遗址仰韶文化半坡类型彩陶尖底罐（H23:1）及其花纹展开示意图

五、磨光

器表磨光是用质地坚硬、表面光滑的工具（如鹅卵石、骨器等）进行的，磨光的作用是：可以提高器表的致密度，并且使胎中所含的反光物质如石英、云母等矿物晶体顺着磨光工具用力的方向重新排列，从而使器表产生光泽，显得更加美观，因此器表磨光也属于装饰工艺范畴。

根据涂陶衣、绘彩、磨光三者之间的关系，可将磨光的情况分为以下五种：

（1）在无陶衣、无彩的条件下磨光。直接将素面的器表磨光，例如垣曲县古城东关遗址仰韶文化一期的陶钵（图3－11，2），内壁、外表都留有一道道斜向的磨光纹理。

（2）在无陶衣、有彩的条件下磨光。例如东关遗址仰韶文化一期的陶钵（图3－11，4），没有涂刷红陶衣，但是在口外绘红彩宽带纹。磨光的步骤是：先用锥子在外底的边缘刻划一个大圆圈作为分界线，然后大圆圈之内（即外底）不磨光，留有粟糠印痕；内壁全部和腹部外表都经过磨光。1994年笔者在陕西省博物馆的展厅内也看到过类似的陶钵，以外底边缘刻划的大圆圈作为磨光与不磨光两部分的分界线。上述事实表明：外底是隐蔽部位，不磨光是制陶者为了省时省力、不做无用功的表现；显眼部位都经过磨光可以改善器物的使用功能和艺术效果。

（3）在有陶衣、无彩的条件下磨光。例如枝江市关庙山遗址大溪文化的小口广肩罐T61⑦H144:10，夹炭红褐陶，外表和领内壁先涂刷红褐色陶衣，然后将器表磨光，肩部留有一道道清晰的横向磨光纹理，正视纹理呈平行线状，俯视纹理由4组平行线构成正方形，由此可知磨光的方法是：先将一个侧面横向磨光，转动一下坯体后，将第二个侧面磨光，再经转动，将第三、第四个侧面也磨光。

（4）在有陶衣、有彩的条件下磨光。例如关庙山遗址大溪文化的筒形瓶（图3－14，3）、直口钵（图3－27，1）、碗形豆（图3－28，3）、直领扁腹罐（图3－

28，4），都先在不同部位分别涂刷红陶衣、白陶衣，再于白陶衣之上绘彩，最后将外表磨光，红陶衣、白陶衣、彩色图案上面都有光泽。

（5）先将局部的陶衣刮掉，再进行磨光。见于枝江市关庙山遗址大溪文化第一期早段，例如T61⑦H144、T36⑦BH13、T57⑧一部分夹炭红陶釜，将坯体置于慢轮上，先在口沿的内壁、外表和肩部外表都先涂刷红陶衣；再边慢速旋转边用平刃的刀具将口沿外表的中部和肩部的陶衣刮削掉，只保留口沿上部和下部两周呈现带状的红陶衣，刮削的深度约1毫米，边缘整齐；然后将保留陶衣那部分磨光。刮掉陶衣部分表面平整，露出胎壁，呈现为粗糙面，没有光泽；保留陶衣那部分经过精细磨光，表面致密而光滑，富有光泽。两部分之间形成鲜明对照，显然，局部刮掉陶衣只是一种手段，保留带状红陶衣再经过精细磨光作为装饰才是目的。刮衣成为第一期早段陶器的一个显著特征。至于第一期晚段地层内出土的个别刮衣陶片，其棱角已经严重磨损，这种磨损现象是陶器破碎之后在地里经过多次翻动和互相摩擦所致。据此推测它是第一期早段遗留下来的陶片。

笔者通过仿制彩陶（彩版1，2；图版3，3），测定出绘彩时坯体的含水量约15%～14%，此时绘彩，坯体对颜料浆具有较强的吸附作用；磨光时坯体的含水量为13%～11%，此时磨光，器表（包括彩料上）会产生光泽。由于受到各自适宜的含水量范围的制约，必须先绘彩后磨光。有的学者说“在泥条叠筑和拼接工序完成后，接着就是外表面的抹平和磨光，随后就是彩绘”[33]。其中，将绘彩和磨光这两道工序先后颠倒了。假如先磨光后绘彩，坯体对颜料浆的吸附作用很小，颜料浆粘附不牢；彩料上没有经过磨光，彩料与胎壁之间结合不牢，容易脱落，而且彩料上不会产生光泽。由此可见，这种做法是不可取的。

六、施暗纹

这是坯体装饰工艺的最后一道工序。暗纹是在器表磨光之后、坯体的含水量约10%、胎较硬时，用细长形、质地坚硬而致密、前端圆钝而光滑的工具（如骨器），在器表滑压而成的线条状纹理，或者在原位来回碾压而成的窝点状纹理，这些纹理都很浅，在反光条件下才能看清，因此称为暗纹。

枝江市关庙山遗址大溪文化的陶器上，既有滑压暗纹，又有碾压暗纹，现在分别叙述如下：

1. 滑压暗纹

例如陶簋（图3-4，3），腹下部滑压××状暗纹，排列成4周。圈足碗（图3-5，1），腹部滑压平行线状暗纹7周，外底滑压同心圆暗纹7周，其间填充〃〃状、××状暗纹，分别排列成1周。陶釜（图3-5，2），肩上部滑压××状暗纹，排列成1周；肩部滑压平行线状暗纹11周。碗圈足（图3-28，2），外底滑压螺旋式暗纹，其间填充××状暗纹。上述平行线状暗纹、同心圆暗纹、螺旋式暗纹都是在慢轮带动坯体旋转的条件下滑压而成的。然后再填充其他暗纹。值得注意的是，外底的暗纹用放大镜才能看清图案。

如上所述，大溪文化施加暗纹的工艺达到十分精细的程度，在新石器时代晚期诸文化当中是罕见的，这充分地反映出大溪文化的制陶者具有十分细心非常认真的性格，这种性格突出地体现在施加暗纹的工艺上。后世春秋晚期轮制的细柄豆（见本书第七章第二节）、战国晚期手制的陶壶（见本书第八章第二节）、北魏的普通陶器（见本书第十章第一节）上也有暗纹。1992 年 11 月 14 日笔者由内蒙古呼和浩特市博物馆的李淑华、谢军女士陪同，考察了一件完整的元代泥质灰陶盆，当即绘制了线图，这件陶盆出土于呼和浩特市郊区白塔村，采用轮制法成型，经过快轮慢用修整，留有细密轮纹，引人注目的是其内壁和内底都布满暗纹：在内壁，从近口部至近底部（即从上往下）相隔适当距离分别滑压平行线状暗纹 1 组 8 周、1 组 2 周，波浪状暗纹 1 周，平行线状暗纹 1 组 4 周，波浪状暗纹 1 周，由此可见，平行线状暗纹与波浪状暗纹是相间排列的；在内底，周边滑压大圆圈状暗纹 1 组 4 周，在大圆圈之内滑压弧线状暗纹，组成一朵大荷花，有内外两层花瓣，各由 9 片花瓣组成，外层花瓣的边缘是由 9 段弧线连接而成的，每片花瓣之内都有 1 个梭形暗纹，是由两条弧线扣合而成的，表示内层花瓣，由于有内外两层花瓣，呈现出一定的立体感，在花朵的中央碾压圆点状暗纹（即碾压窝点纹）1 个，表示花蕊。在上述暗纹当中，只有圆点状暗纹是用质地竖硬而光滑、前端圆钝的工具在原地碾压而成的，其他暗纹都是用同一工具滑压而成的。内壁和内底的暗纹在光线照射下都会形成反射，从而显示出图案，暗纹周围的空当子为灰色地，形成漫反射，为暗纹图案起对比和衬托作用。整个陶盆暗纹图案的涵义是：一朵大荷花在碧波荡漾的湖水中绽放。这是笔者在中国古代施加暗纹的陶器当中所看到年代最晚的一件。虽然从春秋晚期至元代在陶器上施加暗纹的工艺延续不断，但是，都明显地不如大溪文化陶器上的暗纹那样精细和美观，由此可见，大溪文化制陶者施加暗纹的工艺是空前绝后的，在暗纹工艺史上占有重要地位。

2. 碾压暗纹

碾压暗纹的碾窝很浅，呈圆点状，窝内有光泽。例如圈足碗（图 3－5，1），腹下部碾压窝点状暗纹 4 组，每组 3 个。在这件器物上，碾压暗纹与滑压暗纹并存，二者所用的施纹工具应当相同，由于使用工具的方法不同，产生两种不同形状的暗纹。曲腹簋（图 3－28，1），器身与圈足交界处的鼓棱上碾压窝点状暗纹 6 组，每组 4 个。从总体上看，碾压暗纹不如滑压暗纹那样精细和美观。

施加暗纹工艺是由磨光工艺演变而来的，二者的共同点在于：使坯体表面的矿物晶体（石英、云母等）顺着工具用力的方向重新排列，利用光的反射显现光泽。二者的差别在于：模拟实验表明，器表磨光应在坯体的含水量约 13%～11% 范围内进行，施加暗纹应在坯体的含水量约 10% 时进行，换句话说，施加暗纹要求坯体的含水量比磨光时的含水量稍微低一些，胎壁稍微硬一些，因此，如果在同一件器物上既要磨光，又要施加暗纹，就应当先对器表磨光，稍后再施加暗纹；磨光往往涉及的面积较大，没有图案，施加暗纹局限在很小的面积内进行，并且形成图案，因此，施加暗纹的工艺要比磨光工艺更加细致和严格。假如先施加暗纹，然后磨光，暗纹就会被磨平而消失，由此可见，这种做法是不可取的。

第五节　陶窑

新石器时代晚期的陶窑均为横穴式升焰窑。横穴式窑出现于新石器时代中期（见本书第二章，图 2－17，图 2－18），但那时的横穴式窑燃烧室与烧成室尚未分离，结构还没有定型，处于摸索阶段。到新石器时代晚期，横穴式窑燃烧室与烧成室一般皆已分离，通过火道将火焰从燃烧室引入烧成室；结构基本定型，燃烧室与烧成室横向并列布置，一般燃烧室比烧成室稍低；形制多样化，多为单室窑，也有个别双火膛的连室窑，窑室呈马蹄形、圆形、方形或长方形，窑室底部设有窑箅或窑柱，窑顶呈穹隆形或筒拱形，顶部有排烟孔，窑壁上应当有窑门。烟囱也是陶窑的重要组成部分，从现有资料来看，新石器时代晚期的北方陶窑尚未见到有关烟囱的报道，南方虽发现陶窑较少，但湖南安乡划城岗新石器时代晚期陶窑却有烟囱。不论横穴式窑的形制如何变化，其火焰流向未变，仍是升焰式，火焰从窑底上升，流经制品，由窑顶的烟孔排出。

新石器时代晚期陶窑的进步为陶器烧制工艺的发展提供了物质条件。现将本期的陶窑举例如下：

山东宁阳县大汶口遗址的陶窑（图 3 – 33）属于大汶口文化。窑室呈马蹄形，门用乱石封严，窑箅以上残塌，窑身三分之二在原地面以下，直径 1. 83 米。窑箅仅存西北一角，箅上有圆形火眼，直径 10 厘米。窑底前低后高，呈斜坡形，正中有三条火道，中间一条直通总火道，左右两条为“弓”形，也与总火道相通。火膛前有燃火洞，高 90 厘米，前宽后窄，洞门高 50 厘米，宽 40 厘米[34]。钟华南先生复原了这座陶窑，包括窑壁、窑顶、烟囱、烟道、火眼、窑门，可以烧制红陶、黑陶，烧成温度可达 950℃ ~980℃[35]。笔者认为，钟华南先生在烧成室的前壁复原一个窑门是合理的，窑门应是装入坯体，运出陶器的通道。但是，有的学者认为横穴式升焰窑敞开的窑顶就是排烟口，放入坯体和取出陶器都从窑顶进行[36]。

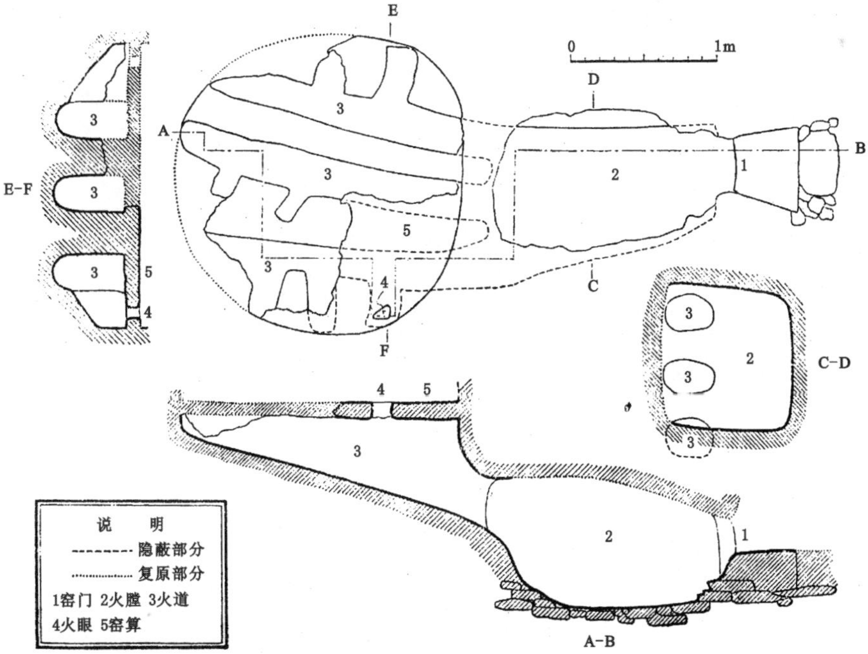

图 3 – 33　山东宁阳县大汶口遗址的陶窑

西安市半坡遗址的 3 号陶窑（图 3 – 34）属于仰韶文化半坡类型（又称半坡文

化)。火膛在窑的前方，是长筒状通道，将近2米，穹窿顶。火膛后部紧接三条大火道，两边的两条全通窑室周围，作倾斜式向窑室伸展。三条火道向上汇成一条圆形通道，分别由周围的火眼与窑室相通。窑室与火道垂直，平面近圆形，直径约0.8米。紧靠窑壁有一圈火眼，保存好的有10个。接近火道的火眼较小，远的较大。窑全长约2.1米，宽1.1米，高0.55~0.82米[37]。值得注意的是建窑时，使距火源近的火眼较小，远的较大，以便调节窑室内各部位火力的强弱，使窑室内的温度分布比较均匀，防止烧制陶器时局部出现生烧或过烧的现象，这是建窑技术上的进步。

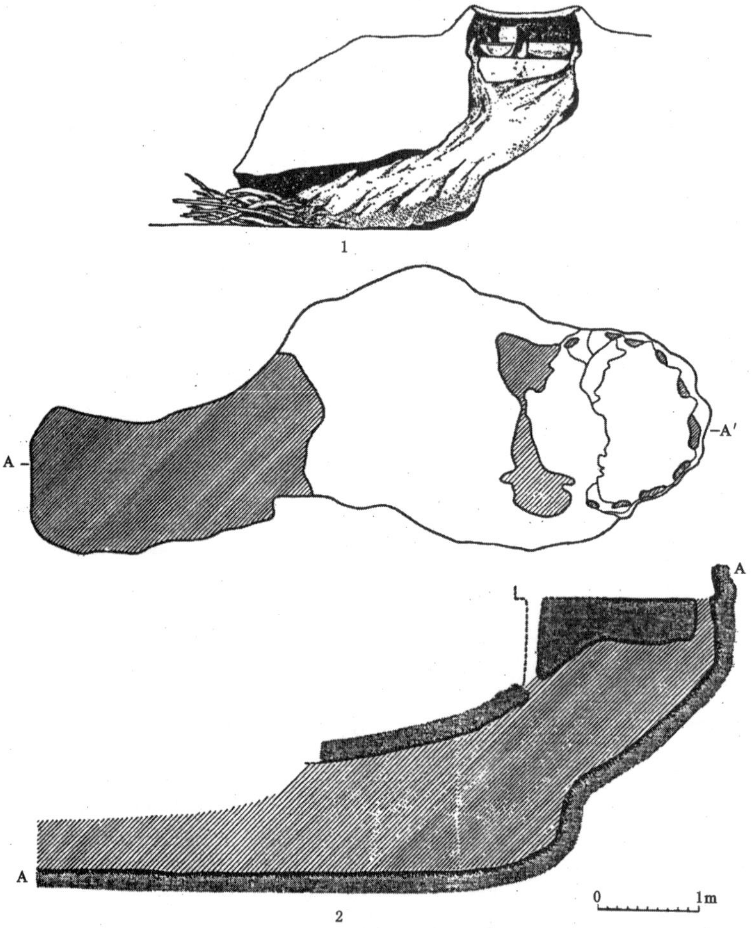

图3-34 陕西西安市半坡遗址3号陶窑

1. 3号窑复原图；2. 3号窑平、剖面图

在青海民和县胡李家遗址，发现年代相当于仰韶文化庙底沟时期的2号陶窑(图3-35)。窑室呈方形、筒拱顶，保存大部分，平面宽0.9米，残长0.5~1米，拱顶最高约0.65米。中间有主火道，其终端为椭圆形坑，并沿窑后壁向上形成烟道，至拱顶与环拱顶侧沿的烟道相连。窑室两边还各有一条火道，沿两边窑壁向后壁延伸并与烟道相连[38]。这是目前在我国境内所发现年代最早的筒拱形顶陶窑，其顶部的纵剖面平直，横剖面呈弧形，与后世城门洞顶部的形状相似。

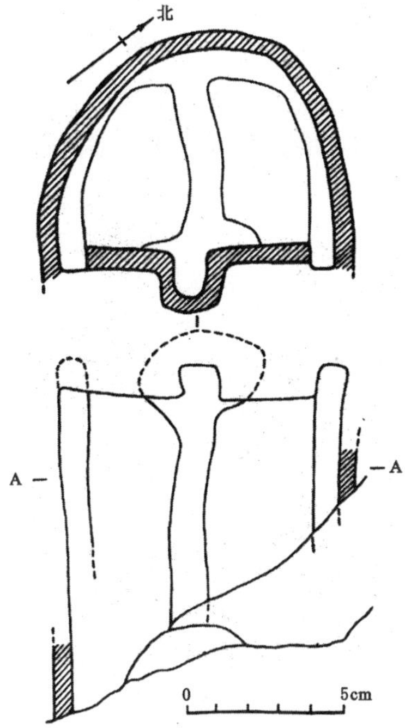

图 3－35　青海民和县胡李家遗址庙底沟时期 Y2 平、剖面图

内蒙古敖汉旗四棱山红山文化的陶窑。在该遗址发现单室窑 4 座，双火膛连室窑 1 座。例如 Y1（图 3－36，1）为马蹄形单室窑，由窑室、火道、火膛三部分组成，全长 2.6 米。窑室用石块砌成，里壁抹一层泥土。窑室内有四个窑柱，皆用石块砌成，四周抹一层草拌泥，后排两个为圆角方形，前排两个呈圆角三角形，既起分火作用，也起窑床作用。窑室中心形成“十”字形火道，火焰在窑内可以畅通。坯体放在窑柱上，直接与火焰接触。又如 Y6（图 3－36，2）为双火膛连室窑，前边是火膛，长约 1.8 米，后面是窑室，长 2.7 米，二者之间设有一道隔梁。火道经过隔梁进入窑室。窑室内有八个窑柱，其中 1、2、7、8 号呈圆角三角形，3、4、6 号为圆角长方形，唯独 5 号近圆形。窑壁与窑柱均系土石结构，里壁抹一层草拌泥[39]。

笔者认为，上述红山文化的陶窑有三点值得注意：

一是窑壁与窑柱均为土石结构，具有地区特色。2013 年 1 月 9 日笔者在海南海口市石山镇看到一座现代的阶级窑，由六级窑室联成一条直线，沿着斜坡地势逐级升高，每级左边都有一个窑门、两个投柴孔，左右各有一个，各级之间都有十个烟孔相通，窑尾设有烟囱。整座窑全长约 24 米，宽约 4 米，高约 3 米。引人注目的是从窑头至窑尾全部用当地产的玄武岩（玄武岩是火山岩的一种）砌成，火山岩具有抗风化、耐高温的优点，以临高县产的高硅质黄黏土羼和粗砂制成坯体，用木柴烧制到 1100℃～1200℃，成为硬陶，其中烧成温度较高者，质地非常坚硬却没有烧流变形现象，器表产生类似釉色光泽却没有釉。石山镇的阶级室与红山文化的陶窑都用石块砌成，因而都具有坚固耐用的优点。

二是双火膛连室窑开后世多火膛连室窑之先河。1995 年 11 月笔者在河南渑池县班村看到一座传统的砖窑，一个长方形窑室，前面带有四个火膛和四个窑门，窑工称它为“串窑”，这种“串窑”承袭了历史上双火膛连室窑的做法。

三是Y1与Y6的窑柱有相同点，Y1前排两个窑柱和Y6的1，2，7，8号窑柱都呈圆角三角形，确切地说，朝火膛一端都呈锥形，这种形状是先民在建窑时有意识所为，以便使窑柱具有分火作用，可以达到窑室内温度分布均匀的效果。

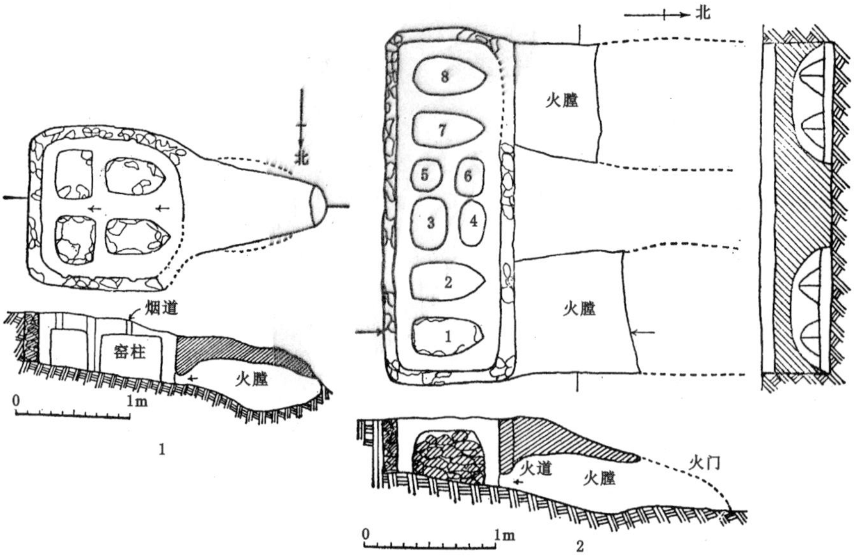

图3-36　内蒙古敖汉旗四棱山遗址红山文化的陶窑

1. Y1平、剖面图；2. Y6平、剖面图

新石器时代陶窑在北方发现千座以上，但南方出土较少，见于报道的唯独湖南划城岗遗址的一座陶窑。另外，在湖北红花套遗址发现一座，以前没有报道。

1979年，在湖南安乡县划城岗遗址发现大溪文化陶窑1座，总体呈瓢形，由火道、火膛、烟囱三部分组成。火膛下半部挖在生土中，上半部用大块红烧土垒成，窑壁残高0.8米，火膛直径1.2米，没有窑箅。窑壁内侧有一周放置坯体的平台，其高30~40厘米，宽20厘米。火道长1.15米，宽0.5~0.54米，呈斜坡状。烟囱与火道相对[40]。该窑与前述新石器时代晚期北方一般陶窑有两点差异：一是其火膛与窑室同处一个空间，为同穴式窑；二是它有烟囱。

1973年10月，长江流域第二期文物考古工作人员训练班在湖北宜都县红花套遗址南区发掘时，在长江堤外T42东边文化层底部发现大溪文化的陶窑1座。该窑建在生土中，东边半座已经坍塌在长江边的河滩中，仅存西边半座，窑底和窑壁已经烧烤成坚硬的红烧土。其年代相当于枝江市关庙山遗址大溪文化第二期。这座陶窑是由湖北省博物馆的舒之梅先生辅导学员清理的，笔者当时也是训练班的辅导员之一，在现场观察了该窑的发掘过程。

有的学者说：“在长江中、下游许多遗址中都未发现有窑址遗存的事实，使我们得出这样的推论，即在新石器时代早、中期，在南方，特别是长江中、下游的某些文化遗址居住的先民们还在使用平地堆烧的方法烧制陶器。”[41]这里所讲的新石器时代中期即本书中所讲的新石器时代晚期，实际上在此期的划城岗遗址和红花套遗址都已经发现了陶窑，得出此期还在使用平地堆烧方法的推论是不恰当的。

第六节　陶器的烧制工艺和烧后装饰工艺

本节先叙述陶器的烧制工艺，然后叙述烧后装饰工艺。所谓烧后装饰工艺系指彩绘陶工艺而言，因此，将以“彩绘陶”为标题介绍烧后装饰工艺。

陶器的烧制工艺包括温度控制、气氛控制、渗碳操作三个方面，现在分别叙述如下：

一、温度控制

新石器时代晚期的制陶者不但善于控制各种陶器烧成温度的下限和上限，而且在（陶土的耐火度）允许的范围内尽可能使陶器达到较高的（接近于上限的）烧成温度，以便提高陶器的硬度和机械强度，具有较好的使用功能。据测定，仰韶文化、大汶口文化、大溪文化、红山文化陶器的烧成温度为600℃～1000℃（表3－8），其中，1000℃就接近于（普通易熔黏土）烧成温度的上限（1050℃）。

表3－8　新石器时代晚期陶器烧成温度及相关性能

原序号	出土地点、品名	文化性质	烧成温度（℃）	吸水率（%）
1	河南登封双庙遗址红陶	仰韶文化庙底沟类型	900	6.62
2	河南陕县庙底沟遗址彩陶	仰韶文化庙底沟类型	950～1000	
3	河南陕县庙底沟遗址彩陶	仰韶文化庙底沟类型	900	
14	山东兖州王因遗址红陶	大汶口文化	1000左右	
15	山东泰安大汶口遗址白陶	大汶口文化	900	
19	四川巫山大溪遗址彩陶	大溪文化	830	9.28
20	四川巫山大溪遗址夹砂红陶	大溪文化	750	5.60
21	四川巫山大溪遗址黑陶	大溪文化	780	7.33
22	四川巫山大溪遗址灰陶	大溪文化	810	7.40
23	湖北宜都红花套遗址（下层）红陶	大溪文化	600～700	
24	湖南澧县梦溪三元宫遗址白陶	大溪文化	880	11.74
25	湖北枝江关庙山遗址T11④G1红陶	大溪文化	1019	
26	湖北枝江关庙山遗址T35⑤AG2灰红陶	大溪文化	901	
27	湖北枝江关庙山遗址T52扩方③G3红陶	大溪文化	912	
44	内蒙古赤峰水泉遗址红陶	红山文化	600左右	
45	内蒙古赤峰水泉遗址红陶	红山文化	900～1000	

注：表3－8数据引自李家治主编：《中国科学技术史·陶瓷卷》，科学出版社，1998年，表

2-4，其中关庙山遗址 G1～G3 的地层号为引者所加，G1 属大溪文化第一期晚段，G2 属大溪文化第二期，G3 属大溪文化第四期。

从以上数据中可以看到两点：一是各文化陶器之间的烧成温度存在差异，即使同一个文化的陶器，烧成温度高低也有明显不同；二是实用陶器（不包括冥器）烧成温度的下限为600℃，一般不低于600℃。

陶器烧成温度的下限和上限主要是由陶胎的化学组成决定的，下限系指坯体经过烧制以后基本上达到陶化的程度，可以称为陶器；上限系指陶器在烧制过程中没有出现软化、变形现象，更没有烧流。一般而言，氧化硅、氧化铝含量稍高的陶器烧成温度稍高，助熔剂（氧化钾、氧化钠、氧化钙、氧化镁等）总和含量稍高的陶器则烧成温度稍低。例如枝江市关庙山遗址大溪文化第二期有的彩陶圈足碗（图3-23，4），烧成温度相当高，接近于烧流，但是没有烧流，质地坚硬，表面有类似釉色的光泽，击之能发出清脆的声音，彩料与胎壁之间结合得非常牢固，即使用力洗刷，彩料也不会脱落，因此具有较高的使用功能和艺术效果。这些现象表明，此件彩陶圈足碗的烧成温度接近于烧成温度的上限，反映出大溪文化的制陶者对于控制陶器烧成温度的上限已经有丰富的经验。

严格地控制烧成温度的上限是烧制夹蚌陶的关键，具有特殊性，因此，需要单独加以介绍。

为了解夹蚌陶的烧制工艺，1984 年笔者仿制了一批夹蚌陶，都在马弗炉内烧制，均为保温一小时，由于烧成温度不同，结果差异较大，具体情况如下：烧制到840℃的夹蚌红陶支座、罐形鼎、陶杯、陶碟、陶球，存放一个时期之后胎壁全都胀裂酥散了，陶胎内的蚌壳末已经变成白色粉末；烧制到700℃的夹蚌红陶罐，蚌壳末没有变成粉末，仍有亮光；烧制到600℃的夹蚌红陶罐，蚌壳末的亮光保存很好。

1985 年笔者仿制了一件夹蚌罐坯体，置于枝江市马家店镇陶器厂的龙窑内，与其他陶器一起用松柴烧制 16 小时，罐坯体距火源 80 厘米，烧成温度约 850℃，烧制后器表的蚌壳碎片已经消失。笔者将这件夹蚌陶罐浸泡在水中，由于胎心的蚌壳碎片逐渐膨胀，致使内外表皮一块块剥落，这表明陶胎内所含的蚌壳碎片基本上已分解。

另外，笔者将关庙山遗址（大溪文化第二期）T51⑤A 层出土的七片夹蚌红陶罐口沿（均为密实陶）置于马弗炉内复烧，温度分别为 600℃、650℃、700℃、750℃、800℃、850℃、900℃，都保温一小时，存放一个时期之后只有复烧到850℃、900℃的口沿表面呈现龟裂状，其他口沿都保持原状。

从现代技术原理看，碳酸盐一般在 700℃～800℃开始分解，900℃～1000℃开始沸腾，因此，夹蚌陶的烧成温度最好不要超过碳酸盐开始分解的温度。上述实验与此原理大体相符，古代夹蚌陶的烧成温度一般在 700℃～800℃之间。如果烧成温度过高，陶胎内蚌壳碎片的主要成分碳酸钙会分解为氧化钙和二氧化碳[42]，反应式如下：$CaCO_3 \rightarrow CaO + CO_2\uparrow$。氧化钙会逐渐吸收空气中的水蒸气，生成氢氧化钙，反应式如下：$CaO + H_2O \rightarrow Ca(OH)_2$。这时体积逐渐膨胀并且变成粉末状。这种体积膨胀现象会产生很大的作用力，致使陶胎出现裂纹，表皮一块块剥落，乃至整件陶器成为碎片。由此可见，严格地控制烧成温度的上限是烧制夹蚌陶的特殊要求和关键。

二、气氛控制

新石器时代晚期的陶器，氧化烧成技术发展到了高峰期，因此以红陶为主；还原烧成技术不发达，还处于初级阶段，因此灰陶不多。陶器的颜色如何，取决于泥料的化学组成、窑内气氛和烧成温度三个因素。其中，化学组成是内因，窑内气氛和烧成温度是外因，外因通过内因起作用。

现在将氧化烧成技术、还原烧成技术分别介绍如下：

1. 氧化烧成技术

这是出现较早、较容易实现的技术。在窑内通风良好、燃料充分燃烧的条件下都会产生氧化焰，其主要特点是可以使坯体内的铁质大部分转化成红色的氧化铁。在窑内气氛、烧成温度相同的条件下，由于陶胎内氧化铁含量多少不同，即内因存在差异，呈现出鲜红、土红、橙黄、土黄等不同颜色。有些红陶表面为红色，胎心为灰色，产生这种现象的原因是胎心氧化不充分，黏土内所含碳素尚未烧尽。

垣曲县古城东关遗址仰韶文化、渑池县班村遗址仰韶文化庙底沟类型（又称庙底沟文化）的陶器，大多数为红陶，其内壁、外表及胎心均为红色，而且颜色纯正。

枝江市关庙山遗址大溪文化的彩陶，尤其是薄胎彩陶（也称蛋壳彩陶）多数陶胎为橙黄色（图3－23，3；图3－24；图3－25，2），相当鲜艳，橙黄的地色与彩色图案之间对比强烈，图案非常醒目而美观。经化学分析和模似实验证实，橙黄陶胎是以当地产的含铁量较低的灰白色黏土（表3－2，34）制作而成的，氧化烧成之后变为橙黄色，显然，大溪文化的制陶者是有意识选择灰白色黏土作为彩陶的制胎原料，目的是以橙黄的地色为彩色图案起衬托作用，产生良好的艺术效果。

2. 还原烧成技术

这种技术在新石器时代中期曾看到，但是当时灰陶的数量很少，还原烧成往往带有较大的偶然性；到新石器时代晚期，灰陶数量才逐渐有所增加。烧制灰陶的工艺过程可分前后两道工序：前道工序与红陶相同，采用氧化焰；后道工序改用还原焰，由于窑内通风不良，氧气供应不足，燃料不能完全燃烧，产生一氧化碳，在高温下，一氧化碳可以将陶胎内红色的氧化铁大部分还原成灰色的氧化亚铁，即由高价铁变为低价铁，从而使陶胎变成灰色。在陶胎内含铁量相同的条件下，由于还原气氛强弱不同，灰陶的颜色呈现出深灰、中灰、浅灰的差别。

垣曲县古城东关遗址仰韶文化、渑池县班村遗址仰韶文化庙底沟类型（又称庙底沟文化）都有少量灰陶，内壁、外表及胎心均为灰色。

枝江市关庙山遗址大溪文化第二期开始出现少量泥质浅灰陶，颜色纯正而美观，它是在弱还原气氛中烧制而成的。至第四期浅灰陶有所增加，但是仍处于还原烧成技术的初级阶段。在彩陶当中有个别灰胎圈足碗（图3－23，1）和单耳杯（图3－25，3），胎为中灰色，彩为深灰色（值得注意的是有别于黑彩），彩色比胎色稍微深一些，二者之间反差较小，艺术效果欠佳。这些灰胎彩陶应是偶然误烧而成的，换句话说，是制陶者一时疏忽，将原先绘红彩的坯体与其他坯体一起置于同一陶窑内烧成灰陶的，原先的红彩在还原气氛中变成了深灰彩。

三、渗碳操作

如前所云，经过窑内渗碳而成的黑陶始见于新石器时代中期，在贾湖文化、裴李岗文化中都有出土，但是数量不多；它的真正使用，大体是在新石器时代晚期及其之后的事，在新石器时代晚期的仰韶文化、大汶口文化、河姆渡文化、大溪文化中都可以看到。此期渗碳的操作方法有窑内渗碳和窑外渗碳两类，后一类方法在南方地区比较发达，而且达到了高峰。

下面先分别叙述窑内渗碳、窑外渗碳，然后分析渗碳的条件、渗碳的温度范围、渗碳的目的、黑陶的脱碳现象。

1. 窑内渗碳

周仁先生等 1964 年所讲的“渗碳”[43]实际上是指窑内渗碳，虽然当时尚未提出“窑内渗碳”这一名称。由于窑内各处都充满黑烟，各件器物全身都被渗碳变成黑色。如果窑内渗碳的时间较长，连胎心也变成黑色，成为典型的黑陶。例如河姆渡文化第一、第二期的陶器都以夹炭黑陶为主，夹砂黑陶次之。1985 年 4 月笔者由浙江省博物馆牟永抗先生陪同考察过这些黑陶，器表和胎心都呈现黑色。如果窑内渗碳的时间较短，只有表皮（这里不是指陶衣）变成黑色，胎心仍然保持红色或灰色，成为“黑皮陶”。由此可见，黑皮陶与典型黑陶略有差别。

垣曲县古城东关遗址仰韶文化的陶钵（图 3 – 11，2）、渑池县班村遗址仰韶文化庙底沟类型（又称庙底沟文化）的陶罐（图 3 – 7，2）都是典型黑陶，但是数量不多。

枝江市关庙山遗址大溪文化第一期晚段出现典型黑陶，数量极少，应属偶然现象；第二期有少量黑陶；第三期黑陶有所增加；第四期黑陶数量猛增（见表 3 – 4，泥质黑陶），器形有圈足碗、碗形豆（图版 2，1）、平底杯（图版 2，5）、曲腹杯、筒形瓶、细颈壶（图版 2，3）、陶盆、圈足罐、小口高领罐、陶鼎和器盖。

为了解窑内渗碳的方法，笔者利用关庙山遗址文化层之下的黄黏土（表 3 – 2，32）仿制了大溪文化的圈足钵、圈足碗、筒形瓶、罐形鼎、器盖、器座等 10 件坯体。在遗址的平地上铺一层松柴，面积约 1 平方米，厚 10 厘米，上面放置坯体。再覆盖一层稻草，厚约 15 厘米。其上抹一层泥壳，厚约 1 厘米。下部留三个进风孔，每个直径约 3 厘米，顶部留三个排烟孔，每个直径约 1.5 厘米。从进风孔点火开始烧制。三小时后，泥壳顶部被烘干，出现裂缝。六小时后，泥壳顶部变成红烧土。由此可知窑内的坯体已经达到烧成温度（约 650℃），已经变成陶器。这时将排烟孔封闭，用泥将裂缝堵严，窑内的松柴由于缺氧而产生浓烟。15 小时后，泥壳已经坍塌，但是炭火未熄灭，清除倒塌的红烧土块之后，露出 10 件黑陶，全身皆黑。上述平地封泥烧制陶器实际上属于无窑烧制，是仿照云南景洪傣族烧制陶器的方法[44]，也就是说，实际上比大溪文化烧制陶器的方法要原始得多。

2. 窑外渗碳

这类渗碳方法是李仰松先生 1958 年调查云南佤族制陶技术时发现和最先报道的[45]，虽然当时尚未提出“窑外渗碳”这一名称。1985 年笔者和黄素英女士一起提出“窑外渗碳”这一名称，并且将窑外渗碳与窑内渗碳相并列[46]，采用观察出土实物与模拟实验相结合的方法，对陶器的渗碳工艺进行了全面、系统、深入的分析，这是认识上的飞跃，研究方法上的创新。

枝江市关庙山遗址大溪文化经过窑外渗碳的陶器有外红内黑、上红下黑、数条黑道三种具体表现，现在分别介绍如下：

（1）外红内黑。器形有圈足盘、圈足碗、曲腹杯、陶簋、曲腹簋、圈足罐、器盖等，其中以圈足盘数量最多，圈足碗次之。

据李仰松先生报道，云南佤族在烧制陶器刚结束时，制陶者手持一根木棍，将烧好的陶器一个个从火炭中挑出来，另外一人手持“斯然”褐色胶质趁热涂在陶器的口缘或周身[47]。佤族这种做法实际上是在窑外进行渗碳。“斯然”胶是一种渗碳材料，此外，松脂、锯末、稻壳、草末等有机物质也可以作为渗碳材料。

为了解外红内黑的成因，笔者将一件仿制的小罐坯体置于马弗炉内烧制到红热状态（高于500℃），取出之后立即将稻壳装入罐内，而且装满，由于陶罐传热，稻壳被烧焦，同时产生黑烟，小罐内壁全部变成黑色，外表仍然保持红色。

大溪文化的圈足盘和圈足碗，进行窑外渗碳时，由于器内没有装满渗碳材料，而且上面没有用器盖加以封闭，即单个进行渗碳，因此，只有内壁的下部经过渗碳，呈现为黑色，内壁的上部没有渗碳，仍然保持红色，黑色与红色两部分之间没有明显界线，呈现为渐变。陶簋（图3－4，3）、曲腹簋（图3－28，1）的外表为红色，器身内壁全部呈现黑色，值得注意的是口部外表也呈现黑色，这是将陶簋、曲腹簋分别与器盖扣合在一起进行窑外渗碳所致，由于器盖的阻挡，内壁全部呈现为黑色，从簋里面冒出来的黑烟向口外扩散，致使口部外表也呈现为黑色。笔者通过模拟实验证实了这一点。如上所述，由于窑外渗碳，导致陶器呈现“外红内黑”的方式有“单个渗碳”、“扣合渗碳”两种。

（2）上红下黑。有些平底碗，内壁呈现黑色，外表腹中部以上呈现红色，以下呈现黑色，红色与黑色两部分之间没有明显界线，呈现为渐变。为了解上红下黑的成因，笔者将三件仿制的碗坯体同时置于马弗炉内烧制到800℃，当炉内温度下降到600℃时，先将两件碗取出，迅速分别装入稻壳并且两件垒叠在一起，再将另一件碗取出，没有装稻壳就与前两件垒叠在一起。结果下面的碗呈现外红内黑；中间的碗呈现上红下黑，内壁亦呈黑色；上面的碗呈现上红下黑，内壁仍保持红色。模拟实验结果表明，由于窑外渗碳，导致陶器外表呈现“上红下黑”的方式只有“垒叠渗碳”一种。

值得注意的是，大溪文化陶器中有个别圈足碗（T71③:3），器身内壁和圈足内壁全部呈现黑色，外表为上红下黑，胎心呈灰色。其特殊之处是：红色与黑色两部界限分明，黑色部分的边缘参差不齐，并且有一道道横向的涂刷痕迹，由于涂刷不匀，有些地方还隐约可见红色外表。笔者从其腹下部取下一块陶片（胎厚2毫米），用放大镜观察到胎心厚约1.4毫米，呈灰色，内壁、外表各有一层厚约0.3毫米的黑色渗碳层。然后将它置于马弗炉内复烧到700℃，保温一小时，结果内壁、外表的黑色和胎心的灰色都消失，变成红色。这表明黑色都是在窑外趁热涂刷某种有机胶状物质渗碳所致，所用的渗碳材料是不是生漆尚待研究。

（3）数条黑道。大溪文化第一、第二期有些圈足碗和器盖的外表有三条或四条间距相近的竖向黑道，黑道的特点是上下宽窄不匀，边缘模糊不清，明显不同于用矿物颜料绘成的（宽窄均匀、边缘清晰的）黑彩。例如一件圈足碗（1975 年出土、现藏枝江市博物馆）的器身内壁呈现黑色，外表有 4 条竖向黑道；圈足碗（图 3－8，1）外表有 3 条竖向黑道，每条都与内壁呈黑色的突出部分相对应；圈足碗（图 3－8，4）的器身内壁呈现黑色，外表有 3 条竖向黑道，黑道上下不连贯；圈足碗（图 3－8，6）的器身外表有 4 条竖向黑道；器盖（图 3－8，5）的器身内壁呈现黑色，外表有 4 条竖向黑道。遗憾的是在陶器线图上难以表现黑道边缘模糊不清的现象。

为了解上述竖向黑道与黑彩之间的区别，笔者做过以下对比实验：将关庙山遗址出土的有黑道的陶片与有黑彩陶片同时置于马弗炉内复烧到 700℃，黑道随着温度升高逐渐退色以至消失，因为它是窑外渗碳所致，在高温下可以脱碳；黑彩依然存在，因为它是用矿物颜料绘成的，具有耐高温的性能。显然，竖向黑道的间距相近是制陶者人为操作所致，这些黑道具有一定的装饰作用，但是黑道不是黑彩，也不能称为黑彩，因为二者的成因有质的区别。然而，至今仍有学者将竖向黑道称为“竖黑条彩”。

为了解竖向黑道的成因，笔者将仿制的圈足碗坯体置于马弗炉内烧制到 800℃，炉内温度下降到 600℃时，取出后叠叠在处于常温状态的圈足碗之上，二者之间夹着 4 条薄木片（刨花），薄木片由于受热被烧焦，同时产生黑烟，圈足碗挨着薄木片的部位立即出现 4 条竖向黑道，其边缘模糊不清，这是黑烟向薄木片周围扩散所致。此外，也可以用软的树皮代替薄木片作为渗碳材料。

上述窑外渗碳具有三个特点：一是利用刚刚出窑的还处于红热状态的陶器所散发（传导）出来的热量使渗碳材料烧焦（炭化），同时产生黑烟；黑烟反过来渗入陶胎表面的孔隙之内，使其变成黑色。二是在陶器上往往只有局部呈现黑色，例如内壁呈现黑色、外表的下部呈现黑色、外表有数条竖向黑道。三是渗碳层很浅，仅仅表面呈黑色，因为陶器出窑之后，其温度迅速下降，可用于渗碳的时间甚短。笔者在用红热陶片进行贴薄木片（刨花）渗碳实验时观测到，窑外渗碳作用的过程只有一、二分钟。另外，云南佤族利用“斯然”胶进行窑外渗碳时，“动作很快，不然陶器稍冷却胶质就吸收不进去了”[45]，也说明了这一点。由此可见，窑外渗碳成功的关键在于动作迅速，趁热进行。

3．渗碳的条件

为了探明渗碳的条件，笔者用松木燃烧所产生的浓烟将一块处于常温状态的泥质红陶片熏成漆黑，但是用手一擦，附着在器表上面的一层碳黑就全部脱落，器表颜色依然如故。又将一块烧制到红热状态（500℃以上）的陶片埋入经过炭化处理的稻壳中，也没有出现渗碳现象，因为炭化稻壳受热后不会产生黑烟。实验结果表明，陶器渗碳应当同时具备两个条件：一是使陶胎处于接近红热状态，从而使陶胎的孔隙具有吸附碳粒的能力；二是使渗碳材料在烧焦的同时产生黑烟，黑烟可以渗入陶胎的孔隙之内。

4．渗碳的温度范围

为了探明渗碳的温度范围，笔者将关庙山遗址大溪文化的陶片置于马弗炉内做过实验：在温度为300℃～750℃之间，每隔50℃进行一次泥质红陶的渗碳实验，泥质黑陶的脱碳实验，观察到红陶由红色变为黑色、黑陶由黑色变为红色的现象都是逐渐发生的，也就是说，渗碳和脱碳都是渐变的过程。经过测定，渗碳和脱碳主要发生在500℃～400℃之间。由此可见，产生渗碳作用时，陶器的实际温度大约在500℃～400℃的范围内，这是适宜渗碳的温度范围。

笔者在春季和秋季做实验时，观测到炉温在600℃～500℃的范围内，这时将陶器从马弗炉内取出迅速进行窑外渗碳效果最佳：渗碳材料被烧焦冒出浓烟却不会起火苗，从而使器表呈现漆黑。其原因是陶器的一部分热量迅速在空气和渗碳材料中散失，下降100℃左右，正好到达适宜渗碳的温度范围（500℃～400℃）。

那么，为什么要在适宜的温度范围之内才能渗碳呢？现在以窑内渗碳为例加以说明：在常温下坯体内含有水分（这里指吸附水）、有机质、空气等。在烧制陶器的前段，随着窑内温度逐渐升高，水分逐渐汽化而排出，有机质等逐渐分解，因此，从常温至900℃以前“气孔率增大”[48]。在红热状态下，孔隙内的气体因热膨胀而排出，使孔隙接近于真空，气压很小。烧制的最后阶段，在陶胎温度逐渐下降过程中，孔隙对碳粒具有吸附作用，在500℃～400℃范围内吸附作用比较明显。此时将陶窑的排烟孔封闭，致使窑内通风不良，氧气供应不足，木柴（尤其是含松脂多的松木）被烧焦却不起火苗，同时产生大量黑烟，黑烟实际上就是许多微小的碳粒。碳粒先被陶胎表面的孔隙吸附，然后逐渐向内部深处的孔隙扩散。所谓渗碳就是在适宜的温度范围内碳粒逐渐渗入陶胎孔隙之内的过程。陶胎温度下降到400℃以下，孔隙内的气压逐渐变大，吸附作用逐渐减弱以至停止，渗碳过程随之结束。已经渗入陶胎的碳粒便沉积在孔隙内，成为陶胎的一个组成部分，使器表乃至胎心都变成黑色。由于碳元素在常温下具有化学性质稳定性，黑陶在土壤内埋藏数千年依然保持黑色。

5．渗碳的目的

以关庙山遗址大溪文化外红内黑的陶器为例，绝大多数是圈足器，例如圈足盘、圈足碗、曲腹杯、陶簋、曲腹簋（图3－28，1）、圈足罐等。其中前五种都是饮食器，后一种可以作为汲水器具，由此可见先民认为：饮食器和汲水器具的内壁需要渗碳。云南佤族在陶器上进行窑外渗碳是为了“使液体不易渗透，同时使器壁坚固”[47]。为了探明渗碳究竟起什么作用，笔者仿制了两件泥质陶杯，所用的泥料、制作方法、胎壁的厚度都相同，烧成温度均为800℃，其中一件未经渗碳，为泥质红陶，盛水之后不久，水就从陶胎的孔隙中渗透出来，外表湿透了；另一件经过窑外渗碳，盛水之后始终没有出现渗透现象，其原因就在于胎壁的“孔隙中充填着大量碳粒”[43]，即胎壁的孔隙已经被碳粒堵塞，从而提高了致密度和强度。模拟实验的结果证实了云南佤族进行窑外渗碳是为了“使液体不易渗透，同时使器壁坚固”的报道。由此可以设想，大溪文化制陶者经常进行窑外渗碳，致使很多陶器局部呈现黑色，其目的是：使陶器既保持美观，又使液体不易渗透，还坚固耐用。这是美观与实用的高度统一。

6．黑陶的脱碳现象

脱碳是与渗碳相对而言的。关庙山遗址有些陶器修复之后呈现出以断碴为界黑红分明的怪现象。为探明其原因，笔者将仿制的泥质黑陶圈足碗和器盖置于马弗炉内复烧到840℃，结果都变成红陶，因为在温度升高的条件下，碳的化学性质变得活跃起来，与空气中的氧产生化合反应，生成一氧化碳或二氧化碳气体而逸去，黑色也随之消失。由此可见，这种怪现象的产生与制陶工艺无关。先民使用的黑陶器物破碎废弃之后，各片的处境不一定都相同，有些陶片曾经遭到火烧，因而脱碳变成“复烧红陶”。如果在房址的居住面上发现“复烧红陶”，有助于分析房屋废弃的原因，可能是由于失火倒塌而废弃的。

四、彩绘陶

这是陶器烧制完成以后的一种表面装饰工艺，它始见于新石器时代早期（见本书第一章第五节），但是从早期至中期都使用较少，直到新石器时代晚期彩绘陶仍然不发达，目前在大汶口文化、大溪文化中都曾见到彩绘陶。在这里首先要指出的是彩陶与彩绘陶在工艺上有质的区别：彩陶是先在坯体上绘彩，然后烧制成陶器；彩绘陶是先将坯体烧制成陶器，然后在陶器上施加彩绘。简单地说，前者先绘彩后烧制，后者先烧制后彩绘，二者的工艺流程明显不同。

大汶口文化彩绘陶的花纹比较简单，主要绘在黑灰陶和极个别白陶上。最普遍的有弦纹、带纹和大圆点。画彩喜用红色或红黄二色，但红色较常见[49]。1962年笔者在山东曲阜县东位庄遗址进行考古调查时也曾从农民手中征集到一片大汶口文化的彩绘陶，在折沿罐肩部和腹中部各绘一周红彩平行条纹作为边框，其间用红彩和白彩相间绘成二方连续的流水漩涡纹，涡心为红彩大圆点，大圆点之外由三条白彩弧线和两条红彩弧线相间组成图案。经观察，红彩以朱砂（HgS）作为颜料，白彩以高岭土作为颜料。这片彩绘陶与背水壶及人骨同出，据此推断是作为死者随葬之用的明器。

枝江市关庙山遗址大溪文化中彩绘陶极少，见于泥质黑陶曲腹杯外表，用朱砂作为红彩绘成平行条纹、弧线纹、横人字纹图案，还见于泥质黑陶器盖的钮上，这种彩绘陶可以称为朱绘黑陶，红彩与黑地之间形成强烈反差，比较美观，但是彩料容易脱落，因此不宜作为实用器。

参考文献

［1］中国社会科学院考古研究所编著：《新中国的考古发现和研究》，文物出版社，1984年，第96页。

［2］中国社会科学院考古研究所编著：《新中国的考古发现和研究》，文物出版社，1984年，第89~91页。

［3］中国社会科学院考古研究所编：《中国考古学中碳十四年代数据集》（1965~1991），文物出版社，1991年。

［4］李文杰：《大溪文化的类型和分期》，《考古学报》1986年第2期。

［5］中国社会科学院考古研究所湖北工作队：《湖北枝江县关庙山新石器时代遗址发掘简报》，《考古》1981年第4期；《湖北枝江关庙山遗址第二次发掘》，《考古》1983年第1期。

[6] 李文杰：《中国古代制陶工艺研究》，科学出版社，1996 年。

[7] 山东省文物管理处、济南市博物馆编：《大汶口》，文物出版社，1974 年，第 50、51 页。

[8] 湖南省博物馆：《湖南安乡县汤家岗新石器时代遗址》，《考古》1982 年第 4 期，第 345、349 页。

[9] 中国硅酸盐学会：《中国陶瓷史》，文物出版社，1982 年，第 38 页。

[10] 李家治、陈显求、邓泽群、谷祖俊：《河姆渡遗址陶器的研究》，《硅酸盐学报》1979 年第 7 卷第 2 期，第 105 页。

[11] 山东省文物管理处、济南市博物馆编：《大汶口》，文物出版社，1974 年，第 50 页。

[12] 李湘生：《试析仰韶文化彩陶的泥料、制作工艺、轮绘技术和艺术》，《中原文物》1984 年第 1 期。

[13] 中国社会科学院考古研究所山东队、山东省滕县博物馆：《山东滕县北辛遗址发掘报告》，《考古学报》1984 年第 2 期。

[14] 王永波、王守功、李振光：《海岱地区史前考古的新课题——试论后李文化》，《纪念城子崖遗址发掘 60 周年国际学术讨论会文集》，齐鲁出版社，1993 年，第 283、288 页。

[15] 山东省博物馆、山东省文物考古研究所：《邹县野店》，文物出版社，1985 年，第 43 页。

[16] 高天麟：《黄河流域新石器时代的陶鼓辨析》，《考古学报》1991 年第 2 期。

[17] 王家恒：《屈家岭文化彩陶鼓》，《文物天地》1991 年第 4 期。

[18] 赵世纲：《仰韶文化陶鼓辨析》，《华夏考古》1993 年第 1 期。

[19] 郑州市博物馆：《郑州大河村遗址发掘报告》，《考古学报》1979 年第 3 期。

[20] 中国社会科学院考古研究所编著：《胶县三里河》，文物出版社，1988 年，第 56 页。

[21] 山东省文物管理处、济南市博物馆编：《大汶口》，文物出版社，1974 年，第 92 页。

[22] 内蒙古文物考古研究所：《内蒙古察右前旗庙子沟遗址考古纪略》，《文物》，1989 年第 12 期。

[23]（清）阮元校刻：《十三经注疏》上册，中华书局影印，1980 年，第 144 页。

[24] 中国社会科学院考古研究所山东队：《山东曲阜西夏侯遗址第一次发掘报告》，《考古学报》1964 年第 2 期。

[25] 上海市文物保管委员会：《崧泽》，文物出版社，1987 年，第 59 页。

[26] 上海市文物管理委员会：《福泉山》，文物出版社，2000 年，第 35、125、133 页。

[27] 中国社会科学院考古研究所编著：《胶县三里河》，文物出版社，1988

年，第48页。

［28］常州市博物馆：《江苏常州圩墩新石器时代遗址的调查和试掘》，《考古》1974年第2期。

［29］中国社会科学院考古研究所编著：《新中国的考古发现和研究》，文物出版社，1984年，第174页，图五三，3。

［30］程广芬、涂仁亮编译：《大洋底锰结核》，地质出版社，1981年；王成厚编著：《大洋锰结核》，海洋出版社，1982年。

［31］陕西省考古研究所：《龙岗寺》，文物出版社，1990年，第34、35页。

［32］甘肃省博物馆、甘肃省文物工作队编：《甘肃彩陶》，文物出版社，1984年，第10号。

［33］李家治主编：《中国科学技术史·陶瓷卷》，科学出版社，1998年，第44页。

［34］山东省文物管理处、济南市博物馆编：《大汶口》，文物出版社，1974年，第111页。

［35］钟华南：《大汶口——龙山文化黑陶高柄杯的模拟实验》，苏秉奇主编：《考古学文化论集》（二），文物出版社，1989年。

［36］熊海堂著：《东亚窑业技术发展与交流史研究》，南京大学出版社，1995年，第55页。

［37］中国科学院考古研究所、陕西西安半坡博物馆编著：《西安半坡》，文物出版社，1963年，第158页。

［38］中国社会科学院考古研究所甘肃工作队、青海省文物考古研究所：《青海民和县胡李家遗址的发掘》，《考古》2001年第1期。

［39］辽宁省博物馆、昭乌达盟文物工作站、敖汉旗文化馆：《辽宁敖汉旗小河沿三种原始文化的发现》，《文物》1977年第12期。

［40］湖南省博物馆：《安乡划城岗新石器时代遗址》，《考古学报》1983年第4期，第430页。

［41］李家治主编：《中国科学技术史·陶瓷卷》，科学出版社，1998年，第53页。

［42］叶麟趾：《陶瓷烧窑法》，轻工业出版社，1957年，第24页；（日）桧山真平著，李永森、刘可栋译：《陶瓷器化学》，中国建筑工业出版社，1959年，第141页。

［43］周仁、张福康、郑永圃：《我国黄河流域新石器时代和殷周时代制陶工艺的科学总结》，《考古学报》1964年第1期，第15页。

［44］傣族制陶工艺联合考察小组：《记云南景洪傣族慢轮制陶工艺》，《考古》1977年第4期。

［45］李仰松：《云南佤族制陶概况》，《考古通讯》1958年第2期。

［46］李文杰、黄素英：《浅说大溪文化陶器的渗碳工艺》，《江汉考古》1985年第4期。

［47］李仰松：《从佤族制陶探讨古代陶器制作上的几个问题》，《考古》1959

年第 5 期，第 253 页。

［48］H·舒尔兹编，黄照柏译：《陶瓷物理及化学原理》修订第五版，中国建筑工业出版社，1975 年，第 260 页。

［49］山东省文物管理处、济南市博物馆编：《大汶口》，文物出版社，1974 年，第 52 页。

第四章
铜石并用时代早期的制陶技术

铜石并用时代早期（公元前3000－前2500年），制陶技术较为发达的考古学文化有甘肃、青海的马家窑文化，宁夏、甘肃的菜园文化，河南、陕西、山西的庙底沟二期文化，湖北、湖南的屈家岭文化等。这是从“仰韶时代”向“龙山时代”过渡的时期，过渡主要表现在两个方面：一是由手制技术向轮制技术的过渡；二是由氧化烧成技术向还原烧成技术的过渡。

黄河上游地区的马家窑文化（公元前3800－前2000年）可分石岭下、马家窑、半山、马厂四个类型，其特点是彩陶制作工艺高度发达，彩陶在出土陶器总数当中占很大比重。例如兰州市白道沟坪马厂类型12座陶窑[1]内出土的陶片，彩陶占62.2%；甘肃广河县地巴坪半山类型墓地[2]出土的陶器，彩陶占90%；青海乐都县柳湾马厂类型M564[3]随葬的陶容器，彩陶器占87.9%；甘肃永靖县三坪一件马家窑类型彩陶瓮[4]（图版4，1），高49.3厘米，有“彩陶王”之称。

宁夏南部和甘肃东部分布着菜园文化，其年代与马家窑文化半山类型、马厂类型大致相当，菜园文化可分常山下层类型[5]、菜园类型[6]、红圈子类型[7]。宁夏海原县菜园村遗址的^{14}C年代数据，按高精度表校正为公元前2863－前1789年。1987－1988年笔者参加了菜园村林子梁遗址和瓦罐嘴墓地的发掘，以及海原、固原、隆德、西吉四个县的考古调查。宁夏固原县红圈子墓地的陶器，一部分类似马家窑文化半山类型，另一部分类似马家窑文化马厂类型。1989年8月笔者应固原县文物管理所马东海先生邀请，调查了红圈子墓地，并且参加了第二批出土陶器的征集工作，还绘制了第一、第二批陶器的线图。

山西襄汾县陶寺遗址部分地带有庙底沟二期文化遗存，据^{14}C年代测定（经树木年轮校正，简称树轮校正）为公元前2800年前后。河南渑池县班村遗址的庙底沟二期文化遗存，其相对年代应晚于陶寺遗址的庙底沟二期文化遗存，但是早于山西垣曲县古城东关遗址的庙底沟二期文化遗存。1989－1995年笔者应有关单位学者的邀请，分别考察了陶寺遗址、班村遗址、东关遗址庙底沟二期文化的陶器。

湖北京山县屈家岭遗址第三次发掘[8]出土的第三期陶器属于屈家岭文化早期，1990年4月笔者由湖北省文物考古研究所林邦存先生陪同考察了这批陶器。湖北枝江市关庙山遗址屈家岭文化晚期的地层，叠压在大溪文化第四期地层之上、石家河文化地层之下，从陶器的形制和纹饰上看，与湖北郧县青龙泉遗址屈家岭文化晚期有许多共同点，说明二者的年代大体相当，青龙泉遗址屈家岭文化晚期的

^{14}C年代数据按高精度树轮校正为公元前3023－前2600年[9]。

铜石并用时代早期制陶技术中，比较值得注意的技术事件有以下5个方面：

（1）制陶者已经认识到石英砂粒是最佳的羼和料，因此有羼和料的陶器，其配制方式逐渐统一于夹砂陶，夹炭陶和夹蚌陶已经基本上退出历史舞台。这表明（与新石器时代晚期相比）本期在原料制备工艺上有所进步。

（2）坯体的成型方法逐渐由手制法（这里主要指泥条筑成法）向轮制法过渡。然而，快轮制陶技术的发展还很不平衡，具体表现在：长江中游地区的屈家岭文化，在快轮拉坯成型和快轮慢用修整方面都走在前列；黄河中游地区的庙底沟二期文化才开始出现少量小型的轮制陶器。

（3）值得重视的是，庙底沟二期文化首创一种新的坯体成型方法即内模制法，这是庙底沟二期文化在坯体成型工艺上的突出贡献，虽然当时此法还只用于模制斝的袋足，但是模制法在中国古代制陶技术史上具有深远的影响，表现在后世的板瓦、筒瓦还沿用内模制法，后世的外模制法是由内模制法发展演变而来的。

（4）在许多考古学文化的彩陶制作工艺逐渐走下坡路的情况下，马家窑文化的彩陶制作工艺却高度发达，尤其是半山类型的彩陶制作工艺达到了最高峰。屈家岭文化晚期的彩陶制作工艺不发达，然而其薄胎彩陶（又称蛋壳彩陶）别具特色。

（5）在烧制技术上逐渐由氧化烧成向还原烧成过渡。庙底沟二期文化制陶者经常利用竖穴式升焰窑进行还原烧成。屈家岭文化晚期制陶者已经能够采用强还原气氛烧制出灰陶。还原烧成技术在中国古代制陶技术史上具有深远意义，后世烧制灰陶、灰砖都沿用这种技术。

第一节　原料的制备工艺

原料的制备工艺包括制胎原料的选择，配料方式和陶器品种两部分，现在分别叙述如下：

一、制胎原料的选择

铜石并用时代早期的陶器，制胎所用的原料依然是黏土、羼和料两类，以黏土为主，以羼和料为辅。但是羼和料的变化较大，逐渐统一于用砂粒作为羼和料。

1. 黏土

根据化学分析和笔者对出土陶器的观察，本期陶器制胎所用的塑性原料主要为普通易熔黏土，高镁质易熔黏土和高铝质耐火黏土皆很少看到。

菜园文化红圈子类型和菜园类型泥质陶所用的泥料都未经淘洗，含有个别砂粒。菜园村马缨子梁遗址南侧断崖暴露出的红黏土层厚约1米，1988年笔者在菜园村考古队驻地做过模拟实验，发现这种红黏土具有良好的可塑性，便于坯体成型，并成功地仿制了小口罐和半罐形匜；林子梁遗址窑洞式建筑F9[10]居住面上出土的8件小口罐坯体都以红黏土为原料，其化学组成（表4－1，12）与马缨子梁的红黏土（表4－1，13）相同，表明先民是以当地的红黏土作为制胎原料。

表 4－1　宁夏海原县各地制陶物料的发射光谱分析

编号	地点	原编号	名称	纹饰	分析物质	化学组成				
						主量	少量	较少量	微量	痕量
1	林子梁遗址	T3④F7:9	赭石		赭石	Si，Al	Fe	Mg	Cr，Cu，Ni，V，Ti，Na	Zn
2	野狐坡遗址	采集	彩陶片	紫彩弧线三角纹	泥质红陶胎	Si，Al		Fe，Ca，Mg	V，Cr，Ni，Ti，Mn，Na	
3					紫色颜料	Si，Al	Fe	Ca，Mg	V，Cr，Ni，Ti，Mn，Na	
4	白吉村	采集	紫色泥岩		紫色泥岩	Si，Al	Fe	Ca，Mg	V，Cr，Ni，Ti，Mn，Na	
5	马缨子梁遗址	H1:7	折腹彩陶片	棕彩波纹、平行条纹	棕色颜料	Si，Al	Fe	Mg，Mn	Ca，Cu，Zn，V，Ti，Cr，Ni，Na	CO
6		H2:2	彩陶瓶口沿	黑彩平行条纹	黑色颜料	Si，Al	Fe,Mn	Mg，Ca	Cu，Zn，V，Ti，Cr，Ni，Na	CO
7		H2:4	彩陶片	黑彩方块纹、平行条纹		Si，Al	Fe,Mn	Mg	Ca，Cu，Zn，V，Ti，Cr，Ni，Na	CO
8		采集	彩陶盆口沿	黑彩平行条纹、弧线纹		Si，Al	Fe,Mn	Mg，Ca	Co，Cu，Zn，V，Ti，Cr，Ni，Na	
9	林子梁遗址	Y1:5	彩陶片	黑彩宽带纹、锯齿纹		Si，Al	Fe,Mn	Mg，Ca	Cu，Zn，Ti，Cr，Ni，Na	CO
10					泥质红陶胎	Si，Al	Ca	Fe，Mg	Cu，V，Ti，Cr，Ni，Na	Zn
11		Y1:6	泥质罐坯体	蓝纹	坯体	Si，Al	Ca	Fe，Mg	Cu，V，Ti，Cr，Ni，Na	Zn
12		T9③AF9:32	小口罐坯体	竖绳纹	坯体	Si，Al		Fe，Ca，Mg	V，Cr，Ni，Ti，Mn，Na	
13	马缨子梁遗址南侧断崖	采集	红黏土		红粘土	Si，Al		Fe，Ca，Mg	V，Cr，Ni，Ti，Mn，Na	
14	林子梁遗址	T2③EH11:10	夹砂灰陶罐底部	绳纹	黑色黏合剂	Si，Al	Ca	Mg	Cu，Ti，Cr，Na，Fe	Zn

注：光谱分析是由中国社会科学院考古研究所实验室黄素英进行的。编号 11、12 是未经烧制的坯体；编号 14 的黑色黏合剂是有机物，燃烧后成为灰分，其化学组成系指灰分的化学组成而言。马缨子梁遗址不属于菜园文化范畴，其年代早于菜园文化。

据分析，襄汾县陶寺遗址庙底沟二期文化陶器的化学组成为氧化硅 64.27% ~ 69.18%，氧化铝 14.55% ~ 17.31%，助熔剂总和 12.42% ~ 16.26%（表 4－2，1 ~ 5），以低氧化硅、低氧化铝、高助熔剂为特征，这是较为典型的普通易熔黏土。笔者从模拟实验中得知：陶寺遗址及附近的红黏土（表 4－2，6，7，10，11）具有良好的可塑性，便于坯体成型；然而当地的黄土（表 4－2，8，9）可塑性较差，坯体在成型过程中容易开裂。据此断定先民也是以当地的红黏土作为制胎的原料。

表 4 – 2 山西襄汾县陶寺遗址庙底沟二期文化制陶物料组成成分（%）

序号	原编号	器物名称	陶质陶色及土	SiO_2	Al_2O_3	FeO	Fe_2O_3	CaO	MgO	K_2O	Na_2O	烧铁量	总量	吸水率	烧成温度（℃）	助熔剂总和	铁质还原比值
1	H387	缸	夹砂黄褐陶	64. 95	16. 13	0. 34	5. 58	0. 33	1. 33	2. 20	2. 64	4. 20	97. 70	8. 70	700	12. 42	0. 06
2	H384	尖底瓶腹片	泥质红陶	69. 18	16. 48	0. 90	6. 04	/	0. 90	2. 60	2. 60	1. 05	99. 75	11. 39		13. 04	0. 15
3	H384	尖底瓶腹片	泥质黄褐陶	64. 69	17. 31	1. 40	5. 44	1. 14	1. 00	2. 44	2. 55	1. 11	97. 08	12. 90		13. 97	0. 26
4	H3415	罐	泥质灰陶	64. 27	14. 68	1. 18	5. 79	3. 18	1. 44	2. 43	2. 24	1. 54	96. 75	16. 01		16. 26	0. 20
5	H3415	罐	泥质浅灰陶	64. 50	14. 55	2. 66	3. 93	3. 64	1. 46	2. 22	2. 25	1. 34	96. 55	14. 76	800	16. 16	0. 68
6	H382		夹砂红泥	64. 45	14. 81		5. 67	1. 51	1. 36	2. 63	1. 26	5. 62	99. 31				
7	塔儿山麓南坡村附近		沉积红土（经淘洗）	64. 53	15. 88		6. 22	1. 85	0. 84	2. 38	1. 45	6. 00	99. 15				
8	陶寺Ⅲ区南沟上层		黄土（亚砂土，含钙质结核）	51. 93	10. 82		4. 33	11. 66	3. 38	2. 10	1. 92	13. 22	99. 36				
9	陶寺Ⅲ区南沟下层		黄土（亚黏土，含钙质结核）	56. 86	13. 32		5. 45	5. 91	1. 64	2. 43	2. 19	8. 74	96. 54				
10	陶寺村西		红土	65. 44	15. 02		5. 93	1. 48	0. 92	2. 35	1. 44	5. 10	97. 68				
11	陶寺村东“南河”沟北断崖		沉积红土	59. 16	11. 93		5. 16	7. 17	1. 93	2. 05	1. 73	9. 05	98. 18				

注：本表引自《考古》1983 年 2 期，第 186 页表 2。

据分析，枝江市关庙山遗址屈家岭文化晚期多数陶器的化学组成为氧化硅 61. 42% ~66. 96%，氧化铝 14. 85% ~19. 01%，助熔剂总和 8. 12% ~13. 82%（表 4 –3，1 ~3、5），其制胎原料仍以低氧化硅、低氧化铝、高助熔剂为特征，亦属于普通易熔黏土。高铝质耐火黏土则少见，其化学组成为氧化硅 59. 31%，氧化铝 23. 28%，助熔剂总和 13. 38%（表 4 –3，4）。

表 4－3　湖北枝江市关庙山遗址屈家岭文化晚期陶片的化学组成及吸水率（%）

序号	原编号	器物名称	陶质陶色	SiO_2	Al_2O_3	Fe_2O_3	CaO	MgO	K_2O	Na_2O	烧失量	总和	氧化铁的存在状态		吸水率	助熔剂总和	铁质还原比值
													Fe_2O	FeO			
1	T64②A：142	凸沿罐口沿	夹解红陶，通体土红色	61.45	14.85	7.03	2.31	1.48	1.50	1.50	6.64	96.76			22.59	13.82	
2	T65②A：109	凸沿罐口沿	夹解灰陶，胎心土红色	62.22	16.25	7.27	2.29	1.46	1.36	1.25	7.50	99.60				13.63	
3	T65②A：108	高圈足杯腹部	泥质黄陶，土黄色，胎心深灰色	66.96	14.94	3.14	0.82	0.83	1.54	1.79	4.72	94.74				8.12	
4	T64②A：141	双腹碗腹片	泥质浅灰陶，通体底色	59.31	23.28	8.20	0.48	1.17	2.56	0.97	1.71	97.68	2.14	5.50	15.37	13.38	2.57
5	T64②A：140	双腹豆圈足	细泥黑陶，通体黑色	61.42	19.01	4.43	0.90	0.79	1.87	1.51	5.31	95.24			15.06	9.50	

注：本表数据曾发表于田昌五、石兴邦主编：《中国原始文化论集》，文物出版社，1989 年。

2．羼和料

此期陶器的羼和料以砂粒为主，即使在南方地区炭化稻壳和蚌壳碎片也明显减少。例如枝江市关庙山遗址屈家岭文化晚期，其羼和料便以砂粒为主，炭末和蚌壳末虽仍有使用，但为数甚少。

制陶者在砂粒选择上也比从前有了一些进步，多数都进行了较好的筛选。例如菜园文化红圈子类型制胎所用的砂粒一般为细砂，只有个别为粗砂。渑池县班村遗址庙底沟二期文化所用的砂粒都经过筛选，有粗砂、细砂之分，粗砂粒径一般为 2～5 毫米，细砂粒径则小于 1 毫米。

二、配料方式和陶器品种

由于社会的发展，此时制胎原料的配制方式和陶器品种都发生了一些变化，主要表现在两方面：一是在整个陶器群中，泥质陶所占比例明显增加，有的地方甚至上升到了主导的地位；二是在有羼和料的复合陶当中，夹砂陶占据了主导地位，夹炭陶和夹蚌陶明显减少，以至消失。

从现有资料看，在新石器时代早期和中期，大多数陶器都是有羼和料的复合陶，无羼和料的泥质陶一直较少。例如 1956 年广西桂林市甄皮岩下层（属于新石器时代早期）出土 921 块陶片，夹砂红陶和夹砂灰陶合计 904 片，占陶片总数的 98.15%；泥质红陶和泥质灰陶仅有 17 片，占陶片总数的 1.85%。1962、1964 年江西万年县仙人洞洞穴遗址（亦属于新石器时代早期）两次发掘合计出土 387 片原始陶片，皆为夹砂红陶。1979，1980 年陕西渭南县北刘遗址下层（属于新石器时代中期的老官台文化）出土陶器（完整的和可复原的）计 50 件，都是夹细砂陶，上层（属于新石器时代晚期的仰韶文化）才出现了泥质陶。直到仰韶文化、龙山文化之后，人们的生活有了较大扩展，泥质陶才逐渐增多起来。

在铜石并用时代早期，泥质陶品种增多的情况在北方、南方都可看到。

在北方，无羼和料的陶器，例如菜园文化红圈子类型有泥质红陶、泥质橙黄陶、泥质灰陶；菜园类型有泥质红陶、泥质灰陶、泥质黑陶；渑池县班村遗址庙底沟二期文化有泥质红陶、泥质灰褐陶、泥质灰陶；垣曲县古城东关遗址庙底沟二期文化有泥质红陶、泥质灰褐陶、泥质灰陶、泥质黑陶。

在南方，无羼和料的陶器，例如枝江市关庙山遗址屈家岭文化晚期有泥质灰陶、细泥灰陶、泥质黑陶、细泥黑陶、泥质黄陶、泥质橙黄陶、细泥橙黄陶。其中普通泥质陶的泥料未经淘洗，含个别砂粒，细泥陶的泥料经过淘洗，质地细腻而纯净。值得注意的是无羼和料的陶器在陶器总数当中所占的比例明显地超过了有羼和料的陶器，泥质陶占90.95%（表4－4）。又如湖北宜城市曹家楼屈家岭文化下层的陶器，夹砂陶占51%，泥质陶占34%，但是上层的陶器，夹砂陶只占10%，泥质陶却上升至75%[11]，由此可见，上层夹砂陶明显下降，泥质陶明显上升。

当然，各考古学文化泥质陶与夹砂陶的消长情况不完全相同，有的考古学文化夹砂陶依然占有较大比重。但泥质陶在整个社会中的增长却是不争的事实。

表4－4　湖北枝江市关庙山遗址T69②H75屈家岭文化晚期陶质陶色统计表

陶质 陶色	泥质 黑陶	泥质 灰陶	泥质 红陶	泥质 橙黄陶	夹砂 红陶	夹炭 褐陶	合计
数量	273	268	8	64	6	55	674
占总量比（%）	40.50	39.76	1.19	9.50	0.89	8.16	

因为以砂粒作羼和料不仅可以减少陶土在成型时的黏性，便于制陶者操作，而且由于砂粒的硬度明显大于其他羼和料，更能够增加胎壁的强度。尤其重要的是，由于砂粒，特别是石英砂粒可以耐高温，更能够增加陶器的抗急冷急热性能（即耐温度急变性能）。所以经过长期的生活实践之后，人们便逐渐摈弃了夹炭陶工艺和夹蚌陶工艺，使制陶原料的配制方式由（新石器时代晚期的）多样逐渐统一于（铜时并用时代早期的）以夹砂陶为主导。从本期各考古学文化的情况来看，夹砂陶不但占据了整个有羼和料陶器的主导地位，而且其品种也明显地增加。例如菜园文化红圈子类型有夹砂红陶、夹砂灰陶；菜园类型有夹砂红陶、夹砂灰陶、夹砂黑陶；渑池县班村遗址庙底沟二期文化有夹砂灰陶、夹砂红陶、夹砂红褐陶；垣曲县古城东关遗址庙底沟二期文化有夹砂灰陶、夹砂灰褐陶、夹砂红褐陶、夹砂红陶；枝江市关庙山遗址屈家岭文化晚期有夹砂灰陶、夹砂褐陶、夹砂黄陶、夹砂橙黄陶、夹砂红陶。

此时还出现了一种值得注意的现象，即垣曲县古城东关遗址庙底沟二期文化一部分斝的用料方法很特殊：在同一件器物上的不同部位，分别采用泥质、夹砂两种泥料制作而成，然后接合在一起成为斝。例如早期斝ⅠH251:64、早期斝ⅠH262:16的折棱以上至口部采用泥质的泥料，泥质坯体的优点是器表便于磨光，因此比较美观；折棱以下即接触火焰的圜底及袋足采用夹细砂的泥料，夹砂陶器的优点是具有良好的耐温度急变性能，在烧火使用时不易炸裂。显然，这是庙底沟二期文化的制陶者在制胎原料配制方式上的一种创新，使器物达到美观与实用的高度统一。

第二节　坯体的成型工艺

铜石并用时代早期坯体的成型工艺有手制、手制与模制兼用、轮制三类。

一、手制

手制法有泥条筑成法、捏塑法两种，以前者为主，后者仅限于制作一些很小的器物，其中有的小器物可能是初学制陶者的习作。

1．泥条筑成法

基本操作要点与新石器时代并无本质区别，此期技术上的进步主要表现在操作上更为熟练。泥条筑成法可以细分为正筑圈筑法、正筑盘筑法、倒筑圈筑法、倒筑与正筑兼用盘筑法四种，这四种方法此时已发展得较为充分，现在分别叙述如下：

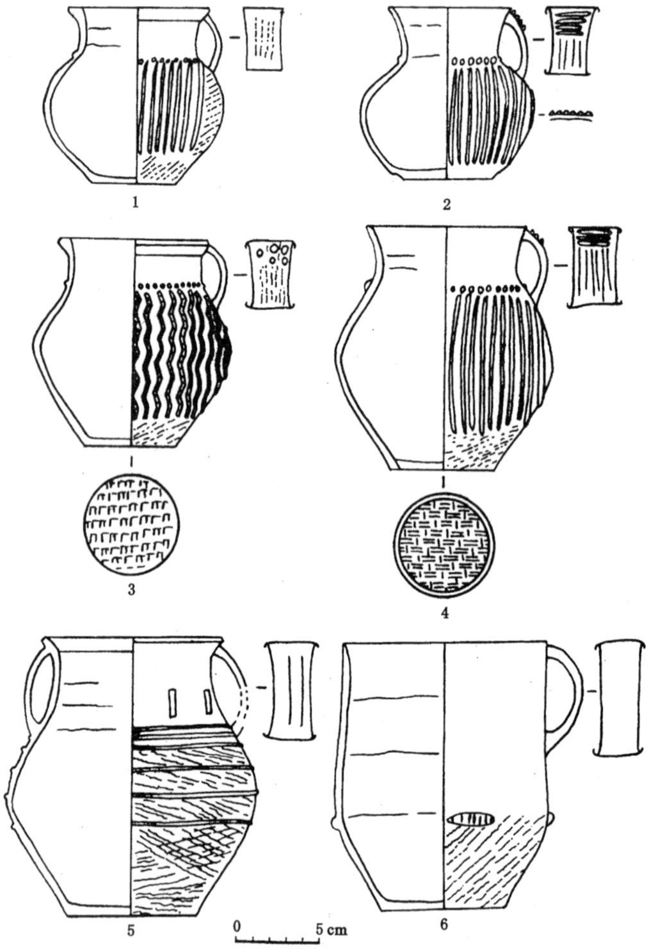

图 4－1　宁夏固原县红圈子墓地出土的陶器

1．夹砂Ⅷ式单耳罐（88:97）；2．夹砂Ⅰ式单耳罐（88:116）；3．夹砂Ⅸ式单耳罐（88:151）；4．夹砂Ⅲ式单耳罐（89:222）；5．夹砂Ⅱ式单耳罐（88:160）；6．泥质Ⅰ式单耳杯（88:177）

图 4-2
宁夏固原县红圈子墓地出土的泥质彩陶
1、3. Ⅰ式碗（88:94、93）；
2. Ⅲ式碗（89:10）；4. Ⅱ式碗（88:122）；
5. Ⅴ式钵（88:105）；6. 鋬耳罐（88:101）
（均为红彩）

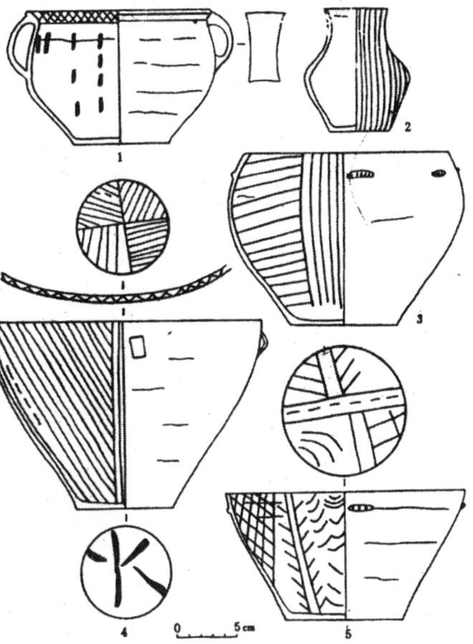

图 4-3
宁夏固原县红圈子墓地出土的泥质彩陶
1. Ⅰ式双耳盆（88:150）；
2. 小口罐（88:76）；
3. Ⅰ式钵（88:68）；
4. Ⅲ式钵（88:133）；
5. Ⅳ式钵（88:123）
（1 为黑彩，余皆红彩）

（1）正筑圈筑法。菜园文化红圈子类型的陶杯、陶碗、陶钵、陶盆、陶尊、陶罐、陶壶都采用此法成型，其工艺流程如下：第一步，制陶者将席子铺在陶轮上作为坯体与陶轮之间的隔离层，防止粘连，再将泥坨置于席子上拍打成器底，若干器物外底印成席纹。席纹一般呈“十”字形，有点像“平纹布”（图 4-1，3），个别呈“人”字形，有点像“斜纹布”（图 4-1，4）；第二步，用泥条圈筑器壁，这有两种方法：一种是在圆饼底上侧筑器壁（壁压底），底径等于圆饼的直径，另一种是在圆饼底外侧筑器壁（壁包底），底径大于圆饼的直径，例如单耳罐 89:222（图 4-1，4）。器壁用泥条一圈又一圈垒叠而上，每圈首尾衔接；又如单耳杯 88:177（图 4-1，6）、陶碗 89:10（图 4-2，2）、陶碗 88:122（图 4-2，4）、陶钵 88:123（图 4-3，5）、双耳盆88:150（图 4-3，1）的内壁都有泥条缝隙，有的外表也有泥条缝隙，泥条都从器壁内侧加上，向器内倾斜。

菜园文化菜园类型许多陶钵、半罐形匜、陶壶、小口罐、小口单耳罐、大口罐的内壁留有泥条缝隙，泥条宽 0.6～3.5 厘米。正筑圈筑的操作与前述基本一致，值得一提的是其器底形状有以下两种：

第一种呈圆饼状。例如林子梁遗址 T3③A:20（图 4-4，6），上下两面都拍印篮纹，上面有一周凹槽，凹槽内留有粘附泥条的痕迹。在凹槽内侧留有指甲印痕，排列成一周，器底中央有手指印痕一个。推测操作方法是：刚拍打成的圆饼底在陶轮带动下转动，一手持泥条，另一手捏泥条，将第一根泥条与器底上侧粘附在一起。每转动一下器底捏数下泥条，由于大拇指紧挨器底，每捏一下泥条就在器底上面留下一个指甲印痕。

第二种呈碟状。将圆饼底边缘捏成薄而上折，变成碟状，以便扩大器底与器壁之间的接触面，使二者接合得更牢固。例如林子梁遗址 T4④:1（图 4－4，5），上折部分内侧存有一根泥条，被捏成宽扁状，泥条上留有手指印痕 3 个，每个都朝向左边，这是右手大拇指的印痕。据此推断，陶轮按顺时针方向转动，用左手持泥条，右手捏泥条，泥条按逆时针方向延伸。

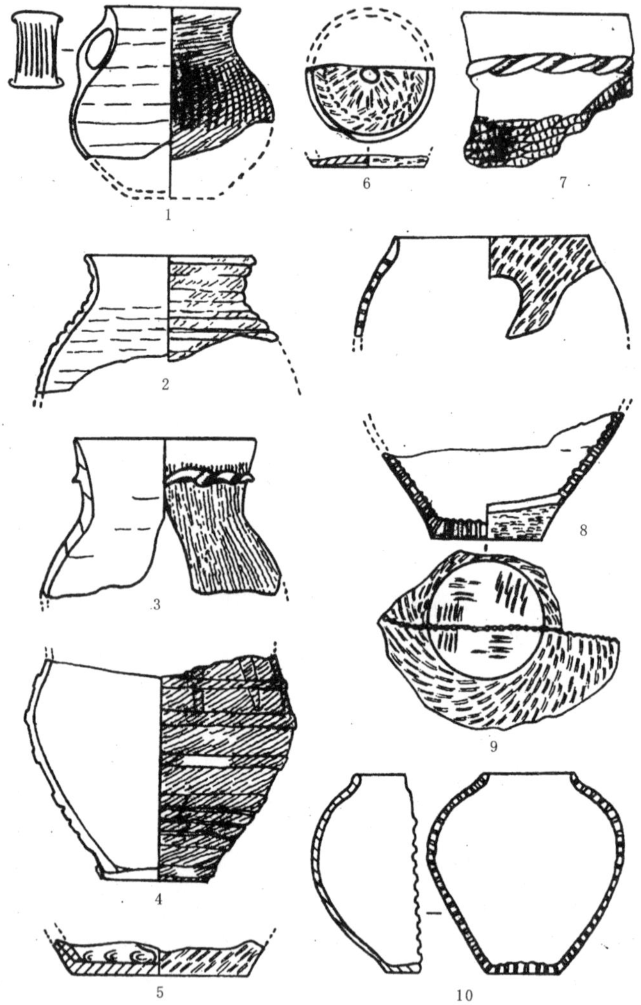

图 4－4　宁夏海原县菜园村出土的陶器

1. 单耳罐（林子梁遗址 T2④M2:3）；2～4，7. 罐（林子梁遗址 T5③CH5①:1，T3②B:12，T2③CF4:5，T2②B:2）；5，6. 罐底（林子梁遗址 T4④:1，T3③A:20）；8—10. 半罐形瓸（林子梁遗址 T3④F8:4、寨子梁墓地 M8:6、切刀把墓地M20:7）

采用正筑圈筑法形成器壁的例子较多，例如林子梁遗址 T2④M2:3（图 4 -4，1），小口单耳罐内壁存有泥条痕迹 8 圈，其中 6 圈完整，每圈首尾衔接；林子梁遗址 T3②B:12（图 4 -4，3），小口罐内壁及剖面上都有泥条缝隙，泥条向器内倾斜。

与盘筑法相比，圈筑法的优点有两个：一是在坯体成型过程中，胎壁呈现水平状逐步升高，口部容易取齐；二是在干燥和烧制过程中，周壁各部分收缩一致，所产生的应力比较均衡，因此不易变形或开裂。铜石并用时代早期普遍流行圈筑法的原因在于此。

在此还值得一提的是林子梁遗址出土的半罐形匜，此器外形有些特殊，立起来像半个罐，躺下去便是匜，半个罐口便成为匜的流（液体可以从流部倒出）。类似的器物往日在陕西等地亦有出土，因其成型加工痕迹不十分明显，故在相当长一个时期内，人们对其制作工艺不太了解。为此，笔者对林子梁遗址出土的半罐形匜作了较为深入的研究，并且在菜园村做过模拟实验，将仿制品与出土实物对照之后，认为它是用正筑圈筑法制成的，基本操作方法是先做成罐坯，烧制以后将它劈为两半即成为半罐形匜，这是认识上的飞跃，研究方法上的创新。具体制法分为两步：

第一步，先制成矮领鼓腹平底罐，再用骨锥在湿坯体外表两侧从唇部至外底各划一道沟槽，作为镂孔的定位线和罐的劈裂线；然后用骨锥沿着沟槽捅成一排圆形小镂孔，也有的在坯体基本上干燥时，用钻头沿着沟槽钻成一排圆形小镂孔（下面简称排孔），孔的边缘稍有剥落现象。

第二步，经过烧制成为陶罐之后，从沟槽和排孔处将罐劈开，变成两件半罐形匜。匜的边缘呈现锯齿状，不加修磨就作为炊器使用。例如林子梁遗址半罐形匜 T3④F8:4（图 4 -4，8），夹砂红陶，内壁各孔边缘都有干坯小块剥落时形成的凹痕。口径 20 厘米、残高 10 厘米、胎厚 0.6 厘米。又如切刀把墓地半罐形匜 M20:7（图 4 -4，10），完整，从口部至底部有一排镂孔，边缘呈现锯齿状，没有经过修磨。

笔者推测，将经过烧制的陶罐劈开变成匜的方法如下：将许多圆锥状细木棍插入排孔内作为特殊形式的“楔子”，从罐口部开始往下用石锤逐条敲打“楔子”的顶端，使其沿着用力的方向移动，推压各镂孔的周壁，因为沟槽所在部位的厚度明显小于沟槽两侧的厚度，“楔子”向前移动时遇到的阻力也明显小于两侧，所以能够准确地将陶罐顺着沟槽劈开，成为两个半罐形匜。此时沟槽就变成了劈裂线。1988 年笔者在菜园村考古发掘工地成功地仿制了半罐形匜，验证了上述制法。

如果制陶者在划沟槽时出现失误，那么陶罐的底部就难以劈开。例如寨子梁墓地出土的半罐形匜 M8:6（图 4 -4，9），夹砂红陶，底径 11.5 厘米，残高 11.5 厘米，壁厚 0.6 ~0.8 厘米，底厚 1.8 厘米，沟槽深 0.2 厘米。制作精细，形制规整，外表拍印的篮纹细密而美观。排孔是在湿坯上用锥子沿着沟槽捅成的，内壁各孔周围都有一圈泥凸，表明捅扎镂子时坯体的含水量较高，胎壁较软。镂孔大小匀称，排列整齐。但是，制陶者忽略了关键的一点：底部的沟槽划得太浅（仅 0.2 厘米），相当于器底厚度（1.8 厘米）的九分之一。烧制成陶罐之后，在用

“楔子”将陶罐劈开的过程中，由于“楔子”移动时遇到的阻力太大，只能将器壁劈开，未能将器底劈开，结果成为一件废品。这件废品为先烧制成陶罐后劈开为匜的工艺流程提供了实物证据。从这件器物的失误当中可以看到：沟槽和排孔在将陶罐劈开为匜的过程中具有同样的重要作用，沟槽的深度和排孔的密度都是很有讲究的，都不能疏忽。用废品为死者随葬说明这件器物可能是墓主人生前制作的。

如果说夹砂的小口罐、小口单耳罐（底部常有烟炱）是菜园类型的主要炊器，那么，半罐形匜则是菜园类型的辅助性炊器。林子梁遗址的半罐形匜 T2④H10:3 的外底呈现龟裂状，并且附着一层厚达半毫米的烟炱，这是长期烧火使用所致。

襄汾县陶寺遗址庙底沟二期文化的平底器都采用正筑圈筑法成型。例如筒形罐 T390H3454:3（图 4－5，4），其制作工艺流程是：将泥坨拍打成圆饼底，在圆饼底上侧用泥条圈筑器壁（壁压底），陶轮按顺时针方向转动，用左手持泥条，右手捏泥条，泥条从器壁内侧加上，按逆时针方向延伸（图 4－5，1），全身一次成型；然后在外表拍打篮纹（图 4－5，2），这既是整形措施，又留下斜蓝纹作为装饰；最后在篮纹地上施附加堆纹 8 周，用食指将泥条压成波状（图 4－5，3），这些箍状附加堆纹除了装饰之外，还兼有箍牢器壁的作用。

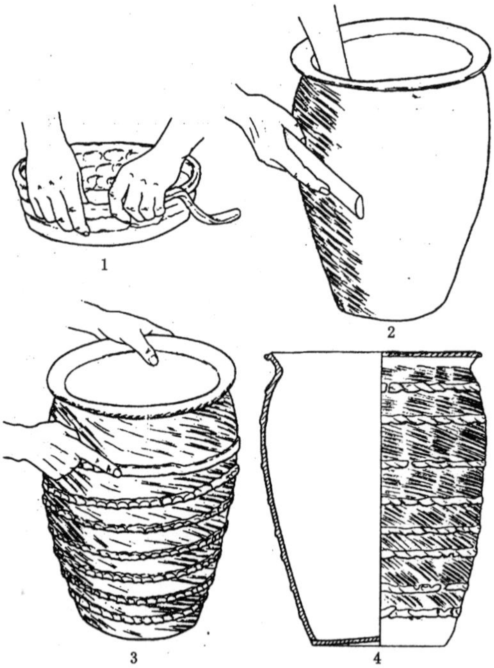

图 4－5　山西襄汾县陶寺遗址庙底沟二期文化手制的夹砂陶罐

1. 在圆饼底上侧筑器壁；2. 外表拍印斜篮纹；3. 施附加堆纹时用食指压成波状；4. 筒形罐（T390H3454:3）

渑池县班村遗址庙底沟二期文化的平底器亦采用正筑圈筑法成型。例如罐 H605:4（图 4－6，5），外底留有分布密集的细砂粒印痕，这表明在陶轮上撒一层细砂作为隔离层，防止器底与陶轮粘连，内壁有泥条缝隙，泥条向器内倾斜。罐F302（图4-6，4），在圆饼底上侧筑器壁（壁压底）。

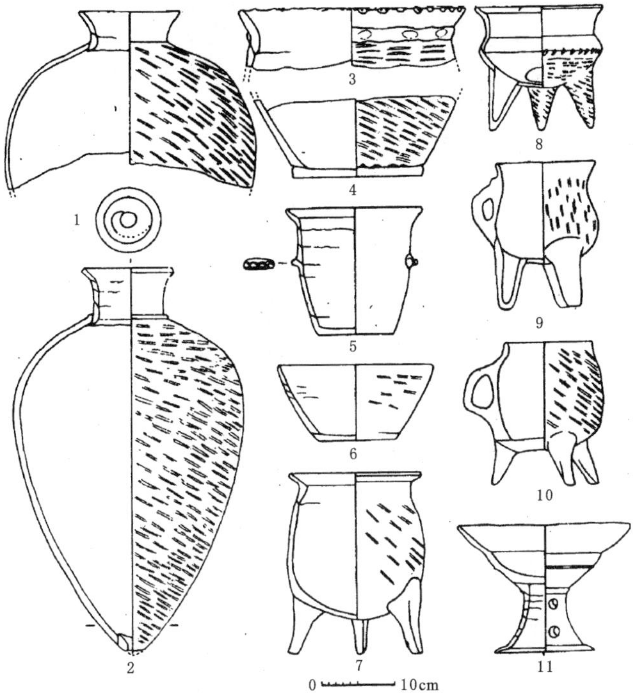

图4-6　河南渑池县班村遗址庙底沟二期文化的陶器

1. 瓮（F302:29）；2. 小口尖底瓶（H621:21）；3~5. 罐（F302，F302，H605:4）；6. 碗（H621:34）；7，10. 鼎（H3039:17，H1031）；8，9. 斝（H1088:9，F106:12）；11. 豆（H621:39）（8，9为手制模制兼用，余皆手制）

垣曲县古城东关遗址庙底沟二期文化大多数陶器亦采用正筑圈筑法成型。例如早期豆ⅠH266:4（图4-7，4），豆盘、圈足分别制作，然后平接在一起，豆盘是在圆饼底外侧筑器壁（壁包底），豆盘内壁和外表、圈足内壁都有泥条缝隙。早期盆ⅢH22:21（图4-8，4），在圆饼底外侧筑器壁（壁包底），内壁有泥条缝隙，泥条向器内倾斜。早期盆ⅢH22:35（图4-8，5），在圆饼底上侧筑器壁（壁压底）。早期瓮ⅠH251:53（图4-9，1），在圆饼底上侧用9周泥条圈筑成器壁（壁压底），外表留有指窝，排列成7周；肩部内壁留有指窝，排列成2周。内壁的指窝都向左斜，是右手大拇指印痕，表明轮盘按顺时针方向转动，用右手捏泥条，泥条从器壁内侧加上，按逆时针方向延伸。

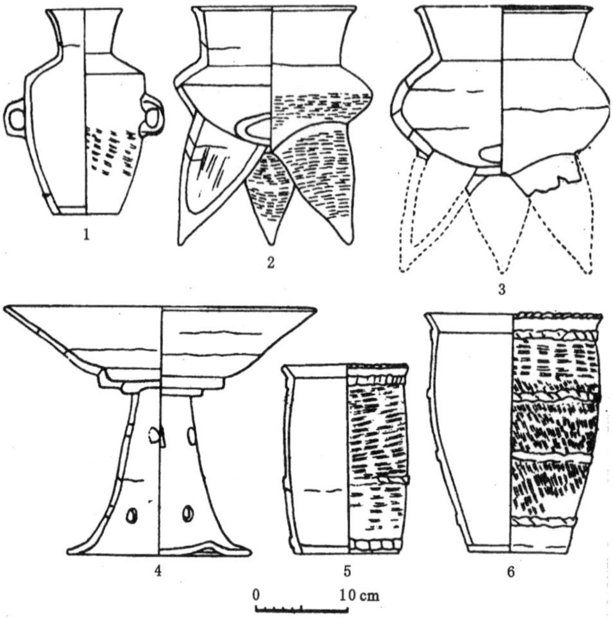

1，5，6. 罐（ⅢH11:9，ⅢH11：21，ⅢH11：24）；2，3. 斝（ⅠH251:62，ⅠH262:16）；4. 豆(ⅠH266:4)
(2，3 为手制与模制兼用，余皆手制)

图 4－7　山西垣曲县古城东关遗址庙底沟二期文化早期的陶器

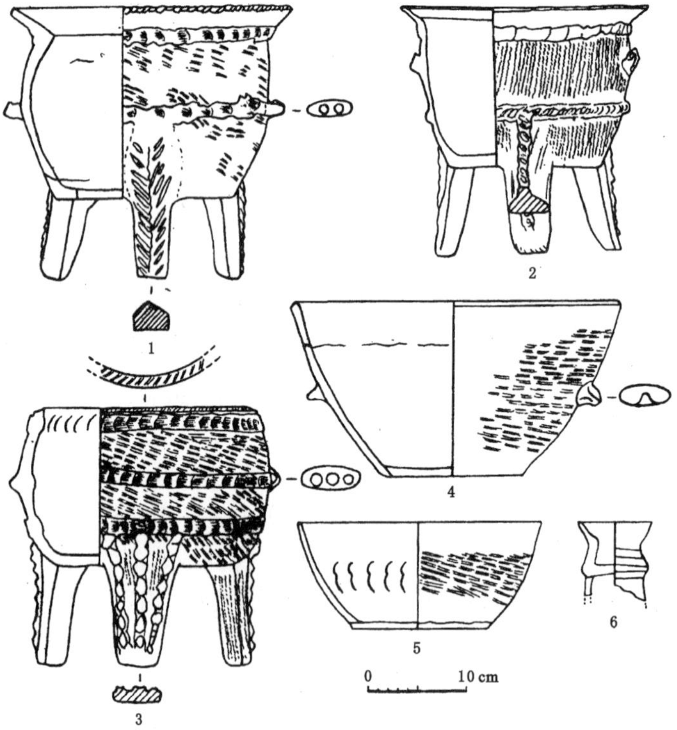

1～3. 鼎（ⅢH22:24，ⅠH251:43，ⅠH251:44）；4，5. 盆（ⅢH22:21，ⅢH22:35）；6. 圈足杯（ⅠH251:13）
(6 为轮制，余皆手制)

图 4－8　山西垣曲县古城东关遗址庙底沟二期文化早期的陶器

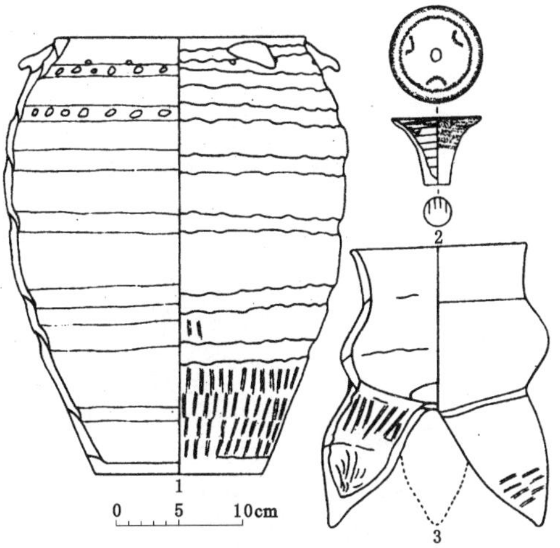

图4－9　山西垣曲县古城东关遗址庙底沟二期文化早期的陶器

1. 瓮（ⅠH251:53）；2. 杯（ⅢH11:6）；3. 斝（ⅠH101:21）

（2为轮制，余皆手制）

枝江市关庙山遗址屈家岭文化晚期的圈足杯T35③H6:5（图4－10，1），腹下部内壁有指窝9个，排列成一周，这是采用正筑圈筑法成型时用手捏泥条遗留的痕迹。

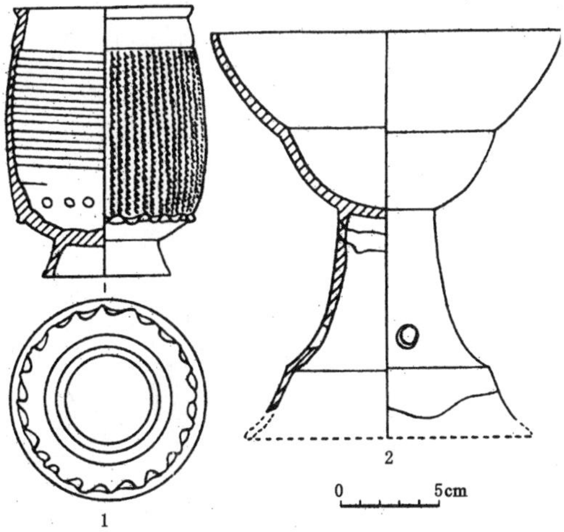

图4－10　湖北枝江市关庙山遗址屈家岭文化晚期的陶器

1. 夹砂、橙黄陶窄沿矮圈足杯（T35③H6:5）；

2. 泥质黑皮陶高圈足双腹豆（T80②:8）

（2）正筑盘筑法。例如垣曲县古城东关遗址庙底沟二期文化晚期的器盖ⅢH28:1（图4－11，1），口外留有指窝，排列成1周，指窝都朝逆时针方向，这是右手食指印痕，器身和管状钮内壁都有泥条缝隙，泥条按逆时针方向盘旋上升。这表明轮盘按顺时针方向转动，用左手持泥条，右手捏泥条。泥条从器壁内侧加上，向器内倾斜。枝江市关庙山遗址屈家岭文化晚期的双腹豆T80②:8（图4－10，2），圈足上部内壁有泥条缝隙，泥条按逆时针方向盘旋上升。

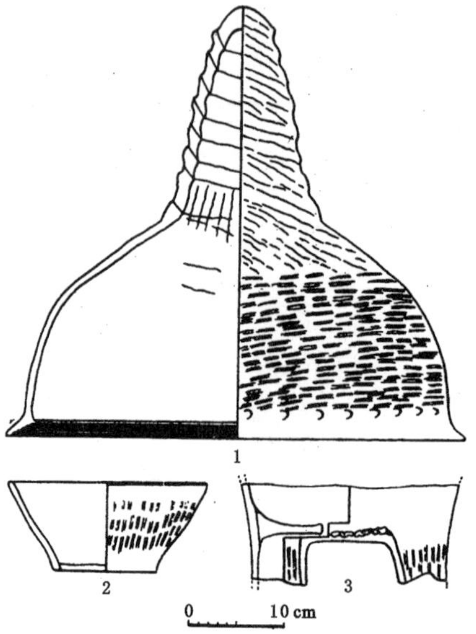

图 4－11　山西垣曲县古城东关遗址庙底沟二期文化晚期的陶器
1. 器盖（ⅢH28:1）；2. 盆（ⅠH252:118）；3. 灶（ⅠH32:21）

（3）倒筑圈筑法。例如垣曲县古城东关遗址庙底沟二期文化中期的釜灶ⅠH275:25（图 4－12），釜内壁有泥条缝隙 8 周，呈现断续状，泥条向器外倾斜，这是倒筑与正筑的明显差别，内底中央留有放射状褶皱，这是拍打封底时胎壁收缩所致。灶已经脱落，但是留有釜与灶相接的疤痕。

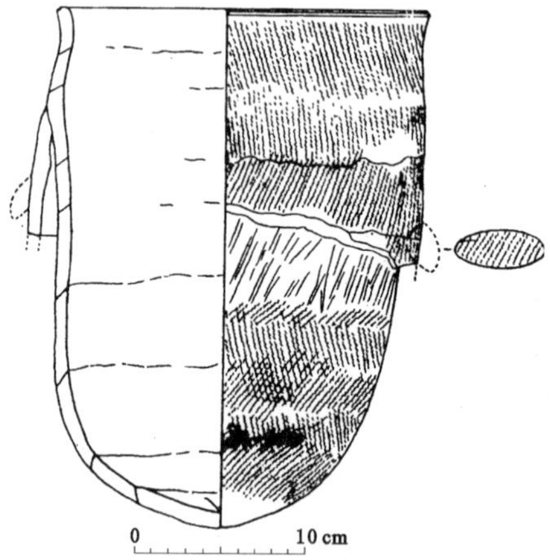

图 4－12　山西垣曲县古城东关遗址庙底沟二期文化中期手制的釜灶（ⅠH275:25）

（4）倒筑与正筑兼用盘筑法。此法只见于小口尖底瓶，下半身倒筑，上半身正筑。例如襄汾县陶寺遗址庙底沟二期文化的小口尖底瓶 F332:4（图 4－13，1），内底留有放射状褶皱，根据褶皱纹理向右旋（类似卐）可以断定，封底时陶轮按顺时针方向转动，右手持篮纹拍子（从下往上）拍打外表。小口尖底瓶 H384:77

（图4－13，5），口沿和腹下部残。其制作工艺流程是：用泥条倒筑下半身，外表拍打斜篮纹（图4－13，2）；正筑上半身，肩部拍打斜篮纹（图4－13，3）；用刮板轮修口沿；制陶者将坯体横卧在自己的大腿上，腹上部在内侧，肩部在外侧套接在一起，用圆棍压实（图4－13，4），再用篮纹拍子将相接处拍打成折棱状。笔者按照上述方法仿制了这件小口尖底瓶。

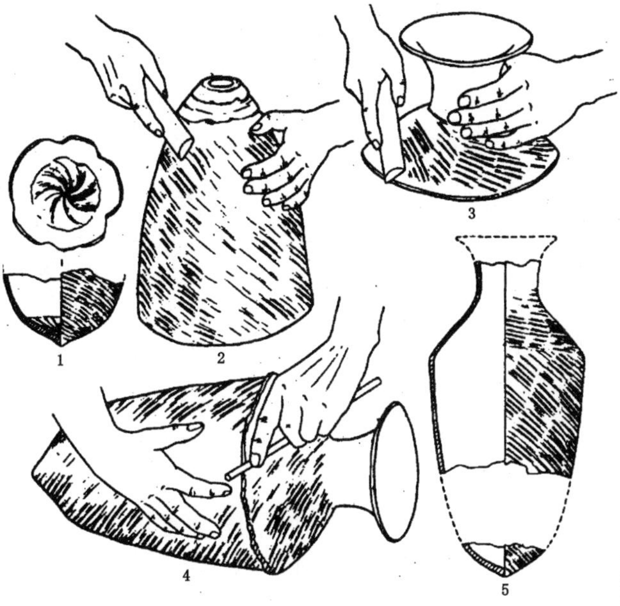

1. 小口尖底瓶部（F332:4）；
2. 下半身拍印斜篮纹；
3. 肩部拍印斜篮纹；
4. 上、下半身套接后用圆棍压实；
5. 小口尖底瓶（H384:77）

图4－13 山西襄汾县陶寺遗址庙底沟二期文化手制的小口尖底瓶

2．捏塑法

此法虽然很少使用，但仍可看到，例如菜园文化菜园村类型出土的陶杯、渑池县班村遗址庙底沟二期文化的小器盖等，此器盖的表面不平整，留有手捏痕迹。

二、手制与模制兼用

这是指在同一件器物上兼用手制（泥条筑成法）、模制（内模制法）两种不同的成型方法。其中内模制法是铜石并用时代早期庙底沟二期文化首创的一种新的成型方法，目前所见到以此法成型的器物只有陶斝一种，其相对年代以渑池县班村遗址出土的陶斝最早，垣曲县古城东关遗址出土的陶斝次之。本书第三章第二节说过，在新石器时代晚期，山东邹城市野店遗址大汶口文化的三足觚形杯，制作管状柄时，实际上以圆木棒心作为内模，然而这仅是模制法的萌芽而已，没有达到首创模制法的程度。

班村遗址出土陶斝不多，模制法只用于制作袋足，器身则采用泥条筑成法成型。例如陶斝H1088:9（图4－6，8）、F106:12（图4－6，9），其袋足内壁平整，是素面内模的印痕。前一件腹部在内侧，底部在外侧套接，袋足上端贴附在器身底部，即采用贴附法；后一件袋足上端插入器身底部，即采用插入法（也称榫卯法），腹部安装半环形单耳。二者安装袋足的方法明显不同。

东关遗址出土的陶斝有所增多。袋足模制，器身仍为手制。例如早期斝

ⅠH251:62（图4-7，2），器身以折棱为界分为上下两段，领部内壁有泥条缝隙，泥条向器内倾斜，表明上段采用正筑法成型；下段应为倒筑。上段在外侧，下段在内侧套接在一起，内壁有接缝一周。袋足内壁有泥条缝隙，泥条向器内倾斜。引人注目的是：袋足内壁还有竖向的反篮纹（为阴纹），它是从内模的篮纹（为阳纹）上面翻印下来的，这是袋足采用模制法成型的有力证据。根据遗留的痕迹，推断模制袋足的具体方法是：（1）将泥条盘筑在中空、呈圆锥形、外表有竖篮纹（阳纹）的陶质内模上，从内模的口部开始一直盘筑至尖部，确切地说，泥条从内模的口部一直叠压至尖部，因此现在看到袋足的泥条向器内倾斜。（2）用篮纹拍子将袋足坯体拍打定型，因此袋足外表有横篮纹（阳纹）。袋足内壁的反篮纹（阴纹）与外表的蓝纹（阳纹）相比，其成因截然不同。由于制作袋足所用的泥料含水量较低，或者由于拍打袋足外表的力度较小，袋足内壁保留了一部分泥条缝隙，结果在袋足内壁有反篮纹与泥条缝隙并存的现象。（3）袋足脱模之后，采用榫卯法将其上端插入器身底部。早期斝ⅠH262:16（图4-7，3），肩部内壁有泥条缝隙，泥条向器内倾斜，表明器身上段采用正筑法成型；器身下段（圜底）的内壁有泥条缝隙，泥条向器外倾斜，表明下段采用倒筑法成型。上段在外侧，下段在内侧套接在一起，外表有接缝一周。袋足内壁平整，是素面内模的印痕。袋足上端贴附于器身底部。

如上所述，庙底沟二期文化制作陶斝的袋足时，所用的内模都是经过烧制的，都呈现圆锥状，这种形状便于脱模，其外表有素面和施加篮纹两种，袋足与器身相接的方法有贴附法、插入法（榫卯法）两种。

三、轮制

快轮制陶简称轮制法，它发明于新石器时代晚期最后阶段。铜石并用时代早期轮制技术的发展很不平衡：在黄河中游地区，直到庙底沟二期文化才开始出现少量轮制的小型器物；然而，在长江中游地区，屈家岭文化凡是胎较薄的泥质陶（包括蛋壳彩陶）都采用轮制法成型，其成型技术发展水平明显高于黄河中游地区。

垣曲县古城东关遗址庙底沟二期文化开始出现轮制法，例如早期圈足杯ⅠH251:13（图4-8，6）的腹部外表、早期杯ⅢH11:6（图4-9，2）的内壁都留有顺时针方向的螺旋式拉坯指痕，表明拉坯时轮盘按逆时针方向快速旋转，左手放在内侧起辅助作用，右手放在外侧，主要靠右手用力。需要指出的是，这些器物与屈家岭文化晚期的同类器物形制相似，应是受屈家岭文化晚期的影响所致。

笔者从出土实物上观察到，京山县屈家岭遗址第三次发掘出土的屈家岭文化早期陶器，能够看清轮制痕迹的有10件，其中有陶簋5件（M2:10、23、46，M9:3，M12:33），圈足盘1件（M2:5），陶鼎3件（M3:2，M12:2、3），陶壶1件（M2:6），其内壁都留有逆时针方向的螺旋式拉坯指痕，表明这10件器物都是采用“左撇子”操作方法拉坯成型的，即陶轮按顺时针方向快速旋转，左手放在外侧，右手放在内侧，主要靠左手用力，右手只起辅助作用。

枝江市关庙山遗址屈家岭文化晚期，胎较薄的泥质陶器都采用轮制法成型，例如圈足杯采集:5（图4-14，1）的器身内壁和外表、圈足杯T61②:2（图4-14，2）的器身和圈足内壁、盂形器T23②:1（图4-14，3）的内底和器身内壁、豆圈足 T23②（图 4－14，5）的内壁都留有逆时针方向的螺旋式拉坯指痕，表明这些器物都是采用“左撇子”操作方法拉坯成型的。与此相反，圈足杯 T66②:19（图 4－14，6）的器身内壁、外底及圈足内壁都留有顺时针方向的螺旋式拉坯指痕，这表明陶轮按逆时针方向快速旋转，左手放在内侧，右手放在外侧，主要靠右手用力，左手只起辅助作用。由此可见，在屈家岭文化晚期的制陶者当中，同时存在惯用左手、惯用右手两种现象，以前者为主，说明此时快轮拉坯的操作方法尚未达到规范化程度，仍然属于快轮制陶技术的初期。

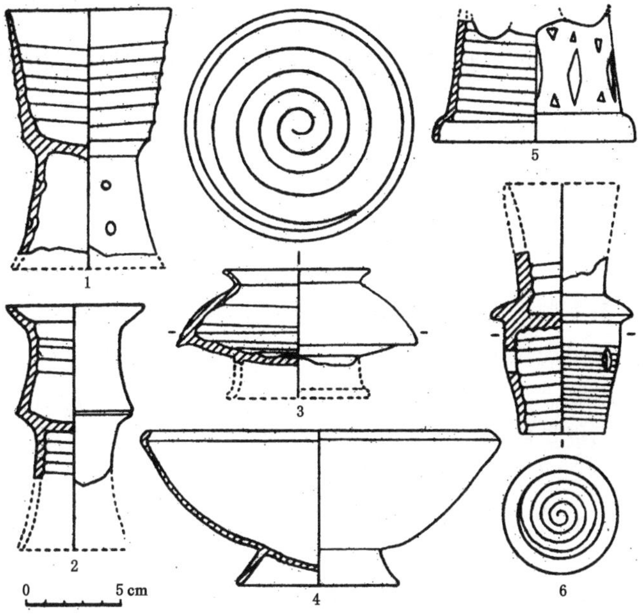

图 4－14　湖北枝江市关庙山遗址屈家岭文化晚期的陶器

1. 泥质灰陶斜壁圈足杯（遗址南部采集:5）；2. 泥质橙黄陶凹沿圈足杯（T61②:2）；3. 泥质浅灰陶翻沿盂形器（T23②:1）；4. 泥质黄陶内折沿圈足碗（T69②H75:149）；5. 细泥黑陶豆圈足（T23②）；6. 泥质黑陶粗圈足杯（T66②:19）

第三节　坯体的修整工艺

一般而言，铜石并用时代早期坯体的修整方法有拍打、滚压、刮削、湿手抹平、慢轮修整、快轮慢用修整六种。但因原料条件、成型方法、外部纹饰、生活习惯等的不同，不同地域、不同考古学文化之间，其坯体的修整工艺存在很大差异：庙底沟二期文化以拍打为主；菜园文化除拍打之外，还常用刮削和湿手抹平方法，目前未见慢轮修整痕迹；马家窑文化主要采用慢轮修整方法；屈家岭文化主要采用慢轮修整和快轮慢用修整方法。在各种修整方法当中，以拍打最原始，以快轮慢用修整最先进，因为拍打是与手制（泥条筑成法）成型紧密相连的，快轮慢用修整是与快轮拉坯成型紧密相连的，由此可见，成型方法起决定性作用。

现将六种修整方法分别介绍如下：

1．拍打

襄汾县陶寺遗址庙底沟二期文化主要用篮纹拍子进行拍打（图4－5，2）。

垣曲县古城东关遗址庙底沟二期文化早期陶盆（图4－8，5），外表拍打篮纹时，内壁用鹅卵石垫子作依托，留有不规则形垫窝，排列成一周；早期陶鼎（图4－8，3），外表拍打篮纹，口部内壁留有垫窝，排列成一周。上述垫窝都按顺时针方向排列，并且逐个叠压，这表明拍打外表时坯体置于陶轮上按逆时针方向转动。晚期器盖（图4－11，1），用右手持粗圆棍拍打管状钮外表，内壁没有使用垫子，结果使管状钮的胎壁收缩，变成圆锥形，钮外表留有向右斜的粗条纹，粗约9毫米，钮的外轮廓线呈现波状曲线，内壁产生纵向褶皱。这种用粗圆棍拍打的现象罕见。

2．滚压

枝江市关庙山遗址屈家岭文化晚期的圈足杯（图4－10，1），外表用绕绳圆棍进行纵向滚压，留下整齐而清晰的竖绳纹。

3．刮削

菜园文化菜园类型很多陶罐的内壁留有纵向刮削痕迹，大多数陶罐有一个特征：领与肩连接处呈现弧形，即领与肩之间没有明显分界（图4－4，1、2），这是在胎壁尚软时从内壁进行纵向刮削，致使领与肩连接处由原先的拐角变成弧形，由此可见，刮削不仅是修整，而且有一定的整形作用。

垣曲县古城东关遗址庙底沟二期文化的釜灶（图4－12），釜的中部外表经过斜向刮削，留有一道道沟槽状刮削痕迹。灶已残缺。

4．湿手抹平

垣曲县古城东关遗址庙底沟二期文化早期陶瓮（图4－9，1），用沾水的手指将外表抹成一周周凹槽，存有7周，捏泥条时遗留的指窝中部被抹掉，仅存上下两侧，呈现波浪状，由于胎较软和手指用力较大，与凹槽相对应的内壁出现鼓棱7周。从剖面图上可以看到，湿手抹平导致外表和内壁的轮廓线都呈现为波浪状曲线。

5．慢轮修整

马家窑文化的彩陶（图版4，图版5），口沿常有慢轮修整时遗留的痕迹—细密轮纹。

枝江市关庙山遗址屈家岭文化晚期圈足杯（图4－10，1），将坯体置于慢轮上，边旋转边用刮板对腹内壁进行刮削，留有逆时针方向螺旋式上升的细密轮纹。

6．快轮慢用修整

京山县屈家岭遗址第三次发掘出土的屈家岭文化早期陶器和枝江市关庙山遗址屈家岭文化晚期的陶器，凡是快轮拉坯成型的器物都经过快轮慢用修整。例如关庙山遗址的圈足杯（图4－14，6），圈足外表留有细密轮纹，按顺时针方向螺旋式上升。

第四节　坯体的造型特征

过去的考古发掘报告关于陶器的描述存在这样一些现象：尽管从头到尾都有

详细的甚至是繁琐的描述，但是，有些描述从制陶工艺角度来看是不确切的，例如将慢轮修整现象写成轮制，因而误导读者，或者将工艺流程前后颠倒，例如将陶器的烧制工艺放在前，将坯体的成型工艺放在后，造成混乱现象；从造型角度来看是不规范的，以至同样的器形有很不相同的描述。产生这些现象的直接原因是考古工作者不太了解制陶工艺，并且尚未从造型的角度去研究陶器的形制特征，往往知其然而不知其所以然，对陶器的描述带有一定的盲目性；根本原因在于学校的考古专业教育没有涉及制陶工艺和器物造型特征方面的内容，老师没有教过，学生也就不会。针对这种情况，笔者试图在本节通过制陶工艺和造型特征的研究，促使考古工作者今后对陶器的描述逐渐趋向规范化。

这里所讲的“造型特征”主要指器物的艺术特征，造型美是指它的外轮廓线美、形象美。甘青地区马家窑文化的彩陶是造型美与装饰美的统一体，装饰美是建立在造型美的基础上的。造型特征是在坯体的成型和修整过程中逐步形成的，因此，制陶者非常注意下列三种因素对造型特征产生的影响：

一是注意坯体各部分之间的比例。例如底径、腹径与口径的比例，腹径与通高、器身高与领（口沿）高的比例，比例协调是造型美的首要条件。

二是注意下腹壁的倾斜度。例如马家窑类型彩陶平底瓶（图版 4，5）下腹的倾斜度小呈现瘦长形腹；半山类型彩陶瓮（图版 5，4）下腹壁的倾斜度大呈现扁圆形腹。由此可见，下腹壁的倾斜度不同，造型也就不同。

三是注意上腹壁的曲度。例如半山类型彩陶壶（图版 5，1）上腹壁的曲度小呈现圆肩；马家窑类型彩陶尖底瓶（图版 4，4）上腹壁的曲度大呈现广肩。由此可见，改变上腹壁的曲度也会产生不同的造型。

当然，陶器造型的艺术特征是与技术水平、社会习俗密切相关的，不同时代、不同地区、不同的欣赏习惯都会在造型上呈现出一定的差别，现以枝江市关庙山遗址屈家岭文化晚期陶器的造型特征为例作一些探讨。

屈家岭文化晚期陶器外轮廓线的线型大致可以分为曲线、斜线（或直线）两大类，以曲线为主。下面将口部至腹部的剖面绘于象限图（图 4－15，18）中进行分析，先分析曲线类，再分析斜线（或直线）类。2000 年笔者首次采用象限法来研究中国古代陶器的造型特征，明确提出应以象限作为衡量陶器造型特征的标准，这是认识上的飞跃，研究方法上的创新。

1．曲线类

一般为自由曲线，它是用圆规也画不出来的曲线，规整的弧线十分罕见。从剖面图上看，曲线分为口沿、肩（或腹）部两段，两段之间一般有较明显的连接点，只有个别连接点不明显（图 4－15，7）。通过连接点（0 点）绘坐标轴，x 轴为横坐标轴，与口边平行；y 轴为纵坐标轴。纵、横坐标轴将平面分为第Ⅰ、第Ⅱ、第Ⅲ、第Ⅳ四个象限（图 4－15，18），根据器物外轮廓线的两段曲线在象限图中所处的具体位置和曲线方向的不同，可以分为以下八种：

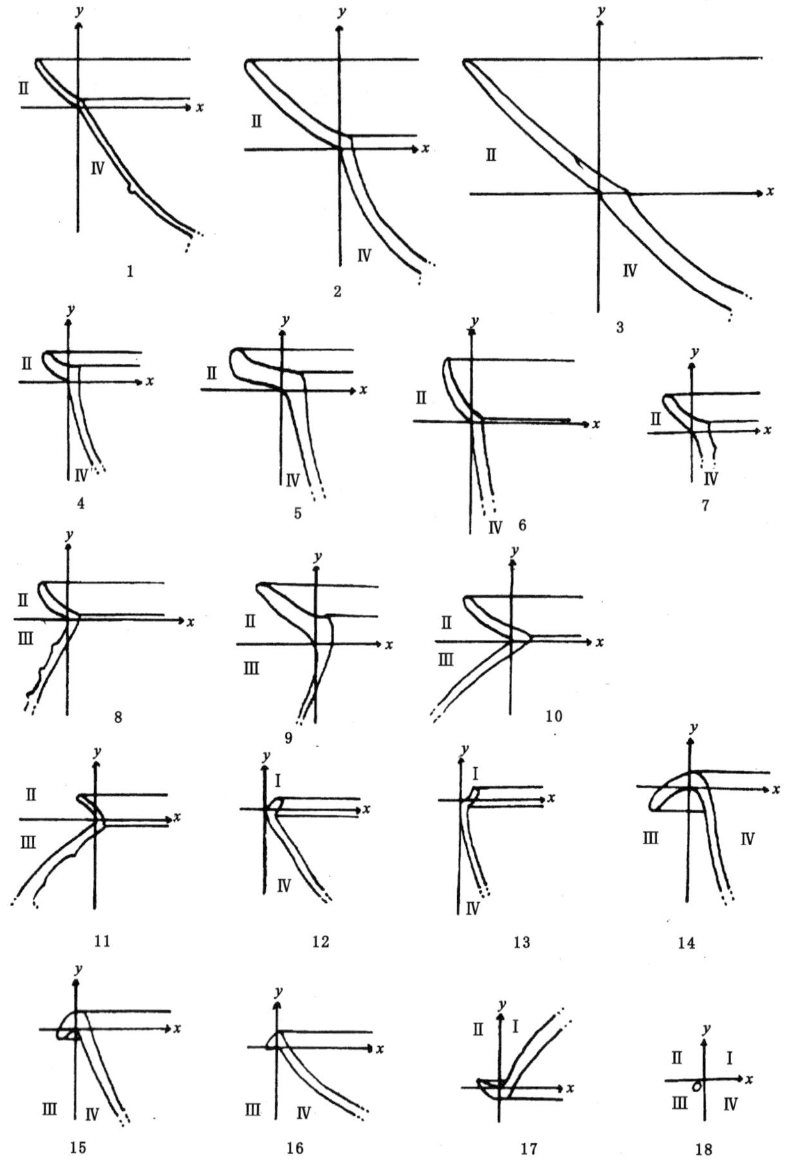

图4－15 湖北枝江市关庙山遗址屈家岭文化晚期陶器局部剖面及其所在象限图

1、2. 双腹豆（T53②:69、T66②:6）；3. 双腹碗（T201②B:W113:2）；4. 凹沿圈足碗（T69②H75:151）；5. 凹沿平底盆（T8②BW74:2）；6. 凹沿圈足盆形甑（T66②:4）；7. 凹沿圈足杯（T61②:2）；8. 凹沿平底罐（H75:157）；9. 凹沿袋形圜底罐（T211 西北 W125:1）；10. 凹沿釜（T8②BW94:1）；11. 翻沿盂形器（T23②:1）；12. 内折沿圈足碗（H75:149）；13. 子母口碗（H75:154）；14. 垂沿圈足盆（T35③H6:12）；15. 垂沿凹底盆（T64②:7）；16. 垂沿盘形豆（T64②:82）；17. 翘沿喇叭形钮器盖（H75②:150）；18. 象限图

（1）凹沿、弧壁（图4－15，1～6）。口沿位于第Ⅱ象限，外轮廓线向器外呈弧形凸出，内壁向器外呈弧形凹进；腹壁位于第Ⅳ象限，外轮廓线向器外呈弧形凸出。其中双腹豆（图4－16，1，2；图4－16，1，2）、双腹碗（图4－15，3；图4－16，3）是屈家岭文化晚期最典型的器物。值得注意的是，两段曲线之间连

接点的位置有从器身上部（图4－15，1）逐渐移至中部偏上（图4－15，2），再移至中部偏下（图4－15，3）的趋势。凹沿圈足碗（图4－15，4；图4－16，4）与双腹豆（图4－15，1；图4－16，1）的差别是前者连接点更靠近口边，口沿更窄，腹壁更靠近 y 轴，腹较深。凹沿平底盆（图4－15，5；图4－17，3），连接点靠近口边，口沿较宽，靠近 x 轴，口向上仰，腹壁靠近 y 轴。凹沿圈足盆形甑（图4－15，6；图4－16，5），口沿和腹部都靠近 y 轴，口沿略呈站立状，腹较深。

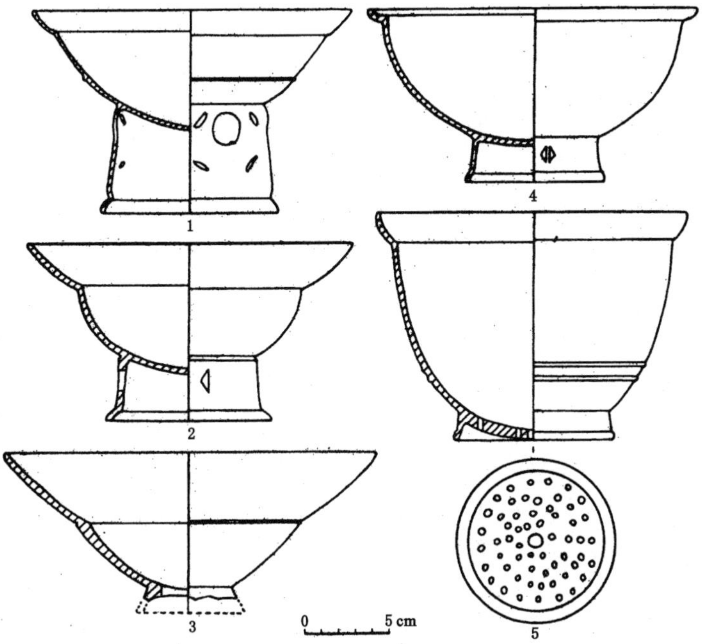

图4－16　湖北枝江市关庙山遗址屈家岭文化晚期的陶器

1. 细泥黑陶双腹豆（T53②:69）；2. 泥质黑陶双腹豆（T66②:6）；3. 泥质灰陶双腹碗（T201②BW113:2，瓮棺盖）；4. 泥质灰陶凹沿圈足碗（T69②H75:151）；5. 泥质黑陶凹沿圈足盆形甑（T66②:4）

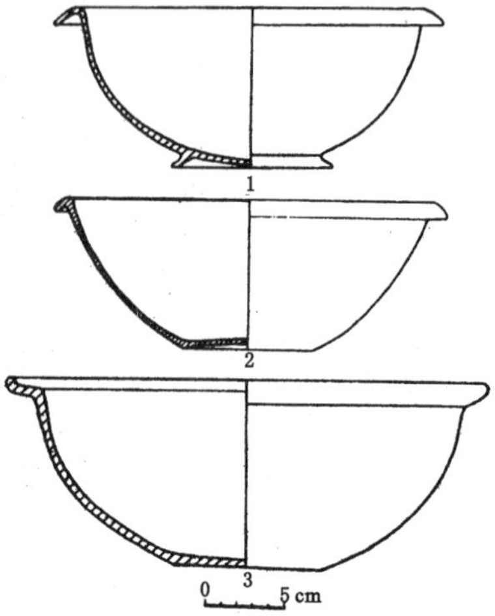

图 4－17　湖北枝江市关庙山遗址屈家岭文化晚期的陶盆

1．泥质黑陶垂沿圈足盆（T35③H6∶12）；2．泥质灰陶垂沿凹底盆（T64②:7）；3．泥质灰陶凹沿平底盆（T8②BW74:2，瓮棺盖）

（2）凹沿、凹壁（图 4－15，7；图 4－14，2）。这是凹沿圈足杯，口沿位于第Ⅱ象限，外轮廓线略呈弧形凸出，内壁向器外呈弧形凹进；腹壁位于第Ⅳ象限，外轮廓线向器内呈弧形凹进，腹壁靠近 Y 轴，腹较深。

（3）凹沿、鼓腹（图 4－15，8～10）。其中凹沿平底罐（图 4－15，8；图 4－18，2），腹壁距 y 轴较近，为深腹。凹沿袋形圜底罐（图 4－15，9；图 4－18，3），口沿外轮廓线呈波状曲线；腹壁外轮廓线挨近 y 轴，腹上部和底部都是微曲线，腹下部是曲率大的曲线，因而呈现袋形。凹沿釜（图 4－15，10；图 4－18，1），腹壁位于 x 轴与 y 轴的中间，因而腹甚鼓，呈现扁圆状。圜底罐与釜的共同点

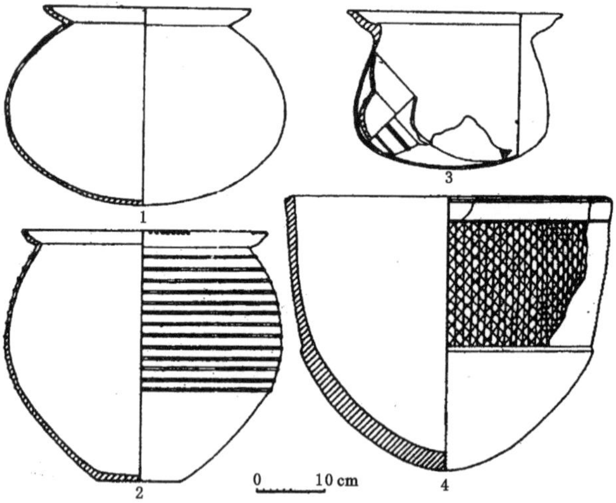

图 4－18　湖北枝江市关庙山遗址屈家岭文化晚期的陶器

1．夹蚌红陶凹沿釜（T8②BW94:1，瓮棺）；2．泥质灰陶凹沿平底罐（T69②H75:157）；3．夹蚌红陶凹沿袋形圜底罐（T211 西北 W125:1，瓮棺，内有豆、腹片、碗口沿各 1，婴儿头骨及下肢骨）；4．粗砂红陶斜壁折腹圜底缸（T61②H63:1）

是均为圜底器，主要差别在于二者腹部深浅不同，本节将深腹者称为圜底罐，将浅腹者（尤其是扁圆腹者）称为釜。

（4）翻沿、鼓腹（图4－15，11；图4－14，3）。这是翻沿盂形器，口沿位于第Ⅱ象限，外轮廓线向器内呈弧形凹进，内壁向器内呈弧形凸出，好像口沿外翻；肩部位于第Ⅲ象限，外轮廓线向器外呈弧形凸出。

（5）内折沿、弧壁（图4－15，12；图4－14，4）。这是内折沿圈足碗，口沿位于第Ⅰ象限，外轮廓线向器外略呈弧形凸出；腹壁位于第Ⅳ象限，外轮廓线向器外呈不规则形凸出。

（6）子母口、弧壁（图4－15，13；图4－19，1）。这是子母口碗，口沿位于第Ⅰ象限，外轮廓线向器内呈弧形凹进，形成子母口；腹壁位于第Ⅳ象限，外轮廓线向器外呈弧形凸出。

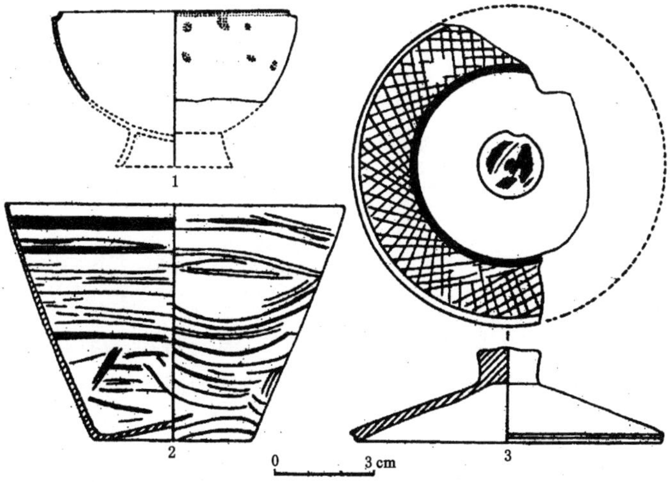

图4－19　湖北枝江市关庙山遗址屈家岭文化晚期的陶器

1. 细泥黑陶朱绘陶子母口碗（T69②H75:154）；
2. 细泥橙黄陶彩陶斜壁凹底杯（T66②:15）；
3. 泥质橙黄陶彩陶斜壁柱形钮器盖（T64②:84）

（7）垂沿、弧壁（图4－15，14～16）。口边略高于X轴，口沿位于第Ⅱ、Ⅲ象限，呈下垂状，外轮廓线（这里指沿下）向器外呈弧形凹进，沿面（这里指沿上）向器外呈弧形凸出；腹壁位于第Ⅳ象限，外轮廓线向器外呈弧形凸出。其中垂沿圈足盆（图4－15，14；图4－17，1）、垂沿凹底盆（图4－15，15；图4－17，2）腹壁距Y轴较近，因此腹较深。垂沿盘形豆（图4－15，16；图4－20，2）口沿最窄，腹壁位于X轴与Y轴的中间，因此器身呈浅腹盘形。

（8）翘沿、弧壁（图4－15，17；图4－20，1）。这是翘沿喇叭形钮器盖，口边略低于X轴，口沿位于第Ⅱ、Ⅲ象限，呈上翘状，外轮廓线（这里指沿上）向器外呈弧形凹进，沿面（这里指沿下）向器外呈弧形凸出；腹壁位于第Ⅰ象限，外轮廓线向器外呈弧形凸出。这种器盖实际上是两用器物，仰放时也可以作为陶豆使用。

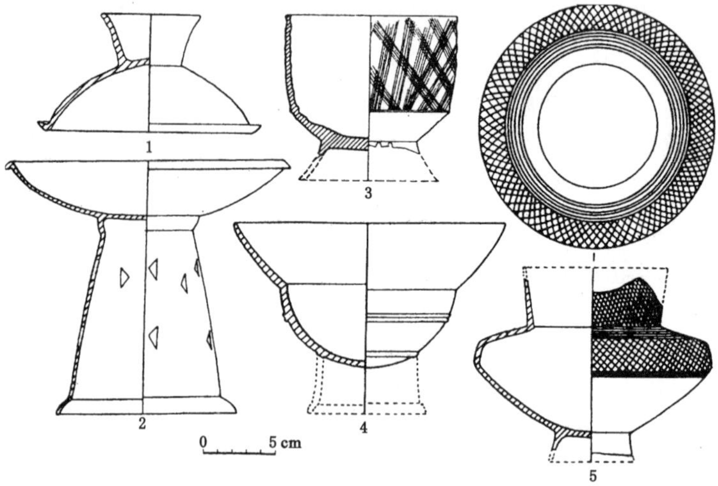

图4－20　湖北枝江市关庙山遗址屈家岭文化晚期的陶器

1. 泥质灰陶翘沿喇叭形钮器盖（T69②H75:150）；2. 泥质黑陶垂沿盘形豆（T64②:82）；3. 泥质灰陶大口直壁圈足杯（T77②:1）；4. 泥质浅灰陶双腹豆（T211M125:2，瓮棺内随葬器物）；5. 泥质橙黄陶彩陶斜领壶形器（T53②:49）

2. 斜线（或直线）类

从剖面图上看，此类造型的结构比较简单，根据各种器物的外轮廓线在象限图（图4－21，7）中所处具体位置的不同，可以分为以下三种：

（1）有口无沿，口是斜壁（或直壁）的顶端（图4－21，1～4）。斜壁（或直壁）位于第Ⅳ象限，外轮廓线靠近Y轴。其中斜壁凹底杯（图4－21，1；图4－19，2）、斜壁圈足杯（图4－21，2；图4－14，1）、大口直壁圈足杯（图4－21，3；图4－20，3），口边都与x轴重合，最后一件的外轮廓线与y轴挨得很近，几乎与口边垂直，因此可以称为直壁。斜壁折腹圜底缸（图4－21，4；图4－18，4），胎较厚，斜方唇，因此口边略高于x轴。

（2）有斜领（图4－21，5；图4－20，5）。这是斜领壶形器，领的外轮郭线位于第Ⅱ象限，挨近y轴；肩部位于第Ⅲ象限，外轮廓线略呈斜线状，靠近x轴，因此呈现广肩状。

（3）有口无沿，口是斜壁的起点（图4－21，6；图4－19，3）。这是斜壁柱形钮器盖，由于方唇，口边略低于x轴；斜壁的外轮廓线位于第Ⅰ象限，靠近x轴，因此呈现浅腹状。

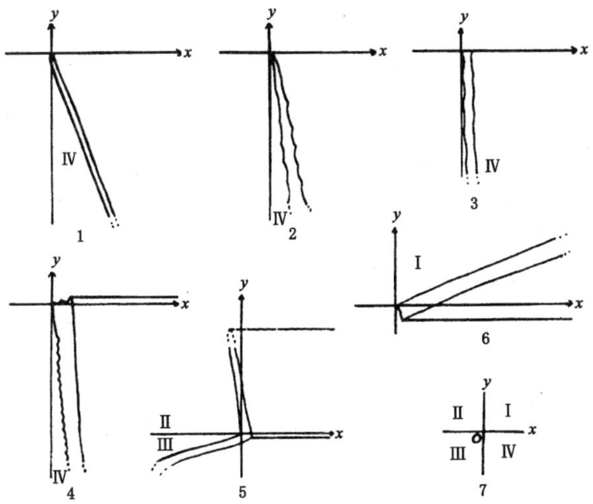

图4－21 湖北枝江市关庙山遗址屈家岭文化晚期陶器局部剖面及其所在象限图

1. 斜壁凹底杯（T66②:15）；2. 斜壁圈足杯（遗址南部采集:5）；3. 大口直壁圈足杯（T77②:1）；4. 斜壁折腹圜底缸（T61②H63:1）；5. 斜领壶形器（T53②:49）；6. 斜壁柱形钮器盖（T64②:84）；7. 象限图

上述坯体造型特征的形成与以下三个因素有关：

一是与使用功能有关。这是主要因素，例如陶碗、陶豆的口沿多位于第Ⅱ象限，腹壁位于第Ⅳ象限，器身呈现敞口造型，便于作为饮食器使用和洗刷。双腹造型从剖面上看，是带有转折的弧线，它比没有转折的弧线更加牢固，从内壁看，上腹与下腹之间有一周折棱，折棱以下呈现明显的凹陷状，这样可以增加容量，盛较多食物。

二是与工艺技术有关。坯体的造型特征是在成型和修整过程中逐步形成的。整体造型的结构已在成型过程中初步形成，并且基本定型；然而凹沿、翻沿、内折沿、子母口、垂沿、翘沿等各式各样的口沿造型（考古工作者称之为“细部特征”，都是利用适当的工具（刮板等）进行修整之后形成的，例如凹沿是将坯体置于陶轮上，边慢速旋转边用弧刃的刮板刮削所致。

三是与审美观念有关。例如陶碗和陶豆的双腹造型，使外轮廓线产生曲折变化，比单调的没有转折的弧线更加美观。

第五节 坯体的装饰工艺和阴干坯体的方法

铜石并用时代早期坯体上的装饰工艺可分以下四类。

一、坯体修整过程中产生的纹样

坯体上的这类纹样有拍印篮纹、拍印粗条纹、拍印绳纹、滚印绳纹、按印绳纹等，其中又以拍印篮纹为主。从施纹方法上看，以拍印最常见，滚印少见，按印罕见。

拍印篮纹。拍印工艺与新石器时代晚期基本相同，推测拍子为木质，不宜称为陶拍，在拍面上顺着树木纹理刻成纵向沟槽，使用时拍子呈现倾斜状，就拍印成斜篮纹，呈现水平状就拍印成横篮纹，呈现竖直状就拍印成竖篮纹。所见实物较多，例如襄汾县陶寺遗址庙底沟二期文化陶罐（图4-5，4）、渑池县班村遗址庙底沟二期文化小口尖底瓶（图4-6，2），外表都拍印向右斜的篮纹，这是用右手持拍子，并且呈现倾斜状拍印所致（图4-5，2）。垣曲县古城东关遗址庙底沟二期文化早期陶斝（图4-7，2）和陶盆（图4-8，4），外表都拍印横篮纹，这是拍子呈现水平状拍印所致。早期陶瓮（图4-9，1）腹下部拍印竖篮纹，这是拍子呈现竖直状拍印所致。

1. 拍印粗条纹

用粗圆棍拍印而成，只见于垣曲县古城东关遗址庙底沟二期文化晚期器盖（图4-11，1），管状钮的外表有向右斜的粗条纹，经笔者测量，粗条纹的直径约9毫米，不仅比篮纹要粗得多，而且粗条纹的横断面呈现弧状，由此可知是用粗圆棍拍印所致。

2. 拍印绳纹

菜园文化菜园类型的大部分夹砂陶器，例如陶罐（图4-4，4）通体拍印绳纹，笔者从模拟实验中得知，流行拍印绳纹的主要原因是：使用绕绳拍子比用素面拍子进行拍打，可以更有效地消除胎壁上的泥条缝隙和提高胎壁的致密度。

3. 滚印绳纹

用绕绳圆棍滚印而成，例如菜园文化菜园类型的小口罐（图4-4，3）、垣曲县古城东关遗址庙底沟二期文化早期的陶鼎（图4-8，2）、枝江市关庙山遗址屈家岭文化晚期的圈足杯（图4-10，1），外表都滚印排列较整齐的竖绳纹。

4. 按印绳纹

菜园文化菜园类型有少量绳纹是用绕绳圆棍横向按印而成的，例如小口罐（图4-4，7），肩部存有20余道横向、呈梭形的凹槽，长1.8~3厘米，直径近1厘米。由于圆棍是直的，坯体呈球面状，二者的接触面不长，因此凹槽呈现为梭形。凹槽内留有竖绳纹，粗0.2厘米。按印绳纹与滚印绳纹所使用的施纹工具相同，都是绕绳圆棍，但是使用绕绳圆棍的方式不同，结果产生略有不同的纹样。这种按印绳纹到铜石并用时代晚期，见于模制陶鬲的裆沟部位（见图5-15，3），用绕绳圆棍将裆沟按压实，以便加固。

二、坯体修整后施加的纹饰

铜石并用时代早期在坯体修整后施加的纹饰种类较多。北方地区的菜园文化、庙底沟二期文化以附加堆纹，尤其是箍状附加堆纹最有特色，南方地区的屈家岭文化则以凹弦纹和凸弦纹比较突出。产生地区性差异的主要原因是两个地区坯体的成型工艺和修整工艺都明显不同，此外与审美观念的不同也有一定关系。

此期坯体修整后施加的纹饰有附加堆纹、乳钉纹、压印竖条纹、压印花边、戳印纹、按压窝纹、碾压窝点纹、凸弦纹、凹弦纹、划纹、镂孔等11种。其中有的形态比较复杂，例如附加堆纹，尤其是箍状附加堆纹比较复杂，而且很有特色，下面将详细介绍；有的则稍微简单，例如乳钉纹，各考古学文化皆大同小异。

现将各种纹饰分别介绍如下：

1. 附加堆纹

它是用泥条在器表上附加而成的。菜园文化红圈子类型单耳罐的附加堆纹，有些为纵向直线（图4－1，1、2、4），有的为纵向折线，堆纹上用工具压成齿状（图4－1，3）。而在菜园类型中，常用泥条断断续续地连成箍状附加堆纹。例如菜园村林子梁遗址的小口罐（图4－4，2），外表有多周箍状附加堆纹，堆纹上又拍印斜篮纹。堆纹排列的密度与泥条排列的密度相当，这表明它既有装饰作用，又有箍牢器壁作用，防止胎壁从泥条缝隙处开裂。林子梁遗址的大口罐（图4－4，4），先在肩部施多行纵向带状附加堆纹，再于肩部和腹部施多周箍状附加堆纹，二者在肩部相交，这是用纵横交错的附加堆纹加固器壁。引人注目的是：林子梁遗址的小口罐（图4－4，3、7），在领中部施一周附加堆纹，其横断面呈三角形，向外凸出，堆纹上用细圆棍斜向按压成一道道沟槽，因而呈现鸡冠状，立体感强，给人以强劲有力之感，具有明显的装饰效果。这种鸡冠状附加堆纹在其它地方很少看到。

襄汾县陶寺遗址庙底沟二期文化的筒形罐（图4－5，4），在斜篮纹地上施8周箍状附加堆纹，堆纹上用手指压成波状（图4－5，3）。

在铜石并用时代早期的考古资料中，垣曲县古城东关遗址庙底沟二期文化的箍状附加堆纹是施纹痕迹最清晰、最典型、最有特色的附加堆纹。过去我们只了解附加堆纹的大概情况，不知道它究竟是如何附加而成的，看到这些附加堆纹之后，便一目了然。例如早期陶罐（图4－7，5，6），二者分别施3周和4周箍状附加堆纹，堆纹上用手指压成不规则的波状。早期鼎（图4－8，1），施附加堆纹的具体方法是：将坯体扣放在轮盘上慢速转动着，在颈部、腹中部分别附加泥条1周，在泥条上用右手大拇指从左往右挤压成不规则的波状，压窝内留有清晰的指纹。早期鼎（图4－8，3），坯体仰放时，在口外、腹中部分别附加泥条1周，在泥条上用右手大拇指从左往右挤压成不规则的波状，将坯体扣放后，在腹下部附加泥条1周，在泥条上用右手大拇指从左往右挤压成不规则的波状，压窝内都留有清晰的指纹。然后在每个鼎足的正面附加纵向泥条3道，用手指按压成不规则的波状。早期陶鼎（图4－8，2），将坯体扣放之后，在颈部附加泥条1周，用右手大拇指从左往右挤压成波状，然后在腹下部附加泥条1周，在每个鼎足正面的棱脊上附加纵向泥条1道，都用绕绳圆棍压印成齿状，压窝内印有绳纹。施附加堆纹的痕迹这样清晰，施纹的程序这样清楚实属罕见，今后可以请刑侦工作者根据这些指纹去判断制陶者是男子还是女子。上述事实表明，先民施附加堆纹时习惯于用右手操作，施纹方法和程序都已经达到规范化的程度。

这里顺便说一下，1989年笔者在山西垣曲县城亲眼目睹考古队的女技工季霞利用泥料熟练地修复了庙底沟二期文化陶器上残缺的附加堆纹，其结果与出土实物上的附加堆纹十分相似。这次目睹相当于笔者亲历了模拟实验。然后将观察出土实物上遗留的痕迹与技工的修复方法结合起来，得出庙底沟二期文化如何施附加堆纹的结论，这是认识上的飞跃，研究方法上的创新。

枝江市关庙山遗址屈家岭文化晚期的附加堆纹比较简单，例如在圈足杯（图

4－10，1；图4－22，1、2）的腹下部施附加堆纹1周，堆纹上用工具压成波浪状。

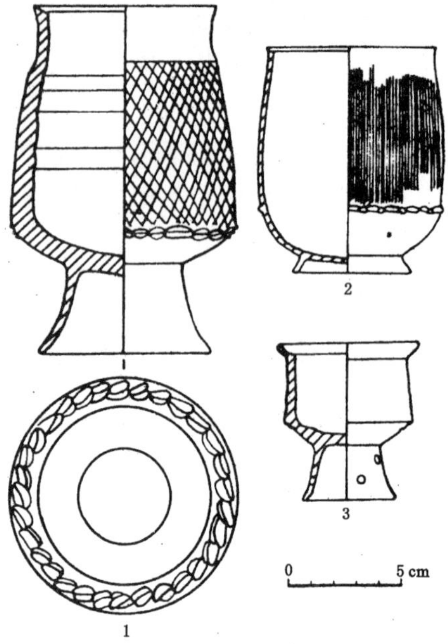

图4－22　湖北枝江市关庙山遗址屈家岭文化晚期的圈足杯

1. 夹砂橙黄陶直口（T23②:3）；2. 泥质橙黄陶直口矮圈足（T69②H75:152）；3. 泥质灰陶凹沿（T80②:6）

甘肃宁县阳坬（读音 wà，当地方言字）遗址出土的漏器F5:23（图4－23，2），泥质橙黄陶，敛口、束腰，肩部有一周圆形突起，共10颗，底部有2厘米宽的一周指压纹，下腹有一圆孔。其时代大体相当或稍晚于半坡晚期类型，或是半坡晚期类型向某一个文化过渡的阶段[12]。从线图上看，"指压纹"是两周相依的箍状附加堆纹，堆纹上用手指按压成波浪状，据此推测其年代大体相当于庙底沟二期文化阶段。有的学者将它归入"黄河流域龙山时期的陶鼓"[13]。笔者仿制了这件陶鼓，即仿:168（图版6，5），在肩部附加圆形突起10颗，并且用拍子将突起拍扁，呈现为"图钉"状，便于用"钉帽"挂住鼓面；在腹下部用锥状工具捅成一个圆镂孔，作为鼓的通气孔；还在近底部施附加堆纹。烧制到900℃，然后用生猪皮蒙成鼓面。

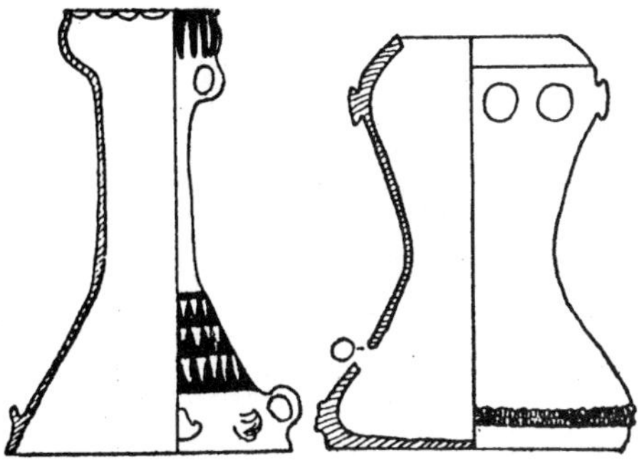

图 4－23　铜石并用时代早期的陶鼓

1. 青海民和县阳山墓地马家窑文化马厂类型彩陶鼓（M23:15）；

2. 甘肃宁县阳坬遗址（F5:23）

2. 乳钉纹

菜园文化红圈子类型陶器上的乳钉纹是用一个个小泥饼附加而成的，常与纵向附加堆纹配合使用，如在单耳罐（图 4－1，1－4）的领与肩交界处、纵向附加堆纹的上端，附加乳钉纹，排列成一周。这种乳钉纹与本书第三章第四节所说新石器时代晚期大溪文化陶器上的乳钉纹（用平头圆棍从内壁向外顶，使外表产生一个个小鼓包）的成因完全不同，只是名称相同罢了。

3. 压印斜条纹

垣曲县古城东关遗址庙底沟二期文化早期陶鼎（图 4－8，1），坯体扣放时，在鼎足正面棱脊的两侧，分别用锥状工具的侧面压印成斜条纹，也就是说，是用卧倒的锥状工具压印而成的，斜条纹呈现梭形，排列成叶脉状。这种斜条纹明显不同于划纹。

4. 压印花边

东关遗址庙底沟二期文化早期陶罐（图 4－7，5，6）和陶鼎（图 4－8，1），都直接在坯体的唇部用工具压印成齿状花边。这种花边纹明显不同于附加堆纹。

5. 戳印纹

枝江市关庙山遗址屈家岭文化晚期圈足杯（图 4－14，1）的圈足上，用圆形小戳子由外表向内戳而不透，形成圆形戳印纹，内壁被小戳子顶起乳钉状泥凸。这种戳印纹承袭了大溪文化戳印纹的施纹方法。

6. 按压窝纹

东关遗址庙底沟二期文化早期陶盆（图 4－8，4）和陶鼎（图 4－8，1，3）两侧的鋬耳上都用手指按压成窝纹 1～3 个，使鋬耳呈现为鸡冠状，可以称之为鸡冠耳。

7. 碾压窝点纹

见于关庙山遗址屈家岭文化晚期平底罐（图 4－18，2）的唇部，在坯体含水量较低（约 10%）、胎较硬时，用质地坚硬、前端圆钝而光滑的工具（如骨器）在原地碾压而成，碾窝很浅，呈圆点状，窝内有反光现象，8 个窝点为一组，横向排列。这种碾压窝点纹实际上是一种暗纹，它承袭了大溪文化的碾压窝点纹。

8. 凸弦纹

各考古学文化皆大同小异。关庙山遗址屈家岭文化晚期陶器上的凸弦纹，是将坯体置于陶轮上，边旋转边用刮板进行轮修时，故意在器表上留成凸起状线条作为装饰的，这样形成的凸弦纹可以称为“旋留凸弦纹”。旋留凸弦纹是与“贴弦纹”（系用细泥条贴附后加工而成，见本书第三章第四节）相对而言的。例如双腹豆（图4－16，1）的腹下部有1周，盆形甑（图4－16，5）的腹下部有2周，平底罐（图4－18，2）的腹中部以上有13周旋留凸弦纹。

9. 凹弦纹

各考古学文化皆大同小异。关庙山遗址屈家岭文化晚期圜底缸（图4－18，4；图4－21，4）的唇部，用锥状工具旋划成凹弦纹2周。凹弦纹与凸弦纹的形状恰好相反，前者是在器表上旋划成凹槽状线条，后者是在器表上旋留成凸起状线条，二者给予人的视觉效果明显不同。

10. 划纹

菜园文化菜园类型陶器上的划纹有竖直状、网格状两种，常用锥状工具在篮纹或绳纹地上施加划纹。例如林子梁遗址的单耳罐（图4－4，1），腹上部和单耳上施竖直划纹，排列比较密集。枝江市关庙山遗址屈家岭文化晚期陶器上的划纹，根据所用施纹工具的不同可以分为三种：一种是用锥状工具施加单线划纹，例如圈足杯（图4－22，1）的腹部，由单线划纹组成菱形网格状划纹；另一种是用篦状工具施加复线划纹即篦划纹，例如圈足杯（图4－22，2）的腹部，施加密集的纵向篦划纹；圈足杯（图4－20，3）的腹部，由篦划纹组成菱形网格状图案；还有一种是用较粗三棱棍的前端在坯体外表连划带压而成的划纹，例如圜底缸（图4－18，4）腹部的划纹，呈现沟槽状，沟槽的口部较宽，底部很窄，横断面呈现V字形，由竖直、向左斜和向右斜的划纹组成三角形网格状划纹。这种划纹类似于浅浮雕，有一定的立体感，因此引人注目，它是屈家岭文化晚期最典型、最有特色的一种划纹，在湖北郧县青龙泉遗址中层的夹砂红陶缸外表也有这种划纹（见《青龙泉与大寺》第102页，图八八，1）。

11. 镂孔

关庙山遗址屈家岭文化晚期陶器上的镂孔都施于圈足上，根据施纹时机、施纹工具和施纹方法的不同，可以分为以下两种：

第一种是在坯体的含水量较高、胎较软时用锥状工具由外表向内捅透产生的圆形镂孔，施于双腹豆（图4－10，2）和圈足杯（图4－14，6）的圈足上；

第二种是在坯体的含水量较低、胎较硬时用锋利的刀具雕刻而成，产生各种形状的镂孔，孔壁留有刀刻痕迹。例如双腹豆（图4－16，1）的圈足上有镂孔3组，每组由一个较大的圆形镂孔与四个较小的梭形镂孔组成。盘形豆（图4－20，2）的圈足上有侧三角形镂孔4行，每行2个，每两行之间还有侧三角形镂孔1个。豆圈足（图4－14，5）的上部有较大的圆形镂孔，下部有竖立的菱形镂孔，其间还有较小的正三角形和倒三角形镂孔，这是数种镂孔组合情况最复杂的一件豆圈足。

三、彩陶

彩陶装饰也是在坯体修整之后进行的，因为其工艺独特，所以与其他纹饰分开叙述。铜石并用时代早期彩陶制作工艺的概况是：在黄河中游地区的庙底沟二期文化中彩陶制作工艺已经衰落；在黄河上游地区的马家窑文化中彩陶制作工艺却高度发达（彩版2，2；图版4；图版5），尤其是在马家窑文化半山类型中达到了最高峰，菜园文化红圈子类型的彩陶制作工艺也比较发达；在长江中游地区的屈家岭文化中虽然彩陶的数量不多，但是轮制而成的蛋壳彩陶胎厚仅1毫米，是名副其实的蛋壳彩陶。

这里有一个问题：为什么在其他地区、其他考古学文化中彩陶制作工艺逐渐走向衰落的背景下，唯独黄河上游地区马家窑文化的彩陶制作工艺却高度发达，成为后起之秀、一枝独秀？笔者认为，这应与隐藏在马家窑文化背后的历史因素、民族因素、（原始宗教）信仰因素、审美因素、环境因素等有关，那么，究竟主要因素是什么？这是值得深入研究的一个重要问题。

无独有偶，类似的现象后世再次重演：在唐三彩工艺（见本书第十一章）衰落之后，辽三彩工艺（见本书第十二章）却繁荣起来，成为后起之秀、一枝独秀，那么，这又是为什么？也值得研究。

在研究铜石并用时代早期彩陶制作工艺时，比较值得注意的有以下六点：

1. 绘彩所用的颜料及其加工方法

彩陶的显著特征是在坯体上用矿物颜料绘成图案。学术界一般认为黄河中、上游地区新石器时代晚期与铜石并用时代早期绘彩的颜料及其加工方法是相同的，因此可以将二者的有关资料综合在一起研究。

从总体上看，彩料的颜色有黑、红、紫、棕、白五种，其中以黑彩为主，红彩次之。经光谱分析，黑彩的着色元素是铁、锰（表4－1，6~9），由此可见，先民是以含有铁、锰的矿物作为黑彩的原料。河南淅川县下王岗遗址仰韶文化一期出土的一块黑色颜料（图4－24，2）经鉴定为锰铁矿石[14]。棕彩的着色元素也是铁、锰（表4－1，5），但是锰的含量少于黑彩，因此呈现棕色。紫彩的着色元素是铁，含有微量锰（表4－1，3），笔者从宁夏海原县白吉村采集的紫色泥岩，其硬度介于泥土与岩石之间，整块浸泡在水中不会开裂，捣碎后浸泡在水中会解体成为泥浆，质地细腻，其化学组成（表4－1，4）与紫彩相同，经过模拟实验，紫色泥岩可以作为紫彩的原料。红彩的着色元素是铁，海原县林子梁遗址出土一小块赭石，呈现红色，一端已被先民磨平，说明曾经作为红彩的颜料使用过，其化学组成（表4－1，1）中含有少量铁，没有锰，因此呈现红色。陕西宝鸡市北首岭遗址出土的红颜料，实验结果断定，四个样品均为天然赤铁矿[15]。

北首岭遗址的红颜料有的研磨成粉末状，有的又将粉末团成小块或做成锭条（图4－24，8、9）。研磨颜料的工具是石研磨器，可以分为研磨盘（或磨臼、石砚）和研磨棒（或磨杵、磨锤）两类，互相配套使用。有的研磨盘（图4－24，3）分为两格，可以分别研磨不同颜色的颜料。有的研磨棒（图4－24，4）“当是研磨与敲砸两用”[16]。研磨器的研磨面上不但有使用磨损痕迹，而且多数粘附着红色颜料粉末。笔者据此推测加工颜料的程序是：先将颜料砸碎，再研磨成粉末装在陶容器内（图 4－24，6、7），或团成小块，做成锭条备用（图 4－24，8、9）。1991 年 10 月 24 日笔者由中国社会科学院考古研究所刘庆柱先生陪同，在考古所西安研究室观察过北首岭遗址出土的红颜料锭，其质地细腻，应是先用淘洗方法除去粗颗粒，再做成锭条。

陕西临潼县姜寨遗址第二期出土整套绘画工具（图 4－24，1）[17]，包括石砚、研磨棒和石盖，还有红颜料和陶水杯共出，这表明加工颜料的最后一道工序是加水之后研磨成颜料浆。在石砚的凹窝内研磨，颜料浆不致溢出，石砚是当时最理想的研磨工具。笔者用石研磨器做过模拟实验，得知颜料研磨得越细腻就越有附着力。颜料浆应保持适当的浓度，太稠笔拉不开，太稀颜色太浅颜料浆还会往下流。暂停绘彩时为了防止水分蒸发，可以用石盖盖住颜料浆。甘肃兰州市白道沟坪遗址属于马家窑文化马厂类型，出土一件分格陶碟（图 4－24，5）[18]，曾在中国历史博物馆展出，笔者观察后认为，如果两格内分别盛不同颜色的颜料浆，绘复彩是比较方便的。

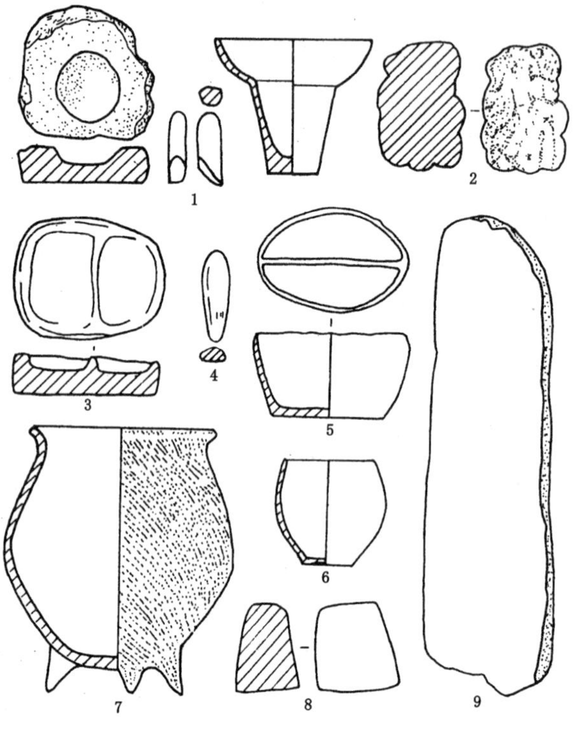

图 4－24　矿物颜料及其加工与保存

1. 整套绘画工具（临潼县姜寨 ZHT4M84。左：石砚，中：研棒，右：陶水杯）；2. 锰铁矿（淅川县下王岗 M454：7）；3. 研磨盘（宝鸡市北首岭 M162:5）；4. 研磨棒（北首岭 F35:5）；5. 分格陶碟（兰州市白道沟坪）；6. 盂（北首岭 77M13:5）；7. 鼎（北首岭 M10 甲:1）；8，9. 红颜料锭条（北首岭 77T2:7，78M20:5）

2. 绘彩的部位

一般而言，绘彩的部位是由坯体的造型特征和人们的视觉效果（或者说欣赏习惯）来决定的。例如马家窑文化马家窑类型的平底瓶（图版4，5），为瘦长腹造型，全身都看得清楚，适宜通体绘彩；半山类型的陶瓮（图版5，4），为扁圆腹造型，只能在显眼的腹中部以上绘彩；马家窑类型的陶盆（图版4，2、3）为大口浅腹造型，俯视内壁更清楚，因此以内彩为主，内壁的图案比较繁复，外彩为辅，外表的图案比较简单。

3．绘彩的程序

我国古代的彩陶技术尤以马家窑文化最发达，技术成就亦最高，因此它亦最受世人关注。1988，1989，2010，2011 年笔者在北京和青海先后考察过甘青地区出土的彩陶 4 批，共 500 余件。从笔者的考察情况来看，马家窑文化彩陶绘彩的工艺流程大致如下：

（1）利用慢轮边旋转边在坯体上绘平行条纹。平行条纹一般为黑彩，除装饰作用外，还可以作为图案带的边框，或者在上下图案带之间起分隔作用。

（2）在图案带之内，以横向排列的等分点作为图案的定位点。一般将圆周按双数等分，反映出制陶者的头脑中具有清晰的数学概念，个别按单数等分，例如半山类型的彩陶瓮（图版 5，4），将圆周分为 11 份。陶瓶、陶壶、陶罐、陶瓮常有双耳（腹耳或颈耳），凡是有双耳的彩陶器，采用双数等分时，都以双耳作为对称图案定位的基点。马家窑类型常用黑点定位（图版 4，1 –5），黑点大而显眼，除起定位作用外也有装饰作用。半山类型用红点定位，红点往往被红线覆盖，较难看到；有的陶瓮（图版 5，4）由于红点的颜色比红线深，还隐约可见。马厂类型容易绘的折线纹明显增多（图版 5，7），比较难绘的曲线纹明显减少，因而不需要绘出定位点，但是仍以等分法定位。

（3）以定位点为基准绘主要线条。有圆圈、曲线、折线等。马家窑类型的主要线条用黑彩。陶瓮（图版4，1）、陶盆（图版4，2，3）都先绘圆圈，再以“S”形曲线将圆圈相联结作为漩涡纹（类似水流形成的漩涡）的轮廓线；尖底瓶（图版4，4）、平底瓶（图版4，5）却以反“S”形曲线作为漩涡纹的轮廓线。半山类型的主要线条一般用红彩，个别用黑彩（图版5，6）。陶壶（图版5，5）、陶瓮（图版5，6）都先绘圆圈，再以反“S”形曲线相联结作为漩涡纹的骨骼线；陶瓮（图版5，3）绘葫芦形曲线作为轮廓线。马厂类型的主要线条多用黑彩，少数用红彩（图版5，7），这件陶瓮绘折线作为蛙纹的骨骼线。如上所述，从主要线条在图案中所起的作用上讲，有轮廓线、骨骼线之分。轮廓线位于图案外缘，骨骼线位于图案中间。先绘主要线条就可以控制整个画面，使图案布局合理而严谨，马家窑文化彩陶图案繁而不乱、秩序井然的主要原因就在于此。当然也与绘画者技艺娴熟有关。

（4）在面上绘其他线条。有曲线、直线、折线，还有圆点和“锯齿”，构成富丽堂皇的图案。半山类型流行的锯齿纹是在黑线一侧（图版5，2 –4）或两侧（图版5，1）绘成密集的“锯齿”所致。如果说绘主要线条必须遵循一定的规则，那么，绘其他线条则有相当的灵活性，其线型、排列、组合、粗细、数量、疏密都可以灵活掌握。

总之，整个绘彩的工艺流程是从点到线再到面，从主要线条到其他线条，从整体布局到细部特征。即使以今人的观点来看，这样的工艺流程也是相当合理的。

4. 绘彩方法

菜园文化红圈子类型征集到的彩陶有 44 件，均为泥质陶，占征集陶器总数 118 件的 37.29%，占泥质陶总数 84 件的 52.38%。一般以胎的本色（红色或橙黄色）为地直接绘彩，个别先涂白陶衣为地再绘彩。同一件彩陶上只绘单一彩色，简称单彩，单彩是与复彩相对而言。在 44 件彩陶器当中，绘黑彩的只有 3 件，即双耳盆 88:150（图 4－3，1）、单耳罐 88:64（图 4－25，3）、双耳罐 88:145（图 4－26，1），其余 41 件都绘红彩。由此可见，流行红彩是红圈子类型彩陶的显著特征，在西北地区乃至全国范围内都是罕见的。图案有平行条纹、竖条纹、斜条纹、菱格纹（是菱形网格纹的简称）、虚线纹、折线纹、弧线纹、叶脉纹、箭头纹、席纹、“十”字纹、“井”字纹、“火”字纹等 13 种。其中以竖条纹的数量最多，菱格纹次之，“火”字纹罕见。叶脉纹、箭头纹、席纹具有特色。腹部是绘彩的重点部位，图案最复杂，绘彩方法有连片绘彩法、分片绘彩法、分组绘彩法三种，以前两种为主。现在分别叙述如下：

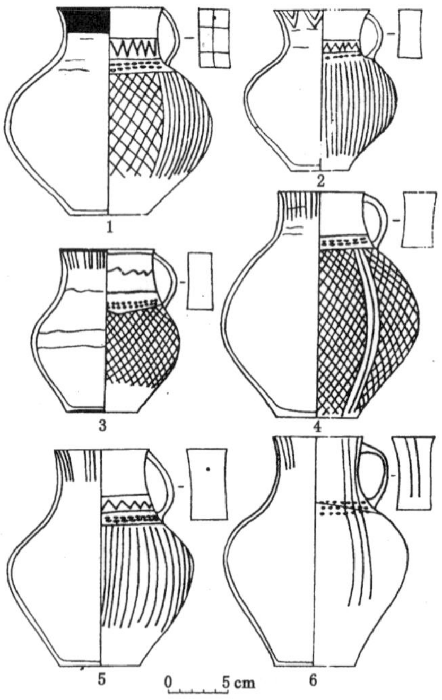

图 4－25

宁夏固原县红圈子墓地出土的泥质彩陶

1，2. Ⅰ式单耳罐（88:134，95）；

3，4. Ⅱ式单耳罐（88:64，149）；

5，6. Ⅲ式单耳罐（88:120，129）

（3 为黑彩，余皆红彩）

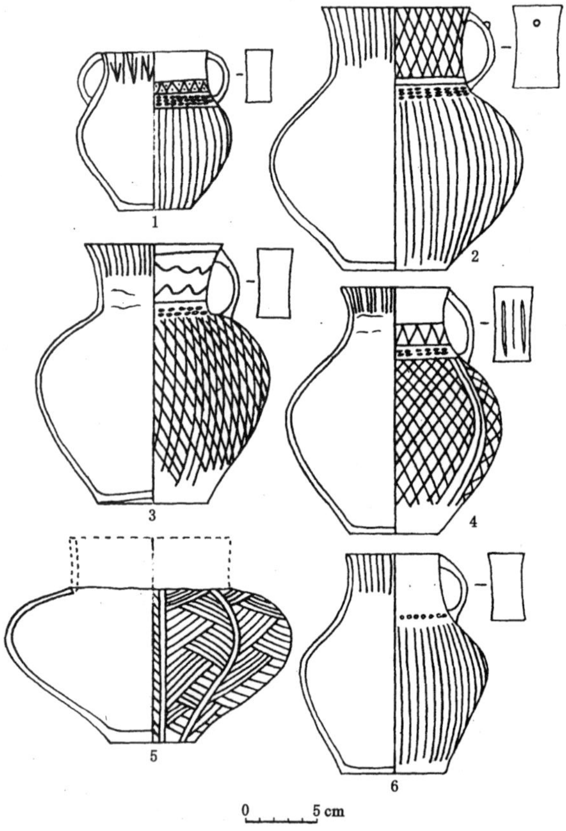

图 4－26 宁夏固原县红圈子墓地出土的泥质彩陶

1. Ⅰ式双耳罐（88:145）；2. Ⅰ式单耳罐（88:125）；3. Ⅴ式单耳罐（88:110）；4. Ⅱ式单耳罐（88:138）；5. 壶（88:193）；6. Ⅲ式单耳罐(88:142)

（1 为黑彩，余皆红彩）

（1）连片绘彩法。是大面积连成一整片绘某一种图案，有竖条纹、斜条纹、菱格纹、虚线纹。其中以竖条纹数量最多，菱格纹次之，虚线纹罕见。

连片绘竖条纹。例如小口罐 88:76（图 4－3，2）从口部至腹部外表连片绘红彩竖条纹。单耳罐 88:95，120（图 4－25，2，5）；88:125、142（图 4－26，2，6）；88:111，192，147（图 4－27，1，2，4）的腹部外表都连片绘红彩竖条纹。双耳罐 88:145（图 4－26，1）的腹部外表连片绘黑彩竖条纹。其中单耳罐 88:192（图 4－27，2）的特殊之处是在器耳下方绘纵向折线纹。

连片绘斜条纹。例如陶碗 88:122（图 4－2，4）的腹部内壁、单耳罐 88:124（图 4－27，3）的腹部外表都连片绘红彩斜条纹。其中前者的特殊之处是在内壁上部绘折线纹 10 组，每组由 3 条折线组成。

连片绘菱格纹。例如单耳罐 88:110（图 4－26，3）、双耳罐 89:223（图 4－27，5）的腹部外表都连片绘红彩菱格纹。单耳罐 88:64（图 4－25，3）的腹部外表连片绘黑彩菱格纹。

连片绘虚线纹。例如双耳盆 88:150（图 4－3，1）的腹部内壁连片绘黑彩纵向虚线纹。

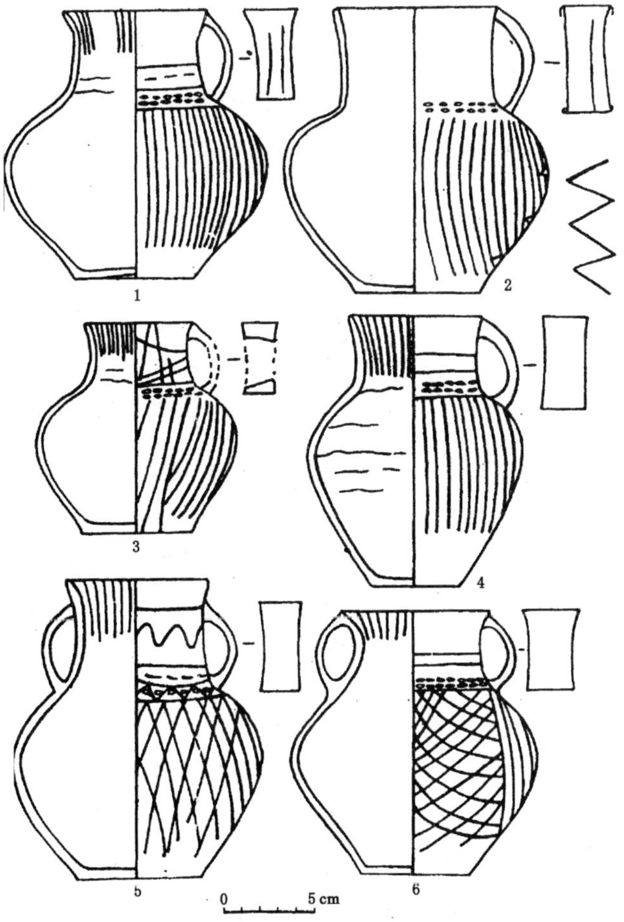

1. Ⅳ式单耳罐（88:111）；
2、3. Ⅴ式单耳罐（88:192、124）；
4. Ⅳ式单耳罐（88:147）；
5. Ⅱ式双耳罐（89:223）；
6. Ⅰ式双耳罐（88:63）；
（均为红彩）

图 4－27　宁夏固原县红圈子墓地出土的泥质彩陶

（2）分片绘彩法。首先用竖条纹将外表或内壁及内底大致分隔为数片，然而不是等分，有两片、三片、四片、八片四种，其中以四片为主；然后在各片之内绘竖条纹、斜条纹、菱格纹、席纹、箭头纹或弧线纹。

两片绘彩。例如陶碗 88:93（图 4－2，3），绘红彩，先用双线竖条纹从内壁至内底分为两片，竖条纹之间绘虚纹纹，再于各片之内绘菱格纹。陶钵 88:68（图 4－3，3），绘红彩，先用单线竖条纹将内壁分为两片，再于各片之内分别绘竖条纹、斜条纹。

三片绘彩。例如单耳罐 88:138（图 4－26，4），绘红彩，先在腹部外表绘竖条纹三组，每组三道，将腹部分为三片，再于各片之内绘菱格纹。

四片绘彩。例如陶碗 88:94（图 4－2，1），绘红彩，先用单线条纹从内壁至内底分为四片，再于各片之内绘叶脉纹、箭头纹、弧线纹。陶碗 89:10（图 4－2，2），绘红彩，先用双线条纹从内壁至内底分为四片，内底呈现“井”字纹，再于各片之内绘竖条纹，由于陶碗呈斜壁状，竖条纹上部稀疏下部密集，有些绘不到底，导致下端参差不齐。陶钵 88:133（图 4－3，4），绘红彩，先用单线条纹从内壁至内底分为四片，内底呈现“十”字纹，再于各片之内绘斜条纹及虚线纹。陶钵 88:123（图 4－3，5），绘红彩，先用双线条纹从内壁至内底分为四片，内底有两组条纹错位，呈现不连贯的“井”字纹，另一组条纹之间绘虚线纹；再于各片内绘叶脉纹、菱格纹、弧线纹。根据内底条纹产生错位现象可断定，陶碗、陶钵内底的“十”字纹和“井”字纹是用条纹将内底划分为四片时自然地形成的；亦可断定条纹是从上往下绘成的。单耳罐 88:149（图 4－25，4），绘红彩，先在腹部外表绘竖条纹四组，每组三道，将腹部分为四片，再于各片之内绘菱格纹。单耳罐 88:134（图 4－25，1）、双耳罐 88:63（图 4－27，6），都绘红彩，先在腹部外表绘竖条纹四组，每组三道，将腹部分为四片，再于器耳下方一片绘竖条纹，其余三片都绘菱格纹。

八片绘彩。例如陶壶 88:193（图 4－26，5），绘红彩，先在腹部外表绘竖条纹八组，每组两道，将腹部分为八片，再于各片之内绘“人”字形席纹图案。席纹由复线斜条纹组成，根据各组斜条纹相互接触的状况可以断定，席纹图案是从上往下分组绘成的，这是红圈子墓地出土的彩陶当中，图案最复杂的一件。

（3）分组绘彩法。在内壁或外表绘若干组竖条纹，各组之间相隔一定的距离。例如陶钵 88:105（图 4－2，5），内壁绘红彩竖条纹五组，每组三道。单耳罐 88:129（图 4－25，6），从领部至腹部外表绘红彩竖条纹六组，每组三道。

上述绘彩方法主要用于腹部，这是整个图案当中的主要部分。此外，在领部、唇部、底部亦绘有各种各样的图案，其绘彩方法和风格与腹部不尽相同，具体情况如下：

罐类的领部外表常绘一组平行条纹，由两周或三周条纹组成，有些条纹之间又绘虚线纹、折线纹或小圆点纹（图 4－25，1－5；图 4－26，1，3，4；图 4－27，1，5），有的在平行条纹上方绘菱格纹（图 4－26，2）或方向不规则的条纹（图 4－27，3）；领部内壁常绘竖条纹（图 4－25，3－6；图 4－26，2－4，6；图 4－27，1，3－6），有的绘宽带纹（图 4－25，1）、双折线纹（图 4－25，2）或箭头纹（图 4－26，1）。

有些碗（图 4－2，1，3）和钵（图 4－3，4）的唇部绘折线纹，呈现锯齿状。有的双耳盆（图 4－3，1）口沿内壁绘菱格纹。有的碗（图 4－2，4）外底绘“十”字纹。有的钵（图 4－3，4）外底绘“火”字纹。外底绘彩是罕见的现象，“火”字文更罕见。

5. 关于红圈子彩陶及其“开放式”图案

笔者 1989 年 8 月在固原县文管所一看到红圈子墓地出土的彩陶就立刻意识到这批彩陶非常特殊，极为重要，就迅速与马东海先生一起前往山区考察了红圈子墓地现场，并且参加了（从农民手中）征集第二批陶器的工作，回到县文管所后亲自绘制了 60 多件彩陶及其他陶器的线图，做了详细记录，随后写了调查简报。笔者从这次经历中体会到，对新鲜事物高度敏感是科研创新不可或缺的条件。

从现有资料来看，红圈子类型属于菜园文化，其彩陶图案有两点甚为特殊，不但在同一文化圈内很少看到，就是在整个黄河流域和长江流域都是很少看到的：一是其彩陶图案以红彩为主，黑彩极少，而且均为单彩，反映出制陶者喜爱红彩；二是其图案为“开放式”，即腹部竖条纹或菱格纹的下端往往参差不齐，其腹下部没有绘宽带纹或平行条纹以作封闭，反映出制陶者具有豪放的不受约束的性格。透过“开放式”图案（这种现象）看到制陶者的爱好和性格（这种本质），这是认识上的飞跃，研究方法上的创新。与红圈子墓地相距不远（直线距离仅 60 千米）的菜园类型林子梁遗址出土的少量彩陶片，一般为黑彩，反映出制陶者喜爱黑彩，只有个别为紫彩和红彩。切刀把墓地（图 4－28）和瓦罐嘴墓地也出土了少量彩陶器，纹样有网格纹、锯齿纹、大圆圈纹等。值得注意的是：菜园类型的彩陶图案均为“封闭式”，其腹下部都绘宽带纹（图 4－28，1）或平行条纹（图 4－28，2）以作封闭，反映出制陶者具有认真的、严格按规矩办事的性格，与红圈子类型的“开放式”图案形成鲜明对照。那么，产生这种差别的原因是什么？尚待研究。1990 年笔者曾向中国社会科学院考古研究所的苏秉琦先生汇报了红圈子墓地彩陶的特殊情况，他听了以后对笔者说：“红圈子的文化遗存可以另立门户”，遗憾的是目前只发现红圈子墓地这一处，仅是孤证，“另立门户”的条件还不具备。

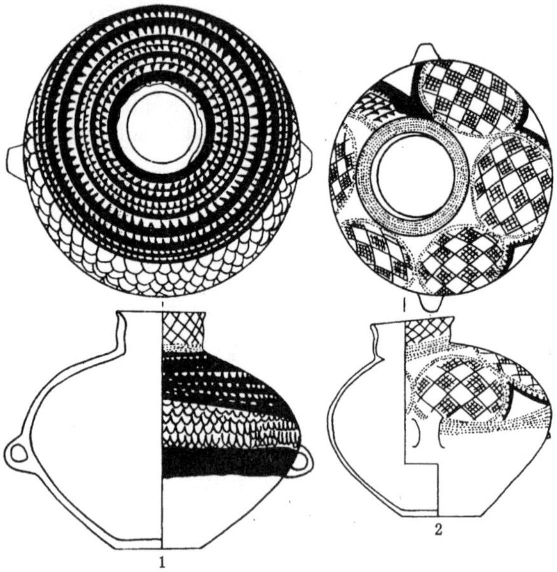

图 4-28　宁夏海原县菜园村切刀把墓地出土的 A 型彩陶双耳壶

1. M9:11；2. M9:6

6. 关于彩陶技术发展的不平衡性

制作彩陶是一种区域性较强的技术，南方一直较少，黄河流域则较发达；但是黄河流域也不是所有地方、所有文化都发达，也有一部分考古学文化是不发达的；从新石器时代中期、晚期，及至铜石并用时代早期都如此。在铜石并用时代早期，山西垣曲县古城东关遗址庙底沟二期文化、湖北枝江市关庙山遗址屈家岭文化晚期都是彩陶技术不太发达的例子。看来这与各地区的原料条件、各考古学文化人们的欣赏习惯和技术传统的差异都有一定关系。

垣曲县古城东关遗址庙底沟二期文化只出土少量彩陶。例如早期陶杯（图 4-9，2），绘红彩，上半身的外表采用晕染法绘彩，纹理呈现横向，颜料浆浓淡相间，颜色深浅不匀；口部内壁绘平行条纹两周，其下侧绘垂帐纹三道。值得注意的是，这件陶杯的形制、绘彩方法和图案都与江汉地区屈家岭文化晚期的彩陶杯[19]相似，应是受屈家岭文化晚期的影响所致。

枝江市关庙山遗址屈家岭文化晚期也出土少量彩陶。例如凹底杯（图 4-19，2）的内壁和外表采用晕染法绘黑彩，纹理没有秩序，颜料浆浓淡相间，颜色深浅不匀。柱形钮器盖（图 4-19，3）的器身外表绘褐彩平行条纹和菱格纹，钮顶上随意涂褐彩。壶形器（图 4-20，5）从领部至腹中部外表绘红彩平行条纹和菱格纹。

四、磨光

铜石并用时代早期各考古学文化磨光陶器的数量多少主要与以下三种情况有关。

（1）与彩陶制作工艺有关。彩陶制作工艺发达的考古学文化，其磨光工艺也发达。例如马家窑文化（图版 4；图版 5），在坯体上绘彩之后都经过磨光，其作用是：将彩料压入器表，与胎壁紧密结合，成为器表的组成部分；使器表质地致密并且产生光泽，图案显得美观。尤其是半山类型的彩陶，器表磨光最精细，既光彩夺目，又图案清晰，达到中国古代彩陶制作工艺的最高峰。笔者注意到，兰州市牟家坪半山类型的彩陶壶[20]，颈与肩交界处留有利用圆棍进行纵向滚压而产生的凹痕。由于当时这件彩陶壶的胎壁稍软，才会产生凹痕。可以设想，有很多彩陶也是采用滚压的方法进行磨光的，只是由于胎壁稍硬，没有留下痕迹罢了。笔者通过模拟实验了解到：外彩可以用坚硬而光滑的圆棍进行滚压；内彩可以用坚硬而光滑的圆球（例如石球）进行滚压。采用滚压方法的优点是：工具用力的方向与器表大致垂直，彩料不会移位，可以使图案保持清晰。半山类型的制陶者熟知这种磨光方法的优点，因而经常采用，取得良好的艺术效果。

（2）与坯体成型和修整过程中产生的凹凸型纹样（篮纹、绳纹等）多少有关。有凹凸型纹样的陶器越多，素面陶器就越少，磨光器物也就越少，而且磨光的部位受到局限。这一点突出表现在河南、山西、陕西出土的庙底沟二期文化陶器上：襄汾县陶寺遗址的筒形罐 H3434 只在沿面磨光；渑池县班村遗址的陶罐（图4－6，5）只在口沿内壁略加磨光，陶豆（图4－6，11）只在豆盘内壁及圈足外表磨光；垣曲县古城东关遗址的陶罐（图4－7，1）只在上半身外表及领部内壁磨光，陶斝（图4－7，2）只在折棱以上外表及领部内壁磨光，陶瓮（图4－9，1）只在腹中部以上外表稍见磨光痕迹。

（3）与涂刷陶衣工艺走向衰落有关。此时几乎见不到施陶衣的陶器，磨光的器物也就减少。枝江市关庙山遗址屈家岭文化晚期，虽然彩陶（图4－19，2，3；图4－20，5）绘彩后都经过磨光，有的细泥黑陶（图4－19，1）、泥质黑陶（图4－16，2）、泥质黄陶（图4－14，4）、泥质灰陶（图4－16，3）器表也经过不同程度的磨光，但是与大溪文化相比，涂刷陶衣的器物极少，磨光的器物也随之减少。

五、坯体的阴干

“阴干”即把坯体置于阴凉通风处，令其缓慢地自然干燥。不宜将坯体置于阳光下晒干，因为在阳光直接照射的条件下，器表与胎心的干燥速度不一，会产生带有破坏性的应力，导致胎壁开裂。阴干是陶器制作工艺的程序之一，所有陶器都要经过这一步骤，因为坯体阴干之后才可以入窑烧制。阴干的目的是使其在成型和修整过程中产生的内应力缓慢地释放，令水分缓慢地蒸发，避免坯体开裂。

下面仅对菜园文化菜园类型阴干坯体的操作方法作一介绍。1988 年，笔者在海原县菜园村林子梁遗址发掘的窑洞式房址 T9③AF9[10]，其居住面西北角放置 8 件保存较好、未经烧制的小口罐坯体，其中 5 件口朝下，为倒放，3 件口朝上，为正放，说明 F9 既是住房又是阴干坯体的场所，屋主人应是制陶者。坯体放在屋内的角落里，有两个理由：一是不会影响屋主人行走，可以避免碰坏；二是使坯体距离居室中央的红烧土灶面较远，防止坯体被火烘烤干燥速度太快而开裂。值得注意的是坯体有正放、倒放之分。可以设想，刚成型时坯体的含水量较高，胎壁尚软，8 件坯体都是正放，如果倒放，口部会被坯体自身的重量压变形。由于口部周围空气流通较好，干燥速度较快，收缩也较快，底部情况与口部不同。过一段时间后，口部基本上变硬，已经不会变形，就要及时将坯体翻转倒放，使其他部位尤其是底部加快干燥速度，使坯体各部位的收缩大体一致，应力均衡，以免开裂。否则坯体各部位收缩不一，产生破坏应力，可能导致开裂成为废品。居住面上多数坯体已经倒放是防止开裂的重要措施，少数坯体还来不及翻转倒放，窑洞就倒塌废弃了，留下一幅阴干坯体过程的场景。

第六节　陶窑

在中国境内，陶窑发明于新石器时代中期，在舞阳县贾湖遗址可以看到。横穴式窑在新石器时代晚期得到了较大发展；竖穴式窑到铜石并用时代，或者说庙底沟二期和龙山文化时期才逐渐兴盛起来。这种陶窑因属升焰式，窑体结构与炽热的火焰流、气体流上升的运动规律相符，结构较为合理，故窑温稍高；窑内气氛亦可在一定程度上得到控制，它不但可烧氧化焰，而且可烧还原焰，此时人们便成功地烧制了大批灰陶和褐陶。这些都是此前不曾多见的。现在仅以陕县庙底沟遗址、垣曲县古城东关遗址、垣曲县古城宁家坡遗址三处陶窑（皆属庙底沟二期文化）为例说明如下：

1. 河南陕县庙底沟遗址 1 号陶窑（图 4－29）

由窑室、火口、火膛、火道及窑箅等构成。火口、火膛及火道均就生土挖成轮廓，然后涂一层草拌泥土，窑箅也是用草拌泥土做成，由于经过烧烤变为红烧土。窑室呈圆形，南北直径 0.93 米，东西直径 0.78 米，窑壁已经残缺，东壁残高 0.48 米，可以看出其弧度，原来当是半球状窑顶。火口紧靠窑室西面，近椭圆形，长 0.4 米，宽 0.26 米。火膛作长方形竖穴，长 0.94 米，宽 0.6 米，深 0.96 米。火道分作 8 股，由火膛向上通入窑室底部。中央部分有 3 股火道，而左右两股又分成 3～4 股，火道长 0.1～0.36 米，宽一般为 0.07 米，高约 0.08 米。火道上面用草拌泥土涂成窑箅，厚 0.16～0.3 米，上面有 25 个火眼。从剖面上看火眼底大口小，最大可达 0.23 米，最小只有 0.03 米[21]。这种陶窑的优点在于：

（1）是在面积不足 0.7 平方米的窑床上设置了宽约 7 厘米的火道 8 条，其上设出火孔 25 个，凡是离燃烧室远的出火孔均较大，以减小火焰在该处流出的阻力，燃烧室一部分伸入窑室下部，深度已近于 1 米（即属于竖穴式窑）。这就增大了单位时间内供给的热量，从而有利于提高烧成温度[22]。

（2）是距离火膛近的火眼（即出火孔）直径较小，距离远的较大，以此来达到改善窑内温度的分布状况[23]。

（3）是这座陶窑的窑壁微向内弯，这样的结构有利于停火后封窑和饮窑（应确切地称为窨水），使陶器中的氧化铁还原成灰色[24]。

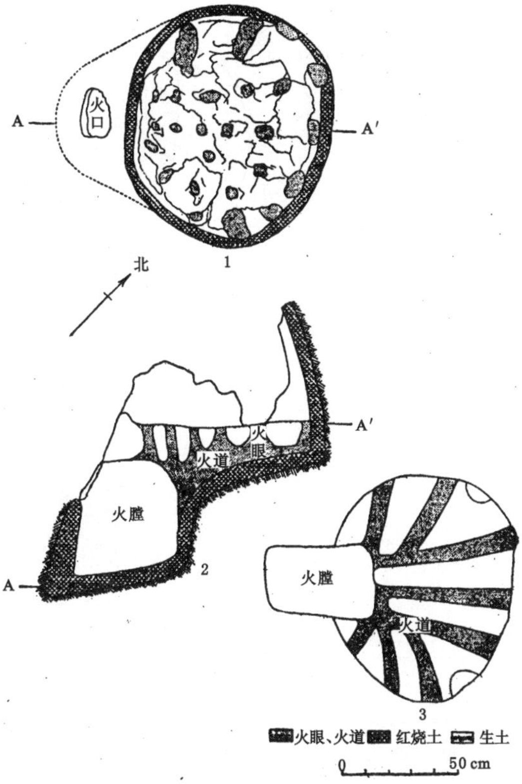

图 4－29　河南陕县庙底沟遗址庙底沟二期文化 Y1 平、剖面图

1. 窑箅平面图；2. 窑内结构剖面图；3. 火道平面图

2. 垣曲县古城东关遗址陶窑

发现 5 座，其中以ⅢY2、ⅢY4 保存较好，现在叙述如下：

ⅢY2（图 4－30）打破生土，窑顶已经坍塌，窑室上部残损，下部北壁保存较好，呈现弧形，烘烤成青灰色，有明显的（建造陶窑挖土时遗留的）长条形工具痕迹，长 2～6 厘米、宽 3 厘米。窑室底部略呈圆形，直径 0.54～0.55 米。火膛口及火道均朝东南。火膛保存比较完整，膛口为半圆形，内壁烧成橙红色，底部有灰烬。火道为双道，长约 0.45 米，宽 0.06～0.1 米，厚 0.32 米。火孔位于火道南部，略呈椭圆形，长 0.15～0.18 米，宽 0.06～0.08 米。火孔内壁也被烧成青灰色。ⅢY2 建在ⅢH19 北部坑壁上，ⅢH19 应是 Y2 的取土坑和工作场地[25]。

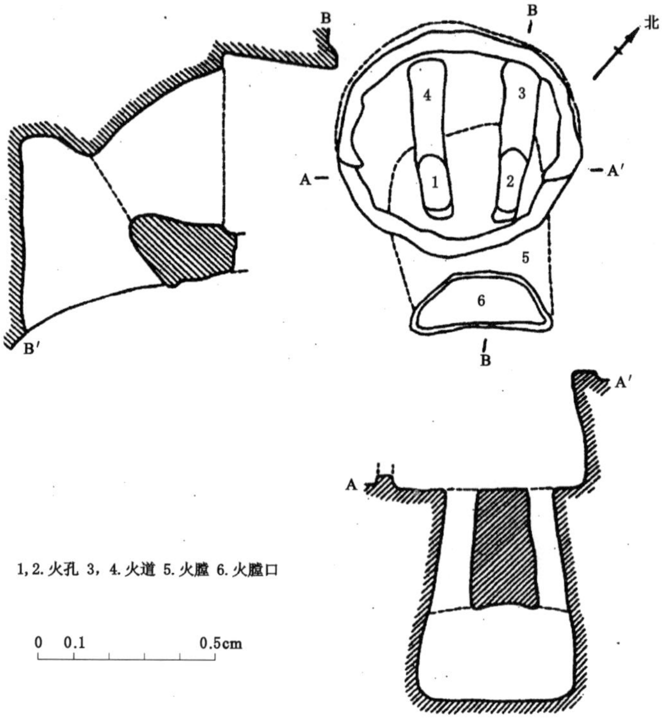

图 4－30　山西垣曲县古城东关遗址庙底沟二期文化早期ⅢY2 平、剖面图

ⅢY4（图 4－31）打破生土。体积很小，窑室保存较好。窑壁外弧（即向外鼓出），烧烤成青灰色，内壁有清晰的工具痕迹，长 2～5 厘米、宽 2.5～3 厘米。顶部正中有椭圆形出烟窨水孔，直径 0.13～0.16 米，顶部及孔壁为橙红色。窑室底部平面略呈椭圆形，直径 0.54～0.5 米、高 0.55 米。窑室西北边有一不规则椭圆形孔，直径 0.35～0.44 米。在其周围有泥抹过的痕迹及残泥块，应是坯体出入口（即窑门）。火膛口朝西北，呈现椭圆形，直径 0.26～0.3 米。火膛内有两条火道，自火膛至窑室呈斜坡状，长 0.41～0.42 米、宽 0.1～0.14 米、高 0.25 米，两条火道间距0.09～0.14 米。在火道内用泥块分隔出 6 个大小不一的箅孔，泥块厚 0.05～0.07 米。火膛内壁烧烤为橙红色，底部有灰烬。窑内发现陶片 40 余片，以夹砂灰陶为主。ⅢY4 建在ⅢH22 的东壁上，ⅢH22 是 Y4 的取土坑，也是制陶、烧窑的工作场地，由ⅢY4 和Ⅲ22 共同组成一个完整的制陶窑场[26]。

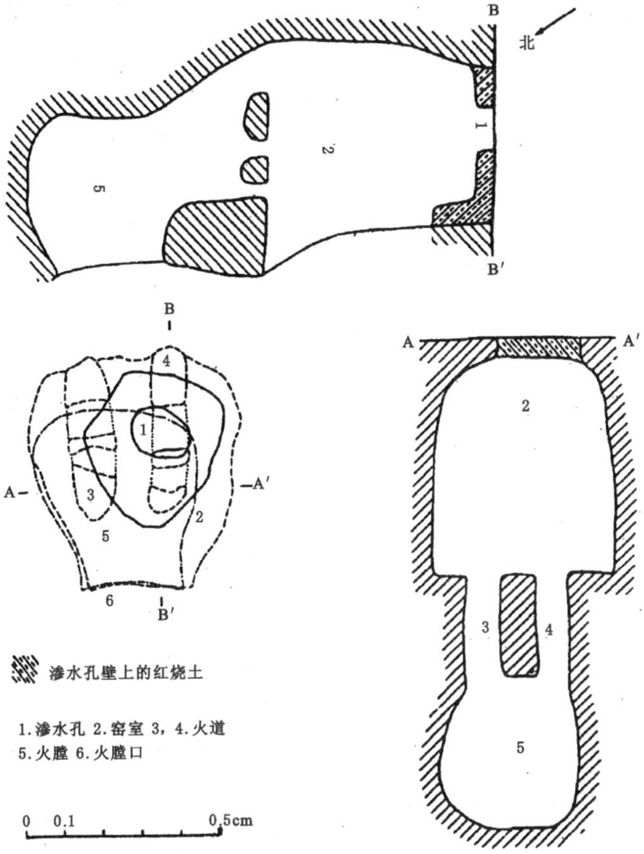

图4－31　山西垣曲县古城东关遗址庙底沟二期文化早期ⅢY4平、剖面图

笔者认为，上述东关遗址两座陶窑都属于竖穴式升焰窑，有两点值得注意：

(1) 二者都建在坑壁上，整座陶窑都在生土中挖成，窑壁上留有长条形工具痕迹。用工具在坑壁的生土中挖成窑，操作方便，窑壁牢固，烧制陶器时操作也方便，而且窑壁保温性能良好。由此可见，生土崖壁是建造陶窑的最佳地点。从ⅢY4的剖面图上可以看到，只有顶部不是生土，顶部应是挖成窑室之后用泥料抹成的，顶部正中的出烟窨水孔很小，便于封闭窑顶和窨水。在窑门与火膛口之间有生土隔梁。在窑门周围有泥抹过的痕迹及残泥块，这表明装窑之后就用泥料将窑门封闭，可能只留一个很小的观火孔，这样既可以提高窑内温度，又便于观察烧制的火候，烧制完毕之后打开窑门出窑。窑门以及抹泥封门痕迹尚属首次发现，极为重要。根据东关遗址ⅢY4的情况，推断陕县庙底沟遗址1号窑（图4－29）原来也应当有窑门和出烟窨水孔。

(2) ⅢY2的窑壁和火孔内壁都被烧烤成青灰色；ⅢY4的窑壁也被烧烤成青灰色，窑内出土陶片以灰陶为主。这表明两座陶窑都常用还原焰烧成。据统计，东关遗址庙底沟二期文化早期的陶器中，夹砂灰陶、灰褐陶占60.1%，泥质灰陶、灰褐陶占29.4%，二者共占89.5%[27]，也就是说，庙底沟二期文化以还原烧成的陶器占绝大多数。至于灰褐陶的存在，表明还原烧成技术还不成熟，尚处于还原烧成技术的初级阶段。

3. 垣曲县古城宁家坡遗址陶窑

1997年在宁家坡遗址发掘出两座完整的陶窑（Y501，Y502），现在叙述如下：

宁家坡遗址中部有一条东西向弧形大壕沟，沟口宽9～10米，沟深2.6～4.2米。两座陶窑东西并列于沟北侧的断崖上，西为Y501，东为Y502。两座陶窑中心间距2.3米，窑壁之间最近处为0.5米。陶窑南边及西南侧是活动场地，活动场地西面是制坯取土而形成的取土坑，活动场地北侧有一条专用于出入窑场的小路。这些遗迹与陶窑主体一起构成一处完整的制坯、烧陶场所。两座陶窑就生土挖成，均由火膛、火道、窑室、窑门、出烟窨水口等组成，其中轴线近正南北。两座陶窑的窑室内壁均有清晰的石器痕迹，宽5～7厘米；火道两端、火膛顶部均有清晰的槽状木齿痕迹，宽1厘米左右，间距0.5厘米。这些工具痕迹都是挖制陶窑时遗留的，两种痕迹显示出挖制不同部位使用不同的工具[28]。

Y501（图4－32）窑体南北水平长度3.05米，垂直通高3米。火膛位于窑室的前下方，口部由北向南下倾，平面近椭圆形，长径0.7米、短径0.4米。火膛底面为平整的不规则圆形，直径约0.84米，膛深0.9～1.4米。经火烧烤，周壁皆为青灰色烧结面，厚2厘米左右，接近火道处遍布烧流的乳钉或冰棱状炼渣（烧流现象是火膛内的温度超过火膛壁的耐火度所致），烧结面之外的红烧土层厚20厘米左右（由于烧结面挨近火焰，烧成温度和硬度都较高，红烧土层与火焰之间被烧结面隔开，烧成温度和硬度都低于烧结面，现代农村的砖窑也有类似的现象），底面以下仅有厚10～15厘米的红烧土硬面，而无青灰色烧结面。在火膛口部残留有修补和覆盖火膛的草拌泥红烧土块。烧制陶器时，火口大部分被覆盖，仅北侧留有东西0.35米、南北0.25米左右的长方形小口用来加柴、通风。火道由主火道、分火道和支火道组成。东西并列的两条南北向主火道，由窑室后壁下向南直通火膛后侧。近火膛的南段为暗道，北段为明道。主火道东西两侧各有五条分火道，靠近南侧的东西两个分火道还各带有一个小支火道。在火道之间是长度不等、宽窄不一的隔梁。这些隔梁在就生土挖成之后曾在外表涂抹一层草拌泥，表面平整光滑，构成窑室底部放置坯体的平台。经长期烧烤，隔梁外表形成3～5厘米厚的青灰色烧结面，烧结面之下有厚5～7厘米的红烧土。窑室位于火道之上，底平面为圆形，直径1.7米，周壁向上呈弧形内收，窑顶正中为圆形出烟窨水口，直径0.4米。窑室整体为穹隆状，内壁有2厘米左右厚的青灰色烧结面，其中上半部为生土烧结面，下半部为草拌泥烧结面，烧结面之外是4～8厘米厚的红烧土层。窑门位于窑室南壁正中，正视为弧顶梯形，上部宽0.26米、下部宽0.6米、高0.54米。窑门外侧为壕沟断崖，由下向上微向北倾斜，边缘厚0.14～0.32米。顶部、两侧有烧结面和红烧土层，厚度与室壁的接近；下端则为生黄土，平面略高于窑室底部。窑门之下，暗火道之上，南到火膛口北端、北至窑室南壁之间是一形似双孔桥的生土隔梁，窑室、火道、火膛三部分由此分隔[28]。

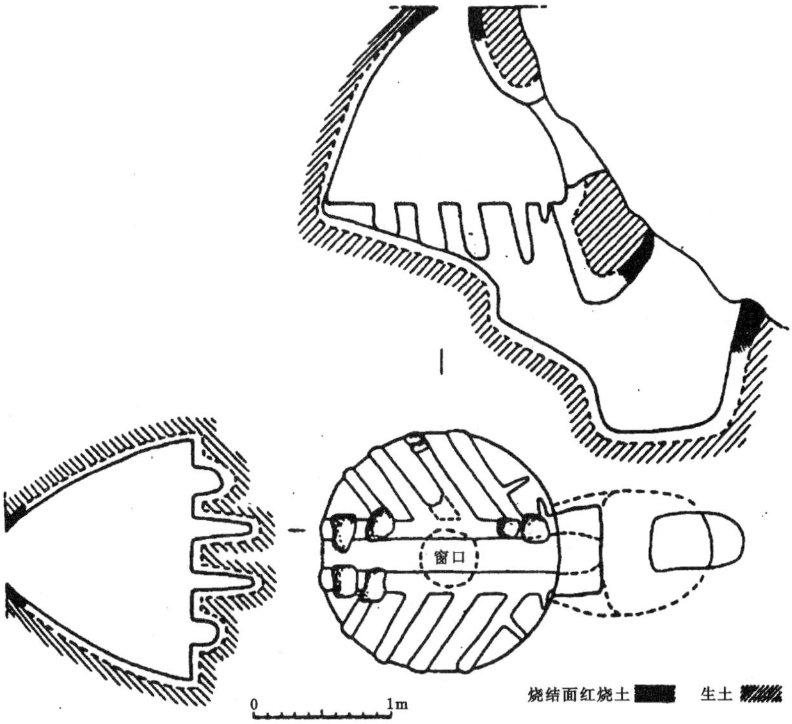

图 4－32　山西垣曲县古城宁家坡遗址庙底沟
二期文化 Y501 平、剖面图

Y502（图 4－33）窑体南北水平长度 3.5 米，垂直通高 2.75 米。火膛位于窑室正南的前下方，依壕沟下部的斜坡挖成。口部为长方形，长 0.96 米、宽 0.32 米，由南向北逐渐抬高。火膛底面为北宽南窄的圆角梯形，北宽 0.68 米、南宽 0.36 米，南北间距 0.66 米，火膛深 0.3～0.8 米。火口边缘留有烧硬的草拌泥红烧土块，是当时封口泥的遗留。烧制过程中，火口北部全部被覆盖，仅南部留有边长 0.32 米的正方形小口用来不断加柴、通风和掏灰。火力不如 Y501 强大，四壁及顶部仅烧出 1～2 厘米厚的青灰色烧结面，而没有烧流现象，烧结面之外的红烧土层也仅厚 10 厘米左右。火道网由南北向两条主火道、12 条分火道及两条支火道组成。隔梁的烧结面仅厚 1 厘米左右，红烧土厚 3～5 厘米。窑室形制与 Y501 相同，底部直径 1.9 米、高 1.4 米，出烟窨水口直径 0.4 米。窑室内壁烧结面厚 1 厘米左右，烧结层之外的红烧土层厚 4～6 厘米。窑门位于窑室南部正中，从正面看为弧顶梯形，上宽 0.3 米、下宽 0.66 米、边缘厚 0.12～0.18 米。两侧及顶部的烧结层、红烧土层厚度与窑室内壁相近。取土坑内被挖去的是叠压在生黄土之下的红黏土，土质细腻、黏性良好，比黄土易成型，且不易碎裂[28]。

Y501 和 Y502 的建造年代，上限不早于庙底沟二期文化的较早阶段，应废弃于庙于沟二期文化结束之前[28]，这段时期恰好处于东关遗址庙底沟二期文化的中、晚期[29]。东关遗址ⅢY2 和ⅢY4 都属于庙底沟二期文化早期，也就是说，宁家坡遗址 Y501、Y502 的建造年代晚于东关遗址ⅢY2 和ⅢY4。

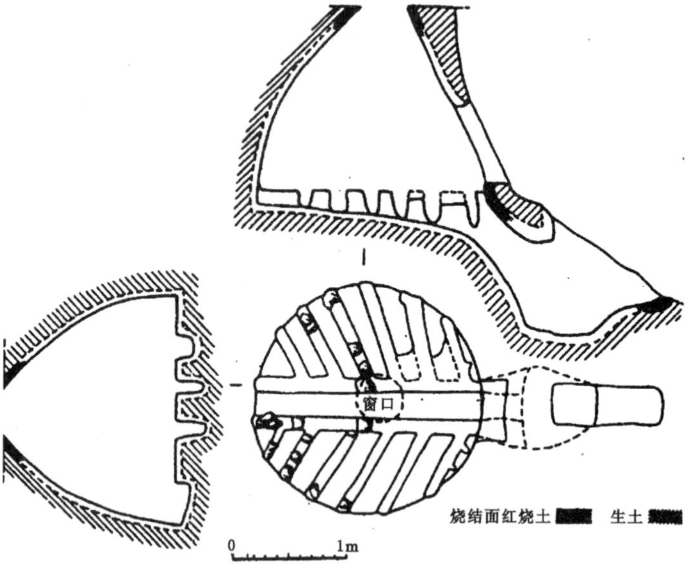

图4－33　山西垣曲县古城宁家坡遗址庙底沟二期文化 Y502 平、剖面图

笔者认为，宁家坡遗址的 Y501 和 Y502 两座陶窑是目前在我国境内所发现保存最完好、最典型的竖穴式升焰窑，对于探索先民如何利用升焰窑进行还原烧成具有重要意义。具体地说，这两座陶窑有以下 5 点值得注意：

（1）两座陶窑都建在壕沟北侧的断崖上，整座陶窑在生土中挖成，这是在中国境内首次发现保存完整的公元前 2500 年以前的陶窑，它们与东关遗址ⅢY2 和ⅢY4建在坑边生土崖壁上的情景相似，再次证明生土崖壁是建造陶窑的最佳地点。在生土崖壁上建造陶窑有三点好处：一是建窑时挖土省工省力；二是建成后的窑壁坚固耐用，不易坍塌；三是烧窑时制陶者可以站在窑前操作，相当方便。实际上铜石并用时代早期人们建造窑洞式房屋[10]也是选择生土崖壁建造的，从选址角度看，陶窑很像窑洞式房屋的缩影。

（2）“取土坑内被挖去的是叠压在生黄土之下的红黏土”，也就是说，制陶者先将叠压在上面的生黄土淘汰掉，丢弃不用，因为生黄土的可塑性差，如果用它制陶，坯体容易开裂，因此难以成型；特意选择叠压在下面的红黏土作为制陶原料，因为红黏土的可塑性强，用它制陶，坯体容易成型。据笔者了解，这种选用红黏土作为制陶原料的现象，在山西地区乃至整个西北地区都带有普遍性。

（3）陶窑内各部位的温度很不一致。例如 Y501 火膛内接近火道处温度最高，“遍布烧流的乳钉或冰棱状炼渣”，笔者估计此处的温度高于 1050℃，即超过窑壁（生黏土）的耐火度，也表明火膛内的火力朝火道方向集中，再经过火道进入窑室；窑室底部的平台（即窑床）“形成 3～5 厘米厚的青灰色烧结面”，烧结面是黏土与草木灰混合物烧结而形成的，笔者估计此处的温度在 1000℃左右，平台上放置坯体，正需要较高的温度；窑门的“下端则为生黄土”，也就是说，未经陶化，笔者估计此处的温度在 500℃以下，原因是窑门的“边缘厚 0.14～0.32 米”，相当薄，保温较差，而窑门对面为生土窑壁，保温很好，温度较高。从总体上看，窑床后部的温度比较高，前部的温度比较低。制陶者为了改善窑内温度的分布状况，采取了一些有效措施："由于窑内火力不匀，火道上方隔梁之间散布着许多大小不等的草拌泥块，以此来调整火力。这些泥块与隔梁烧结在一起共同形成窑室底部"[28]。从 Y501、Y502 的平面图上看到，草拌泥块大多数散布在窑床后部，制陶者这样做的目的是：适当降低窑床后部的温度，提高窑床前部的温度，防止窑床后部的陶器出现"过烧"现象，窑床前部的陶器出现"生烧"现象，以便整窑陶器都能够成为合格的具有使用价值的产品。

（4）Y501 与 Y502 的形制、结构基本相同，都是竖穴式升焰窑，再结合前述陕县庙底沟遗址陶窑、垣曲古城东关遗址陶窑来看，说明此时竖穴式升焰窑已经被人们普遍采用，并且得到了较大发展。当然，由于地理条件、发展水平、操作习惯等之不同，不同的陶窑，其各部位尺寸还是不尽相同的。例如宁家坡遗址两座陶窑，Y502 的火力便"不如 Y501 强大"[28]，这有两个原因：一是 Y501 火膛（燃烧室）的容量明显大于 Y502 火膛的容量，然而 Y501 窑室（烧成室）的容量明显小于 Y502 窑室的容量（表 4－5）。燃烧室与烧成室的容量比表明：燃烧室越大，窑内升温越快，温度就越高，燃烧室越小，窑内升温越慢，温度就越低；烧成室较小，窑内升温较快，温度就较高，烧成室较大，窑内升温较慢，温度就较低。二是 Y501 窑体的水平长度明显小于 Y502 窑体的水平长度（表 4－5），从剖面图上也可以看到 Y501 的火膛距窑室较近，是比较典型的竖穴式窑，因此火力较大，Y502 的火膛距窑室较远，因此火力较小。

表 4－5　山西垣曲县古城宁家坡遗址陶窑容量和窑体水平长度

窑址编号	火膛（燃烧室）			窑室（烧成室）			窑体水平长度
	口部	底部平面	深	出烟窨水口	底部平面	深	
Y501	长径 0.7m 短径 0.4m	直径约 0.84m	0.9～1.4m	直径 0.4m	直径 1.7m	1.35m	3.05m
Y502	长 0.96m 宽 0.32m	北宽 0.68m 南宽 0.36m 南北间距宽 0.66m	0.3～0.8m	直径 0.4m	直径 1.9m	1.4m	3.5m

（5）人们已经开始有效地控制窑内的还原气氛。Y501 和 Y502 都有青灰色烧结面，青灰色是还原烧成所致。参考东关遗址ⅢY4 抹泥封闭窑门的现象，可以断定宁家坡遗址两座陶窑在装窑之后也采取同样的封门措施，窑门上可能只留一个很小的观火孔。可以设想，利用升焰窑进行还原烧成是这样操作的：在经过氧化烧成之后，用草拌泥将火口大部分加以覆盖，只留一个小口用来加柴、通风和掏灰，以便减少冷空气（新鲜空气）进入窑内；再用石板或破陶器将出烟窨水口封闭，上面覆盖草拌泥，用土埂围成一个窨水池。然后进行还原烧成，窑门上所留的观火孔成为临时的出烟口。这时窑内火焰的流向实际上已经由升焰变成半倒焰，火焰上升遇到封闭的窑顶便倒流下来，向坯体传热之后，余下的热烟气从观火孔排出窑外。经过还原烧成之后，将观火孔和火膛口都完全封闭，进行窨水，也就

是说将水慢慢地倒入窑顶上的窨水池内，水透过覆盖层逐渐渗入窑内。水遇到高温立即变成蒸气，呈现雾状，将经过还原烧成的陶器与外界隔绝，防止新鲜空气侵入窑内再次出现氧化气氛而使灰色的氧化亚铁又变成红色的氧化铁；水还可以加速陶器的冷却，结果烧制出灰陶和灰褐陶。至于灰褐陶的存在反映出还原烧成技术还不成熟，陶胎内的氧化铁还没有充分还原。有的学者说：升焰窑“偶尔也能烧还原气氛”[30]。笔者认为，对不同时期升焰窑的使用功能应做具体分析，不能一概而论，例如将垣曲县古城东关遗址和宁家坡遗址数座升焰窑的考古发掘资料，进行具体分析和综合研究后即可得出结论：铜石并用时代早期的制陶者经常地、有意识地利用升焰窑进行还原烧成，烧制出成批灰陶和灰褐陶。这是对铜石并用时代早期升焰窑使用功能认识上的飞跃，是研究方法上的创新。

第七节　陶器的烧制工艺和烧后装饰工艺及修补陶器的方法

烧制工艺包括温度控制、气氛控制、渗碳操作三个方面，现在分别叙述如下：

1. 温度控制

从众多资料看，铜石并用时代早期陶器的烧成温度多在700℃～1000℃。襄汾县陶寺遗址庙底沟二期文化的陶器，据测试，烧成温度为700℃～800℃（表4－2，1、5）。渑池县班村遗址和垣曲县古城东关遗址庙底沟二期文化的陶器，笔者根据其硬度估计烧成温度一般都在800℃～900℃之间。最高的约1000℃，例如班村出土的罐F302（图4－6，3），质地坚硬，局部已烧流。枝江市关庙山遗址屈家岭文化晚期的陶器，笔者根据硬度估计烧成温度多为800℃～900℃。关庙山遗址T68②AH71出土的泥质灰陶凹沿罐，内壁、外表及胎心均为浅灰色，质地坚硬，击之有清脆的声音，这块陶片经中国科学院上海硅酸盐研究所张福康先生测定，烧成温度为950℃。这个数据是1985年4月10日笔者前往上海硅酸盐研究所时，承蒙张福康先生当面告知的。

2. 气氛控制

铜石并用时代早期各地区、各文化控制窑内烧成气氛的情况存在明显差异：黄河上游地区的马家窑文化和菜园文化主要采用氧化焰烧制陶器；黄河中游地区的庙底沟二期文化主要采用还原焰烧制陶器，但是此期还原烧成技术还不成熟，并且还只能控制弱还原气氛；长江中游地区的屈家岭文化晚期不仅主要采用还原焰烧制陶器，而且已经能够采用强还原气氛，烧制出铁质还原比值高、颜色纯正的灰陶，这表明屈家岭文化晚期的制陶者在控制窑内还原气氛方面走在前列。

烧成技术可以分为以下三种：

（1）氧化烧成技术。菜园文化红圈子类型的陶器以泥质红陶数量最多，泥质橙黄陶次之，表明主要采用氧化焰烧制，至于红陶与橙黄陶的差别，应与所用黏土含铁量的高低有关；菜园类型的陶器一般用氧化焰烧制，由于烧成温度偏低，氧化不充分，多数陶器呈现红褐色，颜色斑驳不匀。襄汾县陶寺遗址庙底沟二期文化的夹砂黄褐陶、泥质红陶和泥质黄褐陶，经测定，其铁质还原比值为0.06～0.26（表4－2，1～3），表明这些陶器都采用氧化焰烧制。渑池县班村遗址和垣曲县古城东关遗庙底沟二期文化都只有少量红陶、红褐陶，是用氧化焰烧制而成。京山县屈家岭遗址第三次发掘出土的屈家岭文化早期陶器，红陶仅占0.5%[8]，这表明氧化焰烧制已经退居极次要的地位。枝江市关庙山遗址屈家岭文化晚期只有少量陶器用氧化焰烧制，成为泥质黄陶、泥质橙黄陶、细泥橙黄陶、夹砂橙黄陶、粗砂红陶、夹蚌红陶。

（2）还原烧成技术。菜园文化红圈子类型和菜园类型只有少量灰陶，采用还原焰烧制。陶寺遗址庙底沟二期文化泥质浅灰陶的铁质还原比值为0.68（表4-2，5），这表明采用弱还原气氛烧制而成。班村遗址和东关遗址庙底沟二期文化多数陶器为灰陶，内壁、外表及胎心均为灰色，系采用还原焰烧制；有一部分灰褐陶，是还原不充分所致。关庙山遗址屈家岭文化晚期的陶器以灰陶为主。T64②A:141为泥质浅灰陶双腹碗的腹片，颜色纯正，经测定，其化学组成中铁的存在状态是：氧化铁为2.14%，氧化亚铁为5.50%，铁质还原比值为5.50/2.14=2.57（表4-3，4），这表明采用强还原气氛烧制而成，陶胎内的铁质大部分已经还原成氧化亚铁。这里需要说明的是，这件双腹碗是用高铝质耐火黏土制作而成的（氧化铝含量为23.28%），因为采用强还原气氛烧制而成，所以呈现为浅灰色。掌握还原烧成技术尤其是强还原烧成技术具有重要意义，因为“经还原的低价铁能在更低的温度生成玻璃相和在相同温度能形成更多的玻璃相”[31]，促进了坯体的烧结，所以对提高陶器“质量起着关键的作用”[31]。

3. 渗碳操作

铜石并用时代早期各地区、各文化陶器渗碳操作的情况也存在明显差异：在马家窑文化、菜园文化中目前未见经过渗碳的陶器；庙底沟二期文化有少量经过窑内渗碳的黑陶；屈家岭文化早期窑内渗碳的操作技术达到最高峰，屈家岭文化晚期也有一部分经过窑内渗碳的黑陶。值得注意的是：此期窑外渗碳的方法已经消失，换句话说，窑内渗碳技术已经完全取代了窑外渗碳技术，由此可见，窑外渗碳是一种比较原始的渗碳技术，窑内渗碳则是一种比较先进的渗碳技术。

襄汾县陶寺遗址和垣曲县古城东关遗址庙底沟二期文化都有少量黑陶，是窑内渗碳而成的。京山县屈家岭遗址第三次发掘出土的屈家岭文化早期陶器中，黑陶（黑灰陶）占87.4%[8]，这表明窑内渗碳的操作技术达到最高峰。关庙山遗址屈家岭文化晚期，有一部分陶器经过窑内渗碳，成为细泥黑陶、泥质黑陶、泥质黑皮陶（图4-10，2）。其中黑皮陶的内壁、外表呈黑色，胎心呈灰色，是在还原烧成之后经过短暂渗碳所致，只有表皮呈现黑色。

参考文献

[1] 甘肃省文物管理委员会：《兰州新石器时代的文化遗存》，《考古学报》1957年第1期，第5页。

[2] 甘肃省博物馆文物工作队：《广河地巴坪“半山类型”墓地》，《考古学报》1978年第2期，第203页。

[3] 青海省文物管理处考古队、中国社会科学院考古研究所：《青海柳湾》

（上），文物出版社，1984 年，第 55 页；“附录三”墓 564。

［4］甘肃省博物馆、甘肃省文物工作队：《甘肃彩陶》，文物出版社，1984 年，第 41 号。本书彩版 2，2；图版 4、图版 5 的照片都翻拍自《甘肃彩陶》。

［5］中国社会科学院考古研究所泾渭工作队：《陇东镇原常山遗址发掘简报》，《考古》1981 年第 3 期。

［6］宁夏文物考古研究所、中国历史博物馆考古部：《宁夏海原县菜园村遗址、墓地发掘简报》，《文物》1988 年第 9 期；宁夏文物考古研究所：《宁夏海原县菜园村遗址切刀把墓地》，《考古学报》1989 年第 4 期；宁夏文物考古研究所、中国历史博物馆考古部：《宁夏菜园》，科学出版社，2003 年。

［7］固原县文管所、中国历史博物馆考古部：《宁夏固原县红圈子新石器时代墓地调查简报》，《考古》1993 年第 2 期。

［8］屈家岭遗址考古队：《屈家岭遗址第三次发掘》，《考古学报》1992 年第 1 期。

［9］中国社会科学院考古研究所：《中国考古学中碳十四年代数据集》（1965～1991），文物出版社，1991 年，第 182、466 页。

［10］李文杰：《宁夏菜园窑洞式建筑遗迹初探》，《中国考古学会第七次年会论文集》（1989），文物出版社，1992 年。

［11］武汉大学历史系考古研究室等：《湖北宜城曹家楼新石器时代遗址》，《考古学报》1988 年第 1 期。

［12］庆阳地区博物馆：《甘肃宁县阳坬遗址试掘简报》，《考古》1993 年第 10 期。

［13］高天麟：《黄河流域新石器时代的陶鼓辨析》，《考古学报》1991 年第 2 期，第 126 页图一，1。

［14］河南省文物研究所、长江流域规划办公室文物考古队河南分队：《淅川下王岗》，文物出版社，1989 年，第 51 页；图四八，11。

［15］中国社会科学院考古研究所：《宝鸡北首岭》，文物出版社，1983 年，附录三。本节所用北首岭遗址的颜料锭、石研磨器、陶盂、陶鼎线图都引自该发掘报告。

［16］中国社会科学院考古研究所：《宝鸡北首岭》，文物出版社，1983 年，第 67 页。

［17］半坡博物馆、陕西省考古研究所、临潼县博物馆：《姜寨》，文物出版社，1988 年，（上）图一四六，1、2；图一七九，4；（下）图版一二〇，1。

［18］甘肃省文物管理委员会：《兰州新石器时代的文化遗存》，《考古学报》1957 年第 1 期。该陶碟曾在中国历史博物馆陈列。

［19］中国社会科学院考古研究所：《青龙泉与大寺》，科学出版社，1991 年，图版三四，2～4。

［20］甘肃省博物馆、甘肃省文物工作队：《甘肃彩陶》，文物出版社，1984 年，第 59 号。

［21］中国社会科学院考古研究所编著：《庙底沟与三里桥》，科学出版社，

1959 年，第 18 页。

［22］刘可栋：《试论我国古代的馒头窑》，中国硅酸盐学会编：《中国古陶瓷论文集》，文物出版社，1982 年，第 176 页。

［23］熊海堂著：《东亚窑业技术发展与交流史研究》，南京大学出版社，1995 年，第 58 页。

［24］中国社会科学院考古研究所编著：《新中国的考古发现和研究》，文物出版社，1984 年，第 72 页。

［25］中国历史博物馆考古部、山西省考古研究所、垣曲县博物馆编著：《垣曲古城东关》，科学出版社，2001 年，第 180 页。

［26］中国历史博物馆考古部、山西省考古研究所、垣曲县博物馆编著：《垣曲古城东关》，科学出版社，2001 年，第 181 页。

［27］中国历史博物馆考古部、山西省考古研究所、垣曲县博物馆编著：《垣曲古城东关》，科学出版社，2001 年，第 184 页表一八。

［28］山西省考古研究所：《垣曲宁家坡陶窑址发掘简报》，《文物》1998 年第 10 期。

［29］中国历史博物馆考古部、山西省考古研究所、垣曲县博物馆编著：《垣曲古城东关》，科学出版社，2001 年，第 501 页。

［30］刘振群：《窑炉的改进和我国古陶瓷发展的关系》，中国硅酸盐学会编：《中国古陶瓷论文集》，文物出版社，1982 年。

［31］李家治主编：《中国科学技术史·陶瓷卷》，科学出版社，1998 年，第 66 页。

第五章
铜石并用时代晚期的制陶技术

铜石并用时代晚期（公元前 2500－前 2070 年）就是考古界所说的“龙山时代”，其考古学文化主要有山西的陶寺文化，河南龙山文化，山东龙山文化，湖北的石家河文化，浙江的良渚文化，陕西的客省庄二期文化，甘肃、青海、宁夏的齐家文化，福建的昙石山文化，广东的石峡文化等。这些文化的制陶技术都较发达，学术界对前四种文化的制陶技术进行过许多研究。

陶寺文化的年代大致是公元前 2500－前 1900 年，山西襄汾县陶寺遗址东南隅有墓葬区，已发掘墓葬 1000 余座，其中 5 座大型墓（M3072，M3073，M3016，M3015，M3002），年代都相当于陶寺文化早期。1992 年 10 月笔者应中国社会科学院考古研究所高炜先生邀请，前往山西侯马市山西队驻地，对陶寺遗址出土的陶器进行了周密的考察和研究，并请冯九生同志参照实物绘出接近于先民制陶实际情况的模拟制陶工艺流程图，这是我国考古工作者首次绘出古代制陶工艺流程图，是认识上的飞跃、研究方法上的创新，具有开创性意义。笔者回到北京后，通过仿制陶寺文化陶器的模拟实验，证实了所绘的工艺流程图。

山西垣曲县古城东关遗址龙山文化遗存，其主要部分接近于河南龙山文化王湾类型，一部分接近于三里桥类型。其年代大体在公元前 2400－前 2000 年之间[1]。

龙山文化因 1928 年首次发现于山东章丘县（今章丘市）龙山镇而得名，山东龙山文化即典型龙山文化，大致可以推定其年代为公元前 2400－前 2000 年[2]。

湖北天门市石河镇肖家屋脊遗址石家河文化遗存的绝对年代上限为距今 4600 年，下限为距今约 4000 年左右[3]。1990 年 4 月，笔者应湖北省荆州博物馆张绪球先生邀请，考察了石家河文化的陶器，还到发掘现场考察了陶器出土情况。

湖北枝江市关庙山遗址石家河文化地层处于遗址的上层，叠压在屈家岭文化晚期地层之上，破坏较严重，保存较少，因而出土陶器的数量也很少。

铜石并用时代晚期的制陶技术中，比较值得注意的技术事件有六个方面：

（1）在黄河中下游和长江中下游地区，快轮制陶技术（包括快轮拉坯成型和快轮慢用修整技术）得到普及，操作方法已经达到规范化的程度，从而呈现出快轮制陶技术的首次高潮，明显地提高了制陶手工业的劳动生产率。山东沿海地区成为轮制技术最发达的地区，蛋壳陶高柄杯代表了轮制技术的最高水平。

（2）黄河中游地区成为模制法最流行的地区，肥足鬲代表了当时模制法的最高水平。龙山时代陶鬲的出现，为夏商周时代陶鬲的盛行，并且为以陶鬲作为主要炊器之事开了先河。

（3）坯体修整后故意施加的纹饰增多，彩陶工艺走向衰落。

（4）竖穴式升焰窑得到进一步发展，有的窑设置双层窑箅，有两个窑门；有些陶器采用垒叠装窑方法烧制而成。表明制陶者在不断探索提高窑室空间利用率的新途径，后世烧制瓷器所采用的叠烧方法，其渊源可以追溯到铜石并用时代晚期。

（5）还原烧成技术已经达到普及和成熟的程度，烧制出了大批颜色纯正的灰陶，有些灰陶采用强还原气氛烧制而成，还原比值高达20.19，这是前所未见的。还原烧成技术的普及和成熟，对于提高陶器的质量具有重要意义。

（6）山东沿海地区成为窑内渗碳技术最发达的地区，蛋壳黑陶高柄杯表里渗碳透彻，代表了渗碳技术的最高水平，其吸水率很低，仅0.43%。

从总体上看，铜石并用时代晚期的制陶技术已完成了由手制技术向轮制技术的过渡，由氧化烧成技术向还原烧成技术的过渡。与新石器时代晚期的制陶技术相比，铜石并用时代晚期的制陶技术已经发生了质的变化，人们已经将提高制陶手工业的劳动生产率和陶器的耐用性能置于首位。

第一节　原料的制备工艺

原料的制备工艺包括以下两个方面：

一、制胎原料的选择

1. 黏土

铜石并用时代晚期制胎所用的塑性原料主要有普通易熔黏土和高铝质耐火黏土（高岭土）两类。高镁质易熔黏土已经很少再用，这表明制陶者已经通过实践认识到，高镁质易熔黏土的耐火性能不如高铝质耐火黏土，因而将它淘汰。至于此时在南方有的地方（例如江西）是否曾经使用过高硅质黏土并且用它制作过印纹硬陶，还有待进一步研究。这主要牵涉到那些考古学文化的断代问题，也就是说，那些年代较早的印纹硬陶究竟属于新石器时代末期（即铜石并用时代晚期），还是属于夏代，考古界尚未统一认识。

现将普通易熔黏土、高铝质耐火黏土分别介绍如下：

（1）普通易熔黏土。其基本成分和基本特征，地无南北，时无早晚，皆大同小异。例如陶寺文化早期的夹砂陶含氧化硅65.21%～70.22%，氧化铝14.80%～17.92%，助熔剂总和10.64%～12.93%（表5－1，1－6）[5]；泥质陶含氧化硅60.84%～69.84%，氧化铝15.00%～19.15%，助熔剂总和11.07%～15.94%（表5－1，7－18）。陶寺文化晚期的夹砂陶含氧化硅65.24%～67.67%，氧化铝15.88%～19.07%，助熔剂总和11.73%～12.51%（表5－2，1－4）；泥质陶含氧化硅58.81%～69.37%，氧化铝15.95%～17.20%，助熔剂总和12.63%～18.94%（表5－2，5－9）[5]。这些数据表明，陶寺文化的夹砂陶和泥质陶都以低氧化硅、低氧化铝、高助熔剂为特征，都是以当地产的红黏土作为制胎的塑性原料。

表 5－1　山西襄汾县陶寺遗址陶寺文化早期陶片的化学组成（%）

序号	原编号	器物名称	陶质陶色	SiO_2	Al_2O_3	FeO	Fe_2O_3	CaO	MgO	K_2O	Na_2O	烧失量	总量	吸水率	烧成温度（℃）	助熔剂总和	铁质还原比值
1	ⅡH4	缸	夹砂黄褐陶	66.54	17.16	0.30	6.29	0.16	1.13	2.23	1.24	3.66	98.71	7.66		11.35	0.05
2	ⅡH4	缸	夹砂灰褐陶	65.21	17.64	0.69	6.64	0.16	1.44	2.06	1.09	4.16	99.09	7.36	600	12.08	0.10
3	M2075（填土）	斝	夹砂灰褐陶	70.22	14.80	2.44	3.47	0.82	0.92	1.44	1.55	2.77	98.43	6.25	650	10.64	0.70
4	M2039	斝腹片	夹砂灰陶	66.05	15.26	1.55	5.13	1.04	1.04	1.99	2.18	3.15	97.39	9.96		12.93	0.30
5	ⅡH4	釜灶	夹砂灰陶	66.13	17.61	1.55	4.85	0.16	0.61	2.41	1.39	3.12	97.83	9.58	700	10.97	0.32
6	ⅡH4	罐	夹砂灰陶	68.34	17.92	3.59	3.76	/	0.20	2.37	1.07	0.49	97.74	10.88		10.99	0.95
7	F324	大口罐	泥质橙黄陶	67.07	18.82	0.44	5.76	0.81	1.11	2.38	1.24	1.93	99.56	11.05	800	11.74	0.08
8	ⅡH4	折肩罐	泥质黄褐陶	69.20	16.23	0.35	6.28	0.16	0.91	2.29	2.48	1.05	98.95	12.00		12.47	0.06
9	ⅡH4	扁壶	泥质红陶	68.16	17.62	0.71	5.33	0.97	1.41	2.32	1.59	0.81	98.92	10.82	700	12.33	0.13
10	ⅡH4	罐	泥质红陶	69.84	16.23	1.72	5.28	0.32	0.81	2.33	2.55	0.71	99.79	11.54	700	13.01	0.33
11	M2039	折腹盆	泥质灰褐陶	64.43	16.57	0.67	5.91	1.13	2.28	2.09	1.88	4.84	99.80	9.40	650	13.96	0.11
12	M2039	折腹盆腹片	泥质灰褐陶	64.19	15.61	0.78	5.70	2.01	1.67	2.08	2.23	6.00	100.27	9.33	750	14.47	0.14
13	ⅡH4	罐	泥质灰褐陶	67.00	18.02	2.09	3.82	1.14	1.11	2.48	1.44	1.35	98.45	10.17		12.08	0.55
14	M2075（填土）	大口罐	泥质灰褐陶	64.49	15.00	0.43	5.31	3.29	2.17	1.88	2.25	5.52	100.34	13.40		15.33	0.08
15	M2075（填土）	陶片	泥质灰陶	60.84	19.15	3.66	3.75	2.12	1.42	2.35	2.64	0.57	96.50	16.14		15.94	0.98
16	ⅡH4	扁壶	泥质灰陶	68.44	17.64	3.71	1.49	0.65	1.01	2.43	1.78	0.49	97.64	5.67	850	11.07	2.49
17	F324	大口罐	泥质黑陶	66.04	17.26	0.89	5.41	0.41	0.72	2.44	1.90	3.58	98.65	9.14	700	11.77	0.16
18	M2075（填土）	高颈瓶	粗泥质黑陶	62.74	16.41	0.92	4.88	1.35	2.48	1.75	1.88	7.41	99.82			13.26	0.19

注：本表数据引自《考古》1993 年第 2 期。

表 5－2　山西襄汾县陶寺遗址陶寺文化晚期陶片的化学组成（%）

序号	原编号	器物名称	陶质陶色	SiO_2	Al_2O_3	FeO	Fe_2O_3	CaO	MgO	K_2O	Na_2O	烧失量	总量	吸水率	烧成温度（℃）	助熔剂总和	铁质还原比值
1	H428	单把鬲	夹砂灰陶	65.24	19.07	2.73	3.09	1.45	0.50	2.69	1.27	0.83	96.87	12.00		11.73	0.88
2	H303	直领肥足鬲	夹砂灰陶	67.02	17.38	3.17	2.53	1.94	0.10	2.69	1.38	1.29	97.50	10.07	700	11.81	1.25
3	H303	甗腹片	夹砂灰陶	67.67	15.96	2.83	3.21	1.78	0.20	2.44	1.27	1.47	96.83	9.07		11.73	0.88
4	H428	鬲	夹砂黑陶	65.98	15.88	0.90	5.45	2.13	/	2.62	1.41	3.17	97.54	10.16		12.51	0.17
5	H1101	罐	泥质红陶	63.11	16.88	0.20	7.07	2.66	0.10	2.49	1.30	3.75	97.56	10.46		13.82	0.03
6	H1115	罐	泥质灰陶	58.81	17.20	3.72	2.86	5.14	2.99	2.71	1.52	1.09	96.04	14.04		18.94	1.30
7	H303	圈足罐	泥质灰陶	65.94	17.05	2.58	4.39	2.00	0.26	2.87	1.37	0.56	97.02	13.65		13.47	0.59
8	H303	折肩罐	泥质灰陶	67.14	16.48	2.60	3.96	1.13	0.90	2.72	1.32	0.64	96.89	13.30		12.63	0.66
9	H303	扁壶	泥质灰陶	69.37	15.95	2.05	4.21	1.94	0.80	2.47	1.38	0.63	98.80	11.39	750	12.85	0.49

注：本表数据引自《考古》1993 年第 2 期。

这里顺便说一下，《山西襄汾县陶寺遗址陶片的测试和分析》（《考古》1993年第2期）是化学分析工作者与田野考古工作者一起讨论之后写成的，是自然科学与社会科学互相渗透的化学分析报告，超越了狭隘的学科范畴，因此走上了创新之路，受到考古界的好评。

垣曲县古城东关遗址龙山文化遗存可分早、晚两期，经笔者从出土实物上观察，制胎所用的塑性原料均为普通易熔黏土。胶州市三里河山东龙山文化墓葬陶器的化学组成以低氧化硅、低氧化铝、高助熔剂为特征（表5-3），这表明制胎所用的塑性原料亦为普通易熔黏土。其夹砂陶和泥质陶的陶土较粗，细泥陶的陶土细腻，尤其是薄胎高柄杯的陶土更为细腻，陶土经过多次淘洗[4]。

表5-3　山东胶州市三里河山东龙山文化墓葬出土陶片的化学组成（%）

出土单位	器物名称	SiO_2	Al_2O_3	Fe_2O_3	TiO_2	CaO	MgO	K_2O	Na_2O	烧失量	总量	助熔剂总和
墓葬	细泥黑陶薄胎高柄杯	59.25	17.83	7.24		2.35	1.58	2.33	1.57	6.17	98.32	15.07
M2124	三足盘	65.53	13.77	4.94	0.79	2.05	1.41	2.98	2.13			14.30

注：本表数据是由中国社会科学院考古研究所实验室测定的。

天门市肖家屋脊遗址石家河文化遗存可以分为早、晚两期，经笔者从出土实物上观察，制胎所用的塑性原料均为普通易熔黏土。枝江市关庙山遗址石家河文化的泥质陶器，其化学组成为氧化硅61.22%～68.05%，平均值64.70%；氧化铝17.83%～21.07%，平均值19.50%；助熔剂总和9.92%～12.11%，平均值11.03%（表5-4）。这表明制胎所用的塑性原料以低氧化硅、低氧化铝、高助熔剂为特征，属于普通易熔黏土。

表5-4　湖北枝江市关庙山遗址石家河文化陶片的化学组成及吸水率（%）

序号	原编号	器物名称	陶质陶色	SiO_2	Al_2O_3	Fe_2O_3	CaO	MgO	K_2O	Na_2O	烧失量	总和	氧化铁的存在状态		吸水率	助熔剂总和	铁质还原比值
													Fe_2O_3	FeO			
1	T51①:461	罐腹片	泥质红陶，胎心灰色	61.22	21.07	6.79	0.94	1.66	1.23	1.49	2.49	96.84			12.45	12.11	
2	T68①CH62:42	罐腹片	泥质浅灰陶，胎心灰色	68.05	19.60	6.33	0.67	0.99	2.27	0.80	1.39	100.10	0.27	5.45	15.54	11.06	20.19
3	T68①CH62:41	卷唇盘口沿	泥质黑陶，内表深灰，胎黑色	64.83	17.83	5.17	0.54	1.44	1.83	0.94	6.04	98.62	3.17	1.80	7.42	9.92	0.57

注：本表数据引自田昌五、石兴邦主编：《中国原始文化论集》，文物出版社，1989年。

（2）高铝质耐火黏土。学术界对“高铝”的具体含义并无严格界定，承蒙中国科学院自然科学史研究所的何堂坤先生于2010年当面告诉笔者，他认为可以暂将氧化铝含量大于22%者视为高铝质耐火黏土和高铝陶。理由是：他统计过6件新石器时代晚期到铜石并用时代的高铝陶的成分，其氧化铝为22.12%～29.38%，平均值26.32%；还统计过51件同一时期的南方和北方的普通易熔黏土陶胎的成分，其氧化铝为10.60%～21.41%，平均值17.03%。依此，“氧化铝22%”便恰好处于现有6件高铝陶标本成分的下限附近，和51件普通易熔黏土标本成分的上限附近。高铝质耐火黏土和高铝陶主要见于黄河流域，例如章丘市城子崖遗址山东龙山文化的白陶，其化学组成以低氧化硅、高氧化铝、低助熔剂为特征，其中氧化铝平均值为29.68%（表5－5），制胎所用原料为高铝质耐火黏土。从外貌特征和手感性能的考察来看，笔者认为淄博市桐林田旺遗址的白陶鬶和泗水县尹家城遗址的白陶鬶，也是以高铝质耐火黏土作为制胎原料的。

表5－5　山东章丘市城子崖遗址山东龙山文化白陶胎的化学组成（%）

原序号	SiO_2	Al_2O_3	Fe_2O_3	TiO_2	CaO	MgO	K_2O	Na_2O	MnO	烧失量	总量	助熔剂总和
38	63.03	29.51	1.59	1.47	0.74	0.82	1.48	0.18	0.03	1.45	100.30	6.28
	63.76	29.85	1.61	1.49	0.75	0.83	1.50	0.18	0.03	0.00	100.00	6.36

注：本表数据引自李家治主编：《中国科学技术史·陶瓷卷》，科学出版社，1989年，表2－3，序号38。

2. 羼和料

铜石并用时代晚期所用的羼和料有砂粒、蚌壳碎片和炭化稻壳，其中以砂粒为主，羼和蚌壳碎片和炭化稻壳的技术渐近消亡。

（1）砂粒。这是古代陶器最为基本的羼和料，由于资源、年代和操作习惯的不同，这种羼和料在成分和羼入量上往往呈现较大差别。例如陶寺文化中，若干夹砂陶的氧化硅含量竟然还不如泥质陶[5]：早期一件夹砂陶的氧化硅含量只有65.21%（表5－1，2），一件泥质陶的氧化硅含量高达69.84%（表5－1，10）；晚期一件夹砂陶的氧化硅含量只有65.24%（表5－2，1），一件泥质陶的氧化硅含量高达69.37%（表5－2，9）。产生这种反常现象的原因“是这些陶片中的羼和料是含有长石、云母、黏土等矿物的纯度不高的砂粒以及熟料（这里指陶末）和骨屑”[5]。在陶寺文化的夹砂陶中，通常只有少数以纯度较高的石英砂作为羼和料。经笔者从出土实物上观察，垣曲县古城东关遗址龙山文化的夹砂陶，所用的羼和料亦为砂粒，经过筛选，有粗砂、细砂之分。胶州市三里河山东龙山文化的“夹砂陶多属炊器，羼和料为细砂”[4]。天门市肖家屋脊遗址石家河文化早期陶器，所用羼和料以砂粒为主；晚期陶器所用羼和料只有砂粒。枝江市关庙山遗址石家河文化陶器，所用羼和料以砂粒为主。

（2）炭化稻壳。这种羼和料始见于新石器时代中期，主要见于南方的新石器时代晚期，在铜石并用时代晚期，夹炭陶技术已接近尾声。例如肖家屋脊遗址的石家河文化，早期陶器的羼和料中虽有炭化稻壳，但是少见，至晚期已经消失。

（3）蚌壳碎片。这种羼和料亦主要见于南方，与炭化稻壳羼和料同样，由于其自身存在缺陷，夹蚌陶技术在铜石并用时代晚期亦接近尾声。例如关庙山遗址石家河文化陶器的羼和料中虽有蚌壳末，但是少见。

二、配料方式和陶器品种

如前所云，黏土可以单独用于制胎，亦可与羼和料一起用于制胎，但是在铜石并用时代晚期，人们多已采用陶土单独制胎的方式；此时，不论无羼和料的陶器，还是有羼和料的陶器，其品种都有了增加，并且皆以灰陶居多，在泥质陶中，以泥质灰陶为主，在夹砂陶中则以夹砂灰陶为主。例如陶寺文化，其泥质陶的品种有：泥质橙黄陶、泥质黄褐陶、泥质红陶、泥质灰褐陶、泥质灰陶、泥质黑陶六种。东关遗址龙山文化，其泥质陶的品种有：泥质灰陶、泥质黑陶。肖家屋脊遗址石家河文化，其泥质陶的品种有：泥质灰陶、泥质红陶、泥质黑陶、泥质褐陶、泥质橙黄陶五种，其中以泥质灰陶占第一位，其次是泥质红陶和泥质黑陶[6]。关庙山遗址石家河文化，其泥质陶的品种有：泥质灰陶、泥质黑陶、泥质橙黄陶、细泥红陶、泥质红陶五种，其中以泥质灰陶为主。细泥红陶所用的黏土经过淘洗，质地细腻而纯净，见于陶鬶，胎厚仅2毫米。

此期加有辅助性羼和料的陶器主要是夹砂陶，其品种较前亦有了增加，多数遗址亦以灰陶为主，例如陶寺文化，其夹砂陶的品种有：夹砂黄褐陶、夹砂灰褐陶、夹砂灰陶、夹砂黑陶。东关遗址龙山文化，其夹砂陶的品种有：夹砂灰陶、夹砂灰褐陶、夹砂黑陶，其中以夹砂灰陶较多。有一部分陶斝制胎原料的配制方式特殊：同一件器物的不同部位，用泥质、夹砂两种泥料分别制作，然后接合在一起，例如陶斝ⅠH103:1的折棱以上为泥质陶，接触火焰的圜底及袋足为夹细砂陶。显然，这是承袭了庙底沟二期文化陶斝制胎（用两种）原料的特殊配制方式。关庙山遗址石家河文化，其夹砂陶的品种有：夹砂灰陶、夹砂红陶、夹砂橙黄陶、夹砂褐陶四种，其中以夹砂灰陶为主。

第二节　坯体的成型工艺

与铜石并用时代早期差不多，铜石并用时代晚期坯体的成型方法有手制法、模制法与手制法兼用、轮制法三类。其中最值得注意的是轮制技术，它在长江、黄河两大河流的中下游地区都较前得到了更大的推广和普及。

现将各类成型方法分别叙述如下：

一、手制

此期手制法（这里指泥条筑成法）在各地区、各文化中所处地位相差悬殊：在陶寺文化中，始终以手制法为主，然而，在垣曲县古城东关遗址龙山文化、山东龙山文化、石家河文化中手制法已经下降为末位。手制法有正筑、倒筑之分。

1. 正筑法

正筑法在南北都被广为采用，而且往往比倒筑法使用更多。例如陶寺文化晚期的折腹盆ⅢH303:17（图5－1，5），整体一次成型，腹中部内壁留有泥条痕迹2周，泥条上有向左斜的指窝，是右手大拇指的印痕，这表明用泥条圈筑器壁时陶轮按顺时针方向转动。早期大口罐M2103:13（图5－2，5），两段分别制作，领部与肩部套接痕迹明显。早期尊M2202:8（图5－3，4），底部至腹部、肩部、颈部三段分别制作，折棱下侧有接缝一周，颈部与肩部套接痕迹明显。早期带盖簋M2172:15（图5－5，4），底部至器盖顶部、盖钮、圈足三段分别制作，器身的口沿内折，方唇，凹腰，下腹内折斜收，小底，下附喇叭形圈足，腹上部附加三个菌状钮；器盖呈方唇，斜壁，上部呈管状，上附喇叭形钮，器盖顶部中央有一个长条形孔，顶部内壁附加一个小泥饼将孔堵死。器盖与器身的唇部都有切割痕迹，口部内壁都有放射状褶皱。据此推断制作工艺流程是：用泥条从底部筑到器盖顶部，左手食指、中指垫在内壁作依托，右手大拇指按压外表，使上部器壁呈现管状（图5－4，1）；将一个有小底的盖钮与管状壁粘接在一起（图5－4，2），使器身形成一个密闭的空腔；然后进行拍打整形，使其初步形成折肩、折腹等特征。笔者从模拟实验中得知，此时由于器身的体积逐渐缩小，空腔内的气体逐渐被压缩，压强逐渐增大，如果再拍打，一侧拍进去，另一侧就会鼓出来，难以达到改变形状的效果，当气体的压强超过胎壁的强度时，胎壁就会开裂。为了防止开裂，利用匕状工具插入器盖顶部（图5－4，3），拔出工具之后，器盖顶部形成一个长条形孔，可以排出空腔内一部分气体，以便减少空腔内气体的压强。然后用凸面拍子继续拍打腹部，进一步形成凹腰特征（图5－4，4）；再用平面拍子先后拍打腹下部和肩部，形成明显的折腹和折肩特征（图5－5，1）；将圈足粘接在器身底部，将三个菌状钮附加在腹上部作为装饰（图5－5，2）；外表磨光之后，坯体不会再有明显的收缩和变形，此时坯体随着陶轮按逆时针方向旋转，右手持刀具斜向插入肩部，按顺时针方向切割一周，使器盖与器身分离（图5－5，3）。这种一分为二方法的优点是：器盖与器身扣合时严丝合缝，密封性能良好。然后从顶部内壁附加一块小泥饼将长条形孔堵死，进一步提高带盖簋的密封性能。笔者按照上述工艺流程仿制了带盖簋。

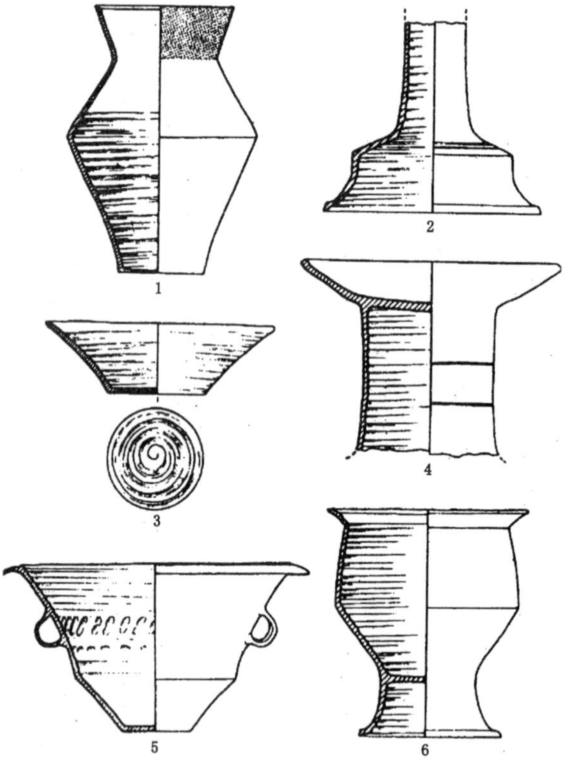

图5－1　山西襄汾县陶寺遗址陶寺文化晚期的陶器

1. 折腹罐（M2384:2）；2. 器盖（ⅢH303:22）；3. 斜壁盆（M2384:5）；4. 豆（ⅢH303:19）；5. 折腹盆（ⅢH303:17）；6. 簋（ⅢH303:18）（5为手制，余皆轮制）

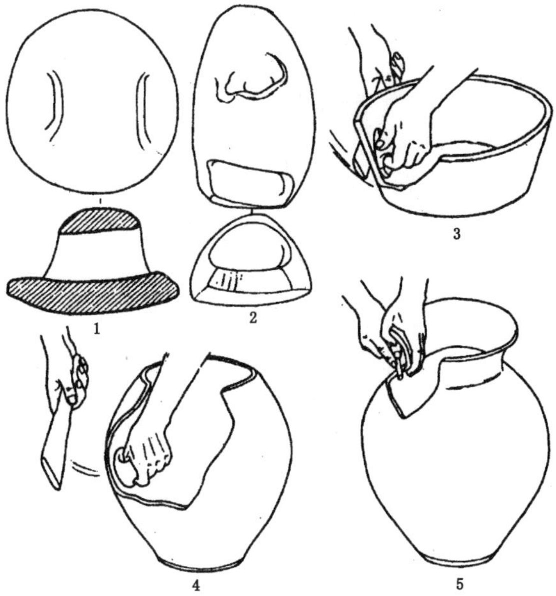

1. 圆饼形陶垫（H4:6）；
2. 鞋形陶垫（T350④A:6）；
3. 无沿平底盆（T1③B:14）；
4. 拍打罐的腹部；
5. 用圆棍滚压大口罐的肩与领相接处（M2103:13）

图 5－2　山西襄汾县陶寺遗址陶寺文化早期手制的陶器

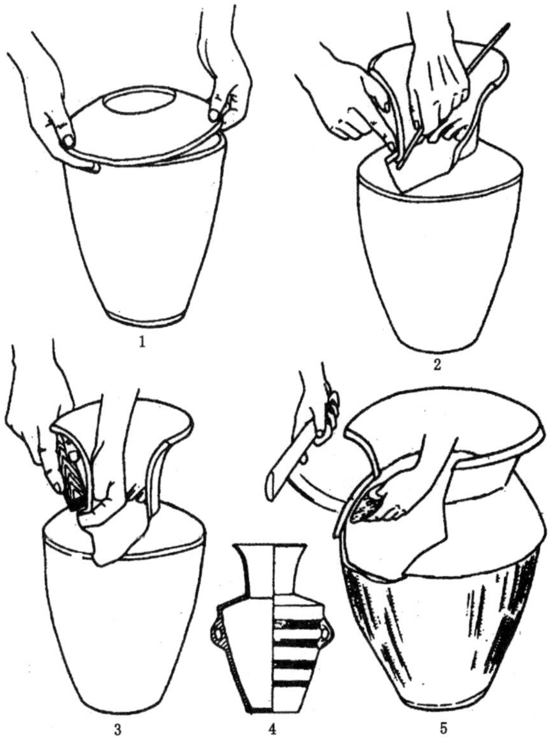

1. 将尊的肩部扣在腹壁之上；
2. 领部内壁垫圆棍，外表用手指按压实；
3. 领部内壁垫手指，外表用陶拍压平；
4. 尊（M2202:8）
5. 拍打大口罐的肩部（M2172:18）

图 5－3　山西襄汾县陶寺遗址陶寺文化早期手制的陶器

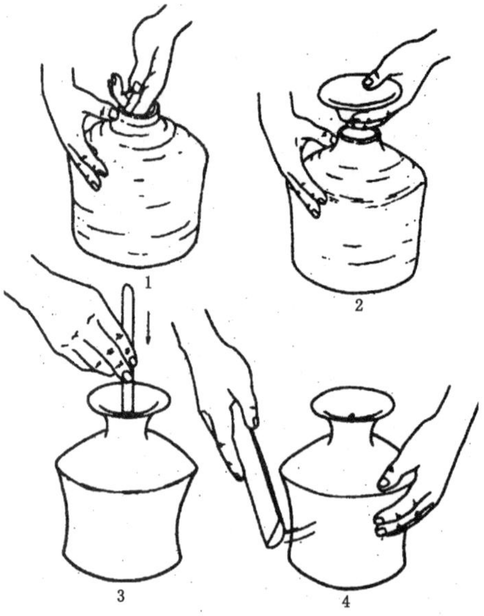

图 5－4　山西襄汾县陶寺遗址陶寺文化早期手制的带盖簋

1. 器盖上部筑成管状壁；2. 将盖钮与管状壁相接；

3. 用匕状工具插入器盖顶部；

4. 用鼓面的拍子将腹部拍打成凹腰形

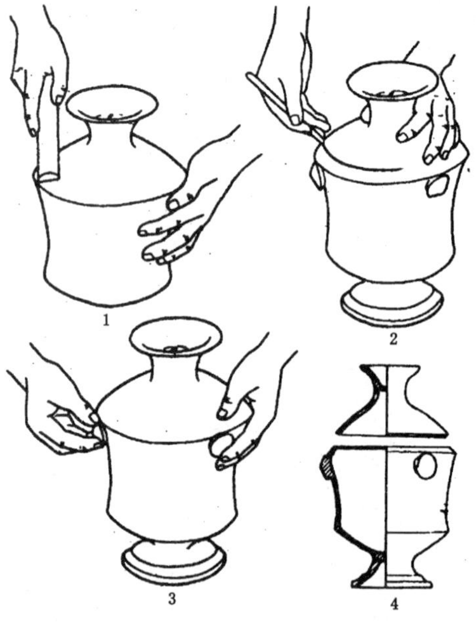

图 5－5　山西襄汾县陶寺遗址陶寺文化早期手制的带盖簋

1. 拍打肩部形成明显的折棱；2. 附加菌状钮；

3. 用刀具将器盖切割下来；

4. 带盖簋（M2172:15）

齐家文化因1924年首先在甘肃广河县齐家坪遗址发现而得名。1991年10月，笔者由甘肃省文物考古研究所的张学正先生陪同考察了齐家坪墓葬1975年出土的陶器，器形有平底罐、双大耳罐等，引人注目的是：全部陶器采用手制法（这里指泥条筑成法）成型，在圆饼底上侧用泥条筑成器壁（壁压底），若干器物内壁留有泥条缝隙。同时还考察了甘肃武威市皇娘娘台遗址出土的齐家文化双大耳罐M47:11（图5－6），夹砂灰陶，腹下部饰对错的三角形镂孔，有两层底，上层底在折肩处，下层底中间有一个小圆孔[7]。笔者仿制了这件双大耳罐，即仿:262（图版6，6），采用正筑法成型，先制作上段即上层底以上，再制作下段即下层底至折肩处，当时坯体的含水量约22%～20%。含水量下降至约19%～18%时，上段在内侧、下段在外侧套接在一起，在上层底与下层底之间形成一个密闭的空腔。再用素面拍子进行拍打整形，以便形成折肩、斜腹的特征。由于腹部体积逐渐缩小，空腔内的气体逐渐被压缩，压强逐渐增大，当气体的压强超过胎壁的强度时，胎壁就会开裂。为了防止开裂，用锥状工具在下层底中央捅一个圆形小孔，排出空腔内一部分气体。坯体的含水量下降至约15%～14%时，在口外和折棱之间用宽扁泥条安装双大耳。坯体的含水量下降至约10%时（此时胎壁的韧性最强，受到外力作用时不易开裂，是雕刻镂孔的最佳时机），用锋利的刀具在下段胎壁上雕刻正三角形镂孔、倒三角形镂孔各5个（呈现为“对错的三角形镂孔”），菱形镂孔1个，共11个，其中最后一个由于受剩余面积的限制，只能雕刻成菱形。另外，还考察了皇娘娘台遗址的房址内出土的一件双大耳尊，红陶，其特殊之处是：双大耳高耸，器耳中部增加一根斜向的泥条，在器耳与器身之间起连接和加固作用，从外形上看，好像现今体育运动会上的奖杯，这是笔者目前所见造型最奇特的一件双大耳器物。笔者仿制了这件双大耳尊，即仿:241（图版6，9），在器身成型三小时之后才安装器耳，由于器耳的干燥速度比器身要快得多，迅速追上器身，结果器身和器耳同时干燥收缩，因而器身没有开裂，器耳没有断裂。这表明安排好器身成型、安装器耳这两道工序的时间差是双大耳器物制作成功的关键。

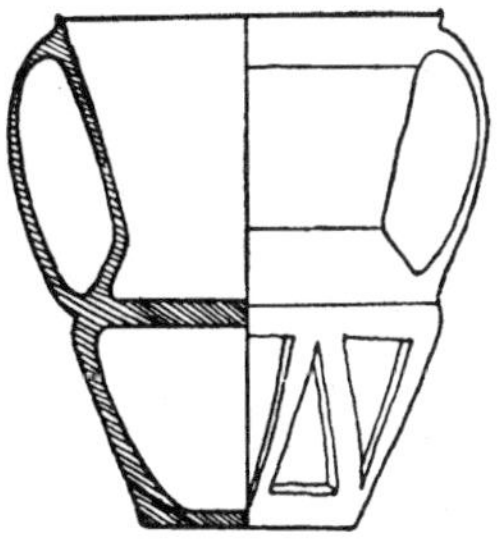

图5－6　甘肃武威市皇娘娘台遗址齐家文化手制的双大耳罐（M47:11）

考察了甘肃境内的齐家文化遗存之后，还不能说整个齐家文化都未出现快轮制陶技术。清代画家原济（字石涛）说：“搜尽奇峰打草稿”，笔者认为这是对待事业非常严谨的态度，值得学习。2010年6月30日至7月11日，笔者应中国社会科学院考古研究所叶茂林先生邀请，承蒙青海省文物考古研究所蔡林海先生协助，在青海民和县喇家遗址全面考察了齐家文化的制陶工艺，重点是研究齐家文化陶器的成型工艺。结果得出结论：齐家文化坯体的成型工艺以手制法为主，模制法与手制法兼用为辅，目前未发现轮制法成型的陶器。具体资料将在喇家遗址发掘报告（待刊）中公布。另外，这期间笔者还由青海省文物考古研究所任晓燕女士陪同在办公室内考察了大通县长宁遗址出土的齐家文化数十件制作最精细的陶器，同样未见轮制法成型的陶器。

至此，可以根据甘青地区现有的考古发掘资料得出结论：目前在黄河上游地区的齐家文化中未见轮制法成型的陶器，换言之，在整个齐家文化中尚未出现快轮制陶技术。将这一点与黄河下游地区典型龙山文化普遍流行轮制法成型相比，二者形成鲜明的对照。由此可见，在铜石并用时代晚期，各地区、各考古学文化之间，制陶技术（尤其是坯体成型方法）的发展是很不平衡的，当今存在的地区差别由来已久。

2. 倒筑法

倒筑法亦南北都有采用，但使用量往往较正筑法稍少。陶寺文化只有少部分器物采用倒筑法成型，器形有圈足罐、异型器（陶鼓）、釜灶、陶鬲，陶鬶等。例如晚期圈足罐ⅢH303:14（图5-7，7），折棱以下滚印带（含有）细横丝竖篮纹，器底略外凸，底包壁，内底为素面，外底却滚印带细横丝篮纹，毫无磨损现象，即外底从未挨到过轮盘，这表明先倒筑器壁，后附加圆饼底。釜灶，是陶釜与陶灶的结合体，是当时较为适用的一种炊器，这一点与后世的火锅有相同之处。早期釜灶 H3457，釜的外底保留钝尖状，内底留有一个小凹坑，坑内有放射状褶皱，表明釜为倒筑成型。早期釜灶ⅡT1③B:36（图5-8，1），釜上部有器鋬2个，灶上部有烟孔4个，釜被拍打成圜底状，外底附加小泥饼9个。其制作工艺流程是：釜倒筑之后在外底附加小泥饼（图5-8，2），起加固作用；灶亦为倒筑（图5-8，3）；将灶扣在釜上，二者之间形成套接，右手持素面拍子将相接处拍打实（图5-8，4），全身外表重新滚印竖绳纹，起装饰作用，在釜上部附加器鋬2个；用右手持刀具在灶上先切割成烟孔4个，后切割成拱形灶门（图5-8，5），在灶门外侧施附加堆纹。异型器，有的学者称之为陶鼓[8]，在陶寺文化中，倒筑成型的异型器均见于早期。它又可分肥胖型和瘦长型两种。肥胖者如 M3072:11（图5-9，1），三段分别制作，再套接在一起，内壁留有明显的接缝2周，口外附加圆钮一周，拍成倒钩状（也可称为钉帽状），便于挂住鼓面。其制作工艺流程如图（图5-9，2~7）所示。瘦长者如 M3002:53（图5-10，5），口外附加圆钮一周12个[9]。笔者仿制了这件瘦长型陶鼓，即仿:239（图版6，4），倒筑成型，分三段制作，套接时三段都要与轮盘保持垂直，以便使三段的重心都位于坯体的中轴线上，这是套接的关键。烧制到900℃。最后用生猪皮蒙成鼓面。

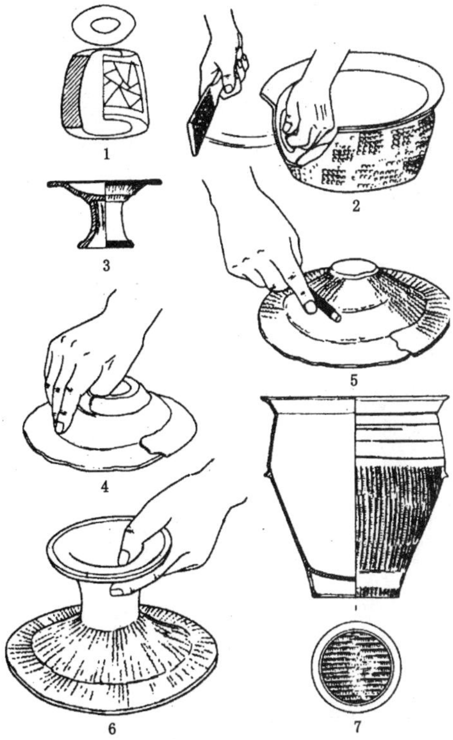

1. 马镫形陶垫（中梁采：32）；
2. 折沿平底盆外表拍印方格纹（J401:119）；
3. 豆（M3073:14）；
4. 用三周泥条筑成豆盘；
5. 豆盘外表滚印竖绳纹；
6. 将圈足与豆盘相接；
7. 圈足罐（ⅢH303:14）（1，2，7 为晚期，余皆早期）

图5－7　山西襄汾县陶寺遗址陶寺文化手制的陶器

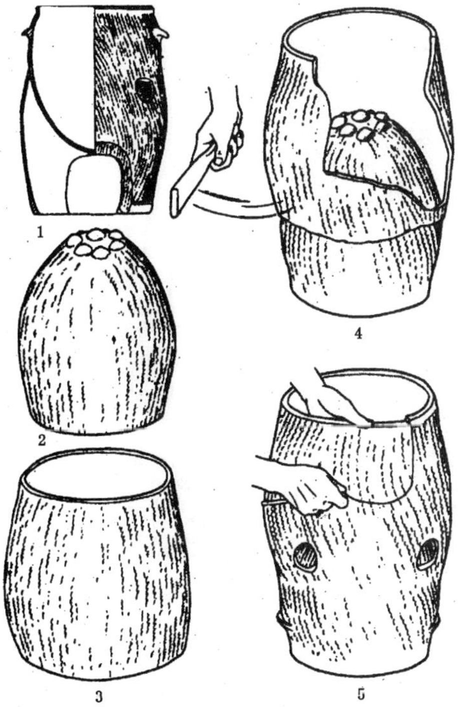

1. 釜灶（ⅡT1③B:36）；
2. 釜底部附加泥饼；
3. 倒筑的灶；
4；将釜与灶套接，相接处拍打实；
5. 用刀具切割灶门

图5－8　山西襄汾县陶寺遗址陶寺文化早期手制的釜灶

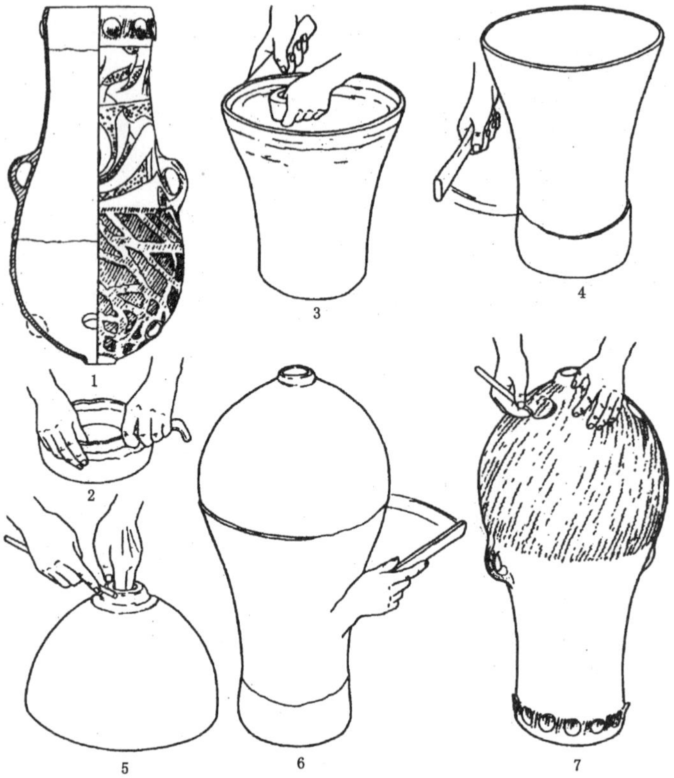

1. 异型陶器（M3072：11）；
2. 用泥条倒筑第一段；
3. 拍打倒筑的第二段；
4. 拍打第一、二段相接处；
5. 滚压第三段凸出的管状孔壁；
6. 拍打第二、三段相接处；
7. 用刀具切割圆洞

图5－9　山西襄汾县陶寺遗址陶寺文化早期手制的异型陶器（陶鼓）

图5－10　山西襄汾县陶寺遗址陶寺文化晚期的陶器

1. 敛口罐（78采集:28）；2. 双耳罐（M2384:4）；3. 单耳罐（T404④:8）；4. 马蹄形陶垫（H3443:14）；5. 异型陶器（陶鼓M3002:53）

陶鬲是一种重要的烹饪器（又称炊器），也曾采用倒筑法成型。例如垣曲县古城东关遗址龙山文化早期陶鬲ⅠH83:1（图5-11），器身内壁留有泥条缝隙，泥条向器外倾斜，表明采用倒筑法成型，泥条按顺时针方向盘旋上升，表明用左手捏泥条，这是采用“左撇子”的操作方法。用绕绳圆棍进行滚压封底时，由于胎壁收缩，尖底内壁产生放射状褶皱。根据褶皱弧线的方向（见图5-11陶鬲口部上方的俯视图）可以断定，封底时陶轮按逆时针方向转动，左手持绕绳圆棍（从下往上）滚压外表，仍然采用“左撇子”的操作方法。三个袋足分别倒筑，其内壁不平整，留有泥条缝隙，与器身的盘筑方法相同。袋足上端贴附于器身的腰部。

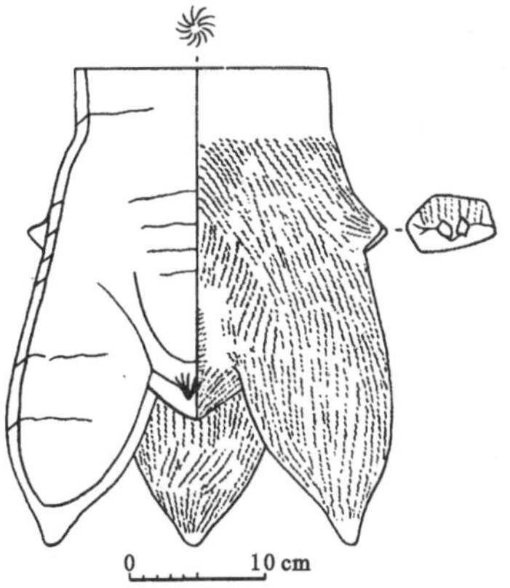

图5-11 山西垣曲县古城东关遗址龙山文化早期手制的陶鬲（ⅠH83:1）

陶鬶是一种重要的水器或酒器，也有采用倒筑法成型的实例。例如山东潍县鲁家口遗址山东龙山文化的陶鬶，皆为夹细砂红陶，手制成型。仰流，平裆，锥状实足。内壁都有灰白色水垢，是实用器[10]，水垢也叫水碱、水锈，应是在烧开水过程中，水中所含的碳酸盐（如碳酸钙、碳酸镁）的沉积物。

二、模制与手制兼用

此期未见单纯采用模制法的器物，只见模制法与手制法兼用者，此法常用于袋足器（陶斝、陶鬶，陶盉、陶鬲、陶甗），这些器物的下半身采用模制法成型，上半身采用手制法（这里指泥条筑成法）成型。模制的具体方法有两种：一种是利用单足内模三足分别制作，另一种是利用三足内模三足合在一起制作，以前者为主。在铜石并用时代晚期，黄河中游地区成为模制法最流行的地区。肥足鬲的形体高大，代表了此期模制法的最高水平。

现在将陶斝、陶鬲、陶甗、陶盉的成型方法分别叙述如下：

1. 陶斝

模制陶斝的袋足时，一般利用素面的圆锥形内模作为工具，结果袋足内壁平整而且没有纹饰；个别利用施绳纹（绳纹呈凹下状，属于阴纹）的圆锥形内模作为工具，袋足内壁留有反绳纹（反绳纹呈凸起状，属于阳纹），这反绳纹是从绳纹内模上翻印下来的。斝的器身有深腹、折腹之分，其制法略有不同，现在分别介绍如下：

陶寺文化早期深腹斝M2115:9（图5-12，5），侈口，内底中部留有绳纹，这是器身采用正筑法成型的证据，袋足内壁留有反绳纹，这是袋足采用模制法成型的证据，袋足上端插入器身底部（即采用插入法，也称榫卯法）使二者相接，外底和袋足外表都拍印绳纹，腹部外表施附加堆纹7周。制作工艺流程是：在轮盘上用绕绳拍子将泥坨拍打成较小的圆饼底（图5－13，1），内底留有绳纹；在圆饼底上侧筑器壁（壁压底），成为折腹盆形，小平底，右手持刮板轮修口沿（图5－13，2）；将器身扣放之后，用绕绳拍子将器底与器壁之间的棱角拍掉变成弧形，由于拍打而变形，从小平底变成大圜底，外底留有绳纹（图5－13，3）；采用模制法制作三个袋足，都呈现圆锥形，其内壁都有反绳纹（阳纹），这反绳纹是从绳纹内模上翻印下来的，袋足的外表都有绳纹（阴纹），这绳纹是用绕绳拍子拍印所致；用刀具将袋足口部切割成倾斜状，再根据袋足的口径大小在器身底部用刀具切割成三个圆洞（图5－13，4）；采用榫卯法将袋足上端插入圆洞内，在相接处附加泥条，用圆棍将泥条压实（图5－13，5），还在腹部外表施相依的附加堆纹7周，用右手食指将附加堆纹按压成波状（图5－13，6）。

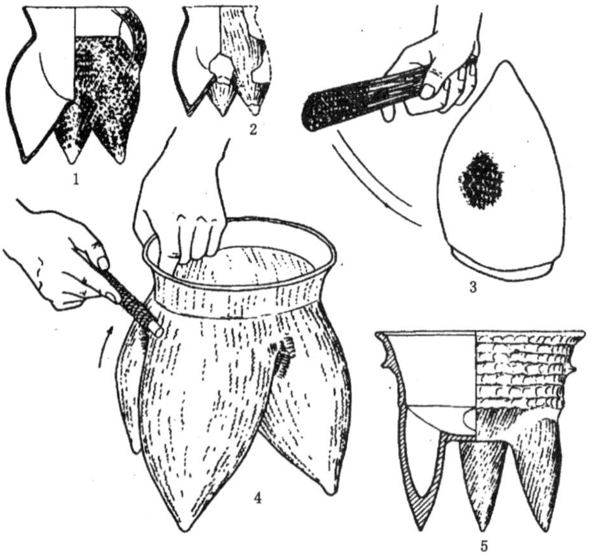

图5－12　山西襄汾县陶寺遗址陶寺文化模制的陶器

1. 瘦足鬲上有带横丝的斜方格纹（T403④C:16）；
2. 瘦足鬲（H321:4）；
3. 鬲袋足上拍印带横丝的斜方格纹；
4. 瘦足鬲上半身滚印竖绳纹；
5. 深腹斝（M2115:9）（5为早期；2，4为中期；1，3为晚期）

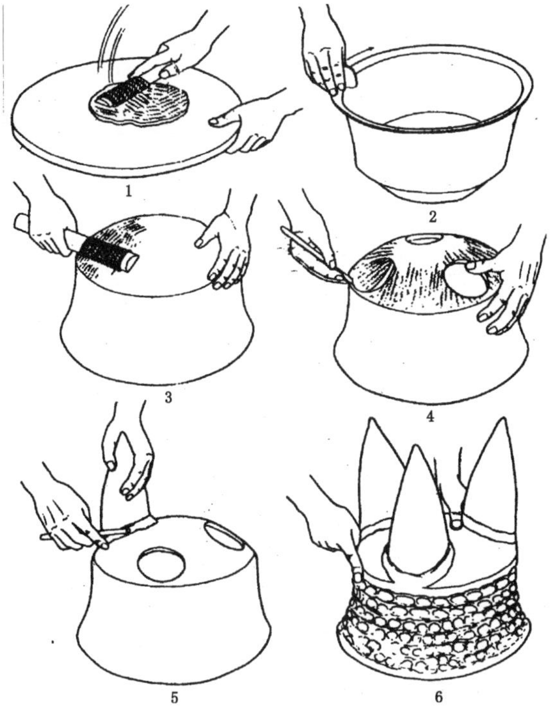

图 5－13　山西襄汾县陶寺遗址陶寺文化早期模制的深腹斝

1. 在轮盘上拍打圆饼底；2. 修整口沿；
3. 将小平底拍打成大圜底；
4. 用刀具在外底切割圆洞；
5. 在袋足与器底相接处附加泥条，用圆棍压实；
6. 用右手食指将附加堆纹压成波状

陶寺文化早期折腹斝 M3015:36（图 5－14，6），器身采用手制法成型，壁包底，高领，侈沿，扁折腹。折棱以上部分为泥质陶，素面；折棱以下部分即圜底和袋足为夹砂陶；外表施绳纹，两部分界线分明。领中部有两个横向的小器耳。袋足采用模制法成型，其上端贴附于器身底部。制作工艺流程是：用泥质的泥条倒筑器身折棱以上部分（图 5－14，1），泥质的优点是可以使器表光洁美观；用夹砂的泥坨拍打成圆饼状器底，夹砂陶的优点是可以使器底在烧火使用时具有良好的耐温度急变性能，不易开裂，由于外底拍印绳纹，呈现为粗糙面，粗糙面的优点是烧火使用时吸热效果较好。将器底加工成略外鼓之后置于器壁之上，由于底径略小于腹径，呈现为壁包底（图 5－14，2）；另外，用夹砂的泥料模制三个袋足，其外表拍印斜绳纹；用刀具在器底上切割成圆洞 3 个（图 5－14，3），圆洞的直径略小于袋足的口径，将袋足的上端贴附在器底上，在二者相接处附加泥条 1 周，用手指将泥条按压实，起加固作用（图 5－14，4）；将坯体翻转正放之后用刮板轮修口沿（图 5－14，5）；最后，在领中部安装两个横向的小器耳。

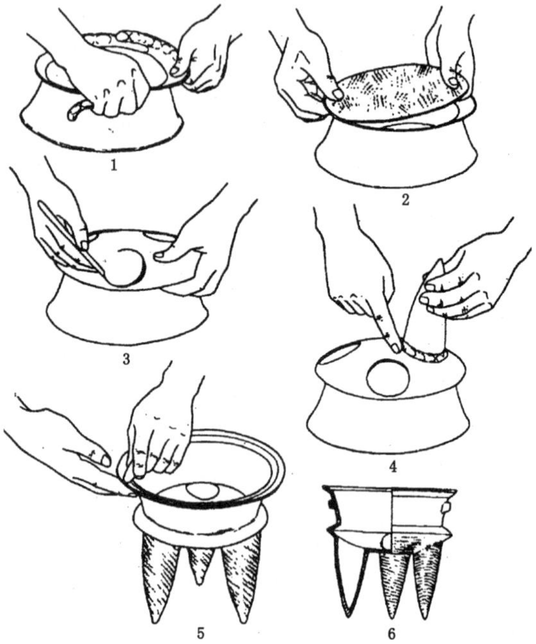

图 5－14　山西襄汾县陶寺遗址陶寺文化早期模制的折腹斝

1. 用泥条筑成折棱以上部分；2. 壁包底；
3. 用刀具在外底切割圆洞；
4. 在袋足与器底相接处附加泥条后用手指压实；
5. 修整口沿；
6. 折腹斝（M3015:36）

2. 陶鬲

陶鬲可以分为瘦足鬲和肥足鬲两类，由于二者形制不同，制法也略有差别，现在分别介绍如下：

（1）瘦足鬲。均为侈口，束颈，袋足瘦小，其袋足有两种具体的模制方法：

一种是利用单足内模，三个袋足分别模制成型。例如陶寺文化中期的瘦足鬲H321:4（图5－12，2），袋足内壁留有反绳纹（阳纹），裆隔（袋足裆部内侧的凸起部位，它将相邻两个袋足的上端隔开，因此称之为裆隔）上有三个袋足拼接在一起时遗留的缝隙。制作工艺流程是：在单足内模上用泥条盘筑成塔状，用绕绳圆棍自下而上滚压竖绳纹（图5－15，1）；用刀具将袋足切割成斜口状（图5－15，2），然后脱模；将三个袋足扣放，拼接在一起成为鬲的下半身，在裆部的接缝外侧即裆沟（裆沟与裆隔相对应）部位，用绕绳圆棍按压实（图5－15，3），裆沟内留有纵向凹槽，凹槽内留有横向绳纹；将下半身翻转正放之后，在裆沟的背面即裆隔上用湿手抹平，由于抹得不彻底裆隔上留有拼接缝隙；然后在下半身的基础上用泥条筑成上半身（图5－15，4）；在上半身外表滚印竖绳纹（图5－12，4）。

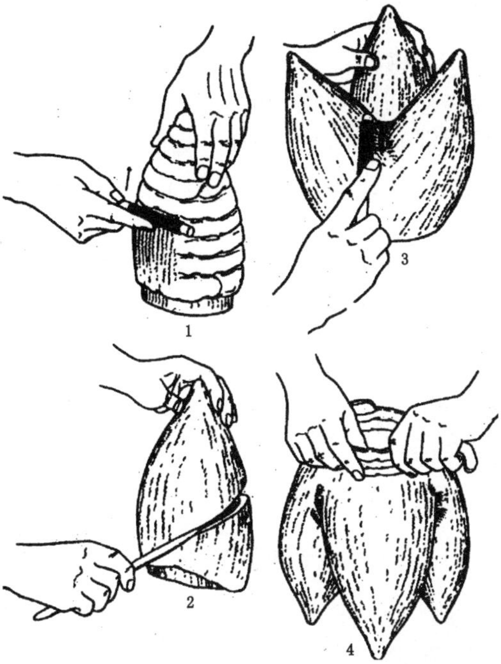

图 5－15　山西襄汾县陶寺遗址陶寺文化中期模制的瘦足鬲

1. 袋足外表滚压竖绳纹；2. 用刀具将袋足切割成斜口状；

3. 用绕绳圆棍将裆沟压实；4. 用泥条筑成上半身

垣曲县古城东关遗址龙山文化晚期陶鬲ⅠH220:19（图 5－16，3）、ⅢH9:1（图 5－16，4），都是三个袋足分别模制成型，再拼接成下半身，袋足内壁留有竖向反绳纹（阳纹），这反绳纹是从内模的绳纹上翻印下来的。上半身采用手制法（这里指泥条圈筑法）成型，内壁留有泥条缝隙，泥条向器内倾斜，这表明采用正筑泥条圈筑法成型。

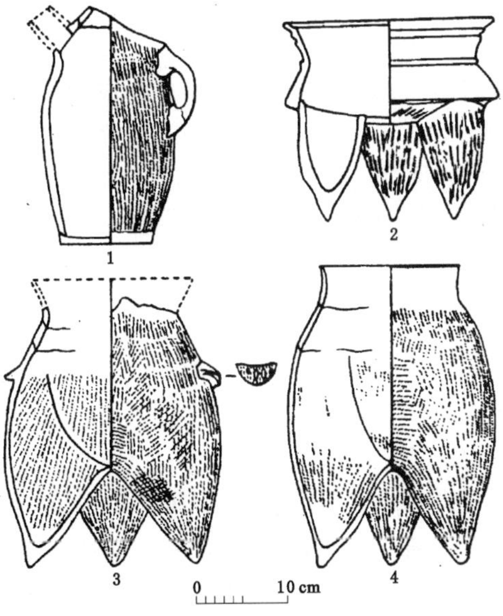

1. 盉（IH21:25）；
2. 斝（IH198:11）；
3，4 鬲（IH220:19、ⅢH9:1）；
（1 为手制；2～4 为手制与模制兼用；
1，2 为早期，3，4 为晚期）

图 5－16　山西垣曲县古城东关遗址龙山文化的陶器

河南安阳市后岗遗址河南龙山文化陶鬲（或陶甗）的内模（图 5－17，2）[11]，为空心，采用轮制法成型，内壁留有顺时针方向螺旋式上升的拉坯指痕，将这件内模置于该遗址出土的陶鬲（或陶甗）的袋足之内正合适。这表明龙山文化制陶者的确采用过三个袋足分别模制的成型方法。1989 年 12 月，笔者由中国社会科学院考古研究所薛玉尧先生陪同，在考古所安阳工作站考察过这件内模，承蒙他拍摄了这件内模的照片。

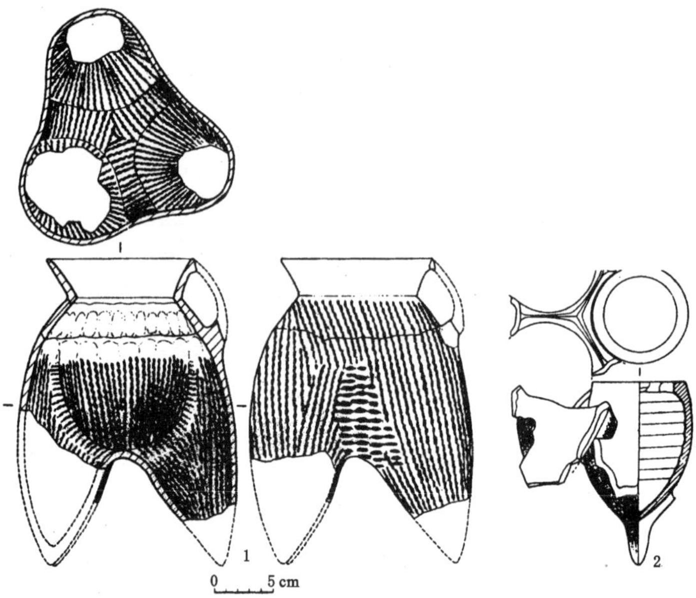

图 5－17　龙山文化模制的袋足器

1. 模制的陶鬲（山西垣曲县口头遗址 BT005）；2. 陶内模及袋足（河南安阳市后岗遗址 H12:1）

另一种是利用三足内模，三个袋足合在一起模制，整体脱模。在山西夏县东下冯龙山文化遗址曾经出土 1 件实心的“鬲形器”（《考古学报》1983 年第 1 期 81 页图三〇，1），在陶寺文化中已经复原 4 件空心的“鬲形器”，这种器物仅有鬲的下半身，没有上半身，好像是陶鬲的半成品，实际上都是三足内模。例如陶寺遗址采集的“鬲形器”（图 5－18，1），敛口，方唇，外表滚印竖绳纹，裆沟内按印横绳纹，这些都是阴纹。陶寺文化中期的瘦足鬲 T406④F:11（图 5－18，2），外表滚印竖绳纹，裆沟内按印横绳纹，这些都是阴纹；袋足内壁有竖向反绳纹，引人注目的是：裆隔上布满横向反绳纹，却没有拼接缝隙，这些反绳纹都是阳纹，应是从三足内模（鬲形器）的绳纹上翻印下来的。制作工艺流程是：将三足内模扣放在陶轮上，在其上用泥条从口部盘筑至袋足，用绕绳圆棍从足尖开始往下滚压竖绳纹（图 5－18，3），将坯体连同三足内模翻转横卧在制陶者自己的左手上，右手用绕绳圆棍在坯体口部进行横向滚压（图 5－18，4），使胎壁从横向明显地延展，其直径明显地变大，从而成为直口状，此时即可脱模，坯体口外暂时呈现横绳纹；将坯体翻转正放之后，右手扶住坯体，左手将三足内模从坯体内提出（图 5－18，5），这就是脱模，脱模之后可以看到袋足内壁和裆隔上布满反绳纹；然后左手垫在坯体内壁，右手用绕绳圆棍在口部外表自下而上进行滚压（图 5－19，1），使此处的直径明显地收缩，从而使坯体口部又恢复敛口状和竖绳纹，由于收缩，口内产生纵向褶皱。上述制陶者采用适当措施使胎壁定向延展和定向收缩，都是充分利用泥料可塑性的具体表现。三足合制、整体脱模的优点是：在坯体干燥和陶鬲烧制的过程中，以及作为炊器烧火使用的过程中，陶鬲的裆部都不易开裂，因为三个袋足本来就是连为一体的。然后，在下半身的基础上用泥条筑成上半身（图 5－19，2）；在上半身滚印竖绳纹之后，用湿手将口沿抹平（图 5－19，3），由于抹得不彻底，绳纹还隐约可见；最后用滚印竖绳纹的宽扁泥条安装成单把，再用圆棍将相接处压实（图 5－19，4）。

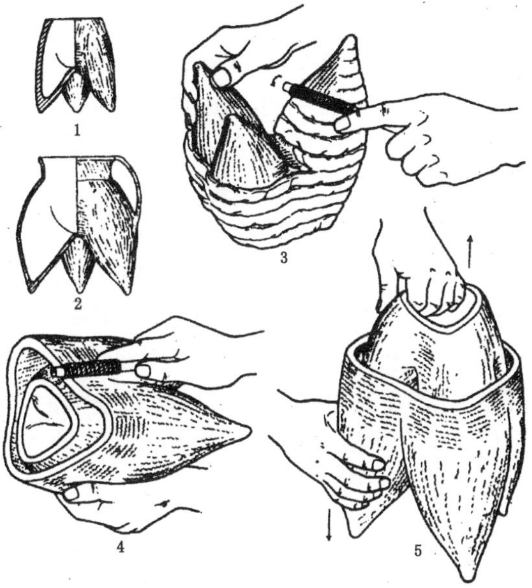

图 5－18　山西襄汾县陶寺遗址陶寺文化中期模制的单把鬲及鬲形器

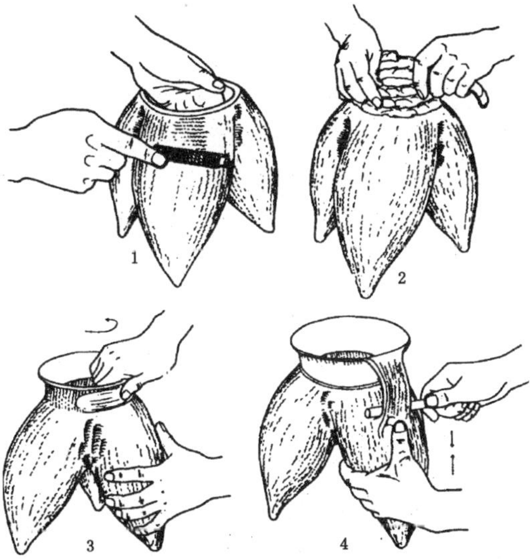

图 5－19　山西襄汾县陶寺遗址陶寺文化中期模制的单把鬲

垣曲县口头遗址龙山文化的夹砂灰陶鬲 BT005（图 5 - 17，1）。1992 年 10 月，笔者由垣曲县博物馆吕辑书先生陪同考察了县博物馆收藏的这件陶鬲，并且绘制了线图。陶鬲的外表滚压竖向绳纹，绳股印痕向左斜，裆沟内按压横向绳纹，这些都是阴纹；袋足内壁留有竖向反绳纹，绳股印痕向右斜，引人注目的是：裆隔上布满横向反绳纹，这些反绳纹都是阳纹，是从三足内模的绳纹上翻印下来的，这件陶鬲再次证明了在龙山文化的陶鬲当中，的确有一部分是采用三足合制的方法成型，然后整体脱模的；上半身用两圈泥条筑成，内壁留有泥条缝隙，泥条向器内倾斜，这表明采用正筑法成型，肩部内壁留有陶垫窝，排列成 2 周，说明外表经过拍打整形，拍打时内壁以陶垫作依托，防址坯体变形。

（2）肥足鬲。例如陶寺文化晚期的肥足鬲ⅢH303:12（图 5 - 20，1），袋足肥大，足根抵至颈部，并且将全身的容量集中于三个袋足内，由于袋足肥大，作为炊器使用时，袋足与火焰的接触面积相当大，吸收热量也就相当多。全身外表滚印竖绳纹。引人注目的是：袋足内壁布满排列整齐、略有间距的麻点纹，麻点呈现不规则形凹坑，似小石子印痕，深度 1 ~ 3 毫米，是从内模的凸点纹上一次性翻印下来的，由此可见，袋足采用内模制法成型。器身呈圜底钵形，内壁布满错乱而密集的麻点纹，麻点之间有打破关系，是从陶垫的凸点纹上翻印下来的，由于拍打坯体外表时，陶垫在内壁不断移动位置，麻点是多次印成的，麻点之间产生打破关系。笔者据此断定，器身是采用手制法（这里指泥条筑成法）成型的。袋足上端贴附在器身的腰部，足根外侧曾用素面圆棍按压过，此处的绳纹被压平。俯视内壁，圆洞边缘有细密的手抹痕迹。袋足上部附有器鋬 2 个。制作工艺流程是：用泥条筑成法倒筑器身；修整坯体时，将坯体横卧在制陶者自己的大腿上，内壁用凸点纹陶垫作依托，外表用素面拍子进行拍打，内壁留下错乱而密集的麻点纹，然后将坯体扣放在轮盘上，用绕绳圆棍进行滚压整形，以留下来的竖绳纹作为装饰（图 5 - 20，2）；另外，用圆锥状内模分别模制三个肥大的袋足；用刀具将袋足坯体切割成斜口状，可以看到袋足内壁有排列整齐的麻点纹（图 5 - 20，3）；将袋足扣放在器身的腰部，用圆棍将相接处压实（图 5 - 20，4）；在袋足上部附加器鋬 2 个，以便使用时以两手端肥足鬲；将坯体翻转正放之后，用右手持刀具在器身腰部内壁切割成三个大圆洞（图 5 - 20，5），使器身内部与袋足内部相通，再用湿手将圆洞边缘抹平。

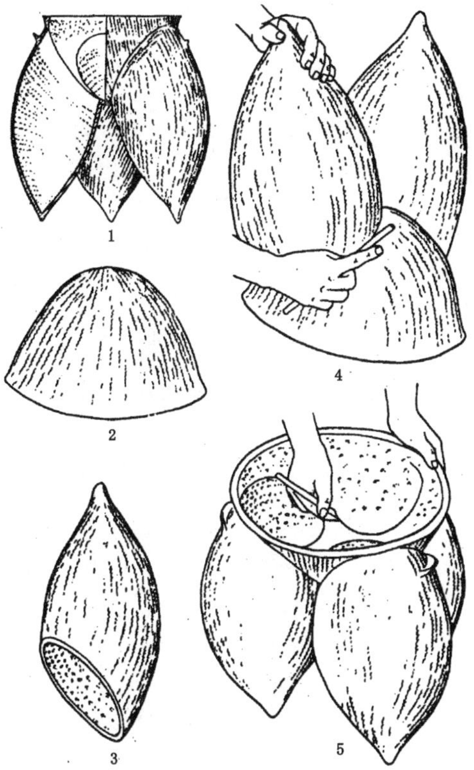

图 5－20　山西襄汾县陶寺遗址陶寺文化晚期模制的肥足鬲

1. 肥足鬲（ⅢH303:12）；2. 倒筑的器身，外表滚压竖绳纹；3. 将模制的袋足切割成斜口状；4. 在袋足与器身相接处用圆棍压实；5. 从器身内壁切割圆洞

3. 陶甗

陶甗是陶甑与陶鬲的结合体。例如陶寺文化晚期的陶甗 T336H3403:6（图 5－21，5），器身就是甑部，呈现深腹圜底罐形，采用手制法成型，下部内壁附加箅隔一周，它将甑部与鬲部隔开，因此称为箅隔，其作用是可以用它托住上面的箅子，以便在箅子上蒸食物，因此又称箅托。外表滚印竖绳纹，之后又旋划凹弦纹 5 周，凹弦纹将竖绳纹割断。腹下部附加器鋬 2 个，便于使用时以两手端陶甗；三个袋足构成鬲部，袋足采用模制法成型，其上端贴附于甑的底部，内壁为素面，外表滚印竖绳纹。制作工艺流程是：用泥条倒筑甑部，用左手食指和中指垫在近底部内壁作依托，用右手持素面拍子拍打外表（图 5－21，1），使其直径缩小以至封死成为圜底，将坯体横卧在制陶者自己的大腿上，修整口沿之后，左手持陶垫在内壁作依托，右手持绕绳圆棍从口部至底部滚印整齐而清晰的竖绳纹作为装饰（图 5－21，2）；将坯体扣放在陶轮上，边旋转边用锥状工具旋划凹弦纹 5 周，使连续绳纹变成隔断绳纹。另外，分别模制三个袋足，将袋足切割成斜口状，扣放在甑的底部，用圆棍将相接处按压实（图 5－21，3）；在腹下部附加器鋬 2 个；将坯体翻转正放之后，用刀具在内底切割成大圆洞 3 个，使甑内部与袋足内部相通，用湿手将圆洞边缘抹平，然后左手托住外表，右手将泥条附加在甑的腹下部内壁，形成箅隔一周，两手分别置于胎壁内外，同时用力，将箅隔牢固地粘附在内壁上

（图5－21，4）。

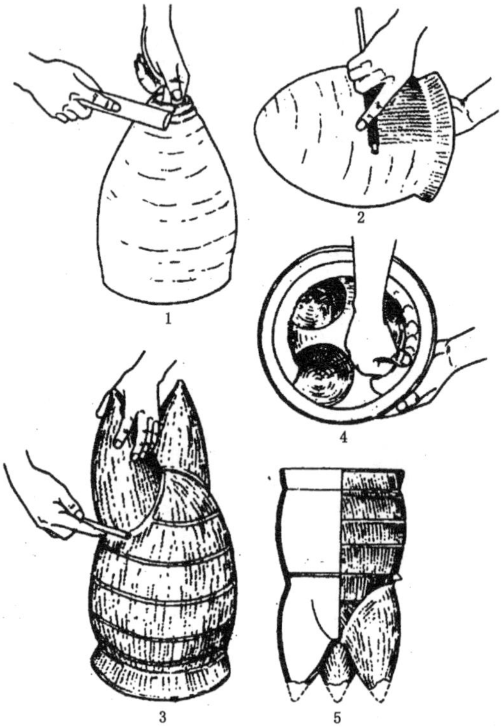

图5－21　山西襄汾县陶寺遗址陶寺文化晚期模制的陶甗

1. 倒筑器身后拍打近底部外表；2. 外表滚压竖绳纹；3. 袋足与器底相接处用圆棍压实；4. 在下腹内壁用泥条附加成箅托；5. 甗（T336H3403:6）

4. 陶盉

陶盉是水器或酒器，陕西西安市沣西客省庄二期文化有一件陶盉H74，夹细砂灰陶，壁薄，敛口，口前高后低，有筒状流，直腹，腹上有三周短竖划纹，三足直而长，窄裆，宽带状把手[12]。另外在斗门发现一件形式特别的陶器，有可能是盉的内模[13]。笔者先仿制了素面的陶内模，然后利用这件陶内模仿制了陶盉。陶内模前段为空心圆锥体，后段为长筒形柄，烧制到900℃，使用时手持后段，在前段上面用泥条盘筑成胎壁，用素面拍子拍打定型之后立即脱模；将袋足上端切割成斜口状，三个袋足上端拼接在一起，成为盉的下半身；用泥条盘筑成盉的上半身；将下半身与上半身套接在一起；在口部前方切割成一个圆洞，安装管状流；在口部后方与腹下部之间安装宽带状把手；再施竖划纹；烧制到900℃。

三、轮制

铜石并用时代晚期，各地区、各文化轮制技术的发展很不平衡：目前在齐家文化中未见轮制的陶器；在陶寺文化中轮制法居次要地位；垣曲古城东关遗址的龙山文化、河南龙山文化、山东龙山文化、石家河文化、良渚文化都以轮制法为主。其中山东龙山文化轮制技术最发达。在黄河中下游地区与长江中下游地区呈现出轮制技术第一次高潮。

轮制法在平底器和器盖、袋足器、圈足器上都有使用，现在分别叙述如下：

1. 平底器和器盖

多数器物皆整体一次成型，少数器物两段分别成型，然后接合在一起。

（1）一次轮制成型。例如陶寺文化晚期陶盆 M2384:5（图 5－1，3）、折腹罐 M2384:2（图 5－1，1）、敛口罐 78 采集:28（图 5－10，1）、双耳罐 M2384:4（图 5－10，2）、单耳罐 T404④:8（图 5－10，3）、器盖ⅢH303:22（图 5－1，2），这些器物的内壁都有顺时针方向的螺旋式拉坯指痕，表明用快轮拉坯时轮盘按逆时针方向旋转。垣曲县古城东关遗址龙山文化早期陶杯ⅠH2:2（图 5－22，1）和晚期陶杯ⅠH265:36（图 5－23，3），其内壁都有顺时针方向的螺旋式拉坯指痕，外底都有偏心涡纹，涡心都偏向左边，近代坑ⅠH87 出土的龙山文化陶罐（图5－24，3）和早期陶罐ⅠH254:18（图 5－24，4），其内壁和内底都有顺时针方向的螺旋式拉坯指痕，表明拉坯时轮盘都按逆时针方向旋转，左手放在内侧，右手放在外侧，主要靠右手用力。

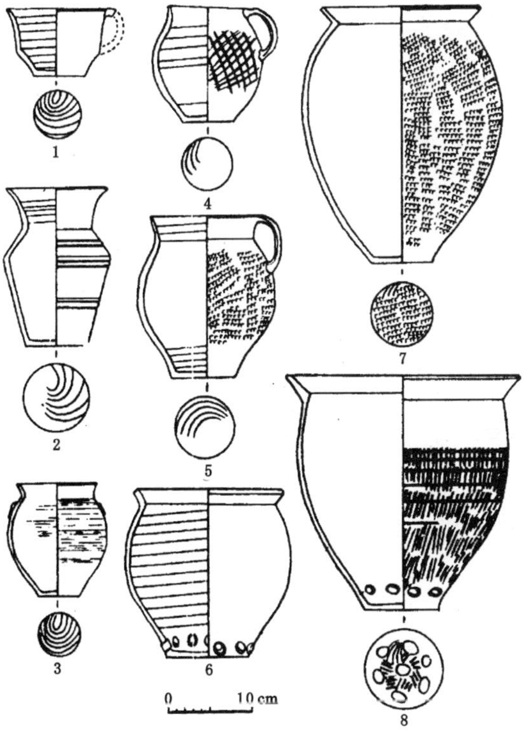

图 5－22　山西垣曲县古城东关遗址龙山文化轮制的陶器

1. 杯（IH2:2）；2. 瓶（IH83:25）；

3～5，7. 罐（IH140:25，ⅢH43:8，ⅢH43:10，ⅢH43:2）；

6，8. 甑（IH198:12、IH265:8）（1，2，6 为早期，余皆晚期）

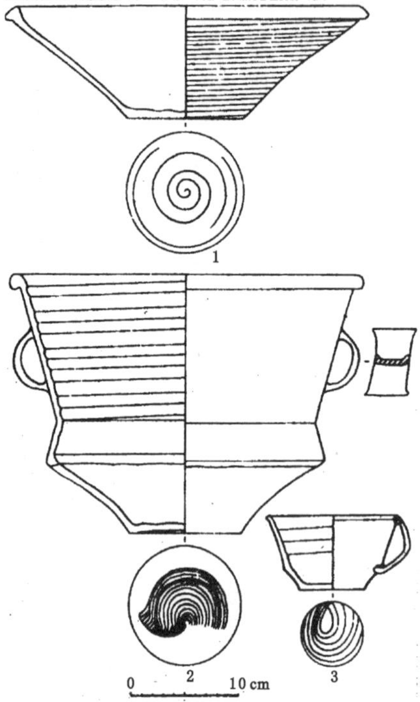

1. 盆（IH254:16）；
2. 双腹盆（IH254:15）；
3. 杯（IH265:36）
（1，2 为早期，3 为晚期）

图 5－23　山西垣曲县古城东关遗址龙山文化轮制的陶器

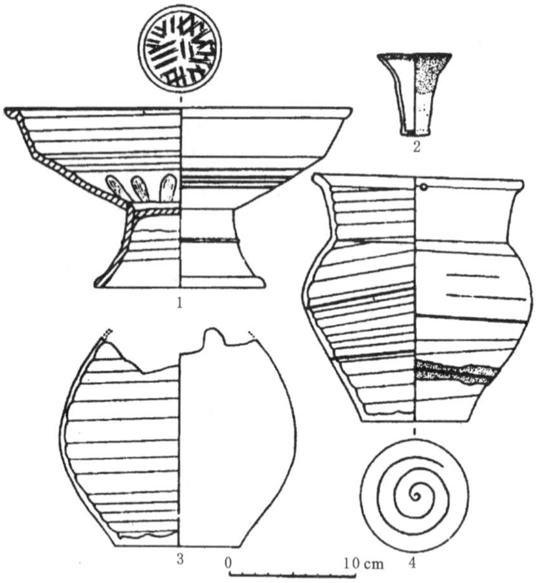

1. 豆（ⅣH111:39）；
2. 杯（ⅠH109:20）；
3，4. 罐（近代坑ⅠH87、ⅠH254:18）；
（2 为手制，余皆轮制；
1 为晚期，2，4 为早期，3 为近代垣曲出土的龙山文化罐）

图 5－24　山西垣曲县东关遗址龙山文化的陶器

天门市肖家屋脊遗址石家河文化的陶罐 H68:89（图 5－25，2），其内壁有顺时针方向的螺旋式拉坯指痕，外底有偏心涡纹，涡心偏向左边，表明拉坯时轮盘按逆时针方向旋转，左手放在内侧，右手放在外侧，主要靠右手用力。

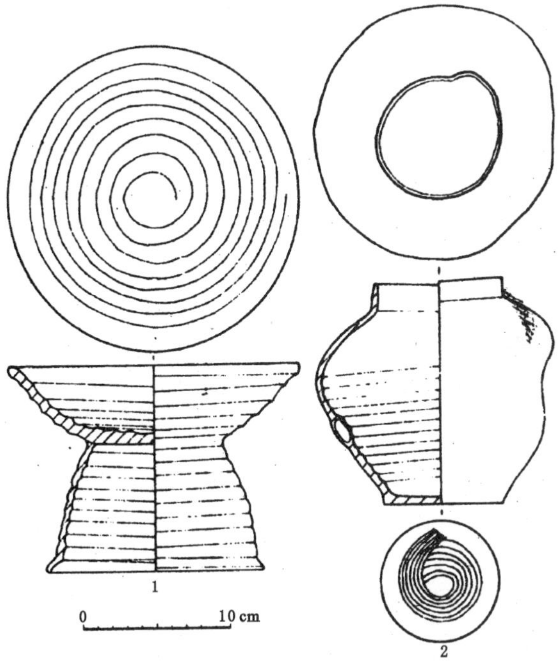

1. 粗圈足豆（H42②:21）；
2. 罐（H68:89）

图 5－25　湖北天门市肖家屋脊遗址石家河文化轮制的陶器

（2）两段分别轮制成型。例如垣曲县古城东关遗址龙山文化早期双腹盆ⅠH254:15（图 5－23，2），为大型器物，难以一次拉坯成型，因此采用上、下两段分别轮制的方法，然后上段在外侧，下段在内侧套接在一起，折棱下侧有接缝 1 周；上段内壁有顺时针方向的螺旋式拉坯指痕，外底有偏心涡纹，涡心偏向左边。山东龙山文化平底陶器的外底也常有偏心涡纹（图 5－26，2，3）[14]，涡心偏向左边。所谓“偏心涡纹”系指涡心偏向外底圆心某一边的涡状纹理，不论偏向圆心的左边，还是偏向圆心的右边，都是坯体成型工艺结束时，用绳子将毛坯从陶轮上切割下来而产生的切割痕迹。其涡心有偏向左边、偏向右边之分，是由于轮盘旋转的方向有逆时针旋转、顺时针旋转之别的缘故。

这里有两点需要说明：第一，利用快轮制陶时，要求所用的泥料含水量较高，泥料较软，必须将泥料牢牢地粘在轮盘上，防止坯体被快速旋转的陶轮所产生的离心力甩掉，坯体成型结束时，一边使其慢速边旋，一边用绳子将坯体从轮盘上切割下来，因此，凡是快轮拉坯成型的器物，其外底必然都有偏心涡纹；第二，利用慢轮制陶时，要求所用的泥料含水量较低，泥料较硬，便于采用泥条筑成法成型，在坯体与轮盘之间没有设置隔离层，并且坯体底部与轮盘粘连在一起的情况下，需要一边使坯体慢速旋转，一边用绳子将坯体从轮盘上切割下来，结果外底也产生偏心涡纹。例如陕西临潼县姜寨遗址有一件仰韶文化的瓮棺葬具陶器，现藏中国国家博物馆，曾经展出过，原编号为 T8W233：2，红陶，外表留有不规整的泥条痕迹 24 周，因而表面不平整，呈现波浪状，外底留有偏心涡纹，手制痕迹与切割痕迹并存。由此可见，外底的偏心偏纹并非快轮制陶所特有，换句话说，外底有偏心涡纹的器物不一定都是快轮制陶的产品，偏心涡纹不能作快轮制陶的直接证据，只能作为旁证。

上述事实表明，在铜石并用时代晚期，无论是北方还是南方，快轮拉坯的操作方法都已经基本上达到规范化的程度，具体表现在：制陶者利用快轮拉坯时，一般轮盘都按逆时针方向旋转，将左手放在内侧，右手放在外侧，主要靠右手用力，左手只起辅助作用。操作方法规范化具有重要意义，因为它有利于快轮制陶技术的传授、推广和普及，从总体上提高了制陶手工业的生产率和产品的质量。

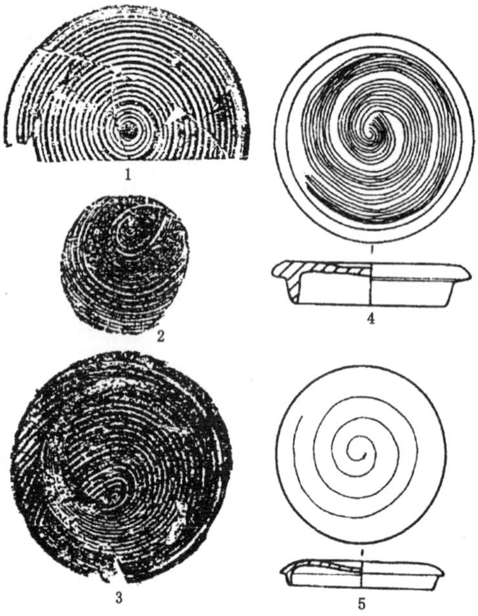

1. 器底正心涡纹（兖州市西吴寺）；
2，3. 器底偏心涡纹（西吴寺）；
4，5. 器盖顶部正心涡纹
（泗水县尹家城 H33:4、T209⑧:38）

图 5－26　山东龙山文化陶器上的偏心涡纹和正心涡纹

2. 袋足器

顾名思义，袋足器即是足部呈袋状的器物，多作为烹饪器。山东龙山文化晚期的袋足器有陶鬶和陶甗，其袋足和器身是分别轮制的，之后再接合在一起。例如淄博市临淄区桐林田旺遗址的白陶鬶（图 5－27，1），外表有顺时针方向的螺旋式拉坯指痕。1989 年 10 月，笔者由淄博市博物馆张光明先生陪同考察了这件白陶鬶，还绘制了线图。

1989 年 10 月笔者由济宁市博物馆赵春生先生陪同考察了泗水县尹家城遗址的陶鬶和陶甗，还绘制了线图。例如尹家城遗址的白陶鬶 M4:20（图 5－27，2），全身内壁都有顺时针方向的螺旋式拉坯指痕，足尖呈现杯状，与袋足套接在一起，足的内底有凹坑；夹细砂灰陶甗 T265H495:5（图 5－27，3），全身内壁有顺时针方向的螺旋式拉坯指痕，袋足是倒着拉坯成型的。值得注意的是：制陶者故意在袋足尖部留成一个圆洞，将一个事先做好的、已经比较干燥比较硬的橄榄形足心插入圆洞内，起支撑作用，防止坯体在干燥过程中坍塌，这显然是承袭了大汶口文化陶鬶（见本书第三章图 3－3，4）的制作方法。然后将三足切割成斜口状，拼接在一起成为下半身，再与上半身平接（平接是与套接相对而言）在一起成为鬲部，最后将鬲部与甑部平接在一起成为甗。

滕州市姜屯镇庄里西村出土的夹细砂灰陶甗（图 5－27，4），其成型方法与尹家城的甗相同，下半身与上半身之间是套接（斜茬相接）在一起的，在内壁的接缝下侧留有指窝一周，指窝是套接时用手指垫在内壁作依托所致。1989 年 10 月笔者由滕州市博物馆翟力军女士陪同考察了这件甗，还绘制了线图。

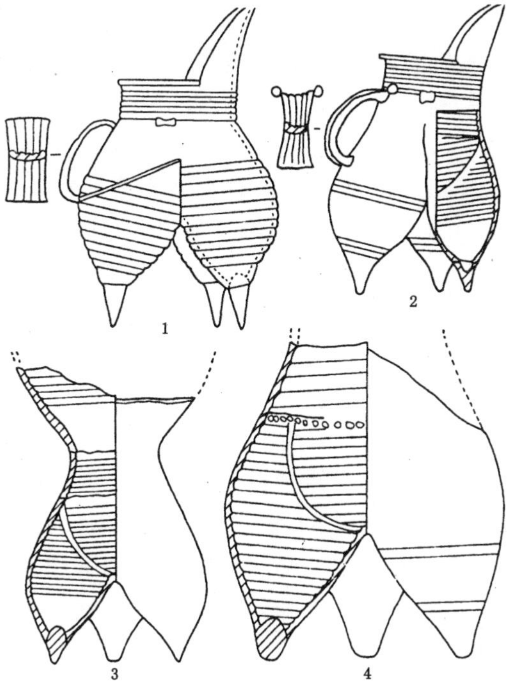

图 5－27　山东龙山文化晚期轮制的袋足器

1，2. 鬶（淄博市桐林田旺、泗水县尹家城 M4:20）；

3，4. 甗（尹家城 T265H495:5、滕州市姜屯镇庄里西村）

3. 圈足器

圈足器即足部呈圆圈状的器物，其中有饮食器、水器、酒器等，它又可以区分为普通圈足器、薄胎圈足器两类。

（1）普通圈足器。有陶簋、陶豆两种器形，器身和圈足是分别轮制的，然后接合在一起。例如陶寺文化的陶簋ⅢH303:18（图 5－1，6），器身和圈足内壁都有顺时针方向的螺旋式拉坯指痕。晚期陶豆ⅢH303:19（图 5－1，4），豆盘的外底留有偏心涡纹，涡心偏向左边。

又如垣曲县古城东关遗址龙山文化晚期的陶豆ⅣH111:39（图 5－24，1），豆盘和圈足内壁都有顺时针方向的螺旋式拉坯指痕。由于这是一件大型陶豆，其成型方法比较特殊：拉坯时豆盘原先没有器底，其下部呈现一个很大的圆洞；另外，用篮纹拍子将一块泥坨拍打成圆饼底，内底留有交错篮纹（见图 5－24，1）陶豆口部上方的俯视图）；将圆饼底放入圈足上部之内作为豆的器底，再将圈足扣放，在器底与圈足相接处内侧附加一周泥条起加固作用；然后将豆盘也扣放，将圈足上端作为榫头插入豆盘下部的大圆洞（卯眼）之内，使圈足与豆盘套接在一起，再用素面拍子拍打豆盘下部，使二者接合牢固。由于拍打使豆盘下部胎壁收缩，其内壁产生一道道纵向凹槽和皱纹。

再如天门市肖家屋脊遗址石家河文化的陶豆，根据圈足形制的不同，可以分为粗圈足豆、喇叭形圈足豆两种。粗圈足豆的数量很少，制作粗放，以 H42②:21（图 5－25，1）为例，泥质红陶，由于未经修整，豆盘和圈足的内壁和外表都留有清晰的逆时针方向的螺旋式拉坯指痕，这表明拉坯时轮盘按顺时针方向旋转，右手放在内侧，左手放在外侧，主要靠左手用力，这是“左撇子”的操作方法。喇叭形圈足豆的数量很多，制作比较精细，以 H68:92、93，H87:10（图 5－28，1～3）为例，均为泥质浅灰陶，圈足内壁都有顺时针方向的螺旋式拉坯指痕，这表明拉坯时轮盘按逆时针方向旋转，左手放在内侧，右手放在外侧，主要靠右手用力，这是正常的操作方法。在石家河文化的陶器当中，以陶豆数量最多，它是轮制技术水平最高的一种器形。1990 年 4 月，笔者由湖北省荆州博物馆郑中华先生陪同进行过统计，当时肖家屋脊遗址已出土陶豆 217 件，全部为快轮拉坯成型，其圈足内壁的螺旋式拉坯指痕有两种：第一种为顺时针方向，有 199 件，占陶豆总数的 92%，这些是采用正常的操作方法拉坯成型的陶豆；第二种为逆时针方向，只有 18 件，仅占陶豆总数的 8%，这是采用“左撇子”操作方法拉坯成型的陶豆。

根据上述数据，可以得出一个重要的结论：铜石并用时代晚期制陶者利用快轮拉坯的操作方法已经达到规范化的程度，正常的操作方法占绝大多数，成为主流。操作方法规范化具有深远意义，后世利用快轮制陶和制瓷都普遍采用规范的操作方法，直至今日农村尚存的传统快轮制陶技术仍然沿用规范的操作方法（见本书第十三章图 13－4）。

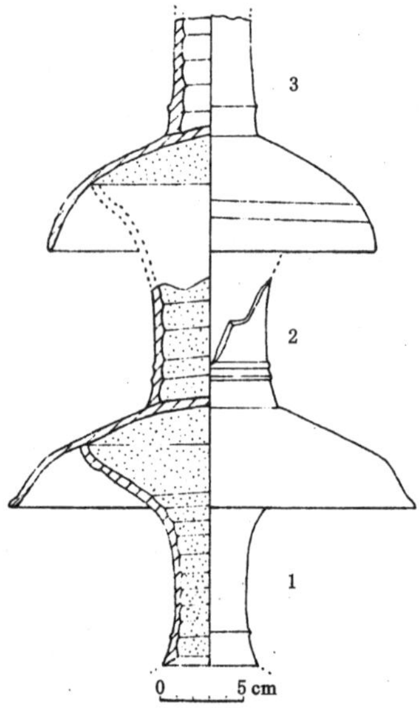

图 5－28 湖北天门市肖家屋脊遗址石家河文化的喇叭形圈足豆

1. H68:92；2. H68:93；3. H87:10

（2）薄胎圈足器。多个考古学文化都有出土，尤以山东龙山文化制作薄胎圈足器的成就最大，其器形只有薄胎高柄杯一种，俗称蛋壳黑陶高柄杯，它代表了快轮制陶技术的最高水平。胶州市三里河、潍坊市姚官庄、泗水县尹家城、诸城市呈子、日照市两城镇等地都曾经出土过这种蛋壳黑陶高柄杯，都具有很高的技艺。

例如三里河墓葬出土的薄胎高柄杯（表 5－6；图 5－29；图 5－30），壁厚多数不到 1 毫米，与蛋壳相似，是名副其实的蛋壳陶。考古工作者曾将出土完整和可以复原的 31 件薄胎高柄杯逐一进行比较，发现每件器物各不相同，这样就排除了采用模制（法成型）的可能性。根据薄胎高柄杯上遗留的制作痕迹，并且结合以往这个地区内（传统）的制陶技术，对它的制作方法试作推测：用经过多次搅拌淘洗的细泥陶土，反复加工，制成较薄的器形，待其将干时，放在陶轮上慢慢地刮削成薄的器壁，再将器内用柔软物填实（防止坯体变形），改用潮湿、柔软的细纤维物质，（在外表）不断地把它抹平、抹薄，待其稍干，再加镂孔、弦纹、划纹等纹饰，然后把器内的填实物取出，并将杯身和杯柄粘合起来。在整个成型过程中，必须要设法保持陶胎的一定湿度[15]。笔者认为，上述推测是合情合理的。既然排除了采用模制法成型的可能性，也就排除了采用注浆法成型的可能性，因为注浆法的前提是以石膏模具作为坯体成型的工具，只有在石膏模具之内坯体才能注浆成型。

表 5－6　胶州市三里河龙山文化墓葬薄胎高柄杯登记表

式别	件数	器形和结构	器物编号	纹饰		口径（cm）	器高（cm）	胎厚（mm）	重量（g）	图号
				杯身	柄和座					
Ⅰ	2	宽沿敞口，筒形杯身，柄上部较细呈束腰形，下部较粗略呈筒形，矮圈足形座	M280:1	杯身有弦纹	柄部饰有短条形镂孔	9	17.5			5－29－2
Ⅰ	2	宽沿敞口，筒形杯身，柄上部较细呈束腰形，下部较粗略呈筒形，矮圈足形座	M2113:3	杯身有弦纹	柄部饰有短条形镂孔	10	15.5			5－29－1
Ⅱ	3	盘口外敞，筒形杯身，粗柄，有座	M210:10	杯身有密集弦纹	柄部有弦纹和长条形、三角形等镂孔	11.2	14.2	0.5		5－29－4
Ⅱ	3	盘口外敞，筒形杯身，粗柄，有座	M2108:7	杯身有弦纹	柄部有弦纹和略呈三角形镂孔	13	12.9			5－29－3
Ⅲ	1	盘口外敞，杯身下部垂入柄内，杯身和柄部界线不明，柄下部束腰，有座	M278:1	杯身有弦纹	柄部有弦纹	12.1	16.1	近 1		5－29－5
Ⅳ	6	盘口外敞，筒形杯下垂入柄内，杯身和柄部界线比较明显，柄部呈筒形，有座。其中，M2124:2A 杯身全部下垂至杯内，其余 5 件杯身下部垂入柄内	M223:15	杯身有弦纹	柄、座有弦纹	12.7	13.5	近 1		
Ⅳ	6	盘口外敞，筒形杯下垂入柄内，杯身和柄部界线比较明显，柄部呈筒形，有座。其中，M2124:2A 杯身全部下垂至杯内，其余 5 件杯身下部垂入柄内	M2124:1	杯身下部有弦纹一周	柄部有弦纹和斜划纹	13.1	13.8	不及 0.5		5－29－10
Ⅳ	6	盘口外敞，筒形杯下垂入柄内，杯身和柄部界线比较明显，柄部呈筒形，有座。其中，M2124:2A 杯身全部下垂至杯内，其余 5 件杯身下部垂入柄内	M2124:2		柄部有较密的竹节形纹	13	14.4	约 0.3		
Ⅳ	6	盘口外敞，筒形杯下垂入柄内，杯身和柄部界线比较明显，柄部呈筒形，有座。其中，M2124:2A 杯身全部下垂至杯内，其余 5 件杯身下部垂入柄内	M206:2	杯身有弦纹	柄部有竹节形纹	12.8	12	约 0.3		
Ⅳ	6	盘口外敞，筒形杯下垂入柄内，杯身和柄部界线比较明显，柄部呈筒形，有座。其中，M2124:2A 杯身全部下垂至杯内，其余 5 件杯身下部垂入柄内	M2124:2A		柄部有密集弦纹两组，长条形和三角形镂孔三组	12.8	12	约 0.5		
Ⅳ	6	盘口外敞，筒形杯下垂入柄内，杯身和柄部界线比较明显，柄部呈筒形，有座。其中，M2124:2A 杯身全部下垂至杯内，其余 5 件杯身下部垂入柄内	M2124:2B		柄部和座有密集弦纹	11.7	16.2	0.5		5－29－6
Ⅴ	2	盘口外敞，筒形杯下部垂入柄内，高柄呈杯形，下部束腰，有座	M223:2	杯身有弦纹	柄部有弦纹和划纹	12.9		0.5		5－29－8
Ⅴ	2	盘口外敞，筒形杯下部垂入柄内，高柄呈杯形，下部束腰，有座	M2116:1	杯身有弦纹	柄部有划纹和长条形镂孔	14.2	18.1	0.3	不及 40	5－29－7
Ⅵ	1	侈口，盘形器口，杯身全部下垂至柄内，直筒形高柄，柄上部与盘口底部相接	M240:14		柄上部有划纹，其他部分有弦纹和长条形、三角形镂孔	11.9	17	0.5		5－29－9

续表 5-6

式别	件数	器形和结构	器物编号	纹饰		口径(cm)	器高(cm)	胎厚(mm)	重量(g)	图号
				杯身	柄和座					
Ⅶ	2	盘形器口较深，杯身下部垂入柄内，柄部呈上粗下细的筒形	M298:1		柄部有竹节形纹，夹有长条形和三角形镂孔	12.8	15	0.5		5-29-12
ⅧA	5	盘形器口，杯身下部垂入高柄内，筒形柄稍粗而较矮	M240:9		柄上部有凸弦纹	10.5	16.5	近1		5-29-11
			M201:2		柄部呈竹节形	12	16	约1		
ⅧB	7	盘形器口，杯身下部垂入高柄内，柄部较高而稍细	M134:7A		柄部呈竹节形	12.3	18.3	约1		
			M134:7B		柄部呈竹节形	12.2	16.8	约1		5-30-1
			M203:6		柄部呈竹节形	12.2	19.7			
			M203:5		柄部呈竹节形	12.6	22.7			
			M203:1		柄部呈竹节形	12.2	22.5			
			M203:2		细高柄上的竹节形纹较密	13.1	22.3			
Ⅸ	1	浅盘形器口较大而稍浅，杯身器壁上部较直而稍浅，下部收缩呈尖底而较深，垂入高柄内，上下两部分之间有一折棱，柄呈束腰形	M2100:5		柄部呈竹节形	15.1	17.5	约1		5-30-2
Ⅹ	1	盘形器口稍深，杯身器壁上部较直而稍深，下部收缩呈尖底而稍浅，垂入高柄内，上下两部分之间有一折棱，柄部呈较细的束腰形，有座	M106:17		柄和座均满布弦纹	15.3	18	1.5		5-30-3

注：本表根据《胶县三里河》报告正文及线图列成，图号是引者重新编的。报告第92页说Ⅴ式M2116:1“高20 cm”，从图上可以看到器口一边高一边矮，高度数字不一是从不同位置测量所得；厚0.3 mm引自第92页。

从表5-6和图5-29、图5-30可以看到胶州市三里河山东龙山文化墓葬出土的细泥黑陶薄胎高柄杯具有以下三个特征：

一是从器形和结构上看，大体上可以将31件薄胎高柄杯归纳为三类：第一类包括Ⅰ、Ⅱ式，杯身底部与柄上端相接（图5-29，1~4），共5件，占总数（31件）的16.13%；第二类包括Ⅲ、Ⅳ（其中5件）、Ⅴ、Ⅶ、ⅧA、ⅧB、Ⅸ、Ⅹ式，杯身下部垂入柄内成为胆（图5-29，5-8，10-12；图5-30），共24件，占总数的77.42%；第三类包括Ⅳ（其中1件即M2124:2A）、Ⅵ式，杯身全部下垂至柄内成为典型的胆（图5-29，9），共2件，占总数的6.45%。如果将第二、第三类加在一起，那么，有胆有壳的双层套杯共26件，占总数的83.87%。由此可见，有胆有壳的双层套杯是薄胎高柄杯在器形和结构上的主要特征，这种双层套杯是前所未见的，是陶器结构上的一项创新。

二是从纹饰上看，少数杯身有凹弦纹，多数柄部有凹弦纹或竹节状纹（竹节状纹实际上是变相的凸弦纹），这些纹饰都是在快轮慢用修整过程中，在器表上旋划或旋留而成的。一部分柄部有刻划纹或镂孔，这些纹饰都是在轮修之后施加的。

由此可见，薄胎高柄杯是纹饰相当复杂的工艺美术品。

三是从口径、器高、胎厚及重量上看，口径在 9～15.3 厘米之间，平均值为 12.43 厘米；器高在 12～22.7 厘米之间，平均值为 16.60 厘米；胎厚在 0.3～1.5 毫米之间，平均值为 0.72 毫米。最有代表性的一件是 M2116:1（图 5－29，7），口径 14.2 厘米，器高 18.1 厘米，胎厚 0.3 毫米，重量不及 40 克。由此可见，薄胎高柄杯是口径、器高适中，胎壁薄如蛋壳，重量极轻的陶器。制作蛋壳陶的难度极大，要求快轮装置的精密度相当高，轮盘在旋转过程中既要快速又要平稳，不可左右晃动或上下摆动，这表明制陶者的轮制技术（包括快轮拉坯成型和快轮慢用修整技术）精湛，在中国古代快轮制陶技术史上是空前绝后的。

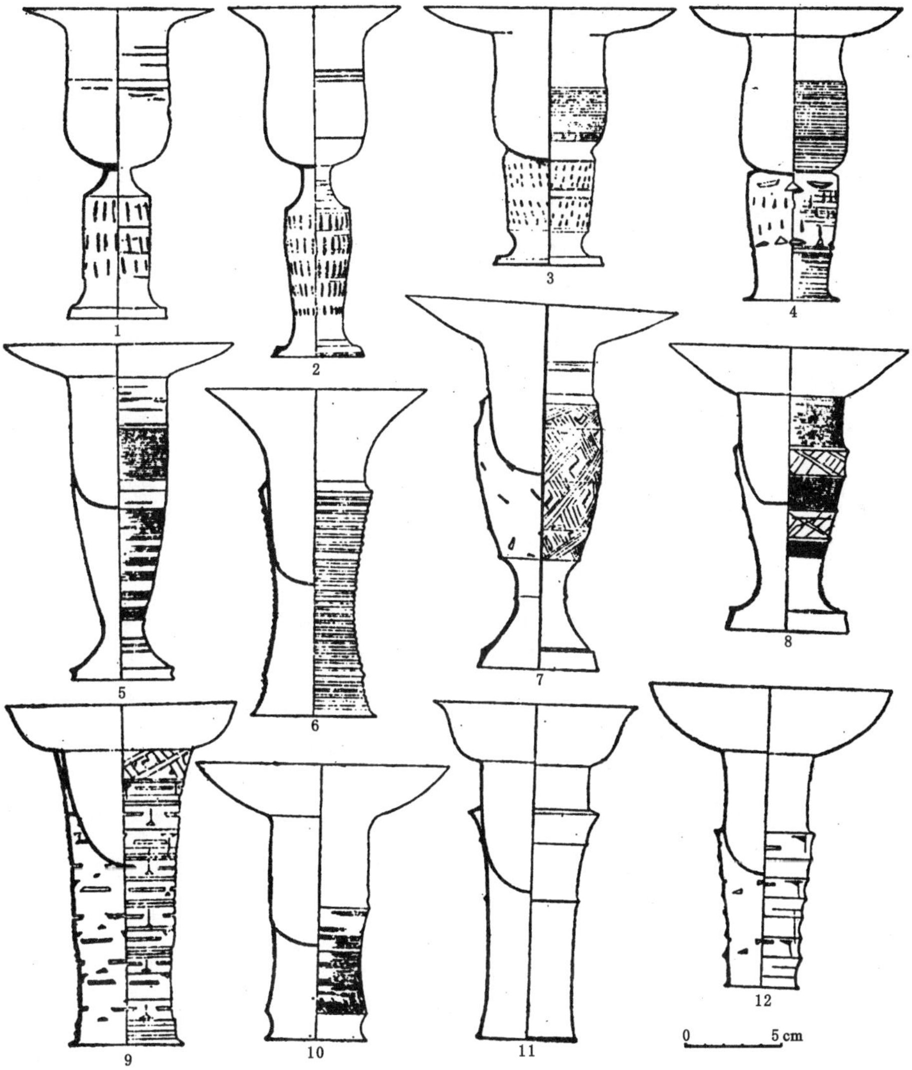

图 5－29　胶州市三里河山东龙山文化墓葬的薄胎高柄杯

1，2. Ⅰ式 M2113:3，M280:1；3，4. Ⅱ式 M2108:7，M210:10；5. Ⅲ式 M278:1；6. Ⅳ式 M2124:2B；7，8. Ⅴ式 M2116:1，M223:2；9. Ⅵ式 M240:14；10. Ⅳ式 M2124:1；11. ⅧA 式 M240:9　12. Ⅶ式 M298:1

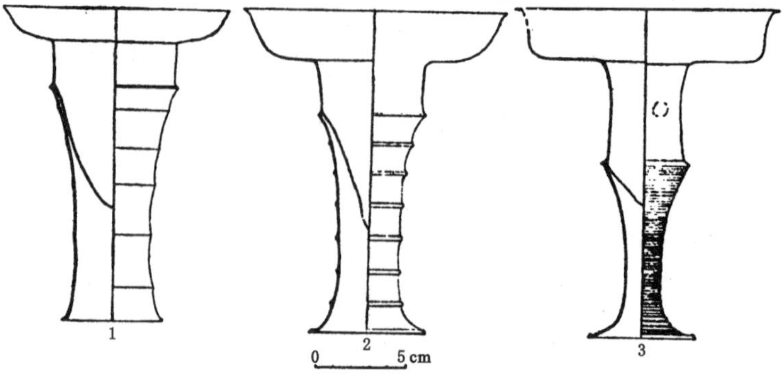

图5-30　胶州市三里河山东龙山文化墓葬的薄胎高柄杯

1. ⅧB式 M134:7B；2. Ⅸ式 M2100:5；3. Ⅹ式 M106:17

除此以外，从表5-7可以看到胶州市三里河山东龙山文化墓葬出土的细泥黑陶薄胎高柄杯还有一个特征：

薄胎高柄杯的吸水率平均值为0.43%，明显低于北辛文化夹砂黑陶的吸水率（11.52%）、屈家岭文化晚期细泥黑陶的吸水率（15.06%）、石家河文化泥质黑陶的吸水率（7.42%）、陶寺文化早期泥质黑陶的吸水率（9.14%）、殷墟第二期晚段硬陶的吸水率（1.05%～3.53%）和殷墟第四期釉陶的吸水率（1.73%～2.75%）。由此可见，薄胎高柄杯是中国古代吸水率最低的一种陶器。从理论上讲，

$$吸水率（重量气孔率）=\frac{开孔中所浸之水重}{重量}\times 100\%$$ [16]。

笔者认为，导致薄胎高柄杯吸水率甚低的原因主要有以下三个方面：

一是选择优质细腻的陶土，经过精细淘洗除去杂质和粗颗粒，泥料陈腐时间较长，并且经过反复揉搓，泥料中的气体就可以充分地排除；

二是快轮拉坯成型之后，在快轮慢用修整过程中用刮板进行过数遍刮削，并且器表经过精细磨光，用工具对器表进行刮削和磨光时，都对器表施加了一定的压力，因而最大限度地提高了胎壁的致密度；

三是烧成温度相当高，笔者估计约1000℃，质地坚硬，并且经过窑内渗碳，大量碳粒沉积在陶胎的孔隙之内，致使胎壁的气孔率降到最低程度。

由此可见，薄胎高柄杯吸水率甚低充分地反映了制陶者对制陶工艺的各个环节都控制得相当好，集中地反映出山东龙山文化的制陶技术在多个方面取得了相当高的成就。

表5-7　古代陶器吸水率比较表

遗　址	原编号	质　料	器物名称	文化、分期或时代	吸水率（%）
山东胶州市三里河	M203:3	细泥黑陶	薄胎高柄杯	龙山文化	0.6，0.42，0.42，0.3，这4个数据的平均数为0.43
山东滕州市北辛	T64②:54	夹砂黑陶		北辛文化	11.52
湖北枝江市关庙山	T64②A:140	细泥黑陶	双腹豆	屈家岭文化晚期	15.06
	T68①CH62:41	泥质黑陶	卷唇盘	石家河文化	7.42

遗址	原编号	质料	器物名称	文化、分期或时代	吸水率（%）
山西襄汾县陶寺	F324	泥质黑陶	大口罐	陶寺文化早期	9.14
河南安阳市小屯北	85XTT27④:13	硬陶		殷墟第二期晚段	3.53
	85XTH136:1	硬陶			1.05
	85XTT27④:2	硬陶			1.59
	85XTT27④:1	硬陶			2.77
	75XTF11:1	釉陶		殷墟第四期	2.75
	75XTF11:2	釉陶			1.73

注：三里河数据引自《胶县三里河》第92页。北辛数据引自本书表3-1，9。关庙山数据引自本书表4-5，5，表5-4，3。陶寺数据引自本书表5-1，17。小屯北数据引自中国社会科学院考古研究所编著：《殷墟的发现与研究》，科学出版社，1994年，第190页表2。

潍坊市姚官庄出土蛋壳豆形器2件。同出于10号墓，均为细泥黑陶，轮制，壁厚0.5毫米，外表精美，为龙山文化首次复原完整的蛋壳陶器[17]。例如M10:14（图5-31，1）杯身底部与柄上端相接；M10:5（图5-31，2）杯身全部下垂至柄内，杯身与柄之间形成较大的空当子，是典型的有胆有壳的双层套杯。

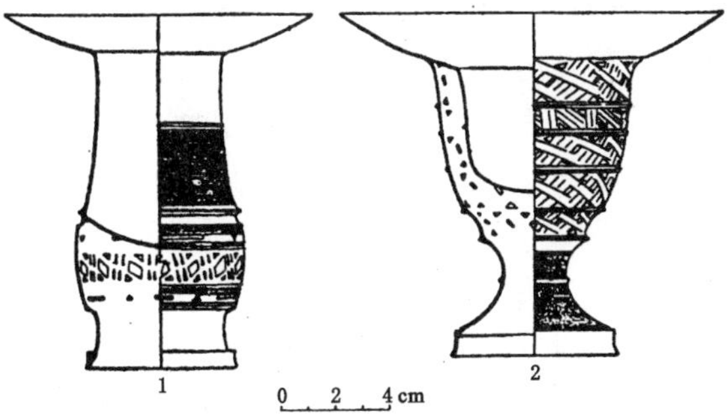

图5-31 潍坊市姚官庄山东龙山文化墓葬的蛋壳豆形器

1. Ⅱ型（M10:14）；2. Ⅰ型（M10:5）

泗水县尹家城出土薄胎高柄杯，完整者有11件，均为细泥陶。杯和柄系分别轮制后粘接而成。一般通体磨光，制作精细[18]。例如M111:1（图5-32，1），柄上部呈现束腰形，与杯身底部相接。采集1件高柄杯，柄上部也呈现束腰形，值得注意的是束腰的成因：其内壁留有放射状褶皱，是在快轮慢用修整过程中，陶轮按逆时针方向旋转，用素面圆棍自下而上滚压柄的上部，致使胎壁逐渐收缩成为束腰形，同时内壁产生放射状褶皱。这种放射状褶皱的存在，也就排除了采用注浆法成型的可能性。M138:15（图5-32，2），杯身下部呈圆锥形垂入柄内成为胆。

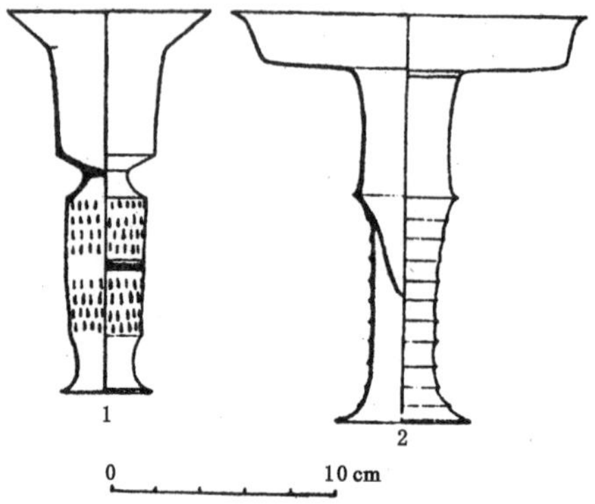

图 5－32　泗水县尹家城山东龙山文化墓葬的薄胎高柄杯

1. A 型Ⅱ式 M111:1；2. B 型Ⅲ式 M138:15

诸城市呈子出土薄胎高柄杯 11 件，细泥质，最薄者 0.3 毫米左右，一般厚 0.5～1毫米，器底、柄部或盘口都有轮制痕迹，其圈足、柄、杯、盘口几部分都是分别轮制，而后粘接[19]得严丝合缝，表明轮制和粘接技术都达到很高水平，例如 M81:2（图 5－33，1），杯身下部呈现圆锥形垂入柄内成为胆。

日照市两城镇采集 1 件薄胎高柄杯（图 5－33，2），1989 年 10 月笔者由山东大学历史文化学院考古系张守林先生陪同，考察了这件薄胎高柄杯，并且绘制了线图。承蒙张守林先生提供了照片。高柄杯为细泥黑陶，残高 10.8 厘米，胎厚 0.7 毫米。杯身上部呈直筒状，外表磨光；下部呈圆锥形垂入柄内成为胆，内壁有顺时针方向螺旋式拉坯指痕。外底（尖部）遗留的指痕显示：边旋转边用手指自下而上往里按压胎壁，使圆洞逐渐缩小以至消失，形成突出的尖底，由此可见，薄胎高柄杯的胆是倒着拉坯成型的，与陶鬶、陶甗的袋足倒着拉坯成型的方法相同，但是封底的方法与陶鬶、陶甗的袋足不同。笔者用放大镜观察到，这件胆的外表有细密的顺时针方向螺旋式上升的刮削纹理（即细密轮纹），一些后形成的纹理划断（打破）先形成的纹理，这表明胎壁薄如蛋壳是轮修时利用锋利的刀具经过几遍刮削所致。残存的柄外表经过磨光。杯身上部与下部之间、杯身与柄之间留有粘接痕迹，粘接得严丝合缝。

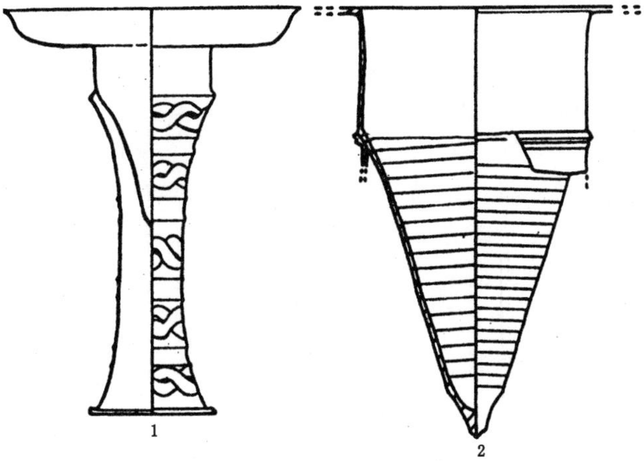

图5－33　山东龙山文化的薄胎高柄杯

1. 诸城市呈子 M81:2；2. 日照市两城镇采集

薄胎高柄杯是龙山时代快轮制陶的“高精尖”产品，其制作工艺体现了中国古代制陶技术史上的尖端技术，现在的关键问题在于其成型方法究竟如何，考古界看法不一，表现如下：

上述三里河、姚官庄、尹家城、呈子和两城镇等地出土的山东龙山文化薄胎高柄杯共50余件，笔者先从制陶工艺角度对这批资料进行具体分析，再连贯起来思索，归纳出薄胎高柄杯的特征，最后得出全部采用快轮拉坯成型的重要结论，这是认识上的飞跃，研究方法上的创新。

然而，有的学者认为兖州西吴寺遗址龙山文化早期的蛋壳黑陶高柄杯84YXM8:4和84YXM6:3都采用了注浆法成型[20]。笔者认为，这种说法能否成立，取决于有无可靠的出土实物上的直接证据。

注浆法在欧州自约1730年方行采用，基本操作是将泥浆浇入具有所需的外形（例如壶或瓶）的石膏模内，直至充满为止。泥浆内的水分被石膏部分吸收。结果便有一个实心黏土层堆积在石膏模内壁上。当实心黏土层已达所需厚度时，便将剩余的泥浆倒出。干燥时发生收缩，同时变得充分坚固，可以自模内取出[21]。1910年（清宣统二年）江西瓷业公司成立，本厂设于景德镇，瓷器制造仍用旧法，分厂设于鄱阳（城内高门），在分厂中附建一陶业学堂，陶业学堂首先制作石膏模型，后推广于景德镇。景德镇注浆法也是陶业学堂传去的[22]。从这些资料来看，注浆法成型起源于欧州，清末才传入中国。

第三节　坯体的修整工艺

铜石并用时代晚期坯体的修整工艺有两种情况：陶寺文化坯体的成型始终以手制法（这里指泥条筑成法）为主，因此，坯体的修整工艺以拍打为主；垣曲县古城东关遗址的龙山文化、山东龙山文化、天门市肖家屋脊遗址和枝江市关庙山遗址的石家河文化坯体的成型都以轮制法为主，因此，坯体的修整工艺都以快轮慢用修整为主。由此可见，坯体的修整工艺是服从于成型工艺，或者说是为成型工艺服务的。

坯体的修整方法不外乎是拍打、滚压、刮削、湿手抹平、慢轮修整、快轮慢用修整5种，但不同的操作环境和条件，往往侧重点不一。此期制陶工艺中最杰出的成就便是蛋壳陶，在修整方法当中，（快轮慢用的）刮削修整应占有相当重要的地位，但因蛋壳陶外表经过精细磨光，很难看到刮削的痕迹。前面提到考古工作者从日照市两城镇采集的一件薄胎高柄杯，笔者用放大镜观察过这件高柄杯的胆，其外表有细密的刮削纹理（细密轮纹），这是由于胆位于高柄杯的内部，即处于隐蔽处，胆的外表没有必要磨光的缘故，假如经过磨光，也是看不到刮削痕迹的。因为慢轮使用量在此期有所减少，所以慢轮修整之事亦随之减少，为此，下面只介绍余下的4种修整方法。

1. 拍打

与前述同样，其拍子一般应为木质。以陶寺文化为例，有的在拍子上绕绳（图5－13，3），有的在拍面上刻划成方格纹（图5－7，2），但也有少数素面拍子（图5－2，4；图5－3，5；图5－5，1）。拍打外表时，往往内壁以陶垫作依托（图5－2，4；图5－3，5；图5－7，2），形成陶垫与拍子内外两面夹攻之态势。陶器经过拍打之后，器表常出现某种纹理，它通常见于陶器的外表（例如绳纹、方格纹），但也有少数纹理即麻点纹见于陶器的内壁，这种有麻点纹的器物主要是圈足罐（图5－7，7）和肥足鬲（图5－20，1），它是由于拍打外表时内壁所用的陶垫（或内模），表面有凸点纹呈现凹凸不平而造成的。由于这种凹凸不平的存在，拍打时，凸起部分可以将坯体内壁的泥料向旁边挤压，从而比用素面的陶垫或内模可以更加有效地消除泥条缝隙，并且提高胎壁的致密度。在特殊情况下，拍打外表时，内壁故意不用陶垫（图5－4，4；图5－5，1），单从外表用力，目的是迫使胎壁发生变形，变成凹腰形和折肩。

垣曲县古城东关遗址龙山文化，拍打外表时一般使用方格纹拍子（图5－22，5、7）或篮纹拍子（图5－22，8），内壁都以陶垫作依托，留有陶垫窝。

2. 滚压

对坯体外表进行滚压修整时，有两种操作方法：一种是用绕绳圆棍进行滚压（图5－7，5），另一种是用刻有带细横丝竖篮纹沟槽的圆棍进行滚压（图5－34，4），两种方法在陶寺文化中都可以看到。

3. 湿手抹平

这是一种广泛采用的操作方法，例如垣曲县古城东关遗址龙山文化晚期的陶鬲（图5－16，4），领部内壁和外表都经湿手抹平。

4. 快轮慢用修整

快轮拉坯成型在此期得到较大发展，与此有关的器物明显增多，这类器物一般都留有快轮慢用修整的痕迹。例如陶寺文化的斜壁盆（图5－1，3）、敛口罐（图5－10，1）的外表，单耳罐（图5－10，3）的口沿内壁，陶豆（图5－1，4）的圈足内壁，都有顺时针方向的细密轮纹，这便是快轮慢用修整的纹理。

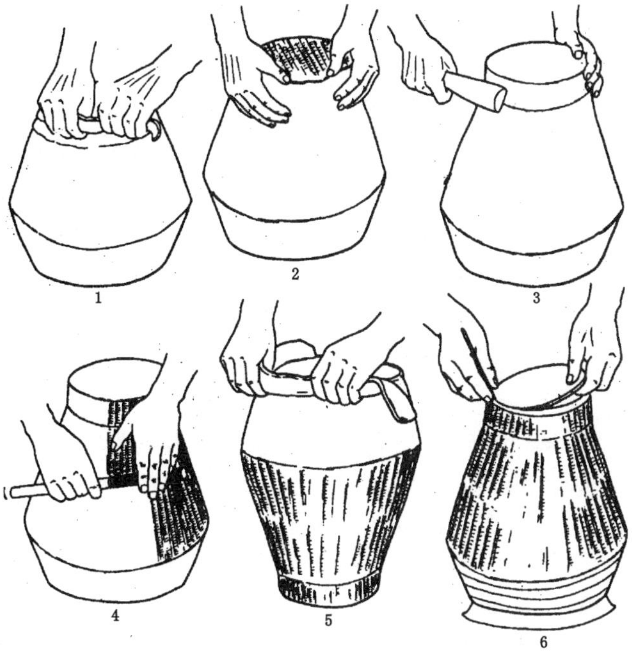

图5－34　山西襄汾县陶寺遗址陶寺文化晚期手制的圈足罐

1. 用泥条倒筑器壁；2. 底包壁；3. 将平底皿与器底相接处拍打实；
4. 外表滚印夹带横丝的竖篮纹；5. 用泥条圈筑口沿；
6. 用刀具切除皿底

垣曲县古城东关遗址的龙山文化，轮制的器物普遍留有细密轮纹，有些器物外底留有正心涡纹。正心涡纹是与偏心涡纹相对而言的，所谓“正心涡纹”系指涡心与外底圆心重合的涡状纹理，属于修整痕迹。例如早期陶盆（图5－23，1），将毛坯扣放在轮盘上，按逆时针方向慢速旋转，首先，在外底用刮板从中央往边缘逐渐移动刮削，外底的偏心涡纹消失的同时，出现顺时针方向旋转的正心涡纹，然后，在外表用刮板从上往下逐渐移动刮削，外表的螺旋式拉坯指痕消失的同时，出现顺时针方向螺旋式下降的细密轮纹；最后，将毛坯正放在轮盘上用刮板修整口部，使口部的形制特征鲜明，毛坯终于变为成坯。又如早期陶罐（图5－24，4），在快轮慢用修整过程中，轮盘始终都按逆时针方向慢速旋转。坯体正放时，修整肩部以上外表，用刮板从下往上逐渐移动刮削，肩部外表产生顺时针方向螺旋式上升的细密轮纹；将毛坯扣放之后，首先，在外底用刮板从中央往边缘逐渐移动刮削，产生顺时针方向旋转的正心涡纹，然后，在腹部外表用刮板从上往下逐渐移动刮削，腹部外表产生顺时针方向螺旋式下降的细密轮纹。从这件陶罐的修整痕迹上可以看到，尽管轮盘旋转的方向相同，然而，在肩部和腹部外表所产生的细密轮纹却有螺旋式上升和螺旋式下降的差别，这是由两个部位刮板移动的方向恰好相反所致。由此可见，制陶者从操作方便出发，可以灵活地掌握刮板移动的方向。

山东龙山文化的细泥黑陶薄胎高柄杯，胎薄如蛋壳，既与快轮拉坯成型时胎壁本来就比较薄有关，更是快轮慢用修整时利用锋利刀具进行刮削的结果。一些平底陶器的外底常有正心涡纹（图 5－26，1）[23]，一些器盖的顶部也有正心涡纹（图 5－26，4，5）[24]，这些正心涡纹都属于快轮慢用修整的痕迹，其涡心与外底或顶部的圆心是重合的。陶轮若按逆时针方向旋转，正心涡纹就按顺时针方向旋转（图 5－26，1，4，5）。反之，陶轮若按顺时针方向旋转，正心涡纹则按逆时针方向旋转。用圆锥状工具可以划成单线正心涡纹（图 5－26，1，5）；用篦状工具可以划成复线正心涡纹（图 5－26，4）。器盖顶部的正心涡纹既是修整痕迹，又兼有装饰作用。

第四节　坯体的装饰和修补

铜石并用时代晚期，坯体上的装饰工艺发生了明显变化：坯体修整过程中产生的纹样明显减少，修整后施加的纹饰明显增多，其原因是泥条筑成法成型的器物明显减少，快轮拉坯成型的器物明显增多；彩陶已经罕见，而且色彩和图案都很简单。

按照形态的不同，可将坯体上的装饰工艺分为以下三类：

一、坯体修整过程中产生的纹样

有拍印绳纹、滚印绳纹、按印绳纹、拍印篮纹、滚印篮纹、拍印方格纹等六种。其中以拍印绳纹、滚印绳纹和拍印篮纹为主。因为这是南方、北方广泛使用的纹饰，而且皆大同小异，现在举例如下：

1. 拍印绳纹

例如陶寺文化早期的深腹斝（图 5－13，3），外底有拍印绳纹，拍印工具应是木质的绕绳拍子。

2. 滚印绳纹

例如陶寺文化早期陶豆（图 5－7，5），豆盘外表有滚印绳纹。垣曲县古城东关遗址龙山文化早期陶盉（图 5－16，1）、早期陶鬲（图 5－11）、晚期陶鬲（图 5－16，3、4），外表都滚印竖绳纹。滚印工具应是木质的绕绳圆棍。

3. 按印绳纹

例如陶寺文化中期陶鬲（图 5－15，3）、垣曲县口头遗址陶鬲（图 5－17，1 右），其裆沟内都有按印绳纹。按印工具和滚印工具应当相同，都是木质的绕绳圆棍，由于使用工具的方法不同，绳纹状况略有差别。

4. 拍印篮纹

垣曲县古城东关遗址的龙山文化，陶器上的篮纹都是拍印而成的，有竖篮纹、横篮纹、交错篮纹之分，例如晚期陶甑（图 5－22，8）的外表便有拍印竖篮纹。陶寺文化也有拍印篮纹。拍印工具都是刻有平行线状沟槽的木质拍子。

5. 滚印篮纹

这是新出现的一种篮纹。陶寺文化一些带（含有）细横丝篮纹便是滚印而成的，例如晚期圈足罐（图 5－7，7）的腹部和外底都滚印带细横丝篮纹。笔者用放大镜从出土实物上观察到，并且通过模拟实验证实，在圆木棍上刻成一圈圈沟槽和垂直于沟槽的丝状纹理，在坯体上滚印时便可以获得带细横丝竖篮纹（图 5－

34，4)，其中，细横丝纹横断面的特点是在平面上每间隔一定距离有一个个细小的凸起。

6. 拍印方格纹

经笔者观察，陶寺文化晚期瘦足鬲（图5－12，1)，其外表有拍印的斜方格纹，其间还有一个个小平面，各小平面之间有打破关系，这是拍印的证据；引人注目的是斜方格纹内有细横丝纹，细横丝纹横断面的特点是呈现波折状，与树木劈裂面上的丝状纹理特征相同，因此，可以断定带横丝的斜方格纹是用劈裂的木板制成斜方格纹拍子拍印而成的。其具体方法是在木质拍子的劈裂面上刻成竖向、横向交错的沟槽（图5－12，3左)，就可以在鬲袋足坯体上拍印成带细横丝的斜方格纹（图5－12，3右)。这种在树木劈裂面上天然存在的丝状纹理与上述在圆木棍上人工刻成的丝状纹理相比，具有不同的特征。

垣曲县古城东关遗址的龙山文化，陶器上的方格纹都是拍印而成的，有正方格纹、斜方格纹之分，例如晚期陶罐（图5－22，5，7）的外表都拍印正方格纹。

二、坯体修整后施加的纹饰

此期在坯体上人为做出的装饰性花纹有附加堆纹、菌状钮纹、戳印纹、凸弦纹、竹节纹、凹弦纹、划纹、镂孔等八种，与铜石并用时代早期相比大同小异。大同者，它们在南方、北方都有使用。小异者，一是附加堆纹在北方使用稍多，凸弦纹、凹弦纹则在南方使用稍多；二是菌状钮纹、竹节纹此期稍多，而乳钉纹、压印竖条纹、压印花边纹、按压窝纹和碾压窝纹则比铜石并用时代早期稍有减少。

现将八种纹饰分别介绍如下：

1. 附加堆纹

例如陶寺文化早期的异形陶器即陶鼓（图5－9，1)，外表施附加堆纹多道，形成网状；早期深腹斝（图5－12，5)，腹部外表施相依的附加堆纹7周，并且将堆纹按压成波状。

2. 菌状钮纹

例如陶寺文化早期的带盖簋（图5－5，4)，腹上部附加菌状钮纹3个，横向排列，间距相当，这种装饰是罕见的。

3. 戳印纹

例如垣曲县古城东关遗址的龙山文化，早期陶鬲（图5－11）的鋬耳上用三棱棍的前端施戳印纹2个，横向排列；晚期陶鬲（图5－16，3）的鋬耳上用圆棍的前端施戳印纹4个，横向排列。两种不同形状的戳印纹都使鋬耳呈现鸡冠状。

4. 凸弦纹

是在快轮慢用修整刮削坯体的过程中故意在胎壁上留出凸起的平行线纹，这样形成的凸弦纹可以称为旋留凸弦纹，它的特征与旋划凹弦纹恰好相反。例如东关遗址龙山文化的晚期陶豆（图5－24，1)，圈足中部旋留凸弦纹1周；天门市肖家屋脊遗址石家河文化的喇叭形圈足豆（图5－28，1，2，3)，其圈足上部分别旋留凸弦纹1周、2周和1周。

5. 竹节纹

例如山东龙山文化一些细泥黑陶薄胎高柄杯（图5－29，12；图5－30，1，2；

图5－32，2），其柄上旋留多周凸弦纹，使柄呈现为竹节状，因此称为竹节纹。这竹节纹实际上是旋留凸弦纹的变种。

6. 凹弦纹

用篦状或锥状工具旋划而成。例如陶寺文化的早期陶尊（图5－3，4），其腹部用篦状工具旋划密集的凹弦纹4组；晚期圈足罐（图5－7，7）的肩部旋划凹弦纹3周；晚期陶甗（图5－21，5）的腹部旋划凹弦纹5周。垣曲县古城东关遗址的龙山文化，早期陶瓶（图5－22，2）的肩部和腹部旋划凹弦纹3组，每组2～3周；晚期陶甑（图5－22，8）的腹部旋划凹弦纹数周，凹弦纹割断竖篮纹，这表明拍印竖篮纹的工序在先，旋划凹弦纹的工序在后；晚期陶豆（图5－24，1）的豆盘腹下部旋划凹弦纹4周。

7. 划纹

例如东关遗址龙山文化晚期陶罐（图5－22，4），腹中部有网格状划纹，是用锥状工具刻划而成的，笔者根据各线条之间的打破关系断定，先从右上方至左下方刻划，产生一组向左斜的划纹，后从左上方至右下方刻划，产生一组向右斜的划纹，后一组划断（打破）前一组，两组相交形成网格状划纹。

8. 镂孔

例如陶寺文化晚期圈足罐（图5－7，7），圈足上有较大的缕孔2个，左右对称。山东龙山文化薄胎高柄杯的柄上，由凸弦纹、竹节纹、凹弦纹、划纹和镂孔组成复杂的图案（图5－29，7、9；图5－31，1、2），非常美观，在薄如蛋壳的胎壁上施加这些纹饰的难度极大，制陶者应当有极高的施纹技术，各种形状的镂孔应当是用锋利的刀具切割而成。

三、涂刷陶衣和磨光

涂刷陶衣的技术至迟始于新石器时代中期（见本书第二章第四节），之后就沿用了下来，南方、北方各地都有使用。在陶寺文化中，从早期到晚期都出土过相当多的泥质陶，无论是泥条筑成的坯体还是轮制成型的坯体，都涂有一层陶衣。此陶衣原是经过淘洗的细泥浆，制陶者的目的是用陶衣掩盖坯体表面的粗糙和不平现象，并且在器表将干未干时，用质地坚硬而光滑的工具进行磨光，致使陶衣成为坯体的有机组成部分，一般不易脱落，而且富有光泽，相当美观，显然，施陶衣和磨光具有美化器表的作用。有关器物，例如陶寺文化晚期的陶豆（图5－1，4），豆盘下部和圈足外表及豆盘内壁都涂陶衣、经过精细磨光；晚期陶簋（图5－1，6）的外表也涂陶衣、经过磨光。

垣曲县古城东关遗址的龙山文化，器表磨光工艺几乎涉及各种器形，例如早期陶杯（图5－22，1）和早期陶瓶（图5－22，2）的外表，晚期陶甑（图5－22，8）的肩部外表，早期陶盆（图5－23，1）的内壁，早期双腹盆（图5－23，2）的外表及沿面，早期陶罐（图5－24，4）的肩部以上外表都经过不同程度的磨光。

四、彩陶

此期彩陶技术已经衰退，例如垣曲县古城东关遗址的龙山文化，彩陶甚少，而且只有红彩，早期陶杯（图5－24，2）的腹中部以上外表绘红彩宽带纹1周，口内有红彩窄条纹1周，这是在外表绘宽带纹时由绘画工具（画笔）顺便带上去的。天门市肖家屋脊遗址石家河文化早期出土彩陶纺轮 10 件，一面绘黑彩或红彩，周边均涂红彩[25]。

五、坯体的修补

坯体在干燥收缩过程中，有时由于收缩不匀会产生开裂现象，例如垣曲县古城东关遗址的龙山文化早期陶罐 ⅠH254:18（图 5－24，4）。其开裂的原因是：快轮拉坯时置于坯体内壁的左手各个手指用力大小不均，内壁有的部位螺旋式拉坯指痕很深，呈现沟槽状，使此处的胎壁很薄，干燥收缩速度比其他部位要快得多，从而使胎壁产生带有破坏性的应力，导致沟槽最深处即胎壁最薄处开裂。应力是指坯体由于外因（如湿度变化）或内在缺陷（如胎壁厚薄不匀）而发生形变时，单位面积所承受的作用力。在应力超过坯体的强度时，就成为破坏性应力，使胎壁开裂。从内壁和外表都可以看到裂缝按顺时针方向螺旋式上升（图上用粗线表示裂缝）。当时制陶者曾经在坯体外表的裂缝处涂抹一层不规则宽带状的夹砂泥料（图上用小麻点表示砂粒）进行修补，暂时遮盖住裂缝。烧制以后，虽然胎壁和裂缝处的抹泥层都变成深灰色，但是再次从原先的裂缝处开裂，抹泥层也开裂，结果这件陶罐成为残次品，不能用于盛液体。笔者从多次模拟实验中得知，坯体的开裂现象主要发生在器表磨光（磨光时坯体的含水率为 13%～11%）之后的一段时间内，具体地说，主要发生在坯体的含水量下降至 9%～5% 这段时间内。模拟实验还证实，坯体在干燥收缩过程中开裂之后，采用抹泥的方法进行修补是无济于事、难以成功的，如果发现坯体已经开裂，只好作为废品淘汰掉。因此，要求制陶者具有熟练的操作技术，甚至利用快轮拉坯成型时，各个手指用力的大小都要均匀，使胎壁厚薄均匀，这样才能提高产品的合格率。

第五节 陶窑和陶器的烧制工艺

铜石并用时代晚期建造陶窑的技术有明显进步，情况如下：

本期的陶窑多为竖穴式升焰窑，都有专门用于装窑和出窑的窑门。有的陶窑将窑室分为上下两层，因而有双层窑箅、上下两个窑门，这是陶窑结构上的一项创新，表明制陶者想方设法提高窑室空间的利用率，以便提高陶制品的产量。有的陶窑周壁及底部被烧成坚硬的青灰色，表明经常采用还原气氛烧制陶器。

具有双层窑室的陶窑在陶寺文化中可以看到。陶寺遗址共计清理出 8 座陶窑，其中早期 5 座，晚期 3 座，均为竖穴式升焰窑，窑体平面都呈现葫芦形。早期陶窑中有 3 座保存较好，唯独 Y315（图 5－35）有双层窑室，其窑体平面呈现葫芦形，前为火膛，后为窑室。根据有双层窑箅，推测有上下两个窑门，以便分层装窑和出窑，现在仅存下层窑门。与单层窑箅的陶窑相比，因上下两层窑箅上都可以放置坯体，窑室空间利用率提高了一倍。晚期陶窑只有 Y402 保存稍好，平面也呈葫芦形。

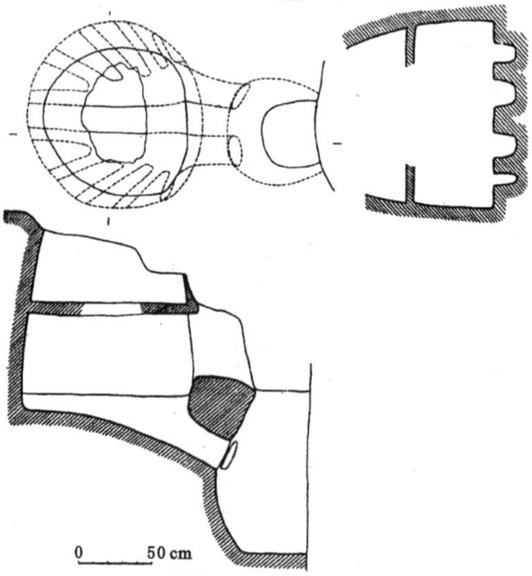

图 5－35　山西襄汾县陶寺遗址陶寺文化早期的陶窑（Y315）平、剖面图

河南陕县三里桥遗址发现龙山文化陶窑 1 座，编号为 Y4（图 5－36）。它可分前后两部分：前部为火膛，后部即窑室。火膛的口部略小于底部，系一深 1.3 米的椭圆形袋状竖坑，口部东西 0.97 米、南北 0.6 米，底部东西 1.2 米、南北 0.82 米。窑室呈圆形，上部已被耕土破坏，直径 1.3 米，残高 0.38 米，周壁向上往里略呈弧形，底部有 4 条南北向平行的沟状火道，长 1.2～1.36 米，宽 0.11 米，深 0.12～0.17 米。在火膛与窑室之间有一条隔梁，因而火道作斜坡式经过隔梁通到火膛（中间两条直行，东边成 160°，西边成 120°拐弯）。在窑室的壁上有建造（陶窑）时留下的工具痕迹，作双齿形，与庙底沟龙山灰沟（HG553）的木耒痕迹相同。在火膛与窑室之间的隔梁上面有一个窑口，方向为 175°，长 0.5 米，宽 0.6 米，残高 0.36 米。整个陶窑的周壁及底部，经火烧的结果变成一层坚硬的青灰色的烧土面，厚 5～9 厘米[26]。笔者认为，在火膛与窑室之间的隔梁上面的窑口也就是窑门，从平面图上可以看到窑门位于火膛与窑室之间，从剖面图上可以看到窑门位于隔梁的上方，制陶者从窑门放入坯体和取出陶器。

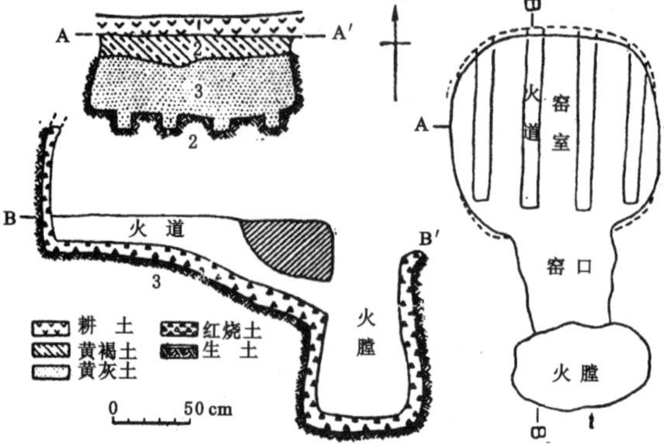

图 5－36　河南陕县三里桥遗址河南龙山文化的陶窑（Y4）平、剖面图

本期烧制陶器的技术也有明显进步。陶寺文化在窑室内设置双层窑箅，以便提高窑室空间的利用率；石家河文化采用垒叠装窑的方法，也是为了提高窑室空间的利用率，提高陶器的产量。陶器的烧成温度上限约1000℃，只有明器（又称冥器）多属低温陶；从总体上看以灰陶为主，而且颜色纯正，表明还原烧成技术已经达到普及和成熟的程度，石家河文化有些灰陶已经采用强还原气氛烧制，甚至有的灰陶还原比值高达20.19，这一点在中国古代制陶技术史上是罕见的；山东龙山文化窑内渗碳的技术高度发达，蛋壳黑陶薄胎高柄杯代表了渗碳技术的最高水平。

陶器的烧制工艺体现在温度控制、气氛控制、渗碳操作三个方面，现在分别叙述如下：

1. 温度控制

此期陶器的烧成温度在600℃～1050℃之间。根据测试，陶寺文化陶器的烧成温度为600℃～850℃（表5－1，表5－2）。其中褐陶类多数属于低温陶（600℃～700℃），最低的仅600℃（表5－1，2），质地松软；灰陶类烧成温度较高，其中一件扁壶达850℃（表5－1，16），其质地坚硬，击之有清脆的声音，扁壶是汲水工具，制陶者有意识提高它的烧成温度，以便经久耐用。引人注目的是：在陶寺文化中，居住遗址内出土的陶器烧成温度都较高，早期墓葬内出土的陶器多数属于低温陶，这表明当时制陶者控制烧成温度的原则是：人们在日常生活中使用的陶器（即实用器）烧成温度较高，为葬者随葬时使用的明器多数烧成温度较低。在生者与死者之间划出一条明确的界线是明智的、进步的表现，因为实用器的烧成温度较高，质地较硬，可以改善陶器的使用功能，从而改善人们的生活；明器的烧成温度较低，在烧制过程中可以省工省力省时，从而提高烧制明器的效率。

垣曲县古城东关遗址龙山文化的陶器，笔者根据其硬度，估计烧成温度一般在800℃～900℃之间，最高的也在1000℃以下。

天门市肖家屋脊遗址石家河文化的陶器，笔者根据其硬度，估计烧成温度一般在800℃～900℃之间；少数器物低于800℃，表皮已经剥落；个别器物高于1050℃，例如陶罐（图5－25，2），质地坚硬，已经烧流变形，工艺上称之为“过烧膨胀”，这是超过制作坯体所用黏土的耐火度所致，腹部产生气泡12个，均为中空，直径1～4.5厘米，剖面图上所绘的气泡只是其中较大的一个。

2. 气氛控制

此期还原烧成技术已经达到普及和成熟的程度，氧化烧成的陶器则很少见。

（1）还原烧成技术。例如陶寺文化一部分灰陶的化学组成中，低价铁与高价铁含量的比值较大（表5－1，16；表5－2，2，6），其还原比值分别为2.49、1.25、1.30，表明这些灰陶内的铁质大部分已经转化为低价铁，应是在还原气氛中烧成的。还原烧成是烧制后期在窑内温度较高但是氧气供应不足的条件下，在一氧化碳的作用下进行的。由此可见，只要操作方法得当，利用升焰窑也能进行还原烧成。

垣曲县古城东关遗址龙山文化的陶器大多数为灰陶，据统计，早期灰陶占87.7%，晚期灰陶占74.3%，而且颜色纯正；褐陶很少，早期褐陶仅占5.7%，晚期褐陶仅占5.2%；灰褐陶几乎消失，晚期灰褐陶仅占1.2%（表5－8），这表明还原烧成技术已经成熟。

天门市肖家屋脊石家河文化的陶器有两点值得注意：

一是从总体上看，灰陶占第一位。

二是它的叠烧技术，在灰陶当中，有一部分喇叭形圈足豆采用垒叠装窑法（也称叠烧法），这样可以提高装窑的数量。这种叠烧法可以在有关器物的胎色上清楚地看到。例如豆的圈足（图5－28，1），外表为浅灰色，内壁却为深灰色（图上以绘小黑点表示深灰色，下同）；陶豆（图5－28，2）的全身外表和豆盘内壁的上部为浅灰色，圈足内壁和豆盘内壁的下部至内底却为深灰色；陶豆（图5－28，3），全身外表和圈足内壁及豆盘内壁的上部为浅灰色，豆盘内壁的下部至内底却为深灰色。产生上述现象的原因在于：采用垒叠装窑法，如果将这三件豆按照下、中、上的顺序垒叠在一起装窑，并且在烧制后期改用还原气氛，这时暴露在外的器壁处于开放状态，由于窑内的空气是流通的，接触氧气相对较多，还原气氛也就相对较弱，结果成为浅灰色；由于垒叠被遮盖的器壁，其内部处于封闭状态，空气难以流通，接触氧气相对较少，甚至严重缺氧，还原气氛也就相对较强，结果成为深灰色。由于器壁各部位所处的环境不同，还原气氛有强弱之分，导致器壁各部位的灰颜色有深浅之别。

三件喇叭形圈足豆垒叠在一起装窑，说明窑室的高度应当高于三件豆垒叠之后的总高度，可以设想陶窑的规模比较大；垒叠装窑法提高了窑室空间的利用率，这种装窑法具有深远的影响，后世瓷器亦沿用叠烧法。

石家河文化还原烧成的技术已经达到普及的程度。1990年4月，笔者在湖北省荆州博物馆做过统计，当时肖家屋脊遗址已经出土的217件陶豆当中，泥质灰陶有199件，占陶豆总数的92%，这表明绝大多数陶豆在烧制后期改用还原气氛烧成。

众所周知，与在相同温度下烧制而成的红陶相比，灰陶具有更好的烧结性能和更高的机械强度，并且具有较强的耐酸碱腐蚀性能，因此灰陶比红陶更加耐用。由此可见，龙山时代还原烧成技术的普及是陶器烧制工艺上的重大进步。

笔者认为，在石家河文化的灰陶当中，以浅灰陶占大多数，深灰陶很少，其原因有两个：第一，与制陶原料的化学组成如何（这里主要指含铁量高低）有关。1990年4月笔者在天门市肖家屋脊遗址考古发掘现场，看到文化层之下的生土层中夹杂着一层层“青膏泥”，其质地细腻，干燥之后呈现浅灰色，这是一种含铁量较低的黏土，如果以“青膏泥”制作坯体，在氧化气氛中可以烧制成橙黄陶，在还原气氛中可以烧制成浅灰陶；第二，与还原气氛的强弱有关。肖家屋脊遗址采用叠烧法烧制而成的陶豆，暴露在外的器壁，处于弱还原气氛中成为浅灰色，被遮盖的器壁，处于强还原气氛中成为深灰色。

由此可见，在还原气氛强弱相同的条件下，陶胎内含铁量较低，灰陶的颜色就较浅，含铁量较高，灰陶的颜色就较深；在制陶原料含铁量相同的条件下，采用弱还原气氛可以烧制成浅灰陶，采用强还原气氛可以烧制成深灰陶。

如上所述，笔者从灰陶豆上观察到各部位灰颜色深浅不同的现象，经过理性分析，认识到灰颜色深浅不同是所处环境的还原气氛强弱不同所致，还原气氛强弱不同是陶豆采用垒叠装窑法的缘故，终于得出石家河文化采用叠烧技术的结论，并且还阐明了陶胎的含铁量高低、还原气氛强弱、灰颜色深浅三者之间的内在联系，这是对石家河文化装窑法和烧成技术认识上的飞跃，是研究方法上的创新。

枝江市关庙山遗址石家河文化的大多数陶器在烧制后期改用还原气氛，成为灰陶。例如T68①CH62:42 为泥质浅灰陶罐的腹片，胎心亦呈现灰色，据化学分析，氧化铁含量为0.27%，氧化亚铁含量为5.45%，铁质的还原比值为5.45/0.27=20.19（表5－4，2），表明这件陶罐采用强还原气氛烧制而成。还原比值这样高在中国古代制陶技术史上是罕见的。

（2）氧化烧成技术。例如垣曲县古城东关遗址龙山文化的陶器中，只有少数红陶，早期红陶仅占1.97%，晚期红陶仅占7.1%（表5－8），相关器物例如早期陶杯ⅠH109:20（图5－24，2）。笔者1990年4月统计过天门市肖家屋脊遗址石家河文化的陶豆，泥质红陶有13件，仅占陶豆总数（217件）的6%。关庙山遗址石家河文化只有少量橙黄陶和红陶。由此可见，在龙山时代氧化烧成技术已经退居次要地位。

表5－8　山西垣曲县古城东关遗址龙山文化陶色统计表（%）

分期	灰陶	褐陶	灰褐陶	红陶	黑陶
早期	87.7	5.7		1.97	4.6
晚期	74.3	5.2	1.2	7.1	12.1

3．渗碳操作

铜石并用时代晚期，山东沿海地区成为窑内渗碳技术最发达的地区，尤以山东龙山文化的磨光泥质黑陶最具代表性，器表薄而均匀，表里透黑，器表多带光泽[27]。其中蛋壳黑陶高柄杯代表了渗碳技术的最高水平。

陶寺文化的陶器，施陶衣的器物一般都经过渗碳，但是渗碳的程度有所不同：多数为褐陶衣、红褐胎，是渗碳时窑内温度偏低、烟不浓，或渗碳时间较短所致，若将有褐陶衣的陶片置于火上复烧，就会变成红陶衣，这说明陶衣呈现褐色是渗入少量碳粒的缘故；少数为黑陶衣、红褐胎，是窑内温度适当、在浓烟中渗碳，但因渗碳时间不长，只有陶衣渗入大量碳粒呈现为黑色；个别为黑陶衣、黑胎，这是窑内温度适当、在浓烟中渗碳时间较长的结果，不仅陶衣而且胎心的孔隙内都渗入大量碳粒。

垣曲县古城东关遗址龙山文化有一部分黑陶，例如早期陶鬲（图5－11）、早期陶杯（图5－22，1）、晚期陶豆（图5－24，1）、近代坑出土的龙山文化陶罐（图5－24，3）都经过窑内渗碳成为黑陶。

天门市肖家屋脊遗址石家河文化只有少量黑陶，例如细泥黑陶高柄杯H116:7、H116:8，两件都经过磨光和窑内渗碳，器表漆黑光亮，相当美观。枝江市关庙山遗址石家河文化也有一定数量的黑陶。从总体上看，石家河文化的渗碳工艺不发达。

第六节 烧制后陶器上的装饰工艺

这里指彩绘陶工艺，铜石并用时代晚期的彩绘陶有单彩、复彩两类，复彩尤其绿彩是新出现的，陶寺文化的彩绘陶龙盘，其图案复杂，代表了此期彩绘陶工艺的水平。

陶寺文化的彩绘陶，是在烧制以后的陶器表面用彩色颜料进行装饰的，一般以黑色陶衣为地，其上施红色、黄色、白色彩，或者以红色为地施黄色、白色彩，纹样有圆点纹、条带纹、几何形纹、涡纹、迴纹、龙纹、变体动物纹等[28]。经鉴定，陶器上的彩绘图案都是用矿物颜料绘成的。红色颜料为朱砂（HgS）；黄色颜料为蒙脱石，这是膨胀性黏土矿物，其化学成分为 $(Al\cdot Mg)_2[Si_4O_{10}](OH)_2\cdot nH_2O$；绿色颜料的主矿物为孔雀石 $[CuCO_3\cdot Cu(OH)_2]$；白色颜料的主矿物为方解石（$CaCO_3$）[29]。

陶寺文化的彩绘陶可以分为单彩、复彩两类：

1. 单彩

单彩系指在一件陶器上只用单一的红色颜料绘成图案。例如彩绘陶盘 M3072:6（彩版 2，3），为泥质红褐胎黑衣陶，手制成型，折沿，斜壁，浅腹，小平底。外表上部留有浅绳纹，隐约可见，下部抹平，沿面和内壁涂陶衣并磨光，经过渗碳成为黑衣陶。在内壁的黑陶衣地上用朱砂绘成红彩蟠龙图案，也就是说，龙纹呈现为蟠曲（盘曲）状，沿面绘红彩条带纹一周。

2. 复彩

复彩系指在一件陶器上用数种颜料绘成图案。既有红色、白色两种颜料并用的，又有红色、白色、绿色三种颜料并用的。例如彩绘陶壶 M3002:49，为泥质红褐胎黑衣陶，手制成型，高领，折腹，小平底，折棱以下施绳纹，以上施陶衣并磨光，黑陶衣富有光泽。领下部绘红色条带纹 1 周，折棱上侧绘白色条带纹 1 周，二者之间用红色、白色两种颜料绘成变体动物图案，笔者认为，这可能是简化的侧视龙纹图案，其特点是大眼睛、卷尾巴。

参考文献

[1] 中国历史博物馆考古部、山西省考古研究所、垣曲县博物馆编著：《垣曲古城东关》，科学出版社，2001 年，第 516 页。

[2] 中国社会科学院考古研究所编著：《新中国的考古发现和研究》，文物出版社，1984 年，第 100 页。

[3] 湖北省荆州博物馆、湖北省文物考古研究所、北京大学考古学系石家河考古队：《肖家屋脊》（上），文物出版社，1999 年，第 348 页。

[4] 中国社会科学院考古研究所编著：《胶县三里河》，文物出版社，1988 年，第 90 页。

[5] 中国社会科学院考古研究所实验室：《山西襄汾陶寺遗址陶片的测试和分

析》，《考古》1993 年第 2 期，第 180、181 页。

［6］湖北省荆州博物馆、湖北省文物考古研究所、北京大学考古学系石家河考古队：《肖家屋脊》（上），文物出版社，1999 年，第 146、237 页。

［7］甘肃省博物馆：《武威皇娘娘台遗址第四次发掘》，《考古学报》1978 年第 4 期，第 439、441、442 页。

［8］高天麟：《黄河流域新石器时代的陶鼓辨析》，《考古学报》1991 第 2 期。

［9］中国社会科学院考古研究所山西工作队、临汾地区文化局：《1978～1980 年山西襄汾陶寺墓地发掘简报》，《考古》1983 年第 1 期，第 37 页。

［10］中国社会科学院考古研究所山东工作队、山东省潍坊地区艺术馆：《潍坊鲁家口新石器时代遗址》，《考古学报》1985 年第 3 期。

［11］中国社会科学院考古研究所安阳工作队：《安阳后岗新石器时代遗址的发掘》，《考古》1982 年第 6 期，第 576 页图一六，2。

［12］中国科学院考古研究所编著：《沣西发掘报告》，文物出版社，1962 年，第 61 页。

［13］中国科学院考古研究所编著：《沣西发掘报告》，文物出版社，1962 年，第 57 页。

［14］国家文物局考古领队培训班：《兖州西吴寺》，文物出版社，1990 年，图三三，中、下。

［15］中国社会科学院考古研究所编著：《胶县三里河》，文物出版社，1988 年，第 91、92 页。

［16］吴绳愚编著：《陶瓷计算》，轻工业出版社，1983 年，第 199 页。

［17］山东省文物考古研究所、山东省博物馆、中国社会科学院考古研究所山东队、山东省昌潍地区文物管理小组：《山东姚官庄遗址发掘报告》，《文物资料丛刊》第 5 期，文物出版社，1981 年。

［18］山东大学历史系考古专业教研室：《泗水尹家城》，文物出版社，1990 年，第 134 页。

［19］昌潍地区文物管理组、诸城县博物馆：《山东诸城呈子遗址发掘报告》，《考古学报》1980 年第 3 期。

［20］钟华南：《西吴寺遗址龙山文化陶器制法鉴定报告》，国家文物局考古领队培训班：《兖州西吴寺》，文物出版社，1990 年，第 257 页。

［21］〔英〕保罗·拉多著，宋光梁译：《陶瓷技术概论》，台北市徐氏基金会，1978 年，第 53～55 页。

［22］江西省轻工业厅陶瓷研究所编：《景德镇陶瓷史稿》，生活、读书、新知三联书店，1959 年，第 270、271、285 页。

［23］国家文物局考古领队培训班：《兖州西吴寺》，文物出版社，1990 年，图三三，上。

［24］山东大学历史系考古专业教研室：《泗水尹家城》，文物出版仕，1990 年，图一〇五，5、9。

［25］湖北省荆州博物馆、湖北省文物考古研究所、北京大学考古学系石家河

考古队:《肖家屋脊》(上),文物出版社,1999 年,第 213 页。

[26] 中国科学院考古研究所编著:《庙底沟与三里桥》,科学出版社,1959 年,第 86 页。

[27] 中国社会科学院考古研究所编著:《新中国的考古发现和研究》,文物出版社,1984 年,第 98 页。

[28] 中国社会科学院考古研究所山西工作队、临汾地区文化局:《1978 ~ 1980 年山西襄汾陶寺墓地发掘简报》,《考古》1983 年第 1 期,第 36 页。

[29] 中国社会科学院考古研究所实验室:《陶寺遗址陶器和木器上彩绘颜料的鉴定》,《考古》1994 年第 9 期。

第六章
夏商时代的制陶技术

夏代（公元前2070—前1600年）、商代（前期为公元前1600—前1300年，后期为公元前1300—前1046年）是中国历史上最早建立起来的统一的奴隶制国家政权，前后约经历了1000多年时间。这一时期内，我国的政治、经济、文化、生产技术都比以前有了较大的发展和提高。中原地区在政治、经济、文化、生产技术中的主导和中心地位，开始确立起来。偃师二里头、偃师商城、郑州商城、安阳殷墟都是经过考古发掘的夏商时代大型文化中心。

在新石器时代晚期，尤其是铜石并用时代，我国古代制陶技术便达到了它的顶峰，夏商之后开始出现逐渐衰退的趋势，这主要是由于髹漆技术、原始瓷技术、冶金技术等的发展，极大地压缩了陶器的使用范围。不过，制陶技术依然具有强大的生命力，并在多个方面仍然有一定的发展。目前我国南方、北方都发掘过许多这一时期的文化遗址、墓葬，乃至制陶作坊，其中都出土了大量的陶器，它们都较好地反映了此期制陶技术的发展情况。其中比较值得注意的遗址有：

河南渑池县郑窑遗址，它属于二里头文化时期，恰好与二里头文化的一、二、三期相对应[1]。

西藏拉萨市曲贡遗址，1984年调查试掘[2]，1990年第一次发掘[3]，1991—1992年连续两次发掘[4]，遗址断代为公元前2000—前1500年，大约与中原的夏代相当，但是该地区仍处于新石器时代，有的学者谓之史前的高原农耕文化[5]。

内蒙古赤峰市敖汉旗大甸子遗址和墓葬皆处于夏家店下层文化范围，绝对年代约为公元前1600年，有关学者已对其制陶工艺做过不少研究[6][7]，尤其是对其中的彩绘陶工艺。

山西垣曲商城遗址，其中包括二里头文化晚期、二里岗文化下层、二里岗文化上层三个历史时期[8]。

湖北黄陂盘龙城商代前期遗址，出土了大量普通陶器，少量印纹硬陶和釉陶（也有学者称之为原始瓷），经测定和树轮校正，为公元前1690～前1500年[9]。

上述遗址，即郑窑、曲贡、大甸子、垣曲、盘龙城的制陶工艺，笔者分别于1989年、1992年、1983年、1991年、1990年亲自做过考察和研究。

此期印纹硬陶有了较大发展，主要的表现是：出现了一个大范围的印纹硬陶兴盛区，主要是南方的江西等[10]。江西的印纹硬陶主要见于清江县（今名樟树市）筑卫城中层，见有硬陶质的陶片（7片）、羊角式器足（或把手）、鸡冠形盖钮等，若对清江印纹硬陶片的年代仍有怀疑的话，对鸡冠形盖钮便不应再有疑虑，它是具有鲜明时代特征的器物[11]，其年代为距今4000年左右，大约与中原的夏代相当。此外，此期还在印纹硬陶的基础上发明了原始瓷，原始瓷大约始见于清江吴城一期，所见器物有高圈足浅盘豆和复原的一件尊（74秋T7⑤:47）[12]，其年代大约相当于二里岗上层。由此可见，印纹硬陶出现的年代稍早于原始瓷。

在考古发掘中所见的夏商时期窑址主要有：在偃师二里头发现的二期陶窑1座，三期陶窑5座，四期陶窑4座[13]；在郑州商城二里岗期发现制陶手工业作坊遗址，其中包括陶窑5座，与制陶有关的房基或作坊9座[14]；在黄陂盘龙城发现的二期陶窑2座，三期陶窑1座[15]；在清江吴城发现制陶区，其中有陶窑14座[16]。此外，2008年在安阳殷墟花园庄南地发现商代制陶作坊区（见《中国文物报》2008年10月15日第二版：《殷墟首次发现重要的商代制陶作坊区》），当年清理出商代陶窑10座，承蒙中国社会科学院考古研究所岳占伟先生告知，至2010年6月，共清理出商代陶窑16座，这个制陶作坊与铸铜作坊、制骨作坊连在一起，组成殷墟最重要的手工业作坊区。

夏商时代制陶技术中，比较值得注意的技术事件有以下6个方面：

（1）与铜石并用时代晚期相比较，快轮制陶技术呈现明显的倒退，泥条筑成法重新占据了成型工艺的主导地位。

（2）夏商时代开手制联裆鬲之先河，意义深远。手制联裆鬲的发明者是夏族，沿用者是商族，而大力推广者则是周族。

（3）从制陶工艺上可以看出垣曲商城、黄跛盘龙城与郑州商城之间有密切的关系，它们有许多共同点。

（4）夏商时代发明了半倒焰窑和平焰窑，为高温烧制陶器和还原气氛烧成提供了最重要的物质条件。引人注目的是此期出现了大型制陶作坊，例如郑州商城、清江吴城等制陶作坊遗址，这是制陶手工业生产规模明显扩大的表现。

（5）夏代出现了印纹硬陶，商代出现了原始瓷，以及印纹硬陶与原始瓷同窑合烧的方式，这表明从夏商时代开始，进入了由制陶技术向制瓷技术过渡的时期。印纹硬陶与原始瓷既有密切关系，又有一定区别。印纹硬陶的工艺要点是：所用的原料是高硅质黏土或瓷石，质地较粗，但耐火度较高；由于所用的泥料较粗，不宜采用快轮拉坯成型，只好采用泥条筑成法成型；也因此其坯体必须经过认真地拍打或滚压；由于坯体的耐火度较高，并且在窑温较高的窑炉（尤其是平焰窑）内烧制而成，结果便得到一种烧成温度较高（达1150℃）、质地坚硬、吸水率较低的印纹硬陶。南方地区的陶工们烧制出大批既不同于普通陶器，又区别于原始瓷器的印纹硬陶，既美观又坚固耐用，这是制陶技术史上的重要成就。

（6）少数地区彩绘陶工艺迅猛发展，图案复杂，“目”纹（即“饕餮”纹）图案具有夏商之际的时代特征。彩绘陶成为当时最重要、最有特色的明器。

第一节　原料的制备工艺

原料的制备工艺包括以下两个方面。

一、制胎原料的选择

制胎原料依然有黏土和羼和料两类。

1. 黏土

夏商时代制胎所用塑性原料有普通易熔黏土、高铝质耐火黏土、高硅质黏土或瓷石。其中高硅质黏土或瓷石从前是罕见的。

（1）普通易熔黏土。这是使用最广的制胎原料，例如渑池县郑窑遗址二里头文化所用的塑性原料均为普通易熔黏土，泥质陶所用的泥料未经淘洗，含有个别砂粒。敖汉旗大甸子墓地夏家店下层文化的陶器，拉萨市曲贡文化的陶器以及垣曲商城二里头晚期、二里岗下层、二里岗上层三个时期的陶器，制胎所用塑性原料几乎都是普通易熔黏土。

从表6－1，1—5号可以看到黄陂盘龙城的陶器，制胎所用普通易熔黏土的化学组成为：氧化硅59.50%～67.60%，平均值63.17%；氧化铝15.13%～20.99%，平均值17.46%；助熔剂（氧化铁、氧化钙、氧化镁、氧化钠、氧化钾、氧化钛）总和9.84%～13.17%，平均值11.51%，以低氧化硅、低氧化铝、高助熔剂为特征。经笔者从出土实物上观察，以普通易熔黏土制作的泥质陶含有个别砂粒，表明泥料亦未经淘洗。

表6－1　湖北黄陂盘龙城遗址陶片的化学组成

编号	名称	陶质陶色	纹饰	SiO_2（%）	Al_2O_3（%）	Fe_2O_3（%）	CaO（%）	MgO（%）	Na_2O（%）	K_2O（%）	TiO_2（%）	烧失量（%）	总量	助熔剂总和（%）
1	陶鬲	夹砂灰陶胎心黄红色	绳纹、附加堆纹	64.85	18.58	6.40	0.98	0.99	0.92	1.93		5.83	100.48	11.22
2	印纹软陶腹片	泥质黄白陶	雷纹	59.50	20.99	4.80	2.24		0.97	1.83		8.16	98.49	9.84
3	陶鬲足	夹砂灰黄陶	粗绳纹	61.85	15.13	7.51	1.31		0.95	1.62	0.40	5.48	94.25	11.79
4	陶鬲足	夹砂红陶	素面	67.60	15.18	6.98	1.79		0.99	0.71	1.05	5.40	99.15	11.52
5	陶鬲足	夹砂黄红陶	素面	62.04	17.42	7.87	2.12		0.94	1.60	0.64	5.21	97.84	13.17
6	印纹硬陶腹片	泥质灰白陶	编织纹（或称席纹）	71.72	19.53	5.19	1.97		0.62	0.99	0.86	1.37	102.25	9.63

注：本表数据是由中国社会科学院考古研究所实验室黄素英测定的。

（2）高铝质耐火黏土。利用这种黏土制陶开始于新石器时代早期，见于湖南道县玉蟾岩洞穴遗址，但是当时用这种黏土可能带有偶然性（见本书第一章第二节），直到夏商及其稍后，这种黏土的使用量一直是较少的，这主要是窑温一直较低的缘故。在夏商考古发掘中，仅见安阳殷墟后期出土过一些白陶用高铝质耐火黏土制成（见《殷墟的发现与研究》图一〇七～图一一四）。

（3）高硅质黏土或瓷石。利用这二者制陶应是铜石并用时代之后的事，但其数量一直较少。及至夏商时期，才有了明显增加，并在北方、南方皆可看到。北方例如山西垣曲商城二里岗上层的釉陶尊H105:39，夹砂灰色胎，侈口矮领，折肩，肩部饰方格纹，下残[17]，推测其制胎原料应是高硅质黏土或瓷石。它在南方稍多，北方稍少，在湖北黄陂盘龙城，制胎所用的塑性原料便有小部分是高硅质黏土或瓷石（表6－1，6），其化学组成为氧化硅71.72%，氧化铝19.53%，助熔剂总和9.63%，以高氧化硅、低助熔剂为特征。经笔者从出土实物上观察，其质地细腻，不含杂质，表明原料经过粉碎加工和精细淘洗。而江西清江县吴城商代印纹硬陶的化学组成比较复杂，大致有两种情况：一种是以氧化硅较低、氧化铝较高、助熔剂较低为特征，氧化硅66.52%～69.54%，氧化铝21.72%～23.21%，助熔剂总和8.55%～10.16%（表6－2，原序号15、16、24）；另一种是以高氧化硅、低氧化铝、低助熔剂为特征，氧化硅70.03%～80.59%，氧化铝11.82%～19.41%，助熔剂总和6.51%～9.60%（表6－2，原序号6、25～30）。这种复杂现象的成因尚待研究。

表6－2　江西清江县吴城商代印纹硬陶的化学组成（质量分数）和烧成温度（℃）

原序号	原编号	分期	SiO_2 (%)	Al_2O_3 (%)	Fe_2O_3 (%)	TiO_2 (%)	CaO (%)	MgO (%)	K_2O (%)	Na_2O (%)	MnO (%)	P_2O_5 (%)	烧失量 (%)	总量 (%)	助熔剂总和 (%)	烧成温度 (℃)
6	74T7⑤	商前时期	74.58 75.55	16.32 16.53	2.97 3.01	1.55 1.57	0.35 0.35	0.86 0.87	1.59 1.61	0.49 0.50	0.000 0.000	0.000 0.000	0.00 0.00	98.71 99.99	7.81 7.91	1150
15	JQS17	商	69.37 69.54	21.72 21.77	2.85 2.86	1.26 1.26	0.41 0.41	1.09 1.09	2.44 2.45	0.50 0.50	0.038 0.038	0.070 0.070	0.46 0.00	100.21 99.99	8.55 8.57	
16	SH6	商	66.52 66.63	23.17 23.21	4.39 4.40	1.45 1.45	0.20 0.20	1.01 1.01	2.90 2.90	0.20 0.20	0.000 0.000	0.000 0.000	0.00 0.00	99.84 100.00	10.15 10.16	
24	JQS10	商代晚期	67.64 67.80	22.04 22.09	3.71 3.72	0.99 0.99	0.37 0.37	1.63 1.63	2.50 2.51	0.71 0.71	0.054 0.054	0.120 0.120	0.46 0.00	100.22 99.99	9.91 9.93	
25	JQS11	商代晚期	72.54 73.24	18.29 18.47	3.16 3.19	1.49 1.50	0.23 0.23	0.86 0.87	1.99 2.01	0.33 0.33	0.053 0.054	0.097 0.098	1.45 0.00	100.49 99.99	8.06 8.13	
26	JQS14	商代晚期	80.08 80.77	11.82 11.92	4.38 4.42	1.14 1.15	0.17 0.17	0.89 0.90	0.41 0.41	0.07 0.07	0.030 0.030	0.160 0.161	0.65 0.00	99.80 100.00	7.06 7.12	
27	JQS5	商代晚期	70.03 70.57	19.26 19.41	6.02 6.07	1.18 1.19	0.36 0.36	0.63 0.63	1.10 1.11	0.24 0.24	0.032 0.032	0.380 0.383	1.29 0.00	100.52 99.99	9.53 9.60	
28	JQS6	商代晚期	77.80 78.81	14.31 14.50	2.23 2.26	1.20 1.22	0.30 0.30	0.64 0.65	1.68 1.70	0.46 0.47	0.030 0.030	0.072 0.073	1.02 0.00	99.74 100.01	6.51 6.60	
29	JQS7	商代晚期	79.24 80.59	11.82 12.02	4.15 4.22	1.19 1.21	0.26 0.26	0.42 0.43	0.61 0.62	0.18 0.18	0.029 0.029	0.430 0.437	1.48 0.00	99.81 100.00	6.81 6.92	
30	JQS8	商代晚期	75.18 75.76	16.79 16.92	2.52 2.54	1.02 1.03	0.28 0.28	0.72 0.73	2.10 2.12	0.45 0.45	0.026 0.026	0.140 0.141	0.95 0.00	100.18 100.00	7.09 7.15	

注：本表化学组成数据引自李家治主编：《中国科学技术史·陶瓷卷》，科学出版社，1998年，表3－1。烧成温度数据引自彭适凡著：《中国南方古代印纹陶》，文物出版社，1987年，第389页“……烧成温度表”，编号14。

2. 羼和料

夏商时代制胎所用的瘠性原料（羼和料）基本一致，几乎都是砂粒，只有少量陶器以云母片、蚌壳末作羼和料。

但是各遗址使用砂粒的情况不尽相同，其中有多有少，亦有粗有细。渑池县郑窑遗址夹砂陶的砂粒有粗、细两种。垣曲商城二里头文化晚期夹砂陶则羼有较多的粗砂[18]。曲贡文化夹砂陶的砂粒则较细，粒径约0.5毫米。砂粒一般都较纯净，但有的则不太纯净，例如曲贡文化夹砂陶便羼有少量石灰岩颗粒和云母片；盘龙城陶器尚羼有少量蚌壳末[19]。少量的石灰岩颗粒和云母片可能原先就是存在于砂层中的杂质，取砂粒时顺便被带进来的。印纹硬陶夹砂的情况亦大体相同，这在清江筑卫城和吴城遗址等地都可以看到。这些羼和料一般是就地取材的，例如垣曲商城夹砂陶所用砂粒很可能取自附近黄河及其支流亳清河的河滩，黄陂盘龙城夹砂陶所用砂粒则可能取自附近府河的河滩或盘龙湖的湖畔。

二、配料方式和陶器品种

从总体上看，夏商时代有羼和料的陶器一直都处于主要地位，无羼和料的陶器居次要地位。但也有一些例外，例如夏家店下层文化随葬的明器，以无羼和料的陶器（泥质陶）为主，有羼和料的陶器（夹砂陶）较少，这是由于制陶者意识到：明器不是实用器，具有特殊性，即使制作陶鬲也没有必要采用夹砂的泥料。

1. 有羼和料的陶器

渑池县郑窑遗址的陶器，以夹砂陶较多。垣曲商城的夹砂陶在二里头晚期、二里岗下层、二里岗上层分别占64%，68.8%，70%[20]。黄陂盘龙城的夹砂陶在一期、二期、三期、四期、五期、六期、七期分别占60.32%，68.63%，76.84%，80.56%，79.93%，87.86%，87.09%[21]。从垣曲商城和黄陂盘龙城都可以看到，各期有羼和料的陶器都占主要地位，而且有逐渐增多的趋势。

2. 无羼和料的陶器

敖汉旗大甸子墓地夏家店下层文化的陶器以泥质陶为主。引人注目的是属于“炊器”范畴的陶鬲多数也是泥质的，这是由于制陶者认为泥质的陶鬲都是用于为死者随葬的明器，只作为象征性的“炊器”，并非实用的炊器，不必采用夹砂的泥料制作。由此可见，在制陶者的心目中，明器与实用器之间是有明确的界线的。垣曲商城的泥质陶在二里头晚期、二里岗下层、二里岗上层分别占36%，31.2%，30%[20]。黄陂盘龙城的泥质陶在一期、二期、三期、四期、五期、六期、七期分别占38.66%，29.95%，21.13%，17.33%，18.22%，9.18%，9.56%[21]。从垣曲商城和黄陂盘龙城都可以看到，各期无羼和料的陶器都占次要地位，而且有逐渐减少的趋势。

另外，黄陂盘龙城的硬（釉）陶在一期、二期、三期、四期、五期、六期、七期分别占1.01%，1.42%，2.03%，2.10%，1.85%，2.96%，3.35%[21]。由此可见，硬（釉）陶所占的比例很小，但有逐渐增多的趋势。经笔者从实物上观察，硬（釉）陶从质地上看几乎都是泥质陶，属于无羼和料的陶器。

清江县筑卫城、吴城等遗址出土的印纹硬陶当中，以泥质陶为主。

曲贡文化无羼和料的陶器有泥质红陶、泥质褐陶、泥质黑陶。

从总体上看，夏商时代配料方式和陶器品种的特点是：有羼和料的陶器（夹砂陶）占主要地位，而且有逐渐增多的趋势；无羼和料的陶器（泥质陶）占次要地位，而且有逐渐减少的趋势。唯独明器特殊例外，是以无羼和料的陶器为主。

第二节　坯体的成型工艺

夏商时代坯体的成型方法依然沿用铜石并用时代的手制、模制与手制兼用、轮制三种，但是在操作上更为熟练。

一、手制

手制法中主要是泥条筑成法，泥片筑成法仍在使用，但所见甚少。

1. 泥条筑成法

此期一般的器物都采用泥条筑成法成型，其中有倒筑盘筑法、正筑盘筑法、倒筑圈筑法、正筑圈筑法、倒筑与正筑兼用圈筑法五种。现在分别介绍如下：

（1）倒筑盘筑法。如前所云，基本特点是制坯时，坯体呈现倒立状，从下部开始筑成，泥条呈现盘旋上升，泥条缝隙呈现倾斜状。操作方式有两种，即“右手捏泥条法”和“左手捏泥条法”，相应地，往往在器表分别留有逆时针或顺时针盘旋的印迹。不同的遗址，不同的器物，具体做法上可能互有差别，但皆大同小异。

例如渑池县郑窑遗址的大口罐 H28:2（图 6－1，4），夹砂褐陶，内壁和外表都有泥条缝隙；深腹罐 H23:1（图 6－1，5），夹细砂深灰陶，外表有泥条缝隙；陶盆 J2:6（图 6－3，1），泥质灰陶，内壁有泥条缝隙。上述陶器在倒筑盘筑时，陶轮都按顺时针方向转动，用右手捏泥条，泥条按逆时针方向盘旋上升，主要靠右手的技巧，这是采用“右手捏泥条法”。

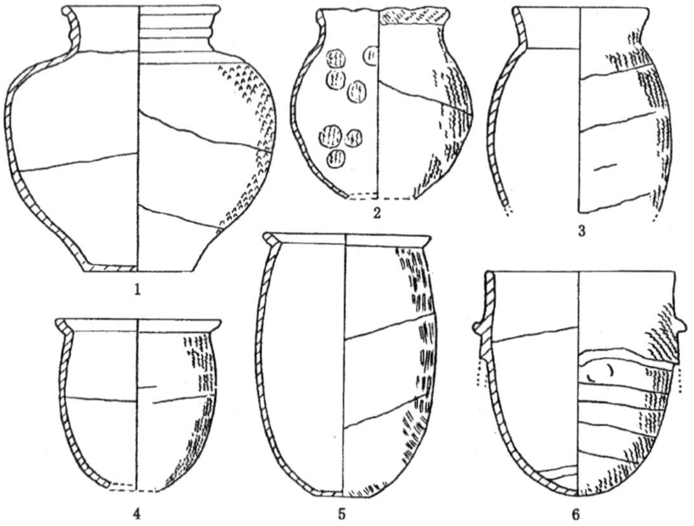

1. Ⅰ式瓮（J5:11）；
2. Ⅰ式圆腹罐（H28:3）；
3. 小口束颈罐（H23:8）；
4. 大口罐（H28:2）；
5. Ⅱ式深腹罐（H23:1）；
6. 釜灶（H26:1）

图 6－1　河南渑池县郑窑遗址一期泥条盘筑的陶器

釜灶 H26:1（图 6－1，6），夹砂灰褐陶，这是釜与灶的结合体，灶已经脱落，但是在釜上留有疤痕，釜的内壁和外表都有泥条缝隙；深腹罐 T1②:1（图 6－2，3），夹砂灰陶，外表有泥条缝隙；深腹罐 H48:21（图 6－3，4），泥质灰陶，外表有泥条缝隙；陶缸 H48:24（图 6－3，2），夹砂灰陶，外表有泥条缝隙。上述陶器在倒筑盘筑时，陶轮都按逆时针方向转动，用左手捏泥条，泥条按顺时针方向盘旋上升，主要靠左手的技巧，这是采用“左手捏泥条法”（即“左撇子捏泥条法”）。

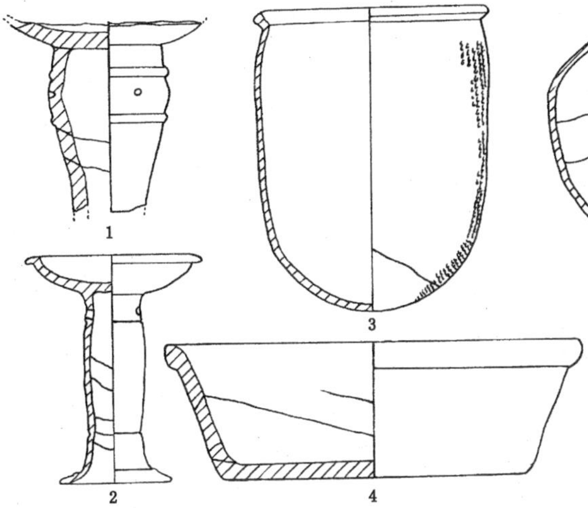

图 6－2　河南渑池县郑窑遗址二期泥条盘筑的陶器

1. Ⅱ式豆（H39:13）；2. Ⅰ式豆（H71:8）；
3. Ⅰ式深腹罐（T1②:1）；4. Ⅱ式平底盆（H71:23）；
5. Ⅲ式瓮（H39:40）；6. Ⅲ式圆腹罐（H39:10）

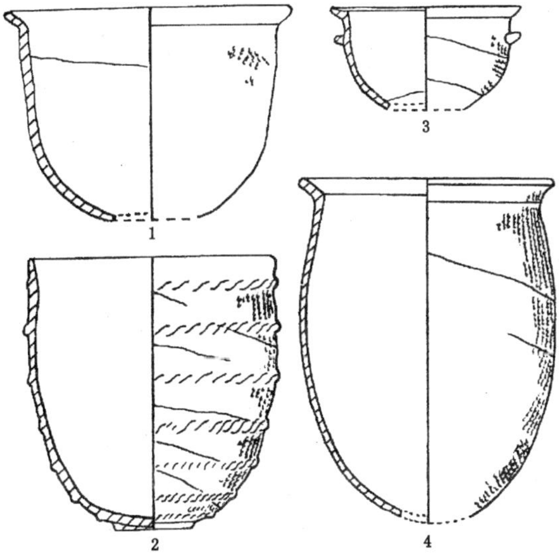

图 6－3　河南渑池县郑窑遗址三期泥条盘筑的陶器

1. Ⅰ式盆（J2:6）；2. Ⅱ式缸（H48:24）；
3. Ⅱ式盆（J4:33）；4. Ⅱ式深腹罐（H48:21）

又如敖汉旗大甸子墓地夏家店下层文化，一部分陶鬲采用倒筑盘筑法成型，先筑器壁后形成空足。陶鬲 M16:1（图 6－4，6），肩腹与空足间无接合痕，实为同一腔筒下段三分切割，再向内捏合成三足，接缝在裆底，外表呈三条棱线[22]。陶鬲 M31:3（图 6－4，7），筒腹与空足由同一腔筒做成。腔筒下段三分切割，向内捏成三个空足，接缝在裆底，外表呈三条棱线[22]。

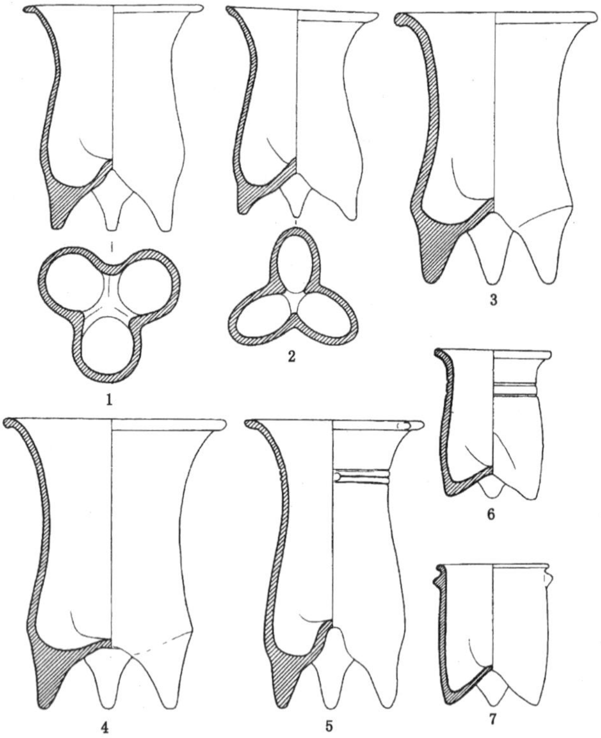

图 6－4　内蒙古敖汉旗大甸子夏家店下层文化墓葬的陶鬲

1. AⅠ型 1 式（M854:1）；2. AⅡ型 1 式（M905:7）；
3. AⅢ型 1a 式（M371:7）；4. AⅢ型 3 式（M603:2）；
5. AⅣ型 1b 式（M433:1）；6. BⅣa 型（M16:1）；
7. C 型 2 式（M31:3）

再如垣曲商城一部分陶器也采用倒筑盘筑法成型，陶缸 H136:15（图 6－5，2），上部较薄，下部很厚。从腹下部可以见到泥条按逆时针方向盘旋上升的现象。俯视腹下部的破裂面，可以见到三层胎：中层最厚，是首先形成的原胎，泥条表面光滑而鼓起，两边呈现波状曲线是手捏所致；内外两层较薄，是后加的表层。其制法是：陶轮按顺时针方向旋转，用右手捏泥条，泥条按逆时针方向延伸；口部直径较大，往上逐渐缩小形成斜壁；拍打近底部将圆洞封死成为圜底；在腹中部以下附加外表层；从口部至底部拍印方格纹；在圜底中央附加一个“圆饼形实足”[23]，先以方格纹拍子进行拍打，再以素面圆棍滚压实足外侧，使实足与圜底接合牢固，实足由平底变成凹底。实足“底沿有三角形凹齿”[23]一周 12 个，是用拍子的拐角压成的，凹齿内有小方格纹。翻转正放之后，在腹中部以下附加内表层；修整口沿，内壁用湿手抹平；在口外施附加堆纹一周，堆纹上用拍子的拐角压成小方格纹。圜底罐 H113:18（图 6－6，3），外表有断续的泥条缝隙。内底中央有一个浅坑，坑内有放射状褶皱，这是倒筑盘筑的证据。封底方法是：边转动轮盘，边拍打近底部胎壁，使其直径逐渐缩小，最后封死成为圜底。外表滚印竖绳纹。

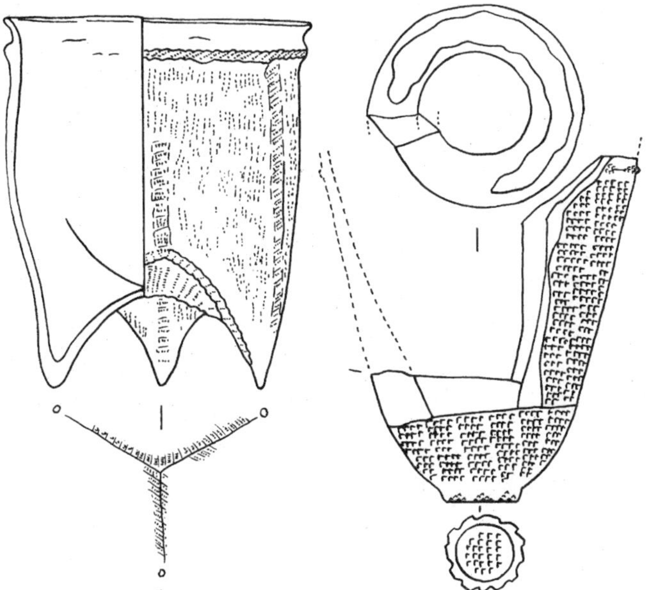

图 6－5　山西垣曲商城手制的陶器

1. 鬲（二里岗下层 H235:19，倒筑）；
2. 缸（二里岗下层 H136:15，倒筑泥条盘筑）

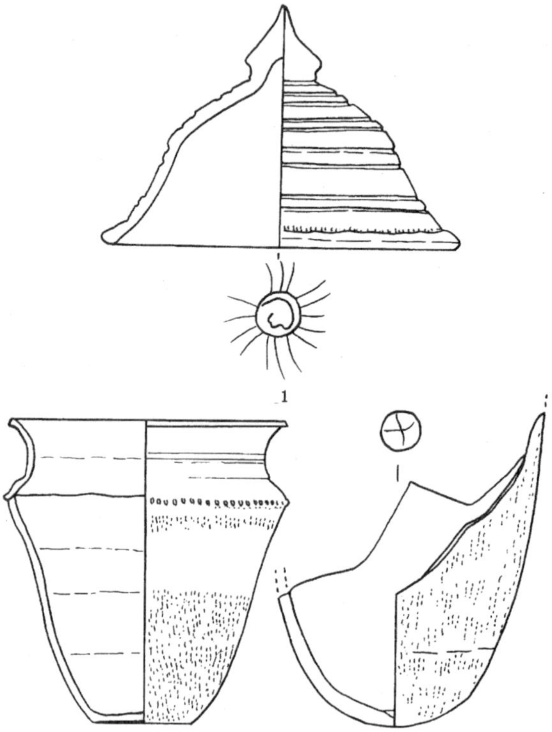

图 6－6 山西垣曲商城手制的陶器

1. 器盖（二里岗下层 H181:26，正筑泥条盘筑）；
2. 大口尊（二里头晚期 H153:98，正筑泥条圈筑）；
3. 圜底罐（二里岗下层 H113:18，倒筑）

黄陂盘龙城的陶器，采用倒筑盘筑法成型的有坩埚，这是熔炼铜的工具，“坩埚熔炼是采取外加热工艺，因此坩埚外侧有熔融层，内侧有残渣”[24]。例如坩埚 P:0122（图 6－7，1），夹砂灰陶，残存腹中部，两层胎，外层较厚，为原胎，内层较薄，是后加的。内壁有泥条缝隙。倒筑时，陶轮按顺时针方向转动，用右手捏泥条，泥条按逆时针方向盘旋上升。从仰视图上看，外层的泥条上有右手大拇指捏痕（指窝），排列成一周，每个指窝都向左斜。从俯视图上看，内壁的泥条缝隙呈现旋涡状。

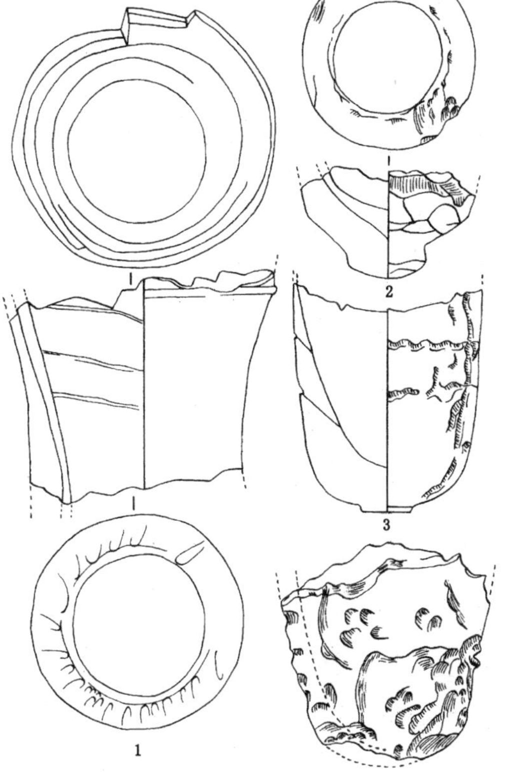

图 6－7　湖北黄陂盘龙城手制的陶器

1. 坩埚（P:0122）；2. 饼足缸底（PWZT37⑦:1）；
3. 坩埚（PYZT5⑤:20）；4. 坩埚（PYZ:017）

曲贡文化的陶器都采用倒筑盘筑法成型。例如扁圆腹单耳罐 H5（图版 7，1 上），领部内壁有泥条缝隙一道。折腹单耳罐 T123④（图版 7，4）、折腹单耳圈足罐 T149③:182（图版 7，7）的折棱处都有圜底包在腹壁之外的痕迹，笔者据此推断采用倒筑法成型，倒筑至腹下部，另外制成圆饼底，将圆饼底扣在球面形物体上压成圜底状，然后将圜底扣在腹下部，粘牢压实形成折腹。圈足碗口沿（T102⑥）内壁有泥条缝隙一道。

（2）正筑盘筑法。如前所云，基本特点是制坯时，坯体呈现正立状，从坯体下部开始筑成，泥条呈现盘旋上升，泥条缝隙呈现倾斜状。操作方式也有两种，即“右手捏泥条法”和“左手捏泥条法”。

例如渑池县郑窑遗址的陶豆 H39:13（图 6－2，1），泥质灰陶，残存豆盘底部和豆柄上半部，两部分分别制作，然后接合在一起。豆盘是在平底上侧筑器壁（壁压底），器壁已经从泥条缝隙处脱落。豆柄内壁有泥条缝隙，剖面显示泥条向器内倾斜，表明泥条是从器壁内侧加上的。陶豆 H71:8（图 6－2，2），泥质黑皮陶，豆柄内壁有泥条缝隙。平底盆 H71:23（图 6－2，4），泥质褐陶，内壁有泥条缝隙，在圆饼底上侧筑器壁（壁压底）。上述陶器在正筑盘筑时，陶轮都按顺时针方向转动，用右手捏泥条，泥条按逆时针方向盘旋上升，这是采用“右手捏泥条法”。

陶瓮 J5:11（图6－1，1），泥质深灰陶，内壁、外表都有泥条缝隙，在正筑盘筑时，陶轮按逆时针方向转动，用左手捏泥条，泥条按顺时针方向盘旋上升，这是采用“左手捏泥条法”。

又如敖汉旗大甸子墓地夏家店下层文化的罐类均为正筑，先做器底，后筑器壁。绳纹罐 M641:2（图6－8，2）、平底罐 M371:10（图6－8，3）等，“普遍是以泥条围盘筑成器壁”[25]。

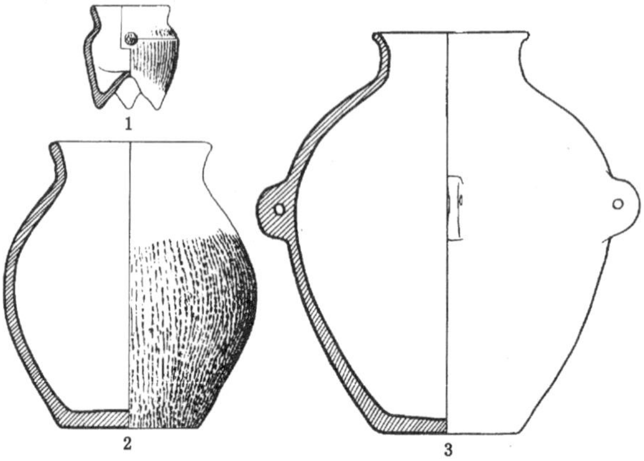

图6－8　内蒙古敖汉旗大甸子夏家店下层文化墓葬的陶器

1. 鬲BⅢ型（M878:5）；2. 绳纹罐（M641:2）；
3. 平底罐Ⅱa式（M371:10）

垣曲商城二里岗下层文化的器盖 H181:26（图6－6，1），盖顶留有一个大圆洞；盖钮中空。管状壁，圆锥状顶。仰视圆洞周围有放射状褶皱；钮顶内壁有泥尾痕迹。笔者根据褶皱纹理向右旋（类似卐）和泥尾盘旋的方向，推断其制法是：陶轮按顺时针方向旋转，用右手捏泥条，泥条按逆时针方向盘旋上升；用右手持拍子拍打器壁上部，使其直径逐渐缩小形成一个大圆洞，在收缩过程中内壁的圆洞周围出现褶皱；用左手的手指垫在圆洞内壁继续进行拍打，盖顶上方出现一段管状壁，坯体呈现倒置的“漏斗”状：在管状壁上端再用泥条盘筑，将泥尾塞入小圆洞内，拍打后成为圆锥状钮顶，钮顶与钮壁之间呈现凸棱1周。

黄陂盘龙城的覆杯形器盖 PWZT84⑦:2（图6－9，7），泥质灰胎黑衣陶。仅存盖钮，三段分别制作，然后接合在一起，留有接缝。中段和下段内壁有泥条缝隙。正筑盘筑时，陶轮按逆时针方向转动，用左手捏泥条，泥条按顺时针方向盘旋上升。

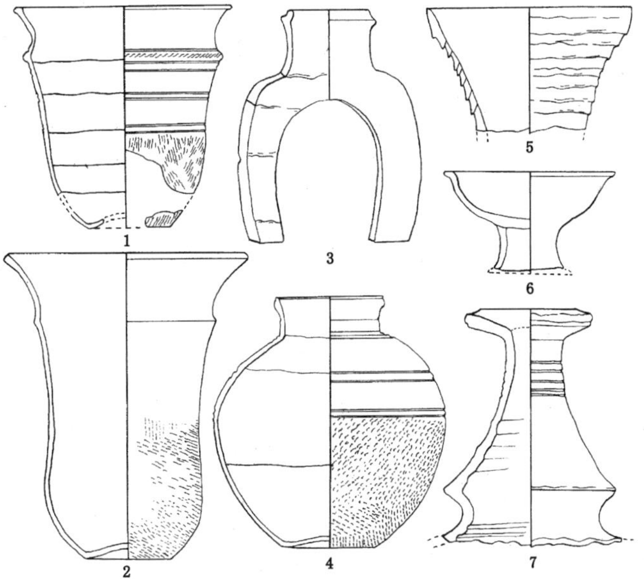

图6-9　湖北黄陂盘龙城手制的陶器

1. 短颈有肩大口尊（PWZT85⑤:13）；2. 长颈无肩大口尊（PYZT8⑤:12）；3. 壶形器（PWZ:035）；4. 溜肩瓮（PWZT80⑥:4）；5. 缸口沿（PYZT3⑤:74）；6. 豆（PWZT20⑦:10）；7. 覆杯形器盖（PWZT84⑦:2）

从浙江和江西的资料来看，印纹硬陶的坯体采用正筑盘筑法成型。我们在浙江所见，凡是印纹陶，毫无例外地采用泥条筑叠法成型，不论厚胎鼓腹的罐、瓮，或者薄胎（0.2 厘米左右）直壁的麻布纹小钵，都是如此[26]。泥条盘筑法，这是商周时期南方各地印纹陶制作中最流行的一种成型法，在江西清江县吴城出土的印纹硬陶器上，有的内壁就保留有遗痕，整个成型过程基本上都在慢轮上进行，而且是从器底做起，圆饼四周的断面修削成倾斜状，即圆饼的面径大于底径[27]。笔者认为，这是由于在圆饼底上侧用泥条盘筑器壁（壁压底）。

（3）倒筑圈筑法。如前所云，基本特点是制坯时，坯体呈现倒立状，泥条一圈又一圈垒叠而上，每圈都首尾衔接，泥条缝隙大致呈现水平状。

例如渑池县郑窑遗址的捏口罐 H20:9（图6-10，4），泥质褐陶，外表有泥条缝隙。圆腹罐 H39:8（图6-10，8），夹砂浅灰陶，内壁、外表都有泥条缝隙。圆腹罐 H71:19（图6-10，10），夹砂黑皮陶，外表有泥条缝隙，内壁有麻点纹。圆腹罐 J4:38（图6-11，5），泥质黑皮陶，内壁有泥条缝隙，剖面显示泥条向器外倾斜，这是采用倒筑法成型的证据。深腹罐 J4:1（图6-11，7），夹砂深灰陶，内壁有泥条缝隙，腹中部以上滚压绳纹，腹下部至底部改为拍印绳纹，这表明是采用倒筑法成型，圈筑至近底部时，用绕绳拍子拍打器壁，致使器壁收缩以至封死成为圜底。

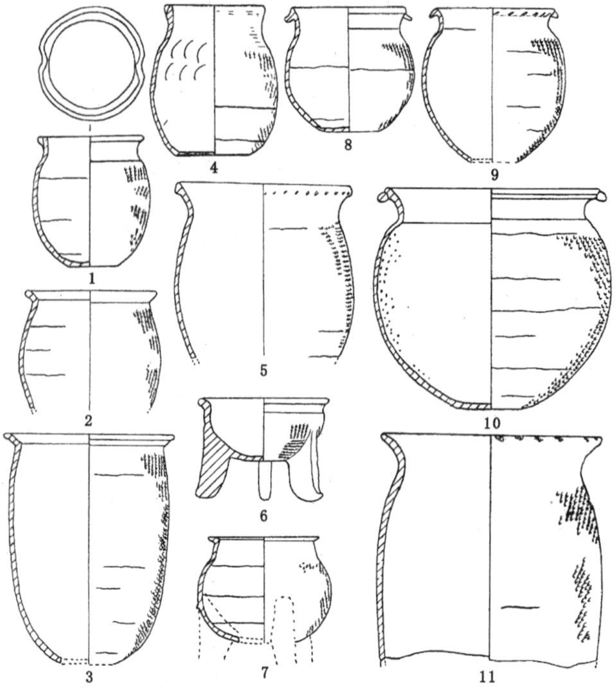

1. Ⅱ式捏口罐（H39:5）；
2. Ⅴ式圆腹罐（H39:37）；
3. Ⅱ式深腹罐（H33:3）；
4. Ⅱ式捏口罐（H20:9）；
5. Ⅲ式圆腹罐（H71:35）；
6. Ⅰ式鼎（H71:29）；
7. Ⅱ式鼎（H39:38）；
8. Ⅰ式圆腹罐（H39:8）；
9. Ⅱ式圆腹罐（H20:10）；
10. Ⅱ式圆腹罐（H71:19）；
11. Ⅳ式深腹罐（H71:18）

图6－10　河南渑池县郑窑遗址二期泥条圈筑的陶器

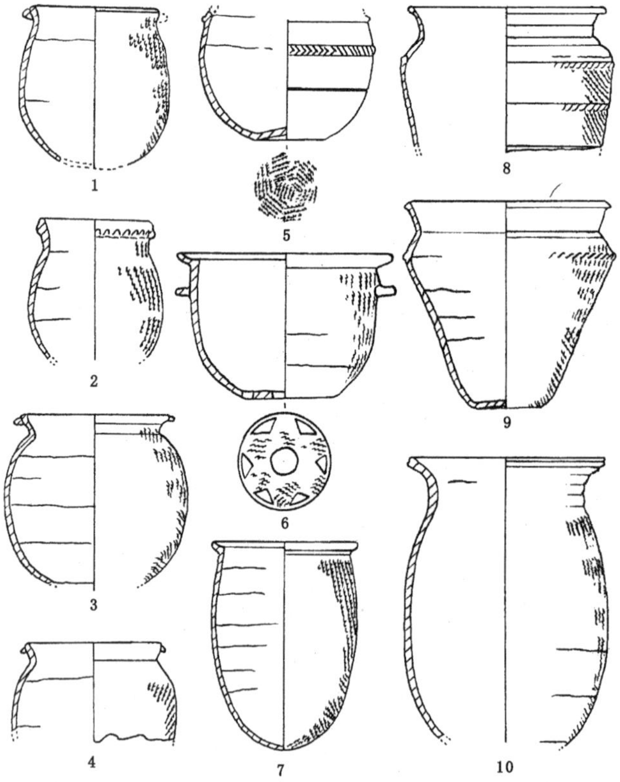

1. Ⅰ式圆腹罐（H6:2）；
2. Ⅰ式圆腹罐（H6:3）；
3. Ⅱ式圆腹罐（J4:37）；
4. Ⅲ式圆腹罐（H6:4）；
5. 磨光圆腹罐（J4:38）；
6. 甑（H24:1）；
7. Ⅰ式深腹罐（J4:1）；
8. Ⅰ式大口尊（J1:1）；
9. Ⅱ式大口尊（H6:5）；
10. Ⅳ式深腹罐（H48:22）

图6－11　河南渑池县郑窑遗址三期泥条圈筑的陶器

又如黄陂盘龙城的缸口沿 PYZT3⑤:74（图 6－9，5），夹砂灰陶，底部残缺，器壁由 10 周泥条圈筑而成，剖面显示泥条向器外倾斜，这是采用倒筑法成型的证据，由于外表未经修整，呈现阶梯状。饼足缸底 PWZT12⑤:17（图 6－12，1），夹砂红陶，残存下半身，内壁有泥条缝隙，泥条宽约 4 厘米。附加圆饼状实足后，用绕绳圆棍将相接处滚压实。饼足缸底 PYWT9⑥:20（图 6－12，2），夹砂灰陶，残存下半身，内壁有泥条缝隙，泥条宽约 5 厘米。其封底方法特殊：拍打近底部，使其直径逐渐缩小，呈现为管状壁，用泥柱插入管状壁的圆洞内，再滚压实，泥柱直径 5.5 厘米。侈口斜腹缸 PYZT3⑦:50（图 6－12，4），夹砂灰陶，由 7 周泥条圈筑而成，内壁有泥条缝隙，底部附加圈足。直口斜腹缸 PYWT28⑤:3（图 6－12，5），夹砂黄陶，由 13 周泥条圈筑而成，泥条宽 2.5～7 厘米，内壁和外表都有泥条缝隙。倒筑至近底部，经过拍打，使器壁直径逐渐缩小，封死后拍打成圜底。底部附加圆饼状实足。

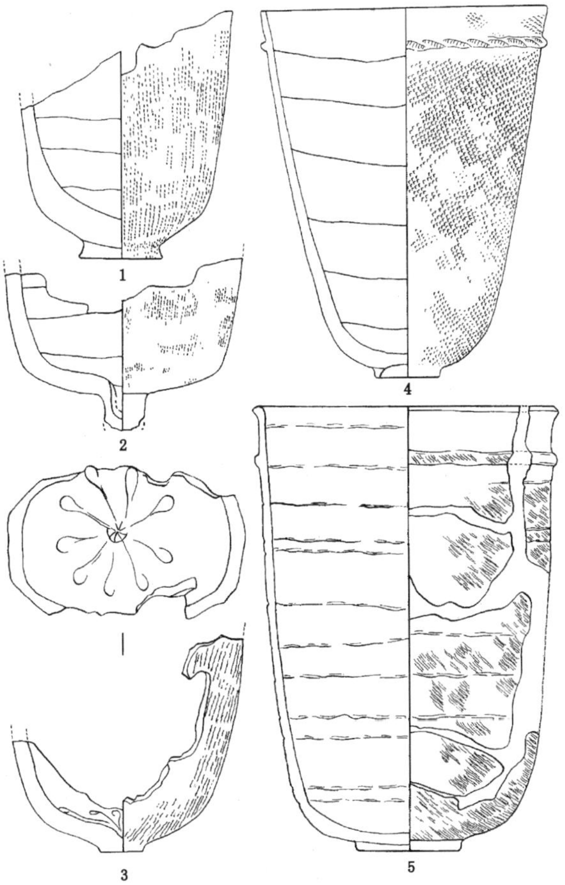

1－3. 饼足缸底（PWZT12⑤:17、PYWT9⑥:20、PYZT7④:2）；
4. 侈口斜腹缸（PYZT3⑦:50）；
5. 直口斜腹缸（PYWT28⑤:3）

图 6－12　湖北黄陂盘龙城手制的陶缸

（4）正筑圈筑法。如前所云，基本特点是制坯时，坯体呈现正立状，从坯体下部开始筑成，泥条一圈又一圈垒叠而上，每圈都首尾衔接，泥条缝隙大致呈现水平状。

例如渑池县郑窑遗址的三足盘 H36:1（图 6－13，4），泥质黑皮陶，内壁留有指窝一周，每个都向左斜，这是捏泥条时遗留的右手大拇指印痕。尊形器 H28:7（图 6－13，5），泥质灰陶，底部残。以折棱为界，上半身、下半身两段分别制作，肩部在内侧，腹部在外侧套接在一起，腹内壁有泥条缝隙。剖面显示泥条向器内倾斜，这是采用正筑法成型的证据。陶瓮 H20:15（图 6－14，6），夹砂深灰陶，外底拍印交错绳纹，底壁交界处棱角鲜明，外表有泥条缝隙。这些现象表明全身采用正筑法成型，先用绕绳拍子拍成圆饼底，将底翻一面，使绳纹朝下，在圆饼底上侧圈筑器壁直至口部。平底盆 H71:20（图 6－15，10），泥质黑皮陶，内壁有指窝两周，每个都向左斜，这是右手大拇指的印痕。表明圈筑时，陶轮按顺时针方向旋转，用右手捏泥条，泥条按逆时针方向延伸。

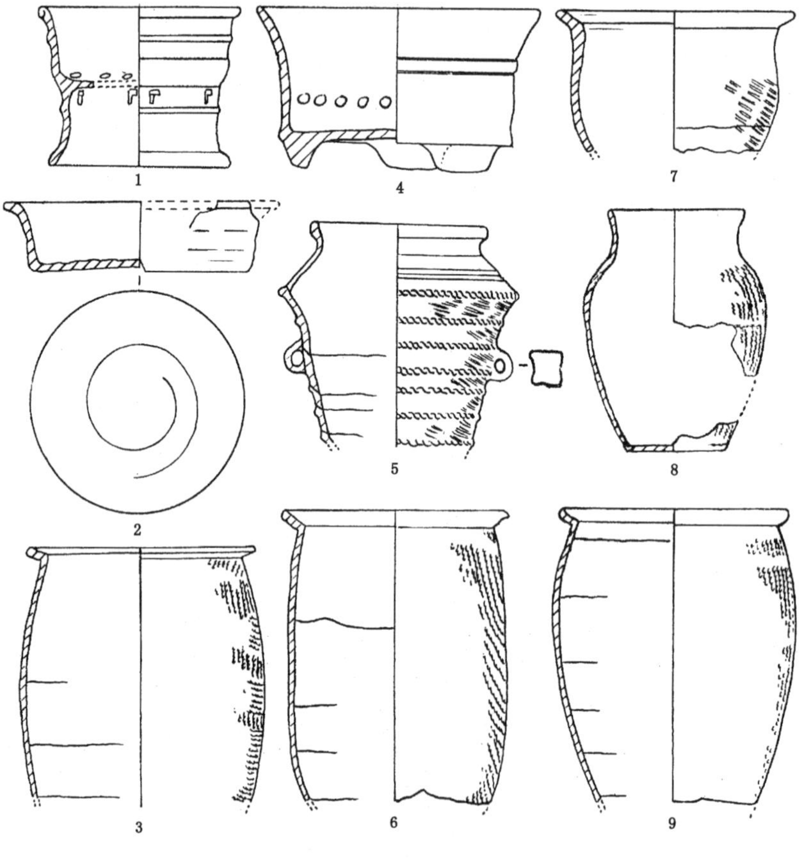

图 6－13　河南渑池县郑窑遗址一期泥条圈筑的陶器

1. 圈足盘（H28:5）；2. 平底盆（H36:2）；3. Ⅰ式深腹罐（J5:10）；
4. 三足盘（H36:1）；5. 尊形器（H28:7）；6. Ⅱ式深腹罐（J5:6）；
7. 深腹盆（H36:3）；8. 小口束颈罐（H23:7）；9. Ⅱ式深腹罐（J5:9）

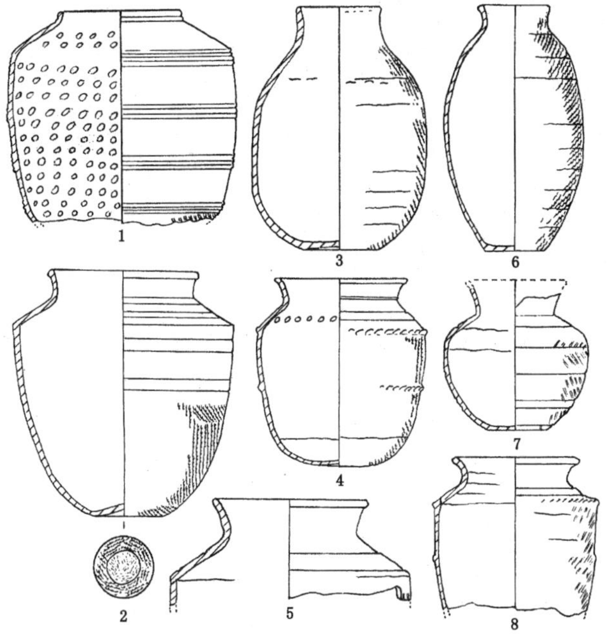

1. Ⅰ式瓮（H71:26）；
2. Ⅱ式瓮（H20:13）；
3. Ⅵ式瓮（H20:12）；
4. Ⅰ式侈口尊（H20:5）；
5. Ⅱ式瓮（H39:18）；
6. Ⅶ式瓮（H20:15）；
7. 小口尊（H13:6）；
8. Ⅰ式侈口尊（H71:16）

图6－14　河南渑池县郑窑遗址二期泥条圈筑的陶器

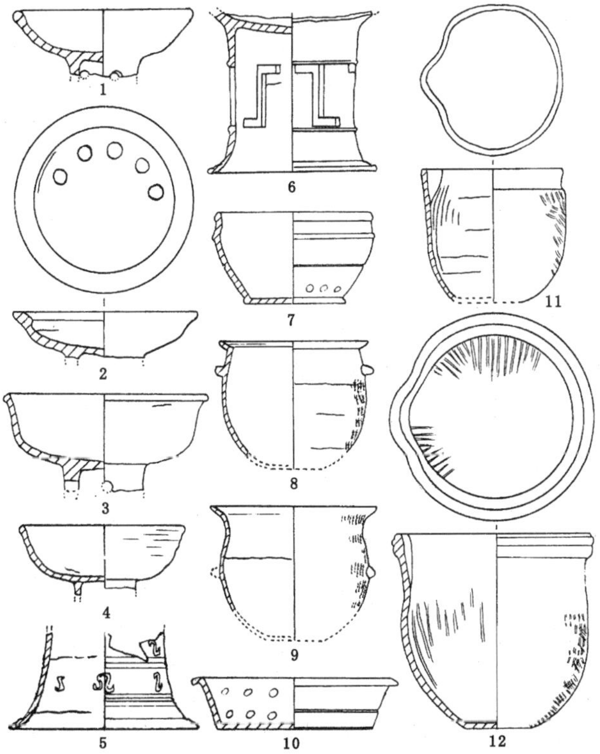

1. Ⅰ式豆（H39:14）；
2. Ⅰ式豆（H71:17）；
3. Ⅱ式豆（H71:22）；
4. Ⅱ式豆（H20:8）；
5. 圈足盘（H71:25）；
6. 圈足盘（H42:7）；
7. 钵（H39:12）；
8. Ⅰ式盆（H39:2）；
9. Ⅰ式盆（H47:1）；
10. Ⅱ式平底盆（H71:20）；
11. Ⅰ式刻槽盆（H39:39）；
12. Ⅱ式刻槽盆（H71:31）

图6－15　河南渑池县郑窑遗址二期泥条圈筑的陶器

又如垣曲商城二里头晚期的大口尊 H153:98（图 6－6，2），由上半身、下半身两部分套接而成，折肩处内壁有接缝 1 周，上、下半身分别有泥条缝隙 1 周和 3 周。其制法是：拍打成圆饼状器底，在底边缘上侧用四圈泥条筑成下半身（壁压底）；另外，用两圈泥条筑成上半身；腹部在内侧，肩部在外侧套接在一起成为大口尊。

再如黄陂盘龙城的大口尊 PWZT85⑤:13（图 6－9，1），夹砂灰胎黑衣陶，以折棱为界，上、下两段分别制作，然后接合在一起，内壁有泥条缝隙，泥条宽 3～4 厘米。硬陶瓮 PWZT71⑦:1（图 6－16，2），泥质灰色印纹硬陶，质地致密而坚硬。底部残缺，内壁有泥条缝隙。领部为后接，内壁、外表都有接缝。肩部安装双耳。

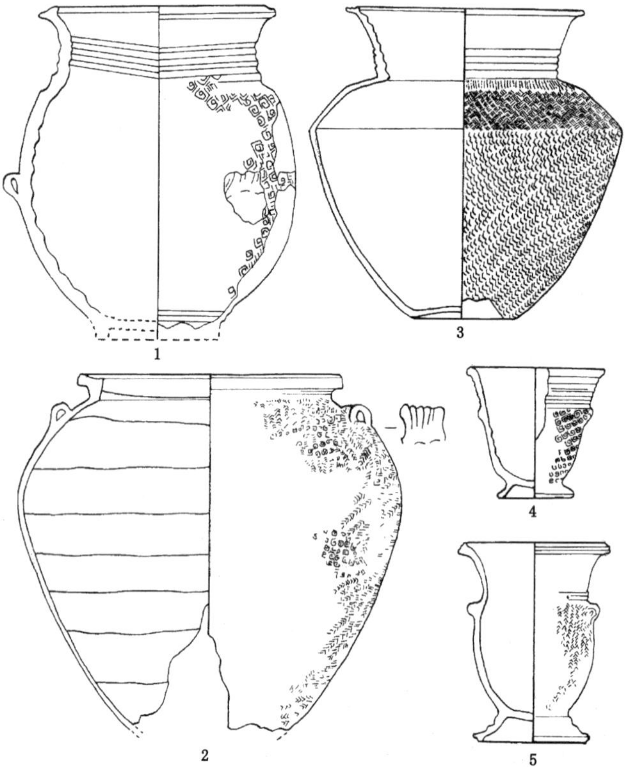

1. 硬陶鼓腹尊（PWZT9⑧:12）；
2. 硬陶瓮（PWZT71⑦:1）；
3. 釉陶双折肩斜腹尊（PWZT82⑧:4）；
4. 硬陶杯（PYZT3⑤:29）；
5. 釉陶鼓腹尊（PYWT38④:4）

图 6－16　湖北黄陂盘龙城的硬陶和釉陶

（5）倒筑与正筑兼用圈筑法。如前所云，基本特点是制坯时，上、下两段分别制作，下段采用倒筑圈筑法成型，上段采用正筑圈筑法成型。然后两段接合在一起。

例如渑池县郑窑遗址的陶瓮 H71:26（图 6－14，1），泥质黑皮陶，底残。以折棱为界，上、下两段分制，然后接合在一起。腹内壁有指窝 12 周，即用 12 周泥条圈筑而成；肩内壁有指窝 2 周，即用 2 周泥条圈筑而成。每个指窝都向左斜，是右手大拇指的印痕。这表明圈筑时陶轮按顺时针方向旋转，用右手捏泥条，泥条按逆时针方向延伸。陶瓮 H20:13（图 6－14，2），泥质黑陶，圜底内凹（或称凹圜底），器底与器壁交界处呈现圆角，仰视外底拍印交错绳纹，中央有一个圆形陶垫窝，直径约 4 厘米，窝内的绳纹已经模糊不清。这些现象表明，下半身是采用倒筑法成型，至近底部时，边转动坯体边用绕绳拍子拍打器壁，使其直径逐渐缩小以至封死成为圜底，然后用球面形的素面陶垫拍打底部中央，致使圜底逐渐变成凹圜底，外底的绳纹由于被拍平，变得模糊不清。凹圜底的优点是可以使陶瓮放置平稳，起到类似圈足的作用。由此可见，制陶者将圜底“改造”成凹圜底是为了使陶瓮更便于使用。值得注意的是这种将圜底器改造成凹圜底器的现象在江西等地区出土的陶器上常见，带有普遍性。侈口尊 H20:5（图 6－14，4），泥质棕褐陶，上、下两段分别制作，然后接合在一起，接缝外表施附加堆纹 1 周，起加固和装饰作用。腹下部内壁、外表都有泥条缝隙。肩部内壁有指窝 1 周，每个指窝都向左斜，这是右手大拇指的印痕。

2. 泥片筑成法

在夏商时代，泥片筑成法是一种罕见的、辅助性的、在特殊情况下采用的成型方法，目前只见于黄陂盘龙城的坩埚，坩埚是熔炼铜的工具。制作坩埚所用的泥片很厚，然而，新石器时代中期采用泥片筑成法（见本书第二章第二节）制作陶器时，所用的泥片较薄。二者明显不同，不能相提并论。

例如坩埚 PYZT5⑤:20（图 6－7，3），泥质灰陶，口部残，现存 6 块泥片，都呈不规则形，大小不等，器壁下部很厚，上部很薄，外表有纵向和横向的泥片缝隙，剖面显示泥片从器壁内侧加上。坩埚 PYZ:017（图 6－7，4），夹砂灰陶，仅存缸的内层 7 块泥片，外表有泥片缝隙，泥片略呈圆角方形，最小的一片长 9 厘米、宽 8 厘米，最大的一片长 11 厘米、宽 10 厘米。外表有许多指窝，是在圈筑之前按压泥片时遗留的。圈筑时，底部用一块泥片，但是已经脱落；器壁第一圈现存有 4 块泥片，原来应有 5 块；第二圈现存 3 块泥片，原来应有 6 块。

二、模制与手制兼用

模制与手制兼用是夏商时代比较重要的一种成型方法，主要用于制作袋足器（陶鬲、陶甗、陶盉），偶尔还用于制作双耳罐。

例如河南省文物工作队 1959 年在偃师二里头遗址发掘出土的一件分裆鬲 T1:61（图 6－17，2），夹细砂灰陶，砂粒直径小于 0.5 毫米。三个袋足分别模制成型，袋足内壁平整，是素面内模的印痕。三个袋足拼接成下半身之后，在接缝处内壁（即裆隔）用手指抹平，留有纵向抹痕。裆下重新滚压绳纹，起加固作用。足尖下安装实足跟。实足跟上滚压绳纹。上半身采用手制法成型。然后进行整形，陶轮带动坯体按逆时针方向转动，肩部内壁用陶垫作依托，外表用绕绳圆棍进行滚压，内壁的泥条缝隙随之消失，留下两周按顺时针方向排列的陶垫窝。最后，口沿内壁和外表经过慢轮修整，留有细密轮纹。另外，1991 年 4 月，笔者由中国社会科学院考古研究所郑光先生陪同，在二里头工作站考察制陶工艺时，看到二里头遗址出土的分裆鬲，全部都是采用模制与手制兼用的方法成型的。

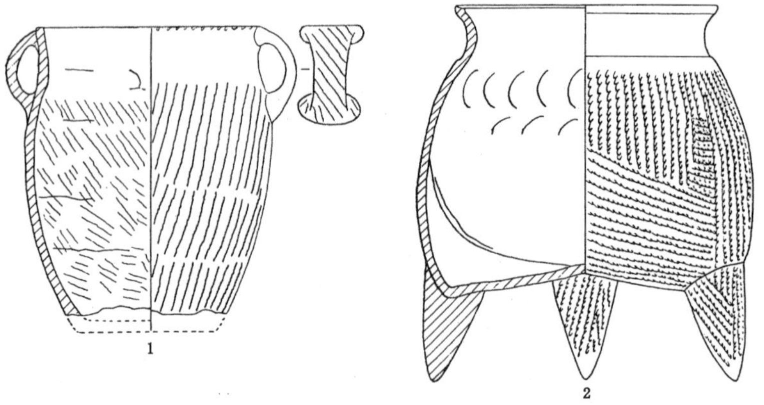

图 6－17　二里头文化模制的陶器

1. 双耳罐（河南渑池县郑窑遗址 H20:11，二期）；
2. 分裆鬲（河南偃师县二里头遗址 1959 年发掘的 T1:61）

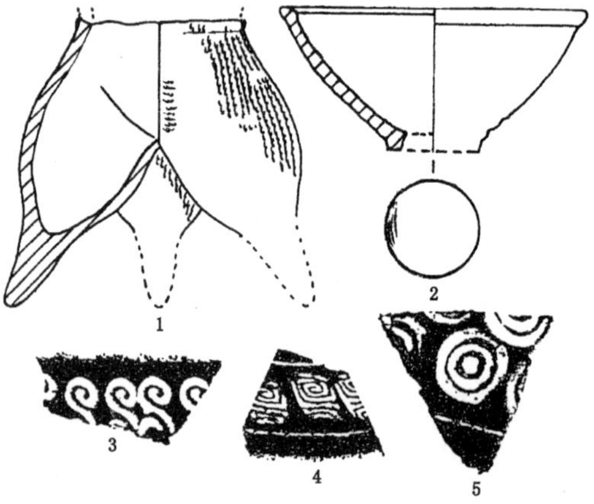

图 6－18　河南渑池县郑窑遗址的陶器

1. 甗（H20:16，二期，模制）；
2. 碗（T4③:11，二期，轮制）；
3. 云纹拓片（T1②:4，二期）；
4. 雷纹拓片（T11③:9，二期）；
5. 同心圆纹拓片（J1:11，三期）

又如渑池县郑窑遗址的陶甗 H20:16（图 6－18，1），夹砂灰陶，甗是甑与鬲的结合体，上半身为甑部，已经脱落，下半身为鬲部，尚存。三个袋足分别模制成型，然后拼接在一起成为鬲部，接缝处外表（即裆沟）用绕绳圆棍按压实，留有按印绳纹。足尖下安装实足跟。鬲部与甑部相接处外表施附加堆纹一周，再用绕绳圆棍滚压实，起加固和装饰作用。双耳罐 H20:11（图 6－17，1），夹砂灰褐陶，底残。肩部以下模制，内壁既有断续的泥条缝隙，又有较细、较模糊、斜向的反绳纹（阳纹），从整体上看内壁较平整，甚至泥条缝隙两侧也是平整的。笔者据此断定采用模制法成型，反绳纹是从罐形内模外表的绳纹（阴纹）上翻印下来的。口部采用手制法成型。制作工艺流程是：在罐形内模上撒一层干土面作为隔离层，将泥条圈筑在内模上，用绕绳圆棍进行滚压，外表留有较粗、较清晰、竖向的绳纹（阴纹）；脱模之后再用两周泥条圈筑成口部，口内留有泥条缝隙和弧形的泥尾痕迹；最后安装双耳，耳上滚压斜绳纹（阴纹）。整个器物的成型是以模制法为主，手制法为辅。

再如敖汉旗大甸子墓地夏家店下层文化的长筒鬲（图6－4，1～5），全器由三段接合而成。上段是侈唇敞口，中段是直筒状腹腔，下段是三个筒状空足并合在一起，空足下面有柱状实心足尖，或半空心足尖[28]。笔者认为，上段、中段采用手制法成型，下段采用模制法成型，足尖为捏塑而成。陶鬲 M878:5（图6－8，1），全器为三段接合制成。上段为口颈部，中段为肩（腹）部，下接三个并合的空足，空足里面有凸起的绳纹，空足是用带绳纹的内模制成的[29]。笔者认为，空足里面“凸起的绳纹”就是反绳纹（阳纹），是从内模的绳纹（阴纹）上翻印下来的，它是空足采用模制法成型的证据。

垣曲商城二里岗上层的陶鬲 H465:6（图6－19），从内壁看，有素面单足内模印痕，在两个袋足交界处内壁（即裆隔上）抹一层泥，厚1毫米，留有细密的、平行线状的手抹纹理；从外表看，在两个袋足交界处外表（即裆沟内）留有一道纵向的拼接缝隙，这是三个袋足分别采用模制法成型，然后拼接在一起的证据。上半身为手制。

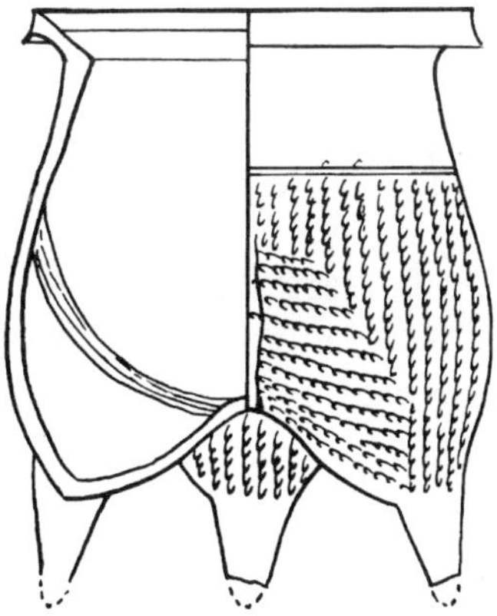

图6－19　山西垣曲商城模制的陶鬲（二里岗上层 H465:6）

黄陂盘龙城的陶盉 PWZT72⑦:15（图6－20，1），夹砂黑陶，仅存下半身，袋足瘦高，器耳残，仅存一段。袋足内壁既有素面的内模印痕，又有泥条缝隙二道，这表明是将泥条盘筑在圆锥形内模上再拍打成型的，由于所用的泥料含水量较低，泥料较硬，虽然经过拍打，内壁的泥条缝隙仍然能够保留下来，结果既有明显的内模印痕，又有明显的泥条缝隙。1991年4月，笔者由中国社会科学院考古研究所郑光先生陪同，在偃师二里头遗址考察陶器时，看到ⅤT2H4出土的一件陶斝，其袋足也采用这种方法成型：在内模上盘筑泥条，泥条宽约1厘米，按逆时针方向盘旋上升，再拍打成型。由此可见，这是当时模制袋足常用的典型方法。

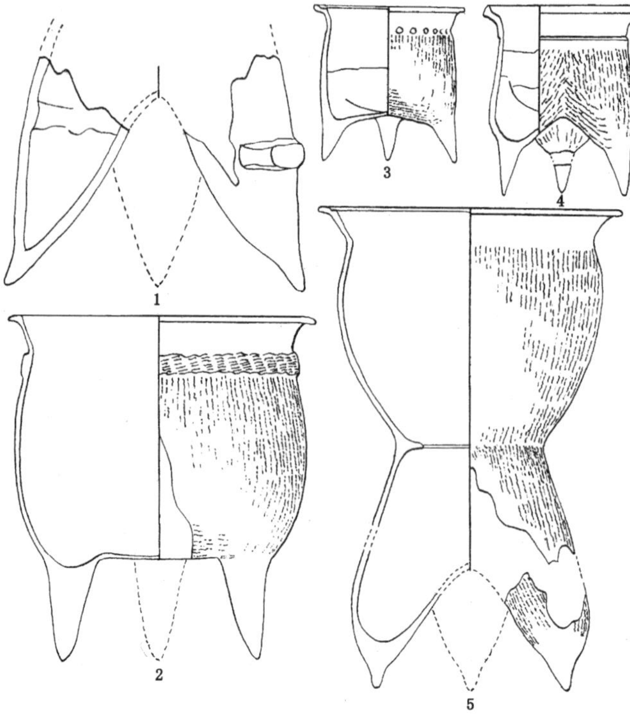

图 6－20 湖北黄陂盘龙城模制的陶器

1. 盉（PWZT72⑦:15）；2. 折沿平裆鬲（PWZT80⑥:1）；
3. 折沿联裆鬲（PYZT5⑤:1）；4. 折沿分裆鬲（PYZT6⑤:1）；
5. 细腰甗（PWZT80⑥:2）

三、轮制

轮制法在夏商时代已经退居次要地位。但是有的学者认为，既然河南龙山文化的轮制技术发达，二里头文化的轮制技术就应当比河南龙山文化更发达。其实二里头文化的轮制技术并不发达。1991 年 4 月笔者在中国社会科学院考古所二里头工作站考察陶器时，看到一件陶觚，从外表看形状规整，加工精细，以为是轮制成型，但从内壁看，近底部留有泥条痕迹，表明采用泥条筑成法成型。由此可见，判断夏商时代的轮制技术水平时，应以出土实物内壁所遗留的痕迹为依据，只看外表就做出判断是靠不住的。

据统计，敖汉旗大甸子墓地夏家店下层文化，轮制陶器（13 件）约占随葬陶器总数（1683 件）的 0.8%[25]，可见夏家店下层文化的轮制技术很不发达。

黄陂盘龙城轮制成型的器物有陶碗、小鼎、硬陶尊等。陶碗 PCY:0132（图 6－21,1），泥质红陶，快轮拉坯时，轮盘按逆时针方向快速旋转，左手在内侧，右手在外侧，在泥料做快速旋转运动的条件下，产生的离心力较大，因此主要靠右手用力拉坯，左手只起辅助作用。内壁和外表都留有顺时针方向的螺旋式拉坯指痕。拉坯刚开始时，由于两个大拇指往下插得太深，将底部穿透形成孔洞，用线绳将坯体切割下来时，原先没有器底，因而从外面附加圆饼状器底，将孔洞封死，仰视外底有断续的接缝一周，推测这是一件初学者的习作。小鼎 P:075（图6-21，2），泥质黄陶，器身轮制成型，拉坯时轮盘同样按逆时针方向快速旋转，俯视内底有顺时针方向的螺旋式拉坯指痕，这是两个大拇指由内底中央向右前方推泥时遗留的痕迹。用线绳将坯体切割下来，略干燥之后经过拍打整形，使底部变成稍微含有三个角的形状，在三个角内侧安装矮足。硬陶鼓腹尊 PWZT9⑧:12（图6-16，1），泥质灰色硬陶，质地致密而坚硬。底部残缺，拉坯时轮盘按顺时针方向快速旋转，右手在内侧，左手在外侧，主要靠左手用力，这是"左撇子"的操作方法。全身内壁和领部外表都留有逆时针方向的螺旋式拉坯指痕。腹部附加双耳，仅存一个器耳。

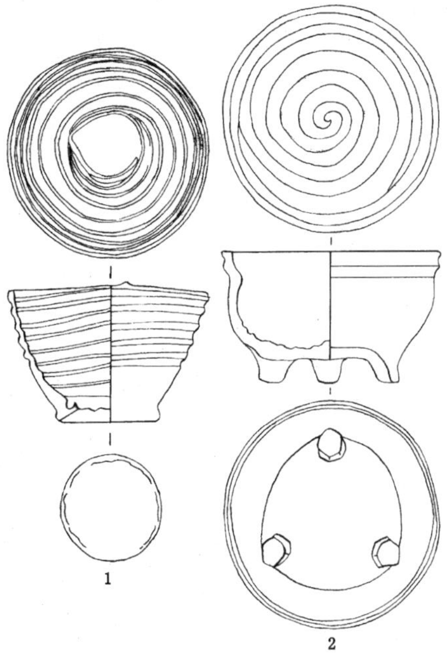

图6-21 湖北黄陂盘龙城轮制的陶器
1. 碗（PCY:0132）；2. 小鼎（P:075）

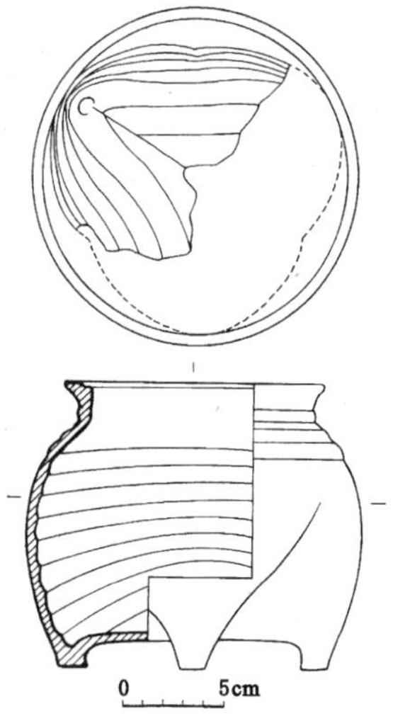

图6-22 河南安阳殷墟轮制的陶鬲（1989T6③C:62）

1989年12月2日，笔者由中国社会科学院考古研究所刘一曼女士陪同在安阳殷墟遗址考察陶器时，在大量的陶鬲当中，发现有两件是轮制成型的，当时就绘制了线图。其中一件联裆鬲1989T6③C:62（图6-22）特征较明显：内壁有顺时针方向的螺旋式拉坯指痕，内底有"Y"字形沟槽。其制作方法是：先轮制成无底斜壁圆筒，再将圆筒的上口（小口）切割成三个等腰的正三角形，用素面圆棍逐渐将其向内滚压，合拢之后成为联裆鬲。这种轮制成型的陶鬲是罕见的，带有偶然性。

第三节 坯体的修整工艺

在夏商时代，由于轮制法退居次要地位，泥条筑成法与模制法上升为主要地位，坯体的修整方法也发生了相应的变化，表现在快轮慢用修整方法退居次要地位，拍打等方法重新成为主要的修整方法。这表明修整方法是跟随成型方法的变化而变化的，可见修整方法处于从属地位。

修整坯体的方法与铜石并用时代大同小异，主要有以下 6 种。

1. 拍打

渑池县郑窑遗址二里头文化的陶器，对坯体进行修整时，大多数用绕绳拍子拍打，少数用篮纹或方格纹拍子拍打，坯体内壁常用陶垫作依托；个别用陶垫代替拍子进行拍打。例如陶瓮 H20:13（图 6－14，2），用球面形陶垫将圜底拍打变形，成为凹圜底，外底中央留有圆形陶垫窝，使凹圜底带有矮圈足的作用，以便陶瓮平稳放置。陶盆 H39:2（图 6－15，8）和 H47:1（图 6－15，9），都用绕绳拍子拍打外表，内壁都用素面陶垫作依托，留有陶垫窝。

敖汉旗大甸子墓地夏家店下层文化的陶器，用绕绳拍子拍打外表，内壁以菌状（蘑菇形）陶垫（图 6－23，4，5）作依托。后一件陶垫柄部有拍印而成的交错绳纹。

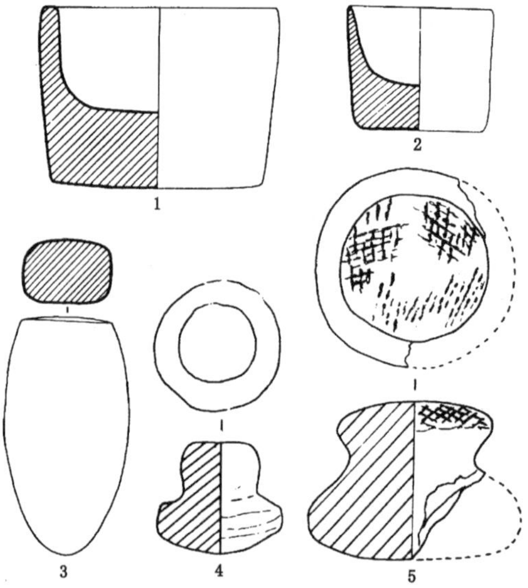

图 6－23 内蒙古敖汉旗大甸子夏家店下层文化的石器和陶器

1，2. 白石皿（M453:17、M1031:4）；3. 石研磨杵（M453:13）；
4，5. 陶垫（T1④:21、H3:19）

黄陂盘龙城遗址的陶器，一般用绕绳拍子、方格纹拍子拍打外表，也有的用素面拍子拍打，例如小鼎（图 6－21，2）的底部被拍打成稍微含有三个角的形状。

2. 滚压

渑池县郑窑遗址的陶器，是用绕绳圆棍对坯体进行滚压的，例如圆腹罐（图6－1，2），滚压外表时，内壁用绳纹（阴纹）陶垫作依托，每个陶垫窝内都有从陶垫上翻印来的反绳纹（阳纹）。

敖汉旗大甸子墓地夏家店下层文化的陶鬲（图6－8，1）和绳纹罐（图6－8，2），都用绕绳圆棍对坯体进行过滚压。

3. 刮削

渑池县郑窑遗址的陶器，很少采用刮削的方法修整坯体，例如三足盘（图6－13，4），外底留有方向不一致的胡乱刮削的痕迹。

拉萨市曲贡遗址曲贡文化的扁圆腹单耳罐（图版7，1上），内壁有斜向和横向的刮削纹理。骨匕（图6－24，15）是用牛肋骨剖裂成薄片制成的，器身磨制光滑，下端宽，经过长期使用形成刃[2]，既呈弯曲状，又是弧刃，可以用于刮削坯体内壁。骨刮削器（图6－24，11），可以用于刮削坯体外表。

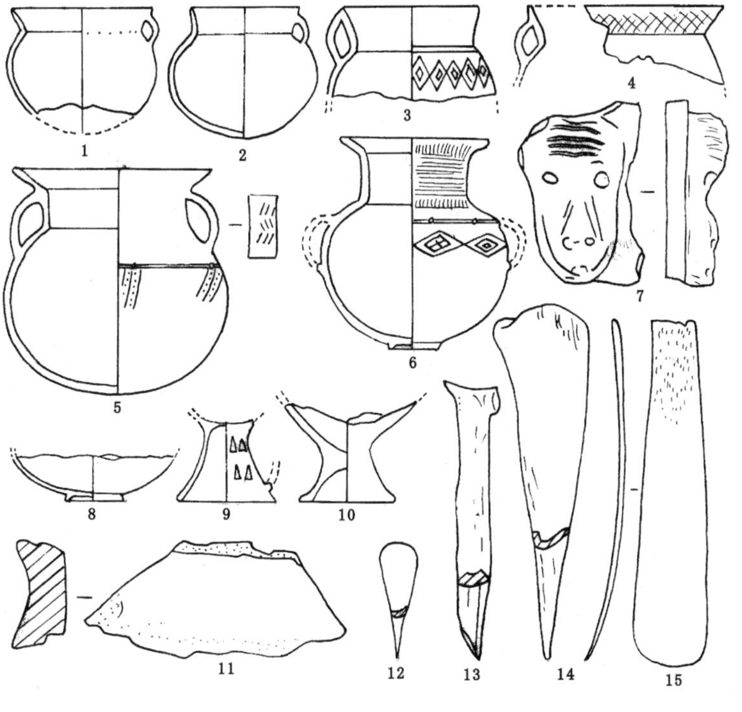

图6－24　西藏拉萨市曲贡遗址的陶器和骨器

1. 折沿罐（T111③:130）；2. 直口罐（842LQTIH2:9）

3. ▽型罐（842LQ 采:24）；4. Ⅰ型罐（84ZLQ 采:16）；

5. 矮领罐（H9:100）；6. 高领罐（M101:1）；

7. 猴面贴饰（T103③:55）；8. 碗（842LQTH2:6）；

9，10. 豆（T122③:73、H7:34）；11. 骨刮削器（84ZLQT2H3:6）；

12－14，骨锥（H12:32、T121③:82、T130③:117）；

15. 骨匕（84ZLQTIH2:3）

（1、5～7、9、10、12～14 引自《考古》1991 年第 10 期第 878 页图七，第 880 页图九一〇；其余引自《文物》1985 年第 9 期第 25 页图一〇，第 27 页图一三）

4．湿手抹平

渑池县郑窑遗址很多陶器外表有纹饰，因此湿手抹平方法主要用于坯体内壁和口沿，例如双耳罐 H20:11（图6－17，1），用泥条圈筑口沿之后，没有借助慢轮旋转，只用湿手将口沿内壁和外表抹平，徒手抹平所产生的痕迹欠规整，不同于细密轮纹。

5．慢轮修整

郑窑遗址一部分手制或模制的器物经过慢轮修整，胎壁厚薄均匀，形制规整浑圆，唇沿细部特征鲜明，留有细密轮纹。例如圈足盘（图6－13，1），由于慢轮修整，口沿上部外卷贴在沿外，形成双层，唇外呈现鼓棱一周，从剖面上可以看到口沿上部外卷时形成的缝隙。平底盆（图6－13，2），坯体略干燥变硬后扣放在陶轮上，边按逆时针方向慢速旋转，边用平刃刮板从外底中央逐渐向边缘移动刮削，使外底变得平整，并且留有顺时针方向旋转的正心涡纹。刻槽盆（图6－15，11，12），都是先在内壁刻槽，后用慢轮修整口部内壁和外表，留有细密轮纹，最后将口部一侧捏成流。盆内壁刻槽，口部一侧有流，表明这种盆的使用方法是：先往盆内加入水，再用于研磨食物，然后将“水磨”所得浆状食物从流部倒出来。这里顺便说一下，2009年，笔者在湖南桃源县看到，人们至今还在使用类似的刻槽盆，称之为“擂钵”（擂是研磨、擂成细末的意思），即研磨食物的陶钵，用于“擂茶”，使用方法是：将炒熟的花生、大米、芝麻等放在“擂钵”内，双手握住插在“擂钵”内的木棍，用力转动，将花生等食物研磨碎，然后将“干磨”所得渣状食物倒出来，用开水冲着喝。刻槽盆与“擂钵”都是利用内壁的沟槽研磨食物，说明在我国这种加工食物的方法源远流长；但是前者为“水磨”，后者为“干磨”，这是二者所处时代不同的缘故。

黄陂盘龙城手制的覆杯形器盖（图6－9，7）的外表、模制的折沿平裆鬲（图6－20，2）和细腰甗（图6－20，5）的口沿外表都经过慢轮修整，留有细密轮纹。

曲贡文化的圈足碗（T102⑥），口沿经过慢轮修整，留有细密轮纹。

6．快轮慢用修整

垣曲商城凡是轮制成型的坯体都经过快轮慢用修整，留有细密轮纹。

黄陂盘龙城轮制的釉陶双折肩斜腹尊（图6－16，3），领部内壁用刮板进行刮削修整，形成规整的阶梯状，相当美观。

第四节　坯体的装饰工艺

本节先叙述施纹工具，后叙述装饰工艺。

一、施纹工具

施纹工具在许多时代、许多遗址都曾看到，然而，许多时代、许多遗址施加绳纹、篮纹、方格纹等所用的拍子很可能都是木质的，只能如实地称之为木拍。

夏商时代的施纹工具有所不同，以江西鹰潭市角山窑址所出者最具代表性，其拍子和垫子均为陶质，是名副其实的陶拍和陶垫，这些陶拍和陶垫大体上都是印纹硬陶的施纹工具。角山窑址的年代上限约相当于郑州二里岗上层至安阳殷墟，下限至周初[30]。

下面介绍角山窑址的数例施纹工具：

（1）扁长方形陶拍（图6－25，2），椭圆体长把手，拍的两面均刻有花纹，一面刻云雷纹，另一面刻篮纹。同一件工具既可用于施加云雷纹，又可用于施加篮纹。这是名副其实的云雷纹陶拍兼篮纹陶拍。

（2）伞形陶拍，器身的下端较粗，上端较细，横断面呈圆形，器把呈圆柱形，表面有的刻叶脉纹即曲折纹（图6－25，1），呈现为复线“人”字形纹，有的刻篮纹（图6－25，3）。这些伞形陶拍的特点是全身呈圆棍状。笔者根据施纹工艺原理和模拟实验的经验断定，它不宜用于拍印纹饰，只能用于滚印纹饰，确切地讲不宜称为“伞形陶拍”，应当改称为“伞形陶棍”。这些伞形陶棍的出土使我们首次认识到：印纹硬陶上有一部分叶脉纹（即曲折纹）和篮纹是用伞形陶棍在坯体上滚印而成的，并非全部都是用扁长方形陶拍拍印而成，因此有助于我们全面地研究印纹的成因，这是认识上的飞跃，研究方法上的创新。

（3）陶垫（图6－25，4、5），呈蘑菇形，前一件垫面圆凸（即呈球面状），后一件垫面略平。其使用方法是：一手持扁长方形陶拍在坯体外表拍印纹饰，或持伞形陶棍在坯体外表滚印纹饰；另一手持蘑菇形陶垫在坯体内壁作依托。这样做既可防止坯体变形，又可使陶垫与陶拍形成内外夹攻之态势，达到良好的施纹效果。在外表产生纹饰的同时，内壁留下一个个陶垫窝。

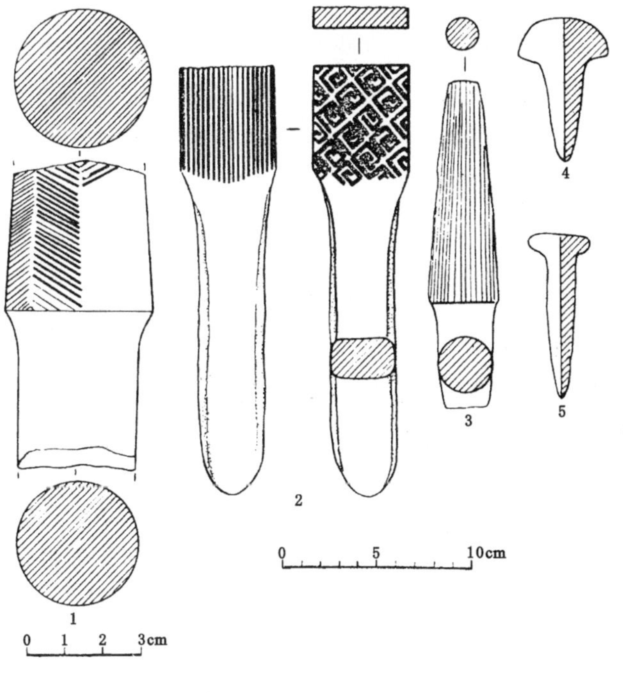

图6－25　江西鹰潭市角山窑址出土的陶拍和陶垫

1. 伞形拍（83板H1:44）；2. 扁长方形拍（童采集·47）；
3. 伞形拍（83板H1:45）；4. 垫（83板H1:162）；
5. 垫（83板H1:23）

其实在夏商时代之前就已经出现了陶垫，例如铜石并用时代晚期的陶寺文化就有圆饼形、鞋形、马蹄形、马镫形等各式各样的陶垫（见本书第五章第二节），只是形状上不同于夏商时代的蘑菇形陶垫罢了。值得注意的是，为什么名副其实的陶拍出现的时间晚于陶垫？笔者认为，所有制陶工具都是应制陶工艺上的某种需要而产生的，不是无缘无故产生的。例如角山窑址的云雷纹兼篮纹陶拍、伞形陶棍，都与印纹硬陶共出，这表明二者之间具有内在的联系，当时制陶者已经认识到：由于制作印纹硬陶所用的原料特殊（应是高硅质黏土或瓷石），明显不同于普通陶器，在器表上施加纹饰时，需要有一种比木质工具的分量（这里指比重）更大的工具，以便对器表施加更大的压力，使器表上产生印痕较深、图案清晰的纹饰，顺应这种需要，分量较重的陶质施纹工具（云雷纹兼篮纹陶拍、伞形陶棍等）也就应运而生了。

二、坯体修整过程中产生的纹样

夏商时代在坯体修整过程中产生的纹样当中，以印纹硬陶上的纹样，尤其是几何形印纹的图案最复杂、最有特色，它是此期装饰工艺上的主要成就。

现将本期的施纹方法与纹样综合起来，分为以下8种。

1．滚印绳纹

用绕绳圆棍在坯体上滚印而成。

例如渑池县郑窑遗址的圆腹罐（图6－1，2），腹部滚印竖绳纹，绳股印痕向右斜。

敖汉旗大甸子墓地夏家店下层文化的陶鬲（图6－8，1）和绳纹罐（图6－8，2），腹部都滚印整齐的竖绳纹。凡器表未经磨光的部位，常有纵向（垂直于器口）的绳纹印痕，平行密布，甚至在经过轻度磨光的表面还有能隐约看出原来是有绳纹的，这些绳纹是使围筑器壁的泥条结合在一起时留下的加工痕迹，并非以装饰为目的印制出绳索纹痕[31]。换句话说，这些绳纹是在坯体成型之后进行修整时产生的纹样，兼有装饰作用。

垣曲商城二里岗下层手制的陶鬲（图6－5，1），腹部滚印竖绳纹。二里岗上层模制的陶鬲（图6－19），滚印整齐的粗绳纹。

黄陂盘龙城手制的陶缸滚印竖绳纹（图6－12，1—3）或斜绳纹（图6－12，5），模制的陶鬲（图6－20，2—4）和陶甗（图6－20，5）都滚印竖绳纹。

2．拍印绳纹

用绕绳拍子在坯体上拍印而成。

例如渑池县郑窑遗址的捏口罐（图6－10，4），外表拍印竖绳纹时，陶轮按逆时针方向转动，内壁以陶垫作依托，留有两周按顺时针方向排列的陶垫窝。

清江县筑卫城中层的印纹硬陶上有拍印的细绳纹、粗绳纹（图6－26，7，8）。

3．拍印篮纹

用刻有平行线状沟槽的拍子在坯体上拍印而成，有竖篮纹、斜篮纹之分。

例如渑池县郑窑遗址深腹罐（图6－1，5）的外表拍印竖篮纹；尊形器（图6－13，5）、小口尊（图6－14，7）、侈口尊（图6－14，8）、深腹盆（图6－13，7）、刻槽盆（图6－15，11）的腹部都拍印斜篮纹。

清江县筑卫城中层的印纹硬陶拍印篮纹（图6－26，4）。

4．拍印方格纹

用刻单线方格纹（阴纹）的拍子在坯体上拍印而成，有正方格、斜方格之分。

例如渑池县郑窑遗址陶瓮（图6－1，1）的外表拍印斜方格纹。

垣曲商城二里岗下层陶缸（图6－5，2）的外表拍印正方格纹，由于用扁平的拍子在球面上进行拍打，外表形成一个个小平面。

黄陂盘龙城侈口斜腹缸（图6－12，4）的外表、釉陶双折肩斜腹尊（图6－16，3）的腹部都拍印斜方格纹。

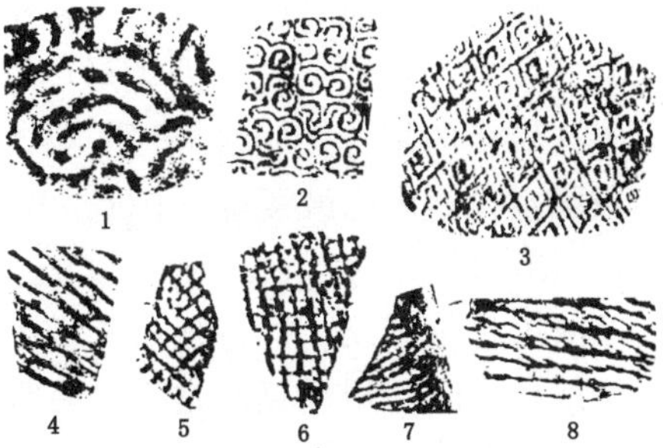

图6－26　江西清江县筑卫城中层印纹硬陶的纹样（相当于夏代）

1．旋涡纹（泥黄硬）；2．云纹（泥灰硬）；3．雷纹（泥灰硬）；4．篮纹（泥灰硬）；5．方格纹（泥灰硬）；6．方格纹（砂灰硬）；7．细绳纹（泥灰硬）；8．粗绳纹（砂黄硬）

清江县筑卫城中层的印纹硬陶上有拍印的方格纹（图6－26，5，6）。

5．滚印方格纹

在素面圆棍上用刀具刻成两种沟槽，一种是按顺时针方向螺旋式上升，另一种是按逆时针方向螺旋式上升，两种沟槽互相交叉形成斜方格纹（阴纹）。

1992年11月13日，笔者由内蒙古文物考古研究所的田广金先生陪同，考察内蒙古伊克昭盟伊金霍洛旗朱开沟青铜时代早期遗址出土的陶器时，看到该遗址第四段（夏代晚期）一件单耳罐M6021:1，为泥质灰陶，口径10.8厘米，高14.2厘米[32]，采用正筑圈筑法成型，肩部内壁有泥条缝隙2周，引人注目的是腹部外表有纵向滚印而成的非常规整的斜方格纹（阳纹）。这种滚印的方格纹尚属首次发现，它与拍印的方格纹（参考本书第五章图5－7，2）有两点区别：第一，滚印是用圆棍沿着坯体的球面向前推进的，因此，坯体表面不会产生一个个小平面，而拍印是用扁平的拍子在球面上一下子一下子拍成的，因此，坯体表面产生一个个小平面；第二，滚印的方格纹非常规整，在较长的一段距离内纹理是连续的，而拍印的方格纹不太规整，纹理之间有明显的打破关系。笔者仿制了这件单耳罐，成型时坯体的含水量约21%～20%，在含水量下降至17%～16%时，可以看到坯体表面因含水而产生的反光现象刚刚消失，用小棍敲击坯体会发出噗噗的响声，此时，用刻有斜方格纹（阴纹）的圆棍从上往下进行滚印，器表产生规整的斜方格纹（阳纹）。坯体的含水量下降至15%～14%时，在口与腹之间安装宽扁的单耳。

6．拍印云雷纹

实际上云雷纹包括云纹和雷纹两种纹样，二者略有差别。云纹的特征是线条呈现弧线状，按顺时针或逆时针方向旋转，例如清江县筑卫城中层印纹硬陶上的云纹（图6－26，2），是用刻划成一个个从外向里按逆时针方向或顺时针方向旋转的云纹（阴纹）的拍子，在坯体上拍印成云纹（阳纹）。雷纹的特征是线条呈现折线状，按顺时针或逆时针方向多次转折，例如筑卫城中层印纹硬陶上的雷纹（图6－26，3），是在拍面上先刻划菱形网格纹，后在网格之内从外向里按逆时针方向刻划多次转折的雷纹（阴纹），用这样的拍子在坯体上拍印成雷纹（阳纹）。

黄陂盘龙城硬陶鼓腹尊（图6－16，1）的外表拍印雷纹。

7．拍印席纹

席纹又称编织纹，其特征是相邻各组平行线段之间互相垂直，是用刻有编织状沟槽（阴纹）的拍子在坯体上拍印而成的。例如清江县吴城二期印纹硬陶上的席纹（阳纹，图6－27，3）。

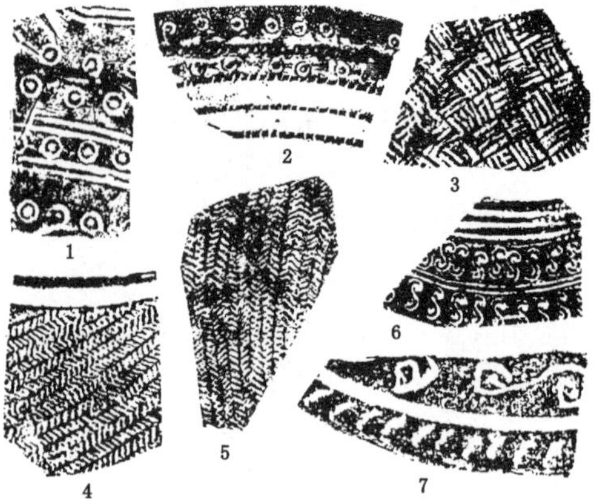

图6－27　江西清江县吴城二期印纹硬陶的纹样（商后期）

1，2．圈点纹及各种组合纹（泥黄硬、泥灰硬）；3．席纹（泥灰硬）；4，5．叶脉纹（泥灰硬）；6．“S”形纹（泥灰硬）；7．指甲纹与刻划卷叶纹（泥红硬）

8．拍印叶脉纹

叶脉纹又称曲折纹，其特征是由复线“人”字形纹组成。例如清江县吴城二期印纹硬陶上的叶脉纹（图6－27，4、5），是在拍面上先刻划一组向左斜的平行线段，后刻划一组向右斜的平行线段，两组线段相依，呈现复线“人”字形纹（阴纹），用这样的拍子在坯体上拍印成叶脉纹（阳纹）。

关于坯体修整过程中产生的纹样，还需要说明三点：

（1）“拍打”与“拍印”往往是同一道工序的两个不同概念。我们现在从修整角度称为“拍打”，从装饰角度称为“拍印”。所谓“印纹”系指在拍打坯体过程中从拍面上翻印下来的具有装饰作用的纹饰，换言之，“印纹”是翻印纹饰的简称。由于制陶者在拍打的同时已经充分注意到印纹的装饰作用，所产生的印纹往往是排列整齐的。根据同样道理，“滚压”与“滚印”往往也是同一道工序的两个不同概念。然而，对于当时的制陶者来说，拍打与拍印、滚压与滚印都是一举（同一道工序）两得（修整和装饰）的行为。

（2）此期印纹硬陶上的纹样有绳纹、篮纹、方格纹、云雷纹、席纹、叶脉纹六种。其中前两种即绳纹、篮纹都不是几何形印纹；后四种即方格纹、云雷纹、席纹、叶脉纹都是几何形印纹，换句话说，都是由点、线、面组合而成的几何形图案。由此可见，在拍印的纹饰当中，以几何形印纹占多数。这些几何形图案应是制陶者仿照南方人们在生产和生活中普遍使用的竹类等编织物的图案刻划而成的，具有浓厚的南方地区特色，再次表明装饰艺术来源于生活而高于生活。

（3）印纹硬陶上的纹样主要是拍印而成的，但是有些纹样应是用伞形陶棍（图6－25，1，3）滚印而成的。例如清江县吴城二期印纹陶上的叶脉纹（图6－27，4，5），排列较整齐，可能是用伞形陶棍滚印而成的。拍印的痕迹与滚印的痕迹存在明显差别，只要考古工作者从出土实物上仔细地加以辨认，是可以将二者区分开来的。

三、坯体修整后施加的纹饰

夏商时代坯体修整后施加的纹饰当中，最有特色的是模印而成的云纹、雷纹和同心圆纹，戳印而成的圈点纹和“S”形纹。

现将本时期的施纹方法与纹样综合起来，分为以下 9 种。

1．模印纹

渑池县郑窑遗址二里头文化陶器上的云纹（图 6－18，3）、雷纹（图 6－18，4）和同心圆纹（图 6－18，5），应是用陶质印模印成的，但是目前在该遗址尚未发现陶质印模。从图上可以看到，这些纹饰施于两周凹弦纹之间，在局部形成图案带，而不是遍施于全身。这一点不同于印纹硬陶上拍印而成、遍施于全身的云纹和雷纹。

2．附加堆纹

附加堆纹是用泥条附加而成，其上又施各种纹饰。

例如渑池县郑窑遗址的缸（图（6－3，2），外表施附加堆纹 7 周，其上用三棱棍斜压成纽索状；尊形器（图 6－13，5）的腹部外表也施附加堆纹 7 周，其上用手指压成纽索状。这些排列较密的附加堆纹兼有箍牢器壁的作用，可以称为箍状附加堆纹。侈口尊（图 6－14，4，8）的折棱上（上半身与下半身接合处的外侧）都施附加堆纹 1 周，其上用手指按压成纽索状，这些附加堆纹兼有加固上半身与下半身之间的接合、防止坯体从此处开裂的作用。

又如垣曲商城二里岗下层陶鬲（图 6－5，1）的颈部、三足外侧、裆部三侧、裆底部都施附加堆纹，其上用绕绳圆棍压成“连锁状”。黄陂盘龙城侈口斜腹缸（图 6－12，4）的近口部、折沿平裆鬲（图 6－20，2）的颈部分别施附加堆纹 1 周，其上也用绕绳圆棍压成“连锁状”。值得注意的是，上述陶鬲上的“连锁状”附加堆纹与郑州二里岗陶鬲上的“连锁状”附加堆纹[33]很相似，从中可以看到垣曲商城、黄陂盘龙城、郑州商城三者之间有密切的关系。

拉萨市曲贡遗址的猴面贴饰（图 6－24，7；图版 7，6），实际上是一种特殊形式的附加堆纹，贴附在大而厚的陶容器外表作为装饰，其上有手捏痕迹，据此推断其制作方法是：将一块泥坨粘附在大容器的坯体上，先用手指捏塑成型，再用细圆棍压成额头上的皱纹和鼻子两侧的沟槽，最后用细圆棍前端戳印成眼睛、鼻孔、嘴。笔者按照上述方法仿制了这件猴面贴饰，即仿:201（图版 7，9）。

3．对称小鋬

渑池县郑窑遗址圆腹罐（图 6－10，8～10；图 6－11，1，3，4）的唇部外侧都附加小鋬 2 个，左右对称，作为装饰。

4．压印花边

郑窑遗址圆腹罐（图 6－1，2）的唇部外侧用绕绳圆棍斜压成齿状花边；圆腹罐（图 6－10，5，9；图 6－11，2）的唇部外侧都用素面圆棍斜压成齿状花边。

5．戳印纹

戳印纹有两种形式：

(1) 圆圈纹和圈点纹。例如黄陂盘龙城折沿联裆鬲（图 6－20，3）的颈部用管状工具前端戳印成圆圈纹 1 周。清江县吴城二期印纹硬陶上的圈点纹（图 6－

27，1），是在坯体上先用两齿篦状工具旋划成双线为一组的凹弦纹，后在各组凹弦纹之间用管状工具前端戳印成圆圈纹，再于每个圆圈之内用细圆棍前端戳印成圆点纹，形成圆圈内加点纹，呈现“⊙”状，比盘龙城的圆圈纹要复杂一些。

（2）“S”形纹。例如吴城二期印纹硬陶上的“S”形纹（图6－27，6），这是一种特殊形式的戳印纹，需要特制一种陶质的小戳子，在其前端用刀具雕刻成双线的反“S”形图案（阳纹）。在坯体上先用篦状工具旋划成双线或三线为一组的凹弦纹，后在各组凹弦纹之间用上述小戳子印成双线的“S”形纹（阴纹），其特点是两条阴线之内夹一条阳线。

6. 凸弦纹

郑窑遗址陶瓮（图6－1，1）的领部、陶豆（图6－2，1）的圈足上部、圈足盘（图6－13，1）的器身和圈足都有凸弦纹，是轮修时用刮板旋留而成的一周周平行线状凸起的纹饰（阳纹）。

7. 凹弦纹

郑窑遗址陶豆（图6－2，2）的圈足、三足盘（图6－13，4）的腹部、陶瓮（图6－14，2）的肩部和腹上部、平底盆（图6－15，10）的腹部都有凹弦纹，这是轮修时用锥状工具旋划而成的一周周平行线状凹下的纹饰（阴纹），可见与凸弦纹恰好相反。

敖汉旗大甸子墓地夏家店下层文化的陶鬲（图6－4，5、6），中腰旋划凹弦纹3周或2周。

垣曲商城二里岗上层陶鬲（图6－19）的腹上部旋划凹弦纹2周，割断绳纹，表明先滚印绳纹，后旋划凹弦纹。

黄陂盘龙城溜肩瓮（图6－9，4）的领部、肩部、腹上部都有旋划的凹弦纹。

清江县吴城二期印纹硬陶上旋划而成的凹弦纹与戳印而成的圈点纹、“S”形纹在同一件器物上配合使用（图6－27，1，6）。施纹程序是：先旋划凹弦纹，后施戳印纹。

8. 划纹

吴城二期印纹硬陶上的刻划卷叶纹（图6－27，7），是在凹弦纹的内侧用锥状工具刻划成不规整的“S”形纹，有别于戳印而成的“S”形纹（图6－27，6）。

拉萨市曲贡遗址陶器上的划纹有粗细之分：粗的达1毫米，可用“锋钝”[3]的骨锥（图6－24，14）划成；细的仅0.3毫米，可用“锋部细长且锐”[3]的骨锥（图6－24，12）划成。划纹的图案有菱形纹、“人”字纹、波折纹、三角纹等。

其中以菱形纹最常见、最复杂，有单线菱形纹、复线菱形纹之分，后者由多个大小不同的菱形纹重叠套在一起，因此又称为“重菱纹”[3]。“重菱纹”有纵向（图6－24，3）、横向（图6－24，6）之别。各道划纹之间的打破关系表明，单线菱形纹（图6－28，1；图版7，4）的施纹程序是：按 *A*，*B*，*C*，*D* 顺序从右往左划。复线菱形纹（图6－28，2；图版7，7）的施纹程序是：按 *A*，*B*，*C*，*D*，*E* 顺序从外往内划，这样做可使各个大小不同的菱形纹之间保持适当的距离。

“人”字形纹为复线、横向，施于圈足碗T102⑥口外两周凹弦纹之间。

波折纹为复线、纵向，多施于器耳上（图6－24，5）。

三角划纹为复线，施于扁圆腹单耳罐腹部（图版7，1）。

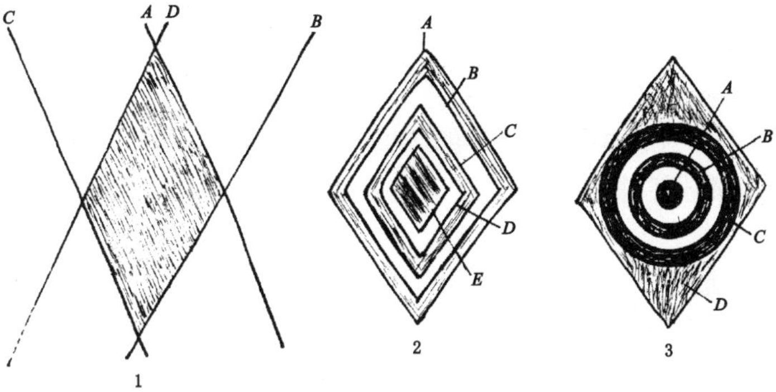

图6－28　西藏拉萨市曲贡遗址陶器施纹程序图

1. 单线菱形划纹（T123④，从右往左划）；
2. 复线菱形划纹（T149③:182，从外往内划）；
3. 单线菱形划纹内填磨光圆点纹、圆圈纹（T149③:182，从内往外磨光）

9．镂孔

渑池县郑窑遗址的陶豆（图6－2，1，2；图6－15，1，3），圈足上部都有圆形镂孔，是在胎壁尚软时用圆锥状工具捅成的。圈足盘（图6－13，1）的圈足上部有曲尺形镂孔，呈现“「”状，排列成一周；圈足盘（图6－15，5，6）的圈足中部有“Z”字形镂孔，这些镂孔都是在坯体的含水量较低（约10%）、胎壁较硬时，用锋利的刀具雕刻而成的。

四、涂刷陶衣和磨光

这两项技术都发明较早，此时在南北许多地方依然保存着。

例如黄陂盘龙城一部分泥质的陶豆、陶簋、大口尊、陶盆、长颈壶、陶罐、陶瓮、陶罍、陶甑、器盖和陶缸，以及个别夹砂的陶罐和陶鼎的外表都涂一层陶衣。有的研磨盆（PYWT25③:2），黑陶衣厚达1毫米。个别陶坩埚（PYWM9:6）有黄陶衣。陶衣的原料是用普通易熔黏土淘洗而成的泥浆。凡是涂刷陶衣的器物，器表都经过磨光，陶衣上有光泽。

渑池县郑窑遗址各期都有一部分泥质陶的器表局部或全部经过磨光。

敖汉旗大甸子墓地夏家店下层文化半数以上器物表面经过压磨，有光泽感，陶鬲、陶罐类大都经过磨光，以压磨（方法）除去绳纹是修饰的日的[25]。

拉萨市曲贡遗址经过磨光的陶器，器表常留有一道道磨光痕迹，是用坚硬而光滑的工具进行磨光的。骨锥（图6－24，13）“近锥锋处急剧缩小，成一偏置钝尖”[3]，可以在复线划纹之间进行磨光。磨光的方法有以下两种：

（1）连片磨光法。见于圈足碗T102⑥的内壁、折腹单耳圈足罐（图版7，7）的外表。磨光时，工具横向运动，圈足碗内壁留有左右两片横向磨光的痕迹，据此推测，将一片磨光之后，转动一下坯体，再将旁边的一片磨光。

（2）间隔磨光法。见于由划纹、凹弦纹组成的图案带内。例如单线菱形划纹（图6－28，1；图版7，4）之内经过磨光，之外未经磨光；复线菱形划纹（图6－28，2；图版7，7），在*A*与*B*之间、*C*与*D*之间、*E*之内都经过磨光，*A*之外、*B*

与 C 之间、D 与 E 之间都未经磨光；在单线菱形划纹之内（图 6－28，3；图版 7，7），先用工具磨光形成大圆点纹 A 和重圆圈纹 B、C，再将单线菱形划纹与圆圈纹之间的 D 磨光，A 与 B 之间、B 与 C 之间都未经磨光；复线凹弦纹和复线横“人”字划纹见于圈足碗 T102⑥，在复线之间先绘红彩再经过磨光，复线横“人”字划纹左右两侧未经磨光；复线三角划纹（图版 7，1），在复线之间经过磨光，复线之外未经磨光。

进行间隔磨光时，工具多呈现斜向运动，并且尽量避免磨掉划纹，例如复线菱形划纹（图 6－28，2；图版 7，7），在 E 之内有 4 道斜向的磨光痕迹，经笔者测量，每道宽 2 毫米；也有的工具呈现转圈运动，例如重圆圈纹和大圆点纹（图 6－28，3；图版 7，7），都是在没有施加划纹的条件下，直接用前端圆钝而光滑的工具转圈运动磨光而成的，大圆点中央呈现一个略微鼓起的小圆点，因此，大圆点的横断面呈现双弧形。

制陶者进行间隔磨光的目的是：经过磨光的部分在光线照耀下形成反射，未经磨光的部分则形成漫反射，采用这种对比的手法使器表上的纹饰图案显得更加清晰而美观。后来周代发展了间隔磨光的方法（见本书“第七章”第四节）。

笔者仿制了曲贡遗址出土的折腹单耳圈足罐，即仿:198（图版 7，8）；扁圆腹单耳罐，即仿:197（图版 7，2）；折腹单耳罐，即仿:199（图版 7，5）。从模拟实验中了解到，器表磨光是在坯体的含水量下降到 13%～11% 时进行的，连片磨光可用光滑的鹅卵石进行，间隔磨光可用前端圆钝而光滑的骨器进行。

曲贡遗址有的豆圈足（图版 7，3），在器表磨光之后，用刀具刮掉光滑的表层，呈现一周粗糙的宽带纹，宽 1.1～1.3 厘米，与磨光的表面形成强烈反差。

五、施釉

中国古代的陶瓷釉是在长期使用陶衣和化妆土的基础上逐渐发展起来的，它出现的年代明显地早于汉代的低温铅釉（见本书第九章第二节），在我国古代陶瓷技术史上具有十分重要和深远的意义。目前在考古发掘中所见到最早的陶瓷釉出土于山西夏县东下冯遗址，其年代约与夏代相当；至郑州二里岗、黄陂盘龙城时期，便有了明显增加。当时的釉是以氧化钙为助熔剂的高温钙釉。高温钙釉既可施于硬陶表面，亦可施于原始瓷和成熟瓷器表面。

黄陂盘龙城一些器物虽然胎质与无釉的硬陶相近，但是表面施高温钙釉，成为釉陶（也有学者称之为原始瓷），例如釉陶双折肩斜腹尊（图 6－16，3），肩部外表拍印席纹（编织纹），腹部外表拍印斜方格纹，然后施酱黄色釉，领部内壁有两滴绿色釉，经笔者测量，一滴直径 1.5 厘米，另一滴直径 0.2 厘米。釉陶鼓腹尊（图 6－16，5），外表滚印叶脉纹（曲折纹），然后施浅酱色釉。

第五节　陶　　窑

夏商时代在继续沿用升焰窑的同时，又较大地发展了陶窑技术，主要的表现是：发明了半倒焰窑和平焰窑，平沿窑俗称“龙窑”，这是建造陶窑历史上的重大进步。

现将升焰窑、半倒焰窑、平焰窑分别介绍如下：

1. 升焰窑

此期的升焰窑在技术上没有大的提高，例如清江县吴城二期（商后期）的同穴式窑 74Y1（图 6－29，1），窑体呈现覆钵式，火膛与窑室共处一穴之内。窑底呈现椭圆形，上铺一层泥土。南北长 1.1 米，东西宽 1 米，高 0.8 米。窑顶部有圆形烟囱[34]。笔者认为，该窑的窑壁上部逐渐收缩，窑顶部设有排烟孔，火焰从窑底上升，流经坯体，然后由排烟孔排出窑外，这种火焰流动方式的窑炉属于升焰窑。

2. 半倒焰窑的发明

目前在考古发掘中所见最早的半倒焰窑约属吴城文化时期。江西修水县山背的横穴式窑 Y1（图 6－29，2），方向为正南北，火门向南，由火膛、窑室和烟囱三部分组成。火膛长 1.1 米，宽 1.4 米，残高 0.21 米；窑室长 0.8 米，宽 1.62 米，壁残高 0.75 米，壁厚 0.03 米；烟囱长 0.74 米，宽 0.14 米，残高 0.25 米，未发现火道和窑箅，可能已被破坏。窑室底部呈现锅底形。窑内堆积可分三层，包含物以几何形印纹硬陶片为主，能够辨认的器形有双腹缩腰甗形器、陶甑、陶罐、陶钵、陶盆等，似属商代吴城青铜文化范畴[35]。笔者认为，这座窑的两个烟囱设在窑室的后壁下部，窑室顶部应是封闭的，火焰自火膛喷到窑室顶部，然后倒向窑底，流经坯体，最后由两个烟囱排出窑外，这种火焰流动方式的窑炉属于半倒焰窑。

3. 平焰窑的发明

目前所见的商代平焰窑（龙窑）共有 3 处，分别出土于江西清江县吴城、浙江上虞县李家山、湖北黄陂盘龙城，其中年代最早的是盘龙城二期龙窑，大约相当于商代前期。

清江县吴城遗址清理出长条状窑炉 1 座，编号为 86Y6（图 6－29，3），窑头朝西北，窑尾朝东南，残长 750 厘米，窑尾南北宽 107 厘米，窑壁残高 10～22 厘米、厚 6～28 厘米。北壁设有小孔 9 个，呈现“一”字形，排列有序，由西向东宽度分别为 36 厘米、32 厘米、40 厘米、32 厘米、42 厘米、42 厘米、42 厘米、32 厘米、28 厘米。孔内堆积有陶片、红烧土和炭屑及灰土混合物，孔底红烧土硬面与窑床硬面连为一片，处于同一水平线。窑头与窑尾水平高差为 13 厘米，坡度为 1.7°。方向为北偏西 68°。依据窑头四块黄色土坯砖分析，可能有封门和火膛设置。窑床所出遗物有陶片，可以辨明器形的有原始瓷罐、粗绳纹夹砂陶罐、凹圜底泥质灰色硬陶等。陶片纹饰有细绳纹、圈点纹和叶脉纹等。从器形与纹饰推断该窑砌建时代当属吴城二期[36]（商后期）。有的学者认为，这座窑炉是龙窑发生期的形态之一，窑炉一侧的窑壁之下，有 9 个等距离的投柴口，这与一般概念中的窑炉具有燃烧室、烧成室和排烟部分的构造完全不同，而是将燃烧部分分散开来，使窑内坯件均匀受热[37]。笔者认为，在窑床上硬陶与原始瓷共存，表明二者同窑合烧。

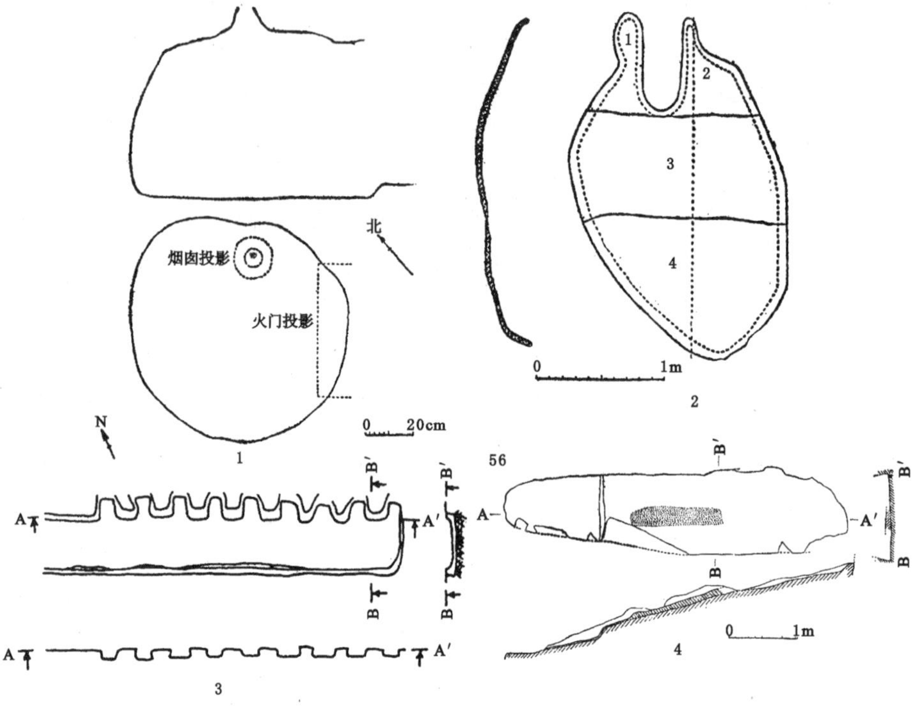

图 6－29　商代的窑址平、剖面图

江西清江县吴城 74Y1 平、剖面图；　江西修水县山背 Y1 平、剖面图（1，2．烟囱，3．窑室，4．火膛）；3．江西清江县吴城 86Y6 平、剖面图；4．浙江上虞县李家山 Y2 平、剖面图

浙江上虞县李家山遗址清理出 6 座印纹陶窑址，均为龙窑，各窑的建造方法雷同，即利用自然斜坡挖一凹沟，尔后在凹沟底部及周壁涂抹一层黏土，即成为窑床，窑壁、窑底经火烧之后形成较坚硬的红烧土。其中 Y2（图 6－29，4）保存稍好，平面呈长条形，尾部较宽于前部，方向北偏西 6°，窑底倾斜 16°。该窑全长 5. 1 米、最宽处 1. 22 米。火膛平面呈半椭圆形，长 1. 3 米、残宽 0. 96 米，窑壁残高 16 厘米。整个火膛壁呈现黑色，底面已经烧结成硬壳。窑床长 3. 8 米、窑壁残高 10～33 厘米。窑床底部亦呈现黑色，其前段已经烧结成硬壳，局部出现裂缝，此种发黑的现象自火膛向窑尾逐渐转淡。此外，在清理中发现，窑床底部绝大部分铺有一层砂砾，厚度为 5～10 厘米。该窑内堆积土中出有少量的印纹陶片，同时，在右侧窑壁以北 60 厘米处发现一小堆印纹陶片，所出的陶片火候（这里指烧成温度）普遍较高，并有因过烧而引起的起泡、开裂、变形等现象。Y2～Y6 的年代应定为商代[38]。笔者认为，值得注意的是：由于“窑底倾斜 16°”，该窑对空气的抽力较大，窑内升温速度也就较快；窑底铺一层砂砾可以使坯体放置得更加平稳，还兼有隔离层的作用，防止制品与窑床粘连。

黄陂盘龙城二期清理出长窑 1 座，编号为 PWZY1（图 6－30），平面呈沟槽状，宽 2～4 米、全长 54 米，坐落在东北高西南低的坡地上，窑头与窑尾落差达 2. 75 米，其结构可以分为窑头、窑室、窑尾，除投柴孔及窑顶未见外，几乎具备了今天所见民间烧造陶瓷器的“龙窑”所具有的全部特征。窑头有利用落差形成自然通风的孔道，中间有面积达 80 平方米、至少可容纳百件器物烧造的窑室，窑尾呈现长方形，尾端高出窑底部 1～2 米，为一片红烧土，应是窑室内火焰外溢及烟道出口处，附近散落的数十平方米的颗粒状红烧土，推测与烟囱倒塌相关。窑室南侧的 3 个窑门，成为进出窑室装坯或取出成品的通道。此外，窑内 K2 还发现过一件未烧透的坯状陶缸，这些都说明了长窑的性质可能是烧造陶器的“龙窑”，具体地说是烧造了盘龙城出土的大量陶缸[39]。1990 年 4 月，笔者由湖北省文物考古研究所的陈贤一先生陪同，考察了 Y1 的发掘地点，笔者认为，这座长窑就是平焰窑（龙窑）。

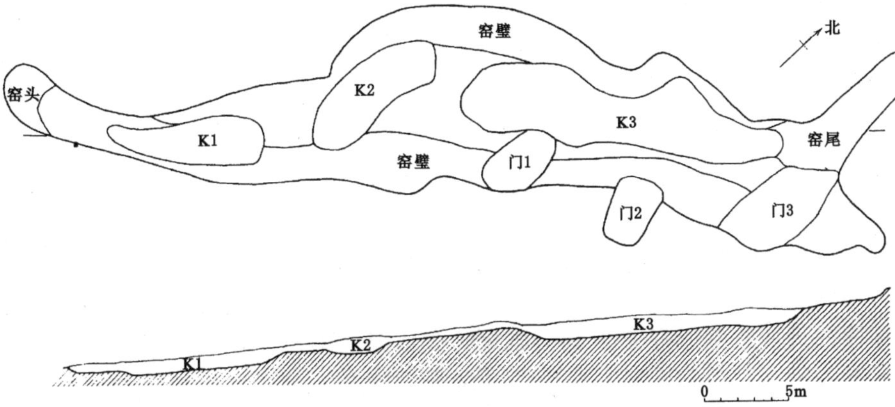

图 6－30　湖北黄陂盘龙城王家嘴盘龙城二期 Y1 平、剖面图

上述修水县山背的 Y1 属于半倒焰窑。清江县吴城的 86Y6、上虞县李家山的 Y2、黄陂盘龙城的 Y1 具有一个共同点是：窑尾都高于窑头，窑内火焰流动的方向与窑身平行，倾斜向上，流经坯体，最后由窑尾排出窑外，这种火焰流动方式的窑炉应属于平焰窑。

半倒焰窑和平焰窑都是先进的窑炉，因为“半倒焰窑靠夹墙竖烟道产生抽力来抽吸空气进窑，可控制进窑空气量，所以这种窑能烧较高的温度，也能烧还原气氛。平焰窑有一个坡度，靠窑身升高产生抽力将空气抽吸进窑。坡度的大小可控制进窑空气量的多少。这种窑能烧较高的温度，也容易维持还原气氛”[40]。

笔者认为，硬陶的成因有两个：一是所用的原料为高硅质黏土或瓷石，具有较高的耐火度，坯体可在较高温度下烧制成硬陶而不会烧流变形，这是内因；二是窑炉的改进，尤其是半倒焰窑和平焰窑的采用，可以烧较高的温度，这是外因。外因通过内因起作用，结果就烧制出名副其实的硬陶。

第六节 陶器的烧制工艺

夏商时代，随着制备原料技术、建造窑炉技术的提高，烧制陶器技术亦有了较大的进步，这从温度控制、气氛控制和渗碳操作三个方面都可以看到。现在分别叙述如下。

1. 温度控制

此期普通陶器的烧成温度，由于受到所用原料（普通易熔黏土）耐火度的制约，都在1000℃以下，一般在800～900℃之间，尤其是为死者随葬之用而制作的明器，多数烧成温度600～700℃，属于低温陶。但是硬陶和釉陶的烧成温度，由于制胎所用的原料（高硅质黏土或瓷石）特殊，具有较高的耐火度，还由于窑炉的改进（用半倒焰窑和平焰窑烧制），烧成温度高达1150℃，这表明此期在温度控制方面有了明显突破，这就为烧制有高温钙釉的原始瓷提供了技术条件，实际上清江县吴城二期（商后期）的平焰窑86Y6（图6－29，3）已经采用硬陶与原始瓷同窑合烧的方式，这是一个良好的开端。

渑池县郑窑遗址二里头文化的陶器，笔者根据其硬度，估计其烧成温度一般在800～900℃之间。

敖汉旗大甸子墓地夏家店下层文化的多数泥质陶器，在墓中潮湿未干时极易破碎，甚至变形，俱因烧制火候（这里指烧成温度）过低所致，例如炊器中的陶鬲多数是泥质的，而且火候低，证明并非实用器，只求形似，不重实用，故有明器性质[25]。笔者据此估计，夏家店下层文化墓葬内出土的多数泥质陶，烧成温度约600～700℃，其原因是制陶者对于明器“只求形似，不重实用”。部分夹砂陶质地较硬，烧成温度较高。

垣曲商城出土的灰陶，经过测定，其烧成温度一般在800～900℃之间[41]（表6－3）。

表6－3 山西垣曲商城商前期陶器的烧成温度

原序号	原编号	陶质陶色	分　期	烧成温度/℃
3	YQS－1	夹砂灰陶	二里岗上层	780±20
4	YQS－2	泥质黑陶	二里岗上层	790±20
5	YQS－3	泥质灰陶	二里岗上层	860±20
6	YQX－1	夹砂灰陶	二里岗下层	850±20
7	YQX－2	泥质灰陶	二里岗下层	880±20

注：本表引自李家治主编：《中国科学技术史·陶瓷卷》，科学出版社，1998年，表2－6。

黄陂盘龙城的普通陶器，笔者根据其硬度，估计其烧成温度一般在800～900℃之间。个别器物如溜肩瓮（图6－9，4），由于质地较软，表皮多处剥落，估计烧成温度约700℃。硬陶和釉陶质地坚硬，笔者对一块拍印叶脉纹的硬陶做过实验：先用钳子夹，未能夹断；后用锤子砸，才砸断，实验结果表明这是名副其实的印纹硬陶。据此估计硬陶和釉陶的烧成温度约1150℃。

清江县吴城商前期印纹硬陶的烧成温度经过测定，达1150℃（表6－2，原序号6）。

2．气氛控制

此期的陶器，除夏家店下层文化之外，其他地方多数陶器采用还原气氛烧成。还原烧成的重要性在于：与红陶相比，灰陶具有较高的耐酸碱腐蚀的性能，因此更加耐用。正因为这样，制陶者将烧制灰陶作为重点来抓。

现将本期的还原烧成技术、氧化烧成技术分别介绍如下：

（1）还原烧成技术。据统计，渑池县郑窑遗址的灰陶在一期、二期、三期分别占59.65%，64.37%，50.02%[1]。由此可见，多数陶器是在烧制后期改用还原气氛烧制而成的。

据统计，垣曲商城的灰陶在二里头晚期、二里岗下层、二里岗上层分别占70%，65.9%，71.4%[42]。可见三个时期大多数陶器在烧制后期改用还原烧成。

黄陂盘龙城的普通陶器，多数为灰陶，采用还原烧成，硬陶和釉陶一般采用还原烧成，胎呈灰色。

江西地区已发现的印纹硬陶中，以灰陶占大多数，表明大多数印纹硬陶采用还原烧成。

（2）氧化烧成技术。例如敖汉旗大甸子墓地夏家店下层文化，多数泥质陶的胎心呈现褐色或红褐色，夹砂陶多呈现红褐色，表明采用氧化烧成。垣曲商城三个时期都还有一部分红褐陶、红陶，采用氧化烧成。黄陂盘龙城的普通陶器中，有少数红陶、红褐陶、黄陶，个别釉陶尊胎呈现黄色，表明都采用氧化烧成。

3．渗碳操作

此期的渗碳操作都属于窑内渗碳，从总体上看渗碳工艺不发达，唯独夏家店下层文化特殊例外，为死者随葬用的泥质陶“器表多呈黑色”或“黑灰色”[25]，其原因是：需要以黑色或黑灰色作为底色，以便在它上面绘彩色图案，即以黑色或黑灰色来衬托彩色，使得彩色图案更加醒目，由此可见，夏家店下层文化的制陶者对多数陶器进行窑内渗碳处理是有特殊目的的。

渑池县郑窑遗址的黑皮陶及黑陶在一期、二期、三期分别占28.57%，17.42%，15.14%[1]，由此可见，从一期至三期经过窑内渗碳的陶器逐渐减少。一部分陶器渗碳的时间较短，只有表皮变成黑色成为黑皮陶；另一部分陶器渗碳的时间较长，表皮及胎心都变成黑色成为黑陶。

垣曲商城只有少量黑陶，是窑内渗碳而成的。

黄陂盘龙城有一部分黑陶，例如陶盉（图6－20，1），没有陶衣，表皮及胎心都呈现黑色，这是窑内渗碳的时间较长所致；至于红胎黑衣陶，例如溜肩陶瓮（图6－9，4），是在氧化烧成之后经过短暂渗碳的结果，只有陶衣现黑色，胎心依旧保持红色；灰胎黑衣陶，例如覆杯形器盖（图6－9，7），是在还原烧成之后经过短暂渗碳的缘故，只有陶衣呈现黑色，胎心依然保持灰色。由此可见，本期的渗碳操作既有在氧化烧成之后进行的，也有在还原烧成之后进行的。后者比较先进。

回顾新石器时代晚期大溪文化的黑陶，基本上都是在氧化烧成之后渗碳而成的；铜石并用时代晚期山东龙山文化的黑陶几乎都是在还原烧成之后渗碳而成的。显然，后者的渗碳工艺水平比前者要高得多，因为后者所得黑陶产品耐酸碱腐蚀的性能比前者更强，更加经久耐用。

拉萨市曲贡遗址的黑陶，例如折腹单耳罐（图版7，4），内壁、外表及胎心均为黑色，是渗碳时间较长的缘故。

第七节　烧制后陶器上的装饰工艺

敖汉旗大甸子墓地夏家店下层文化的彩绘陶，是在烧制后的陶器上经过着色绘画的陶器（包括不同的保存情况），共有420件[43]，约占随葬陶器总数（1683件）的25%。由此可见，彩绘陶在明器中所占比重是相当高的。施加彩绘的器类有各种陶鬲、陶罐、陶鼎、陶壶、陶尊、陶簋等，彩绘的精细与粗劣差别很大，不仅存在于不同墓之间，也存在于同墓的不同器物之间，以一个墓中的陶器彩绘而言，例如M854之陶鬲和陶罐，一望而知是相差悬殊的两个绘画水平的作品，显然是出于不同画手，据此可知至少是有同时并存的画手，水平相差甚大[43]。

现将夏家店下层文化的彩绘陶工艺叙述如下：

1．彩绘的颜料

彩绘陶都以经过渗碳的黑色或黑灰色器表作为底色，绘以白、红、橙黄三色花纹。经过鉴定的矿物颜料有3种：其中，白色一种，为碳酸钙；红色2种，一种为朱砂，另一种为赤铁矿粉；白石皿M453:17（图6－23，1）中的一团红颜料是赤铁矿粉，外表印有纺织物包扎痕。质地细腻，似曾澄洗（经过淘洗）。此外，还有少量颜色在陶器上显橙黄，与红色相间使用充当白色，与白色相间使用充当红色，经鉴定是红白颜料相混合所致[44]。

2．加工颜料的工具和调色皿

加工矿物颜料的工具有石研磨杵M453:13（图6－23，3），为粉砂岩。形如圆顶扁方柱，上下两端皆有收分，最宽处在中腰。高56毫米、最宽31毫米、厚15毫米。表面磨光。研磨面呈长方形，有细腻擦痕，中心微有凸出[45]。

白石皿M453:17、M1031:4（图6－23，1，2）内壁的研磨痕很细，不似加工颜料的工具，更像使用时的器皿，比如调色皿[44]。

3．颜料中添加的黏合剂

考古工作者清除陶器彩绘表面附着的泥土和水锈凝结而成的碳酸钙时，发现彩绘的颜色并不易被水或乙醇（酒精）浸解而脱落。很可能是用某种胶质或油质做颜色的调

图6－31　内蒙古敖汉旗大甸子夏家店下层文化墓葬的彩绘陶长筒罐（M713:7）

合剂[44]，即黏合剂，起黏合作用，使矿物颜料具有较强的附着力，附着在陶器上。

4. 绘画工具

考古工作者从观察彩绘笔道粗细和颜色浓淡的变化中判断所用的绘画工具，只应是以毛笔做画才能够出现这样的效果[44]。

5. 彩绘纹式分类

彩绘纹式种类繁多，图案相当复杂，往往在同一件器物上，例如长筒罐 M713:7（图 6－31）的外表绘有数种不同的纹式。

彩绘纹式可分两类：

（1）主要纹式。绘于主要画面上，例如陶鬲 M751:3（图 6－32，1），在颈下至鬲裆之间绘专用设计的特殊单元，形似动物面目或徽帜的图案单元，从图案上可以看到两只眼睛（眼珠呈圆圈状），因此称为"目纹"，在考古发掘报告中，通常称之为"饕餮纹"，这种纹式具有夏商之际的时代特征。又如陶鬲 M853:12（图 6－32，2），在颈下至鬲裆之间绘通用设计的二方（或四方）连续单元，但是没有"目纹"。二方连续系指左右两个方向连续，四方连续系指上下左右四个方向连续。

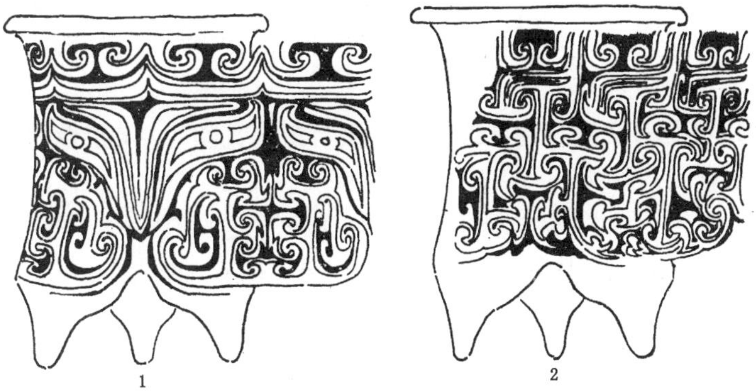

图 6－32　内蒙古敖汉旗大甸子夏家店下层文化的彩绘陶鬲

1. 有"目"（M751:3）；2. 无"目"（M853:12）

（2）辅助纹式。绘于边缘画面上，即陶器的唇沿与颈部，陶罐的腹下部与圈足，及鼎足，器盖等部位[44]，例如长筒罐 M713:7（图 6－31）颈部和腹下部的纹式。

6. 彩绘陶的工艺流程

概括地说，制作彩绘陶的工艺流程是：采用泥质的泥料，坯体主要采用手制法成型，长筒鬲的上段和中段采用手制法成型，下段采用模制法成型，经过慢轮修整之后，将器表磨光，然后经过低温烧制和窑内渗碳，最后在器表上着色绘画。各道工序之间具有内在联系，表现在以下三个方面：一是泥质的器表便于磨光，而光洁的器表经过烧制以后便于绘彩；二是低温烧制可节省燃料和烧制时间，从而省工省力，既减轻了制陶者的劳动强度，又提高了制陶效率；三是经过窑内渗碳可以使器表呈现黑色或黑灰色，以此作为底色，为白彩、红彩、橙黄彩起衬托作用，使彩绘图案显得更加清晰而美观。由此可见，彩绘陶的制造者始终在"只求形似，不求实用”，追求华而不实的技术思想支配下，选择最佳的方案，制造出成批非常华丽却不实用的彩绘陶明器，作为死者的随葬品。技术思想是贯彻在制陶技术全过程中的指导思想和灵魂，它决定了制陶者的所作所为，它是无形的，看不见摸不着，但是笔者将各道工序连贯起来思索，找出其内在联系，归纳出整个工艺流程，将制陶者的技术思想清楚地揭示出来，这是认识上的飞跃，研究方法上的创新。

参考文献

［1］河南省文物研究所、渑池县文化馆：《渑池县郑窑遗址发掘报告》，《华夏考古》1987 年第 2 期。

［2］西藏文管会文物普查队：《拉萨曲贡村遗址调查试掘简报》，《文物》1985 年第 9 期。

［3］中国社会科学院考古研究所西藏工作队、西藏自治区文物管理委员会：《西藏拉萨市曲贡村新石器时代遗址第一次发掘简报》，《考古》1991 年第 10 期。

［4］中国社会科学院考古研究所、西藏自治区文物局：《拉藏曲贡》，中国大百科全书出版社，1999 年。

［5］中国社会科学院考古研究所、西藏自治区文物局：《拉萨曲贡》，中国大百科全书出版社，1999 年，第 219 页。

［6］中国社会科学院考古研究所：《大甸子——夏家店下层文化遗址与墓地发掘报告》，科学出版社，1996 年。本章图 6－4、图 6－8、图 6－23、图 6－31 都引自该发掘报告。

［7］刘观民、徐光冀：《夏家店下层文化彩绘纹式》，《庆祝苏秉琦考古五十五年论文集》，文物出版社，1989 年。本章图 6－32 引自该文。

［8］中国社会科学院考古研究所编：《中国考古学中碳十四年代数据集》（1965～1991），文物出版社，1991 年，第 48、450、457 页。

［9］湖北省文物考古研究所：《盘龙城》（上），文物出版社，2001 年，第 449 页。

［10］江西省博物馆“印纹陶问题”研究小组：《江西地区陶瓷器几何形拍印纹样综述》，《文物集刊》第 3 集，文物出版社，1981 年。本章图 6－26、图 6－27 引自该综述当中的印纹硬陶纹样。

［11］江西省博物馆、清江县博物馆、厦门大学历史系考古专业：《江西清江筑卫城遗址第二次发掘》，《考古》1982 年第 2 期。

［12］江西省博物馆、北京大学历史系考古专业、清江县博物馆：《江西清江吴城商代遗址发掘简报》，《文物》1975 年第 7 期。

［13］中国社会科学院考古研究所编著：《偃师二里头 1959～1978 年考古发掘报告》，中国大百科全书出版社，1999 年，第 78、164、260 页。

［14］河南省文物考古研究所编著：《郑州商城 1953～1985 年考古发掘报告》（上册），文物出版社，2001 年，第 384～460 页。

［15］湖北省文物考古研究所：《盘龙城1963～1994年考古发掘报告》（上），文物出版社，2001年，第84、87、97页。

［16］江西省文物考古研究所、樟树市博物馆编著：《吴城1973～2002年考古发掘报告》，科学出版社，2005年，第75页。

［17］中国历史博物馆考古部、山西省考古研究所、垣曲县博物馆：《垣曲商城》，科学出版社，1996年，第229页。

［18］中国历史博物馆考古部、山西省考古研究所、垣曲县博物馆：《垣曲商城》，科学出版社，1996年，第101页。

［19］湖北省文物考古研究所：《盘龙城》（上），文物出版社，2001年，第22页。

［20］中国历史博物馆考古部、山西省考古研究所、垣曲县博物馆：《垣曲商城》，科学出版社，1996年，第101、167、215页。

［21］湖北省文物考古研究所：《盘龙城》（上），文物出版社，2001年，第468、469页。

［22］中国社会科学院考古研究所：《大甸子——夏家店下层文化遗址与墓地发掘报告》，科学出版社，1996年，第73页。

［23］河南省文化局文物工作队：《郑州二里岗》，科学出版社，1959年，第28页；图版捌，3。

［24］李京华著：《中原古代冶金技术研究》，中州古籍出版社，1994年，第17页。

［25］中国社会科学院考古研究所：《大甸子——夏家店下层文化遗址与墓地发掘报告》，科学出版社，1996年，第68页。

［26］牟永抗：《浙江的印纹陶》，《文物集刊》第3集，文物出版社，1981年。

［27］彭适凡著：《中国南方古代印纹陶》，文物出版社，1987年，第392、393页。

［28］中国社会科学院考古研究所：《大甸子——夏家店下层文化遗址与墓地发掘报告》，科学出版社，1996年，第70页。

［29］中国社会科学院考古研究所：《大甸子——夏家店下层文化遗址与墓地发掘报告》，科学出版社，1996年，第72页。

［30］江西省文物工作队、鹰潭市博物馆：《江西鹰潭角山窑址试掘简报》，《华夏考古》1990年第1期。本章图6－25引自该试掘简报。

［31］中国社会科学院考古研究所：《大甸子——夏家店下层文化遗址与墓地发掘报告》，科学出版社，1996年，第69页。

［32］内蒙古文物考古研究所：《内蒙古朱开沟遗址》，《考古学报》1988年第3期，第317页。

［33］河南省文化局文物工作队：《郑州二里岗》，科学出版社，1959年，图贰，2陶鬲上也有“连锁状”附加堆纹。

［34］彭适凡著：《中国南方古代印纹陶》，文物出版社，1987年，第406页。本章图6－29，1、2分别引自该书图二〇七、图二〇五。

［35］彭适凡著：《中国南方古代印纹陶》，文物出版社，1987 年，第 404、405 页。

［36］余家栋：《江西陶瓷史》，河南大学出版社，1997 年，第 55 页。本章图 6－29，3 引自该书图 2，2。

［37］熊海堂：《东亚窑业技术发展与交流史研究》，南京大学出版社，1995 年，第 82 页。

［38］浙江省文物考古研究所：《浙江上虞县商代印纹陶窑址发掘简报》，《考古》1987 年第 11 期。本章图 6－29，4 引自该简报。

［39］湖北省文物考古研究所：《盘龙城》（上），文物出版社，2001 年，第 147 页。

［40］刘振群：《窑炉的改进和我国古陶瓷发展的关系》，中国硅酸盐学会编：《中国古陶瓷论文集》，文物出版社，1982 年。

［41］李家治主编：《中国科学技术史·陶瓷卷》，科学出版社，1998 年，第 66 页。

［42］中国历史博物馆考古部、山西省考古研究所、垣曲县博物馆：《垣曲商城》，科学出版社，1996 年，第 101、167、215 页。

［43］中国社会科学院考古研究所：《大甸子——夏家店下层文化遗址与墓地发掘报告》，科学出版社，1996 年，第 101 页。

［44］中国社会科学院考古研究所：《大甸子——夏家店下层文化遗址与墓地发掘报告》，科学出版社，1996 年，第 102 页。

［45］中国社会科学院考古研究所：《大甸子——夏家店下层文化遗址与墓地发掘报告》，科学出版社，1996 年，第 166 页。

第七章
西周春秋时代的制陶技术

西周（公元前1046—前771年）和春秋（公元前770—前476年）时代，我国古代的青铜技术、髹漆技术都已经发展到了较高水平，其产品充斥着社会生活的每一个角落，陶器的使用范围虽然受到了极大的影响和压缩，但由于陶器自身的优势，它依然被人们大量地生产着、使用着。目前我国南方和北方考古发掘的遗址和墓葬中，都出土过大量这一时代的陶器，尤其是北方。例如陕西长安县境内的张家坡墓地，出土439件普通陶器、3件印纹硬陶和36件釉陶（也有学者称之为原始瓷），墓地恰好处于西周王朝丰镐遗址之内。据《张家坡西周墓地》发掘报告称：墓地所出釉陶与印纹硬陶的胎质“基本相同”，两者的区别是一个挂釉，一个无釉。又如位于山西曲沃、翼城两县境内的天马—曲村遗址，1980～1989年考古发掘时也出土了大批陶器，其中完整和可复原者便有1000余件，经核查，该遗址正是早期晋都所在地[1]。再如山西侯马市上马村墓地，共计发掘1373座墓，随葬陶器965件，其中多为陶鬲，计877件，占陶器总数的90.88%。墓葬年代早晚不一，约介于西周晚期至春秋战国之际[2-4]。1991—1993年笔者应北京大学邹衡教授的邀请，先后两次，共用一个多月时间对天马—曲村墓地出土的陶器做过专门的考察。这期间笔者还由山西省考古研究所吴振录先生陪同，考察了上马村墓地出土的陶器[5]。

大约从夏商时代开始，我国古代制陶技术便进入了低潮期，西周至春秋时代依然延续着这一基本情况；但夏商时代出现的两种新产品，即印纹硬陶和原始瓷，此期却有了明显的发展；在南方的江西等地区，印纹硬陶技术在西周时期便达到了它的鼎盛期，春秋晚期才渐见衰退。

西周春秋时代制陶技术中，比较值得注意的技术事件有以下七个方面：

（1）坯体的成型方法始终以手制法（这里指泥条筑成法）为主，只有少量采用轮制法成型的陶器，这表明此期仍然处于快轮制陶技术的低潮阶段。

（2）周族大力推广手制的陶鬲，使陶鬲成为此期数量最多、最有代表性的器物。在陶鬲当中，以联裆鬲为主，平裆鬲较少，分裆鬲极少。手制的联裆鬲是以倒筑泥条筑成法成型的泥筒变形后的产物，将泥筒上端三个角合拢成裆。手制的平裆鬲和分裆鬲都是联裆鬲变形后的产物，将联裆鬲加工成平裆鬲或分裆鬲。其中，手制的分裆鬲属于周文化系统的分裆鬲，本质上不同于商文化系统的属于模制法范畴的分裆鬲。上马墓地出土陶鬲的数量（877件）占随葬陶器总数（965

件）的 90.88%，简直是一座周代手制陶鬲的地下博物馆，其中绝大多数为联裆鬲，这表明在晋国晚期联裆鬲的发展达到了高峰。

（3）在泥条筑成法成型的陶罐、陶盆、陶尊等器形当中流行后接器底的做法，这种做法往上可以追溯到早于西周王朝的周族文化遗存即先周文化的郑家坡类型，表明这是周族传统的制陶工艺特征，也说明郑家坡类型与晋文化遗存之间具有先后承袭的关系。

（4）天马—曲村墓葬随葬的明器陶鬲当中大约有半数经过短暂烧火“使用”，器表留有烟炱，有的陶鬲裆部内壁留有炭化食物（锅巴）。这表明周族有为死者举行燎祭的习俗，在埋葬死者前，利用明器陶鬲为死者举行象征性的炊事活动，燎祭是“落葬礼”的一部分。

（5）江西等地区的印纹硬陶盛行于西周，此期新出现“米”字纹，使其纹样更加丰富多彩。

（6）至春秋中期，半倒焰式馒头窑已经基本定型，具体表现在结构上，窑门、火膛、窑床、完全封闭的窑顶、后壁的垂直竖烟道一应俱全；在形制上属于同穴式窑，即燃烧室与烧成室同穴，这明显区别于以往的横穴式窑和竖穴式窑，为后世半倒焰式馒头窑的发展奠定了基础。

（7）陶器使用范围有了进一步扩展，除一般生活用器外，还出现了较多的陶质生产工具，并且发展了建筑用陶。

第一节　原料的制备工艺

原料的制备工艺包括制胎原料的选择、配料方式两个方面：

一、制胎原料的选择

西周至春秋时代制胎原料使用上最值得注意的事件是：人们对原料选择更为重视，高硅质黏土和高铝质黏土在整个制胎原料中所占的比重明显增加，说明制陶者已经清楚地认识到这两类黏土的优点，普通易熔黏土的使用量则明显减少。

1. 普通易熔黏土

普通易熔黏土的化学组成并无大的变化，总体上仍保持着北方含铝量稍高，南方含硅量稍高的倾向。表 7－1 所列为山西侯马市上马墓地西周晚期至春秋中期夹砂陶鬲的化学成分（质量分数），氧化硅 61.89%，64.79%；氧化铝 16.81%，18.51%；助熔剂总和 13.12%，以低氧化硅、低氧化铝、高助熔剂为特征。

表 7－1　山西侯马市上马墓地陶片化学组成、吸水率（%）

期别	原编号	器物名称	陶质陶色	SiO_2	Al_2O_3	Fe_2O_3	FeO	CaO	MgO	K_2O	Na_2O	烧失量	总量	吸水率	助熔剂总和	铁质还原比值
一期二段	M6029	鬲口沿	夹砂灰陶	64.79	16.81	3.29	3.55	0.48	0.21	3.48	2.11	0.56	95.67	6.46	13.12	1.08
三期六段	M5154	鬲裆部	夹砂褐陶	61.89	18.51	6.06		1.45	0.11	3.38	2.12	4.19	97.51	11.31	13.12	

注：本表上马墓地陶片标本是由山西省考古研究所吴振录先生提供的，化学组成、吸水率是由中国社会科学院考古研究所实验室测定的。据《上马墓地》第四章第四节“各期、段绝对

年代的推定”，一期二段相当于西周晚期，三期相当于春秋中期。

2. 高硅质黏土（或瓷石）、高铝质黏土

由于印纹硬陶和原始瓷技术的发展，高硅质黏土（或瓷石）、高铝质黏土的使用量较夏商时代明显增加。相关实例在南方和北方都可以看到。表7－2示出了3件江西清江县（今名樟树市）吴城西周中期至春秋中期印纹硬陶的化学成分（质量分数），其中便有高硅和高铝这两种情况：一种氧化硅66.48%～67.40%，氧化铝20.64%～23.24%，助熔剂总和9.67%～11.67%（表7－2，原序号57，59），以氧化硅较低、氧化铝较高、助熔剂较低为特征；另一种氧化硅74.97%，氧化铝15.73%，助熔剂总和8.39%，以高氧化硅、低氧化铝、低助熔剂为特征（表7－2，原序号58）。

表7－2　江西清江吴城西周中期至春秋中期印纹硬陶化学成分（质量分数）、烧成温度（℃）

原序号	原编号	SiO_2	Al_2O_3	Fe_2O_3	TiO_2	CaO	MgO	K_2O	Na_2O	MnO	P_2O_5	烧失量	总量	助熔剂总和	烧成温度
57	JQS1	66.98 67.40	20.64 20.77	5.82 5.86	0.98 0.99	0.37 0.37	1.43 1.44	2.46 2.48	0.53 0.53	0.067 0.067	0.088 0.089	0.19 0.00	99.56 100.00	11.59 11.67	1140±20
58	JQS2	74.45 75.49	15.62 15.84	4.05 4.11	1.13 1.15	0.32 0.32	0.98 0.99	1.57 1.59	0.28 0.28	0.056 0.057	0.160 0.162	1.47 0.00	100.09 99.99	8.33 8.44	980±20
59	JQS3	66.48 66.91	23.09 23.24	3.83 3.86	1.03 1.04	0.17 0.17	1.06 1.07	3.17 3.19	0.41 0.41	0.031 0.031	0.080 0.081	0.68 0.00	100.03 100.00	9.67 9.74	1100±20

注：本表化学组成数据引自李家治主编，《中国科学技术史·陶瓷卷》，科学出版社，1998年，表3－1。烧成温度数据引自《中国科学技术史·陶瓷卷》表3－2，序号37～39。

3. 羼和料

此期夹砂陶所用羼和料均为砂粒。如曲沃县、翼城县天马—曲村居址、墓葬的夹砂陶所用的羼和料主要是石英砂，应是取自附近的河滩。侯马市上马墓地的夹砂陶所用的羼和料，一般颗粒较细，经过筛选，羼和均匀，少数颗粒粗细不匀。

二、配料方式

配料方式可分为以下两大类：

1. 无羼和料的陶器

经笔者从出土实物上观察，天马—曲村居址、墓葬的泥质陶作为盛储器和饮食器，所用泥料大多数未经淘洗，含有个别砂粒和钙质结核。钙质结核是北方地区碱性土壤中常见的一种杂质，是碳酸盐的聚合物，主要成分是碳酸钙，质地坚硬，其中大块者俗称“料姜石”。少数经过淘洗，质地细腻，不含杂质，成为细泥陶，例如轮制的细柄豆都利用细泥制作而成，细泥既便于用快轮拉坯成型，又便于在器表上滑压暗纹。

上马墓地的陶鬲当中有极少数为泥质陶，纯属明器，陶罐绝大部分为泥质陶。

2. 有羼和料的陶器

此期有羼和料的陶器，制胎原料的配制方式单纯，只有夹砂陶一种。例如天马—曲村居址、墓葬的夹砂陶主要作为炊器（陶鬲），少数作为盛储器（折肩罐、鋬耳壶、三足瓮）。上马墓地的绝大多数陶鬲和个别陶罐为夹砂陶。

第二节　坯体的成型工艺

西周至春秋时代的陶器，坯体的成型方法主要有手制、轮制两类，以前者为主，后者为辅。从铜石并用时代至商代一直沿用的“模制与手制兼用”的方法，此时已使用较少。

一、手制

手制普遍采用泥条筑成法。笔者用一个多月时间周密考察了曲沃县、翼城县天马—曲村居址、墓葬出土的西周早期至春秋晚期的陶器约1000件，其中绝大多数采用泥条筑成法成型。由于陶鬲在西周春秋时代乃至在整个古代史上占有特殊的重要地位，下面将陶鬲的成型方法作为重点详细地加以介绍，其他器形的成型方法只是简略地介绍。泥条筑成法的具体方法有正筑圈筑法和倒筑圈筑法两种。

1. 正筑圈筑法

一般而言，依其操作程序，此法可以细分为以下两种：

（1）先筑器壁法，即先正筑器壁，后做器底。此法多用于圆肩罐、折肩罐、尊、贯耳壶、鋬耳壶等器物。

例如天马—曲村春秋晚期的圆肩罐K9J5:40（图7－1，1），泥质灰陶，腹下部和领内壁有泥条缝隙，泥条向器内倾斜，这表明采用正筑圈筑法成型。后接圆饼底，内壁下端呈现鼓棱状（呈现鼓棱状是接圆饼底之后经过拍打，使内壁下端受到挤压所致，以下有类似现象者，其成因与此件相同，不再赘述），器底边缘崩落一块，器底与器壁相接处外侧附加泥条1周之后，用绕绳圆棍滚压横绳纹，以便加固。领部在内侧肩部在外侧套接在一起，肩部内壁留有陶垫窝，按顺时针方向排列成2周，陶垫窝叠压在接缝上，这表明套接的工序在先，拍打整形的工序在后，拍打外表时内壁以陶垫作依托。

天马—曲村春秋晚期的圆肩罐K9T1211J4:14（图7－1，2），泥质灰陶，腹下部内壁有泥条缝隙，泥条向器内倾斜，表明采用正筑圈筑法成型。内壁下端呈现鼓棱状，后接碟状底。碟状底是制陶者故意将底边缘捏成上翘，以便加大器底与器壁的接触面，使二者接合得更牢固。领部与肩部套接在一起，内壁有接缝1周。

天马—曲村春秋晚期的圆肩罐K9T1211J4（图7－1，3），泥质深褐陶，由于窑内温度过高（笔者估计高于1050℃），引起烧流变形（即过烧膨胀），器表及沿面产生类似釉色光泽（这是由于黏土中所含钾、钠、钙、镁等元素被熔融所致），但实际上没有釉。顺便说一下，笔者2013年1月9日在海南海口市石山镇看到一座现代的阶级窑，以临高县产的高硅质黄黏土羼和粗砂制成坯体，用木柴烧制到1100℃～1200℃，成为硬陶，其中烧成温度较高者，质地非常坚硬却没有烧流变形现象，器表产生类似釉色光泽，但实际上没有釉。腹下部和领部内壁有泥条缝隙，泥条向器内倾斜，表明采用正筑圈筑法成型。后接碟状底，内壁、外表都有接缝。领部与肩部套接在一起，内壁有接缝1周。

天马—曲村春秋晚期的圆肩罐K9J5:31（图7－1，4），泥质深灰陶，腹下部内壁有泥条缝隙，泥条向器内倾斜，表明采用正筑圈筑法成型。内壁下端呈鼓棱状，鼓棱下侧有向左斜的褶皱。后接碟状底，内壁有接缝。肩部内壁留有陶垫窝，按顺时针方向排列成 2 周。

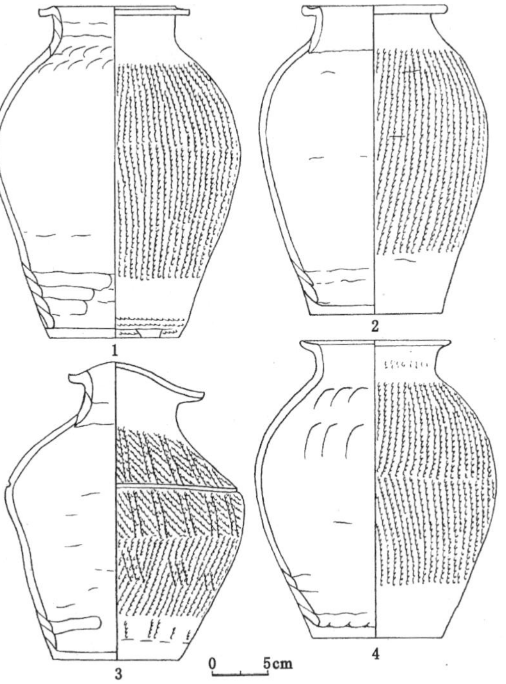

图 7－1　山西曲沃县、翼城县天马—曲村春秋居址的圆肩罐

1. K9J5:40；2. K9T1211J4:14；3. K9T1211J4；4. K9J5:31

天马—曲村西周中期的折肩罐 M6571:1（图 7－2，1），夹砂灰陶，含有钙质结核。肩部内壁有断续的泥条缝隙，泥条向器内倾斜，表明采用正筑圈筑法成型。腹部内壁下端呈现鼓棱状，后接圆饼底，内壁、外表都有接缝。肩部与腹部套接在一起，领部与肩部也是套接在一起，内壁都有断续的接缝。肩部内壁布满陶垫窝。

天马—曲村西周晚期的折肩罐 M7149:1（图 7－2，2），夹砂褐陶，内壁、外表都有泥条缝隙，泥条向器内倾斜，表明采用正筑圈筑法成型。腹部、肩部、口沿分别用 3 周、2 周和 1 周泥条圈筑而成，从剖面上看内壁呈现倒刺状。腹部内壁下端呈现鼓棱状，后接圆饼底，内壁、外表都有接缝。肩部与腹部套接在一起，内壁有接缝 1 周。

天马—曲村西周早期的折肩罐 M6491:2（图 7－2，3），夹砂灰陶，内壁、外表都有泥条缝隙，泥条向器内倾斜，表明采用正筑圈筑法成型，从剖面上看内壁呈现倒刺状。腹部内壁下端呈现明显的鼓棱状，这是后接碟状底的有力证据。肩部与腹部套接在一起。

天马—曲村西周早期的折肩罐 M6475:3（图 7－2，4），泥质灰陶，腹部内壁下端呈现鼓棱状，套接碟状底，内壁、外表都有接缝，经笔者测量，内壁的接缝与内底相距 1.5 厘米，这是先筑器壁，后接碟状底最有力的证据。肩部与腹部套接在一起，领部与肩部套接在一起，内壁都有接缝。

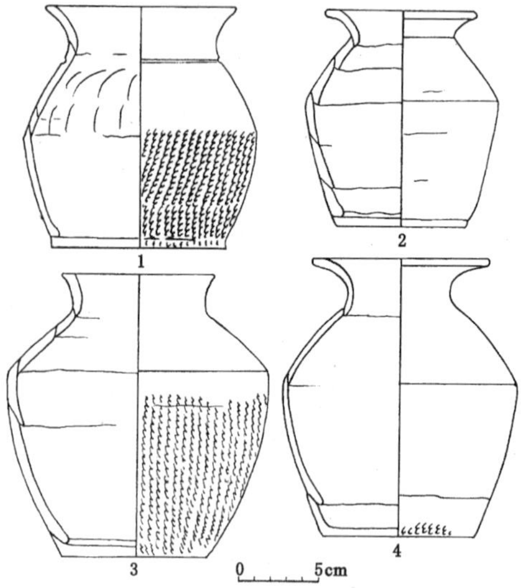

图 7－2　山西曲沃县、翼城县天马—曲村西周墓葬的折肩罐

1. M6571:1；2. M7149:1；3. M6491:2；4. M6475:3

天马—曲村西周早期的折肩罐 M6158:1（图 7－3，1），夹砂灰陶，呈现砖灰色。由于所含钙质结核（即碳酸盐）在烧制过程中分解，吸水后产生膨胀现象，

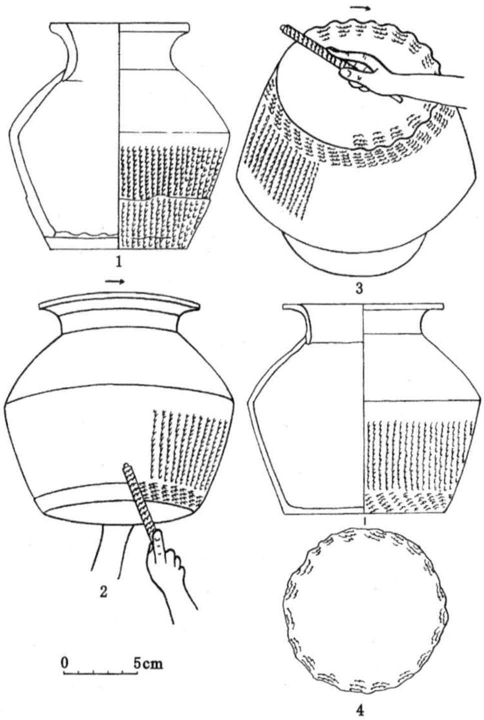

图 7－3　山西曲沃县、翼城县天马—曲村西周墓葬的折肩罐

1. M6158:1；2－4. 制作工艺（用绕绳圆棍斜向按压近底部、按压外底边缘、M6434:3）

将外表层崩落，形成10个小坑，坑内留有小白点，这是原先钙质结核所在的位置。质地坚硬，击之有清脆的声音。烧制时朝向火源一面折棱以上部位接近于烧流，外表产生类似釉色光泽，实际上没有釉，笔者据此估计烧成温度约1050℃。腹部内壁下端呈现鼓棱和波状，后接圆饼底，内壁、外表都有接缝。领部与肩部套接在一起，内壁有接缝。

天马—曲村西周中期的折肩罐 M6434:3（图7－3，4），泥质灰陶，领部与肩部套接在一起，内壁有接缝。

天马—曲村西周中期的陶尊 M6382:3（图7－4，4），泥质褐陶，施棕褐色陶衣。腹壁下端内折，后接圆饼底，相接处外侧附加宽扁泥条1周，局部泥条脱落，泥条外表用绕绳圆棍斜向按压，以便加固。肩部外表有断续的泥条缝隙，喇叭口内壁留有指窝20个，排列成1周，指窝略向左斜，是泥条圈筑时右手大拇指遗留的印痕，这表明轮盘按顺时针方向转动，用右手捏泥条，泥条按逆时针方向延伸。其制作工艺流程如图7－4，1—3所示。

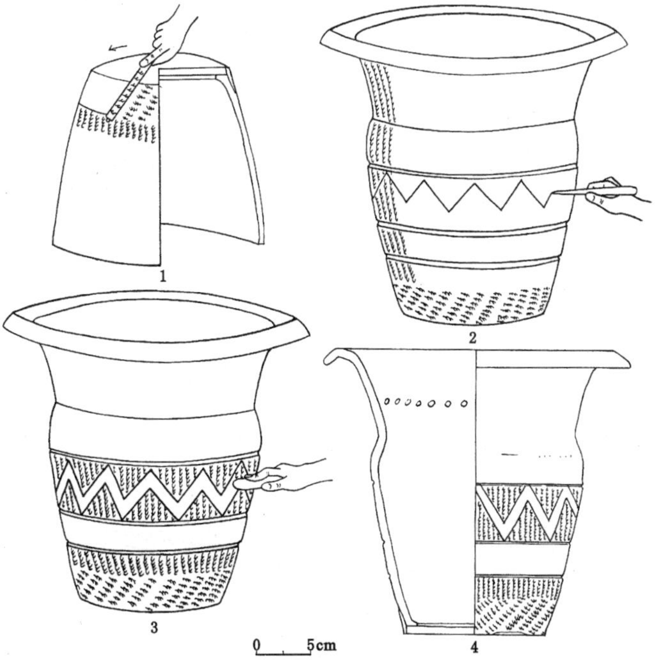

图7－4　山西曲沃县、翼城县天马—曲村西周墓葬陶尊制作工艺

1. 接底和附加泥条后，斜向按压实；2. 施加折线划纹；3. 间隔磨光；4. M6382:3

天马—曲村西周中期贯耳壶 M6076:1（图7－7，3），泥质褐陶，领部内壁留有指窝，排列成2周，指窝都向左斜，是泥条圈筑时右手大拇指遗留的印痕，这表明轮盘按顺时针方向转动，用右手捏泥条，泥条按逆时针方向延伸。腹部内壁下端略呈鼓棱状，后接圆饼底，内壁有接缝，接矮圈足。长颈与肩部套接在一起，内壁有接缝1周。肩部两侧附加贯耳（器耳上有纵向的圆孔，上下贯通），耳的横断面呈现梯形。其制作工艺流程如图 7－5；图 7－6；图 7－7，1、2 所示。

天马—曲村西周中期的鋬耳壶 M7109:6（图 7－7，4），夹砂灰陶，圈足已经脱落，在壶的外底留有疤痕，制作粗放，器表凹凸不平。长颈内壁和外表都有断续的泥条缝隙。颈部与肩部套接在一起，内壁有接缝 1 周。笔者将小镜子放入壶内，利用反光观察到套接部位的剖面呈现倒刺状；又用细钢丝制成的钩子插入接缝内，可以钩住颈部，这表明套接时颈部在内侧，肩部在外侧。肩部左右两侧附加鋬耳各 1 个。

图 7－5　山西曲沃县、翼城县天马—曲村西周墓葬贯耳壶制作工艺

1. 正筑腹部至肩部，滚压竖绳纹；2. 扣放后将口边捏薄；
3. 接圆饼底，滚压实；4. 倒筑矮圈足；5. 经拍打，圈足呈现折棱；
6. 圈足与器底接合，滚压实；7. 正筑长颈，滚压竖绳纹

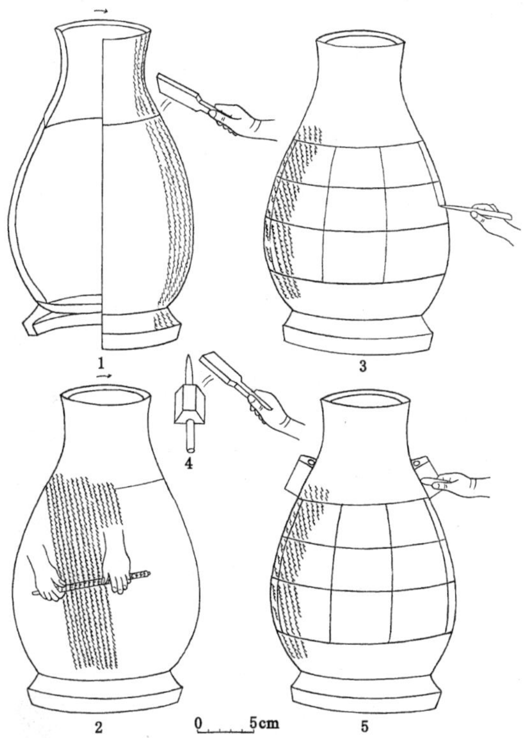

1. 颈与肩套接，拍打实；
2. 腹部重新滚印竖绳纹；
3. 施加竖划纹；
4. 将贯耳拍打成梯形；
5. 附加贯耳，用工具压实

图7－6　山西曲沃县、翼城县天马—曲村西周墓葬贯耳壶制作工艺

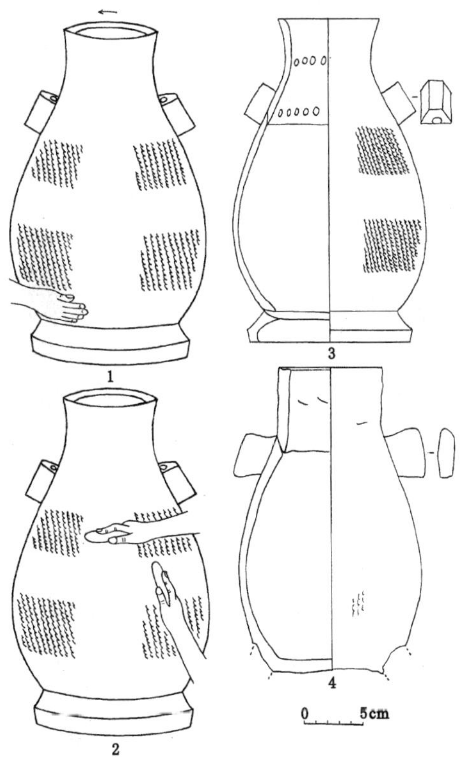

1－3. 贯耳壶制作工艺（用湿手间隔抹平、用工具间隔磨光、M6076:1）；
4. 鋬耳壶（M7109:6）

图7－7　山西曲沃县、翼城县天马—曲村西周墓葬的陶壶

（2）先做器底法，即先做器底，后正筑器壁。见于粗圈足豆。

天马—曲村西周中期的粗圈足豆 M6384:10（图 7－8，1），细泥黑陶，泥料经过淘洗。外表涂陶衣，局部陶衣已经脱落，露出灰胎，这是墓葬出土的唯一的“灰胎黑衣陶”。笔者仿制了这件粗圈足豆，烧成温度为900℃，经过短暂渗碳成为黑衣陶，有铅色光泽。

天马—曲村西周早期的粗圈足豆 M6219:6（图 7－8，8），泥质灰陶，豆盘内壁存有指窝 17 个，排列成 1 周，指窝所处位置较高，原先应有 19 个，2 个已经被抹平；外表存有指窝 6 个，所处位置较低，表明豆盘采用正筑圈筑法成型。内壁下端呈现缓坡状，在圆饼底上侧圈筑器壁（壁压底），内壁有断续的接缝。圈足内壁有泥条缝隙 1 周，泥条向器外倾斜，表明圈足采用倒筑圈筑法成型，与豆盘的成型方法不同。圈足与豆盘的外底平接（平接是与套接相对而言的），在相接处内侧附加泥条 1 周，是由三段泥条按 A、B、C 顺序附加而成的。其制作工艺流程如图 7－8,2—7 所示。

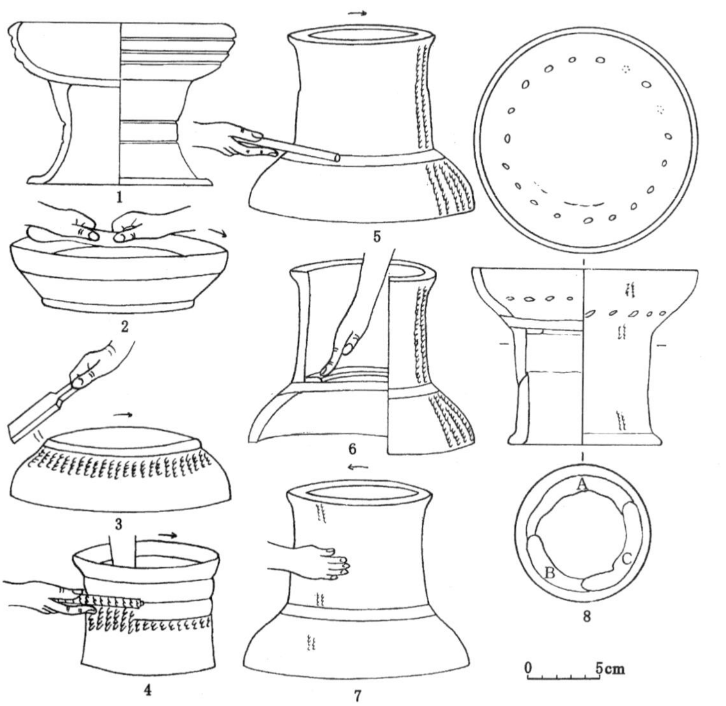

图 7－8　山西曲沃县、翼城县天马—曲村西周墓葬的粗圈足豆

1. M6384:10；2－8. 制作工艺（在圆饼底上圈筑器壁、将底壁相接处拍实、倒筑圈足滚压竖绳纹、圈足与豆盘接合滚压实、接缝内侧附加泥条用手指压实、外表抹平、M6219:6）

2. 倒筑圈筑法

一般而言，依其操作程序，此法可以分为以下两种：

（1）先筑器壁法，即先倒筑器壁，后接器底。见于深腹盆等。

天马—曲村西周早期的深腹盆 M6233:1（图 7－9，6），夹砂灰陶，腹部内壁有泥条缝隙 2 道，上面一道长 12 厘米，笔者用窄条剃须刀片从器壁内侧斜向插入缝隙，深度达 0.6 厘米，证实泥条向器外倾斜，这是腹部采用倒筑圈筑法成型的证据。内壁下端呈鼓棱状，后接圆饼底。口内有泥条缝隙 1 道，泥条向器内倾斜，说明口沿是采用正筑圈筑法从器壁内侧加上去的。其制作工艺流程如图 7－9，1—5 所示。

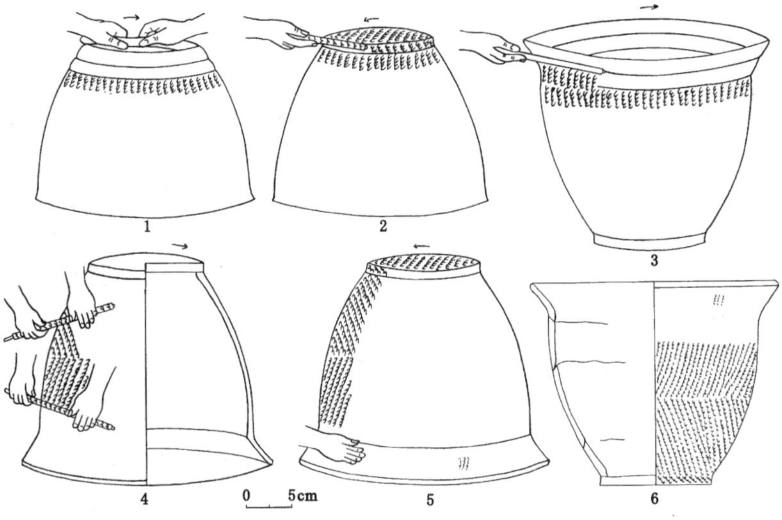

图 7－9　山西曲沃县、翼城县天马—曲村西周墓葬深腹盆制作工艺

1. 倒筑腹部；2. 接圆饼底，滚压实；3. 继续圈筑口沿，滚压竖绳纹；
4. 腹部分为上下两段，重新滚压斜绳纹；5. 口沿外表抹平；6. M6233:1

（2）先倒筑器壁，后合拢成裆。见于联裆鬲、平裆鬲、分裆鬲。

笔者考察天马—曲村居址、墓葬出土陶鬲的制作工艺时，首先浏览一遍每件陶鬲，再初选一遍制作痕迹清楚的陶鬲，然后精选出具有代表性的陶鬲，最后将这些陶鬲逐件按比例绘成线图，详细记录陶鬲上遗留的痕迹和现象，回北京后，做了仿制陶鬲的模拟实验。苏秉琦先生在《瓦鬲之研究》（载于北平研究院史学研究所：《斗鸡台沟东区墓葬》，1948 年）一文中提出假设：联裆鬲的成型方法是将无底之直圆桶形上端用手捏制黏合而成，并目画了示意图，但是，由于他没有做过模拟实验，不知道泥筒上端应当先切除三个倒三角形。笔者在仿制联裆鬲的模拟实验过程中首次发现，联裆鬲制作成功的关键是泥筒上端必须先切除三个倒三角形，留下来的三个正三角形才能合拢成裆。换言之，切除三个倒三角形是泥筒与联裆鬲之间的连接钮带，发现这个钮带，联裆鬲如何成型的问题也就迎刃而解了，这是认识上的飞跃，研究方法上的创新。由此可见，模拟实验是验证假设的重要手段。紧接着又仿制了平裆鬲和分裆鬲。模拟实验成功后，笔者亲自绘制了陶鬲的制作工艺流程图。1997 年 6 月，笔者去医院看望苏秉琦先生时，他对笔者说：“你送给我的书（指《中国古代制陶工艺研究》，科学出版社，1996 年，书中包括研究周代陶鬲制作工艺的内容），我看了，太好啦。”肯定了笔者的研究成果。

下面分别叙述联裆鬲、平裆鬲、分裆鬲的成型方法。

联裆鬲的形制特征是：正视裆下呈弧线状，仰视裆下有“Y”字形棱脊将三足连为一体。

天马—曲村西周早期的联裆鬲ⅢH321:11（图7－12，4），夹砂灰陶，裆上方凹瘪。肩部内壁留有椭圆形陶垫窝，排列成1周。由于烧火使用，腹部出现纵向裂缝1道，长3.5厘米、宽0.15厘米；裆部出现细长裂缝1道，宽0.05厘米。外表局部抹一层泥修补裂缝，由于继续烧火使用，泥层被火烧而陶化，变为红褐色烧土，并且留有烟炱。制作工艺流程是：用泥条倒筑泥筒，大口在下，小口在上，用右手捏泥条，泥条按逆时针方向延伸（图7－10，1）；外表滚压竖绳纹（图7－10，2）；右手持素面拍子（应是木质拍子）拍打外表进行整形（图7－10，3）；在泥筒上重新滚印清晰的绳纹，先从右上方往左下方滚印，后从左上方往右下方滚印，形成交错绳纹（图7－10，4）；将小口三等分，在泥筒上端用刀具切除三个倒三角形，保留三个等腰的正三角形（图7－10，5）；用绕绳圆棍从下往上轻轻地进行滚压，使泥筒上端的三个角逐渐向内弯曲（图7－10，6），合拢后形成裆部，

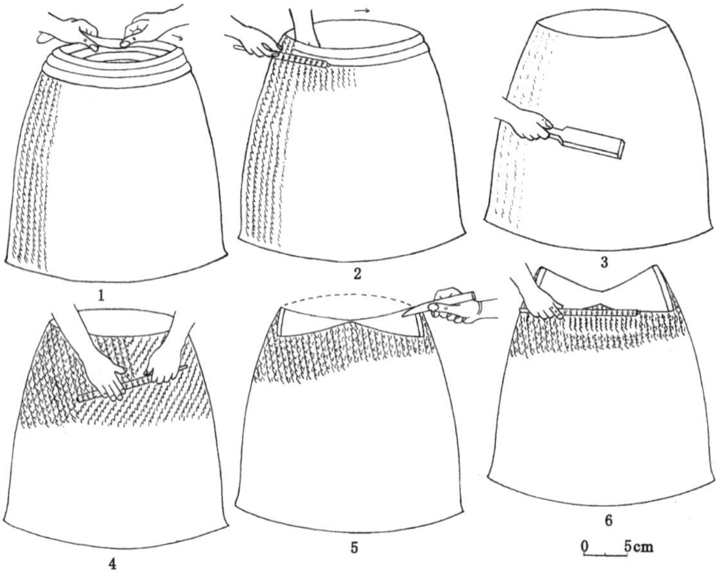

图7－10　山西曲沃县、翼城县天马—曲村西周居址联裆鬲制作工艺

1. 倒筑泥筒；2. 滚压竖绳纹；3. 拍打外表，进行整形；4. 重新滚压，形成交错绳纹；5. 泥筒上端切割成三个等腰三角形；6. 用滚压方法使三个角逐渐向内弯曲

三个角的尖端移至裆的中央，三个角的交界处变成三个足尖；用绕绳圆棍进行横向滚压，裆部外表呈现“Y”字形棱脊和横绳纹（图7－11，1）；将坯体翻转正放之后，俯视裆内有“Y”字形沟槽，在沟槽内附加三根泥条，呈现为“Y”字形泥条，用手指将泥条压实和抹平（图7－11，2）；用绕绳圆棍将大口边缘向内滚压，形成肩部（图7－11，3）；继续用泥条圈筑口沿（图7－11，4），沿外滚压竖绳纹；左手持椭圆形陶垫在肩部内壁作依托，右手持素面拍子拍打肩部外表，进行整形（图7－11，5），肩部内壁呈现椭圆形陶垫窝，排列成1周；在肩部外表重新

滚印交错绳纹作为装饰（图 7－11，6）；左手垫在腹部内壁作依托，右手用手指按

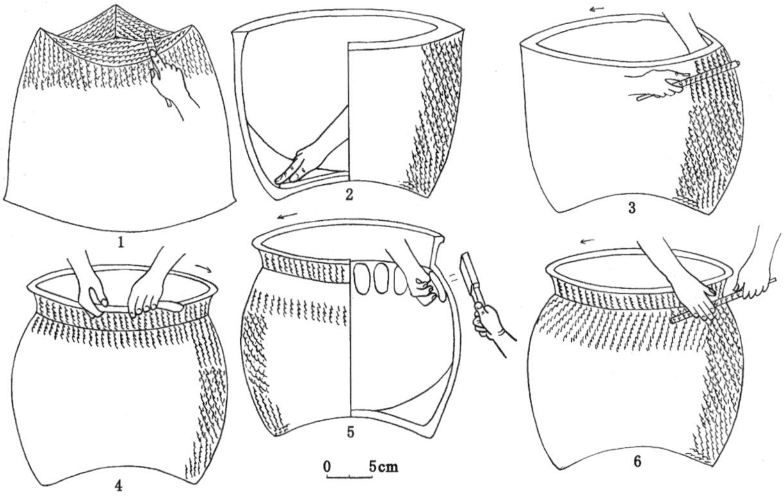

图 7－11　山西曲沃县、翼城县天马—曲村西周居址联裆鬲制作工艺

1. 滚压后裆外呈现“Y”字形棱脊和横绳纹；2. “Y”字形沟槽内附加泥条后用手指抹平；3. 将大口向内滚压形成肩部；4. 继续圈筑口沿；5. 拍打肩部；进行整形；6. 肩部重新滚印交错绳纹

压腹部外表，导致裆上方凹瘪（图 7－12，1），这种用手指按压，迫使裆上方的胎壁变形的做法是联裆鬲特有的整形方法，在平裆鬲和分裆鬲中都未见；用湿手将口沿外表抹平（图 7－12，2），竖绳纹随之消失；随着慢轮旋转，用刮板轮修口沿，形成方唇（图 7－12，3）。如上所述，这件联裆鬲的成型、整形、装饰的工序是交替进行的。

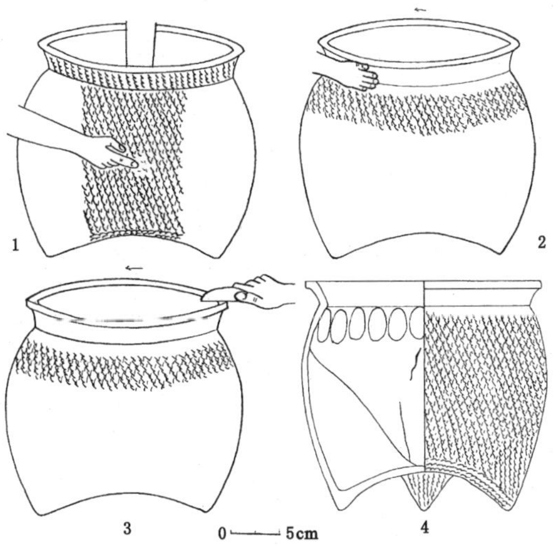

图 7－12　山西曲沃县、翼城县天马—曲村西周居址联裆鬲制作工艺

1. 用手指按压形成裆上方凹瘪；2. 口沿外表用湿手抹平；3. 轮修口沿形成方唇；4. ⅢH321:11

天马—曲村西周早期的联裆鬲 M6483:1（图 7－13，8），夹砂灰陶，器形瘦高，口沿很厚，腹部内壁和外表都有泥条缝隙，泥条向器外倾斜，这是泥筒采用倒筑法成型的证据。俯视足内底有椭圆形陶垫窝。裆上方曾经用手指按压，绳纹被压平，但是尚未形成凹瘪状。足上方附加素面的扉棱 3 道，其中 2 道已经脱落，足上方留有疤痕。制作工艺流程是：用泥条倒筑泥筒，滚压竖绳纹，泥筒上端切割成三个等腰的正三角形（图 7－13，1）；三个角合拢成裆，裆下滚压横绳纹（图 7－13，2）；在裆上方用手指轻轻地按压，绳纹被压平（图 7－13，3），因按压力度小，尚未形成凹瘪状；正放之后在裆内的“Y”字形沟槽里附加泥条，先用手指将泥条抹平，再用椭圆形陶垫按压足的内底（图 7－13，4）；左手垫在内壁作依托，右手用绕绳圆棍进行按压，形成颈部（图 7－13，5）；用湿手将口沿外表和肩部抹平（图 7－13，6）；在腹部（足上方）附加扉棱 3 道（图 7－13，7）。

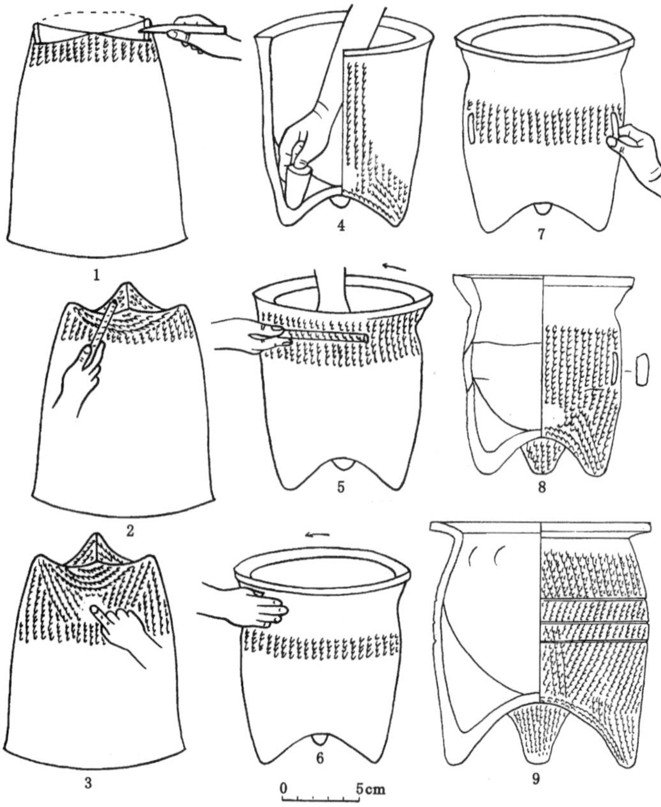

图 7－13　山西曲沃县、翼城县天马—曲村西周墓葬的联裆鬲

1～8. 制作工艺（泥筒上端切割成三个等腰三角形；裆下滚压横绳纹；用手指按压裆上方，略呈凹瘪状；用陶垫按压足内底；用绕绳圆棍按压；形成颈部；口沿外和颈部抹平；腹部附加扉棱；M6483:1）；9. M6455:1

天马—曲村西周早期的联裆鬲 M6455:1（图 7－13，9），夹砂浅灰陶，足尖下附加实足跟，肩部内壁留有陶垫窝，按顺时针方向排列。外表滚印细斜绳纹和交错绳纹（图 7－14，1），裆下滚印粗横绳纹（图 7－14，2），外表和裆下是用两根不同的绕绳圆棍滚印而成的。由于裆下的绳纹印痕既粗又深，可使裆部与火焰接触的总面积较大，能够吸取较多热量，有利于煮熟食物。

1，2. 联裆鬲（腹部、裆下，M6455:1）；
3. 分裆鬲（裆下，M6124:4）；
4. 联裆鬲（腹部，M6133:3）；
5，6. 平裆鬲（裆下，M6353:2、M6079:3）

图 7－14　山西曲沃县、翼城县天马—曲村西周墓葬陶鬲的绳纹拓片

天马—曲村西周早期联裆鬲 M6133:3（图 7－16，6），夹砂红褐陶，俯视足内底有圆形陶垫窝，裆上方凹瘪。腹部外表滚印粗疏斜绳纹（图 7－14，4）。经过使用，裆外和足尖变成红色，裆外有烟炱。制作工艺流程是：用泥条倒筑泥筒（图 7－15，1）；滚压竖绳纹（图 7－15，2）；用素面拍子拍打外表进行整形（图 7－15，3）；重新滚印整齐的斜绳纹作为装饰（图 7－15，4）；将小口三等分，切除三个倒三角形，留下三个等腰的正三角形（图 7－15，5）；将三个角向内滚压，合拢成裆，裆外呈现“Y”字形棱脊，裆下滚压横绳纹（图 7－15，6）；将坯体翻转正放之后，用泥条将裆内的“Y”字形沟槽填实并且抹平（图 7－15，7）；用陶垫将足的内底压实（图 7－15，8）；将大口边缘向内滚压形成肩部（图 7－16，1）；继续用泥条圈筑口沿（图 7－16，2）；左手垫在内壁作依托，右手按压裆上方外表，形成凹瘪状（图 7－16，3）；用湿手将肩部抹平（图 7－16，4）；随着慢轮旋转，用刮板轮修口沿，形成平沿（图 7－16，5）。

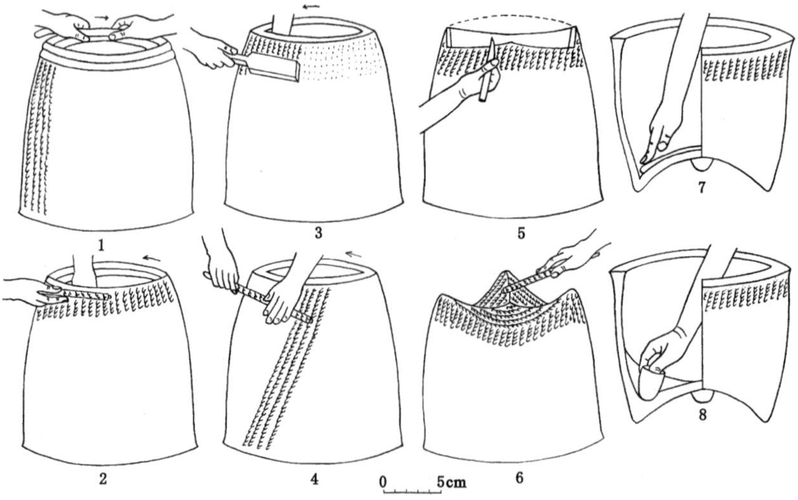

图7－15　山西曲沃县、翼城县天马—曲村西周墓葬联裆鬲制作工艺

1. 倒筑泥筒；2. 滚压竖绳纹；3. 拍打整形；4. 重新滚压斜绳纹；5. 泥筒上端切割成三个等腰三角形；6. 裆下滚压横绳纹；7. “Y”字形沟槽内附加泥条，用手指抹平；8. 用陶垫按压足内底

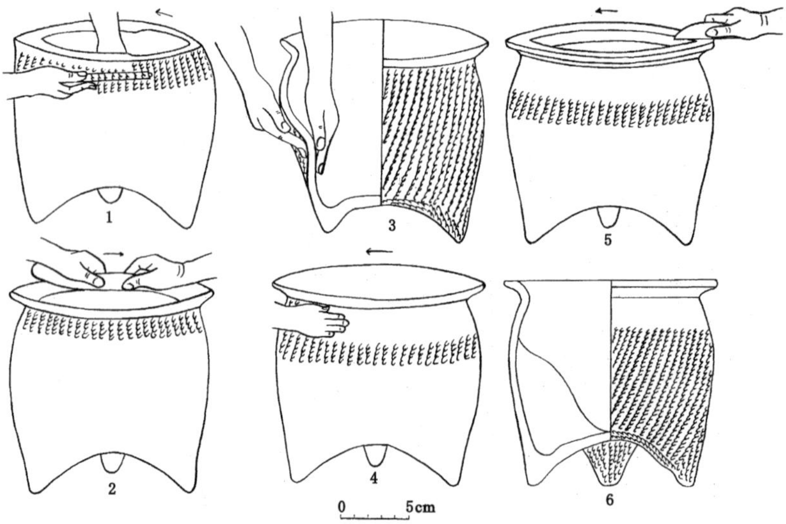

图7－16　山西曲沃县、翼城县天马—曲村西周墓葬联裆鬲制作工艺

1. 滚压大口边缘，形成肩部；2. 继续圈筑口沿；3. 用手指按压裆上方，形成凹瘪状；4. 肩部抹平；5. 轮修口沿；6. M6133:3

天马—曲村西周中期的联裆鬲 M7032:3（图 7－17，7），夹砂灰陶，后加口沿，内壁有泥条缝隙，泥条向器内倾斜，这是口沿采用正筑法成型的证据。裆内的“Y”字形沟槽里只附加两根泥条，呈现“人”字形，因而有一道沟槽暴露无遗。足尖下附加锥状实足跟，足上方附加扉棱 3 道，其上用工具压成齿状，扉棱是

陶器模仿青铜器的一种装饰；裆上方附加乳钉3个。制作工艺流程是：泥筒上端切割成三个等腰的正三角形（图7－17，1）；三个角合拢成裆，附加三个锥状实足跟，其上滚压绳纹（图7－17，2）；将坯体翻转正放之后，在“Y”字形沟槽内附加两根泥条，用手指压实并且抹平（图7－17，3）；用绕绳圆棍将大口边缘向内滚压形成肩部（图7－17，4）；继续用泥条圈筑口沿（图7－17，5）；随着慢轮旋转，用刀具轮修口沿和肩部，先在腹部旋划凹弦纹3周，凹弦纹割断绳纹，后在足上方附加扉棱3道，用工具压成齿状（图7－17，6），扉棱叠压在凹弦纹上，裆上方附加乳钉3个，叠压在最下面一周凹弦纹上。

天马—曲村西周早期的联裆鬲M7037:2（图7－17，8），夹砂灰陶，含有钙质结核，唇部旋划凹槽1周，裆上方略呈凹瘪状。俯视裆内有“Y”字形泥条，足的内底有三角形陶垫窝，经笔者测量，窝深3.2厘米。外表滚印斜绳纹，裆下滚印横绳纹。经过使用，裆外留有烟炱（由烟凝积成的黑灰）。

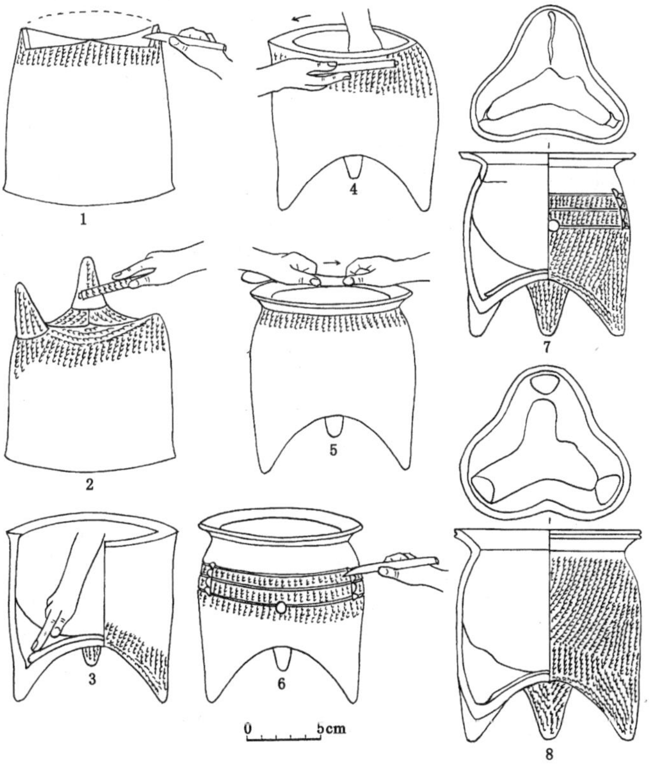

图7－17　山西曲沃县、翼城县天马—曲村西周墓葬的联裆鬲

1－7. 制作工艺（泥筒上端切割成三个等腰三角形；附加实足跟，滚压绳纹；“Y”字形沟槽内附加泥条，用手指抹平；滚压大口边缘，形成肩部；继续圈筑口沿；用工具将扉棱压成齿状；M7032:3）；8. M7037:2

天马—曲村西周早期的联裆鬲M6226:5（图7－18，1），夹砂深灰陶，后加口沿，内壁有泥条缝隙1周，泥条向器内倾斜，表明口沿采用正筑法成型。裆上方凹瘪，裆下有明显的棱脊，棱脊两侧的夹角为90°。裆下中央略凸出，呈现尖状。裆

内附加“Y”字形泥条。外表滚印竖绳纹，裆下滚印横绳纹。

天马—曲村西周中期的联裆鬲 M7019:4（图 7－18，2），夹砂灰陶，肩以上部分是后加的，内壁留有泥条缝隙，泥条向器内倾斜，表明这部分采用正筑法成型，缝隙上侧留有指窝 23 个，排列成 1 周，指窝向左斜，是右手大拇指的印痕，每个指窝内都留有明显的指纹，以后可以根据指纹去判断制陶者是男子还是女子。三足的内底留有椭圆形陶垫窝。外表滚印竖绳纹，裆下滚印横绳纹。

天马—曲村西周早期的联裆鬲 M6561:1（图 7－18，3），夹砂灰陶，腹上部外表留有泥条缝隙半周，长 15. 8 厘米，泥条向器外倾斜，这是泥筒采用倒筑法成型的证据。后加口沿，口内有泥条缝隙，泥条向器内倾斜，表明口沿采用正筑法成型。肩部内壁有陶垫窝，打破泥条缝隙，按顺时针方向排列，这表明拍打整形时陶轮按逆时针方向转动。外表滚印竖绳纹和斜绳纹，裆下滚印横绳纹。经过使用，裆外留有烟炱。

天马—曲村西周早期的联裆鬲 M6212:5（图 7－18，4），这是墓葬内出土最小的一件陶鬲，口径 11. 1 厘米、高 9. 4 厘米。腹部内壁有泥条缝隙 1 周，泥条向器外倾斜，这是泥筒采用倒筑法成型的证据。俯视足的内底有半圆形陶垫窝，窝深 2. 2 厘米。附加蹄形实足跟。仰视裆下有“Y”字形缝隙，缝隙两侧呈现叠压现象，高低不平。外表滚印交错绳纹。经过使用，裆外留有烟炱。

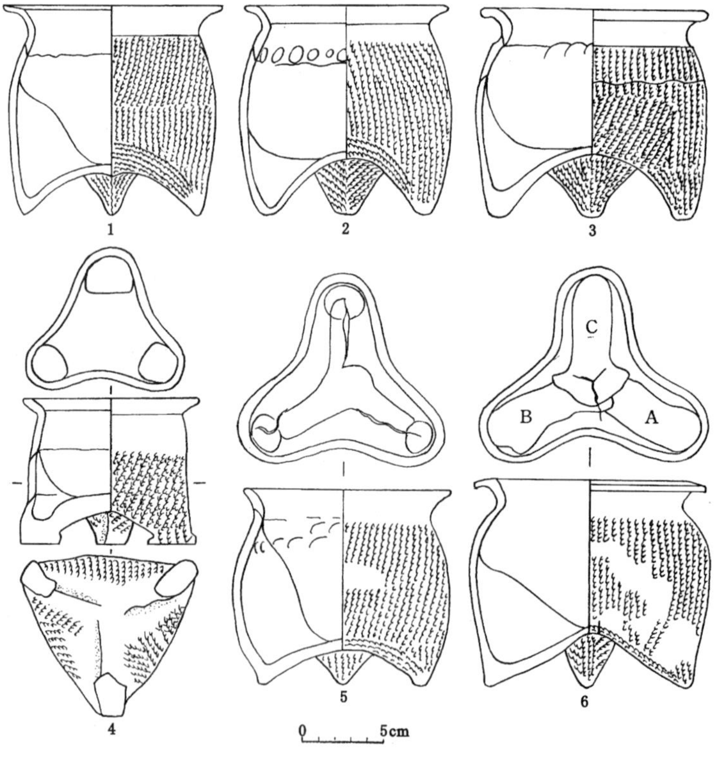

图 7－18　山西曲沃县、翼城县天马—曲村西周墓葬的联裆鬲

1. M6226:5；2. M7019:4；3. M6561:1；4. M6212:5；5. M7143:16；6. M6285:3

天马—曲村西周早期的联裆鬲 M7143:16（图 7－18，5），夹砂红褐陶，裆上方凹瘪并且留有指窝，指窝内的绳纹被压平。后加口沿，口内有断续的泥条缝隙，泥条向器内倾斜，表明口沿采用正筑法成型。肩部内壁有陶垫窝，排列成 2 周，下周有些陶垫窝位于凹瘪处的背面，这表明肩部拍打整形的工序在先，裆上方压成凹瘪状的工序在后。俯视裆部内壁附加“Y”字形泥条，其中两根泥条都偏向一侧，没有将沟槽完全填死。足的内底留有椭圆形陶垫窝，窝深 1.9 厘米。外表滚印竖绳纹，裆下滚印横绳纹。经过使用，裆外留有烟炱。

天马—曲村西周早期的联裆鬲 M6285:3（图 7－18，6），夹砂灰褐陶，口沿内壁施棕褐色陶衣。裆上方凹瘪，俯视裆内三根泥条之间有叠压关系，表明是按 A、B、C 顺序附加成“Y”字形泥条的。外表滚印竖绳纹，裆下滚印横绳纹。由于经过烧火使用，裆中央出现“Y”字形裂缝，经笔者测量，三条裂缝的长度分别为 1.5 厘米、1.5 厘米、2.6 厘米，最宽处为 0.2 厘米。使用者在外表和裆下局部抹泥进行修补，泥层最厚处为 0.1 厘米，盖住了绳纹。然后又经过使用，泥层变为红烧土，其硬度明显低于胎壁的硬度。

天马—曲村西周早期的联裆鬲 M6119:1（图 7－19，2），夹砂灰陶，裆上方甚凹瘪，这是凹瘪特征最明显的一件联裆鬲。内壁布满陶垫窝，按顺时针方向逐个排列。足的内底留有圆形陶垫窝。外表拍印竖绳纹，裆下滚印横绳纹，沿外用湿手抹平。经过烧火使用，裆上方留有烟炱，三足的内底都黏附炭化食物（锅巴）。制作工艺流程与 M6133:3（图 7－16，6）相似，唯独泥筒是用绕绳拍子拍打整形的，拍打时轮盘按顺时针方向转动，左手持陶垫在内壁作依托，右手持绕绳拍子拍打外表，陶垫窝按逆时针方向逐个排列，外表产生一个个小平面，小平面上有竖绳纹（图 7－19，1），明显不同于滚印的竖绳纹。

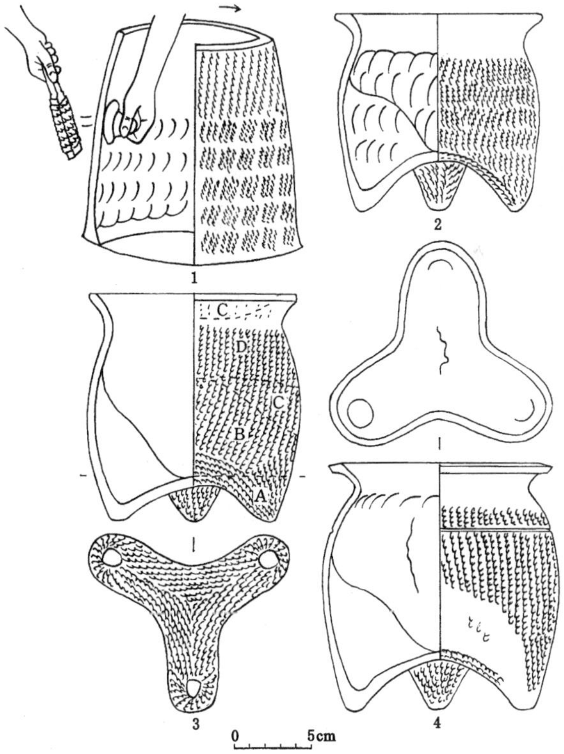

图 7－19　山西曲沃县、翼城县天马—曲村西周墓葬的联裆鬲

1，2. 制作工艺（拍打泥筒进行整形、M6119:1）；3. M6149:1；4. M6161:4

天马—曲村西周早期的联裆鬲 M6149:1（图 7－19，3），夹砂灰陶，裆上方凹瘪，外表滚印斜绳纹，裆下滚印横绳纹，沿外用湿手抹平，但是没有抹彻底，绳纹还隐约可见。

由于经过烧火使用，外表局部的颜色发生了变化：A 区（裆下和足尖）变成浅灰色；B 区（裆上方）有大量烟炱，呈灰黑色；C 区（与裆相对应的口沿外表、与足相对应的腹部外表）呈现灰色，只有少量烟炱；D 区（肩部、与足相对应的口沿外表）依旧保持灰色。上述各区的颜色不同，是由于烧火使用时各区的温度不同所致：A 区最高，B 区次之，C 区再次之，D 区最低。笔者据此推测，先民将裆上方压成凹瘪状的目的是：使火焰上升时通行无阻，腹部与裆部同样受热均匀，以便将鬲内各部位的食物都充分煮熟，从而改善联裆鬲的使用功能。换句话说，压成凹瘪状是为了实用，不是为了装饰，实际上呈现凹瘪状并不美观。

天马—曲村西周早期的联裆鬲 M6161:4（图 7－19，4），夹砂灰陶，裆上方凹瘪，肩部内壁留有陶垫窝，按顺时针方向排列成 1 周。俯视足的内底有圆形陶垫窝，窝深 4.6 厘米。外表滚印竖绳纹，裆下滚印横绳纹。腹上部旋划凹弦纹 1 周，割断绳纹。经过使用，足的内底黏附一层炭化食物（锅巴）。腹壁有纵向裂缝 1 条，长 4.5 厘米；裆部中央有裂缝 1 条，长 2.8 厘米、宽 0.05 厘米。使用者在裆外抹一层泥，修补裂缝，盖住了绳纹，泥层最厚处达 0.1 厘米。然后又经过使用，泥层已变为红烧土，其硬度明显低于胎壁，裆外有烟炱。笔者仿制了这件联裆鬲，即仿:458（图版 8，1—3），夹砂陶，烧成温度为 900℃，并且用它煮了“一锅”小米饭，烧火使用时，三个足尖都呈现红热状态（高于 500℃），饭煮熟以后局部烧焦炭化，三足的内底产生黑色锅巴，足尖的颜色明显变浅。

天马—曲村春秋早期的联裆鬲 M5022:1（图 7－21，3），夹砂灰陶，腹外表留有泥条缝隙 1 道，泥条向器外倾斜，表明泥筒采用倒筑法成型。后加口沿，内壁有泥条缝隙。这件联裆鬲的特殊之处是：内壁有纵向的手指抹痕 26 道，其中有的从足的内底一直抹至肩部，抹痕呈现凹槽状，导致整个内壁呈现瓜棱状。制作工艺流程是：用泥条倒筑泥筒（图 7－20，1），泥筒中部略外鼓；在泥筒上滚压竖绳纹和斜绳纹（图 7－20，2）；将泥筒上端

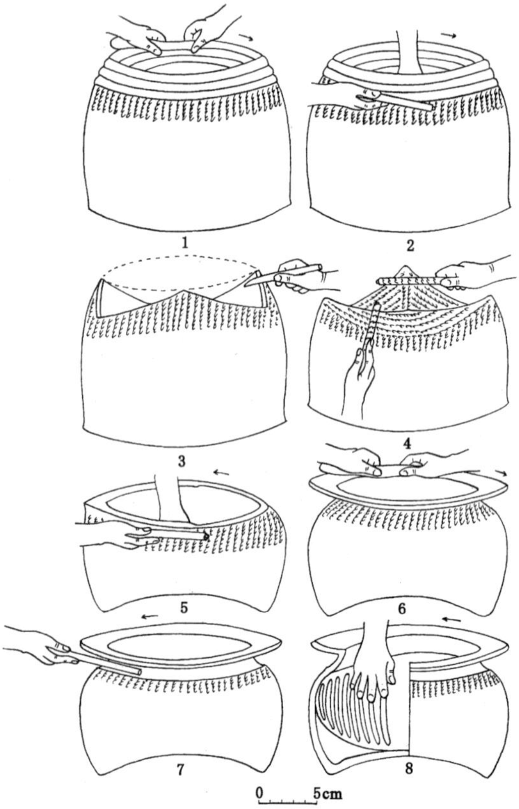

图 7－20　山西曲沃县、翼城县天马—曲村春秋墓葬联裆鬲制作工艺

1. 倒筑泥筒；2. 滚压斜绳纹；
3. 泥筒上端切割成三个正三角形；
4. 裆下滚压横绳纹；5. 滚压大口边缘，形成圆肩；
6. 继续圈筑口沿；7. 经过滚压，形成束颈；
8. 内壁抹成一道道凹槽

切割成三个等腰的正三角形（图7－20，3）；三个角合拢成裆之后，裆下滚压横绳纹（图7－20，4），“Y”字形棱脊几乎消失；将坯体翻转正放之后，在裆内附加“Y”字形泥条并且抹平，将大口边缘向内滚压，形成圆肩（图7－20，5）；继续用泥条圈筑口沿（图7－20，6）；用素面圆棍进行滚压整形，形成束颈（图7－20，7）；右手沾水后伸入坯体内部自下而上抹成一道道凹槽（图7－20，8），这样做是为了消除泥条缝隙，加固器壁；用慢轮修整口沿和颈部（图7－21，1）；在腹上部旋划凹弦纹1周，凹弦纹割断绳纹（图7－21，2）。

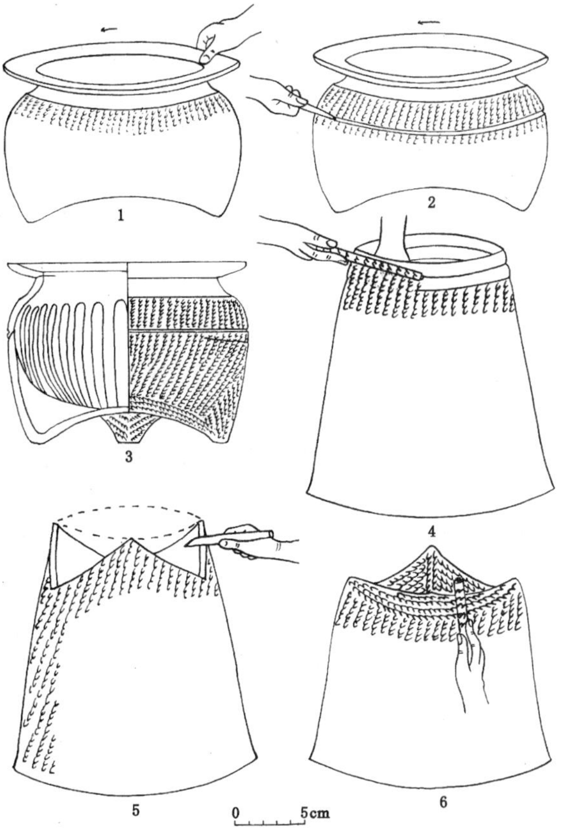

图7－21　山西曲沃县、翼城县天马—曲村春秋墓葬联裆鬲制作工艺

1－3. 轮修口沿和颈部、旋划凹弦纹、M5022:1；4－6. 倒筑泥筒，滚压竖绳纹；泥筒上端切割成三个等腰三角形；裆下滚压横绳纹

天马—曲村春秋中期的联裆鬲 M3009:1（图7－22，6），夹砂灰陶，制作粗放，肩部外表有泥条缝隙1道，泥条向器外倾斜，表明泥筒采用倒筑法成型。裆甚矮，裆上方凹瘪。引人注目的是：足尖下附加柱状实足跟，其作用是将裆部抬高，使裆部与火源之间形成较大的空间，便于在裆下烧火。外表滚印粗竖绳纹，仰视裆下滚印的粗横绳纹，呈现麻点状。肩部有手抹宽弦纹1周，割断绳纹。这种手抹而成的宽弦纹明显不同于用锥状工具旋划而成的凹弦纹。足上方附加扉棱3道，扉棱上用三棱棍压成齿状，裆上方有乳钉纹3个。扉棱和乳钉纹都叠压在宽弦纹之

上。制作工艺流程是：用泥条倒筑泥筒，滚压粗竖绳纹（图7－21，4）；将泥筒上端切割成三个等腰的正三角形（图7－21，5）；三个角合拢后形成矮裆，裆下滚压粗横绳纹（图7－21，6）；足尖下附加柱状实足跟，用素面圆棍将相接处滚压实（图7－22，1）；将坯体翻转正放之后，将大口边缘向内滚压，形成圆肩（图7－22，2）；继续用泥条圈筑口沿（图7－22，3）；用左手垫在内壁作依托，右手的手指将裆上方压成凹瘪状（图7－22，4）；随着慢轮旋转，用刮板轮修口沿形成凹沿；在肩部用沾水的手指抹成宽凹弦纹1周，先附加乳钉3个，再附加扉棱3道，扉棱上用三棱棍压成齿状（图7－22，5）。

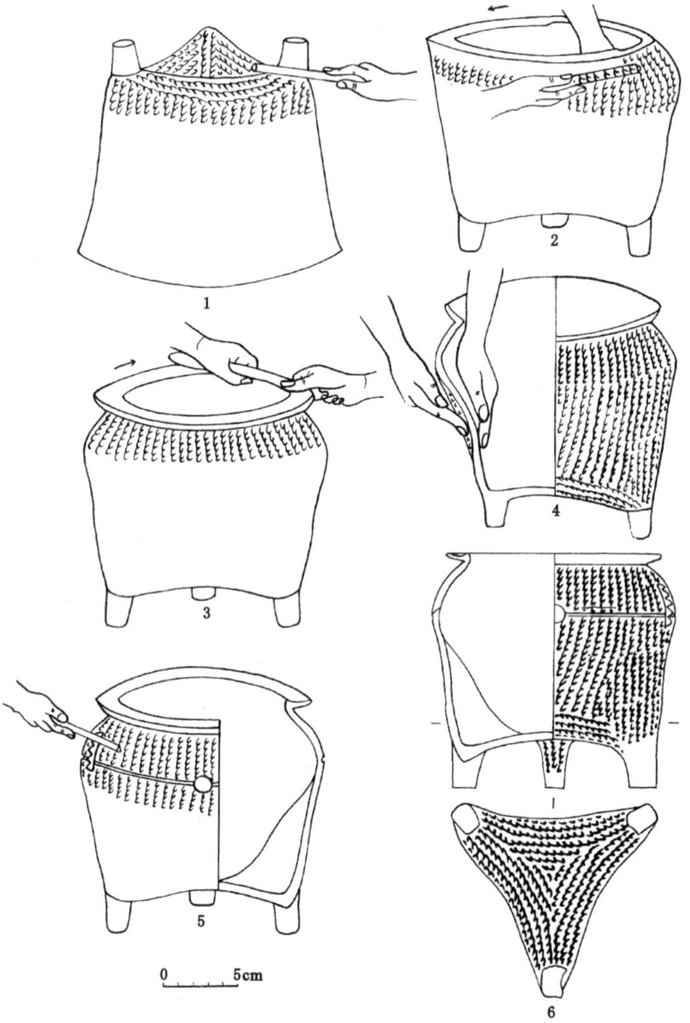

图7－22　山西曲沃县、翼城县天马—曲村春秋墓葬联裆鬲制作工艺

1. 附加实足跟，滚压实；2. 滚压大口边缘，形成圆肩；3. 继续圈筑口沿；
4. 用手指按压裆上方，形成凹瘪状；5. 用三棱棍将扉棱压成齿状；6. M3009:1

上述联裆鬲坯体的成型方法有一个共同点：泥筒采用倒筑法成型，口沿或肩部以上采用正筑法成型，因此整件坯体是采用倒筑与正筑相结合的方法成型。

平裆鬲的特征是：正视裆下略呈水平状；仰视裆下略平整，“Y”字形棱脊已经消失。

天马—曲村西周早期的平裆鬲 M6079:3（图 7－25，1），夹砂深灰陶，足尖下附加柱状实足跟，足的内底有浅坑。外表和实足跟都滚印细斜绳纹，引人注目的是裆下用绕细绳圆棍按压成一道道凹槽，凹槽内留有细绳纹（图 7－14，6），口沿内壁和腹部外表分别旋划凹弦纹 3 周。腹部附加扉棱 3 道，扉棱上用圆棍压成齿状。裆上方附加乳钉纹 3 个。口沿外表和颈部用湿手抹平。制作工艺流程是：用泥条倒筑泥筒（图 7－23，1），滚压细绳纹；将泥筒上端切割成三个等腰的正三角形（图 7－23，2）；三个角合拢成裆，裆下滚压横绳纹（图 7－23，3），呈现联裆的形制；左手持蘑菇形陶垫（垫面是平整的）在内壁作依托（图 7－23，4）；右手

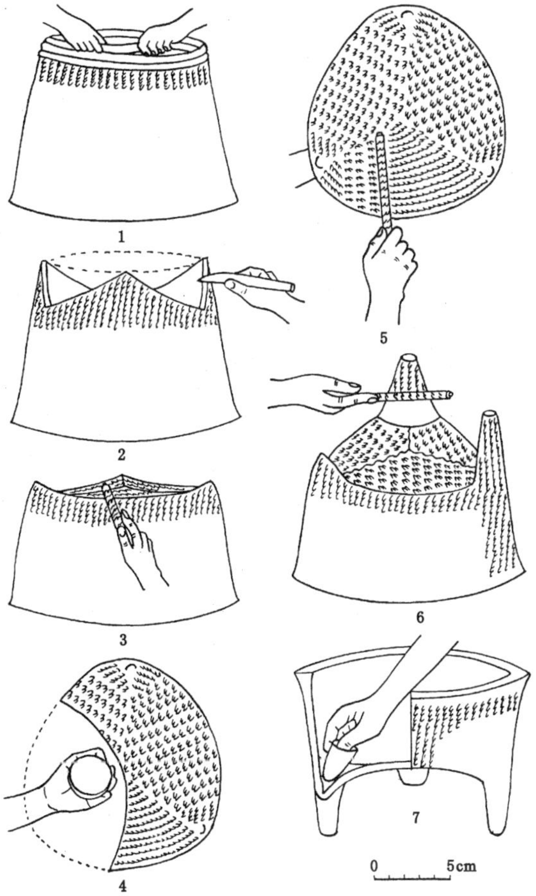

图 7－23　山西曲沃县、翼城县天马—曲村西周墓葬平裆鬲制作工艺

1．倒筑泥筒；2．泥筒上端切割成三个等腰三角形；3．裆下滚压横绳纹；4．左手持蘑菇形陶垫垫在裆内壁；5．右手持绕绳圆棍按压裆外表，形成平裆；6．附加柱状实足跟，滚压绳纹；7．足内底附加泥块，用陶垫压实

持绕细绳圆棍按压裆部外表，形成一道道凹槽，凹槽内留有细绳纹（图7－23，5），由于按压变形，联裆变成平裆，按压变形是一种特殊的罕见的整形方法；足尖下附加柱状实足跟，足尖插入实足跟的顶部，形成榫卯结构，足跟上滚压细绳纹（图7－23，6）；将坯体翻转正放之后，在足内底的小坑里附加一块泥并且用陶垫压实（图7－23，7）；用圆棍将大口边缘向内滚压，使其变薄（图7－24，1）；继续用泥条圈筑口沿（图7－24，2）；用素面圆棍滚压颈部，形成明显的束颈（图7－24，3）；随着慢轮旋转，轮修口沿（图7－24，4）；在腹部外表和口沿内壁分别旋划凹弦纹3周（图7－24，5）；在足上方附加扉棱，用圆棍将扉棱压成齿状；在裆上方附加乳钉纹并且用手指压实（图7－24，6）。笔者仿制了这件平裆鬲，即仿:459（图版8，4、5），模拟实验证实，这件平裆鬲的前身是联裆鬲，换句话说，平裆鬲是将联裆鬲按压变形的结果，按压裆部外表时，内壁应当使用蘑菇陶垫（垫面应是平整的）作依托。

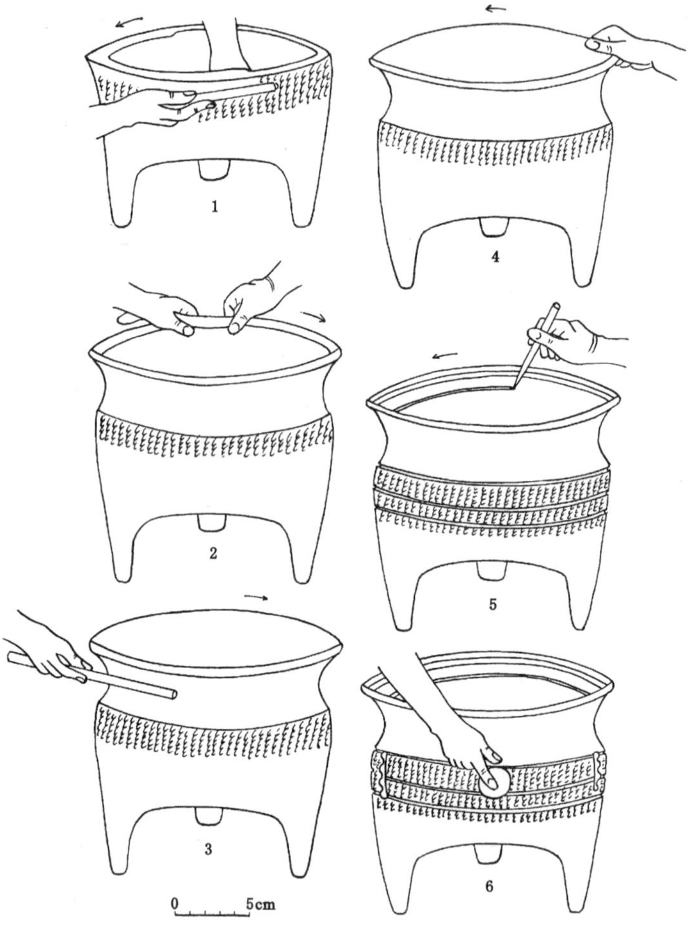

图7－24　山西曲沃县、翼城县天马—曲村西周墓葬平裆鬲制作工艺

1. 滚压大口边缘，使其变薄；2. 继续圈筑口沿；3. 经滚压，形成束颈；4. 轮修口沿；5. 旋划凹弦纹；6. 附加乳钉，用手指压实

天马—曲村西周晚期的平裆鬲 M6353:2（图 7－25，5；图版 8，6），夹砂浅灰陶，裆下微鼓，足尖下附加柱状实足跟，足内底的浅坑附加泥块。外表滚印整齐的细交错绳纹，裆下滚印三组细绳纹，构成复线三角形图案（图 7－14，5）。颈部以上用湿手抹平。口沿内壁旋划凹弦纹 1 周，腹部外表旋划凹弦纹 3 周；附加扉棱 3 道，扉棱上用三棱棍压成齿状。制作工艺流程与 M6079:3（图 7－25，1）相似，裆部内壁也用蘑菇形陶垫（垫面应是平整的）作依托（图 7－25，2），唯独裆部外表用绕绳圆棍滚压三组细绳纹，构成复线的三角形图案（图 7－25，3），由于滚压变形，联裆变成平裆，滚压变形是一种常规的整形方法。在口沿内壁和腹部分别旋划凹弦纹 1 周和 3 周；在足上方附加扉棱，扉棱上用三棱棍压成齿状（图 7－25，4）。

天马—曲村西周早期的平裆鬲 M6131:25（图 7－25，6），夹砂灰陶，裆下微鼓，足尖下附加柱状实足跟，足的内底呈现浅坑状。外表和实足跟都滚印竖绳纹，裆下滚印三组绳纹，构成“Y”字形。颈部以上经过慢轮修整，留有细密轮纹，但是绳纹还隐约可见。腹部附加扉棱 3 道，扉棱上用圆棍压成齿状。裆部外表留有烟炱，内壁有一层白色水垢，这是硬水煮沸后所含碳酸钙、碳酸镁、硫酸镁等矿物质附着在裆部内壁，局部水垢已经脱落。烟炱和水垢的存在，表明这是一件经常用于烧开水的实用器具，由此可知，当时人有喝开水的习惯。

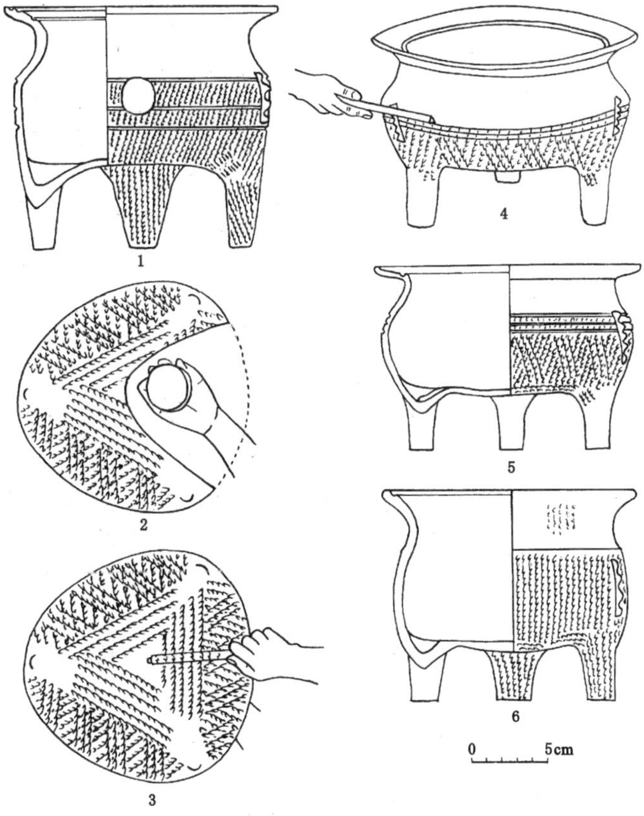

图 7－25　山西曲沃县、翼城县天马—曲村西周墓葬的平裆鬲

1. M6079:3；2－5. 制作工艺（左手持蘑菇形陶垫垫在裆内壁、右手持绕绳圆棍滚压裆外表、用三棱棍将扉棱压成齿状、M6353:2）；6. M6131:25

上述平裆鬲 M6079:3 与 M6353:2、M6131:25 之间的差别是：前一件采用按压的方法迫使联裆鬲变成平裆鬲，后两件都采用滚压的方法迫使联裆鬲变成平裆鬲，其共同点是所用的工具都是绕绳圆棍。事实证明，具体方法由制陶者灵活掌握，采用不同的方法可以得到同样的结果，可谓“殊途同归”。

分裆鬲的特征是：正视裆下略呈“人”字形折线状，仰视裆下有“Y”字形凹槽将三足分开。

天马—曲村西周早期的分裆鬲 M6135:5（图 7－27，8），夹砂深灰陶，形制规整，足尖下附加柱状实足跟。外表滚印竖绳纹，往下延伸至裆下的“Y”字形凹槽内；裆下以凹槽为界滚印三组放射状绳纹。裆内有椭圆形陶垫窝，窝内留有篮纹（阳纹）。足的内底附加泥块。腹部内壁用湿手抹平，肩部以上经过慢轮修整，留有细密轮纹。制作工艺流程是：用泥条倒筑泥筒（图 7－26，1）；滚压竖绳纹（图

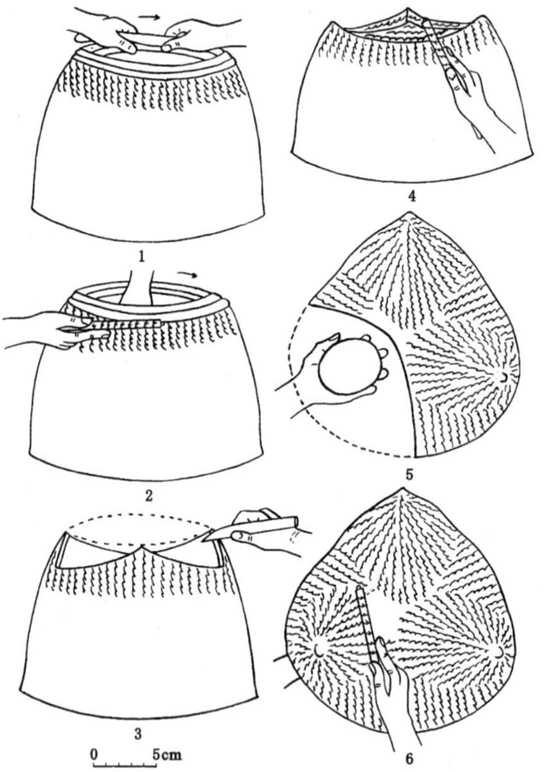

图 7－26　山西曲沃县、翼城县天马—曲村西周墓葬分裆鬲制作工艺

1. 倒筑泥筒；2. 滚压竖绳纹；3. 泥筒上端切割成三个等腰三角形；4. 裆下滚压横绳纹；5. 左手持蛋形陶垫垫在裆内壁；6. 右手持绕绳圆棍滚压裆外表

7－26，2）；将泥筒上端切割成三个等腰的正三角形（图 7－26，3）；三个角合拢成裆，裆下滚压横绳纹（图 7－26，4），呈现联裆形制；左手持蛋形（球形）陶垫在裆部内壁作依托（图 7－26，5），右手持绕绳圆棍以足尖为中心向四周滚压（图 7－26，6），迫使三足变成袋状，三足之间形成“Y”字形凹槽，足外表呈现

三组放射状绳纹；足尖外侧滚压横绳纹（图7－27，1），由于滚压变形，联裆变成分裆，滚压变形是一种常规的整形方法；足尖下附加素面的实足跟（图7－27，2）；将坯体翻转正放之后，在足内底的小坑里附加一块泥并且用手指压实（图7－27，3）；将大口边缘向内滚压形成肩部（图7－27，4）；继续用泥条圈筑口沿（图7－27，5）；用素面圆棍进行滚压整形，形成束颈（图7－27，6）；随着慢轮旋转，轮修口沿（图7－27，7）。

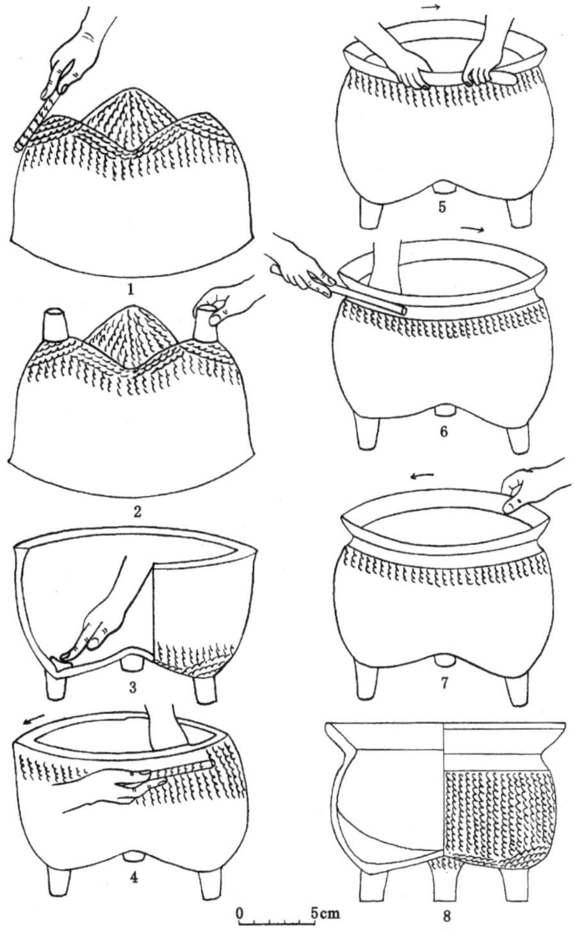

图7　27　山西曲沃县、翼城县天马—曲村西周墓葬分裆鬲制作工艺

1. 足尖外侧滚压横绳纹；2. 附加实足跟；3. 足内底附加泥块，用手指压实；4. 滚压大口边缘，形成肩部；5. 继续圈筑口沿；6. 经滚压，形成束颈；7. 轮修口沿；8. M6135:5

天马—曲村西周早期的分裆鬲 M6124:4（图7－28，6），夹砂红褐陶，形制不规整，足尖下附加的三个柱状实足跟，高矮不一。引人注目的是：足内壁有泥条缝隙1道，泥条向器外倾斜，表明泥筒采用倒筑法成型；裆部内壁布满陶垫窝，有些陶垫窝之间有打破关系，陶垫窝导致内壁凹凸不平，大量陶垫窝的存在就排除了采用模制法成型的可能性，只能是采用手制法（这里指泥条筑成法）成型，确认这一点非常重要。外表滚印竖绳纹、斜绳纹、横绳纹；裆下以“Y”字形凹槽为界滚印三组放射状绳纹（图7－14，3）。足上方附加扉棱3道，扉棱上用绕绳圆棍压成凹槽，凹槽内留有绳纹，根据凹槽的宽度0.7厘米，可以间接地推断出绕绳圆棍的直径约0.7厘米。唇内侧旋划凹弦纹1周。颈部以上用湿手抹平。制作工艺流程与M6135:5（图7－27，8）基本相同，将坯体翻转正放之后，用素面圆棍将大口边缘向内滚压形成圆肩（图7－28，1）；继续用泥条圈筑口沿（图7－28，2）；用素面圆棍进行滚压整形，形成束颈（图7－28，3）；在足上方附加扉棱3道，扉棱上用绕绳圆棍压成凹槽（图7－28，4）；在唇部旋划凹弦纹1周（图7－28，5）。笔者仿制了这件分裆鬲，即仿:462（图版8，7、8）。模拟实验表明，裆部内壁布满陶垫窝的原因是：在滚压变形的过程中，处于裆部外表的绕绳圆棍要不断地移动位置，处于裆部内壁的陶垫也要随之移动位置，每移动一次就会留下一个陶垫窝，而且一些陶垫窝之间有打破关系。这种内壁布满陶垫窝、呈现凹凸不平的现象在采用模制法成型的陶鬲裆部内壁是不会产生的，因为模制法所用的工具是陶质内模，而不是陶垫，内模是固定不动的，它留下的印痕是平整的。值得注意的是，滚压裆部外表时，内壁应当使用球形陶垫作依托。

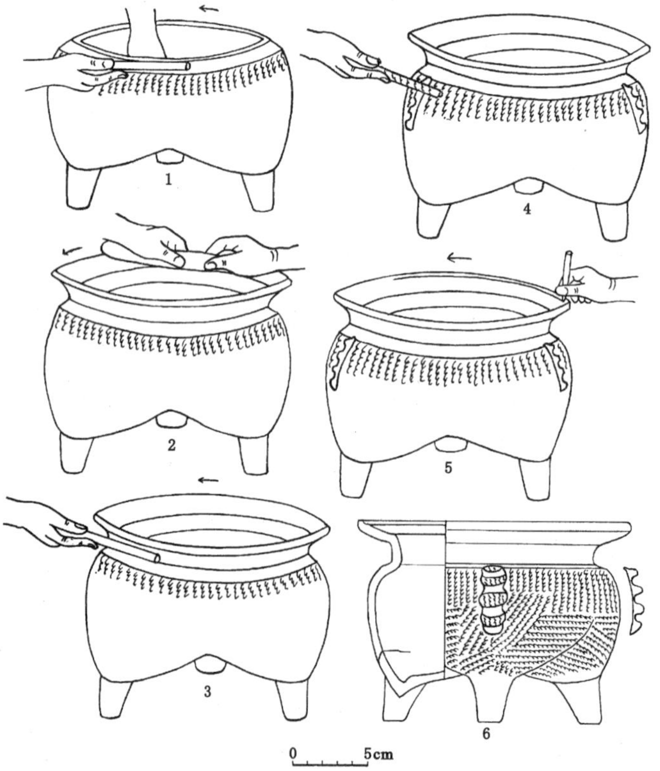

图7－28　山西曲沃县、翼城县天马—曲村西周墓葬分裆鬲制作工艺

1．滚压大口边缘，形成圆肩；2．继续圈筑口沿；3．经滚压，形成束颈；
4．扉棱上用绕绳圆棍压成波状；5．套内侧旋划凹弦纹；6．M6124:4

上述分裆鬲 M6135:5 和 M6124:4 的前身都是联裆鬲，都是采用滚压的方法迫使联裆鬲产生变形的结果。

这里需要说明的是虽然制作平裆鬲、分裆鬲时都可以采用滚压的方法迫使联裆鬲产生变形，但是二者之间有两点不同：一是垫在内壁的陶垫形状不同，制作平裆鬲使用（垫面是平整的）蘑菇形陶垫，制作分裆鬲则用球形陶垫；二是用绕绳圆棍滚压裆部外表的方法不同，制作平裆鬲是（绕绳圆棍与蘑菇形陶垫相对应）沿着水平方向滚压，制作分裆鬲则（绕绳圆棍与球形陶垫相对应）以足尖为中心向四周滚压。由于以上两点不同，虽然二者的起点相同，其前身都是联裆鬲，但是到达的终点不同，一个成为平裆鬲，另一个成为分裆鬲，可谓"分道扬镳"。

侯马市上马墓地出土的陶鬲全部采用倒筑圈筑法成型，现在引用《上马墓地》附录二中的线图，将制作工艺流程简单扼要地叙述如下：

第一步，用泥条倒筑泥筒。泥筒没有底，下口较大，上口较小，往往腹部微鼓。例如陶鬲 M6396:1（图 7－29，3）和陶鬲 M6059:1（图 7－29，5），内壁、外表都有泥条缝隙，泥条宽 1～3 厘米不等。

第二步，将泥筒上端（小口）切割成三个正三角形。大多数将泥筒上端三等分，切割成三个等腰的正三角形，例如陶鬲 M6039:1（图 7－29，1）的仰视图，陶鬲 M6396:1（图 7－29，3）、陶鬲 M2193:1（图 7－29，4）、陶鬲 M6059:1（图 7－29，5）的俯视图所示。引人注目的是：少数泥筒上端不是三等分，导致切割成的三角形当中，只有一个是等腰三角形，其左右两边都较短，另外两个不是等腰三角形，其左右两边不等，为一长一短，例如陶鬲 M1276:2（图 7－29，6）的俯视图所示，结果呈现出"前后腿"的特殊现象，两条"前腿"较短，一条"后腿"较长。

第三步，用绕绳圆棍将三个角逐渐向内滚压合拢成裆。裆下形成"Y"字形裆缝，然后滚压横绳纹，例如陶鬲 M6039:1（图 7－29，1）的仰视图所示，裆缝尚未消失。又如陶鬲 M3186:1（图 7－29，2）的仰视图所示，裆下形成"Y"字形棱脊，其上滚压横绳纹。有些陶鬲的足尖下附加柱状实足跟，例如陶鬲 M2193:1（图 7－29，4）。

第四步，将坯体翻转正放之后，用泥条将裆内的"Y"字形沟槽填平，并且用手指将泥条压实、抹平，裆内呈现"Y"字形泥条。例如陶鬲 M6396:1、陶鬲 M2193:1、陶鬲 M6059:1（图 7－29，3—5），俯视裆内壁的"Y"字形泥条清晰可见，正视裆部剖面上有附加的泥条。

第五步，大多数陶鬲将大口边缘向内滚压形成肩部至颈部，然后继续用泥条圈筑口沿。肩部外表经过滚压或拍打整形，肩部内壁留有陶垫窝。例如陶鬲 M6039:1（图 7－29，1），肩部内壁的陶垫窝按顺时针方向排列成 1 周，表明滚压或拍打外表时，陶轮按逆时针方向转动。

第六步，一部分陶鬲裆上方用手指按压形成凹瘪状。例如陶鬲 M6039:1、陶鬲 M2193:1、陶鬲 M1276:2（图 7－29，1、4、6），均为裆上方凹瘪，但凹瘪的深浅程度有所不同。

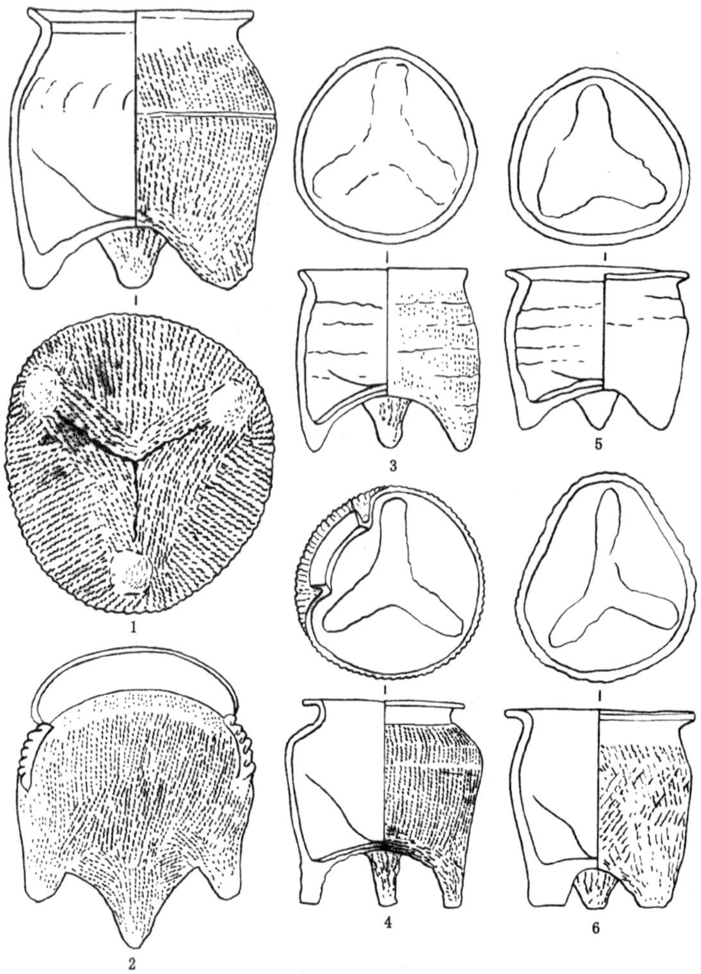

图 7－29　山西侯马市上马周代墓地手制的陶鬲

1. M6039:1；2. M3186:1；3. M6396:1；4. M2193:1；5. M6059:1；6. M1276:2

二、轮制

曲沃县、翼城县天马—曲村春秋晚期居址的细柄豆，均为细泥灰陶，所用的泥料经过淘洗，质地细腻，不含杂质，豆盘、柄足分别拉坯成型，然后接合在一起，形制规整。

天马—曲村春秋晚期偏晚的细柄豆 K9T1166③B:18（图 7－30，1），柄内壁有向左斜的细密的麻花状扭转皱纹，这是扭转变形的一种现象，柄外表有顺时针方向螺旋式下降的暗纹。它是在陶轮带动坯体按逆时针方向旋转的条件下，用质地坚硬、前端圆钝而光滑的工具（类似骨簪）自上而下滑压而成的。

天马—曲村春秋晚期偏晚的细柄豆 K9H2（图 7－30，2），圈足残，柄内壁有向左斜的细密的麻花状扭转皱纹，柄外表有稀疏的顺时针方向螺旋式下降的暗纹。豆盘内底中部和内壁都有顺时针方向旋转的暗纹。

天马—曲村春秋晚期偏早的细柄豆 K9H20①:2（图 7－30，3），柄内壁有向左斜的细密的麻花状扭转皱纹，豆盘内底布满顺时针方向旋转的暗纹。

天马—曲村春秋晚期的细柄豆 K9J5（图 7－30，4），柄内壁既有顺时针方向螺旋式上升的拉坯指痕，又有向左斜的细密的麻花状扭转皱纹。由于两种纹理的倾斜度不同，二者相交形成网格状。豆盘内底布满顺时针方向旋转的暗纹。

上述麻花状扭转皱纹的成因是：在制坯所用的泥料含水量较高、较软的特殊情况下，由于陶轮按逆时针方向快速旋转，两手按顺时针方向用力提拉柄足坯体，陶轮和两手分别将柄足坯体上下两端朝相反的方向扭转，柄足坯体被扭成麻花状，内壁、外表同时产生细密的麻花状皱纹，外表的皱纹由于经过快轮慢用修整而消失。螺旋式拉坯指痕、麻花状扭转皱纹都是快轮所制陶器特有的现象，因而都是快轮制陶的直接证据。前者是常见的现象，后者是罕见的现象，在一般情况下难以发现。在春秋晚期之后，山西平朔汉墓出土的轮制陶壶 4M86:2 颈部内壁，留有细密的麻花状扭转皱纹（见本书第九章图 9－3，3）；山西大同市南郊北魏墓群轮制陶罐的颈部内壁或外表（见本书第十章图 10－2）也留有细密的麻花状扭转皱纹。目前，考古工作者常以螺旋式拉坯指痕作为快轮制陶的重要证据。笔者首次从天马—曲村春秋晚期的细柄豆上辨认出麻花状扭转皱纹，并且指出其成因，还将不同时代陶器上遗留的麻花状扭转皱纹连贯起来思索，得出麻花状扭转皱纹是快轮所制陶器直接证据之一的结论，这是对快轮制陶遗留痕迹认识上的飞跃、研究方法上的创新。

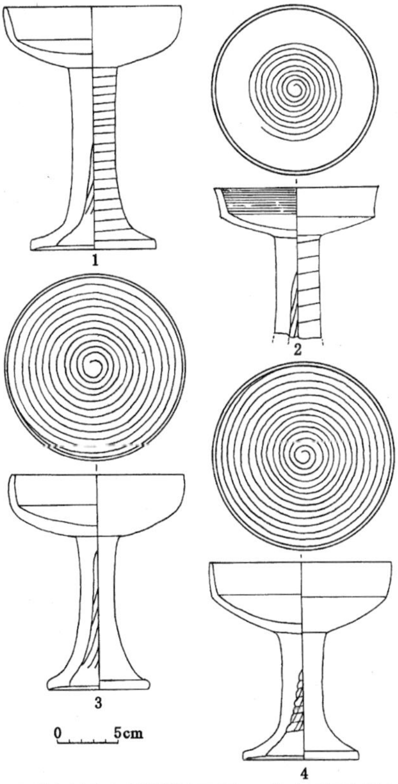

图 7－30　山西曲沃县、翼城县天马—曲村春秋居址轮制的陶豆

1. K9T1166③B:18；2. K9H2；3. K9H20①:2；4. K9J5

侯马市上马墓地轮制的器物有小直领圆肩罐（图7-31，1）、陶盆（图7-31，2）、陶豆（图7-31，3）、高领折肩壶（图7-31，4）、圆肩壶（图7-31，5）。其中陶豆的豆盘、圈足是分别轮制成型，盖身、盖钮也是分别轮制成型，然后接合在一起成为豆、器盖；圆肩壶的器身、器盖还是分别轮制成型，然后接合在一起，器身肩部安装半环形双耳，左右对称。其余器物均为一次拉坯成型。

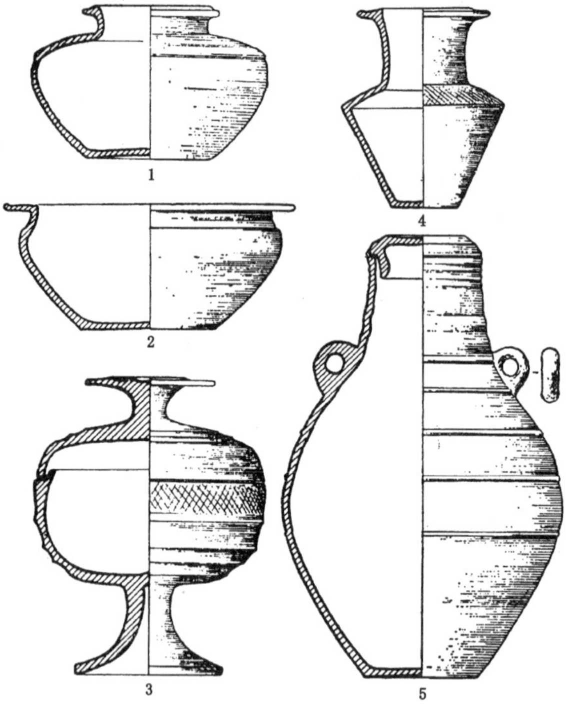

图7-31　山西侯马市上马周代墓地轮制的陶器

1. 小直领圆肩罐（M6217:4）；2. 盆（M5166:3）；3. 豆（M2011:2）；4. 高领折肩壶（M1098:1）；5. 圆肩壶（M1007:14，15）

第三节　坯体的修整工艺

西周春秋时代坯体的成型方法以手制法（这里指泥条筑成法）为主，轮制法为辅，与此相适应，坯体的修整方法以滚压、拍打、慢轮修整为主，快轮慢用修整为辅。这再次表明坯体的成型方法居主导地位，修整方法居从属地位，修整方法随成型方法的变化而变化。

此期坯体的修整方法有以下六种：

1. 滚压

曲沃县、翼城县天马—曲村居址、墓葬的陶器中，普遍以绕绳圆棍对坯体进行滚压修整，例如西周墓葬的贯耳壶（图7-6，2）、西周墓葬的深腹盆（图7-9，4）、西周居址的联裆鬲（图7-11，6）、西周墓葬的平裆鬲（图7-23，6）、西周墓葬的分裆鬲（图7－26，6）都滚压绳纹。

2. 拍打

江西等地区的印纹硬陶，普遍采用拍打方法对坯体进行整形。

天马—曲村西周墓葬有少数联裆鬲坯体（图7－19，1），利用绕绳拍子进行拍打整形，外表产生一个个小平面，小平面上有竖绳纹。

3. 刮削

刮削是利用刮板进行的，例如天马—曲村春秋居址的圆肩罐（图7－1，4），腹下部外表经过横向刮削，绳纹被刮掉。

4. 湿手抹平

这是常用的修整方法，例如天马—曲村西周墓葬的鋬耳壶（图7－7，4）、西周墓葬的粗圈足豆（图7－8，7），外表都用湿手抹平，但是抹得不彻底，竖绳纹仍然隐约可见。

5. 慢轮修整

这是将坯体置于陶轮上慢速旋转，用刮板刮削坯体或者用湿手抹平，修整之后器表留有细密轮纹。例如天马—曲村西周墓葬折肩罐（图7－3，1）的上半身外表、西周墓葬分裆鬲（图7－27，7）的肩部以上外表都经过慢轮修整，留有细密轮纹。

6. 快轮慢用修整

天马—曲村春秋居址的细柄豆（图7－30，1～4），上马周代墓地的小口直领圆肩罐、陶盆、陶豆、高领折肩壶、圆肩壶（图7－31，1～5），在快轮拉坯成型之后，都经过快轮慢用修整，外表留有细密轮纹。

第四节　坯体的装饰工艺

西周春秋时代坯体上的装饰工艺可以分为以下四类。

一、坯体修整过程中产生的纹样

此期陶器在坯体修整过程中产生的纹样当中，以印纹硬陶上的几何形印纹图案[6]最复杂，最有特色，其中云雷纹、方格纹、叶脉纹（即曲折纹）都承袭了夏商时代同类的纹样，而“米”字纹则是西周时期新出现的纹样。

现将施纹方法与纹样综合在一起分为以下7种：

1. 滚印绳纹

这是用绕绳圆棍在坯体上滚印而成的。经笔者从出土实物上观察，曲沃县、翼城县天马—曲村周代居址、墓葬的陶器上普遍流行绳纹，其中以滚印绳纹占绝大多数。所有陶鬲在泥筒上端三个角合拢成裆的过程中都要重新滚印绳纹；由联裆加工成平裆或分裆的过程中要再次滚印绳纹。若干器物局部拍打整形之后要重新滚印绳纹，其中以西周墓葬贯耳壶腹部重新滚印的竖绳纹最为清晰和美观（图7－6，2）。笔者从模拟实验中得知，重新滚印绳纹是在坯体的含水量下降到17%～16%的条件下进行的，此时坯体与工具之间几乎没有粘连现象，因而滚印的绳纹清晰而美观。

2. 按印绳纹

这是用绕绳圆棍在坯体上按印而成的。比较少见，例如天马—曲村西周墓葬的折肩罐（图7－3，4），近底部和外底边缘分别按印成一段段绳纹，以便使器底与器壁之间接合得更牢固，其做法是：首先将坯体横卧在制陶者自己的左手心上，口朝前方，右手持绕绳圆棍斜向按印近底部（图7－3，2），转动一下坯体，再按印几下；然后将坯体扣放在陶轮上按印外底边缘（图7－3，3）转动一下，再按印几下。天马—曲村西周墓葬的陶尊（图7－4，4），近底部边缘也斜向按印成一段段绳纹。从这两件器物上可以看到，按印绳纹与滚印绳纹相比，虽然所用的施纹工具相同，但是所产生的纹样存在明显差别。

3. 拍印绳纹

用绕绳拍子在坯体上拍印而成。天马—曲村周代居址、墓葬的陶器上，拍印绳纹比较少见，例如西周墓葬的联裆鬲（图7－19，1，2），外表拍印竖绳纹。

4. 拍印云雷纹

江西地区印纹硬陶上的“仿铜器云雷纹”（图7－32，19），是在拍子上用五齿的篦状工具由外向里按顺时针方向刻划成圆角转折的云雷纹（阴纹），在坯体上用这种拍子拍印成按逆时针方向圆角转折的云雷纹（阳纹）。

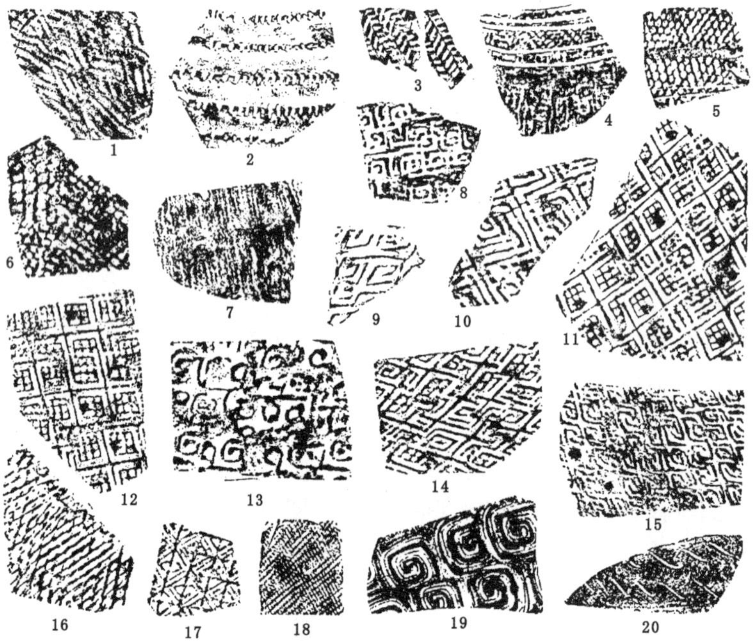

图7－32 江西地区印纹硬陶的纹样（西周）

1. 曲折纹（泥灰硬）；2. 锯齿状堆纹（泥灰硬）；3. 叶脉纹（泥灰硬）；4. 弦纹、方格与云雷纹（泥灰硬）；5. 方格纹（砂灰硬）；6. 方格纹（泥灰硬）；7. 细绳纹（泥灰硬）；8. 云雷纹（泥灰硬）；9，14，15. 勾连雷纹（均泥灰硬）；10. 重回字纹（泥灰硬）；11，12. 田字纹（均泥灰硬）；13. 云雷纹（泥灰硬）；16. 网结纹（砂灰硬）；17. 复线交叉纹（泥灰硬）；18. 细方格纹（泥灰硬）；19. 仿铜器云雷纹（泥灰硬）；20. 水波纹（泥灰硬）（1－7. 新干西周墓出土；8. 萍乡彭高出土；9－20. 修水普坳上层出土）

5．拍印方格纹

江西地区印纹硬陶上的方格纹（图 7－32，5），是在拍子上刻划成斜方格纹（阴纹），在坯体上用这种拍子拍印成斜方格纹（阳纹）。江苏句容县浮山果园西周墓印纹硬陶上的“回”字纹，施于罐（图 7－33，1）的肩下部和腹下部，是在拍子上先刻划成正方格纹，后在方格内刻划成“口”字纹（均为阴纹），在坯体上用这种拍子拍印成方格内加“口”字纹（阳纹）。江西地区印纹硬陶上的“田”字纹（图 7－32，11、12），是在拍子上先刻划成大方格纹，后在大方格内刻划成“口”字纹，又在“口”字内刻划成小方格纹（均为阴纹），在坯体上用这种拍子拍印成大方格内加“口”字再加小方格纹（阳纹）。

6．拍印米字纹

江西地区印纹硬陶上的“米”字纹，其特征是正方格与斜方格交叉重叠，因而呈现“米”字形。例如“复线交叉纹”（图 7－32，17），是在拍子上先刻划成单线正方格纹，后在正方格内刻划成三线斜方格纹（均为阴纹），在坯体上用这种拍子拍印成单线正方格与三线斜方格交叉重叠的“米”字纹（阳纹）。

7．拍印叶脉纹

江苏句容县浮山果园西周墓印纹硬陶上的叶脉纹（即曲折纹），施于陶瓿（图 7－33，2）的外表，呈现复线“人”字纹。江西地区印纹硬陶上的“叶脉纹”（图 7－32，3），是在拍子上先刻划成一组向左斜的平行线段，再刻划成一组向右斜的平行线段，两组线段相依，也呈现为复线“人”字纹（均为阴纹），在坯体上用这种拍子拍印成复线“人”字纹（阳纹）。

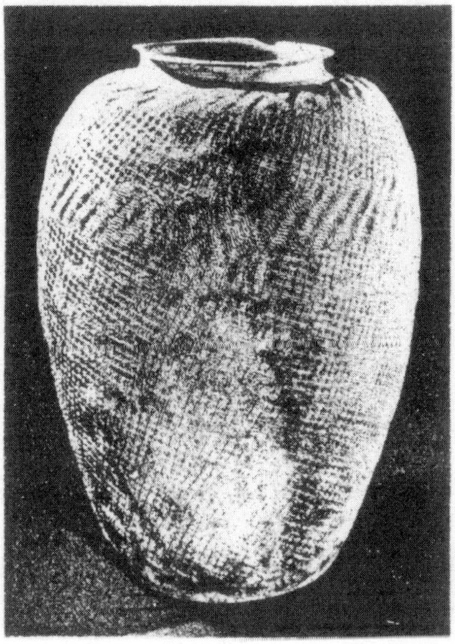

1

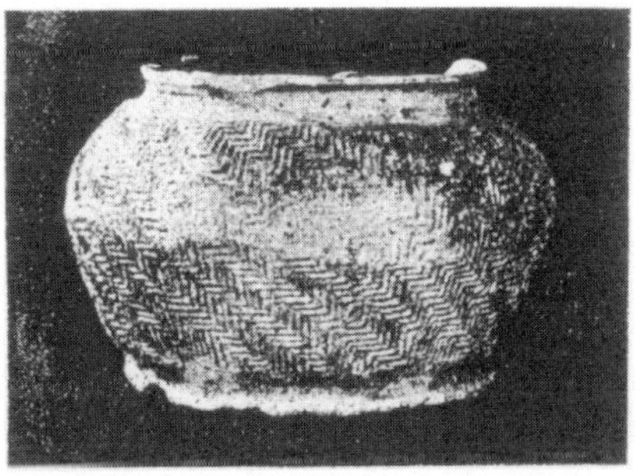

2

图 7－33　江苏句容县浮山果园西周墓的印纹硬陶

1．Ⅱ式几何印纹陶罐（M8:1）；2．Ⅲ式几何印纹陶瓿（M1:2）

二、坯体修整后施加的纹饰

此期陶器在坯体修整后施加的纹饰当中，以扉棱、乳钉纹（圆饼）最有特色，扉棱是陶器仿青铜器的产物。

现将施纹方法与纹样综合在一起分为以下五种：

1. 旋留凸棱纹

上马周代墓地的圆肩壶（图7－31，5），肩部至腹中部有凸棱纹5周，是在快轮慢用修整过程中，边慢速旋转边用刮板刮削胎壁时，故意保留数周凸起的粗线条作为装饰。凸棱纹比凸弦纹要粗得多。

2. 旋划凹弦纹

天马—曲村西周墓葬粗圈足豆（图7－8，1）的器身和圈足、联裆鬲（图7－13，9；图7－17，7；图7－19，4）和平裆鬲（图7－25，5）的腹部，春秋墓葬联裆鬲（图7－21，3）的腹部，都有数周凹弦纹，是将坯体置于陶轮上，边旋转边用锥状工具划成的（图7－21，2）。

3. 手抹宽弦纹

天马—曲村春秋居址圆肩罐（图7－1，3）、春秋墓葬联裆鬲（图7－22，6）的肩部分别有宽弦纹1周，是将坯体置于陶轮上，边旋转边用一个蘸水的手指抹成的，其特征是：呈现为宽而浅、线条不连贯、边缘模糊不清的凹槽状，明显不同于用锥状工具旋划成的凹弦纹，后者呈现为窄而较深、线条连贯、边缘清晰。

4. 扉棱

天马—曲村西周墓葬联裆鬲（图7－13，8；图7－17，7）、平裆鬲（图7－25，5、6）、分裆鬲（图7－28，6）、春秋墓葬（图7－22，6）的足上方都有扉棱3道，这是陶器仿青铜器的纹饰，是用竖直泥条附加而成的，扉棱上一般用素面圆棍、绕绳圆棍（图7－28，4）、三棱棍（图7－25，4）压成齿状，也有个别为素面（图7－13，8）。

上马周代墓地联裆鬲（图7－29，2）的足上方也有扉棱3道，扉棱上用工具压成齿状。

5. 乳钉纹

天马—曲村西周墓葬联裆鬲（图7－17，7）、平裆鬲（图7－25，1）、春秋墓葬联裆鬲（图7－22，6）的裆上方都有乳钉纹3个，是用圆形小泥饼附加而成，其上有手指按压痕迹。乳钉纹都与扉棱并用于同一件陶鬲上，目前未见乳钉纹单独使用的情况，但是扉棱有单独使用的（图7－25，5、6）。另外，上马周代墓地联裆鬲（图7－29，2）裆上方的扉棱也是单独使用的。

三、涂刷陶衣和磨光

1. 涂刷陶衣

陶衣是用经过淘洗的细泥浆在器表上涂刷而成。天马—曲村西周墓葬陶尊（图7－4，4）的外表、联裆鬲（图7－18，6）的口沿内壁都有棕褐色陶衣，呈现棕褐色是在氧化气氛中烧成，陶衣内渗入少量碳粒所致（“碳”是化学元素C的中文名称，主要呈四价的非金属元素）。西周墓葬粗圈足豆（图7－8，1）的外表有黑色陶衣，呈现黑色是陶衣内渗入大量碳粒的结果。

2. 磨光

天马—曲村西周墓葬凡是涂刷陶衣的器物都经过不同程度的磨光，例如粗圈足豆（图7-8，1）的器表经过连片精细磨光，陶衣上富有光泽。

西周墓葬的贯耳壶（图7-7，3），泥质褐陶，器表没有陶衣，但是经过间隔磨光，从前、后、左、右各方向去看，磨光部分都呈现“王”字形，相当美观。间隔磨光的方法是：故意在腹部重新滚印整齐而清晰的竖绳纹（图7-6，2）；用锥状工具在腹部先旋划凹弦纹4周，再施竖划纹8道（图7-6，3），二者相交形成网格状；按照“王”字形图案的要求，在腹部八个方块之内保留竖绳纹作为装饰，其余部位都用湿手抹平（图7-7，1），即间隔抹平，凹弦纹和竖划纹随之消失；在坯体将干未干时（坯体的含水率下降到约13%~11%），用圆钝而光滑的工具进行间隔磨光（图7-7，2），其中一些部位适宜纵向磨光，另外一些部位适宜横向磨光，结果经过磨光的部位呈现为“王”字形图案，与保留下来的竖绳纹形成鲜明对照。

西周墓葬的陶尊（图7-4，4），泥质褐陶，器表施棕褐色陶衣，也经过间隔磨光，相当美观。间隔磨光的方法是：腹部滚印竖绳纹，在竖绳纹地上旋划凹弦纹3周，在上、中两周凹弦纹之间横向十等分之后施双折线划纹（图7-4，2）；在双折线之间（图7-4，3）、上周凹弦纹以上、中下两周凹弦纹之间都经过磨光，结果磨光的部位与腹部保留下来的两周竖绳纹带之间形成鲜明对照。

如上所述，器表磨光的方法有连片磨光、间隔磨光两种方法，其中，间隔磨光的方法首先出现于夏商时代的西藏拉萨曲贡遗址（见本书第六章第四节），本期得到发展。

四、施暗纹

暗纹是在坯体将干未干时（坯体的含水量下降到约10%），用质地坚硬、前端圆钝而光滑的工具（似骨箸）在器表上滑压而成的。天马—曲村春秋居址细柄豆上的暗纹，都是在陶轮按逆时针方向慢速旋转的条件下滑压而成的，在豆盘内壁，工具从中央逐渐往边缘移动，产生顺时针方向旋转的暗纹（图7-30，2~4）；在柄座外表，工具自上而下逐渐移动，产生顺时针方向螺旋式下降的暗纹（图7-30，1、2）。

第五节 陶窑和陶器的烧制工艺

下面先介绍陶窑，再介绍陶器的烧制工艺。

一、陶窑

侯马市上马周代遗址第一期（年代大致在西周晚期至春秋初期）发现陶窑1座，编号为Y1（图7-34），方向为94°。窑身挖在生土中，由窑室、火膛、火门、烧火坑H3四部分组成。窑室平面呈现椭圆形，窑顶及窑壁上部已经塌陷，残存窑壁下部缓向内收。残存窑壁长径2.02米、短径1.54米，窑底长径1.45米、短径0.98米，残高约1.00米。窑壁经长期烧烤，形成一层十分坚硬、厚度0.15米左右的硬面，表面呈现深绿褐色。窑室底部四周及中央有宽约0.70米、深0.50米的火道，火道平面呈现“E”字形。中央火道已经残缺大部分，火道表面被火烧烤形成深绿色硬面，厚约0.05米。窑室内有大量土坯和带弧的耐火材料碎块，可能是窑顶或窑壁的塌陷物。在正对火门的窑室西端有一烟道，正对中央火道，平面呈长方形，宽0.20米、残高0.74米。烟道壁也有因长期烘烤形成的灰绿色硬壳。火膛在窑室东部，为一深0.50～0.55米的长方形坑，南北长0.58米、东西宽0.40米左右。火膛底部略呈东高西低状，表面平坦，被火烘烤形成一层黑褐色硬面，厚0.08米左右。火膛内堆积物包含大量的草木灰、炭粒（炭是一种物体，烧木余也）、烧土块等。火门在窑室东部，上部塌毁，残宽0.50米、高0.68米。火门东有一烧火坑，平面呈现不规则圆形，坡壁圆底，坑口东西1.68米、南北1.76米、深1.06米[7]。笔者认为，从Y1的平、剖面图上看，火膛位于窑室之内，属于同穴式窑；从正对火门的窑室西端设有竖烟道来看，应是半倒焰式馒头窑，热流上升到封闭的窑顶便倒下来，经竖烟道排出窑外。

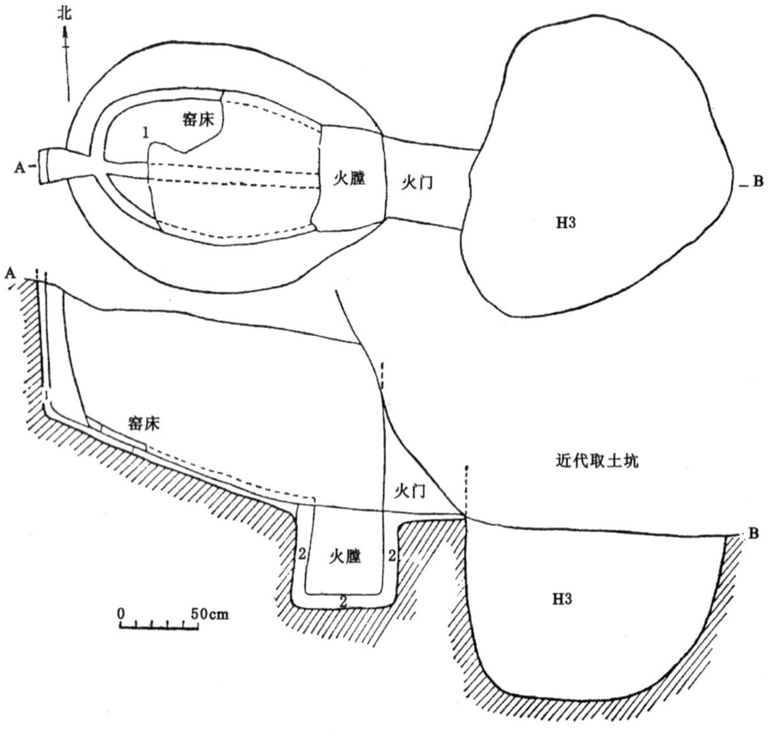

图7－34　山西侯马市上马周代遗址第一期陶窑（Y1）平、剖面图

1. 深绿色硬面；2. 黑褐色硬面

曲沃县、翼城县天马—曲村周代居址发现陶窑8座，其中保存完整的1座，编号为J6区Y11（图7－35），年代为春秋中期[8]，属半倒焰式馒头窑。Y11和H91属同一组遗迹的两个单元，H91是一个不规则的大坑，Y11的窑门就开在H91的西壁上，整个窑室通过窑门在H91西壁外的原生地层（主要为生土）中挖成（图7－35，1），H91为窑前操作场。窑门位于窑室之东，方向为110°。门顶稍有塌落，近弧形。窑门正视上圆下方，宽44厘米、高98厘米、厚（可谓门道）20～

40 厘米。窑门不仅是进出窑室唯一的通道，而且门内紧接火膛，又是添加燃料，控制火焰的唯一开口，所以窑门也是火门、助燃门。门道两侧壁烧成青灰色。窑室包括火膛、窑床、室壁三部分：火膛位于窑床与窑门之间，是一个低于窑门和窑床的不规则长方形竖坑，南北长 96 厘米、东西宽约 57 厘米（图 7－35，2）。火膛周壁竖直，底部北低南高微微倾斜，不太平整。以膛底中部计，距窑床床面深 27 厘米，距窑门之底深 22 厘米（图 7－35，2）。窑床是承放坯体的地方，或称窑箅，平面近似长方形。东部火膛一端比西部烟道一端稍低，两端高差约 10 厘米，坡度约 7 度。窑床东西长 89 厘米、南北宽约 80 厘米（图 7－35，2）。床面比较平整，中间有一条很浅的火道将床面分为两部分。火道东与火膛相接，西与烟道相通，宽约 12 厘米、深 3～5 厘米。火膛与窑床合在一起为窑室的全底，东西总长 146 厘米。室壁包括四壁与窑顶。西壁：即窑室后壁，上端与顶相接处平直，两侧与侧壁相接处上部竖直，下部呈斜坡内收与窑床相接。侧壁：南北两侧壁形状大体一致，其断面如同西壁两条侧边，即上部竖直，下部内收。上部与顶相接处则后高前低，在与东壁相接处呈圆角转而向下（图 7－35，2）。东壁：被窑门分为南北两部分。下与火膛竖直相接，上与窑顶弧形相连，都无明显分界。窑顶：笼盖周壁，从里面看，前低后高。窑门门顶是窑顶的最低处，后壁顶端是其最高处。无论周壁还是窑顶，因高温全部烧成灰绿色，质地坚硬。室壁外围红烧土厚约 20 厘米。烟道位于西壁正中，系在西壁中部从上到下先挖一道宽约 12 厘米、深约 20 厘米的沟槽，上端靠近沟槽底的 10 厘米再向上呈方筒状通往窑外，为烟道上口。

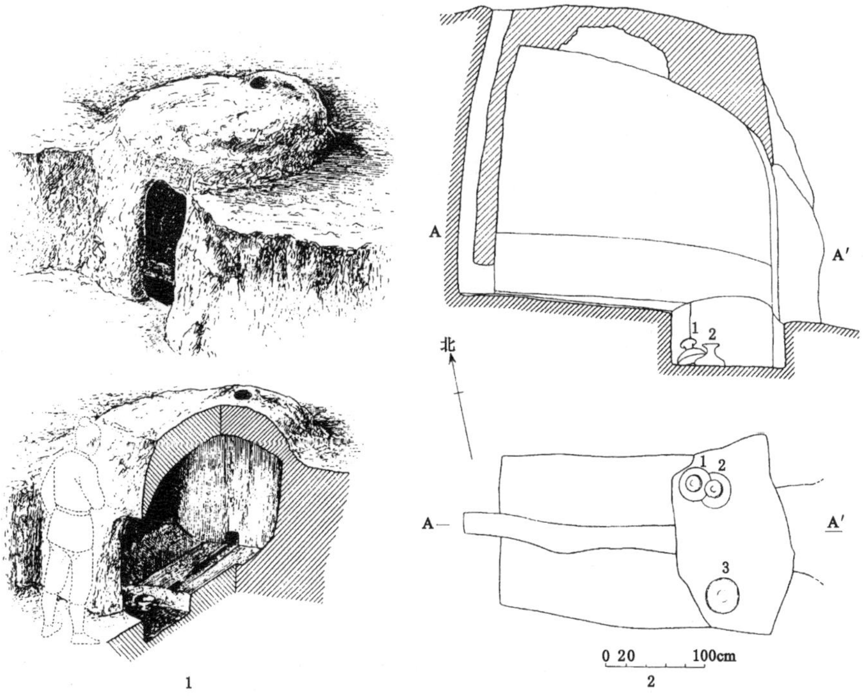

图 7－35　山西曲沃县、翼城县天马—曲村春秋居址 J6 区 Y11 图

1. 写生与结构解剖示意图；2. 纵剖面（上）与底部平面（下）图（1～3 为陶豆）

然后将沟槽口部用泥巴封闭，仅在下端留一长方口与室内相通，此口即烟道下口（图7－35，1）。在封闭沟槽时，沟内留有约10厘米见方的空间，即烟道。窑内出有三件烧成的完整陶豆，放在火膛内[9]。笔者认为，半倒焰窑开始出现于商代（图6－29，2），经西周晚期至春秋初期（图7－34），到春秋中期（图7－35）已经基本定型；天马—曲村Y11是西周春秋时代保存最完好的一座陶窑，其火膛位于窑室之内，属于同穴式窑；用泥巴封闭沟槽的口部成为夹墙竖烟道，这种排烟设施影响深远，至今农村的砖窑（图13－5）还沿用类似的夹墙竖烟道，唯一不同处是：春秋中期的Y11是用泥巴封闭竖烟道，今天的砖窑是用砖封闭竖烟道。

二、陶器的烧制工艺

烧制工艺包括温度控制、气氛控制、渗碳操作诸方面。

1. 温度控制

此期普通陶器的烧成温度，一般在1000℃以下，从总体上看，以实用器较高，明器较低。印纹硬陶的烧成温度在1100℃以上。

天马—曲村居址内的陶器属于实用器，笔者根据其硬度，估计一般烧成温度为850～950℃。只有少数例外，如一件春秋居址的圆肩罐（图7－1，3），整体烧流变形，器表及沿面呈现出类似釉色光泽，实际上没有釉，据此估计烧成温度略高于1050℃。

天马—曲村墓葬内随葬的陶器大多数为明器，烧制工艺比较马虎，笔者根据其硬度，估计烧成温度一般为750～850℃。只有少数例外，如一件西周早期墓葬的粗圈足豆M6080:6，泥质灰陶，外表有棕褐色陶衣，是墓葬出土最大的一件陶豆，口径24.2厘米、通高19.3厘米，然而质地松软，用指甲刻划器表会掉粉末，陶衣大部分已经脱落，笔者据此估计烧成温度约600℃，属于低温陶；只有少数陶器烧成温度较高，可能是以实用器作为随葬之用，如一件西周早期墓葬的折肩罐（图7－3，1），夹砂灰陶，砖灰色，质地坚硬，击之有清脆的声音，烧制时，朝向火源一面折棱以上部位接近于烧流，外表产生类似釉色光泽，但实际上没有釉，笔者据此估计烧成温度约1050℃。

据测定，江西清江县吴城西周中期至春秋中期印纹硬陶的烧成温度为980℃～1140℃（表7－2）。由此可见，印纹硬陶烧成温度的上限明显高于普通陶器。

2. 气氛控制

此期陶器大多数采用还原气氛烧成。

（1）还原烧成技术。例如天马—曲村居址、墓葬的大多数陶器呈现灰陶，这是还原烧成所致。据分析，上马墓地西周晚期墓葬M6029夹砂灰陶鬲口沿的化学成分（质量分数）当中，氧化铁为3.29%，氧化亚铁为3.55%，铁质还原比值为1.08（表7－1），这表明陶胎内的铁质大部分已经还原成氧化亚铁，据此断定在烧制后期改用还原气氛。

（2）氧化烧成技术。例如天马—曲村居址、墓葬有少数红陶，上马墓地有少数红褐陶，系氧化烧成所致。

3. 渗碳操作

例如天马—曲村西周中期墓葬的粗圈足豆（图7－8，1），为细泥黑陶，灰胎，涂陶衣，器表磨光，陶衣漆黑光亮是在窑内经过短暂渗碳所致，这是墓葬出土的唯一“灰胎黑衣陶”。

参考文献

[1] 邹衡:《论早期晋都》，《文物》1993 年第 3 期。

[2] 山西省考古研究所编:《上马墓地》，文物出版社，1994 年，第 279、280 页。

[3] 山西省考古研究所编:《上马墓地》，文物出版社，1994 年，第 173、174 页。

[4] 山西省考古研究所编:《上马墓地》，文物出版社，1994 年，第 301 页。

[5] 本章图 7－29 引自《上马墓地》附录二《上马墓地部分陶鬲制作痕迹的观察》，本章图 7－31、图 7－34 都引自《上马墓地》，文物出版社，1994 年。

[6] 本章图 7－32 引自江西省博物馆“印纹陶问题”研究小组:《江西地区陶瓷器几何形拍印纹样综述》，《文物集刊》第 3 集，文物出版社，1981 年。图 7－33 引自南京博物院:《江苏句容县浮山果园西周墓》，《考古》1977 年第 5 期。

[7] 山西省考古研究所编:《上马墓地》，文物出版社，1994 年，第 273 页。

[8] 北京大学考古学系商周组、山西省考古研究所编著（邹衡主编）:《天马—曲村》(1980～1989) 第一册，科学出版社，2000 年，第 45 页表 26。

[9] 北京大学考古学系商周组、山西省考古研究所编著（邹衡主编）:《天马—曲村》(1980～1989) 第一册，科学出版社，2000 年，第 183、184 页。本章图 7－35，1、2 分别引自该发掘报告图二〇〇、图二〇一。

第八章
战国秦代的制陶技术

我国从战国（公元前 475 ~ 前 221 年）开始进入封建社会。秦国在秦王嬴政（秦始皇）执政时，从公元前 230 ~ 前 221 年的 10 年间，以武力先后兼并了韩、赵、魏、楚、燕、齐六国，结束了封建诸侯割据的历史，建立了中国历史上第一个统一的中央集权的封建制国家秦帝国即秦代（公元前 221 ~ 前 207 年）。

西安市半坡遗址发掘出 63 座秦国墓葬，出土陶器 56 件[1]。河南渑池县班村遗址发掘出 13 座战国晚期秦人墓。湖北云梦县睡虎地发掘出 12 座秦墓，可分两组：一组 7 座，其年代应大致在秦统一六国之前；另一组 5 座，其年代应大致在秦统一六国之后[2]。1974 年以来在陕西临潼县东 5 千米，骊山以北 1 千米，秦始皇陵东侧发掘出秦代兵马俑坑 3 处，这是秦始皇陵的陪葬坑：一号坑总面积为 14260 平方米，出土木质战车 8 乘，陶马 32 匹，陶俑 1087 件；二号坑总面积约 6000 平方米，清理出木车遗迹 11 乘，陶马 96 匹，陶俑 224 件；三号坑面积约 520 平方米，出土木车 1 乘，陶马 4 匹，陶俑 68 件[3]。1995 年 5 月笔者曾考察过兵马俑坑。咸阳是战国时期秦国的都城，也是秦帝国即秦代的国都，咸阳第一号宫殿建筑营建于战国，秦代曾多次进行大规模修缮，遗址内出土各种砖、瓦等建筑材料[4]。河南郑州地区出土大量战国晚期至西汉的空心砖，2003 年 2 月 17—22 日笔者应河南省文物考古研究所马俊才先生的邀请，在新郑市考察制陶工艺时，考察了战国晚期的空心砖。江西地区的印纹硬陶衰落于战国时期。上述考古发现为研究战国秦代的制陶技术提供了资料。

战国秦代制陶技术中，比较值得注意的技术事件有以下六个方面：

（1）制作日用陶器、普通明器、陶俑、陶马、砖瓦所用的塑性原料均为普通易熔黏土。引人注目的是：秦始皇陵兵马俑一般内层为夹砂陶，外层为泥质陶，这样做的好处在于使兵马俑既坚固又美观，这是秦代制陶工匠在制胎原料配制方式上的创新。江西等地区的印纹硬陶以高硅质黏土或瓷石为原料。

（2）日用陶器、普通明器的成型方法有轮制、手制、手制与轮制兼用、模制四种。引人注目的是从战国开始至汉代呈现出快轮制陶技术的高潮，这是快轮制陶技术史上的第二次高潮。秦文化的典型器物——茧形壶采用手制与轮制兼用的方法成型。战国时期出现了外模制法，外模制法开始逐渐取代内模制法。

（3）秦兵马俑采用手制（这里指泥条筑成法）、外模制法（包括单模制法、合模制法）成型。此外，还有“卷泥片法”，笔者认为此法有可能属于模制范畴。兵马俑数量多、形体庞大、结构复杂、形象逼真、一丝不苟，近似真人真马，其制作和烧成难度极大，集秦代制陶技术之大成，是中国古代制陶技术史上惊人的奇迹。

（4）从陕西地区现已发表的考古资料来看，西周时期作为建筑用陶的砖，均为手制成型；然而战国时期的秦砖，其中包括形体庞大的空心砖，开始采用模制法成型。因此可以说，模制法成型的空心砖是秦国制陶工匠的重要发明。笔者根据出土实物上遗留的制作痕迹推断，河南新郑市郑韩故城战国晚期模制的空心砖采用泥板逐块拼接法成型，以“泥板”作为从泥料到坯体的中间环节，以“逐块拼接”作为处理“泥板”的具体方法，尤其重要的是双工字形内模的出现，解决了砖坯内部形成空心这个关键问题。

（5）南方的平焰窑，在窑尾可能设有挡火墙，这有利于窑内温度的提高，为烧制印纹硬陶和早期青瓷提供了条件；北方的半地下式半倒焰窑，窑室面积较大，有的在窑室后壁设有3个或5个烟囱底口，其上部合成单孔烟囱，因而抽力较大，也有利于窑内温度的提高，而且使窑内火力分布均匀，为烧制庞大的陶俑、陶马、空心砖提供了条件。上述平焰窑和半倒焰窑还为还原烧成提供了条件。

（6）彩绘陶工艺得到发展，普通明器绘有精美图案，兵马俑彩绘颜色繁多。

第一节　原料的制备工艺

原料的制备工艺包括制胎原料的选择、配料方式两个方面。

一、制胎原料的选择

制胎原料有陶土、羼和料两类，现在分别介绍如下：

1．陶土

除印纹硬陶用高硅质黏土或瓷石作为制胎原料外，其他陶器都用普通易熔黏土作为制胎的原料。

西安半坡秦墓的泥质陶，所用陶土未经淘洗，夹杂一些细砂。

据测定，战国铺地砖、秦始皇陵兵马俑坑的陶俑和陶马、秦砖瓦（表8－1）的化学成分（质量分数）为：氧化硅63.24%～69.11%，氧化铝15.13%～17.69%，助熔剂总和14.37%～19.66%。这表明制胎所用的塑性原料都以低氧化硅、低氧化铝、高助熔剂为特征，属于普通易熔黏土。

表8－1　战国秦代陶器的化学成分（质量分数）和烧成温度（℃）

原序号	原编号	出土地点、时代、品名	SiO_2	Al_2O_3	Fe_2O_3	TiO_2	CaO	MgO	K_2O	Na_2O	MnO	P_2O_5	烧失量	总量	助熔剂总和	烧成温度
20	3	战国铺地砖	68.17 69.11	15.13 15.34	6.52 6.61	1.32 1.34	1.33 1.35	1.88 1.91	2.84 2.88	1.34 1.36	0.11 0.11	0.00 0.00	0.00 0.00	98.64 100.01	15.23 15.45	860
21	Q_1	西安临潼秦陶俑坑陶俑陶片	63.83 65.43	17.03 17.46	6.97 7.15	0.88 0.90	1.87 1.92	2.23 2.29	3.13 3.21	1.50 1.54	0.11 0.11	0.00 0.00	2.8 0.00	100.43 100.01	16.58 17.01	

22	Q_2	陕西秦俑三号坑陶俑陶片	66.04 66.68	16.25 16.41	7.03 7.10	0.74 0.75	1.70 1.72	2.26 2.28	3.46 3.49	1.23 1.24	0.14 0.14	0.19 0.19	1.53 0.00	100.57 100.00	16.42 16.58	970 ±20
23		陕西临潼秦陶俑坑陶俑陶片	65.66 66.57	17.45 17.69	4.67 4.73	0.87 0.88	0.00 0.00	4.16 4.22	3.82 3.87	2.00 2.03	0.00 0.00	0.00 0.00	1.09 0.00	99.72 99.99	15.52 15.73	940 ±20
24		陕西临潼秦陶俑坑陶马陶片	64.34 67.57	16.51 17.34	4.22 4.43	0.70 0.74	0.45 0.47	3.21 3.37	3.87 4.06	1.92 2.02	0.00 0.00	0.00 0.00	4.37 0.00	99.59 100.00	14.37 15.09	810 ±20
25	F-1	陕西秦俑一号坑陶俑-1	66.36 67.17	16.57 16.77	6.08 6.15	0.72 0.73	2.06 2.09	2.27 2.30	3.26 3.30	1.47 1.49	0.00 0.00	0.00 0.00	0.74 0.00	99.53 100.00	15.86 16.06	900 左右
26	F-2	陕西秦俑一号坑陶马-2	65.88 66.32	16.98 17.09	6.56 6.60	0.72 0.72	2.22 2.23	2.38 2.40	3.26 3.28	1.33 1.34	0.00 0.00	0.00 0.00	0.41 0.00	99.74 99.98	16.47 16.57	900 左右
27	H-3	陕西秦俑一号坑陶马-3	63.24 66.16	15.93 16.72	6.08 6.36	0.72 0.75	2.61 2.73	2.09 2.19	2.89 3.02	1.97 2.06	0.00 0.00	0.00 0.00	4.44 0.00	100.02 99.99	16.36 17.11	
28	4	秦砖瓦	63.47 63.90	16.21 16.32	6.78 6.83	0.78 0.79	4.32 4.35	2.72 2.74	3.16 3.18	1.76 1.77	0.12 0.12	0.00 0.00	0.00 0.00	99.32 100.00	19.52 19.66	1000

注：本表化学组成数据引自李家治主编：《中国科学技术史·陶瓷卷》，科学出版社，1998年，表2-5。烧成温度数据引自《中国科学技术史·陶瓷卷》表2-6。

据报道，制作陶俑、陶马的黏土经过筛选、碾轧、淘洗，除去杂质[5]。秦始皇陵西侧赵背户村秦代陶窑遗址出土石碾轮1件，编号为73赵背户村Y14:4（图8-1，1），圆形，中间隆起，直径80厘米、厚5~26厘米，正中有一个圆孔，直径12厘米[6]，应是用于碾轧陶土的工具。在临潼县秦芷阳制陶作坊遗址，清理出陶泥储藏坑2个，其中2号坑内堆积厚0.5~1.5米的陶泥，质细[7]。

2. 羼和料

均为砂粒。在临潼县秦芷阳制陶作坊遗址，清理出砂坑2个，其中2号坑内堆积厚0.2~0.3米的灰黄色细砂，当是作为羼和料[7]。制作陶俑、陶马所用的羼和料，经测试为石英、长石、云母等成分的砂粒，其中以石英为主，呈不规则形状，粒径约0.5~1毫米[8]，经过筛选[5]。

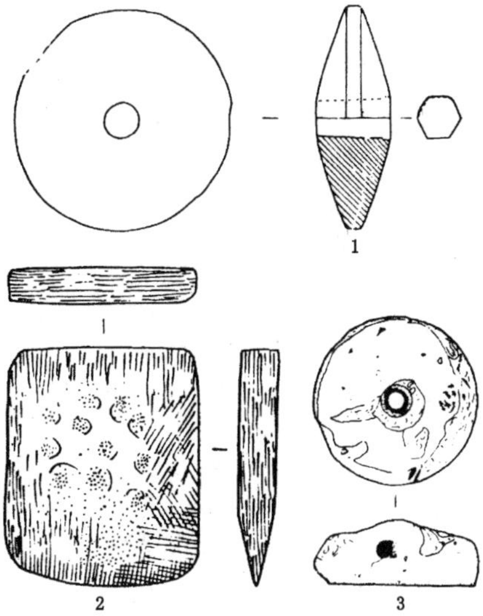

图 8－1　秦代的制陶工具

1. 石碾轮（73 赵背户村 Y14:4）；2. 陶楔形器（T1G1:01394）；

3. 火眼（82 下和村 Y1:73）

（1，3 为临潼县秦代陶窑遗址出土，2 为秦始皇陵兵马俑坑一号坑出土）

二、配料方式

西安半坡秦国墓葬、渑池县班村战国晚期秦人墓的陶器都有两类：一类是无羼和料的泥质陶；另一类是有羼和料的夹砂陶。

秦始皇陵陶俑和陶马的胎壁一般分为内外两层：内层质地较粗，羼和颗粒大小均匀的白色砂粒；外层质地细腻[5]。笔者认为，这是秦代制陶工匠在配料方式上的一种创新，对于兵马俑制作成功具有重要作用。他们采用这种配制方式的目的是：内层用夹砂的泥料制作可以使胎壁更加坚固，并且在干燥收缩和烧成收缩过程中不易开裂，白色砂粒的“颗粒大小均匀”应是经过筛选的缘故；外层用泥质的泥料制作便于进行细部雕饰，而且比较美观，“外层质地细腻”应是黏土经过淘洗所致。由此可见，制陶工匠在制作秦始皇陵的陶俑和陶马时，在选择原料、加工原料和配料方式上都非常讲究，这就为制作成功奠定了物质基础。

第二节　日用陶器及明器的制作工艺

日用陶器及明器的制作工艺包括坯体的成型、修整、装饰三个方面。

一、坯体的成型工艺

成型方法有轮制、手制、模制三种。

1. 轮制

轮制即快轮拉坯成型，器形有陶壶、陶罐、陶盂、陶盒、陶瓮等。

壶类。例如半坡秦国墓葬的陶壶 M9:4、M116:2（图 8－2，1，2）；云梦县睡虎地秦墓彩绘陶壶 M7:16（图 8－3，2）、小陶壶 M11:33（图 8－3，3）。

罐类。例如半坡秦国墓葬的陶罐 M2:1（图 8－2，3）。

盂类。例如半坡秦国墓葬的陶盂 M66:2（图 8－2，4）。

盒类。例如半坡秦国墓葬的陶盒 M89:2（图 8－2，5）。

瓮类。例如云梦县睡虎地秦墓的陶瓮 M3:13、M11:41（图 8－4，1，2）。

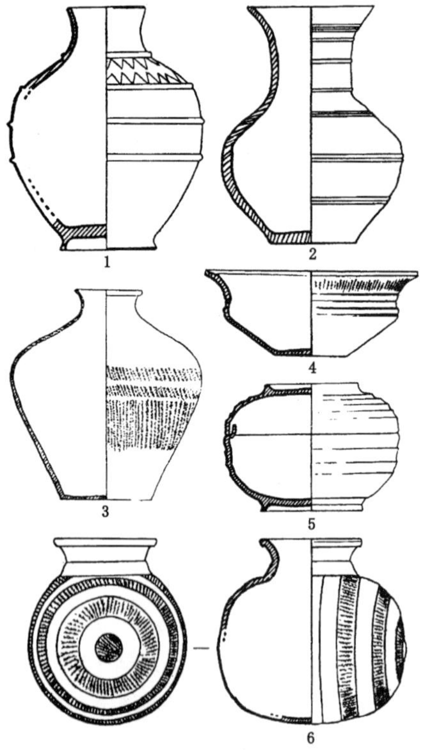

图 8－2　陕西西安市半坡秦国墓葬的陶器

1. 壶（M9:4）；2. 壶（M116:2）；
3. 罐（M2:1）；4. 盂（M66:2）；
5. 盒（M89:2）；6. 茧形壶（M19:1）

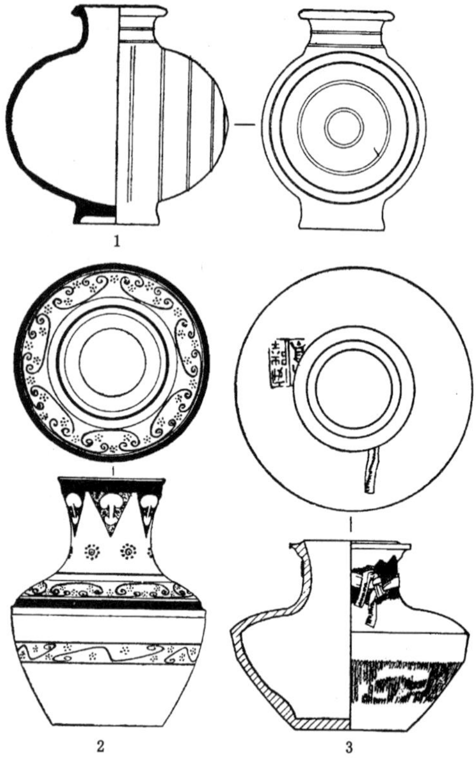

图 8－3　湖北云梦县睡虎地秦国至秦代墓葬的陶器

1. 茧形壶（M9:18）；2. 彩绘壶（M7:16）；
3. 小壶（M11:33）

2. 手制

手制（这里指泥条筑成法）成型的器形有陶鬲、陶壶等，见于河南渑池县班村遗址战国晚期秦人墓。

鬲类。例如班村遗址秦人墓 M502:2（图 8－5，1），采用泥条圈筑法成型，上半身、下半身分别制作，全身内壁有泥条缝隙，下半身的泥条向器外倾斜，表明采用倒筑法成型，上半身的泥条向器内倾斜，表明采用正筑法成型，然后下半身在内侧上半身在外侧套接在一起。M303:4（图 8－5，2），上半身内壁有断续的泥条缝隙，泥条向器内倾斜，表明采用正筑法成型。

回顾过去，陶鬲这种器物开始出现于铜石并用时代晚期，发展于夏商时代，西周至春秋时代达到高峰。上述两件战国晚期秦人墓的陶鬲，在成型方法和器形上都与西周春秋时代的陶鬲明显不同，它们已经不是传统意义上的陶鬲，实际上是在陶罐的底部安装三个很矮的足，才勉强成为象征性的陶鬲，这表明至秦代陶鬲这类器物已经到了尾声，即将消亡。

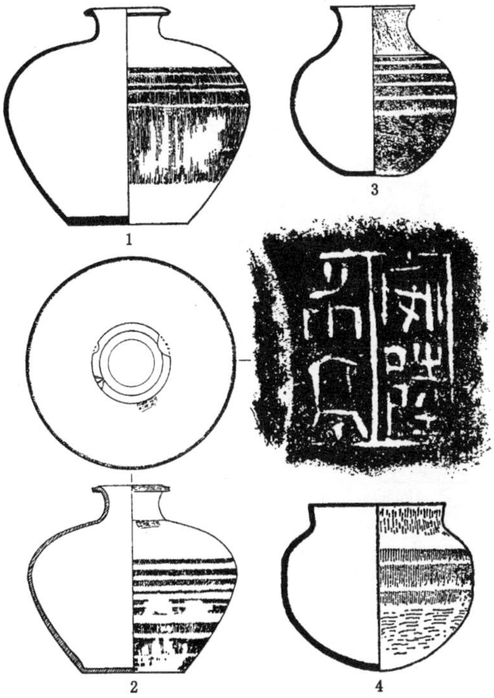

图 8－4　湖北云梦县睡虎地秦国至秦代墓葬的陶器

1. 瓮（M3:13）；2. 瓮（M11:41）及陶文拓片；3. 圆底罐（M10:5）；4. 釜（M9:56）

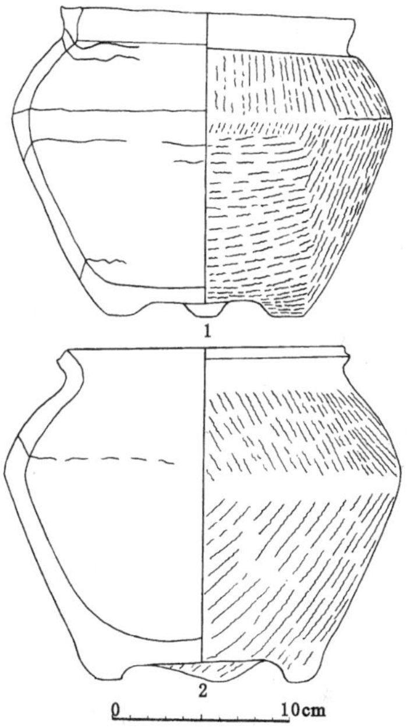

图 8－5　河南渑池县班村遗址战国墓葬手制的陶鬲

1. M502:2；2. M303:4

壶类。例如班村遗址秦人墓 M202:5（图 8－6），在圆角方形器底的上侧筑器壁（壁压底），颈部内壁留有泥条缝隙，泥条向器内倾斜，表明采用正筑法成型。颈部安装捏塑而成的兽形双耳。

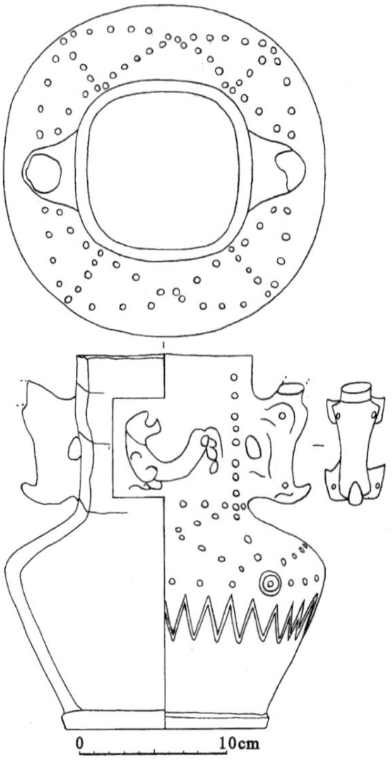

图 8-6　河南渑池县班村遗址战国墓葬手制的陶壶（M202:5）

3. 模制

模制法可以细分为内模制法、外模制法两种，内模制法开始出现于铜石并用时代早期，外模制法开始出现于战国时期，是由内模制法发展演变而来的。

在战国秦代，一般采用外模制法成型，以如意的外模制法最典型。如意，一名搔杖，《晋书·王敦传》云："以如意打唾壶为节，壶边尽缺。"按古有搔杖，为搔背痒之具，以其搔痒，可如人意，因此称为如意。唾壶，承唾沫之器。

陕西临潼县秦芷阳制陶作坊遗址出土圆形如意范模 1 件、圆形如意 1 件、椭圆形如意 3 件[7]，这里的"如意范模"系指用于制作如意的外模。西安半坡秦国墓葬出土圆形如意 1 件[1]。

如意虽小，但是有一套严格的制作工艺流程：先制作圆形（或椭圆形）如意范模（外模）；后制作圆形（或椭圆形）如意。现将具体步骤介绍如下：

第一步，制作圆形如意范模。例如秦芷阳遗址 T2B:52（图 8-7，1），残，直径 11.8 厘米、厚 3.1 厘米。从面至底呈现弧线状，凹下部分深 1.6 厘米。仰视外底（图 8-7，1 下）呈现不规整的球面状，直径 6.2 厘米，留有偏心涡纹，这是快轮拉坯成型后用线绳将坯体从陶轮上切割下来的痕迹，涡心偏向左边，表明拉坯时轮盘按逆时针方向快速旋转，左手放在内侧，右手放在外侧，主要靠右手用力。俯视内壁（图 8-7，1 上），为阴刻的图案（此图案与下述圆形如意的图案相同）。图案中的线条（包括斜线、折线、弧线）是用钝尖状工具刻划而成的；小圆圈（包括蛙眼、鹞眼、鱼眼）是用管状工具戳印而成的；小圆点（衬底纹饰）是用钝尖状工具戳印而成的。刻划线条的工序在先，戳印小圆圈、小圆点的工序在后。

第二步，模制圆形如意。例如秦芷阳遗址 T5:50（图 8 -7，2），呈现扁鼓状（图8 -7，2 中），系由对称的两个半面扣合而成，中空，直径9. 8 厘米、厚3. 1 厘米。两面满饰花纹图案，外周边均为一道宽 0. 5 厘米的斜线图案。但是内心部分的花纹不同：一面（图8 -7，2 上）似为蛙戏飞鹞衔鱼，鹞也称雀鹰，是猛禽的一种，画面的正中为一展翅的飞鹞，鹞的长喙衔一鱼，鹞的腹下被蛙用前爪抓着，整个画面又用稀疏的乳钉纹作为衬底（请注意：此图案与前述如意范模内侧的图案相同，唯一差别在于这里是阳纹，是从范模的阴纹上翻印下来的）；另一面（图8 -7，2 下）的花纹衬底亦为稀疏的乳钉纹，画面的正中为一直径 2 厘米的同心圆，圆的周边三等分处，各布一朵面向外的卷云纹，三朵卷云纹之间各有一对前后相连的三角形纹。在三朵卷云纹面向外的开口处，又各有一个三角形纹。上述九个三角形之内均施斜线。两半面的内壁有模制时压在泥面上的手指印纹，坯体应是两半分别模制成型的。

又如半坡秦国墓葬 M2:2（图 8 -7，4），也呈现扁鼓状（图 8 -7，4 下），细泥陶，质地坚硬，器身中空，两壁系用范模制作，接缝处留有补贴的泥条。两面的图案基本相同，壁面有凸弦纹 5 周，除中心和最外一周外，居间三周中还用凸起的折线围成齿轮的形式。壁面空白处全饰麻点纹。这些均为阳纹，是从范模的阴纹上翻印下来的。

第三步，模制椭圆形如意。与模制圆形如意的方法相同。例如秦芷阳遗址 T2B:49（图 8 -7，3），也呈现扁鼓状（图8 -7，3 中）为对称的两半面扣合而成，上半面的中间部分残。长 11. 6 厘米、宽 5. 6 厘米、厚 1. 8 厘米，模制方法、合成结构与圆形如意相同。一面的内壁有模制时压在泥面上的手指印纹（图 8 -7，3 上），这表明模制的方法是：将泥料填入外模之内，再用手指压实。两半面的花纹图案，周边均为一道宽 0. 5 厘米的斜线边框。但内心部分的花纹不同：一面（图8 -7，3 上）为满饰乳钉纹衬底头尾相对的双鱼图案；另一面（图8 -7，3 下）为乳钉纹衬底

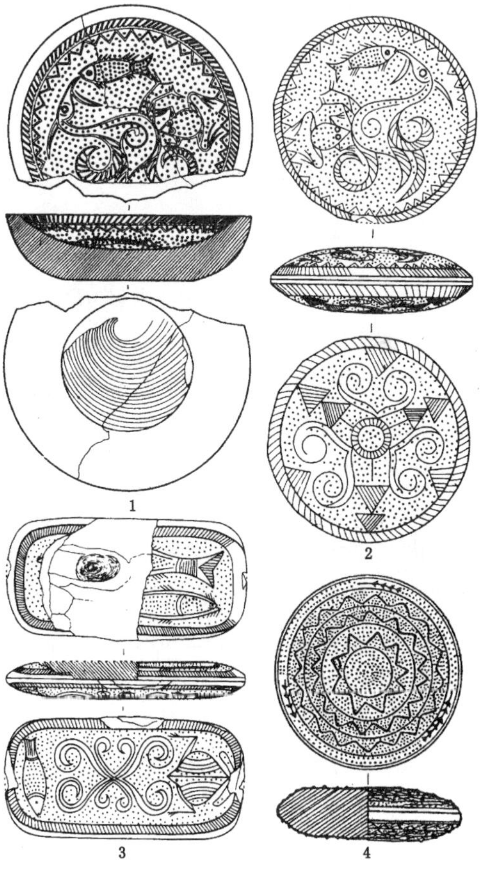

图8 -7　秦国的陶器

1. 圆形如意范模（T2B:52）；2. 圆形如意（T5:50）；3. 椭圆形如意（T2B:49）；4. 圆形如意（M2:2）（1 -3 为陕西临潼县秦芷阳制陶作坊遗址出土，4 为西安半坡秦国墓葬出土）

的卷云纹与蛙鱼图案，鱼横排在一端，蛙顺向排在另一端，中间为四朵卷云纹。两半面的花纹均为阳纹，是从范模的阴纹上翻印下来的。

如上所述，模制如意的工艺流程是：先分别制作如意上下两半的范模（即外模），圆形如意的范模采用轮制法成型，椭圆形如意的范模当然不能用轮制法成型，只能采用手制法成型；在范模内壁都施加阴纹图案；阴干之后经过烧制，成为如意范模；然后分别模制如意上下两半坯体，方法是将泥料填入范模之内，用手指按压实，使坯体外表的花纹图案翻印清晰（图案变成阳纹）；据《秦芷阳制陶作坊遗址清理简报》说：两半面“阴干后，分件烧制，最后合成”，即先烧制后合成。笔者认为，这种说法是合理的，假如先将坯体合成，然后烧制，由于如意是中空的，胎壁上没有通气孔，在烧制过程中由于空腔内的气体受热膨胀，会将如意炸裂成为废品。

二、坯体的修整工艺

坯体的修整方法有以下六种：

1．快轮慢用修整

轮制的器物全身都经过快轮慢用修整，例如西安市半坡遗址秦国墓葬的陶盒M89:2（图8－2，5），全身外表留有细密轮纹，器身的口部在轮修过程中形成子母口状（器物口内的凸圈小于器物的口沿，口沿为“母口”，凸圈为“子口”，合称“子母口”），子母口的作用是便于固定器盖，不致滑脱。

2．拍打

例如渑池县班村遗址战国晚期秦人墓的陶鬲M502:2（图8－5，1），腹部外表用绕绳拍子进行拍打，当时内壁用陶垫作依托，留有陶垫窝。

3．滚压

例如西安市半坡遗址秦国墓葬的茧形壶M19:1（图8－2，6），器身外表曾用绕绳圆棍进行滚压，留有数周整齐的绳纹带。

4．刮削

例如半坡遗址的茧形壶M19:1（图8－2，6），器身外表间隔适当距离用平头刮板进行刮削，形成数周宽带状凹槽，留下数周绳纹带作为装饰，这是采用间隔刮削法，制陶者的目的是：以刮削之后形成的粗糙面去衬托绳纹带，使二者形成对比，以便绳纹带显得更加美观。

5．湿手抹平

例如班村遗址的陶鬲M303:4（图8－5，2），上半身与下半身相接处的内壁和外表都用湿手抹平，因而接缝消失，折棱上的绳纹被抹掉；陶壶M202:5（图8－6），腹内壁用湿手抹平，外表先抹平后施各种纹饰。

6．慢轮修整

手制的器物，口部都经过慢轮修整，例如班村遗址的陶鬲M502:2、M303:4（图8－5，1、2），口部都经过慢轮修整，形制规整，留有细密轮纹。

三、坯体的装饰工艺

坯体的装饰工艺可以分为以下四类：

1．坯体修整过程中产生的纹样

现将施纹方法与纹样综合在一起分为以下 5 种：

（1）滚印绳纹。例如班村遗址的陶鬲 M303:4（图 8－5，2），外表滚印斜绳纹。半坡遗址的陶罐 M2:1（图 8－2，3），腹中上部外表留有滚印的竖绳纹。

（2）拍印绳纹。例如班村遗址鬲 M502:2（图 8－5，1），外表拍印竖绳纹、斜绳纹、横绳纹。

（3）拍印方格纹。例如江西地区印纹硬陶上的“斜方格纹”（图 8－8，15）、正“方格纹”（图 8－8，16），均为拍印而成。

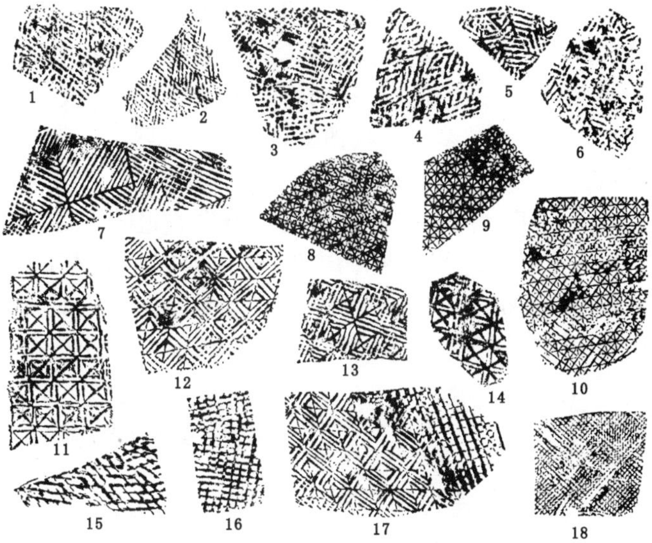

图 8－8　江西九江县大王岭遗址印纹硬陶的纹样（战国）

1. 云雷纹（泥红硬）；2、3. 席纹（均泥灰硬）；4. 回字纹（泥灰硬）；5，6. 叶脉纹（均泥灰硬）；7. 蕉叶纹（泥灰硬）；8－10. 米字纹（8，9. 泥灰硬，10. 泥红硬）；11－14. 复线交叉纹（11. 泥红硬，12－14. 泥灰硬）；15. 斜方格纹（泥红硬）；16. 方格纹（泥灰硬）；17. 复线交叉与方格组合（泥红硬）；18. 麻布纹（泥灰硬）

（4）拍印“米”字纹。纹样较复杂，例如江西地区印纹硬陶上的“米”字纹（图 8－8，9），在拍子上先刻划单线正方格纹，后刻划单线斜方格纹，均为阴纹，斜线成为正方格内的对角线，在坯体上用这种拍子拍印成单线正方格与单线斜方格交叉重叠的“米”字纹（阳纹）；“复线交叉纹”（图 8－8，11），在拍子上先刻划单线正方格纹，后在正方格内刻划双线斜方格纹，均为阴纹。在坯体上用这种拍子拍印成单线正方格与双线斜方格交叉重叠的“米”字纹（阳纹）；“复线交叉纹”（图 8－8，12），在拍子上先刻划单线正方格纹，后在正方格内刻划四线斜方格纹，均为阴纹。在坯体上用这种拍子拍印成单线正方格与四线斜方格交叉重叠的“米”字纹（阳纹）；“叶纹”（图 8－9，5），在拍子上先刻划单线正方格纹，后在正方格内刻划 10 余条线斜方格纹，均为阴纹。在坯体上用这种拍子拍印成单线正方格与 10 余条线斜方格交叉重叠的“米”字纹。

笔者认为，上述“米”字纹的变化是很有规律的：从数学的角度来看，正方格是“常数”（单线），它是变化的框架；斜方格纹是“变数”，它是在正方格的框架之内不断地发生变化，先是单线，再由单线变为双线，然后变为四线，甚至变为10余条线，“米”字纹的图案随着斜方格线条数量的变化也越来越复杂化。我们从“米”字纹图案中可以看到，制陶者是将数学概念恰当地运用在印纹硬陶的装饰工艺上。

如果说铜石并用时代早期马家窑文化的制陶者在坯体上绘彩色图案时，经常运用等分法，一般将圆周按双数等分，个别按单数等分（见本书第四章第五节），彩陶图案上体现了制陶者心里简单的数学概念，那么，战国时期印纹硬陶的“米”字纹图案上就更加明显地体现了制作者头脑里比较复杂的数学概念。笔者将“米”字纹、“复线交叉纹”、“叶纹”连贯起来思索，找出它们之间的内在联系，归纳出“米”字纹由简单到复杂的变化规律，进而将制陶者隐藏在“米”字纹里的数学概念清楚地揭示出来，这是对“米”字纹图案认识上的飞跃，是研究方法上的创新。

（5）拍印席纹。例如江西地区印纹硬陶上的“席纹”（图8－9，2），在拍子上先刻划正方格，后在正方格内刻划三条或四条为一组的平行线段，均为阴纹，各组线段互相垂直。在坯体上用这种拍子拍印成“席纹”（阳纹）。

上述印纹硬陶的纹样都引自江西省博物馆“印纹陶问题”研究小组：《江西地区陶瓷器几何形拍印纹样综述》，《文物集刊》第3集，文物出版社，1981年。

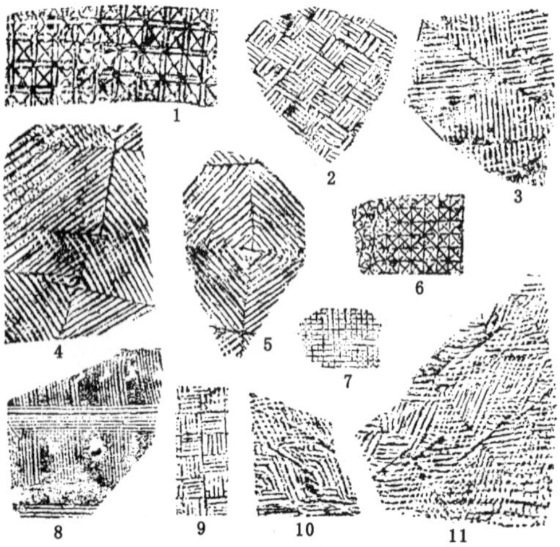

1. 复线交叉纹（泥灰硬）；
2. 席纹（泥灰硬）；
3. 蕉叶纹（泥灰硬）；
4，5. 叶纹（泥灰硬）；
6. “米”字纹（泥灰硬）；
7. 细方格纹（泥灰硬）；
8. 梳齿纹（泥灰硬）；
9. 席纹（泥红硬）；
10. 蕉叶纹（砂灰硬）；
11. 蕉叶纹与方格组合（砂灰硬）
（1. 武宁战国墓出土；2，3. 清江战国墓出土；4－9. 新干粮仓出土；10，11. 遂川秦墓出土）

图8－9 江西地区印纹硬陶的纹样（战国）

2. 坯体修整后施加的纹饰

有以下四种纹饰：

凸弦纹。例如半坡遗址的陶壶M9:4（图8－2，1），肩部腹部有凸弦纹4周。

凹弦纹。例如半坡遗址的陶盂M66:2（图8－2，4），肩部有凹弦纹数周。

手抹宽弦纹。例如半坡遗址的陶罐M2:1（图8－2，3），腹上部有手抹宽弦纹2周，其上下边缘不整齐，并且割断竖绳纹。战国时期这种手抹宽弦纹应是承袭了西周春秋时代手抹宽弦纹（图7－1，3；图7－22，6）的施纹工艺。

戳印纹。例如班村遗址的陶壶M202:5（图8－6），在肩下部的四个圆角位置各施一组戳印纹，每组由大、中、小三个圆圈纹相套而成，它们是用粗细不同的管状工具分别戳印而成的；在颈部和肩部还有很多个小圆圈纹，纵向排列成行，或横向排列成周，或斜向排列成×状，在兽形器耳上有小圆圈纹4个，这些小圆圈纹都是用较细的管状工具戳印而成的。上述圆圈纹从施纹方法上讲都属于戳印纹。

3. 涂刷陶衣

例如睡虎地的茧形壶 M9:18（图 8－3，1），外表涂刷陶衣，在窑内经过短暂渗碳成为灰胎黑衣陶，局部黑衣已经脱落，露出灰胎。

4. 滑压暗纹

滑压暗纹都是用细长、质地坚硬、前端圆钝而光滑的工具（似骨簪）滑压而成。例如半坡遗址的陶壶 M9:4（图 8－2，1），肩部滑压折线状暗纹 2 周；班村遗址的陶壶 M202:5（图 8－6），在颈部正面滑压凤纹、背面滑压龙纹，凤纹与龙纹一前一后互相对称，在腹部滑压双折线暗纹 1 周。

第三节　兵马俑的制作工艺

秦始皇陵兵马俑的制作工艺比日用陶器及明器要复杂得多，由于兵马俑不是圆形器，不宜采用轮制法成型，主要采用手制法（这里指泥条盘筑法）成型，有些部位采用模制法成型。此外，比较特殊的制法有“卷泥片法”，这种制法在以往的考古发掘报告中很少见到，属于新的重要发现，因此引人注目。

一、陶俑的制作

可分粗胎制作、细部雕饰两个阶段：

1. 粗胎制作

陶俑的粗胎是自下而上逐段制作而成的，其工艺流程如下：

（1）模制足踏板。将泥料填入方框形的外模之内，用手压实，用刮板刮平，脱模之后略经干燥，再经过整形和抹平。踏板正面为素面，有的背面留有树叶或草叶印痕，这表明以树叶或草叶作为坯体与外模之间的隔离层，防止坯体与外模粘连在一起。

（2）手制足履。其制法有两种：一种是足履和踏板分别制作，再黏合在一起；另一种是足履和踏板同时制作而成。

（3）制作双腿及短裤。陶俑的腿有空心、实心两型。

空心腿。例如 T19G9:17 号俑右腿（图 8－10，5），呈现扁圆形，高 36 厘米、直径 16～22 厘米，通腿中空，壁厚 4～5 厘米。有一条纵向的泥片接茬遗痕，这表明双腿的制法是：先将泥片卷成漏斗形的圆筒，再粘接到足跟上，这是采用“卷泥片法”成型的一个实例。

实心腿。例如 T20G9:117 号俑左腿（图 8－10，3），高 40 厘米、直径 9.2～19.2 厘米。俯视断面有旋转的泥层纹理，外表有刀削、刀刮痕迹。这表明先将泥片卷搓，再经刮削成型；又如 T19G9:14 号俑右腿（图 8－10，1），高 40 厘米、直径 14～28 厘米。仰视断面的泥层折叠成书页状，每层厚 1.5～2 厘米。正面已经剥落 4 层，这表明泥片经过折叠并“从前后施加过很大压力”[9]。这些也是采用

"卷泥片法"成型的实例。笔者认为，这种实心腿有可能采用外模制法、前后合模成型，制陶者通过模具间接地对折叠成书页状的泥层"从前后"两侧"施加过很大压力"，"卷泥片法"只是模制过程中处理泥料的一种具体方法而已；再如T19K:122号俑左腿（图8-10，6），通高41厘米。下段为实心，高22.5厘米、直径11.5～14厘米，系卷搓泥片做成棒状。这又是采用"卷泥片法"成型的实例；上段为空心，高18.5厘米、壁厚3.5～9厘米，用泥条盘筑成型，内壁有泥条痕迹。

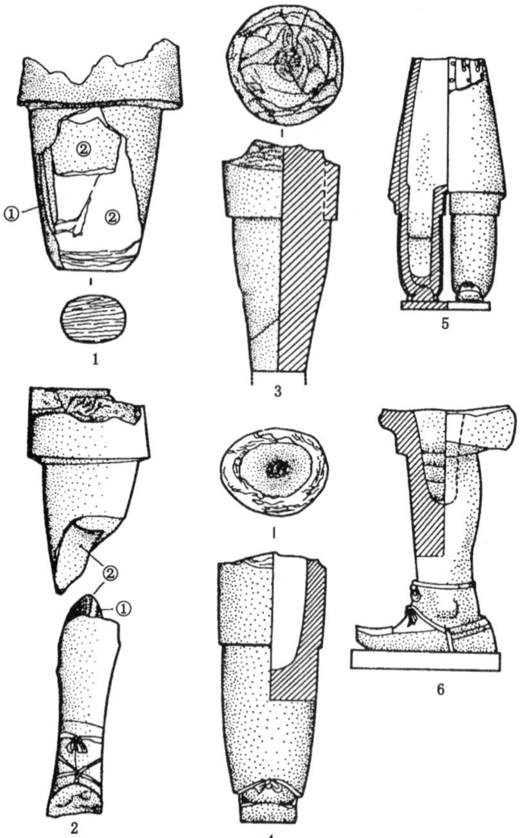

图8-10 俑腿的制法

1. T19G9:14俑右腿：①泥层叠压痕；②泥层剥落面；2. T10G7:23俑左腿：①绳纹；②上下段结合面；3. T20G9:117俑左腿；4. T19G10:23俑右腿；5. T19G9:17俑右腿剖视图；6. T19K:122俑左腿剖视图

（4）手制躯干。制作躯干之前，先要在双腿上部用泥料加以覆盖，做成躯干的底盘。例如T1G3:32号俑躯干下部（图8-11，2），仰视底盘呈现椭圆形，为防止底盘泥胎下坠，曾用"丁"字形木架承托，留有长方形的支撑板印痕。然后在底盘上采用泥条盘筑法制作中空的躯干，具体方法有两种：

一种是自下而上用泥条盘筑成整个躯干。例如T1G2:19号俑躯干（图8-11，1），胎壁厚4厘米。内壁有清晰的泥条痕迹，泥条宽约4厘米。T2G3:107号俑（图8-11，3），躯干胎壁厚2～4厘米，内壁留有泥条痕迹，泥条宽3～4厘米；

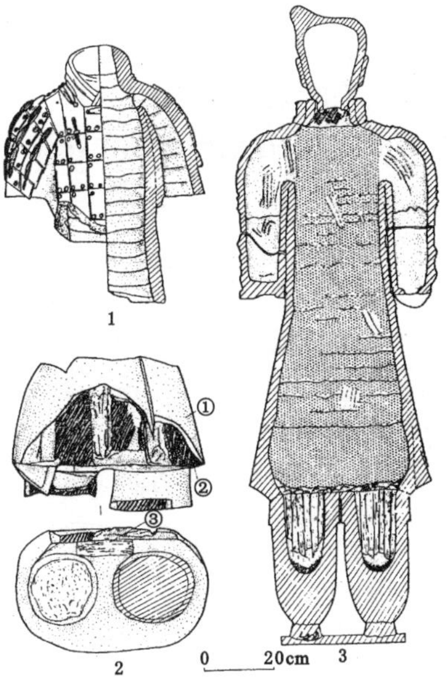

图 8－11　俑躯干的泥条盘筑制法

1. T1G2:19 俑躯干的泥条盘筑痕；2. T1G3:32 俑躯干下部：①二次复泥，②初胎上的绳纹，③支撑板印痕；3. T2G3:107 俑体腔内部的泥条盘筑痕、麻布纹

另一种是从腰部将躯干分为上下两段，分别采用泥条盘筑法成型，再套接在一起。例如 T20G9:71 号俑躯干（图 8－12，3），出土时从腰部上下两段的接茬处分开为两段，上段高 61 厘米、壁厚 4 厘米，下段高 54 厘米、壁厚 4 厘米。上段在内侧为榫、下段在外侧为卯，呈现榫卯式套接，也可称为插入法套接。

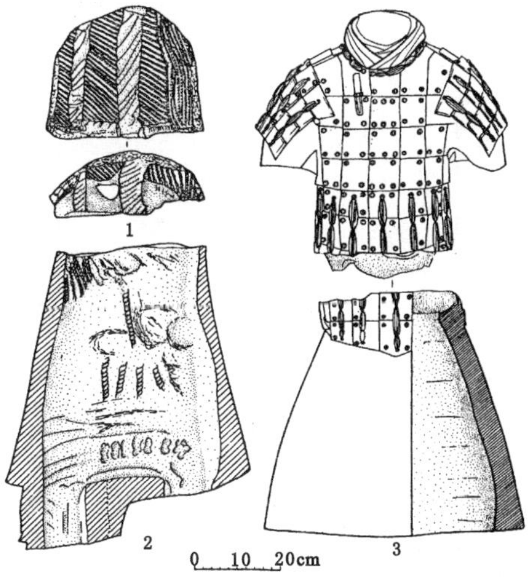

图 8－12　俑躯干的制法

1. T2G2:37 俑躯干下部表层泥内视图；2. T20G10:57 俑躯干剖视图；3. T20G9:71 俑躯干上下两段的榫卯结合面

笔者认为，泥条盘筑成型的初胎必须经过拍打整形这道工序，才能加固躯干，使其定型，因此，我们今天研究陶俑的制作工艺时，不仅要查明成型方法，而且要查明拍打整形的方法。初胎经过拍打整形具体表现在三个方面：

第一，拍打外表时，内壁（即腹腔之内）要用陶垫作依托，防止躯干变形。例如 T1G2:01387 号陶垫（图 8－13，1），出土于 T1G2:6 号俑的腹腔内，夹砂灰陶，质地坚硬，形似倒置的蘑菇。T20G10:01389 号陶垫（图 8－13，2），出土于 T20G10:92 号俑腹腔内，也形似倒置的蘑菇。T2G2:01388 号陶垫（图 8－13，3），出土于 T2G2:85 号俑腹腔内，呈现弯曲棒形。这些陶垫应是制陶工匠在对俑的初胎外表进行拍打整形后遗忘在俑的腹腔之内。

第二，经过拍打整形之后，初胎外表留有拍打痕迹，例如 T1G3:32 号俑躯于下部（图 8－11，2），初胎外表有拍打的斜绳纹（阴纹）；又如 T2G2:37 号俑躯干下部（图 8－12，1），表层（即外层）泥的内侧有斜向的反绳纹（阳纹），是从初胎（即内层）外表的绳纹（阴纹）上翻印下来的。这些痕迹的存在，都是俑躯干初胎外表经过拍打整形的直接证据。目前未发现陶质拍子，推测使用木质的绕绳拍子。

第三，经过拍打整形之后，初胎内壁留有陶垫窝，例如 T2G3:107 号俑（8－11，3），躯干内壁布满麻绳的编织纹（应是麻布纹），编织纹之上留有直径 3～4 厘米的圆形凹窝。这些圆形凹窝应是陶垫窝，凹窝内的编织纹变得模糊不清是陶垫与拍子从初胎内外两面“夹攻”所致。这些陶垫窝的存在，是初胎外表经过拍打整形的旁证。

拍打外表可以提高初胎的致密度，对初胎起整形和加固作用，可是以往研究中未提到拍打整形这道工序。笔者将上述现象连贯起来思索，找出其内在联系。发现拍打整形是初胎成型与覆盖细泥表层之间不可或缺的一道工序，这是对俑躯干制作工艺流程认识上的飞跃、研究方法上的创新。

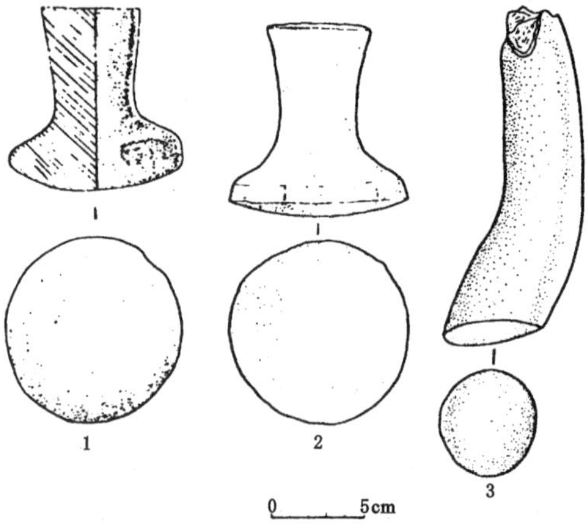

图 8－13　陶垫

1. Ⅰ式（T1G2:01387）；2. Ⅰ式（T20G10:01389）；3. Ⅱ式（T2G2:01388）

（5）制作双臂。俑臂均为中空，有两种成型方法：

第一种，采用泥条盘筑法成型。例如 T20G10:61 号俑臂（图 8－14，3），胎壁厚 2～4 厘米。内壁有清晰的泥条盘筑痕迹，泥条宽约 4 厘米。

第二种，采用“卷泥片法”成型。例如 T1G4:42 号俑臂（图 8－14，5），长 40 厘米、直径 13～16 厘米、胎壁厚 3～5 厘米。从剖面上泥层的叠压关系来看，应是采用“卷泥片法”成型。内壁没有泥条盘筑的痕迹。

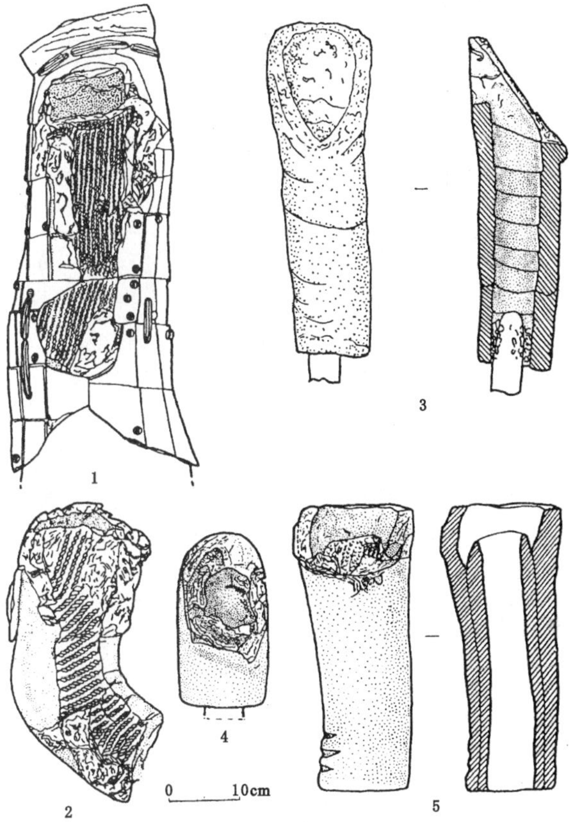

图 8－14　俑臂的制法

1，2. T2G3:50 俑臂与躯干粘接面上的绳纹；3. T20G10:61 俑臂与躯干的接茬面及剖视图；4. T19G8:13 俑曲形臂下段与上段的接茬面；5. T1G4:42 俑臂侧视及剖视图

（6）制作俑头。俑头初胎的制法有两种：

第一种，前后合模制作。许多俑头出土时已经从合模缝处分裂成前后两半。合模线位于双耳的中部或耳后。合模制作时，两半外模之间的缝隙称为合模缝，由于有合模缝，坯体上产生合模线，呈现为凸线（阳线），这凸线是前后两半外模将泥料从合模缝处挤压出来而产生的。例如 T19G10:16 号俑头（图 8－15，1），合模线贯穿双耳和颈部。头壳厚 3～4 厘米，内壁凹凸不平，留有指窝和指纹，这表明模制的方法是：先将泥料分别填入前后两半外模之内，再用手指压实，然后将前后两半扣合在一起。颈部亦为空心，和头的前后两部分同出一模，即颈部与头

部是同时模制而成的。

第二种，面部用单模制作，后脑壳为捏塑成型，即单模制作与手制相结合。

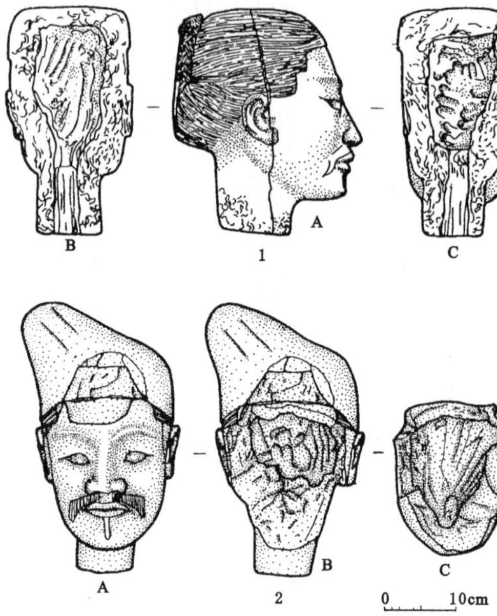

图 8－15　俑头的制法

1. T19G10:16 号；2. T20G9:38

（7）制作手。例如 T19G8:51 号、T19G9:1 号（图 8－16，1、2），均为俑的左手，出土时都从合模缝处分裂成两半，一半包括并拢的四指和手背，另一半包括掌心和大拇指。两半的内侧都有按压和手指抹痕，表明采用合模制法成型。模制的具体方法是：先将泥料分别填入两半外模之内，再用手指压实和抹平，然后将两半扣合在一起。

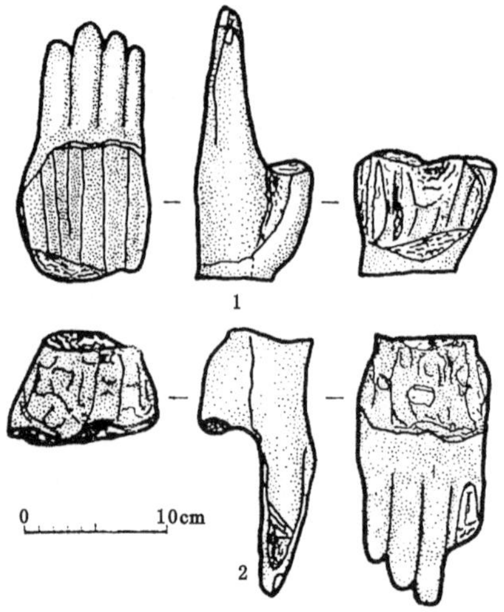

图 8－16　俑手的制法

1. T19G8:51；2. T19G9:1

2. 细部雕饰

将俑的各个部件组合在一起，形成一个完整的俑之后，在躯干的粗胎上覆盖一层细泥，再经过湿手抹平，然后刻划、塑造衣襟、衣角、领口，以及衣服上的褶纹。武士俑身上穿的铠甲，有的是在粗胎上直接雕刻而成，有的是在粗胎上先覆盖一层细泥再雕刻，雕刻达到浅浮雕的效果。在头部雕饰面部、发型、发髻、发辫、冠（帽子）、帻（头巾）。

二、陶马的制作

可以分为粗胎制作、细部雕饰两个阶段：

1. 粗胎制作

陶马的粗胎由马腿、躯干、马颈、马头、马尾组合而成，工艺流程如下：

（1）制作马腿。T19G9:⑤1 号马腿（图 8－17，2；图 8－18，2），俯视断面，泥层呈现书页状（即采用“卷泥片法”成型），泥层为前后方向。

笔者认为，马腿可能采用外模制法、左右合模成型，制陶者通过模具间接地对折叠成书页状的泥层从左右两侧施加过很大压力。引人注目的是：马腿的这种制法与 T19G9:14 号俑右腿（图 8－10，1）的制法有相似之处，二者互相呼应，都有可能采用外模制法、合模成型。唯一的差别是：马腿采用左右合模成型，俑腿采用前后合模成型。将来若能根据出土实物上遗留的痕迹进一步证实这一点，那么，这就是在现有的考古资料中，首次发现动物的外模制法与人物的外模制法存在明显的差别。从现有资料中发现“卷泥片法”的归属这个关键性问题，并且提出假设，这也是认识上的飞跃，研究方法上的创新。这种差别在西汉陶俑的制作工艺（见本书第九章第三节）当中也可以看到。当然，目前还不能排除另外一种可能：采用手制法成型，制陶者用拍子从左右两侧对马腿坯体进行拍打，拍子直接地对折叠成书页状的泥层施加强大的压力。在上述（外模制法、手制法）两种可能当中，究竟哪一种更接近或者符合当时兵马俑成型工艺的实际情况？这个涉及“卷泥片法”的归属问题相当重要，尚待考古工作者去深入研究。从一般理论上讲，假如是制陶者通过模具（这里指外模）间接地对泥层施加压力，坯体表面所产生的模具印痕应是整体的、平整的；假如是制陶者通过拍子直接地对泥层施加压力，坯体表面所产生的拍子印痕应是一个个小平面，而且一些小平面之间有打破关系。只要考古工作者从出土实物上仔细地加以辨认，应是可以将两种不同痕迹区分开来的，从而查明“卷泥片法”究竟归属于外模制法范畴还是手制法范畴。

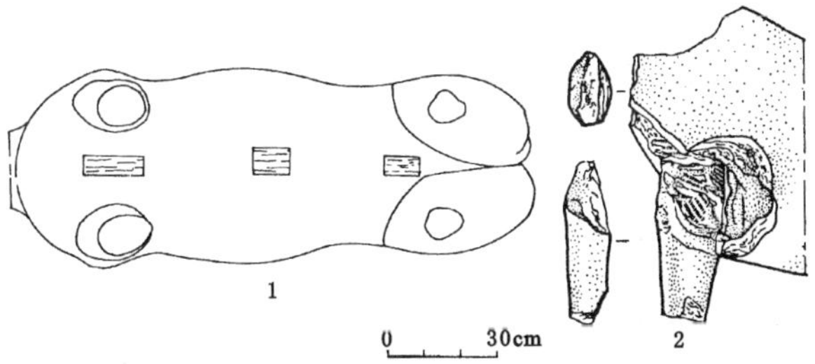

图 8－17　陶马躯干上的支架印痕

1. T20G10:⑧1 马腹下支架木板印痕；2. T19G9:⑤1 马腿与体腔的粘接

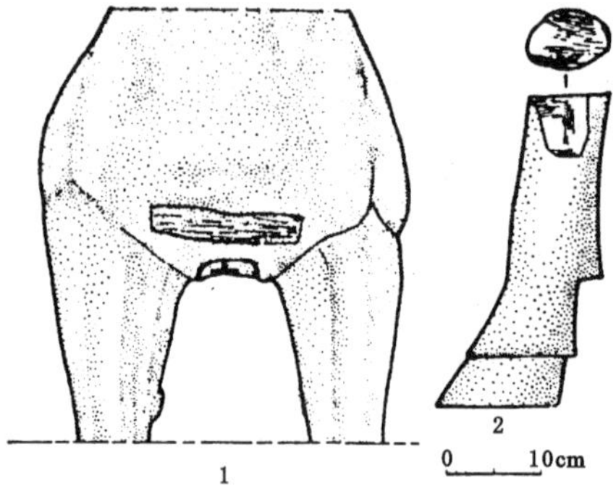

图 8－18 陶马胸和腿的制法

1. T19G9:⑤1 马胸前支架的木板印痕；2. T19G9:⑤1 马腿残段

（2）制作马的躯干。制作躯干之前，首先要做躯干的底盘。先把预制的马腿竖立在相应位置，分别于前后腿之上覆泥，接着在前后腿之间铺一长条形泥片，以便把四肢连成一体。此泥片之下要用支架支撑，以防泥片下坠。例如 T20G10:⑧1 号马（图 8－17，1）的腹下有长方形的支架木板印痕 3 处，排列成一条直线。又如 T19G9:⑤1 号马（图 8－18，1）的胸脯有横向的长方形支架木板印痕 1 处。

躯干中空，分为臀部、腹部、胸部三段，其制法是用一些泥片斗合而成。二号俑坑 T1 出土的左骖马[10]（图 8－19）用 5 块泥片拼合粘接成腹腔，即腹腔的左右两侧各 2 块泥片，下部 1 块泥片。值得注意的是：腹部左侧留有一个圆孔。这种圆孔有两个作用：一是在制作过程中具有“工作孔”的作用，便于陶工的手伸入体腔内覆泥；二是在烧制过程中起到通气孔的作用，可以排出体腔内因受热而膨胀的气体，防止体腔炸裂。

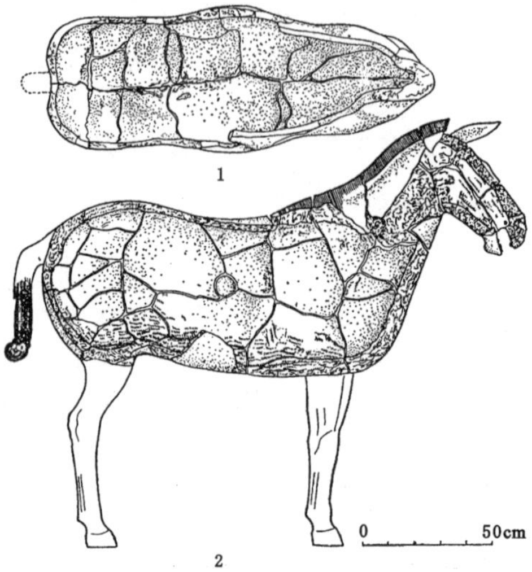

图 8－19 二号俑坑陶马躯体的制法

1. T1 左骖马内侧泥片的粘接缝断裂迹象俯视图；2. T1 左骖马左侧内部泥片粘接缝断裂迹象

（3）制作马颈。例如T2G2:⑦1号马颈部（图8－20，2），用左右两块呈倒梯形的泥片合成，上宽64厘米、下宽20厘米、高40厘米、厚4厘米。泥片的内侧有手指抹痕和凹窝，合缝线位于上下两端。下端合缝线的内侧有厚1～2厘米的覆泥以便加固，上端合缝线被粘接上去的立鬃覆盖。马颈后端与躯干呈现斜面套接。

（4）制作马头。例如T10G5:③4号马头（图8－21），用左右两块大小相等的泥片粘接而成，从额和鼻梁的中轴线分裂成左右两片。每片长49厘米、宽17～25厘米、厚2～3厘米。两片的内壁都有手指按压痕和抹痕。在合缝线的内侧覆泥加固，覆泥上留有手指抹痕，合缝面上有粘泥遗迹。

如上所述，陶马的躯干、马颈和马头在成型方法上有一个共同点：都是用数块泥片斗合而成。那么，泥片本身又是用什么方法制成的？采用外模制法成型还是手制法成型？泥片内壁所遗留的“凹窝”或“手指按压痕和抹痕”是如何形成的？这些问题涉及成型方法的归属，相当重要，尚待考古工作者去研究和解决。

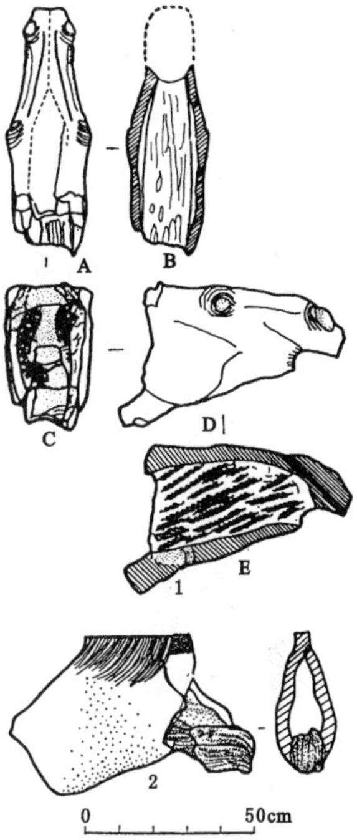

图8－20　陶马头部的制法

1. T2G2:⑦1　A. 正视，B. 横剖视，C. 后视，D. 侧视，E. 纵剖视；
2. T2G2:⑦1 马头与颈接茬处的粘泥

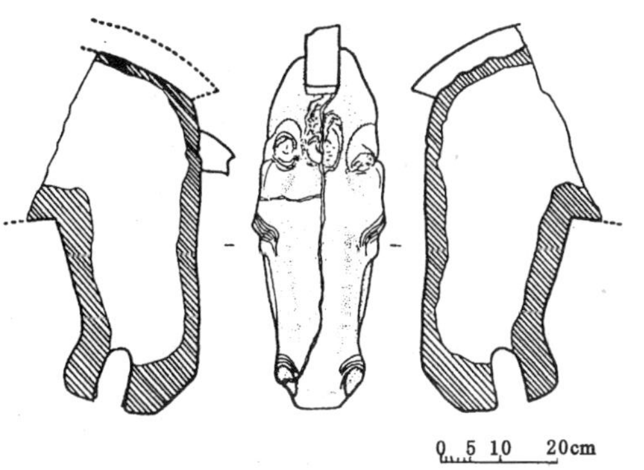

图8－21　陶马头部的制法（T10G5:③4）

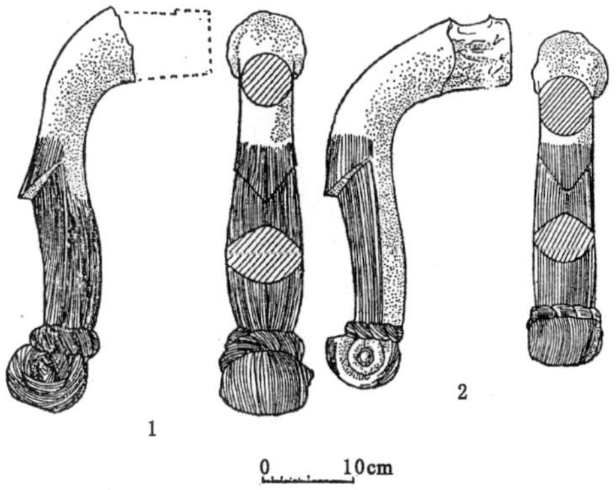

图8－22　二号俑坑陶马的尾形

1. T2:4 左服马尾形；
2. T2:2 右服马尾形

（5）制作马尾。由于陶马的用途不同，马尾巴的形制也有所不同，有绾结、三股长辫两种形制：

第一种，战车用的马，尾巴末端呈现绾结状。例如 T2:4 号左服马[10]的尾巴（图 8－22，1）和 T2:2 号右服马[10]的尾巴（图 8－22，2），尾巴末端都呈现绾结状。

第二种，骑兵用的鞍马，尾巴呈现三股长辫状。例如二号俑坑 T12:2 号马的尾巴（图 8－23），其形制特征是编成三股长辫。据发掘报告说，该“马尾系单独捏塑成型”[11]，捏塑法属于手制范畴。但是有些学者认为该马“尾部为合模所制”[12]。两种看法明显不同；可见该马尾究竟是手制成型还是合模成型？这个涉及成型方法的归属问题也尚待查明。

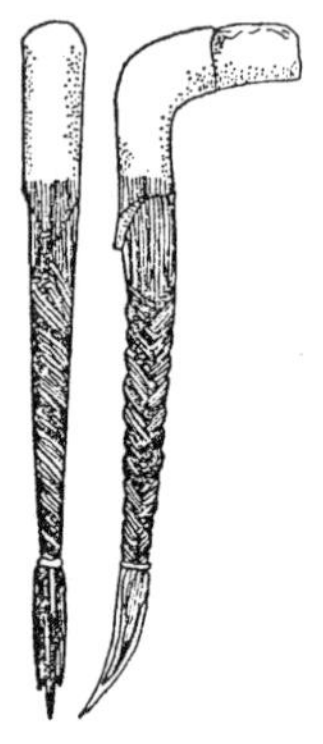

图 8－23　二号俑坑陶马 T12:2 的尾形

2. 细部雕饰

陶马各部件组合在一起，形成一匹完整的马之后，再进行表面修饰和细部雕刻。马的躯干外部普遍涂一层厚 0.3～0.5 厘米的细泥，表面经过磨光。马头制成初胎后，进行二次覆泥以便雕刻细部。

第四节　砖瓦的制作工艺

砖瓦属于建筑用陶。本节首先简略地追溯一下战国秦代之前建筑用陶的起源和发展状况，然后叙述战国秦代的建筑用陶。

处于铜石并用时代晚期的河南淮阳县平粮台龙山文化城址，距今 4300 多年，发现有城墙、城门、门卫房、陶排水管道、房基等遗迹。其中陶排水管道位于南门的门道路土之下 0.3 米，现残长 5 米多，是在门道下挖一条北高南低、上宽下窄的沟渠，沟底铺一条陶水管道，其上再并列铺两条陶水管道。管道每节长 0.35～0.45 米不等，呈现直筒形，一端稍细，直径 0.23～0.26 米，另一端较粗，直径 0.27～0.32 米。均为轮制法成型。外表拍印篮纹、方格纹、绳纹等。每节小口朝南，套入另一节的大口内。整条管道北端稍高于南端，宜于向城外排水。管道周围填料为礓石，其上铺土作路面[13]。礓石也称“砂礓”，俗称“料姜石”，质地坚硬，可以用来做建筑材料。

夏商时代的建筑用陶仅陶水管一种。偃师二里头遗址和郑州商城遗址发现的陶水管暂且不提。现仅以 1972 年在河南安阳殷墟白家坟的夯土建筑基址内发现三段陶质排水管道为例加以说明：其中两段管道排列成 T 字形，南北向的一段管道残存 9.7 米，由 17 节水管铺成；东西向的一段管道残长 4.62 米，由 11 节水管铺成。水管之间均为平口对接。两段管道交接处有一个三通水管连接。陶水管系手制法成型，长 42 厘米、直径 21.3 厘米、壁厚 1.3 厘米。在这两段管道北边 9 米处还有一段东西向管道，残长 3.36 米，由 8 节水管铺成[14]。

西周时期陶水管的使用更加普遍，质量有所提高，种类有所增加。同时又发明了板瓦、筒瓦、空心砖、条形砖、四钉砖。1960—1989 年考古工作者在陕西岐山县贺家村发现了西周时期的半瓦当；在岐山县赵家台村发现了西周早期的空心砖、条形砖；在岐山县周公庙遗址也发现了西周时期空心砖；在扶风县云塘村发现了西周晚期的四钉砖。从砖上所遗留的手印痕迹和刮削痕迹来看，空心砖、条形砖均为手制法成型[15]，遗憾的是报道中没有说明半瓦当的成型方法。1991～2005年，考古工作者又在鳞游县蔡家河发现西周时期空心砖；在凤翔县水沟遗址发现西周时期空心砖和条形砖；在岐山县周公庙遗址发掘一组大型建筑基址时，出土了一块板砖，长达1米，质地坚硬如石头，被称为“周代第一板砖”[16]。

战国时期出现了陶质供水设施。例如位于河南登封县告城镇一带的阳城，春秋时属郑国，战国时属韩国。考古工作者在阳城遗址内发掘出战国晚期的供水设施，共8处地下输水管道，均由城北的东侧和西侧两面引小河上游的清洁水，向城内的北部、中部和南部输水，供城内居民使用。这套供水管道设施，不仅有陶直通管，而且还有陶弯头管、陶三通管和陶四通管。其中直通管一头粗一头细，呈现圆筒形，长度和粗细略有不同，一般长59～68厘米、粗头直径17～19厘米、细头直径12～14厘米、壁厚0.14～0.19厘米。管外表饰粗绳纹，内壁多为素面带轮转痕（应为轮制法成型）。铺设时，随输水方向，后节管细头插入前节管粗头内，套接深度一般为4～5厘米[17]。笔者认为这套设施很重要：从前只有陶排水设施，而战国晚期的阳城出现了陶供水设施，其作用类似于现代的“自来水”装置。

秦都咸阳第一号宫殿建筑遗址出土的建筑用陶有砖、瓦、地下水管道及其他排水设备[4]。此外，战国时期韩、赵、魏、楚、燕、齐等国的礼制性建筑都有瓦当，而且各有特色。因篇幅有限，本节着重叙述秦咸阳砖瓦和郑韩故城空心砖的制作工艺，其他遗址出土砖瓦的制作工艺就不一一介绍了。

一、砖的制作

秦都咸阳第一号宫殿建筑遗址出土的砖，质地坚硬，多呈青灰色，制法一般为“模压成型”[4]，即采用外模制法成型。遗憾的是发掘简报中没有说明模压成型的具体方法，也没有说明空心砖在模压成型过程中如何形成空心。

例如太阳纹铺地砖（图8－24，4），成型后，砖面用印模加印纹饰，图案是方格内有太阳纹（为阳纹），长44厘米、宽37.5厘米、厚4厘米。

空心砖大多数呈长方形，用于砌台阶（台阶又称踏步）。例如龙纹空心砖（图8－24，1），砖面饰龙纹，较完整，长100厘米、宽38厘米、高16.5厘米。又如凤纹空心砖（图8－24，2、3），残。从拓片上看，上述龙纹和凤纹当中的线条有弧线和斜线，都是用锥状工具刻划而成，线条流畅，大小圆圈则是用粗细不同的管状工具戳印而成，这些都是阴纹。从纹饰之间的打破关系上可以看到施纹程序是：先刻划龙纹和凤纹，后戳印圆圈纹。

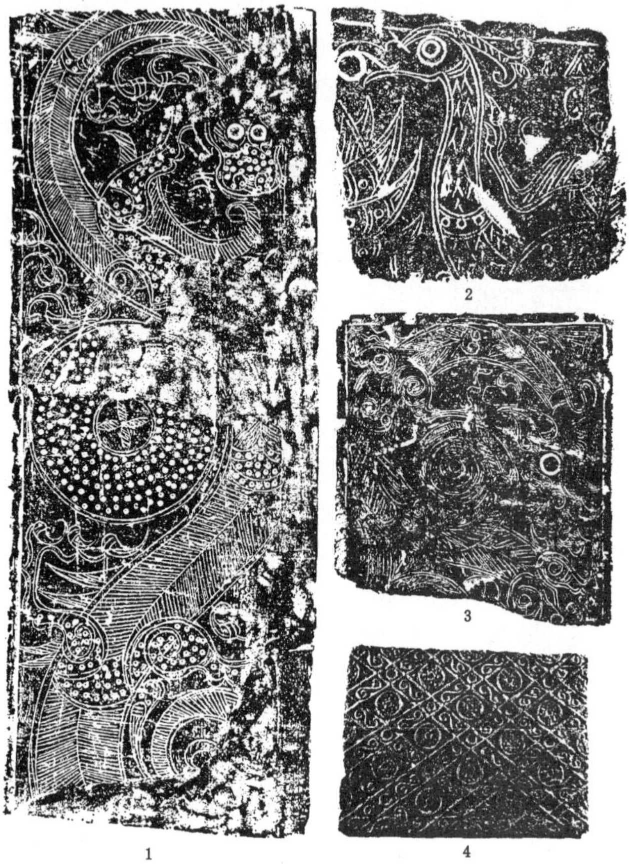

图8－24　秦都咸阳第一号宫殿建筑遗址出土的砖

1. 龙纹空心砖；2，3. 凤纹空心砖；4. 太阳纹铺地砖

位于河南新郑市的郑韩故城，原为郑国的都城，公元前375年韩国兼并郑国，迁都于郑，又成为韩国的都城，直至公元前230年秦灭韩。这个先后作为郑、韩两国都城的城邑，本名为郑，现通称为郑韩故城。考古工作者在郑韩故城的外廓城（东城）东墙外发现一处战国时期的制陶作坊遗址，遗址内有陶窑、制陶工具、陶器等[18]。后来又在郑韩故城的外廓城（东城）东北角发现一处战国晚期大型制陶作坊遗址，遗址内主要遗迹有窑址群、作坊建筑、淘洗池、捶泥池、囤泥池、排水管道等，这是战国晚期韩国的大型作坊遗址，属郑城司工衙门管辖[19]，也就是说这个制陶作坊的性质为官窑。2003年2月笔者应河南省文物考古研究所马俊才先生的邀请考察过该大型制陶作坊遗址。

现将郑韩故城出土战国晚期韩国的两块空心砖制作工艺介绍如下：

郑韩故城空心砖:01（图8－25），泥质灰陶，外表、内壁及胎心均为黑色，笔者用放大镜观察到其陶质细腻，不含杂质，表明所用的泥料经过淘洗，质地非常坚硬，但是没有烧流变形现象，笔者据此估计其烧成温度约1050℃。平放在地上测量，残长33.5厘米、宽35.3厘米、高12.6厘米、底板厚2.3厘米、前帮厚2.8厘米、后帮厚3厘米、左挡头厚2.5厘米、顶板厚2.3～2.5厘米。

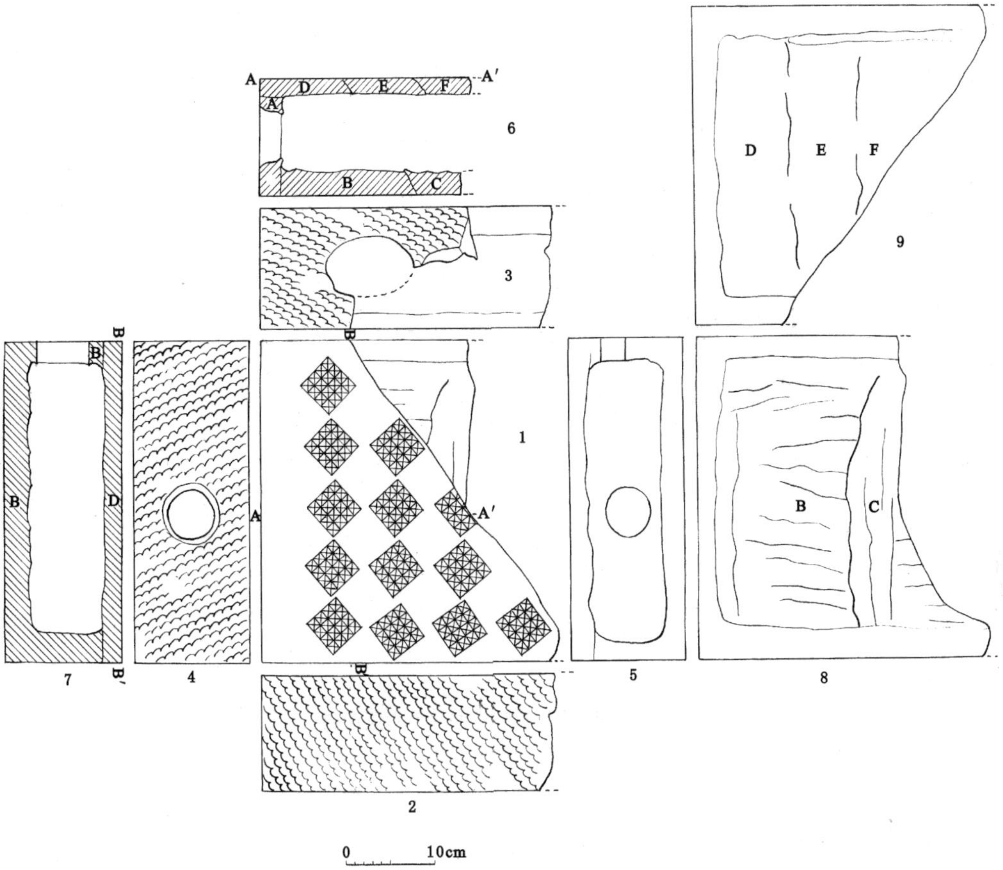

图 8－25　河南新郑市郑韩故城出土战国晚期的空心砖（:01）

1. 空心砖俯视图；2. 前帮侧视图；3. 后帮侧视图；4. 左挡头侧视图；5. 右残端侧视图；6. 纵剖面图；7. 横剖面图；8. 底板俯视图；9. 顶板仰视图

郑韩故城空心砖:02（图 8－26），残存底板、前帮、后帮，泥质灰陶，外表、内壁及胎心均为灰色，陶质细腻，不含杂质，质地坚硬，笔者据此估计其烧成温度约 1000℃。残长 41. 1 厘米、宽 35 厘米、残高 10 厘米、底板中部厚 2 ~2. 7 厘米、底板左端厚 3. 6 ~3. 8 厘米、前帮厚 2. 5 厘米。

空心砖是中国古代的一种大型建筑用陶，呈现长方形，内部空，故名“空心砖”，用于砌宫殿建筑物的台阶，或用它建造墓葬的椁室，以代替木质椁室。

前面讲过，陕西地区西周时期的空心砖均为手制法成型。然而秦国的空心砖开始采用模制法成型，这是制砖技术上的重要革新。后来其他地区（如郑州、洛阳地区）也采用模制法制造空心砖。空心砖在客观上符合“空心物体所能承受的压力与实心物体所承受的压力相等的原理”[20]，因此引起国内外学者的关注。数十年来，关于空心砖具体的模制方法问题是一个谜，中外学者只是笼统地说“模压成型”[4]，然而在模制过程中如何才能使砖坯内部形成空心？都没有说清楚。

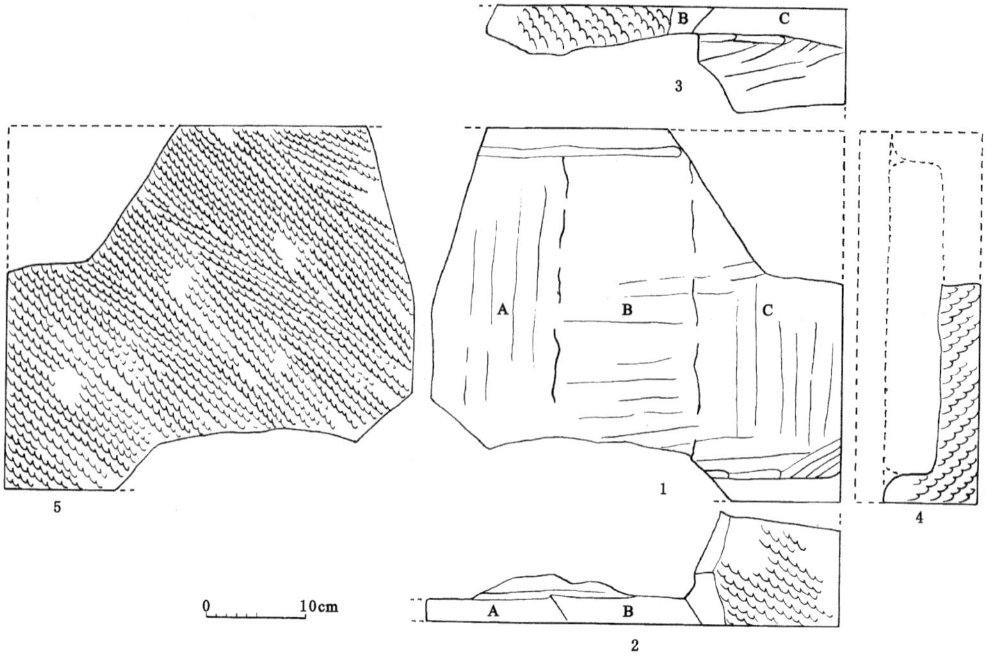

图 8－26　河南新郑市郑韩故城出土战国晚期的空心砖（:02）

1. 底板俯视图；2. 前帮侧视图；3. 后帮侧视图；4. 右端侧视图；5. 底板仰视图

空心砖的制作工艺流程包括原料制备、坯体成型、坯体修整、坯体装饰、切割孔洞五道工序。现在分别叙述如下：

1. 原料的制备工艺

笔者认为，空心砖的制作应当是在大型的制陶作坊中以流水作业的方式进行的，作坊内具有完善的原料制备工艺，包括淘洗、捶泥、陈腐，取得质地细腻、可塑性良好、含水量适宜的泥料，这是模制空心砖坯体成型工艺的先决条件。笔者推测，在泥料的含水量下降到约 18% ~17% 时，适宜用于模制空心砖的坯体。

2. 坯体的成型工艺

与坯体成型工艺有关的设备应当有木质或石质的工作台，便于制陶者站着操作。与成型工艺有关的工具应当有木质的井字形箱状外模、木质的双工字形托板、木质的拍子、木质的圆棍、弓形割泥器，还要有一盆水和补水时用的工具（毛刷或排笔），有一个小布袋，内装干燥的粉沙土面。

空心砖的形制非常规整，表明它是在木质的外模之内成型的，推测外模的构造如下：外模由底板（图 8－27，2A）、前帮（图 8－27，2B）、后帮（图 8－27，2C）、左挡头（图 8－27，2D）、右挡头（图 8－27，2E）五块木板构成，底板呈现长方形，两帮、两挡头都呈现长条形，两帮较长，两挡头较短。在底板每个角的内侧适当位置凿一个小洞，垂直插入一个小木柱，作为两帮与两挡头相交处的定位点。在两帮左右两端的内侧适当位置锯一条垂直的沟槽、槽口朝上。在两挡头前后两端的内侧适当位置也锯一条垂直的沟槽，槽口朝下。沟槽的宽度与木板的厚度相当。将两帮和两挡头置于底板上，沟槽处上下相扣，构成一个井子形箱状外模。由于底板上四个小木柱的阻挡，长方形不会变成菱形，因此形状稳定。这种箱状外模的优点是安装和拆卸都很方便。根据宫殿建筑台阶和墓葬椁室的需要，可以制作成数套不同长度、不同宽度和不同高度的箱状外模，以便制作出一批批不同规格的空心砖。

郑韩故城空心砖:01（图 8－25），其顶板的内壁比较平整，没有手抹痕迹（图 8－25，9），表明在成型过程中，顶板的内壁曾经有托板支撑。托板应当具有适当的高度，可以放置在空心砖的空腔之内，还便于在空腔内拆卸、移动和从空腔内撤出，因此，推测托板呈现双工字形（图 8－27，3），由上、下两块长方形木板（顶板和底板）、中间两块方木（支柱）构成，从侧面看，好像两个“工”字拼接在一起，托板的长度略小于砖坯内空腔的宽度，高度相当于砖坯内空腔的高度。这种双工字形托板实际上是一个既便于安装、又可以拆卸和移动的内模。这种特制和专用的内模是战国时代新出现的，在质料、形状和结构上都完全不同于以往（铜石并用时代早期至商代）的陶质内模，是为了模制空心砖应运而生的。

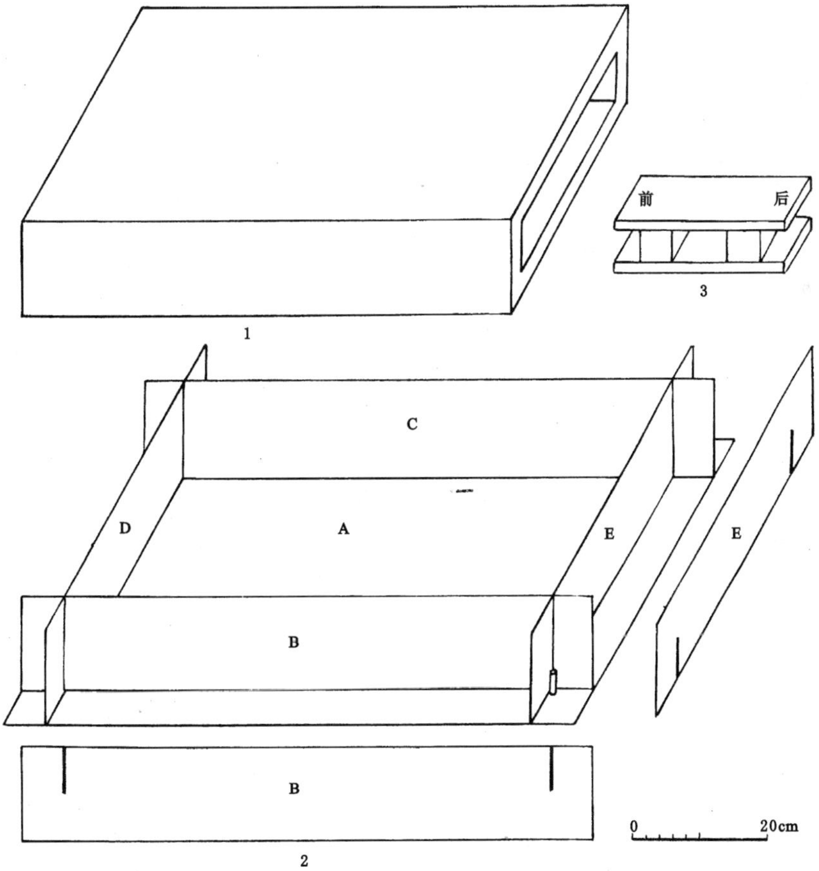

图 8－27　空心砖和外模及托板复原示意图

1. 刚成型的空心砖坯体；2. 井字形箱状外模；3. 双工字形托板

形状相对固定的井字形箱状外模和可以拆卸和移动的双工字形托板（即内模），这就是模制空心砖工艺当中最重要的两种工具，二者配套使用。如果说模制空心砖是战国时期在制砖技术上的重要革新，那么首先要归功于模制工具上的革新，尤其是双工字形内模的使用解决了砖坯内部形成空心这个关键问题。由于这两种木质工具都早已腐朽，现在难以发现，希望考古工作者今后再次发掘制陶作坊时注意去寻找和发现这些工具所遗留的痕迹。

空心砖坯体的成型工艺有两个步骤：

（1）模制左挡头、前帮、底板、后帮

这时采用常规的外模制法，这种方法是从以往的外模制法沿袭下来的。

模制前的准备工作有：用小布袋在井字形箱状外模的内壁扑撒一层干燥的缺乏黏性的粉沙土面，作为隔离层，防止泥板与外模粘连。利用具有弹性的荆条或竹片制成弓形割泥器，弓背两端之间系着一根绳弦，作为割丝，用于切割泥板。

下面具体分析郑韩故城空心砖:01（图8－25）的制作工艺流程。

先用弓形割泥器从大泥坨上切割一块长方形泥板，用木棍将泥板卷起来移到外模左挡头（图8－27，2D）的内侧，将泥板展开贴附在左挡头的内壁，用手将泥板压实，这块泥板形成砖坯的左挡头（图25，6A），其上端与外模左挡头上端平齐。

然后切割一块长方形泥板，贴附在外模前帮（图8－27，2B）、底板（图8－27，2A）和后帮（图8－27，2C）的内壁，这块泥板（图8－25，6B、8B）的左端与砖坯的左挡头（图8－25，6A）相接，前端与外模前帮的上端平齐，后端与外模后帮的上端平齐，先用手指在左挡头与底板交接处进行横向压抹，以便二者接合牢固，此处留有1道横向的手指抹痕，后用手指在底板上进行纵向压抹，以便泥板与外模的底板贴紧，泥板上面留有13道纵向的手指抹痕（图8－25，8B）。

再切割一块长方形泥板，贴附在外模前帮、底板和后帮的内壁，这块泥板（图8－25，6C，8C）的左端叠压在前一块泥板（图8－25，6B，8B）的右端之上。俯视泥板C与泥板B之间有1道明显的接缝（图上用粗线表示），泥板C上面留有3道横向的手指抹痕，4道纵向的手指抹痕。

依此类推，从左至右将泥板逐块拼接在一起，直到右端，但是右边半块已经残缺。

下面具体分析郑韩故城空心砖:02（图8－26）的制作工艺流程。

成型方法与郑韩故城空心砖:01完全相同，从左至右将泥板逐块拼接在一起，但是左边半块砖已经残缺。现存的泥板A被泥板B叠压，泥板B又被泥板C叠压（图8－26，1—3），泥板之间有明显而断续的接缝（俯视图上用粗线表示）。三块泥板上面都有手指抹痕：泥板A上面有4道横向的手指抹痕；泥板B上面有7道纵向的手指抹痕；泥板C上面有4道纵向的手指抹痕，5道横向的手指抹痕；拐角处还有斜向的手指抹痕，这是从前帮往下抹延续到底板的。值得注意的是：泥板A和泥板B的底板与后帮交界处有1道纵向的圆棍刮抹痕，呈现凹槽状，其横断面呈现半圆形；泥板C的底板与前帮交界处也有1道纵向的圆棍刮抹痕，分为两段，两段之间有接茬，这是刮抹两下所致，其凹槽的断面也呈半圆形，圆棍刮抹痕打破了斜向的手指抹痕，这表明先用手抹，后用圆棍刮抹。制陶者在底板与帮的交界处（即拐角处）用圆棍刮抹，其目的是借助圆棍的作用，可以用较大的力量将拐角处压得更瓷实，提高其致密度，使砖坯在干燥收缩和烧成收缩的过程中不易从拐角处开裂。

上述两块空心砖都是前帮、底板、后帮三者连为一体的，从侧视图（图8－25，5；图8－26，4）上看，三者都连成矮而宽的“U”字形。尤其是从郑韩故城:01号空心砖右边残端（图8－25，5）看得最清楚：前帮、底板、后帮之间没有相接的痕迹，更没有缝隙；然而前帮与顶板之间却有1条接缝，并且已经顺着接缝开裂到头，后帮与顶板之间也有1条接缝，并且已经开裂了一段。这一事实表明：前帮、底板、后帮三者是同时成型的；顶板则是后加的。如同现在先做箱子后加箱盖。

（2）模制顶板

这时采用特殊的内模制法，特殊之处在于：利用便于拆卸、移动和安装的双工字形托板作为内模，这是一种前所未见的特殊形式的内模制法。

下面具体分析郑韩故城空心砖:01（图8－25）的工艺流程。

将双工字形托板（即内模）置于砖坯的空腔之内，托板前端靠近砖坯前帮、左侧靠近砖坯左挡头、后端靠近砖坯后帮，但是都未相依，留有适当空隙。在模制顶板之前必须做两件事情：一是每加上一块泥板之前，都要用小布袋在双工字形托板的顶面扑撒一层干燥的粉沙土面，作为泥板与托板之间的隔离层，防止它们粘连；二是每加上一块泥板之前都要用排笔（或毛刷）在已经成型的部分胎壁上端有关部位刷水（即补水），使已经形成的硬皮软化，以便增强黏结力，使相依的各泥板之间黏结牢固。这两件事情所起的作用（前者是隔离、后者是黏结）恰好相反。

首先，用弓形割泥器从大泥坨上切割一块长方形泥板（图8－25，6D，7D，9D），置于双工字形托板之上，并且左侧叠压在左挡头（图25，6A）之上，前后两端分别叠压在前后两帮（图8－25，7B）之上，用素面木拍子拍打泥板，使泥板变得瓷实、表面平整，并且与左挡头、前后两帮之间接合牢固。

其次，撤掉双工字形托板的两个方木支柱，由于粉沙土面的隔离作用，内模的顶板会自然地从泥板上脱落；再撤掉内模的顶板和底板，向右移动到适当位置，又安装成双工字形托板。由此可见，双工字形托板实际上就是一种便于拆卸、移动和安装的特殊形式的内模。再切割一块长方形泥板（图8－25，6E，9E），置于双工字形托板之上，其左侧叠压在泥板D之上，前后两端分别叠压在前后两帮之上，经过拍打，使泥板变得瓷实、表面平整，并且使叠压之处接合牢固。

再次，泥板F（图8－25，6F，9F）又叠压在泥板E之上。

仰视顶板内壁（图8－25，9），只有2道横向、断续的泥板之间的接缝，却没有手抹的痕迹，这是制陶者无法将手伸到空腔内部深处去抹的缘故。值得注意的是：在顶板与前帮交界处（即拐角处）有1道纵向的圆木棍刮抹痕，其凹槽的横断面呈现半圆形，它是双工字形托板从泥板F下面撤出之后，制陶者用较长的圆木棍代替手伸到空腔内部刮抹而成的，刮抹的目的是：借助圆棍的作用，用力将拐角处压瓷实，使顶板与前帮之间接合牢固，防止在干燥收缩和烧成收缩过程中从接缝处开裂。

依此类推，从左至右将泥板逐块拼接在一起，直到右端，形成空心砖的顶板。

这里还要指出的是：顶板上的最后一块泥板加上之后，只有先将外模上的右挡头（图8－27，2E）撤掉，才能将双工字形托板从空腔内取出来，因此，刚刚模制成型的空心砖坯体，其右端本来是没有挡头的，空腔暴露在外（图8－27，1）。在出土的空心砖当中，有一部分右端确实没有挡头，如郑韩故城空心砖:02（图8－26，4）右端就没有挡头。但是有一部分空心砖右端却有挡头，其制法是：顶板已经模制完毕，先撤掉外模的右挡头（图8－27，2E），再将双工字形托板从砖坯的空腔内取出来（取出的方法前面已经讲过），然后及时在砖坯右端补水软化后，切割一块长方形泥板贴附在砖坯右端，用木拍子拍打，使泥板与右端接合牢固。等待砖坯略经干燥收缩，砖坯与外模之间出现缝隙时，先拔出插在外模底板上的四个小木柱，再撤掉外模的前帮、后帮、左挡头（图8－27，2B，2C，2D）三块木板。

在砖坯干燥到适当程度时，将其翻转一面使底板朝上，以便加快底板的干燥速度，使砖坯各面基本上达到同步干燥收缩，防止各面由于收缩不匀产生破坏应力而开裂。等到砖坯变得较硬、不会再变形时，才可以撤掉外模的底板（图8－27，2A）。

笔者将制陶技术的知识、模拟实验的经验与出土实物上遗留的痕迹三者自然地融合在一起，首次提出空心砖坯体成型工艺两个步骤的假设，这是认识上的飞跃，这种假设是以空心砖上遗留的痕迹为依据的，是合情合理的。笔者认为，创新往往是从提出假设开始的，后来才被实践所证实。当然，上述假设是否有重要价值还需要通过模拟实验去验证，一旦得到证实，就可以得出一个重要结论：模制的空心砖是常规的外模制法与特殊的内模制法巧妙结合的产物，它代表了战国秦代制砖技术的最高水平。

3．坯体的修整工艺

修整空心砖坯体所用的工具有木质的素面拍子、绕粗绳的圆棍。

修整的方法有拍打、滚压两种：

（1）拍打。这是一项不可缺少的修整工序。全身外表都用素面拍子进行拍打，例如郑韩故城空心砖:02（图8－26）的右端突然变厚，这是拍打胎壁，致使右端往里收缩的结果。拍打有三个作用：一是使各块泥板之间接合牢固，防止从接缝处开裂；二是整形，使砖坯形制规整，拐角处的棱角鲜明，并且使表面更加平整；三是有效地提高胎壁的致密度，这是主要作用。经过拍打，明显地提高了砖坯的质量。

（2）滚压。这是在拍打之后用绕绳圆棍进行的工序。例如郑韩故城空心砖:01的前帮（图8－25，2）、后帮（图8－25，3）、左挡头（图8－25，4）都留有粗斜绳纹，经笔者测量，绳粗0.3厘米，绳股印痕向右斜，由此可知绕绳圆棍上的绳股向左斜。又如郑韩故城空心砖:02的前帮（图8－26，2）、后帮（图8－26，3）、右端（图8－26，4）、底板（图8－26，5）都留有粗斜绳纹，经笔者测量，绳粗

0.3 厘米，绳股印痕向左斜，由此可知绕绳圆棍上的绳股向右斜。两块空心砖上绳股印痕的倾斜方向不同，这是所用绕绳圆棍上的绳子捻向不同所致。这两块空心砖所用的修整工具（绕绳圆棍）不同，表明它们不是同一个制陶者制作的。然而，两块空心砖上的绳纹有一个共同点：绳股印痕都很浅，甚至有些地方模糊不清，但不是使用磨损所致，这反映出滚压绳纹时坯体的含水量都很低，约 15% ~14% 。

4. 坯体的装饰工艺

如前所述，用绕绳圆棍对坯体进行滚压修整时，遗留的斜向粗绳纹兼有装饰作用。除绕绳圆棍外，与装饰工艺有关的施纹工具还有木质的米格纹印模。

郑韩故城空心砖:01 的顶板外表经过素面拍子拍打之后，模印米格纹（也称米字纹），它纯属装饰范畴，其纵向、横向都排列有序，从纵向看有 5 行，从横向看，现存 4 行，每行 5 个，共存有 13 个，每个边框呈现正方形，内部为米格纹（图 8 –25，1）。其边框的延长线不是平行线，这表明模印之前在顶板上面没有画格子来确定每个模印米格纹的具体位置，而是凭借制陶者的目测和经验来大致定位的。

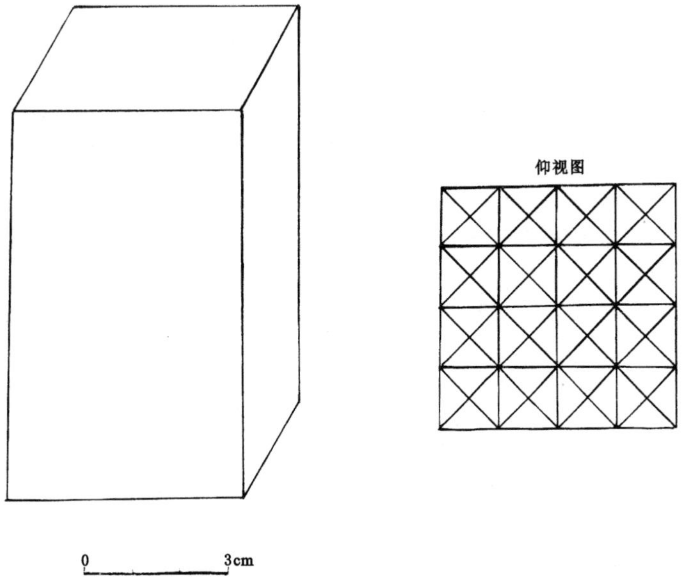

图 8 –28 米格纹印模复原示意图

1. 正视图；2. 仰视图

模印纹的线条呈现凸起状（为阳纹），边框长 4.9 厘米。目前未发现陶质的米格纹印模，因此推测它是木质的，正视为立方体（图 8－28，1），仰视印模面呈现正方形，阴刻米格纹（图 8－28，2）。推测米格纹是这样刻成的：用锋利的铁质或铜质刻刀在印模面上先后刻划 5 条纵向平行线和 5 条横向平行线，形成 16 个正方格形小格子。然后在小方格的对角线位置先后刻划 7 条向左斜的平行线和 7 条向右斜的平行线。结果在印模面上呈现出米格纹（阴纹）。空心砖顶板上的米格纹图案清晰而美观，顶板上的泥料与印模之间没有粘连现象，这表明模印米格纹时胎壁已经较硬，笔者据此推测模印时砖坯的含水量很低，约 15%～14%，也就是说，与滚印绳纹的时机相同。

上述滚印粗而浅的绳纹、模印米格纹是战国晚期空心砖纹饰的特点之一。

5. 切割孔洞

在空心砖坯体上切割孔洞所用的工具应是铁刀或铜刀，切割的方法如下：

郑韩故城空心砖:01 的左挡头中央有 1 个圆形孔洞，外径 6 厘米、内径 5 厘米（图 8－25，4、5），成年人的手伸不进去，它是用弧刃刀具切割而成的，因而从剖面上看，孔洞呈现喇叭形，洞壁呈现为 S 形曲线（图 8－25，6A）。从内壁看，圆洞周边有泥凸，这是由于砖坯内部空气不流通，内壁干燥速度较慢，泥料较软，从外向内用力切割时内壁就会产生一周泥凸。后帮存有 1 个椭圆形孔洞，长径 9.5 厘米、短径 6.5 厘米（图 8－25，3），成年人的手可以伸进去，它是用直刃刀具切割而成的，因而从剖面上看，孔洞呈现直筒形，洞壁呈现为直线（图 8－25，7B）。从内壁看，椭圆形孔洞周边也有泥凸。如果将这块残空心砖复原成完整的空心砖，那么后帮至少有 3 个椭圆形孔洞。如果右端有挡头，那么右挡头中央也肯定有 1 个孔洞。例如陈列在中国国家博物馆的一块秦代空心砖，左右两端都有挡头，而且两个挡头中央都有 1 个圆形孔洞。

孔洞对于空心砖来说是不可缺少的。陕西地区西周早期手制的空心砖就已经有孔洞，例如陕西岐山县赵家台村出土的空心砖呈现长方形，一端开口，另一端封口，内为空心，靠近封口一端的宽面上有 2 个相互对称的长方形方孔，方孔距封口端 13 厘米[15]。战国秦代模制的空心砖更是如此，都有孔洞。这些孔洞有两个重要作用：一是在砖坯干燥过程中，通过孔洞，砖坯空腔内的空气与外界的空气形成对流，提高砖坯内壁的干燥速度，使内壁、胎心与外表基本上达到同步干燥收缩，避免因内外收缩不匀而产生破坏应力导致砖坯变形和开裂；二是在砖坯烧制过程中，由于孔洞形成火路，火焰可以进入空腔之内，使砖坯从内壁到外表都烧制透彻，还可以防止内外烧成收缩不匀产生破坏应力导致胎壁开裂。

此外，左右两端的孔洞还有一个作用：使用空心砖时，可以将木棍插入孔洞内，便于两个人抬起空心砖，运往目的地。

二、瓦的制作

前面讲过，早在西周时期就已经出现板瓦、筒瓦和半瓦当。板瓦的圆径较大，是将一个较大的圆筒用刀具纵向切割成 4 份，即一分为四成为板瓦；筒瓦的圆径较小，是将一个较小的圆筒用刀具纵向切割成 2 份，即一分为二成为筒瓦；瓦当则是附加在建筑物檐头筒瓦前端的片状瓦头，作为檐头的遮挡物，主要对檐头起保护作用，防止檐头被日晒雨淋，兼有装饰作用。通常板瓦是仰放在屋顶上使用的，筒瓦是扣放在左右两行板瓦之间使用的，起压缝作用。

秦都咸阳第一号宫殿建筑遗址出土的瓦有板瓦、筒瓦和圆瓦当。一般烧成温度较高，质地坚硬，呈现青灰色。其中筒瓦外表饰细直绳纹，内壁有明显的泥条盘筑痕迹，表明采用手制法成型；圆瓦当绝大多数饰有云纹、植物纹、动物纹，是采用外模制法成型的，各种纹饰都是从外模上翻印下来的。由此可见，用于檐头部位的筒瓦及其附件——瓦当，是手制法成型与外模制成型相结合的产物。

现将模制瓦当的工艺流程叙述如下：

（1）制作瓦当祖范（祖范是用于制作外模的模具）。例如在秦始皇陵西侧赵背户村秦刑徒墓出土1件罐形卷云纹瓦当祖范79G67（图8－29，1—3），敞口直沿，广肩鼓腹，口径11厘米、高19厘米、底径15.5厘米。直沿两侧有对称的两对穿系透孔。祖范的花纹在罐的外底，当的面径（即罐的底径）15.5厘米、边轮1.1厘米，内有弦纹，当心径5厘米，当面花纹是从当心周边向内弦间伸出4组双直线，将当面分成4个相等的扇面，诸面内各布卷云纹1朵，当心饰方格纹。祖范当面花纹微微凸起[21]（即阳纹图案）。这件陶罐本身采用轮制法成型，在陶罐的外底雕刻成阳纹图案，烧制以后既可以作为容器使用，口沿两侧穿孔就是为了便于系绳提罐，又可以作为瓦当的祖范使用。一器两用，这是一个创举。祖范出土于刑徒墓内，墓主人生前应是从事制陶的刑徒。

另外，在山东莒县征集到一件汉代陶罐[22]，外底也雕刻成阳纹图案，其卷云纹与秦始皇陵西侧赵背户村刑徒墓出土陶罐外底的卷云纹相似，唯独当心纹饰不同：莒县征集的当心用一凸弦纹与两凸弦纹交叉，再饰对称的四乳钉；赵背户村刑徒墓出土的当心饰方格纹。莒县的陶罐亦可作为瓦当祖范，也是一器两用的器物。

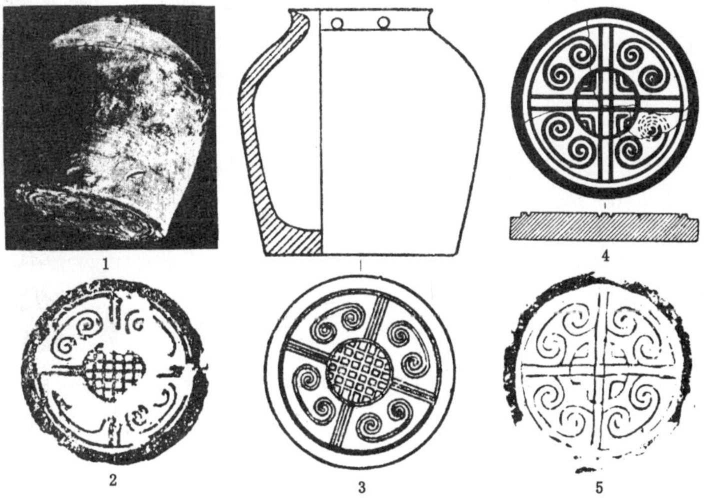

图8－29 秦瓦当的祖范、范模及拓片

1－3. 罐形卷云纹瓦当祖范（79G67）照片、拓片及线图；4. 瓦当范模（T2B:57）线图；5. 瓦当拓片（1—3为秦始皇陵西侧赵背户村秦刑徒墓出土，4，5为秦芷阳制陶作坊遗址出土）

（2）利用祖范在圆形泥饼上压印成瓦当范模（范模是用于制作瓦当坯体的陶质外模）。例如秦芷阳制陶作坊遗址出土1件瓦当范模T2B:57（图8－29，4），直径15.8厘米、厚2.2厘米。正面为阴纹的卷云纹图案，背面阴刻不太规整的方格纹[7]。范模正面的阴纹图案是从祖范的阳纹图案上翻印下来的，如果翻印的图案不清晰或者阴纹的深度不够，需要进行雕修。这样由一件祖范可以压印成许多件范模坯体，烧制以后就可以作为范模（陶质外模），用于制作瓦当坯体。多件范模可以同时使用，进行批量生产。

（3）利用范模制作瓦当坯体。例如秦芷阳制陶作坊遗址出土的瓦当（图8－29，5），面径16厘米、边轮1厘米、当心5厘米。卷云纹呈现勾连状，当心为双分格线组成的“井”字形图案[7]。这件瓦当与上述范模的图案完全相同，唯一的差别是：范模的图案为阴纹（图8－29，4的剖面图上显示出阴纹），瓦当的图案变成阳纹。显然这件瓦当的阳纹图案是从上述范模的阴纹图案上翻印下来的。翻印的方法是：将范模扣在圆形泥饼上压实，再切除周边多余的泥料即可。然后将筒瓦坯体与瓦当坯体粘接在一起，就成为檐头筒瓦的坯体。

如上所述，先利用祖范制成范模，再利用范模制成瓦当坯体；先由祖范的阳纹图案翻印成范模的阴纹图案，再由范模的阴纹图案翻印成瓦当坯体的阳纹图案，一环扣一环。

此期各国的礼制性建筑都有瓦当，而且各有特色。正如《中国古代瓦当研究》所说的：“战国时期的瓦当在全国大部分地区多有出土，瓦当纹饰丰富多彩。秦、齐、燕三国的作品，集中代表了战国瓦当的突出成就。‘真正作为图像、图案纹饰的圆瓦当还是以秦的圆瓦当时代最早，种类最多。’秦瓦当在圆形当面上饰以写实的动物纹等纹饰，生动传神，栩栩如生。秦旋曲纹瓦当也具有秦瓦当明显的个性特点。齐国瓦当以树木纹最具特色，采取中轴对称的构图形式，当面中部饰树木纹，两侧加饰以兽、禽鸟、人、曲线等各种纹饰，图案规整，具有鲜明的地域特色，影响到河北、陕西等地区。燕瓦当均为半瓦当，纹饰以形式多样的兽面纹和山形纹为主，独树一帜。”[23]该书主要是从纹饰角度对瓦当进行研究。

第五节 陶　　窑

战国秦代南方的平焰窑有较大发展，可以将印纹硬陶与原始青瓷置于平焰窑内合烧；北方的半倒焰窑也有较大发展，既可以用它烧制砖瓦，也可以用它烧制陶俑、陶马，但是，目前尚未发现烧制秦始皇陵兵马俑的陶窑。

1. 平焰窑

浙江绍兴富盛长竹园发现1座战国时代的龙窑（图8－30），即平焰窑，东西向，方向北偏西86°，长约6米、宽2.42米，窑墙厚0.12～0.15米、残高0.2米。墙从底起就逐渐向内弧收，说明从底起拱。窑室较矮，拱顶厚0.15米。窑底厚0.12米，呈现斜坡状，倾斜16°。底上铺一层砂粒，厚0.08～0.10米，已烧结成灰黑色硬块。窑尾结构已经破坏，从残迹推测，这里可能有一挡火墙。墙下有几个烟火柱和烟火弄（小巷），挡火墙与东墙之间的长方形是出烟孔。窑内堆积中，发现几何形印纹硬陶、原始青瓷的碎片和扁圆形托珠等，说明印纹硬陶与原始青瓷同窑合烧[24]。这座龙窑的独特之处是：在窑尾可能设有挡火墙，有利于窑内温度的提高。与商代的平焰窑（图6－29，3、4）相比，在结构上有明显改进。

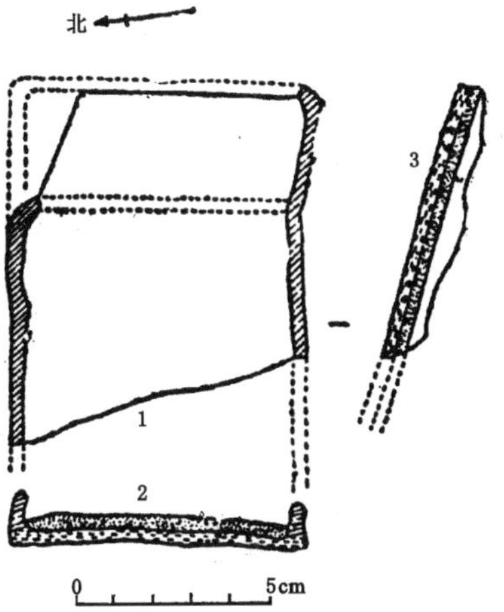

图8－30　浙江绍兴富盛战国龙窑平、剖面图

1. 平面；2. 横断面；3. 南壁侧视

2. 半倒焰窑

秦代的半倒焰窑都是同穴式窑，也就是说窑室与火膛处于同一坑穴之内；而且均为半地穴式窑，地面以上部分用土坯、砖坯或砖砌筑而成，地面以上这种结构是前所未见的；平面的形制多样化，有的呈现马蹄形，有的略呈三角形，有的略呈长方形，形制多样化表明制陶工匠正在探索和试验，究竟利用哪一种形制的陶窑烧制陶器可以达到最佳的效果。各种形制半倒焰窑的共同点是：烟囱都设在窑室后部，而且都有垂直竖烟道，有利于窑内温度的提高和火力分布均匀。

现将半倒焰窑的具体情况介绍如下：

秦都咸阳故城遗址滩毛村发现陶窑3座，编号为Y2～Y4。其中Y4（图8－31，1），建在一个土台上，口朝南，方向188°，平面呈现马蹄形。顶已经坍塌，根据残迹可知原来用土坯砌成。壁残高10～40厘米，东西二壁外弧（即向外鼓出），北壁平直。壁面已经烧烤成青灰色硬面，厚10～15厘米，外为红烧土，厚18～20厘米。由火膛、窑床、烟囱和窑门四部分组成。火膛呈现不规则三角形，长约1.35米、最宽处1.6米、低于窑床0.63米。东西壁用大小不等的砖砌成。火口两边砌砖，各长30厘米，八字分开，分别与火膛、窑床及东西窑壁相接。火膛前有一个略呈半圆形的坑，可能是盛灰用的。窑床前高后低，坡度7度，床面平整，已经烧烤成青灰色，质地坚硬，长2.3米、前宽1.7米、中宽2.2米、后宽2米，中部厚10厘米、两侧近窑壁处厚5厘米。硬面下是厚18～25厘米的红烧土。烟囱在窑室后壁正中，平面呈方形，上部已被破坏，向外挖深0.45米、宽0.46米。窑门已毁[25]。

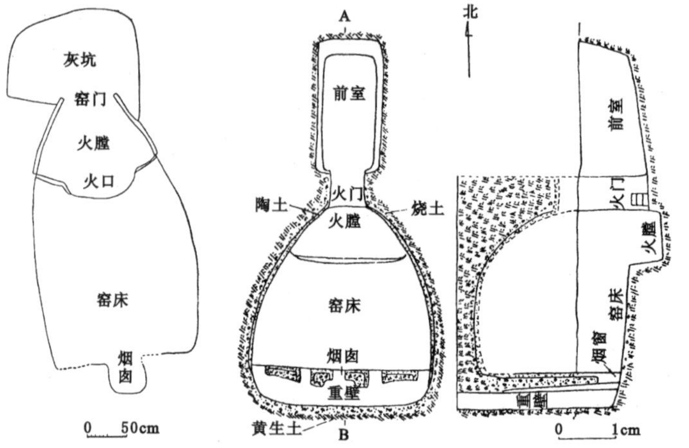

图 8－31　秦代窑址平、剖面图

1. 秦都咸阳故城遗址滩毛村 Y4 平面图；2. 秦始皇陵园周围 80 上焦村 Y5 平、剖面图

秦始皇陵园周围的上焦村、赵背户村、西黄村也有一些秦代陶窑，举例如下：

80 上焦村 Y5（图 8－31，2），坐南朝北，前室南北长 2.2 米、宽 1 米，底略呈斜坡状。在后室，火门长宽各 0.6 米、高约 2 米。近火膛口边，尚有封堵火门的砖坯三层。火膛、窑床包括烟囱，平面略呈三角形，火膛长 0.9 米、宽 0.6～2 米，较窑床低 0.6 米。窑床长 1.82 米、宽 2～3.1 米。烟囱设在窑室后壁与窑床相接处，有 5 个底口（排列成一条直线），均呈现斜坡状。这 5 个烟囱底口在窑室后壁之后又会合成一个通道，纵深 0.3～0.45 米，宽与窑室相近，在通道的顶部（用砖坯）砌成单孔烟囱[26]。

73 赵背户村 Y14（图 8－32，1），前室已被破坏，后室平面基本上呈现等腰三角形，火门宽 0.75 米、深 0.36 米、高约 1.1 米，门两边下部有砖坯砌成的两个方土墩。火膛宽

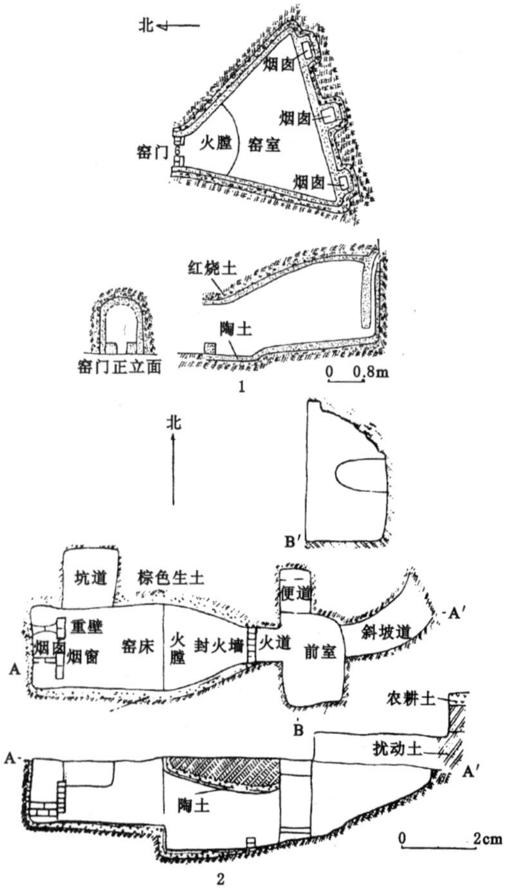

图 8－32　秦始皇陵园周围窑址平、剖面图

1. 73 赵背户村 Y14；2. 80 西黄村 Y2

0.68～1.6米，较窑床低0.2米，接窑床处呈弧形。窑床前低后高，略呈斜坡状，宽1.6～3.92米，平均长约2米。在窑室南壁挖凿成烟囱3个，每个宽度和深度均为0.32～0.44米，在高度1.8米之下呈现直筒状，顶部呈现斜上[26]。

80西黄村Y2（图8－32，2），坐西向东，前室东西长1.65米、宽2.4米，窑底呈现斜坡状，东北隅有一条自地表通向室底的斜坡道。前室北壁西端也有一段很陡的便道。在后室，火门与火膛的顶部保存完好，门高1.45米、宽0.8米、进深0.65米。火膛底平面呈梯形，长2.2米、宽0.9～2.2米、高1.45～2米，膛底较窑床面低0.65米。窑床平面略呈长方形，东西长2.6米、宽2米，窑壁残高1.7米。在南北两壁底层贴窑床面处各有宽2厘米、高5厘米的火道。烟囱是在窑床西部挖成的，以砖坯筑成窑室后壁，残高1米，在壁底与窑床相接处砌成3个烟囱底口。另外，在窑室后部北壁开辟一坑道，此坑道应是装窑的便道[26]。

上述4座窑当中以80西黄村Y2的结构较复杂，其前室有斜坡道和便道，后室有坑道，装窑和出窑都比较方便。

第六节 陶器的烧制工艺和烧后装饰工艺

陶器的烧制工艺包括温度控制、气氛控制、渗碳操作三个方面。烧后装饰工艺表现在普通明器和兵马俑当中的彩绘陶上。

1. 温度控制

经测定，战国铺地砖的烧成温度为860℃（表8－1，原序号20）；秦始皇陵陶俑、陶马的烧成温度为810～970℃（表8－1，原序号22～26）；秦砖瓦的烧成温度为1000℃（表8－1，原序号28）。从总体上看，战国秦代陶器的烧成温度一般在800～1000℃之间。

具体情况是：秦始皇陵陶俑、陶马的胎较厚，数量又多，烧制的质量不一。有的质地坚硬，击之有清脆的铿锵声音，烧成温度较高；有的质地较软，易于破碎，烧成温度较低。秦始皇陵兵马俑坑一号坑出土的条砖，秦都咸阳第一号宫殿建筑遗址出土的砖和瓦，一般烧成温度较高，质地坚硬。

值得注意的是：在秦始皇陵园周围下和村的陶窑遗址内出土陶质火眼1件，编号为82下和村Y1:73（图8－1，3），它是窑工用于观察火候的工具，呈圆形，直径8厘米、厚3.1厘米，正中有一个直径1.5厘米的观火透孔[26]。简报中没有具体说明这件“火眼”如何使用，然而“观火透孔”的含义是：烧窑者的视线可以透过“火眼”中央的孔洞，观察窑室内的火候（所谓火候实际上包括烧成温度、烧成气氛、器物烧制的程度），也就是说，秦代的“火眼”是观察火候与防护眼睛并用的器具。唐代以后的“火眼”又称“火照”、“火标”，其使用方法与秦代不同并且比较先进，主要表现在：将数个“火标”放入窑室内，与其他器物一起烧制，在烧制过程中（当中或后期）用钩子穿过“火标”中央的孔洞，将“火标”钩出来观察，直接了解器物烧制的情况，以便为下一步的操作提供依据。

2. 气氛控制

秦始皇陵兵马俑绝大部分（约占总数的90%以上）还原烧成较充分，通体呈现青灰色，表里色泽一致；一部分还原烧成不充分，表层青灰色，内部赭色。秦都咸阳第一号宫殿建筑遗址的砖瓦均为还原烧成，而且还原较充分，多系青灰色。

3. 渗碳操作

云梦县睡虎地一部分施陶衣的器物，还原烧成之后又在窑内经过短暂渗碳，成为灰胎黑衣陶，例如茧形壶 M9:18（图 8－3，1），从《云梦睡虎地秦墓》发表的照片上可以看到，这件壶局部的黑陶衣已经脱落，露出灰胎。

4. 烧后装饰工艺

烧后装饰工艺系指普通明器当中的彩绘陶和秦始皇陵兵马俑而言。

普通明器当中的彩绘陶，例如睡虎地的彩绘壶 M7:16（图 8－3，2），在黑陶衣地上用红色、白色绘三角纹、点纹、圆圈纹等图案。

秦始皇陵兵马俑的彩绘工艺比较复杂，包括以下两个方面：

（1）彩绘的颜料。

秦始皇陵兵马俑坑一号坑陶俑、陶马身上，彩绘的颜色有朱红、枣红、粉红、粉绿、粉紫、粉蓝、中黄、橘黄、白、黑、赭等，其中以朱红、粉红、粉绿、粉蓝、赭色最多。经化验，矿物颜料有白铅矿、红丹（即四氧化三铅，又名铅丹）、氧化铁红、高岭土等。其中红色来自红丹与氧化铁[27]。除矿物颜料外，黑色颜料是墨，属于有机颜料。二号坑陶俑服装上，彩绘的颜色以朱红、粉绿、赭三色为主。

（2）施彩的方法。

在一号坑陶俑、陶马身上，先涂一层胶质作底。胶质本身为乳白色透明体，有的掺和黑色，有的未掺和颜色，然后在底色上涂彩。陶俑的面、足和手上的颜色较厚，一般都有两层或三层色。陶俑的上下衣是平涂一层红色或粉绿、粉蓝等颜色；眼睛先涂一层白色，再用墨绘出眼珠；眉毛、胡须，大多数同面部的颜色一样，少数用黑线描绘；头发、发髻和发辫大都涂一层赭黑色或灰蓝色。陶马身上的颜色为枣红色，黑鬃，黑尾，白蹄甲，粉红色的舌，白色牙齿。总之，陶俑和陶马的施彩方法都比较简单，均为平涂[27]。

第七节　制陶技术与社会的关系

战国秦代的制陶技术与社会的关系表现在以下两个方面：

1. 秦始皇陵兵马俑产生的社会条件

（1）国家的统一，有利于社会生产力的发展，也促进了全国物力、财力的集中，此时秦始皇集中力量进行大规模的陵园建设，并且实行空前的厚葬制度，随葬兵马俑是实行厚葬制度的突出表现。由此可见，国力增强是产生兵马俑最重要的社会条件。

（2）春秋战国之际，随着社会制度由奴隶制向封建制的变革以及丧葬制度的变革，以陶俑和木俑代替活人殉葬的社会风气日益盛行，至秦代，陶俑已经发展为一种独立的艺术形式。由此可见，秦兵马俑是社会制度和丧葬制度变革的共同产物。

（3）统治阶级、制陶手工业管理者以及制陶工匠，都将陶俑、陶马看作真人、真马，要求塑造的兵马俑形象逼真，一丝不苟，以兵马俑雄威军阵的形式来颂扬秦始皇武力统一中国的业绩。由此可见，兵马俑是当时社会思潮的产物。

2. 制陶作坊的性质及管理制度

陶文是制陶工匠在烧制以前的坯体上戳印的文字，或者在烧制以后的陶器上刻划的陶文，现在我们研究这些陶文，对于探讨秦国至秦代制陶作坊的性质具有重要的意义。

例如云梦睡虎地的陶瓮 M11:41（图 8－4，2），在肩部外表戳印方形“安陆市亭”陶文一处；小陶壶 M11:33（图 8－3，3），不但肩部外表戳印方形“安陆市亭”陶文一处，而且颈部束丝带。秦南郡安陆县位于今湖北云梦县境内，“安陆市亭”陶文是秦安陆县官府管辖的制陶作坊标记。

又如在秦都咸阳故城和阿房宫、秦始皇陵等遗址出土的陶文戳记（即在坯体上戳印的文字），不同字样的已经有 140 种以上，其中仅 1974 年以来在咸阳一号宫殿和三号宫殿两处就出土 300 多件。根据各种陶文戳记所代表的作坊性质不同，陶文戳记大致可以分为三大类：

第一类，在砖、瓦上发现的“左胡”（图 8－33，1）、“右齐”（图 8－33，3）、“寺水”（图 8－33，9）、“宫疆”（图 8－33，12）一类戳记，应是秦中央官署直接管辖的制陶作坊标记。这类作坊专门烧制修筑宫殿或陵园所用的砖瓦。

图 8－33　秦的陶文

1. 左胡（板瓦内）；2. 胡（板瓦内）；3. 右齐（T23）；4. 齐（板瓦内）；5. 咸阳成申；6. 咸邑如顷（板瓦内）；7. 咸里芮喜；8. 秦（刻于方砖）；9. 寺水；10. 宫吙；11. 芷阳；12. 宫彊（T1K:88 号陶俑身上）（1－8 为秦都咸阳第一号宫殿建筑遗址出土，9，10 为秦始皇陵西侧赵背户村秦刑徒墓出土，11 为秦芷阳制陶作坊遗址出土，12 为秦始皇陵兵马俑坑一号坑出土）

第二类，在秦咸阳故城遗址出土的日用陶器和一部分瓦片上，常见“咸阳成申”（图8－33，5）、“咸邑如顷”（图8－33，6）一类戳记，应是咸阳市府所属制陶作坊的标记。在秦始皇陵还发现“芷阳”（图8－33，11）等地市府官营制陶作坊的戳记。这类作坊既烧制日用陶器，作为商品供应市场；又烧制王宫和陵园使用的砖瓦、明器。

第三类，在秦咸阳故城遗址出土的日用陶器上，还常见“咸里芮喜”（图8－33，7）等戳记，推测是民营制陶作坊（包括独立的个体手工业者或地主、商贾经营的制陶作坊）的产品标记。由于民营作坊在销售和税收方面，也要受市府的稽查，故在里居前冠以“咸”字。这类作坊专门烧制民间日用陶器作为商品出售[28]。

另外，在秦都咸阳第一号宫殿建筑遗址出土的方砖上有刻划的“秦”字（图8－33，8），说明该宫殿建筑属于秦代。这是在烧制后的方砖上刻划而成的文字。

如上所述，根据戳印和刻划的陶文，可将秦国至秦代制陶作坊的性质分为中央（或宫廷）官营、市府（或郡县）官营、民营（私营）三大类。

研究戳印和刻划的陶文还有助于探讨制陶作坊的管理制度以及秦兵马俑的塑造者究竟是谁。目前在陶俑、陶马身上的一些隐蔽处共发现陶工名249个，去掉重复的实际是80个。值得注意的是：宫疆（图8－33，12）、宫得、宫系、宫臧、宫欬、宫眣（图8－33，10）、宫水等陶工名字，在陶俑和砖瓦上都能见到（表8－2）。

表8－2　陶俑和砖瓦上的陶文对照表

陶俑上上陶文	砖瓦上的陶文			资料来源
	砖上陶文	瓦上陶文	出土地点	
宫疆	宫疆		秦始皇陵	《秦代中央官署制陶业的陶文》，《考古与文物》，1980年第3期
宫得		宫得	秦始皇陵	
宫系	宫系		秦始皇陵	
宫臧		（宫）臧	秦始皇陵、秦咸阳遗址	
宫欬		宫（欬）	秦始皇陵、秦咸阳遗址	
宫眣	宫眣	宫眣	秦始皇陵	
宫水		宫水	秦始皇陵	

注：本表引自袁仲一著：《秦始皇陵兵马俑研究》，文物出版社，1990年，第354页表15。

秦俑坑是秦始皇陵园建筑的一部分，陶俑的制作时间与陵园建筑所用砖瓦的烧制时间相隔不远，因此陶俑身上的宫水与瓦上的宫水应是同一官署机构名，陶俑与砖瓦上同名的陶工，也应是同一人。这表明塑造兵马俑的陶工原来是烧制砖瓦的工匠。其中有些来自中央官府制陶作坊，有些来自地方制陶作坊。

战国末期秦国丞相吕不韦集合门客共同编写的《吕氏春秋·孟冬纪》载：“物勒工名，以考其诚，工有不当，必行其罪，以穷其情。”译成白话就是说：“器物上都刻上工匠名字，来考察工匠的心诚不诚。工作若有不当的，一定要定他的罪，来穷断他诈巧之情。”[29]由此可见，“物勒工名”是秦政府管理手工业尤其是官府手工业，监督工匠生产的一种管理制度，可谓责任制，而且严格执行。从陶俑上看，中央官署制陶作坊生产的陶俑质量最好，表现在泥层厚度较均匀，内壁平整，多为青灰色，质地较坚硬，没有过烧或生烧现象[30]。这一事实表明“物勒工名”是行之有效的管理制度，它促进了制陶手工业的发展。

总之，在有利的社会条件和有效的管理制度下，秦代的制陶技术尤其是秦俑艺术得到空前发展，制陶工匠们塑造的秦始皇陵兵马俑是中国古代制陶技术史上的奇迹，在世界文明史上占有光辉的一页。

参考文献

[1] 金学山：《西安半坡的战国墓葬》，《考古学报》1957年第3期。

[2]《云梦睡虎地秦墓》编写组：《云梦睡虎地秦墓》，文物出版社，1981年。

[3] 陕西省考古研究所始皇陵秦俑坑考古发掘队编著：《秦始皇陵兵马俑坑一号坑发掘报告》，文物出版社，1988年。本章中有关秦始皇陵兵马俑的资料绝大部分都引自该发掘报告，一部分引自袁仲一：《秦始皇陵兵马俑研究》，文物出版社，1990年，下面不再一一注明。从其他文献引来的资料都另外加以注明。

[4] 秦都咸阳考古工作站：《秦都咸阳第一号宫殿建筑遗址简报》，《文物》1976年第11期。

[5] 袁仲一：《秦始皇陵兵马俑研究》，文物出版社，1990年，第349页。

[6] 秦俑考古队：《秦代陶窑遗址调查清理简报》，《考古与文物》1985年第5期。

[7] 陕西省考古研究所秦陵考古队、临潼县文物工作队：《秦芷阳制陶作坊遗址清理简报》，《考古与文物》1995年第5期。

[8] 袁仲一：《秦始皇陵兵马俑研究》，文物出版社，1990年，第350页。

[9] 始皇陵秦俑坑考古发掘队：《秦始皇兵马俑坑出土的陶俑陶马制作工艺》，《考古与文物》1980年第3期，第110页。

[10] 王振铎遗著、李强整理补著：《东汉车制复原研究》，科学出版社，1997年，第88页云：“驷马车中的四匹马，如何排列呢？一般情况是，中间两匹马驾辕，称两服马，两边马在外曳靷，称两骖马。”由此可见，四匹马从左往右按左骖马、左服马、右服马、右骖马的顺序排列。

[11] 陕西省考古研究所始皇陵秦俑坑考古发掘队编著：《秦始皇陵兵马俑坑一号坑发掘报告》，文物出版社，1988年，第189页。

[12] 屈鸿钧、程朱海、吴孝杰：《秦俑陶塑制作工艺的探讨》，中国硅酸盐学会编：《中国古陶瓷论文集》，文物出版社，1982年，第243页。

[13] 河南省文物研究所、周口地区文化局文物科：《河南淮阳平粮台龙山文化城址试掘简报》，《文物》1983年第3期。

[14] 中国科学院考古研究所安阳发掘队：《殷墟出土的陶水管和石磬》，《考古》1976年第1期。

［15］刘军社：《周砖刍议》，《考古与文物》1993年第6期。

［16］刘军社：《试论砖的起源与发展》，西北大学考古学系、西北大学文化遗产与考古学研究中心编：《西部考古》第一辑，三秦出版社，2006年。

［17］河南省文物研究所、中国历史博物馆考古部：《登封王城岗与阳城》，文物出版社，1992年，第229～244页。

［18］河南省文物研究所：《河南新郑郑韩故城制陶作坊遗迹发掘简报》，《华夏考古》1991年第3期。

［19］河南省文物考古研究所新郑工作站：《郑韩故城发现战国时期大型制陶作坊遗址》，《中原文物》2003年第1期。

［20］冯先铭主编：《中国陶瓷》，上海古籍出版社，1994年，第82页。

［21］始皇陵秦俑坑考古发掘队：《秦始皇陵西侧赵背户村秦刑徒墓》，《文物》1982年第3期。

［22］张安礼：《山东莒县征集一件汉代陶罐》，《考古》1995年第11期。

［23］申云艳著：《中国古代瓦当研究》，文物出版社，2006年，第58、59页。

［24］彭适凡著：《中国南方古代印纹陶》，文物出版社，1987年，第407页。

［25］陕西省博物馆、文管会勘查小组：《秦都咸阳故城遗址发现的窑址和铜器》，《考古》1974年第1期。

［26］秦俑考古队：《秦代陶窑遗址调查清理简报》，《考古与文物》1985年第5期。

［27］陕西省考古研究所始皇陵秦俑坑考古发掘队编著：《秦始皇陵兵马俑坑一号坑发掘报告》，文物出版社，1988年，第391页附表三：4。

［28］关于秦国至秦代制陶作坊性质的分析引自中国社会科学院考古研究所编著：《新中国的考古发现和研究》，文物出版社，1984年，第385页。有关陶文戳记图是笔者加上的。

［29］谷声应译注：《〈吕氏春秋〉白话今译》，中国书店，1992年。

［30］袁仲一：《秦始皇陵兵马俑研究》，文物出版社，1990年，第四节。

第九章
汉代的制陶技术

汉代包括西汉（公元前206～公元25年）和东汉（公元25～220年）两个时期，这是中国封建社会由巩固逐步走向兴盛的时期。东汉晚期浙江地区越窑青瓷的诞生，说明原始瓷已经发展为成熟瓷器，它使中国成为发明瓷器的国家，从此世界上有了瓷器，这标志着汉代完成了制陶技术向制瓷技术的过渡。

但是，在汉代制陶技术仍然有相当大的发展空间。例如位于山西北部朔州市的平朔汉墓群，1982～1986年考古工作者在这里发掘了近2000座汉墓，出土随葬的陶器达12000余件，其中绝大多数为明器，有少量实用器[1]。1989年4月和1992年11月，笔者应中国历史博物馆考古部信立祥先生和山西省考古研究所戴尊德先生的邀请，两次前往朔州市博物馆，由朔州市朔城区崇福寺文管所孙学瑞先生陪同考察了平朔汉墓出土的陶器。

1990年春、秋两季，考古工作者在西安市未央区发掘了汉长安城西市的21座窑址，这21座陶窑是同一窑群，它们的生产活动应是统一管理的，应为官办，不属于私营陶窑，其时代上限不会超过景帝末年或武帝初年，下限应为西汉末年。在Y21和Y22两座陶窑内，均装满裸体陶俑坯，说明这些陶窑是专门用于烧制裸体陶俑的[2]。1992年笔者在中国社会科学院考古研究所实验室考察了这些陶俑。

1984年开始，调查和发掘的徐州狮子山西汉兵马俑坑，已探明所藏兵马俑总数达4000余个，发现4处埋有骑兵等兵种陶俑的坑[3]。1997年3月笔者由江苏徐州狮子山西汉兵马俑博物馆的王恺先生陪同，考察了西汉兵马俑，拍摄了照片。

1983年，山东青州市谭坊镇马家冢子东汉墓出土了模印“千秋”、“万岁”文字图案的空心砖。1997年3月，笔者由青州市博物馆的王华庆先生陪同考察了该空心砖，承蒙王华庆先生提供了空心砖的照片和拓片。

南方地区的印纹硬陶在东汉时期逐渐被青瓷所取代。

汉代制陶技术中，比较值得注意的技术事件有以下六个方面：

（1）汉代的制陶手工业已经成为一种商品生产，是三大手工业（冶铁、髹漆、制陶）之一。汉代的制陶作坊不仅有“私营”的而且有“官营”的，例如汉长安城西市的21座陶窑“应为官办，不属于私营陶窑”[2]。商品市场需求的扩大，促使快轮制陶技术呈现出第二次高潮，轮制的陶器不仅数量极多而且容积较大，普遍烧成温度较高，即使为死者随葬之用而烧制的明器，其烧成温度也在1000℃左右，质地坚硬，几乎全部陶器采用还原气氛烧成，成为颜色纯正的灰陶，这些特点都是铜石并用时代晚期（龙山时代）的轮制陶器难以比拟的。从总体上看，快轮制陶技术第二次高潮的深度和广度都远远超过了铜石并用时代晚期的第一次高潮。

（2）外模制法基本上取代了内模制法。一部分陶容器或器物的部件采用外模制法成型，外模制法包括单模制法、合模制法两种。引人注目的是：在汉代，外模制法已经达到部件标准化的程度，突出表现在博山盖的制作上，也表现在其他模制的部件上。部件标准化系指利用一种外模制作的部件可以与不同的器物配套使用或者作为附件安装在不同的器物上。由于模制的博山盖及其他部件成为标准化的部件，明显地提高了制陶的效率。内模制法已经罕见，只见于瓦的制作。

（3）轮制法经常与其他制法兼用，表明汉代在制陶生产中已经采用不同工种的陶工之间分工协作的方式：一些陶工轮制部件，一些陶工模制部件，一些陶工手制部件，还有一些陶工将各种部件接合在一起，装配成为完整的器物。

由于以上三个方面原因，明显地提高了整个制陶手工业的劳动生产率。

（4）西汉中期发明了低温铅釉陶，对后来北魏釉陶和唐三彩的工艺都有深远的影响。汉代的低温铅釉陶以铅的氧化物作为助熔剂，以铜作为着色元素，在氧化气氛中一次烧成，烧成温度为900℃左右。平朔汉墓出土少量低温铅釉陶壶。

（5）彩绘陶盛行于战国至汉代，成为汉代陶器装饰工艺的显著特征。由于彩绘颜料比较容易脱落，不宜作为生活用具，一般作为明器。平朔汉墓出土彩绘陶800余件，约占陶器总数（12000余件）的6%，彩绘图案较复杂，色彩较丰富，有白、黑、灰、红、黄、绿、蓝7种。显然，在汉代彩绘陶工艺达到了高峰。

（6）半倒焰窑在结构上已达到规范化的程度。特别是在窑室内设隔火墙、分火道隔墙，并且改进了窑室后壁的排烟设施，这些都有利于窑室内各部位的温度分布均匀，以免局部出现生烧或过烧现象，从而提高了陶制品的合格率和质量。

第一节　原料的制备工艺

平朔汉墓出土的陶器、汉长安城西市窑址内出土的陶俑、徐州狮子山西汉兵马俑坑出土的陶俑、青州市谭坊镇马家冢子东汉墓出土的空心砖，几乎都是泥质陶。经笔者观察，只有平朔汉墓的个别白陶熏炉以高铝质耐火黏土（高岭土）作为制胎的原料，其余陶器都以普通易熔黏土作为制胎的原料。

例如汉长安城西市窑址内出土陶俑的化学组成为：氧化硅56.56%～63.69%，氧化铝16.52%～18.00%，助熔剂总和16.24%～17.57%（表9－1），以低氧化硅、低氧化铝、高助熔剂为特征，表明这批陶俑以普通易熔黏土作为制胎的原料。“从陶俑坯观察，是选用当地的黄褐色黏土为料，土料采集后，经晒干、碾轧和淘洗等工序，去掉杂质，俑坯表面细腻平滑”[2]。

表9－1　西安市汉长安城窑址陶俑的化学组成和吸水率及烧成温度

序号	出土地点	原编号	器物名称	陶质陶色	时代	SiO_2 (%)	Al_2O_3 (%)	Fe_2O_3 (%)	FeO (%)	CaO (%)	MgO (%)	K_2O (%)	Na_2O (%)	烧失量 (%)	总量 (%)	助熔剂总和 (%)	吸水率 (%)	烧成温度 (℃)
1	长安城西市	y10	陶俑腿部	泥质深灰陶	汉	61.25	17.74	5.11	3.76	2.56	1.31	2.48	2.35	0.78	97.34	17.57	14.30	1000～1050
2	长安城西市	y10	陶俑足部	泥质灰陶	汉	61.65	17.66	3.49	5.10	2.10	1.04	2.48	2.34	0.60	96.46	16.55	13.80	1000～1050
3	长安城西市	y22	陶俑头部	泥质深灰陶	汉	63.48	18.00	4.76	3.95	2.20	0.47	2.53	2.33	0.86	98.58	16.24		1000～1050
4	长安城西市	y22	陶俑腿部	泥质深灰陶	汉	63.69	17.82	3.06	5.46	3.23	0.79	2.61	2.32	0.52	99.50	17.47		1000～1050
5	长安城西市	y22	俑坯体头部		汉	56.56	16.52	6.13	1.66	4.36	0.82	2.63	1.64	7.82	98.14	17.24		未经烧制

注：本表中的汉长安城陶窑遗址陶俑标本是由中国社会科学院考古研究所汉城工作队提供的，数据是由中国社会科学院考古研究所实验室测定的。

另外，据测试，汉代砖瓦的化学组成为氧化硅61.59%～66.27%，氧化铝15.74%～17.93%，助熔剂总和16.03%～20.02%（表9－2），亦以低氧化硅、低氧化铝、高助熔剂为特征，表明也是以普通易熔黏土作为制胎的原料。

表9－2　汉代砖瓦的化学组成（重量%）和烧成温度（℃）

原序号	原编号	时代、品名	SiO_2	Al_2O_3	Fe_2O_3	TiO_2	CaO	MgO	K_2O	Na_2O	MnO	P_2O_5	烧失量	总量	助熔剂总和	烧成温度
29	5	西汉筒瓦	61.59 62.26	17.74 17.93	6.47 6.54	0.10 0.10	5.20 5.26	2.82 2.85	3.16 3.19	1.71 1.73	0.13 0.13	0.00 0.0	0.0 0.00	98.92 99.99	19.46 19.67	1000
30	6	西汉晚期砖瓦	63.52 63.96	15.74 15.85	5.93 6.02	0.47 0.47	5.60 5.64	2.99 3.01	2.94 2.96	1.91 1.92	0.16 0.16	0.00 0.00	0.00 0.00	99.31 99.99	19.84 20.02	1010
32	7	东汉砖	65.33 66.27	17.09 17.34	4.42 4.48	0.10 0.10	3.89 3.95	2.45 2.49	3.17 3.22	2.00 2.03	0.13 0.13	0.00 0.00	0.00 0.001	98.58 100.01	16.03 16.27	

注：本表的化学组成数据引自李家治主编：《中国科学技术史·陶瓷卷》，科学出版社，1998年，表2－5。烧成温度数据引自《中国科学技术史·陶瓷卷》表2－6。

第二节　明器的制作工艺

本节分别介绍坯体的成型工艺、坯体的装饰工艺和施釉工艺。

一、坯体的成型工艺

汉代以轮制法应用最普遍；以外模制法最有特色，无论是单模制法还是合模制法，都先制作母模（也称祖范），再用母模翻制成外模（也称范模），然后用外模制作坯体。

平朔汉墓出土的明器，基本的成型方法只有轮制法、模制法、手制法三种。

其中以轮制法为主，模制法为辅，手制法罕见。绝大多数器物全身只用轮制法，有些器物全身只用模制法，个别器物全身只用手制法。但有一部分器物由数个部件配套而成，或数个部件接合为一体，而各部件采用不同的成型方法，因此一件器物兼用两种或三种成型方法。具体的成型方法有全身轮制、全身模制、全身手制、轮制与模制兼用、手制与轮制兼用、手制与模制兼用、轮制与手制及模制兼用等七种，其中以全身轮制、轮制与模制兼用最常见。“万变不离其宗”，具体方法变化再多也离不开轮制法、模制法、手制法这三种基本方法。

现将各种具体的成型方法分别叙述如下：

1. 全身轮制

器形有陶壶、陶罐、陶盒、熏炉等。根据陶器上所遗留的痕迹可以断定，快轮拉坯时，陶轮都按逆时针方向快速旋转，右手在外侧，左手在内侧，主要靠右手用力，表明快轮制陶的操作方法是规范化的。

壶类。一部分为假圈足器、无器盖，例如5M36:1（图9－1，2），从底部至口部一次拉坯成型；另一部分为假圈足器、有球面形器盖，例如3M63:4（图9－2，3），壶和器盖分别拉坯成型，壶的假圈足是趁坯体尚软时进行快轮慢用修整，使近底部器壁向内收缩变形所致，从外形上看像圈足器，实际上不是圈足器，而是平底器，因此称为假圈足；还有一部分为圈足器、无器盖，例如3M195:3（图9－2，4），器身和圈足分别拉坯成型，然后接合在一起。

罐类。均为平底器、无器盖，从底部至口部一次拉坯成型。

图9－1　山西朔州市平朔汉墓的陶器

1，2. 釉陶壶（西汉末至东汉初GM95:1，东汉中晚期5M36:1）；
3. 勺（东汉中晚期GM233:19）；4. 钫（西汉中期6M16:6）

盒类。一部分为平底器、有球面形器盖，例如9M21:8（图9－2，1），器身和器盖分别拉坯成型；另一部分为假圈足器、有球面形器盖，例如5M50:5（图9－3，2），假圈足是快轮慢用修整时用刮板向内挤压变形所致，外形像有圈足，足与腹壁界限分明，实际上是平底器。

图9－2　山西朔州市平朔汉墓的彩绘陶

1. 盒（9M21:8）；2－4. 壶（9M20:1、3M63:4、3M195:3）（均为西汉中期）

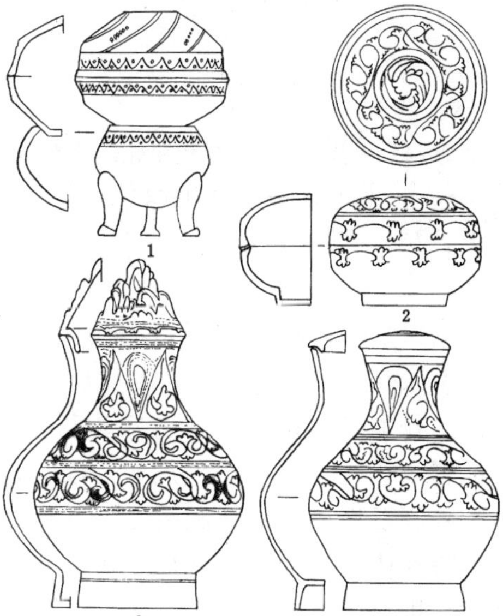

图9－3　山西朔州市平朔汉墓的彩绘陶

1. 甗（3M34:6）；2. 盒（5M50:5）；3，4. 壶（4M86:2、9M129:1）（均为西汉晚期）

熏炉类。有的器身呈现圈足碗形，器盖呈现圈足盘形，例如 6M506:2（图 9－4），器身呈现子母口状（口内的凸圈小于口沿，这凸圈即为子口，口沿为母口，子母口便于器盖的盖圈套住器身的子口，器盖不会滑脱），外表呈现阶梯状，都是快轮慢用修整时用刀具镟成的，圈足和捉手（器盖上用以手抓的凸出部位）都是另外拉坯成型之后接合上去的。笔者仿制了这件熏炉，即仿:295（图版 10，1，2）。

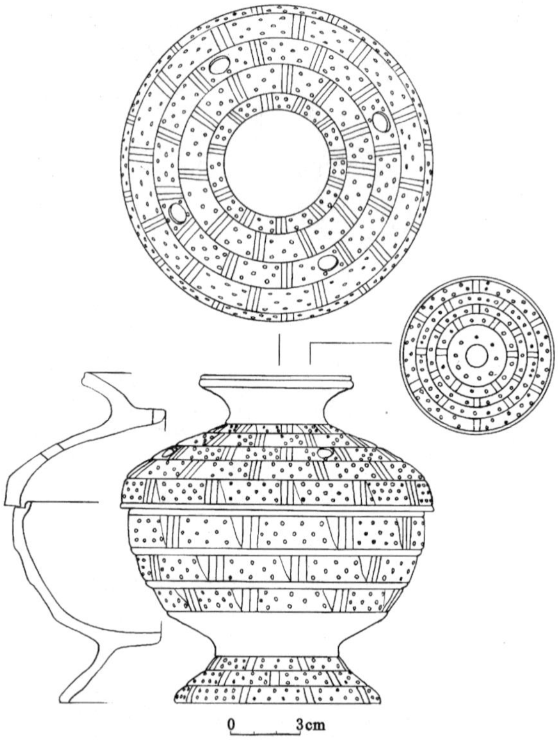

图 9－4　山西朔州市平朔汉墓轮制的熏炉

（西汉早期　6M506:2）

2. 全身模制

器形只有耳杯一种。例如 GM210:7，器身呈现椭圆形，双耳呈现弯月形，外表留有模具印痕，内壁留有手抹痕迹，表明所用的模具是单一的外模。工艺流程是：先手制耳杯坯体，烧制以后作为耳杯母模；再用母模翻制成外模坯体，烧制以后作为耳杯外模；然后将泥料填入外模之内，先用手压实，后用工具刮薄，再用湿手抹平，成为耳杯坯体，烧制以后成为耳杯制成品。采用外模制法在模具与坯体之间不需要设隔离层，等待坯体略干燥收缩之后就可以自动脱模，与内模制法相比，外模制法的优点就在于此。

3. 全身手制

例如陶钫 6M16:6（图 9－1，4），其形制特殊：腹部呈现椭圆形而外凸，横断面略有四个棱角；口部和圈足的横断面均为方形。因此不便于采用轮制法或模制法成型，只好采用泥条筑成法成型。俯视内底有清晰的顺时针方向盘旋的泥条痕迹。颈部内壁留有指窝12个，排列成一周，是捏泥条时遗留的痕迹。颈部和腹下部外表有纵向刮削痕迹，这是修整坯体时遗留的。笔者据此推断，采用正筑泥条盘筑法成型，陶轮按逆时针方向旋转，用左手捏泥条，泥条按顺时针方向盘旋上升，这是采用“左撇子”的操作方法。圈足用四块长方形泥板拼接而成。笔者仿制了这件陶钫，即仿:331（图版9，5，6），工艺流程是：从底部中央开始泥条盘筑，有意识使腹部和口部初步呈现为钫的形制，成型时坯体的含水量约22%～20%。含水量下降到约19%～18%时，用素面拍子拍打外表进行整形；含水量约17%～16%时，用刮板对颈部和腹下部进行纵向刮削修整，使其进一步呈现出四条纵向的棱脊，横断面呈现出四个钝角。含水量约15%～14%时，用四块泥板拼接成圈足；在腹上部模贴两个兽面纹铺首，前后对称。模拟实验表明，陶钫成为形制特殊的器物，既与泥条盘筑法成型有关，也与拍打整形、刮削修整有关。

4. 轮制与模制兼用

在同一件器物上，有的部件采用轮制法成型，有的部件采用模制法成型。例如陶壶4M86:2（图9－3，3），壶本身采用轮制法成型，博山盖却用单模制法成型。汉代盛传东海有蓬莱等三座仙山。根据这一传说，将器盖制作成山形，象征蓬莱仙境，这种器盖称为博山盖。壶颈部内壁留有细密的麻花状扭转皱纹，由右上方向左下方倾斜。扭转皱纹是快轮拉坯的特征之一，汉代之前的见于天马—曲村春秋居址轮制细柄豆的柄足内壁（见本书第七章图7－30），汉代之后的见于大同南郊北魏墓群轮制陶罐的颈部内壁或外表（见本书第十章图10－2）。外底中央留有正心涡纹，按顺时针方向旋转。正心涡纹是快轮慢用修整的痕迹。博山盖的外表留有模具印痕，但是没有合模线，这表明采用单模制法成型，内壁留有刮削痕迹。

笔者从仿制博山盖的模拟实验中得知，博山盖的工艺流程是：先制成一件博山盖母模（也称祖范），盖上的山峦是用三角形泥片自上而下逐个粘接上去的，经过烧制；用博山盖母模翻制成博山盖的外模（也称范模），山峦由阳变阴，经过烧制；在外模内填一层泥料，用圆头工具将泥料按压实，再用弧刃工具将内壁刮削平整，略经干燥收缩之后，博山盖坯体会自动脱模（山峦由阴变阳），烧制后成为博山盖制成品。这样一件博山盖母模可以翻制成很多件博山盖外模，一件博山盖外模又可以翻制成很多件博山盖制成品，这就为实行部件标准化创造了条件。由于生产这种数量很多、形制特殊而复杂、山峦起伏的部件，已达到标准化程度，可以通用，彼此换用，明显地降低了生产成本，提高了劳动生产率，满足了商品市场对陶制品的需求。

笔者本着实事求是的原则恰当地估计汉代的模制技术水平，这是认识上的飞跃，研究方法上的创新。

5. 手制与轮制兼用

在同一件器物上，容易制作的圆形部件采用轮制法成型；造型特殊、不便于轮制或模制的部件采用手制法成型。

手制与轮制兼用有以下两种情况：

一种是泥条筑成法、捏塑法与轮制法兼用。例如鸭形熏炉 GM116:11（图 9－5，1），熏炉是熏香用具，炉盖上有镂孔即烟孔，熏香时，香气通过烟孔徐徐排出炉外。炉体（即鸭腹部）中空，用两条鸭腿将炉体与承盘连为一体，炉盖由鸭翅与鸭头、鸭颈构成。承盘采用轮制法成型，鸭腹和鸭翅用泥条筑成，其余部件均为捏塑而成。工艺流程是：鸭腹和鸭翅都用正筑泥条盘筑法成型，鸭头和鸭颈用一根泥条捏塑而成，与鸭翅接合在一起。先将鸭腿与鸭腹接合，再将鸭足与承盘接合，这样安排程序便于操作。笔者仿制了这件鸭形熏炉，即仿:290（图版 10，3、4）。

另一种是捏塑法与轮制法兼用。例如博山盖豆形熏炉 GM221:7（图 9－5，2），炉体、管状柄、承盘分别轮制而成，再接合在一起。另外轮制炉盖。炉盖顶部有捏塑的大鸟、小鸟各一只，往下附加山峦 3 周，上周 3 座，中周 5 座，下周 7 座，共 15 座山。大鸟和各座山上都有划纹。炉盖呈现博山造型，鸟和山的工艺流程较复杂：先捏塑大鸟，鸟足黏附在山峰上；再捏塑小鸟，鸟足黏附在大鸟胸前；捏塑成 15 座山，每座都刻划折线纹，然后从上往下逐座粘接在炉盖上，这样安排程序便于操作。略干燥之后，在大鸟背部施圆镂孔 2 个，在各座山的交界处（山谷）施圆镂孔 1 个。笔者仿制了这件博山盖豆形熏炉，即仿:313（图版 10，5，6）。

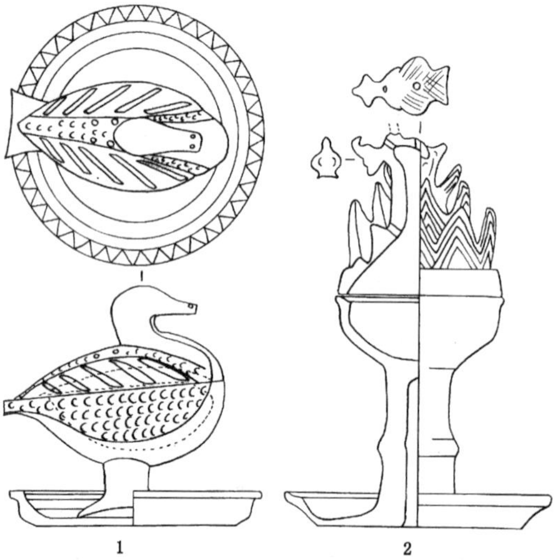

图 9－5　山西朔州市平朔汉墓手轮兼制的熏炉

1. 西汉末至东汉初 GM116:11；2. 东汉初 GM221:7

6. 手制与模制兼用

具体地说是泥板拼接法与单模制法兼用，例如陶井 3M74:1（图 9－6，3），井筒呈现方形，平底，内壁留有手抹痕迹，外表留有明显的刮削痕迹；井栏呈现“井”字形，上立井架，横梁上有四阿顶井亭。四阿顶即四面坡的屋顶，采用单模制法成型，其余部件都采用手制法成型，具体地说是用切割成适当形状的泥板拼接而成的。

7. 轮制与手制及模制兼用

有以下两种情况：

一种是轮制法与泥板拼接法、合模制法、单模制法兼用。例如陶井3M191:2（图9-6，1），由圆形井筒及井栏、井架、井亭构成。井筒与井栏为一次拉坯成型，井栏实际上就是口沿，井筒外底留有偏心涡纹，涡心偏向左边（图9-6，1右下），这表明拉坯时轮盘按逆时针方向快速旋转，右手在外侧，左手在内侧，主要靠右手用力。井架的立柱用长条形泥板搭成，横梁为左右合模成型，两端都有龙首，由于模制时左右两半外模上下错位，龙首合模线的左右两边高矮不一，合模线显而易见（图9-6，1右上），井亭的立柱用较短的泥板搭成，四阿顶为单模制法成型，顶上留有外模印痕。

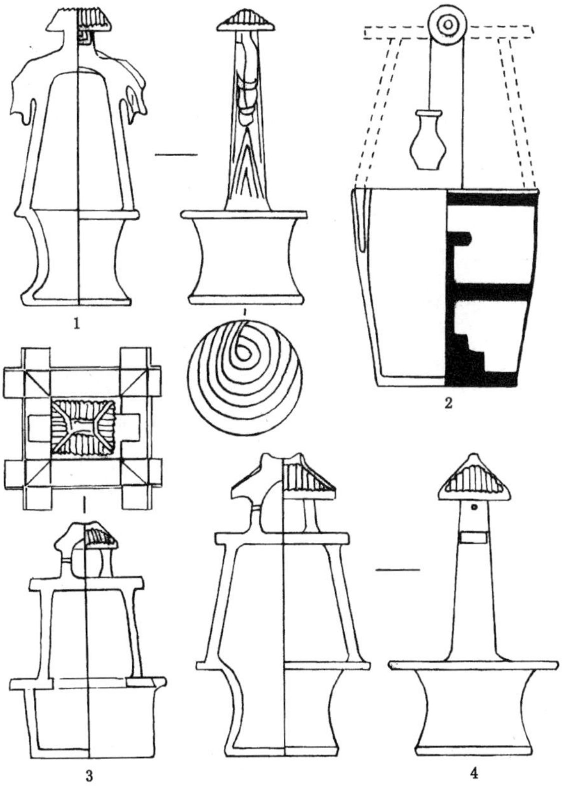

图9-6　山西朔州市平朔汉墓手轮模兼制的陶井

1，3，4. 东汉中晚期3M191:2，3M74:1，GM233:4；2. 西汉末至东汉初GM159:1

另一种是轮制法与泥板拼接法、单模制法兼用。例如陶井GM233:4（图9-6，4），它与3M191:2的差别在于井架的横梁为手制成型。工艺流程是：先轮制井筒及井栏，井筒呈现束腰形，井栏为平沿；再用泥板切割成井架的立柱、横梁、井亭的立柱；然后用单模制作四阿顶。四阿顶又名叫庑殿顶，是中国传统屋顶的一种形式，四面斜坡，一条正脊，四条戗脊。正脊位于屋顶中部，呈现水平状；戗脊是斜对着四个墙角的屋脊，其上端与正脊相连接，下端与墙角相连接，呈现倾斜状，因此又称斜脊。四阿顶的做法是：先捏塑成四阿顶的大致形状，再用刀具雕刻成凸起的正脊和四条戗脊，然后用圆棍在屋面上压成凹凸相间的瓦垄，烧制后作为四阿顶的母模（又称祖范）；由母模翻制成四阿顶的外模（又称范模），经过烧制；将泥料填入外模之内，用圆头工具将泥料按压实，坯体略干燥后自动脱模。各部件相接处先划沟槽、补水软化，再接合在一起。接合顺序是：先将井架立柱下端与井栏接合，用拍子轻轻地拍打立柱上端，使下端与井栏挤实粘牢；再将四阿顶仰放在软垫上，将井亭立柱上端与四阿顶下侧接合，拍打立柱下端；然后将井架横梁上侧与井亭立柱下端接合，拍打横梁下侧；最后将井亭连同横梁翻转正放，将横梁下侧与井架立柱上端接合，拍打横梁上侧。这样安排程序便于操作。在井亭两个立柱上端各穿一个圆孔，以便承架辘轳。笔者仿制了这件陶井，即仿:318（图版9，4），还参考陶井 GM159:1（图9－6，2），仿制了辘轳和水斗。转动辘轳，即可用水斗从井里汲水。

二、坯体的装饰工艺

平朔汉墓的陶器，在坯体上施加的纹饰有凹弦纹、划纹、镂孔、戳印纹、模贴、模印等，现在分别叙述如下：

1. 凹弦纹

例如熏炉 6M506:2（图9－4），器身和圈足外表及捉手内壁都有凹弦纹，是在轮修之后手持锥状工具在坯体表面旋划而成的。

2. 划纹

例如熏炉 6M506:2（图9－4），器身和圈足外表及捉手内壁，都在旋划凹弦纹之后立即用锥状工具刻划竖线纹、斜线纹，这些划纹将图案带横向划分为若干段。又如博山盖豆形熏炉 GM221:7（图9－5，2），在博山盖的山峦上施折线划纹，表示山峦重叠，在大鸟背上刻划斜线纹，表示羽毛。

3. 镂孔

例如熏炉 6M506:2（图9－4）、鸭形熏炉 GM116:11（图9－5，1）和博山盖豆形熏炉 GM221:7（图9－5，2），都用锥状工具在器盖上的适当位置，穿透胎壁形成圆形镂孔，熏香时，镂孔具有排出炉内香气的功效。

4. 戳印纹

例如熏炉 6M506:2（图9－4），在施圆形镂孔之后立即用平头细圆棍戳入坯体表层，戳而不透，形成圆点状凹坑，2～14 个圆点为一组。笔者仿制了这件熏炉，即仿:295（图版10，1，2）。

5. 模贴

例如陶钫 6M16:6（图9－1，4），腹上部前后两侧模贴兽面纹铺首。古代建筑物上的铺首安装在门上用以衔环，称为铺首衔环。汉代铺首呈现老虎形象，具有避邪的含义。然而陶器上的铺首主要起装饰作用。模贴的方法是：将泥料填入陶质铺首印模之内，用手将泥料按压实；在器壁上与铺首相接处刻划沟槽、补水软化；左手垫在内壁作依托，右手持铺首印模连同铺首坯体按压在器壁上，两手同时用力，使铺首粘贴在器壁上，稍等片刻，由于陶印模吸水，铺首坯体干燥收缩，会自动脱模。笔者仿制了这件陶钫，即仿:331（图版9，5，6）。

6. 模印

模印是用陶质模具（印模或外模）直接在坯体上印成纹饰，因而没有粘贴现象，这一点不同于模贴。模印有以下两种情况：

一种是利用陶印模。例如釉陶壶 GM95:1（图 9－1，1），印模内不填泥料，直接在坯体肩部印成铺首，铺首衔环较薄，立体感较弱，壶内壁留有指窝。

另一种是利用器盖外模。例如釉陶壶 GM95:1（图 9－1，1），球面形器盖顶部有勾点纹（阴纹）。工艺流程是：制成球面形器盖坯体，顶部先施凹弦纹，再刻划 S 形和反 S 形纹，其间用管状工具戳印圆点纹，组成勾点纹图案，均为阴纹，烧制后作为球面形器盖的母模（又称祖范）；用母模翻制成球面形器盖的外模（又称范模），图案变为阳纹，经过烧制；将泥料填入外模之内，用手指将泥料压实，稍等片刻坯体自动脱模，烧制后成为球面形器盖制成品，顶部内壁的图案恢复为阴纹。

三、施釉工艺

平朔汉墓有少量器物，在坯体表面施加纹饰之后，又施绿色低温铅釉加以装饰，绿釉的釉料中以氧化铅（PbO）作为助熔剂，以氧化铜（CuO）作为着色剂。例如釉陶壶 GM95:1（图 9－1，1）通体施绿色铅釉。釉陶壶 5M36:1（图 9－1，2），器身施绿色铅釉。

1985 年陕西宝鸡市谭家村四号汉墓出土的褐红釉加彩壶，高 32.7 厘米、口径 15.2 厘米、足径 13.6 厘米，属西汉晚期，褐红色釉，光洁明亮，饰绿釉彩饰，肩部有两道相连接的凹弦纹，上加绿釉，弦纹以下为勾连状云纹[4]。

1992 年河南三门峡市殽山路出土的汉代绿釉鸮尊，通高 26 厘米，整体作鸮形。双目圆睁，尖钩喙，直立，尾部垂地，头顶有小圆口。泥质红陶，通体大部施绿釉，眼、耳、喙和尾部施黄褐釉[5]，鸮是鸟类的一科，俗称“猫头鹰”。

如上所述，汉代的低温铅釉陶以绿釉为主，此外还有褐红釉、黄褐釉。

第三节　陶俑的制作工艺

汉长安城窑址内出土陶俑 725 件，复原陶俑 71 件，均为裸体、直立式，身高 55.5～60.5 厘米、肩宽 6.6～8.9 厘米、胸厚 4.3～6.8 厘米，体型细长，无臂，在双肩与双臂相接处有规整的圆形平面，直径约 4 厘米，其中央有直径 0.8 厘米的圆孔，横贯左右肩（图 9－7，1）。陶俑中绝大多数为男性，个别陶俑胸部做出隆起的乳房（共 7 件）[2]。笔者认为，横贯左右肩的圆孔，可以插入细圆棍，可能是为了陶俑出窑之后穿上有袖的衣服。

这批陶俑采用外模制法、前后合模成型，在窑址内出土陶质模具 3 件便是证据。Y12:74（图 9－7，8），是陶俑上身后半部（背部）的外模，泥质灰陶，质地坚硬，长方体，长 22～23 厘米、宽 15 厘米、厚 6.5～7.5 厘米，俑的发髻、耳和背部肌肉均在外模之内做出，外模两端壁上刻有线条即吻合号，吻合号的作用是合模时可以准确地同另一半外模相吻合，以免产生错位现象。Y13:13（图 9－7，9），是男性陶俑下身前半部的外模，已残，泥质灰陶，质地坚硬，残长 23 厘米、宽 13 厘米、厚 6.5 厘米。Y8:17（图 9－7，10），是陶俑下身后半部的外模，已残，夹砂红陶，质地坚硬，残长 11 厘米，宽 15 厘米，厚 7.5 厘米[2]。

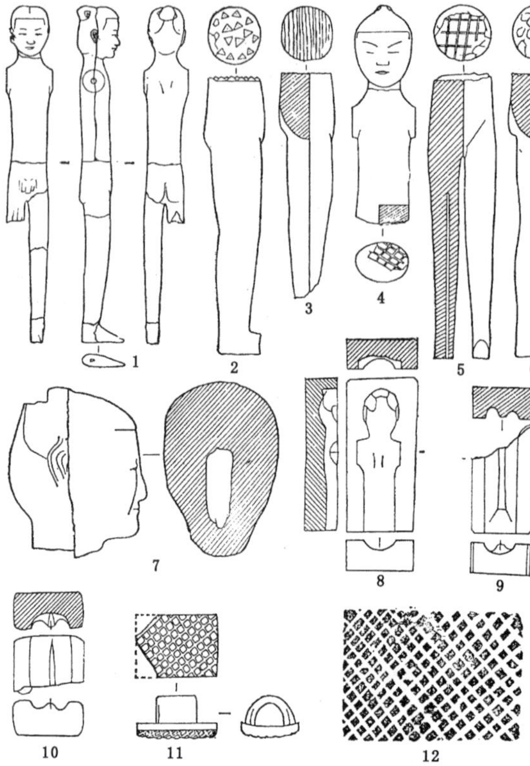

图 9 – 7　汉长安城窑址出土的陶俑和制陶工具

1 – 7. 陶俑（Y9:11，Y16:94，Y15:28，Y22:9，Y16:92，Y15:30，Y22:105）；8 – 10. 陶模具（Y12:74，Y13:13，Y8:17）；11，12. 陶拍（Y19:26，11 为线图，12 为拓本）

在窑址内还出土陶拍 2 件，皆泥质灰陶。其中 Y19:26（图 9 – 7，11，12），略残，拍面呈长方形，稍有弧度，刻有排列整齐的乳钉纹，背面安装半环形把手，拍面长 13 厘米、宽 9.8 厘米、厚 1.3 厘米，把手宽 7.5 厘米、高 4.5 厘米。这类陶拍应用于俑坯不同部位接合面上拍印乳钉纹[2]。例如陶俑 Y16:94（图 9 – 7，2）下半身的上端、Y22:9（图 9 – 7，4）上半身的下端、Y16:92 和 Y15:30（图 9 – 7，5，6）下半身的上端，都有不同形状的乳钉纹、凸线、凹线、凹坑，都是用陶拍拍打而成的。这些“纹饰”（实际上不是纹饰，确切地说是拍印痕迹）的作用是：使上下半身之间的接触面形成凹凸不平的粗糙面，以便上下半身接合得更加牢固。

上述陶质模具和陶拍的出土表明这批陶俑是在窑址内或附近制作的，然后就近烧制。

从出土的制俑模具和残俑上观察，制俑的工艺流程是：先采用前后合模的方法，分别制出俑的上半部，包括头部和颈部（图 9 – 7，7）、胸部和腹部（图 9 – 7，4），俑的下半部即臀部以下（图 9 – 7，2，3，5，6）；然后将各部分对接成整个俑（图 9 – 7，1）。俑头有空心和实心两种，空心的胎壁厚薄不均，一般厚

0.7～3.5厘米（图9－7，7），头部的合模线在两耳中间，脱模之后需将从合模缝中挤压出来的凸线（合模线）刮掉，有的俑头出土时，已经从合模线开裂成前后两半[2]。可见合模缝与合模线是凹凸（阴阳）相对的。

徐州市狮子山西汉兵马俑坑出土的铠甲俑和陶马的制作工艺如下：

一号坑出土的陶俑:487，为铠甲俑，泥质灰陶，俑身中空，外表留有外模印痕，内壁满布手指窝，已经从合模线开裂成前后两半，这表明陶俑为前后合模成型。制法是：先将泥料分别填入前、后两半的外模之内，用手指将泥料按压实，因而内壁满布手指窝；再将前后两半外模连同坯体合拢，用力挤压外模，使两半坯体粘接在一起。坯体略经干燥收缩之后自动脱模，成为中空的俑身坯体。俑头另外模制，插入俑身颈部的圆洞之内，俑头已经脱落；俑足为实心，也是另外模制，粘接在俑身下部。

六号坑出土的陶马头，泥质灰陶，中空，颈部平齐，外表留有外模印痕，内壁满布手指窝，上下两侧有明显的合模线，合模线上留有刮削痕迹，这表明陶马头为左右合模成型。制法是：先将泥料分别填入左右两半的外模之内，用手指将泥料按压实；再将左右两半外模连同坯体合拢，用力挤压外模，使两半坯体粘接在一起。坯体略经干燥收缩之后自动脱模，成为中空的马头坯体，然后用刀具将从合模缝中挤压出来的凸线（合模线）刮掉。

一号坑出土的陶马腿，泥质灰陶，实心。外表留有外模印痕，前后两侧有明显的合模线，合模线上留有略经刮削的痕迹，这表明陶马腿也是左右合模成型的。

如上所述，西汉时期的陶俑、陶马都采用外模制法，合模成型。人物俑为前后合模成型，陶马为左右合模成型，显示出人物俑与动物俑的成型方法存在差别。采用前后或左右合模制作坯体时，由于两半之间都有合模缝（阴线），坯体上都会产生合模线（阳线）。

第四节　空心砖的制作工艺

第八章已经讲过，空心砖发明于战国时期的秦国。汉代的空心砖仍然沿用外模制法成型，但是，形成空心的方法与战国时期的空心砖明显不同。

山东青州市谭坊镇马家冢子东汉墓出土的空心砖，泥质灰陶，外表、内壁和胎心都呈现为纯正的灰色，一端残缺，残长119厘米、宽46厘米、厚23厘米。如果复原成完整的空心砖（图9－8，1），长约150厘米。左右两端各有较大的圆角方形孔洞1个，左端的孔洞（孔洞5）已经残缺，右端的孔洞（孔洞6）横向长径23厘米、竖向短径13厘米（图9－8，2）；后面从左往右有椭圆形孔洞4个，其中孔洞1已经残缺，现存孔洞2、3、4，每个孔洞横向长径约11厘米，竖向短径约8厘米（图9－8，1）。空心砖内部从左往右有空腔4个，其中空腔A已经残缺，现存空腔B、C、D。各空腔之间有隔梁。由于空腔D的存在，孔洞4与孔洞6相通；空腔A复原后，孔洞1与孔洞5也应相通。前面模印“千秋”隶书图案（图9－9，1），排列成3行，现存“千秋”图案30个，复原之后，应有36个。上面模印“万岁”隶书图案（图9－9，2），排列成6行，现存“万岁”图案60个，复原之后，应有 72 个。上述“千秋万岁”隶书图案都排列得秩序井然。下面和后面均为素面。

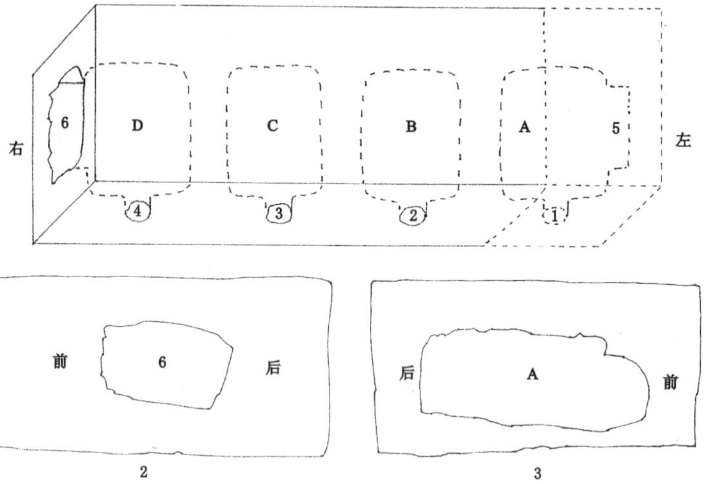

图 9－8　山东青州市谭访镇马家冢子东汉墓出土的空心砖

1. 复原示意图；2. 右端；3. 左端（残）

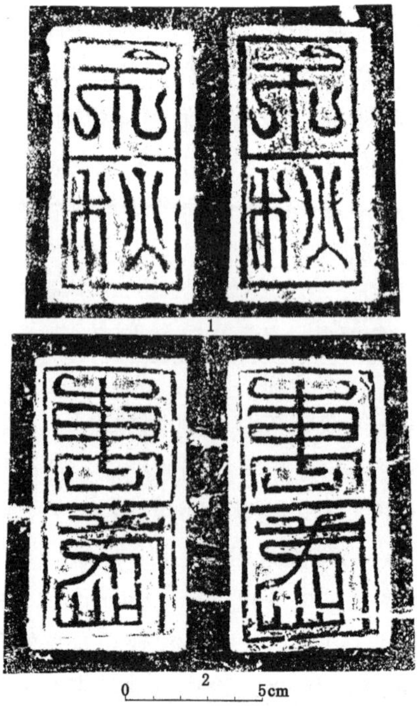

图 9－9　马家冢子东汉墓出土空心砖上的隶出图案拓片

1. “千秋”图案；2. “万岁”图案

笔者根据空心砖上遗留的痕迹和现象，推断其制作工艺如下：

空心砖的各壁都很平整，应是采用外模制法成型。成型的主要工具应是木质井字形箱状外模，由底板、前帮、后帮、左挡头、右挡头五块木板构成（参看本书第八章图 8 –27，2），在使用过程中，前帮、后帮、左挡头、右挡头便于安装和拆卸。

从空心砖的后壁和空腔 C 的内壁（图 9 –8，1），都可以看到一层层排列整齐的大致呈现水平状的泥层纹理，各层的颜色深浅不一，后壁最上面一层较厚，而且一边薄，另一边厚，此层颜色较浅。还可看到孔洞 3 的边缘有层状的皱纹，其上侧的破茬处更加明显地暴露出泥层的纹理。

从空心砖左端的断茬处和空腔 A 的内壁（图 9 –8，3），也可看到一层层排列整齐的大致呈现水平状的泥层纹理，各层的颜色也深浅不一。更引人注目的是：空腔 A 内壁（即 A 与 B 之间的隔梁左侧）的泥层纹理与前壁、后壁的泥层纹理都是连贯的，前壁和后壁只有水平状的泥层纹理，却没有垂直状的泥层纹理，这一事实表明，模制砖坯时，没有往外模的前帮、后帮上粘贴过泥板。

根据上述大致呈现水平状的泥层纹理可以断定，制陶者模制砖坯时，用弓形割泥器从泥坨上切割下来一层层泥板，用木棍将泥板卷起来移到箱状外模附近，逐层平铺在外模之内，还逐层用下面平整的夯硪垂直夯打瓷实，以便各层之间黏合牢固，并且提高砖坯的致密度。一直平铺到最上面一层与外模口部平齐为止。

采用夯打方法对所用泥料有下列要求：一是选用黏性和韧性都较强的优质黏土，而且泥料经过淘洗，陈腐时间较长，具有较强的可塑性；二是泥料较硬，此时泥料的含水量已经下降至约 15% ~14%，既不会与外模及夯硪之间产生粘连现象，又具有良好的可塑性和韧性，在外力作用时，泥层不易开裂，泥层之间却可以黏合牢固。

拆开外模的两帮、两挡头之后，砖坯顺利脱模。然后进行拍打整形：用素面（光面）拍子将砖坯的上面、前面拍打平整，以便在这两面模印“千秋”、“万岁”隶书图案；后面略经拍打；右端未经拍打，留有一些成型时产生的缝隙。

拍打整形之后，立即在前面和上面模印隶书图案（图 9 –9）。整块砖坯只使用两个印模，均为长方形，可能都是陶质的。“千秋”印模长 10 厘米、宽 5.4 厘米，“万岁”印模长 10.5 厘米、宽 5.9 厘米。推测两个陶质印模是这样制作的：两个坯体均为立方体，都用刀具先在印模面上刻成一个阴纹“日”字，然后在一个“日”字内刻成阴纹“千秋”隶书，在另一个“日”字内刻成阴纹“万岁”隶书。烧制后分别成为陶质的“千秋”图案印模、“万岁”图案印模。陶质印模的优点是：由于其分量较重（比重较大），使用它时，对砖坯表面产生的压力也就较大，模印所得的印痕比较深、“千秋”、“万岁”图案比较清晰。

“千秋万岁”是汉代流行的“吉祥语”之一，主要见于西汉长安城各遗址出土的圆形瓦当上，还见于河南郑州、河北邯郸、山东泰安、内蒙古包头等地出土的圆形瓦当上[6]。东汉在空心砖上也出现“千秋万岁”的“吉祥语”。

模印隶书图案之后，砖坯外表层的含水量略有下降，逐渐变硬。但是胎心含水量仍约 15% ~14%，此时利用一种弧刃的刀具将砖坯内部掏空成为空心砖坯，掏空的方法如下：

先在砖坯后面挖成 4 个椭圆形孔洞（孔洞 1 ~4），从孔洞开始向砖坯内部掏挖，形成4个圆角方形空腔（空腔A～D，图9-8，1）。由于制陶者的手多次进出孔洞，反复挤压孔洞边缘，导致边缘呈现为圆钝状，并且产生皱纹；然后在砖坯左端挖成圆角长方形孔洞5，继续掏挖空腔A；在右端挖成圆角长方形孔洞6，继续掏挖空腔D。值得注意的是：孔洞6边缘棱角鲜明，也没有皱纹，而且留有一刀刀从里往外掏挖时产生的痕迹，这表明当时坯体已经较硬，含水量下降到约10%，受到外力作用时，已经不会产生形变现象。

制陶者这样安排工艺流程是合理的，其原因是：砖坯中段的空腔B、C只有后面的孔洞2、3，空腔内不能形成空气对流，空腔内壁的干燥速度比较慢，先从后面掏挖空腔，可使空腔B、C内壁比较早开始干燥。砖坯左段的空腔A有孔洞1、5，右段的空腔D有孔洞4、6，空腔内可以形成空气对流，空腔内壁的干燥速度比较快，后从两端掏挖空腔，可使空腔A、D内壁较晚开始干燥。最终空腔A、B、C、D的内壁几乎同时达到干燥程度，避免砖坯在干燥收缩过程中产生破坏应力而导致开裂的现象。

从断裂后的左端（图9-8，3）可以看到空腔A内部的状况：空腔横断面呈现不规则圆角长方形，宽32.5厘米、高13厘米，四壁厚度不一，顶板厚7厘米、底板中部厚3厘米、前帮厚7厘米、后帮厚6.5厘米。值得注意的是：底板后边很厚，最厚处达5.6厘米，前边很薄，最薄处仅1.6厘米，因此内底明显由后向前倾斜。产生这种现象的原因是：制陶者从孔洞向内掏挖空腔时，只凭手感，无法准确判断底板的厚度究竟还剩下多少，因而难以做到呈现水平状向前掏挖。

制陶者掏挖空腔时，故意在各空腔之间保留适当厚度的隔梁（图9-8，1），因此，各空腔之间不相通。这些隔梁具有支撑顶板，防止顶板坍塌的重要作用。

空心砖坯体在阴干过程中应当翻动数次，以便使各壁能够同步干燥收缩，防止各壁收缩不匀而导致开裂。

在烧制过程中，各个孔洞和空腔形成火路，火焰可以进入空腔内部，使砖坯从内到外都烧制透彻。使用时，左右两端的孔洞可以插入木棍或钩子，便于搬运。

青州市东汉墓的空心砖与新郑市战国晚期的空心砖（见本书第八章图8-25；图8-26）相比，共同点是都采用外模制法，在木质井字形箱状外模之内成型；主要差别是青州市东汉墓的空心砖采用掏挖方法形成空心，新郑市战国晚期的空心砖利用双工字形内模形成空心。这表明由于地区不同、时代不同，空心砖的具体成型方法也有所不同。

有的学者说：将泥饼“用木棍卷起，铺于凹槽木模底部，而四壁以同样的方法用泥饼贴好，合缝处用手黏合，然后中间置一沙袋，以作内胎（布袋内装细沙，两端留口），然后在沙袋之上再覆盖一层同样的泥饼，最后将整个木模翻盖在一块底板上，等泥坯半干，把木模去掉，在砖坯两端用刀各挖一洞或两洞（如是特大型砖，又多在砖坯侧面加挖一洞），使内胎沙袋之沙流出，然后用手从洞口伸入将砖坯四角合缝处再度弥合（每块空心砖都留下了手印痕迹）。这样一块素面空心砖坯就做成了”[7]。这里只提到“手印痕迹”，却没有提到“布袋”痕迹，希望考古工作者今后能够从空心砖内壁找到以“沙袋”“作内胎”形成空心的证据，因为这种说法能否成立，取决于空心砖内壁有无“沙袋”（布袋）遗留的痕迹（布纹）。

第五节　陶窑和陶器的烧制工艺

下面先介绍陶窑，然后介绍陶器的烧制工艺。

一、陶窑

汉长安城窑址的21座陶窑，分为三组：第一组7座，第二组8座，第三组6座，均为半地穴式半倒焰窑，挖于生土中。

陶窑的结构和装窑方法如下：

1. 陶窑的结构

21座窑的形制、大小相近，一般由前室、火门、火膛、窑室和排烟设施（进烟口、烟道、排烟口）五部分组成。前室平面呈现长方形，两侧面及地面略经加工，入口处为夯土台阶或坡道。前室地面有一层人工踩踏面。火门立面有拱形和三角形两种，火门处有用土坯或砖垒砌的封火墙。火膛底部平面呈现梯形，与前室相接一端较窄，连接窑室一端较宽。火膛剖面呈现拱形，顶部朝窑室方向呈现弧形。火膛内壁抹一层麦秸泥，经过火烧烤成为青灰色烧结面（笔者在社科院考古所实验室看到过宋代浙江龙泉窑的烧结面。黏土在高温燃烧过程中发生化学和物理反应产生液相，结成的硬面称为烧结面。）。火膛内出土木炭，烧窑燃料为木柴。窑室平面近长方形，窑壁为生土，有的在生土壁内侧加筑夯土墙。窑壁和窑床表面抹一层麦秸泥，经过火烧烤成为青灰色烧结面。有的窑壁上遗有臿、镬等（挖窑）工具痕迹。窑室与火膛连接处、窑床边上，有一道横向的隔火墙，系长条砖单砖顺砌。隔火墙在每一层中，两砖之间均留有宽约5厘米的进火孔。相邻上下层的进火孔错位排列，可以使火膛中的火力通过隔火墙上的进火孔均匀地进入窑室。在窑室的窑床上，有一道纵向的砖砌分火道隔墙，一端与隔火墙成“丁”字形相接，另一端相接于窑室后壁，它将窑室分为大小相同的两部分。此墙为单砖顺砌，每一层砖与砖之间均留有宽约5厘米的通火孔。相邻上下层通火孔错位排列，可使火力通过分火道隔墙上的通火孔均匀地流动。窑门很可能设在各窑室顶部的左侧或右侧（作为装窑、出窑的通道）。陶窑的排烟设施由进烟口、烟道和排烟口组成。在窑室后壁与窑床相接处，有中、左、右三个进烟口，其后连接烟道。以设于窑室后壁底部居中位置的中进烟口为主，其形状有长方形、梯形、三角形（如Y22的中进烟口）、五角形和拱形等，其中以长方形居多。中进烟口后接烟道，烟道呈现直角形，前段为纵向直道，后接向上垂直的主烟道。分火道隔墙正对中进烟口，它阻挡着进烟口的大部分，致使进烟甚少，以便减缓烟火进入中进烟口的速度，提高窑室内火力的利用率。主烟道位于窑室后壁外，由汉代地面向下掏挖而成，底部为平底或坡底。主烟道上口为全窑三个烟道的统一排烟口，一般为圆形或椭圆形。排烟口之上砌筑有烟筒（即烟囱，方言称之为烟筒）。左、右进烟口后部各挖一直道，其顶部分别挖左、右烟道，斜通主烟道（与主烟道会合）[2]。

陶窑的结构情况如第三组的Y22平、剖面图（图9－10）所示，不再赘述。

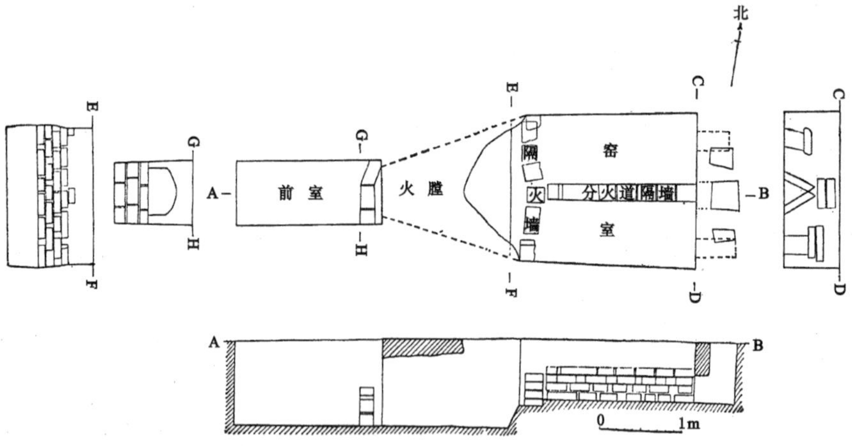

图9－10　汉长安城窑址 Y22 平、剖面图

如上所述，西汉的半倒焰窑规模大，在结构上已经达到规范化的程度，与战国秦代的半倒焰窑相比，西汉半倒焰窑的改进主要表现在以下两个方面：

（1）在窑室与火膛之间设置一道横向的隔火墙，可以使火膛内的火力通过隔火墙上的进火孔均匀地进入窑室；在窑室内设置一道纵向的分火道隔墙，可以使已经进入窑室左边和右边两部分的火力，通过分火道隔墙上的通火孔均匀地流动，从而使整个窑室内各部位的火力分布均匀，窑温相近，防止局部出现过烧或生烧的现象。

（2）在窑室后壁设置三个进烟口，进烟口这样分布有利于窑室后部的温度均匀，中间有一个竖直主烟道，左右有两个斜向烟道，往上与主烟道会合成一个统一的排烟口，地面以上砌筑烟囱。笔者推测，可能在烟囱口部采用全开、半开半封闭、全封闭的办法，来控制烟道对窑内空气的抽力大小，从而控制窑内的温度和气氛。

2．装窑方法

21 座陶窑均为烧制裸体陶俑，从装满俑坯的 Y21、Y22 来看，窑室放置俑坯之前，在窑床上先撒一层细砂，其上面铺一层软泥，最上面再撒一层细砂（这层细砂在俑坯与软泥之间起隔离层作用，防止粘连），三层共厚约 5 厘米。俑坯垂直放置，头朝下，脚朝上，面向火膛，一个个相挨，纵横排列成行。俑头隔着细砂压入软泥中，陶俑从窑室内取出之后，窑床上满布一个个头窝。窑床上铺垫细砂和软泥，既便于俑坯放置稳定，又便于烧成之后出窑。为防止俑坯倒斜，还在俑坯之间的空隙处填以陶片和砖、瓦残块。在俑头的一侧往往有平放的半月形陶支垫，加以固定。在 21 座陶窑中，根据窑室面积大小，每窑装 350 ~ 450 个俑坯[2]。

二、陶器的烧制工艺

陶器的烧制工艺包括温度控制、气氛控制两个方面。

1．温度控制

汉长安城陶窑出土的陶俑，“致密度高，硬度强，烧结情况良好”[2]，经测定，烧成温度为1000～1050℃（表9－1）。笔者依据这一测定结果认为：以普通易熔黏土为原料制成的坯体，其耐火度（允许达到的最高温度）为1050℃，假如烧成温度超过其耐火度，就会产生液相、烧流、变形。这是认识上的飞跃，研究方法上的创新。另外，经测定，汉代砖瓦的烧成温度为1000～1010℃（表9－2），印证了上述认识。汉代的陶工善于控制陶器的烧成温度的上限，使大批陶器既“致密度高，硬度强，烧结情况良好”，又无烧流、变形现象。

平朔汉墓出土的陶器可以分为普通陶器、釉陶两大类。笔者根据陶胎的硬度，估计普通陶器的烧成温度约1000～1050℃，从总体上看比较高；釉陶壶的烧成温度约900℃。釉陶壶的烧成温度低于普通陶器，是受到低温铅釉制约的缘故。

2. 气氛控制

汉代的陶器以还原烧成为主，氧化烧成为辅。

还原烧成技术。平朔汉墓出土的普通陶器，几乎全部采用还原烧成，成为颜色纯正的灰陶。汉长安城窑址出土的陶俑呈现青灰色，大多色泽纯正[2]，徐州市狮子山西汉兵马俑坑出土的陶俑、陶马均为泥质灰陶，也都采用还原烧成。青州东汉墓的空心砖内壁、胎心、外表都呈现纯正的灰色，是经过充分还原烧成所致。

氧化烧成技术。平朔汉墓出土的白陶熏炉为氧化烧成，呈现白色泛黄是高岭土内所含的少量铁质被氧化所致；釉陶壶采用氧化烧成，胎呈现红褐色是所含的铁质被氧化的结果，釉呈现绿色是釉中所含的铜被氧化的缘故。

第六节　烧制后陶器上的装饰工艺

此期烧制以后陶器上的装饰工艺可以分为彩绘陶、髹漆陶器两大类。

一、彩绘陶

关于彩绘陶工艺涉及以下五个方面：

1. 彩绘的颜色

平朔汉墓出土的彩绘陶有800余件，约占陶器总数（12000余件）的6%，均为泥质灰陶，先涂底色（也称地色），再绘彩色图案。底色有白、黑、红、黄、绿五种，其中以白、黑两种为主；图案颜色有黑、白、灰、红、黄、蓝六种，其中以黑、白两种为主。经测定，黑色颜料为墨，白色颜料为高岭土，红色颜料为铅丹（分子式Pb_3O_4），灰色颜料是用墨与高岭土调和而成[8]。墨为有机颜料，其余均为无机矿物颜料。

汉长安城窑址出土“个别陶俑上的白衣红彩是陶俑烧成出窑后施绘的”[2]。

河南洛阳市北郊烧沟汉墓群，在225座西汉中期至东汉晚期墓葬中出土陶器4713件。其中“在陶器制成后用颜色涂上的”“涂色者”233件，“在一种器物上涂专一的颜色”，约有涂朱、涂（白）粉、涂黄粉、涂青四种；“也是在陶器制成后才绘描上去的”785件，“在器物上分组描出各种不同的图案”，按绘描颜色的不同，分（白）粉绘、朱绘、彩绘三种[9]。上述“涂色者”与“绘描者”共计1018件，占陶器总数（4713件）的21.60%，这一比例是相当高的。笔者认为，“涂色者”与“绘描者”的共同点是都在烧制以后的陶器上施加颜色，都属于彩绘陶范畴；二者的差别是“涂色者”“涂专一的颜色”，没有图案，“绘描者”“描出各种不同的图案”，例如西汉彩绘云纹陶壶（彩版2，4，笔者从中国国家博物馆展厅内拍摄）。

2. 彩绘的部位

平朔汉墓的彩绘陶，大多数在腹中部以上绘彩色图案（图9－1，4；图9－2，1，3，4；图9－3，1－4），极少数连腹下部也绘彩色图案（图9－2，2）。最复杂的图案都绘在最显眼的部位，例如陶钫的领部（图9－1，4），陶壶的领部至腹中部（图9－2，2－4；图9－3，3，4），陶盒的顶部（图9－2，1；图9－3，2），鸭形熏炉鸭的背部和腹中部（图9－5，1）。

3. 彩绘的纹样

平朔汉墓的彩绘陶，纹样有：平行条纹、云气纹、网格纹、回形纹、水波纹、勾纹、三角纹、圆圈纹（图9－3，1）等。其中以平行条纹和云气纹数量最多。平行条纹除有自己的装饰作用外，还有将器物从上往下划分为若干图案带的作用。云气纹是汉代最流行的彩绘纹样，它又可细分为卷云纹、缠绕流云纹、同心旋转云纹三种。

4. 彩绘的方法

平朔汉墓的彩绘陶，从底色和纹样颜色两方面来看，彩绘的方法主要有三种：

（1）先以黑色打底子，再用白线勾勒图案。例如陶盒9M21:8（图9－2，1），先将全身外表涂黑，作为地色；然后从器身口部至器盖顶部绘白色平行条纹、网格纹、缠绕流云纹和卷云纹图案；在两周双线的缠绕流云纹当中，一周在双线之间填红彩，另一周在双线之间填黄彩；在卷云纹内填红彩；在网格纹内点缀红彩、黄彩，两色相间。笔者仿制了这件彩绘陶盒，即仿:296（图版9，1，2），全身以墨打底子，然后绘彩，白色以方解石为颜料，红色以朱砂为颜料，黄色以铝矾土（又称矾土或铝土矿，主要成分是氧化铝，因含少量铁而呈黄色，是笔者1992年从山西侯马市的山上采集的，经过化验）为颜料。

又如陶壶9M20:1（图9－2，2），先将全身外表涂黑，作为地色；然后从腹下部至器盖顶部绘白色平行条纹、C形卷云纹、缠绕流云纹、竖条纹、圆圈纹、勾纹、同心旋转云纹图案；在两周双线的缠绕流云纹当中，一周在双线之间填红彩，另一周在双线之间填黄彩；在同心旋转云纹内填红彩；在白圆圈内填红圆圈。

再如陶钫6M16:6（图9－1，4），先将全身外表涂黑，作为地色；然后从口部至颈部绘白色菱形网格纹、三角形兽面纹、圆圈纹；在三角形兽面纹内填红彩，腹上部绘云气纹。笔者仿制了这件彩绘陶钫，即仿:331（图版9，5、6），全身以墨打底子，然后绘彩，白色以方解石为颜料，红色以朱砂为颜料。

（2）先以白色打底子，再用黑线勾勒图案。例如陶壶3M195:3（图9－2，4），先将全身外表涂白，作为地色；然后器身上绘黑色平行条纹、三角纹、卷云纹，圈足上绘竖条纹；器身上再填以红彩三角纹、卷云纹和圆圈纹。笔者仿制了这件彩绘陶壶，即仿:291（图版9，3），先在全身涂刷一层白色高岭土泥浆打底子，然后绘彩，黑色以墨为颜料，红色以朱砂为颜料。

（3）先以黑色打底子，再以白线勾勒图案；先以白色打底子，再用黑线勾勒图案。这两种方法在同一件器物上并用。例如鸭形熏炉 GM116:11（图 9－5，1），先将鸭羽翅和头上涂黑，作为地色，然后绘白色羽毛；先将鸭嘴下、颈前、胸前、腹下、尾下、两足、承盘的沿面及内壁涂白，作为地色，然后在承盘的沿面绘黑色锯齿纹。笔者仿制了这件彩绘陶鸭形熏炉，即仿:290（图版 10，3、4），黑色以墨为颜料，白色以方解石为颜料。

5. 彩绘陶工艺与彩陶工艺的差别

为探明二者的差别，笔者做了两项实验：

（1）各种颜料焙烧前后颜色的对比实验。选用 10 种颜料，其中墨为有机颜料，其他均为无机矿物颜料，分别绘在坯体上，一式两份，器表都经过磨光。一份未经焙烧，另一份焙烧至 800℃，坯体变成陶器，两份颜色对比如下（表 9－3）。

表 9－3　各种颜料焙烧前后颜色对比表

编号	颜料名称	焙烧前颜色	焙烧后颜色
1	墨	黑	灰分呈灰黄色
2	方解石 $CaCo_3$	白	白
3	高岭土	白	米黄
4	黄磷铁矿 $Fe_4(H_2O)_{12}[PO_4]_3(OH)_3$	米黄	肉红
5	铝钒土	柠檬黄	红褐
6	朱砂 HgS	朱红	杂质呈橘黄色
7	赤铁矿 Fe_2O_3	深赭红	浅赭红
8	孔雀石 $Cu_2[CO_3](OH)_2$	浅绿	灰黑
9	蓝铜矿 $Cu_3[CO_3](OH)_2$	浅蓝	深灰蓝
10	铁锰结核	灰黑	灰黑泛深褐

在 10 种颜料中，只有方解石焙烧之后色相未变，但是碳酸钙分解之后容易脱落；高岭土、赤铁矿、铁锰结核的色相都比较稳定，焙烧之后颜色变化很小；黄磷铁矿、铝矾土、孔雀石、蓝铜矿的色相不稳定，焙烧之后颜色变化较大；墨、朱砂的色相很不稳定，焙烧之后的颜色变化最大。由于各种颜料耐火性能不同，色相变化的程度也就不同。实验结果表明：这 10 种颜料都可以作为彩绘陶的颜料，因为彩绘陶是先烧制后绘彩，颜料不会被火烧，所以取材广泛，结果彩绘陶的色彩丰富，各种颜色组合复杂，对比强烈，令人感到刺眼；只有 3 种颜料（铁锰结核、赤铁矿、高岭土）可以作为彩陶的颜料，因为彩陶是先绘彩后烧制，颜料必须与坯体一起经过火烧，所以取材狭窄，只有少数耐火性能良好，烧制后色相稳定的矿物颜料才可以使用，结果彩陶色彩单调，颜色组合简单，对比不强烈，但是给人以柔和之感。

（2）使用矿物颜料时加胶与不加胶的对比实验。彩绘陶和彩陶所用的矿物颜料有一个共同点：都必须经过粉碎、研磨、淘洗等工序，并且加工成颗粒细腻的颜料浆才能使用。但有以下明显区别：

彩绘陶所用的矿物颜料浆中必须加入适量的胶质作为黏合剂（也称胶结材料），使其具有一定的黏着力，才能黏附在陶胎表面。经笔者多次试验，如果不加胶质或加胶质太少，矿物颜料干燥之后就会呈现粉末状而脱落；如果加胶质太多，颜料浆结成疙瘩，笔就拉不开，无法绘画。据报道，广西花山战国至东汉期间完成的岩画所用矿物“颜料的黏合剂应为木质素”，系“调入新鲜树液”[10]。平朔汉墓出土的彩绘陶当中，有一部分至今矿物颜料仍然保存完好，应是在颜料浆中加入适量胶质所致。据了解，皂荚树（又称皂角树）、漆树、桃树、楮树（又称穀树、构树）等新鲜树液都可以作为矿物颜料的黏合剂。笔者仿制彩绘陶时，在矿物颜料浆中加入适量新鲜的皂荚树液作为胶质，至今彩绘图案尚存。

彩陶则不同，矿物颜料浆中不需要加入胶质，因为在坯体表面绘彩之后一般都要经过磨光，矿物颜料被磨光工具（例如光滑的鹅卵石或骨器）压入坯体表层，成为表层的有机组成部分，只要烧成温度较高，矿物颜料是不会脱落的，甚至洗刷不掉。

彩绘陶和彩陶都是工艺美术品，但是二者的功能有明显差别：彩绘陶虽然色彩鲜艳夺目，但是华而不实，所绘的颜料怕摩擦、怕火、怕水，甚至周围空气的湿度发生变化时也会脱落，因此彩绘陶一般只作为死者随葬之用的明器；彩陶的颜料不易脱落，是美观与实用的统一体，可以作为人们的日常生活用具。

二、髹漆陶器

髹漆是汉代三大手工业（冶铁、髹漆、制陶）之一，漆器是汉代的重要工艺品，极被当时人们重视，不少汉墓中出土了漆器，器形有鼎、壶、钫、盒、耳杯、盘等。漆器以木、麻等作为器物的胎，在胎上髹漆。在漆器工艺的影响下，产生了髹漆陶器，即把漆涂在陶胎上作为“衣”，考古界将髹漆陶器称为“漆衣陶器”。

例如平朔汉墓出土的少数泥质灰陶壶，刚出土时，考古工作者看到其表面髹红漆，红漆之上以褐色漆绘成云气纹，模仿漆器的艺术效果。然而1989年4月笔者前往朔州市博物馆考察时，看到灰陶壶上的漆已经全部脱落。

山东临沂银雀山西汉墓葬中出土“漆衣陶器21件。皆出（土于）墓4。胎质是经过淘洗的泥质灰陶，火候充足，颜色纯灰，质地坚硬。在陶胎烧成后，于器物的表里髹红褐色漆。以别于木、麻等胎的漆器，称为漆衣陶器。器形有鼎、盒、壶、匜等。器形规整匀称，漆衣色泽鲜亮。”[11]

湖北云梦西汉墓出土“漆衣陶罈1件。灰陶胎，里表均髹褐色漆陶衣，在器外的漆陶衣上还套有细篾的编织物”[12]。

在北京市丰台区大葆台发现两座西汉中晚期大型木椁墓，其中一号墓出土“黑衣陶器胎质是经过淘洗的泥质红陶和灰陶，火候充足，质地坚硬。在陶胎烧成后，于器表或表、里施以黑衣。这种黑衣陶器比较少见，过去在山东临沂银雀山西汉墓……湖北云梦西汉墓中曾有出土。此次出土陶器，以黑衣陶为主，而且品种和数量都比较多。器形有鼎、壶、盘、耳杯、钫和魁等。器形规整匀称，黑衣色泽鲜亮厚重”[13]。这里没有说明这些“黑衣陶器”是不是“漆衣陶器”。但是，在具体报道器物时说：Ⅰ式盘:15，泥质红陶，“里施红漆衣，外施黑衣”；Ⅰ式盘:18，“泥质红陶，里红外黑漆衣”[13]。有的学者明确地说大葆台一号墓随葬的“陶器有鼎、罐、壶、盘、盆、魁、钫、瓮及耳杯等，器表多施一层黑漆衣”[14]。由此可见，大葆台一号墓陶器上的“黑衣”实际上是“漆衣”，“黑衣陶器”实际上属于“漆衣陶器”。

参考文献

［1］平朔考古队：《山西朔县秦汉墓发掘简报》，《文物》1987 年第 6 期。

［2］中国社会科学院考古研究所汉城队：《汉长安城窑址发掘报告》，《考古学报》1994 年第 1 期。

［3］南京博物院：《近十年来江苏考古的新成果》，文物编辑委员会编：《文物考古工作十年》（1979～1989），文物出版社，1990 年，第 109 页。

［4］北京大学考古学系编：《北京大学赛克勒考古与艺术博物馆藏品选》（1998），科学出版社，1998 年，第 21 号褐红釉加彩壶。

［5］《中国文物精华》编辑委员会编：《中国文物精华》1997，文物出版社，1997 年，第 7 号绿釉鸮尊。

［6］申云艳著：《中国古代瓦当研究》，文物出版社，2006 年，第 94、116、128、136、138 页。

［7］黄明兰编著：《洛阳西汉画象空心砖》，人民美术出版社，1982 年，第 31 页。

［8］黄素英：《山西朔县汉代墓葬出土彩绘陶壶彩料发射光谱分析结果》，待刊。

［9］洛阳地区考古发掘队：《洛阳烧沟汉墓》，科学出版社，1959 年，第 149～153 页。

［10］邱钟仑等：《花山岩画颜料和粘合剂初探》，《文物》1990 年第 1 期。

［11］山东省博物馆、临沂文物组：《临沂银雀山四座西汉墓葬》，《考古》1975 年第 6 期。

［12］湖北省博物馆、孝感地区文教局、云梦县文化馆：《湖北云梦西汉墓发掘简报》，《文物》1973 年第 9 期。

［13］大葆台汉墓发掘组、中国社会科学院考古研究所：《北京大葆台汉墓》，文物出版社，1989 年，第 37 页。

［14］北京市文物研究所编：《北京考古四十年》，北京燕山出版社，1990 年，第 100 页。

第十章
北魏的制陶技术

北魏（公元386～534年）是北朝之一，鲜卑人拓跋珪所建，后来分裂为东魏和西魏。拓跋鲜卑是鲜卑族的一部。公元386年拓跋珪在盛乐（今内蒙古和林格尔县）建魏国称魏王，公元398年迁都至平城（今山西大同市），公元399改号称皇帝（北魏道武帝）。公元494年北魏孝文帝迁都至洛阳（今河南洛阳市）。平城作为北魏都城达97年，经历六帝：道武帝拓跋珪、明元帝拓跋嗣、太武帝拓跋焘、文成帝拓跋濬、献文帝拓跋弘、孝文帝拓跋宏，留下许多文化遗存。大同南郊北魏墓群是拓跋鲜卑的文化遗存之一，1988年发掘的167座墓葬，共出土陶器754件（其中包括因墓葬破坏，采集的陶器6件）。2002年8月，笔者和中国社会科学院考古研究所黄素英女士一起，应大同市博物馆王银田先生邀请，前往大同考察了这批陶器，除15件已经破碎的陶器之外，其余739件陶器都逐一进行了考察，因此，可以对739件陶器的工艺从各个不同角度进行分析，并且统计出数量和百分比。对整个陶器群几乎百分之百地进行考察，笔者这样做尚属首次。在739件陶器中，有普通陶器690件，占93.37%；釉陶49件，占6.63%。在690件普通陶器中，有手制成型的682件，占98.84%；轮制成型的8件，占1.16%。在49件釉陶中，有手制成型的41件，占83.67%；轮制成型的8件，占16.33%。考察时，承蒙考古所黄素英女士、大同市博物馆王雁卿女士和曹臣明先生大力协助。本章所用线图都引自《大同南郊北魏墓群》[1]，所用陶器资料承蒙大同市博物馆提供。

关于大同地区北魏时期陶器的资料，过去报道甚少，只见于司马金龙墓，司马金龙夫妇分别下葬于孝文帝延兴4年（公元474年）、太和8年（公元484年），该墓出土陶俑367年，陶家畜33件，还有灰陶壶、釉陶器盖、釉陶器座。其中陶俑绝大部分采用模制法成型，陶猪、陶羊等少数为手捏成[2]。大同南郊北魏墓群出土大批陶器，填补了中国古代制陶技术史上的一段空白。鉴于其重要性，本章予以详细叙述。

北魏制陶技术中，比较值得注意的技术事件有以下五个方面：

（1）全部陶器（包括普通陶器和釉陶）以当地产的普通易熔黏土作为制胎的原料，特点是土中含有钙质结核，泥质陶所用泥料一般都未经淘洗，含有杂质。

（2）制坯时所用的陶轮装置有快轮、慢轮两种，以慢轮为主、快轮为辅。

（3）暗纹是北魏手制普通陶器上最常见、纹样种类最多、纹样组合最复杂、最有鲜卑民族特色的一种纹饰，反映了豪放的民族性格。

（4）有的陶器上刻划汉字，其中有别字，表明鲜卑族陶工在学习汉族制陶技术的同时也学习汉族文化，这是民族融合的反映。

（5）回顾中国古代烧制低温铅釉陶的历史：在汉代，采用一次烧成法；在北魏，沿用一次烧成法，首创二次烧成法，二者并用；在唐代，采用二次烧成法。北魏恰好处于一次烧成法向二次烧成法过渡的关键时期，具有承上启下的作用。

下面分别论述普通陶器的工艺和釉陶的工艺。

第一节　普通陶器的工艺

普通陶器的工艺涉及以下七个方面。

一、原料的制备工艺

原料的制备工艺包括制胎原料的选择和配料方式。

1. 制胎原料的选择

制胎原料有黏土、羼和料两类，现在分别介绍如下：

黏土。经笔者观察，690 件普通陶器所用的塑性原料均为普通易熔黏土，从泥质陶上看到土中原来就含有个别砂粒和钙质结核（俗称料姜石），粒径 1 ~ 3 毫米不等，钙质结核的存在表明采用当地产的碱性黏土为原料。例如盘口罐 M204∶3（图 10 - 1，1，2），肩部外表被所含的钙质结核崩脱一块，形成一个凹坑状疤痕，钙质结核已经分解脱落，凹坑中央的小凹点就是原先钙质结核所在的位置。

羼和料。夹砂陶所用的砂粒一般呈现灰黑色，多数为粗砂陶，砂粒未经筛选，粒径 0. 5 ~ 1. 5 毫米。少数为细砂陶，砂粒经过筛选，粒径小于 0. 5 毫米。

2. 配料方式

无羼和料的陶器。在 690 件普通陶器中，只以黏土为原料的泥质陶有 615 件，占 89. 13%。在 615 件泥质陶中，泥料未经淘洗，含有杂质（砂粒和钙质结核）的普通泥质陶有 614 件，占 99. 84%；泥料经过淘洗，质地细腻，不含杂质的细泥陶只有 1 件，占 0. 16%。

有羼和料的陶器。在 690 件普通陶器中，以黏土羼和适量砂粒作为原料的夹砂陶有 75 件，占 10. 87%。在 75 件夹砂陶中，有粗砂陶 72 件，占 96%；细砂陶 3 件，占 4%。

二、坯体的成型工艺

可以分为手制法、轮制法两大类。

1. 手制坯体的成型工艺

手制系指在慢轮的轮盘上，采用正筑泥条筑成法成型，在 690 件普通陶器中，手制的器物有 682 件，占 98. 84%。手制陶器均为平底器，先将泥坨拍打成圆饼底。一部分器物，利用刀具对圆饼底的边缘进行慢轮修整，使其形状规整浑圆，棱角鲜明，边缘留有刮削痕迹。在 682 件手制普通陶器中，有 73 件圆饼底经过慢轮修整，占 10. 7%。然后用泥条在圆饼底上侧筑成器壁（壁压底），或者在圆饼底外侧筑成器壁（壁包底）。

泥条筑成法可分泥条盘筑、泥条圈筑两种：

泥条盘筑法。泥条呈现盘旋上升。在682件手制普通陶器中，泥条盘筑成型的有59件，占8.65%。在59件器物中，泥条按逆时针方向延伸的有51件，占86.44%，例如陶壶M228:1（图10－1，3），颈下部内壁有泥条缝隙，操作方法是轮盘按顺时针方向慢速旋转，用右手捏泥条，主要靠右手的技巧，这是正常的操作方法；泥条按顺时针方向延伸的有8件，占13.56%，操作方法是轮盘按逆时针方向慢速旋转，用左手捏泥条，主要靠左手的技巧，这是"左撇子"的操作方法。由此可见，以正常的操作方法为主，"左撇子"的操作方法为辅。

泥条圈筑法。泥条一圈圈垒叠而上，每圈首尾衔接。在682件手制普通陶器中，泥条圈筑成型的有540件，占79.18%，例如盘口罐M204:3（图10－1，1），从腹部至颈部内壁都有泥条缝隙。

如上所述，在泥条筑成法中，以泥条圈筑为主，泥条盘筑为辅。此外，还有83件器物由于制陶者在修整过程中使泥条缝隙消失，难以判断泥条盘筑还是泥条圈筑，只能笼统地说泥条筑成，在682件手制普通陶器中占12.17%。

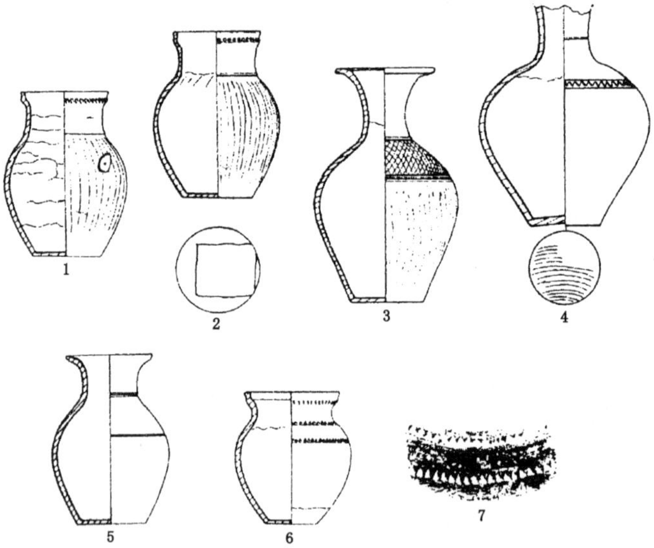

1，2. 盘口罐（M204:3）（N204:3）；
3. 陶壶（M228:1）；
4. 陶壶（M170:7）；
5. 平沿陶罐（M105:4）；
6. 夹砂戳刺纹陶罐（M103:2）；
7. 拓片（M103:2肩部纹饰拓片）

图10－1 北魏的普通陶器

在682件手制普通陶器中，外底与轮盘之间没有设置隔离层的有681件，占99.85%；设置隔离层的只有1件，占0.15%，即泥质灰陶平沿罐M102:7，外底布满砂粒印痕，表明以砂粒作为隔离层。在一般情况下，所用泥料含水量较低（笔者推测约19%），因此外底没有与轮盘粘连，二者可以顺利分离，一部分器物的外底还留有慢轮的印痕。但是有时所用泥料含水量较高（推测约23%），外底与轮盘粘连，只好采用绳割的方法使二者分离，一部分器物的外底留有切割痕迹，在681件没有设置隔离层的手制普通陶器中，外底留有切割痕迹的有14件，占2.06%。在这14件器物中，能够看出偏心涡纹的涡心偏向左边的有5件，可知切割时轮盘按逆时针方向旋转；偏向右边的有2件，可知切割时轮盘按顺时针方向旋转；其余只能看到弧线，看不到涡心，难以判断切割时轮盘旋转的方向。

2．轮制坯体的成型工艺

快轮制陶简称轮制法，在690件普通陶器中，轮制的只有8件，占1.16%。例如平沿罐M239:2（图10－2，1），泥质深灰陶，从内底至内壁有顺时针方向的螺旋式拉坯指痕；外底有弧线状的切割痕迹；颈部外表有麻花状扭转皱纹，从左上方至右下方倾斜。这些痕迹表明拉坯时，轮盘按逆时针方向快速旋转，右手在外侧，左手在内侧，主要靠右手用力。

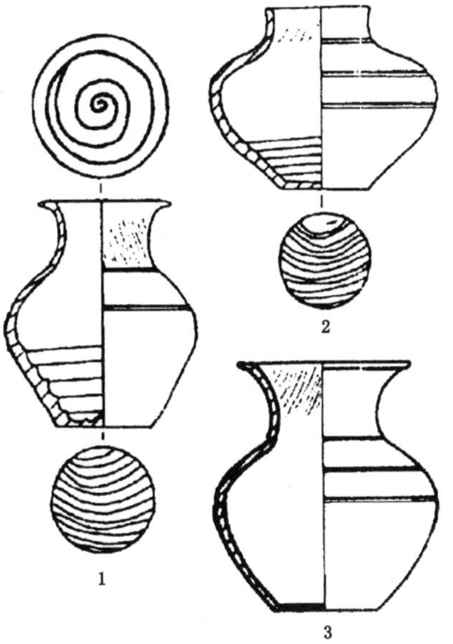

图10－2　北魏轮制的陶器

1．平沿陶罐（M239:2）；
2．矮领陶罐（M239:3）；
3．平沿陶罐（M117:5）

三、手制陶器外底遗留的慢轮印痕

由于一般没有设置隔离层，手制普通陶器的坯体是直接在慢轮的轮盘上成型的，一部分器物的外底留有慢轮的印痕，包括车筒榫头印痕、木楔印痕、轮盘圆心定位点印痕、轮盘木板印痕四种，现在分别叙述如下：

1．车筒榫头印痕

慢轮的轮盘是用木板制成的，轮盘中央凿成一个方形孔作为卯眼；慢轮的中轴用圆木制成，其上部为实心，呈现方柱状，作为榫头插入轮盘中央的卯眼内，形成榫卯结构，中轴的下部中空，呈现圆筒状，称为车筒。外底遗留的车筒榫头印痕如下：

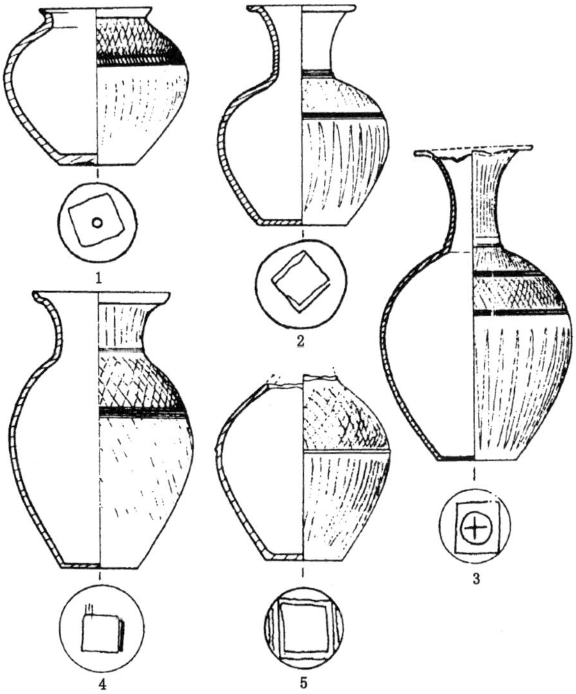

1．矮领陶罐（M51:3）；
2．陶壶（M54:11）；
3．陶壶（M19:1）；
4．大型陶罐（M28:10）；
5．陶壶（M28:6）

图10－3　北魏手制陶器外底的慢轮印痕

盘口罐 M204:3（图 10－1，2），榫头印痕呈现长方形，边长 4.5 厘米 ×4.3 厘米，阴纹；矮领罐 M51:3（图 10－3，1），榫头印痕呈现长方形，边长 4.5 厘米 ×4.2 厘米，阴纹；陶壶 M54:11（图 10－3，2），榫头印痕呈现长方形，边长 3.2 厘米 ×2.4 厘米，阳纹；陶壶 M19:1（图 10－3，3），榫头印痕呈现长方形，边长 4.5 厘米 ×4.2 厘米，阳纹；大型罐 M28:10（图 10－3，4），榫头印痕呈现长方形，边长 3.5 厘米 ×3.2 厘米，阴纹；陶壶 M28:6（图 10－3，5），榫头印痕呈现长方形，边长 3.5 厘米 ×3 厘米，阳纹；矮领罐 M170:5（图 10－4，3），榫头印痕呈现长方形，边长 2.5 厘米 ×2.2 厘米，阴纹；夹砂戳刺纹罐 M22:3（图 10－4，4），榫头印痕呈现正方形，边长 3.3 厘米 ×3.3 厘米，阳纹；矮领罐 M214:19（图 10－5），榫头印痕呈现长方形，边长 5.7 厘米 ×5.5 厘米，阴纹；矮领罐 M128:3（图 10－6，5），榫头印痕呈现正方形，边长 5 厘米 ×5 厘米，阳纹；陶壶 M147:1（图 10－7，8），榫头印痕略呈现正方形，边长 4 厘米 ×4 厘米。

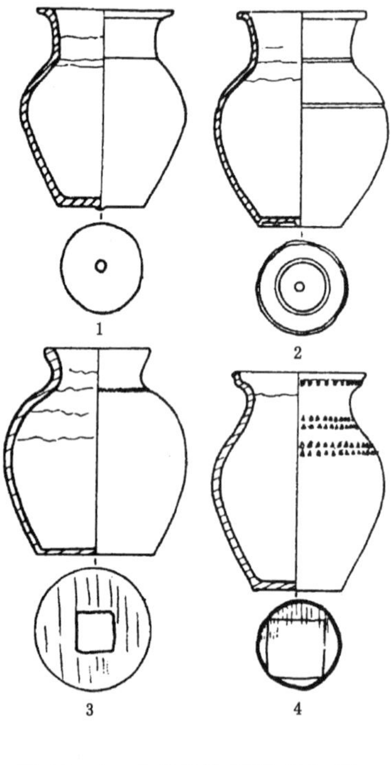

图 10－4　北魏泥条圈筑的陶器

1. 平沿陶罐（M50:4）；
2. 平沿陶罐（M9:3）；
3. 矮领陶罐（M170:5）；
4. 夹砂戳刺纹陶罐（M22:3）

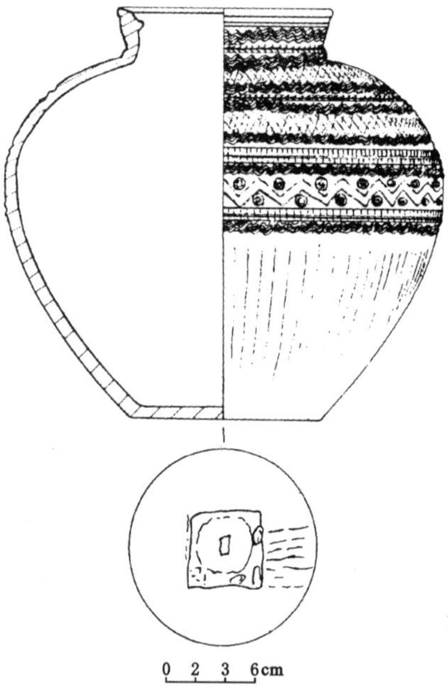

图 10－5　北魏手制矮领陶罐（M214:19）外底的慢轮印痕

在 681 件外底与轮盘之间没有设置隔离层的手制普通陶器中，外底留有榫头印痕的器物有 44 件，占 6.46%。榫头印痕有长方形、正方形两种，以长方形较多。一些榫头顶端略高于轮盘表面，呈现凸起状，榫头印痕就呈现凹下状即阴纹；一些榫头顶端略低于轮盘表面，呈现凹下状，榫头印痕就呈现凸起状即阳纹；只有个别榫头顶端与轮盘表面平齐，看不出榫头印痕是阴纹还是阳纹。

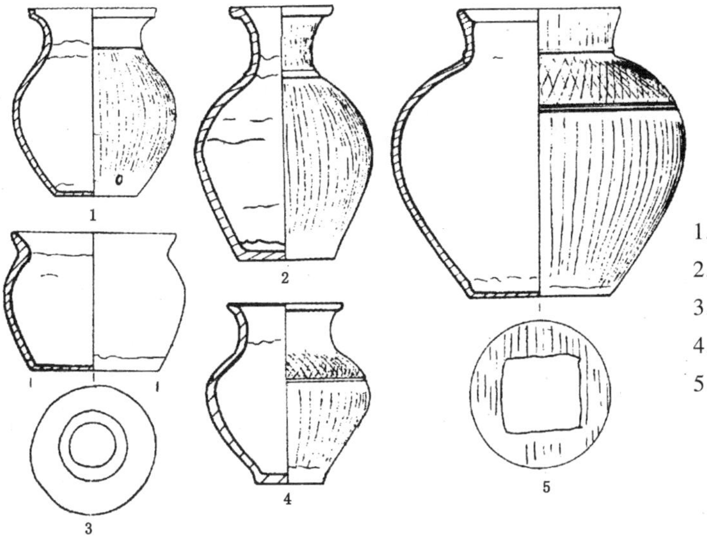

1. 盘口陶罐（M205:3）；
2. 陶壶（M195:2）；
3. 侈口陶罐（M126:8）；
4. 平沿陶罐（M215:4）；
5. 矮领陶罐（M128:3）

图 10－6　北魏壁压底的陶器

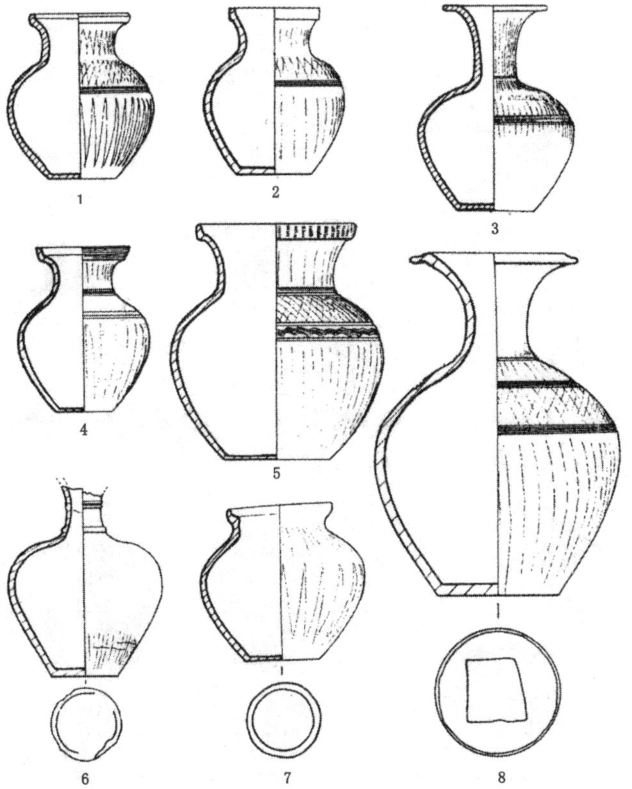

1. 盘口陶罐（M14:8）；
2. 盘口陶罐（M14:9）；
3. 陶壶（M14:7）；
4. 盘口陶罐（M26:1）；
5. 盘口陶罐（M26:6）；
6. 陶壶（M110:11）；
7. 矮领陶罐（M151:1）；
8. 陶壶（M147:1）

图 10－7　北魏壁包底的陶器

2. 木楔印痕

在榫头与卯眼之间有缝隙的情况下，将木楔打入缝隙内，使车筒与轮盘结合牢固，于是一些器物的外底，在榫头印痕侧面留有木楔印痕。例如陶壶 M54:11（图 10－3，2），榫头印痕三侧有木楔印痕；大型陶罐 M28:10（图 10－3，4），榫头印痕一侧有木楔印痕。

在 44 件外底留有榫头印痕的器物中，榫头印痕侧面有木楔印痕的只有 6 件。

3. 轮盘圆心定位点印痕

在坯体成型和修整过程中，都需要准确地将坯体置于轮盘中央，因此在轮盘中央设置一个圆形小凹坑作为圆心定位点的标志，有了明显标志，操作就比较方便，于是一些器物外底留有圆心定位点印痕。例如矮领陶罐 M51:3（图 10－3，1），在车筒榫头印痕的中央有一个圆心定位点印痕，呈现圆形，直径 0.9 厘米，阳纹；平沿陶罐 M50:3、M50:4（图 10－4，1）、M50:5，三件为一套，每件外底中央都有一个圆心定位点印痕，呈现圆形，直径 0.6 厘米，阳纹；平沿罐 M9:3（图 10－4，2），外底中央有一个圆心定位点印痕，呈现圆形，直径 0.3 厘米，阳纹。

外底留有轮盘圆心定位点印痕的器物有 6 件，印痕都呈现圆形凸起状，均为阳纹。

4. 轮盘木板印痕

轮盘是用木板制成的，一些器物外底留有木板上的年轮纹理印痕。例如大型陶罐 M28:10（图 10－3，4），车筒榫头印痕一侧有木板年轮纹理印痕；矮领陶罐 M170:5（图 10－4，3），车筒榫头印痕四周都有木板年轮纹理印痕；夹砂戳刺纹陶罐 M22:3（图 10－4，4），车筒榫头印痕一侧有木板年轮纹理印痕；矮领陶罐 M214:19（图 10－5），车筒榫头印痕一侧有木板年轮纹理印痕；矮领陶罐 M128:3（图 10－6，5），车筒榫头印痕四周都有木板年轮纹理印痕；大型陶罐 M107:18（图 10－8，1），外底四周都有木板年轮纹理印痕；陶盘 M8:1（图 10－8，2），外底边缘部位留有木板年轮纹理印痕，中央部位经过修整，木板印痕已经消失。这件陶盘口径 35 厘米、底径 29.6 厘米、高 4.4 厘米，轮盘的直径应当大于陶盘的口径。

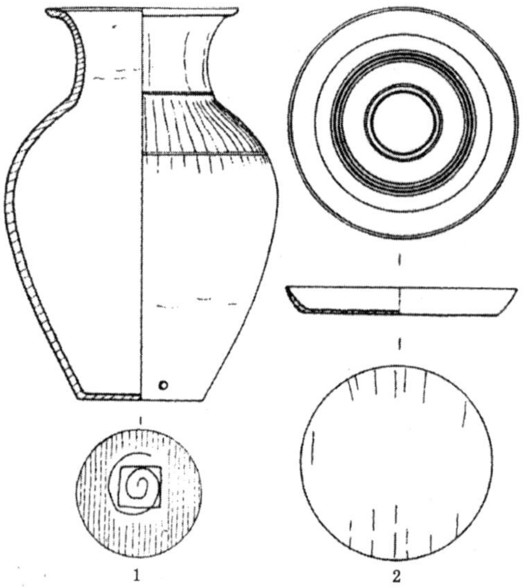

图 10－8　北魏手制陶器外底的慢轮印痕

1. 大型陶罐（M107:18）；2. 陶盘（M8:1）

上述北魏陶器外底遗留的慢轮印痕尚属首次辨认出来。值得注意的是：一些器物上几种印痕并存，例如矮领陶罐 M51:3（图 10－3，1），圆心定位点设在车筒榫头顶部，因此车筒榫头印痕与轮盘圆心定位点印痕并存；大型陶罐 M28:10（图 10－3，4）、矮领陶罐 M170:5（图 10－4，3）、矮领陶罐 M214:19（图 10－5）、矮领陶罐 M128:3（图 10－6，5），都有车筒榫头印痕与轮盘木板印痕并存。这种并存现象起到互相印证作用，证明这些印痕的确都是从慢轮的轮盘上翻印下来的，其重要性在于为复原北魏慢轮装置提供了可靠依据。笔者将北魏陶器外底遗留的慢轮印痕逐个进行周到和必要的观察，连贯起来思索（而不是孤立地看待），找出它们之间的内在联系，做出正确的判断，得出可以复原慢轮装置的结论，这是认识上的飞跃，研究方法上的创新。

现将北魏慢轮装置复原示意图介绍如下（图 10－9）：

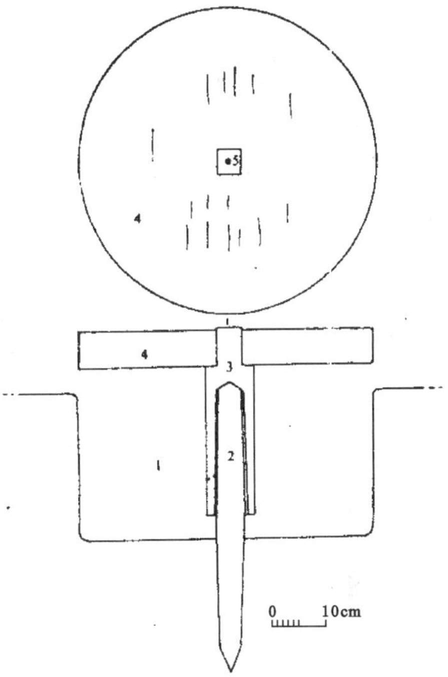

图 10－9　北魏慢轮装置复原示意图

1. 车坑；2. 车桩；3. 车筒；4. 轮盘（车盘）；5. 轮盘圆心定位点

整个慢轮装置可以称为陶车，由车坑、车桩、车筒、轮盘四个部分构成。车坑（图 10－9，1）呈现圆形、平底；车桩（图 10－9，2）呈现圆柱状，下部垂直栽入车坑底部中央的土中，下端可能呈尖头状，也可能呈平头状；车筒（图 10－9，3）下部为空心的圆筒状，套在车桩的上部，上部为实心方柱状的榫头，垂直插入轮盘中央的卯眼之内；轮盘（图 10－9，4）又称车盘，呈现圆饼状，由整块木板制成或由数块木板拼接而成，轮盘中央凿成一个方形卯眼；在车筒的榫头中央凿一个圆形小凹坑作为轮盘的圆心定位点（图 10－9，5）。用手或脚拨动轮盘，轮盘就可以旋转，用于制作坯体。由于整个车筒的内壁直接与车桩接触，二者之间的摩擦力较大，明显影响轮盘的转速，因此这种陶轮装置只能作为慢轮使用，不能用于拉坯成型。

四、坯体的修整工艺

包括手制坯体的修整工艺、轮制坯体的修整工艺。

1. 手制坯体的修整工艺

修整方法有拍打、刮削、湿手抹平、慢轮修整、手捏变形五种，现在分别叙述如下：

拍打。在 682 件手制普通陶器中，留有拍打痕迹的有 20 件，占 2.93%。其中 8 件陶壶先用素面拍子拍打腹部外表，内壁以陶垫作依托，留有直径约 4 厘米的陶垫窝，拍打使腹部胎壁变薄，形状变鼓，而且规整；然后用素面圆棍拍打颈部外表，使其直径逐渐缩小，成为细颈，颈部内壁产生竖向或斜向的皱纹。拍打既可以提高胎壁的致密度，又有整形的作用，因此拍打修整也可以称为拍打整形。

刮削。利用刮板进行，在 682 件手制普通陶器中，器表留有刮削痕迹的有 304 件，占 44.57%。多数只刮削腹下部外表，少数刮削整个腹部外表，个别刮削肩部和腹部外表。在304件有刮削痕迹的器物中，横向刮削的有280件，占92.10%；竖向刮削的有20件，占6.58%；斜向刮削的只有4件，占1.32%。

湿手抹平。这是在拍打或刮削之后捎带进行的，往往只将腹部抹平，有些器物肩部和腹部都抹平。在682件手制普通陶器中，抹平的有256件，占37.54%。

慢轮修整。在慢轮带动坯体旋转的条件下，用刮板刮削坯体表层，或者用湿手将器表抹平，器表留有细密轮纹。多数器物只轮修口沿，少数器物从肩部至口沿都经轮修，个别器物全身经过轮修。在682件手制普通陶器中，经过慢轮修整的有619件，占90.76%。陶壶是轮修范围较大、修整比较彻底的一类器物，114件手制普通陶壶都经过不同程度的轮修，其中颈部以上经过轮修的有35件，占30.70%；肩部以上经过轮修的有70件，占61.40%；腹中部以上经过轮修的有2件，占1.76%；全身经过轮修的有7件，占6.14%。壶类都经过慢轮修整的原因是：为下一道工序，即在器表进行比较复杂的装饰工艺提供良好的条件，由此可见，制陶者对整个工艺流程有通盘筹划，也说明陶壶在先民的心目中占有特别重要的地位。

大型陶罐M107:18（图10－8，1），外底有顺时针方向旋转的正心涡纹，它是将坯体扣放在轮盘上，按逆时针方向慢速旋转，右手持刮板从外底中央往边缘逐渐移动刮削所致，正心涡纹属于慢轮修整痕迹，只见于这件陶罐。

手捏变形。只见于两件侈口陶罐即M73:2、3，在682件手制普通陶器中占0.29%。两件都是在胎壁尚软时用手指将颈部两侧向器内捏，致使颈部和口部的横断面由圆形变成椭圆形。

上述五种修整方法中，以刮削和慢轮修整为主。

2. 轮制坯体的修整工艺

轮制坯体的修整方法很简单，只有快轮慢用修整一种，将拉坯成型的毛坯置于快轮装置的轮盘上慢速旋转，手持刮板横向刮削坯体或用湿手将器表抹平，使毛坯变为成坯。8件轮制普通陶器的外表都经过快轮慢用修整，留有细密轮纹。

五、坯体的装饰工艺

包括手制坯体的装饰工艺、轮制坯体的装饰工艺。

1. 手制坯体的装饰工艺

手制坯体的装饰工艺比较复杂，在682件手制普通陶器中，施加纹饰的有646件，占94.72%；素面的只有36件，占5.28%。纹样有凸弦纹、凹弦纹、压印纹、戳刺纹或戳印纹、划纹、忍冬纹、镂孔、暗纹等。此外，涂刷陶衣、器表磨光也有装饰作用。现在分别叙述如下：

（1）凸弦纹。进行慢轮修整时在坯体上旋留而成，主要施于器物的颈部与肩部交界处，也有的施于腹部。在682件手制普通陶器中，施凸弦纹的有272件，占39.88%，例如陶壶M54:11（图10－3，2），颈部与肩部交界处旋留凸弦纹1周；陶壶M28:6（图10－3，5），肩部与腹部交界处旋留凸弦纹1周，除自身的装饰作用外，还兼有划分图案带的作用；陶壶M77:1（图10－10，1），颈部与肩部交界处旋留凸弦纹3周；陶盆M141:1（图10－10，3），内壁旋留凸弦纹3周，内底旋留凸弦纹1周。

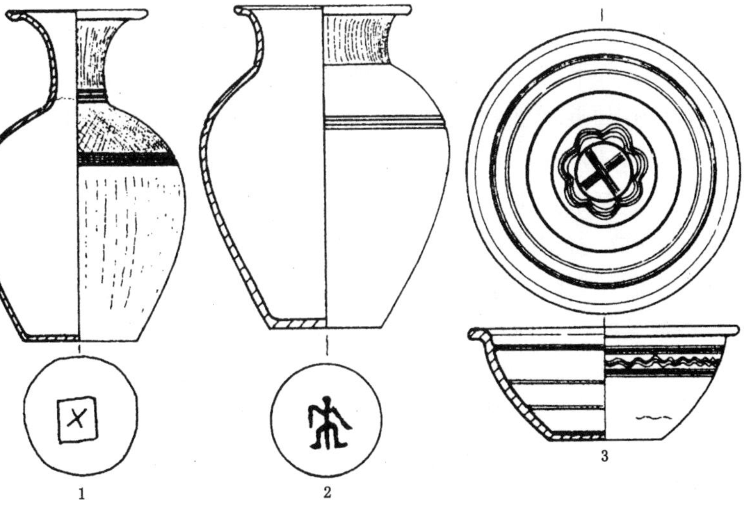

图 10－10　北魏手制坯体的装饰工艺

1. 陶壶（M77:1）；2. 大型陶罐（M3:1）；3. 陶盆（M141:1）

（2）凹弦纹。坯体在轮盘带动下旋转，手持锥状或篦状工具在坯体表面旋划成凹弦纹，施于器物的肩部和腹部。在 682 件手制普通陶器中，施凹弦纹的有 379 件，占 55.57%，例如矮领陶罐 M128:3（图 10－6，5），肩部与腹部交界处旋划凹弦纹 2 周，除自身的装饰作用外，兼有划分图案带的作用；大型陶罐 M3:1（图 10－10，2），肩部与腹部交界处旋划凹弦纹 2 周；陶盆 M141:1（图 10－10，3），腹上部外表用三齿篦状工具旋划凹弦纹 2 组，每组 3 周。

（3）压印纹。利用长条形扁状工具的前端或侧面在坯体上压印成竖条状或斜条状纹饰，排列成 1 周或 2 周。在 682 件手制普通陶器中，施压印纹的有 109 件，占 15.98%。压印纹有两种情况：

一种施于罐类口沿下部的棱脊上，形成压印花边。例如盘口陶罐 M204:3（图 10－1，1、2）、夹砂戳刺纹陶罐 M103:2（图 10－1，6）、夹砂戳刺纹陶罐 M22:3（图10－4，4），口沿下部的棱脊上都有一周竖向压印花边。

另一种施于陶罐或陶壶的颈部与肩部交界处、肩部、肩部与腹部交界处，在凹弦纹或凸弦纹的基础上，重叠施加竖向或斜向的压印纹，形成方格状阴纹复合纹饰，装饰效果甚佳。例如矮领陶罐 M51:3（图 10－3，1），在肩部与腹部交界处先旋划凹弦纹 1 周，作为压印纹的定位线，后在凹弦纹上侧施向右斜的压印纹，排列成 1 周，又在压印纹的中部旋划凹弦纹 1 周，它打破压印纹，形成斜方格状阴纹。又如陶壶 M77:1（图 10－10，1），在肩部与腹部交界处先旋划凹弦纹 3 周，后在凹弦纹的基础上，用扁状工具的前端施竖向压印纹，排列成 1 周，它打破凹弦纹，形成方格状阴纹。

（4）戳刺纹或戳印纹。二者略有差别：戳刺纹是用长条状、前端呈现弧形、有刃的小戳子（似用骨管磨制而成）刺入坯体表层，形成弧形、尖底的小凹坑，大致排列成 1 周或 2 周，形状不规整、排列不规则；戳印纹见于夹砂戳刺纹陶罐的肩部（图 10－1，6、7；图 10－4，4），是用长条状、前端呈现三角形、平头的小戳子印入坯体表层，形成三角形、平底的小凹坑，排列成 1 周或 2 周，形状规整、排列规则。在 682 件手制普通陶器中，施戳刺纹或戳印纹的有 75 件，占 11%。

（5）划纹。用锥状或篦状工具划入坯体表层，形成水波状划纹或“十”字划纹。例如陶壶 M54:10（图 10－11，1、2）在肩部先旋划凹弦纹 1 周，作为定位线，后在凹弦纹上侧用锥状工具刻划单线水波纹 1 周。又如陶壶 M136:1（图 10－11，3），在颈下部先旋留凸弦纹 2 组，每组 2 周，作为边框，后在其间用七齿篦状工具刻划复线水波纹 1 组；在肩下部先旋留凸弦纹 2 组，每组 2 周，作为边框，后在其间用六齿篦状工具刻划复线水波纹 1 组。再如陶盆 M141:1（图 10－10，3），在腹上部外表先旋划凹弦纹 2 组，每组 3 周，作为边框，后在其间用三齿篦状工具刻划复线水波纹 1 组；在内底先旋留凸弦纹 2 周，作为边框，后在其间用四齿篦状工具刻划复线水波纹 1 组，俯视水波纹呈现花朵状；在内底的凸弦纹范围之内用五齿篦状工具刻划“十”字划纹。此外，陶壶 M52:5（图 10－11，4），颈部一侧用锥状工具刻划竖向划纹 6 道。在 682 件手制普通陶器中，施划纹的有 38 件，占 5.57%。

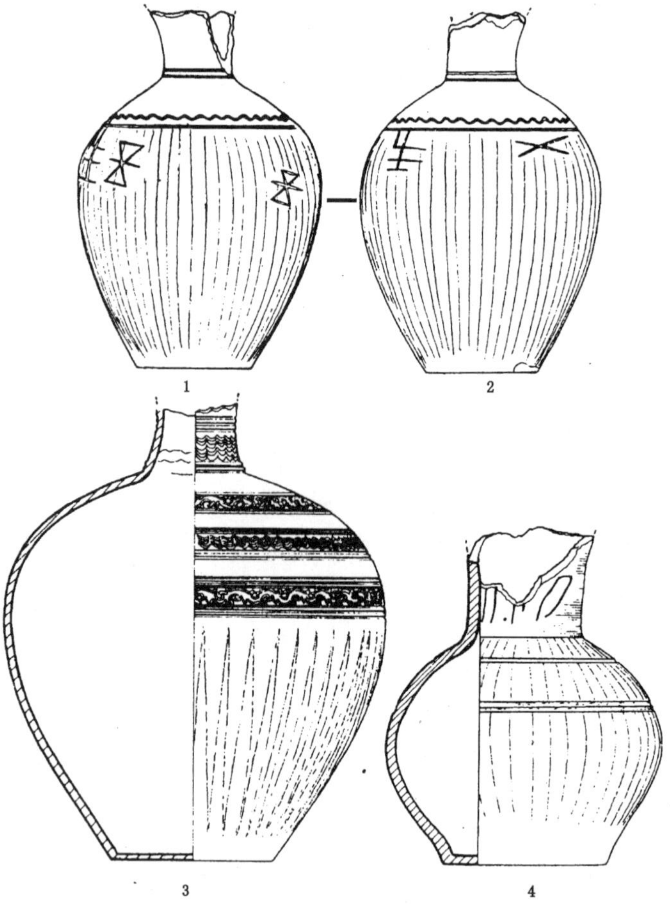

图 10－11　北魏手制坯体的装饰工艺

1、2. 陶壶（M54:10）；3. 陶壶（M136:1）；4. 陶壶（M52:5）

（6）忍冬纹。忍冬也称金银花，半常绿灌木，茎蔓生，忍冬纹是模仿金银花的茎蔓形状，呈现出左右二方连续的忍冬纹图案。笔者推测忍冬纹是用圆饼状、直边陶印模（类似陶纺轮形状）的边沿，在坯体上滚印而成的。例如陶壶 M136:1（图10－11，3），在肩中部、腹上部先旋留凸弦纹 2 组，每组 2 周，作为边框，后在边框内滚印忍冬纹 2 周。滚印的方法是：轮盘带动坯体慢速旋转，手持圆饼状陶印模进行滚印，结果印出二方连续的忍冬纹图案。在 682 件手制普通陶器中，滚印忍冬纹的有 12 件，占 1.76%。

（7）镂孔。有 31 件器物趁坯体尚软时，用圆锥状工具捅透形成圆形镂孔；有 4 件器物在坯体已经变硬时，用钻头钻透形成圆形镂孔。例如盘口陶罐 M205:3（图 10－6，1），为明器，近底部钻成圆形镂孔 1 个，外径 9 厘米、内径 3 厘米；大型陶罐 M107:18（图 10－8，1），为实用器，近底部捅成圆形镂孔 1 个，孔径 6～10 厘米，外大内小；平沿陶罐 M229:2（图 10－12，2），为明器，近底部捅成圆形镂孔 1 个，孔径 7 厘米；大型陶罐 M3:6（图 10－12，3），为实用器，近底部捅成圆形镂孔 1 个，孔径 5 厘米。在 682 件手制普通陶器中，施圆形镂孔的有 35 件，占 5.13%。

上述陶罐既有实用器也有明器，二者的共同点是其近底部施一个圆形镂孔，多数孔径较大，这是北魏陶器的民族特色之一，应与鲜卑族的生活习俗有关，施加这些镂孔实际上不是为了装饰，而是有实用功能，为了叙述方便起见，暂时将它放在装饰工艺之内。笔者认为，这些罐烧制以后，作为实用器的，可以用木塞子塞住圆形镂孔，器内就可以盛储液体（水、酒、奶），拔掉塞子液体即可流出，镂孔位于近底部，便于液体流尽，因此，这些镂孔可以称为“流液孔”。至于一些明器近底部也有一个圆形镂孔，这是模仿实用器的缘故。有的学者认为“随葬带孔陶器与南朝随葬谷仓魂瓶是相同的葬俗，也就是春秋以来的五谷瓶。只是北朝器物在形式上更简单”[3]。谷物可以从圆形镂孔漏出来。

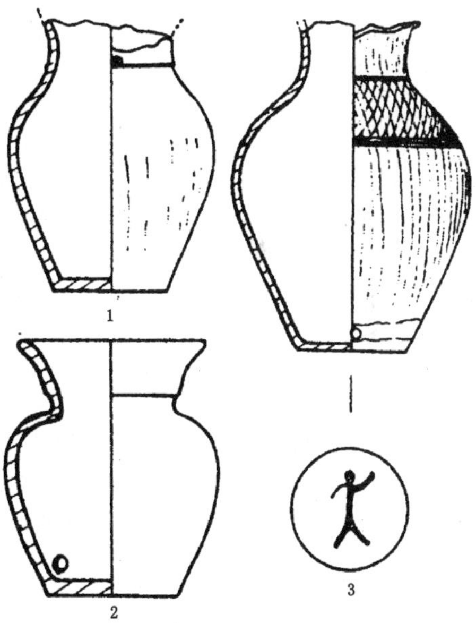

图 10－12　北魏施加镂孔的陶器

1. 平沿陶罐（M216:6）；
2. 平沿陶罐（M229:2）；
3. 大型陶罐（M3:6）

（8）暗纹。这是在坯体将干未干（含水量约 10%）时，用质地坚硬、前端圆钝而光滑的工具（似骨簪）在器表滑压成线条状纹理。在 682 件手制普通陶器中，滑压暗纹的有 419 件，占 61.44%。暗纹主要有竖向、斜向、折线、网状四种，未见横向暗纹。有些器物只有一种暗纹，形成简单的图案；但是有些器物由数种暗纹组合在一起，形成比较复杂的图案。

现在将各种暗纹以及组合方式举例如下：

第一，竖向暗纹。线条之间是分离的，这是最简单的一种暗纹，例如盘口陶罐 M204:3（图 10－1，1，2），从肩部至腹部滑压竖向暗纹；大型陶罐 M3:1（图 10－10，2），颈部滑压竖向暗纹；陶壶 M54:10（图 10－11，1，2），腹部滑压竖向暗纹。

第二，折线暗纹。由略向左斜和略向右斜的暗纹相连接而成，是由竖向暗纹演变来的，例如陶壶 M136:1（图 10－11，3），腹部滑压折线暗纹。

第三，网状暗纹与竖向暗纹组合。其中网状暗纹是由向左斜与向右斜的暗纹相交而成，例如矮领陶罐 M51:3（图 10－3，1），肩部与腹部以压印纹为界，肩部滑压网状暗纹作为重点，腹部滑压竖向暗纹作为衬托。又如陶壶 M77:1（图 10－10，1），颈部与肩部以凸弦纹为界，肩部与腹部以压印纹为界，肩部滑压网状暗纹作为重点，颈部、腹部都滑压竖向暗纹作为衬托。再如大型陶罐 M3:6（图 10－12，3），颈部与肩部以凸弦纹为界，肩部与腹部以凹弦纹为界，肩部滑压网状暗纹作为重点，颈部、腹部分别滑压竖向暗纹作为衬托。

值得注意的是：肩部是器物上最显眼的部位，网状暗纹是线条最复杂而且最美观的一种暗纹，因此制陶者故意将网状暗纹施于肩部作为重点，将竖向暗纹施于其他部位作为衬托，使二者形成鲜明对照，以便达到最佳的装饰效果。

第四，网状暗纹与折线暗纹组合。例如陶壶 M228:1（图 10－1，3），肩部与腹部以凹弦纹为界，肩部滑压网状暗纹作为重点，腹部滑压折线暗纹作为衬托。

第五，网状暗纹、竖向暗纹与折线暗纹组合。例如陶壶 M19:1（图 10－3，3），肩上部与肩下部、肩下部与腹部都以凹弦纹为界，肩下部滑压网状暗纹作为重点，颈部、肩上部都滑压竖向暗纹，腹部滑压折线暗纹作为衬托。

第六，网状暗纹、竖向暗纹与斜向暗纹组合。例如大型陶罐 M28:10（图 10－3，4），颈部与肩部以凸弦纹为界，肩部与腹部以凹弦纹为界，肩部滑压网状暗纹作为重点，颈部滑压竖向暗纹，腹部滑压向右斜的暗纹作为衬托。

如上所述，暗纹是北魏手制普通陶器上最常见、纹样种类最多、纹样组合最复杂、最有鲜卑民族特色的一种纹饰。值得注意的是腹部的暗纹（包括竖向暗纹、斜向暗纹、折线暗纹）图案均为“开放式”，即这些暗纹的下端往往参差不齐，没有设置横向的暗纹以作封闭和约束。鲜卑族原先是游牧民族，而上述气魄大、不受约束的暗纹恰好反映了鲜卑族豪放的民族性格。民族性格是无形的，笔者透过暗纹（现象）揭示出民族性格（本质），这是认识上的飞跃、研究方法上的创新。无论网状暗纹与其他暗纹的组合发生什么变化，始终都以网状暗纹作为重点，将网状暗纹装饰在最显眼的肩部尤其是肩下部，将其他暗纹装饰在别的部位作为衬托，重点突出，主次分明，鲜卑族陶工娴熟地运用对比的手法，达到最佳的装饰效果。类似的“开放式”图案在铜石并用时代早期红圈子类型的彩陶上出现过（见本书第四章第五节）。但是二者纹饰的种类各异，所处时代和地区也不同，是否偶然巧合尚待研究。

涂刷陶衣的情况如下：

将普通易熔黏土淘洗成细泥浆涂刷在坯体表面，形成陶衣。在 682 件手制普通陶器中，涂刷陶衣的只有 16 件，占 2.35%。由此可见，涂刷陶衣工艺不发达。例如陶壶 M170:7（图 10－1，4），为实用器，夹细砂灰胎灰衣陶，全身外表、外底涂刷陶衣，灰陶衣厚约 0.5 mm，表明所用泥浆浓度较大，灰胎和灰衣都是还原烧成所致。这件陶壶的装饰工艺流程是：先在颈中部旋留凸弦纹 1 周；后在外表、外底涂刷陶衣；再于肩中部旋划凹弦纹 2 周，其间刻划单线水波纹 1 周，凹弦纹和水波纹都打破陶衣。由此可见，涂刷陶衣安排在旋留凸弦纹之后，旋划凹弦纹、刻划水波纹之前。制陶者这样安排的理由是：凸弦纹是在轮修坯体过程中旋留而成的，轮修之后才可以涂刷陶衣，泥浆是遮盖不住凸弦纹的；涂刷陶衣之后旋划凹弦纹、刻划水波纹，才能够使这些纹饰显现出来，假如先施加凹弦纹和水波纹，后涂刷陶衣，泥浆就会将这些纹饰的凹槽填满，失去施加这些纹饰的意义。又如矮领陶罐 M227:10（图 10－13，1）、大型陶罐 M236:1（图 10－13，2），均为泥质灰胎黑衣陶，灰胎是还原烧成所致，黑衣是窑内渗碳的结果。

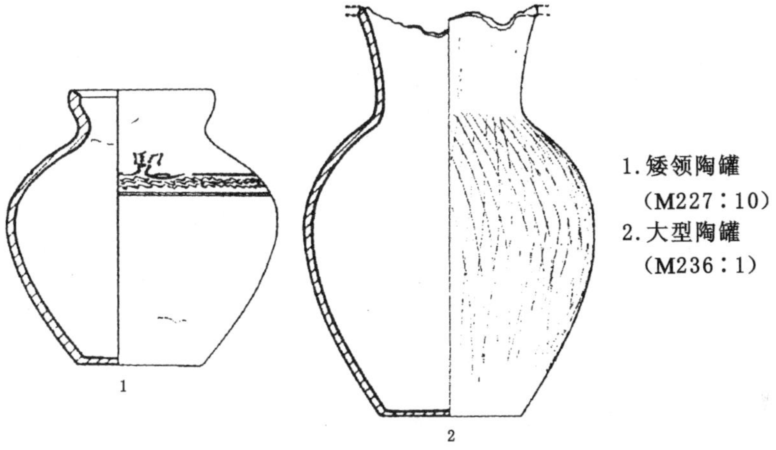

图 10－13　北魏手制坯体的装饰工艺

器表磨光的情况如下：

在坯体将干未干（含水量约 13%～11%）时，用质地坚硬而光滑的工具（骨器或鹅卵石）将器表磨光。在 682 件手制普通陶器中，经过磨光的只有 21 件，占 3.08%。由此可见，器表磨光工艺不发达。在 21 件磨光的器物中，无陶衣的有 18 件，有陶衣的 3 件。例如陶盘 M8:1（图 10－8，2），无陶衣，内壁、外表略加磨光。又如陶壶 M136:1（图 10－11，3），无陶衣，先在颈部、肩部刻划水波纹、滚印忍冬纹，后在肩部的三周空白地带进行横向磨光，使水波纹、忍冬纹与光泽面之间形成鲜明对照，相当美观。再如矮领陶罐 M227:10（图 10－13，1），先涂刷陶衣，后磨光。

如上所述，涂刷陶衣和器表磨光的工艺都不发达，只作为装饰工艺的补充。

2. 轮制坯体的装饰工艺

轮制坯体的装饰工艺很简单，纹样只有凸弦纹、凹弦纹两种，都是快轮慢用修整时旋留或旋划而成。例如平沿陶罐 M239:2（图 10－2，1），颈部与肩部交界处旋留凸弦纹 1 周；肩部与腹部交界处旋划凹弦纹 1 周。又如矮领陶罐 M239:3（图 10－2，2），颈部与肩部交界处、肩部与腹部交界处、腹上部各旋划凹弦纹 1

周。再如平沿陶罐 M117:5（图 10－2，3），颈部与肩部交界处、肩中部、肩部与腹部交界处各旋划凹弦纹 1 周。

六、手制坯体上出现的文字和符号

手制坯体上出现的文字和符号，其形成的方式有刻划、模印、滚印三种。现在分别介绍如下：

1. 刻划的文字和符号

刻划的文字和符号都呈现阴纹。制陶者用锥状工具在坯体上刻划文字和符号，作为自己或自己所在制陶作坊的记号，在 682 件手制普通陶器中，只有 4 件，这些器物是：陶壶 M19:1（图 10－3，3），在肩上部刻划两个“**完**”字，一个“⊤”状符号，“完”字内多一点，可能是“寇”字的别字；陶壶 M54:10（图 10－11，1、2），在肩下部按逆时针方向依次刻划“生”、“⧗”、“⧗”、“生”、“⪥”，其中两个“生”字，两个“⧗”状符号，一个“⪥”状符号；矮领陶罐 M227:10（图 10－13，1），在肩上部刻划一个“皃”字，可能是“倪”字的别字；平沿陶罐 M235:1，在腹中部刻划一个“☒”状符号。这个刻划符号与陶壶 M77:1（图 10－10，1）外底模印的符号基本相同，唯独刻划符号为阴纹，模印符号为阳纹。符号基本相同说明这两件陶器可能是同一制陶作坊的产品。

如上所述，坯体上刻划“完”、“生”、“皃”三个汉字，其中“完”和“皃”可能是“寇”和“倪”的别字，应是陶工的姓。坯体上刻划汉字表明，鲜卑族陶工在学习汉族制陶技术的同时也在学习汉族的文化，这是民族融合的一种反映。

2. 模印的符号

模印的符号都呈现阳纹。笔者推测是用刻有阴纹的陶质印模在坯体上印成的，但是目前未发现陶质印模。这些符号应是制陶者自己或自己所在制陶作坊的记号。

模印的符号有四种形状：

人形。2 件，这些器物是：大型陶罐 M3:1（图 10－10，2），外底模印坐式垂手人形阳纹，下身有一竖道，表示阴茎，应是制陶者的自我写照，说明制陶者是男子，坐式垂手的姿势，好像正在制陶；大型陶罐 M3:6（图 10－12，3），外底模印立式举手人形阳纹，好像正在行走。

方形。5 件，例如大型陶罐 M107:18（图 10－8，1），外底模印“□”状阳纹，叠压在慢轮修整时产生的正心涡纹之上，这表明慢轮修整在先，模印符号在后；陶壶 M77:1（图 10－10，1），外底模印“☒”状阳纹，边长 4.7 厘米 ×4.7 厘米，“□”内有“×”符号。

圆形。8 件，例如陶壶 M19:1（图 10－3，3），外底模印“⊕”形阳纹，圆圈内有“十”状符号，叠压在车筒榫头印痕之上。又如平沿陶罐 M9:3（图 10－4，2），外底模印“◎”形阳纹，叠压在轮盘的圆心定位点印痕之上。侈口陶罐 M126:8（图 10－6，3），外底模印“◎”形阳纹，外圈直径 4 厘米，内圈直径 2 厘米。后两件的符号相同，可能是同一制陶作坊的产品。

“十”形。2 件，阳纹。

3. 滚印的符号

只见于1件夹砂戳刺纹罐M191:3，外底用绕绳圆棍滚印“十”字阴纹，这是大同南郊北魏墓群出土陶器上唯一的绳纹。

如上所述，在手制坯体上刻划文字和符号的有4件，模印符号的有17件，滚印符号的有1件，共计22件，在682件手制普通陶器中占3.23%。

七、陶器的烧制工艺

包括温度控制、气氛控制、渗碳操作三个方面。

1. 温度控制

笔者根据陶胎的硬度，估计690件普通陶器的烧成温度如下：

约600℃~700℃的有10件，占1.45%，质地松软，容易破碎；

约750℃~950℃的有619件，占89.71%。其中盘口陶罐M204:3（图10-1，1、2）的烧成温度约850℃，烧制后肩部外表被所含的钙质结核崩脱一块，形成凹坑状疤痕，凹坑中央的小凹点是原先钙质结核所在的位置；

约1000℃~1050℃的有44件，占6.38%，质地坚硬，击之有清脆的铿锵声；高于1050℃的有17件，占2.46%，已经烧流变形。

如上所述，普通陶器的烧成温度以约750℃~950℃的占大多数。

2. 气氛控制

笔者根据陶器的颜色，推测690件普通陶器的烧成气氛如下：

采用还原烧成的有673件，占97.54%，成为灰陶；

采用氧化烧成的有17件，占2.46%，成为红陶。

由此可见，普通陶器采用还原烧成的占绝大多数。

3. 渗碳操作

在烧制后期窑内处于降温阶段经过渗碳，器表呈现黑色的陶器只有24件，在690件普通陶器中占3.48%，这表明渗碳工艺不发达。其中有泥质灰胎黑衣陶18件，泥质灰胎黑皮陶3件，泥质红胎黑衣陶1件，夹砂红胎黑皮陶1件，夹砂黑陶1件。黑衣陶都有陶衣，陶衣呈现黑色；黑皮陶都没有陶衣，只有表皮呈现黑色。

第二节　釉陶的工艺

釉陶工艺涉及以下七个方面。

一、胎料的制备工艺

49件釉陶都是泥质陶，没有羼和料，制胎所用的黏土有两种：

1. 普通易熔黏土

经笔者从出土实物上观察，在49件釉陶中，以普通易熔黏土作为制胎原料的有48件，占97.96%，胎心呈现红色、红褐色或灰色。其中46件泥料未经淘洗，含有个别砂粒或钙质结核，这表明釉陶是利用当地产的普通易熔黏土作为制胎原料的；只有2件泥料经过淘洗，质地细腻，不含杂质，可以称为细泥胎釉陶，这些器物是：釉陶壶M230:1（图10-14，1）、塔形釉陶壶M26:7（图10-14，2）。

2. 高铝质耐火黏土

在49件釉陶中，以高铝质耐火黏土（即高岭土）作为制胎原料的只有1件，占2.04%，即盘口釉陶罐M35:5（图10－14，3），胎心呈现灰白色，泥料未经淘洗，含有个别砂粒。

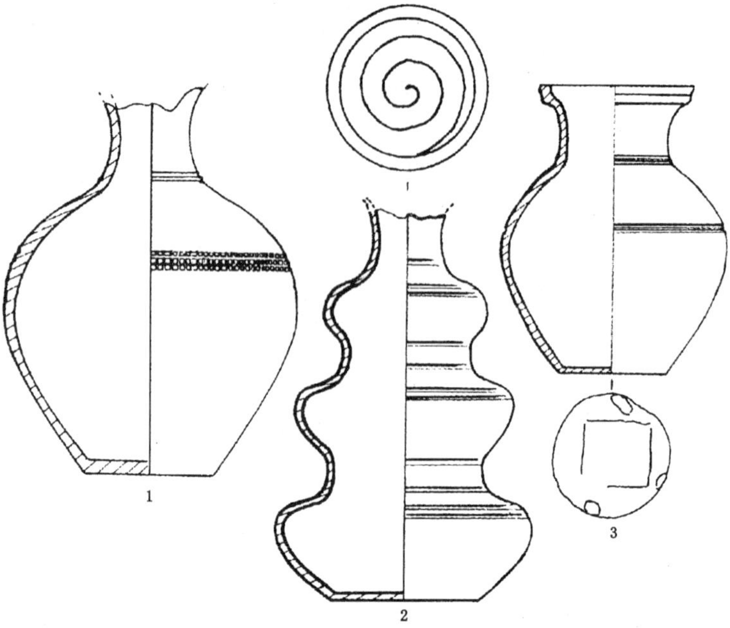

图10－14　北魏的釉陶

1. 釉陶壶（M230:1）；2. 塔形釉陶壶（M26:7）；
3. 盘口釉陶罐（M35:5）（1，3为手制，2为轮制）

如上所述，釉陶制胎所用的黏土以普通易熔黏土占绝大多数。

二、坯体的成型工艺

下面将手制坯体的成型工艺、轮制坯体的成型工艺分开叙述。

1. 手制坯体的成型工艺

在49件釉陶中，采用手制法（这里指正筑泥条筑成法）成型的有41件，占83.67%。泥条筑成法又可分为泥条盘筑法、泥条圈筑法两种：

泥条盘筑法。在41件手制釉陶中，可以断定采用泥条盘筑法成型的有2件，占4.88%。例如釉陶壶M156:5（图10－15，1），颈部内壁有泥条缝隙，泥条按顺时针方向盘旋上升，表明盘筑时用左手捏泥条，采用“左撇子”的操作方法。

泥条圈筑法。在41件手制釉陶中，可以断定采用泥条圈筑法成型的有15件，占36.59%。例如平沿釉陶罐M124:2（图10－15，2），肩部和腹部内壁都有泥条缝隙。

另有24件因口小颈细或修整比较彻底，难以观察盘筑还是圈筑，占58.53%。

如上所述，在可以断定成型方法的手制釉陶中，以泥条圈筑法成型的为主。

41件手制釉陶在制作坯体时，器底与轮盘之间都没有设置隔离层。在器底与轮盘之间产生粘连现象时，采用线绳切割的方法使二者分离，外底留有切割痕迹的有 11 件，占 26.83%。例如釉陶壶 M253:1（图 10－15，3），外底留有弧线状的切割痕迹。又如釉陶壶 M228:6（图 10－15，4），外底留有偏心涡纹，涡心偏向左边，这表明切割时轮盘按逆时针方向旋转。

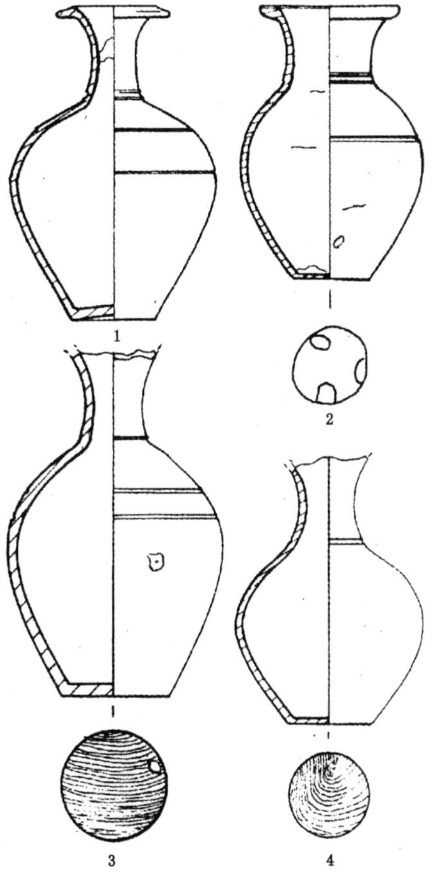

图 10－15　北魏手制的釉陶

1. 釉陶壶（M156:5）；2. 平沿釉陶罐（M124:2）；
3. 釉陶壶（M253:1）；4. 釉陶壶（M228:6）

2. 轮制坯体的成型工艺

轮制法系指快轮拉坯成型。在 49 件釉陶中，采用快轮拉坯成型的有 8 件，占 16.33%。这些器物是：塔形釉陶壶 M26:7（图 10－14，2），从口部向内可以看到，内底留有顺时针方向的螺旋式拉坯指痕，外底留有切割痕迹；矮领釉陶罐 M215:1（图 10－16，1），从内底至内壁留有顺时针方向的螺旋式拉坯指痕，外底留有弧线状的切割痕迹，左边的纹理稠密，右边的纹理稀疏，据此断定偏心涡纹的涡心偏向左边，这些现象表明轮盘按逆时针方向旋转；矮领釉陶罐 M128:2（图 10－16，2），从内底至内壁留有顺时针方向的螺旋式拉坯指痕；釉陶壶 M65:3（图 10－16，3），内壁留有顺时针方向的螺旋式拉坯指痕；釉陶罐 M134:11（图 10－16，4），从内底至内壁都留有顺时针方向的螺旋式拉坯指痕；平沿釉陶罐 M77:4、M77:7、M77:9（图 10－16，5），三件为一套，其内壁都留有顺时针方向的螺旋式拉坯指痕。

上述轮制釉陶的共同点是：都有顺时针方向的螺旋式拉坯指痕，这表明拉坯时轮盘都按逆时针方向快速旋转，左手在内侧，右手在外侧，主要靠右手用力，拉坯的操作方法已经达到规范化的程度。至于轮制器物的外底，原先应当都有切割痕迹，有些器物的切割痕迹已经在修整的过程中消失。

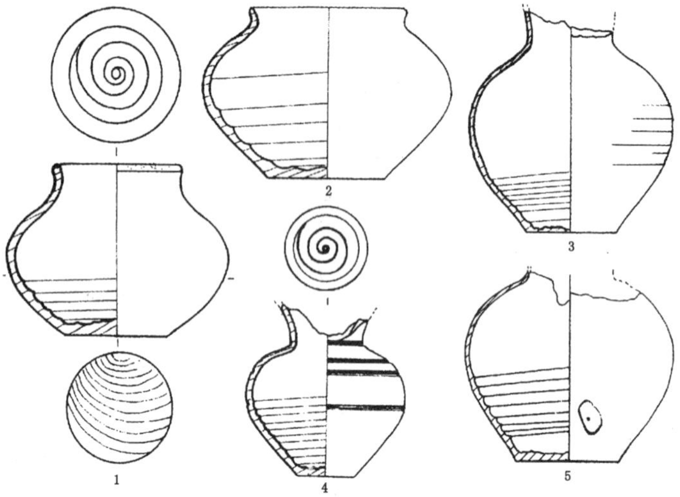

图 10－16　北魏轮制的釉陶

1. 矮领釉陶罐（M215:1）；2. 矮领釉陶罐（M128:2）；3. 釉陶壶（M65:3）；4. 釉陶罐（M134:11）；5. 平沿釉陶罐（M77:9）

三、手制釉陶外底遗留的慢轮印痕

只有车筒榫头印痕和木楔印痕。在41件手制釉陶中，外底留有车筒榫头印痕的有2件，占4.88%。这些器物是：盘口釉陶罐M35:5（图10－14，3），榫头印痕呈现长方形，边长3.7厘米×3.4厘米，阴纹；釉陶壶采集:1（图10－17，1），榫头印痕呈现正方形，由于榫头印痕的四周都有木楔印痕，呈现长方框状，从框外测量，边长为3.8厘米×3.4厘米，阳纹。

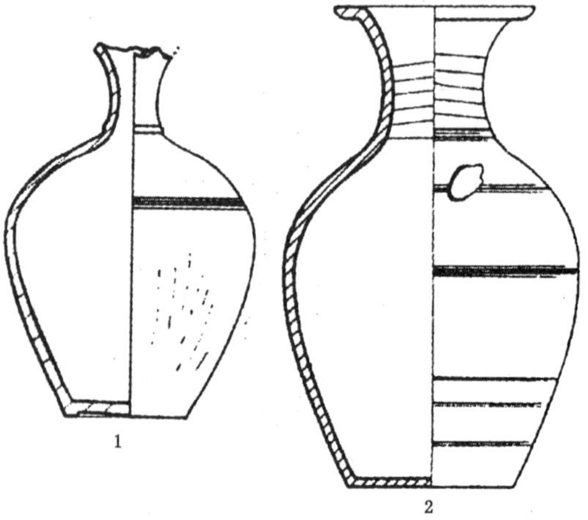

图 10－17　北魏手制的釉陶

1. 采集的釉陶壶（采集:1）；2. 釉陶壶（M208:8）

上述手制釉陶外底遗留的车筒榫头印痕及木楔印痕与手制普通陶器外底遗留的同类印痕特征相同，表明这些釉陶与普通陶器都是鲜卑族制陶者利用当地的慢轮装置制作而成的，换句话说，这些釉陶不是外来的。

四、坯体的修整工艺

下面先叙述手制坯体的修整工艺，再叙述轮制坯体的修整工艺。

1. 手制坯体的修整工艺

修整方法有拍打、慢轮修整两种：

拍打。利用素面拍子对坯体进行拍打整形，在 41 件手制釉陶中，留有拍打痕迹的有 2 件，占 4.88%。这些器物是：釉陶壶 M156:5（图 10－15，1）、釉陶壶 M228:6（图 10－15，4），均为实用器，二者腹下部外表都留有拍打痕迹。

慢轮修整。41 件手制釉陶每件坯体都经过慢轮修整，局部留有细密轮纹，例如釉陶壶 M208:8（图 10－17，2），颈部内壁和外表都留有顺时针方向螺旋式上升的细密轮纹，这表明慢轮修整时，轮盘按逆时针方向慢速旋转，刮板从下往上逐渐移动进行刮削。

如上所述，慢轮修整是手制釉陶普遍采用的修整方法。

2. 轮制坯体的修整工艺

修整方法只有快轮慢用修整一种。8 件轮制釉陶每件坯体都经过快轮慢用修整，留有细密轮纹，例如釉陶壶 M65:3（图 10－16，3），腹部外表留有顺时针方向螺旋式上升的细密轮纹，这表明快轮慢用修整时，轮盘按逆时针方向慢速旋转，刮板从下往上逐渐移动进行刮削。

五、坯体的装饰工艺

下面将手制坯体的装饰工艺、轮制坯体的装饰工艺分开叙述。

1. 手制坯体的装饰工艺

在 41 件手制釉陶中，素面的有 4 件，占 9.76%；施加纹饰的有 37 件，占 90.24%。由此可见，以施加纹饰的占大多数。

纹样有凸弦纹、凹弦纹、压印纹、暗纹四种：

凸弦纹。在 41 件手制釉陶中，颈部与肩部交界处用刀具旋留 1 周或 2 周凸弦纹的有 20 件，占 48.78%。例如釉陶壶 M230:1（图 10－14，1），颈部与肩部交界处旋留凸弦纹 2 周。又如釉陶壶采集:1（图 10－17，1），颈部与肩部交界处旋留凸弦纹 1 周。再如釉陶壶 M240:8（图 10－18，1），颈部与肩部交界处旋留凸弦纹 2 周。

凹弦纹。在 41 件手制釉陶中，颈部与肩部交界处、肩部与腹部交界处用锥状工具或篦状工具旋划凹弦纹的有 28 件，占 68.29%。例如平沿釉陶罐 M124:2（图 10－15，2），颈部与肩部交界处旋划凹弦纹 2 周，肩部与腹部交界处旋划凹弦纹 1 周。又如釉陶壶采集:1（图 10－17，1），肩部与腹部交界处旋划凹弦纹 3 周。再如盘口釉陶罐 M83:5（图 10－18，2），肩部与腹部交界处旋划凹弦纹 2 周。

压印纹。在 41 件手制釉陶中，施压印纹的只有 2 件，占 4.88%。这些器物是：釉陶壶 M230:1（图 10－14，1），在肩部与腹部交界处先旋留凸弦纹 3 周，后在凸弦纹的基础上施竖向压印纹，形成方格状阳纹复合纹饰。釉陶壶 M240:8（图 10－18，1），为实用器，盘口下沿的棱脊上压印花边纹 1 周；在肩下部先旋划凹弦纹 2 周，后在凹弦纹的基础上分别施向左斜、向右斜的压印纹各 1 周，形成麦穗状阴纹复合纹饰；在腹上部先旋划凹弦纹 3 周，后在凹弦纹基础上施竖向压印纹，形成方格状阴纹复合纹饰。

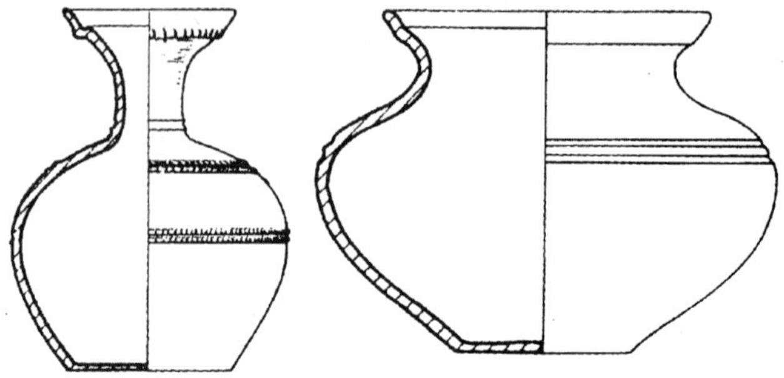

图 10－18　北魏手制釉陶的装饰工艺

1. 釉陶壶（M240:8）；2. 盘口釉陶罐（M83:5）

上述手制釉陶壶上的麦穗状复合纹饰与手制普通陶壶 M225:6 的同类纹饰相同；手制釉陶壶上的方格状复合纹饰与手制普通陶壶 M77:1（图 10－10，1）的同类纹饰相同。这一事实表明，这些釉陶壶是鲜卑族制陶者在当地制作的，换句话说，不是外来的。

滑压暗纹。在 41 件手制釉陶中，滑压暗纹的只有 1 件，占 2.44%，即釉陶壶采集:1（图 10－17，1），透过很薄的黄色釉层以及釉层脱落后的露胎处，可以看到腹部滑压竖向暗纹。竖向暗纹常见于手制普通陶器上（如图 10－1，1、2；图 10－11，1、2）。笔者推测，制陶者原先打算将这件壶烧制成有暗纹的普通陶壶，后来临时改变主意，在已经滑压暗纹的坯体上又涂刷了黄釉，结果烧制成既有暗纹又有釉的釉陶壶。先滑压暗纹，后施釉这是偶然现象，恰好这件釉陶壶的外底留有慢轮的车筒榫头及木楔印痕。慢轮印痕、暗纹、黄釉三者在同一件器物上并存，表明这件釉陶壶是鲜卑族制陶者在当地制作的，也就是说，不是外来的。

如上所述，手制坯体上的纹饰中，以凹弦纹数量最多、凸弦纹次之，压印纹很少，暗纹罕见。

2. 轮制坯体的装饰工艺

轮制坯体的装饰工艺很简单，纹样只有凹弦纹一种，是快轮慢用修整时用锥状工具在坯体上旋划而成的。在 8 件轮制釉陶中，只有 1 件施凹弦纹，占 12.50%，即釉陶罐 M134:11（图 10－16，4），颈部与肩部交界处旋划凹弦纹 2 周，肩中部及下部各旋划凹弦纹 2 周，腹部旋划凹弦纹 3 周。

六、施釉工艺

施釉工艺包括以下三个方面：

1. 釉料的制备

49 件釉陶所用的釉料均为低温铅釉，以氧化铅（PbO）作为助熔剂。据分析，釉中氧化铅含量在 33.12% ~53.84% 之间[4]，平均值 45.04%。在 49 件釉陶中，釉呈酱色（芝麻酱色）或酱黄色（比酱色浅）的有 47 件，占 95.92%，釉料中以铁作为着色剂。据分析，酱色釉中氧化铁含量在 2.92% ~5.71% 之间[4]，平均值 3.99%；釉呈偏绿色或青绿色的有 2 件，占 4.08%，釉料中以铜作为着色剂。北魏生产酱色釉陶器具有重要意义，有的学者指出“北朝时期是我国低温铅釉发展的一个重要转型期，低温铅釉自西汉中期始至东汉已大量生产于我国北方的河南、山西、陕西等地区。汉代釉陶以使用铜作为着色剂的绿釉陶为主，只是至北朝时期，酱釉陶器才被大量生产使用，酱色釉的出现，也是后来唐三彩等多色釉陶器产生的基础”[4]。

2. 施釉的方法、部位及釉色

49 件釉陶施釉方法均为涂釉，施釉部位是全身外表和口沿（或颈部）内壁，半数器物外底也涂釉。

下面将手制釉陶、轮制釉陶的施釉情况分开介绍。

（1）手制釉陶

在 41 件手制釉陶中，涂酱色釉或酱黄色釉的有 39 件，占 95.12%；涂偏绿色釉或青绿色釉的只有 2 件，占 4.88%。由此可见，以酱色釉或酱黄色釉占绝大多数。具体情况如下：例如釉陶壶 M230:1（图 10－14，1），泥质红胎，外表、外底、颈内壁涂浅酱色釉，据分析，釉的化学组成中，助熔剂氧化铅含量为 48.86%，着色剂氧化铁含量为 4.68%[4]；盘口釉陶罐 M35:5（图 10－14，3），泥质灰白胎，外表、外底、颈部内壁涂青绿色釉；釉陶壶 M156:5（图 10－15，1），泥质红胎，外表、外底、颈部内壁涂酱黄色釉；平沿釉陶罐 M124:2（图 10－15，2），泥质红褐胎，外表、外底、口沿内壁涂酱色釉，釉面有冰裂纹（又称开片），其成因是胎与釉的膨胀系数存在差异；釉陶壶 M253:1（图 10－15，3），泥质红胎，外表、外底、颈部内壁涂酱黄色釉；釉陶壶采集:1（图 10－17，1），泥质红胎，外表、颈部内壁涂一层很薄的黄色釉，大部分已经脱落；釉陶壶 M208:8（图 10－17，2），泥质红胎，外表、颈部内壁涂酱色釉；釉陶壶 M240:8（图 10－18，1），为实用器，泥质灰胎，外表、口部和颈部内壁涂偏绿色釉；盘口釉陶罐 M83:5（图 10－18，2），泥质红胎，外表、口沿内壁涂酱色釉。

（2）轮制釉陶

8 件轮制釉陶都涂酱色釉或酱黄色釉。如塔形釉陶壶 M26:7（图 10－14，2），泥质红胎，外表、颈部内壁涂浅酱色釉，据分析，釉的化学组成中，助熔剂氧化铅含量为 52.40%，着色剂氧化铁含量为 3.71%[4]；矮领釉陶罐 M215:1（图 10－16，1），泥质红胎，外表、口沿内壁涂酱色釉；矮领釉陶罐 M128:2（图 10－16，2），泥质红胎，外表、外底、口沿内壁涂酱黄色釉；釉陶壶 M65:3（图 10－16，3），泥质红胎，外表、外底、颈内壁涂酱黄色釉，据分析，釉的化学组成中，助熔剂氧化铅含量为 48.44%，着色剂氧化铁含量为 4.30%[4]；釉陶罐 M134:11（图 10－16，4），泥质暗红胎，外表、口沿内壁涂酱色釉；平沿釉陶罐 M77:9（图 10－16，5），泥质红胎，外表、外底涂酱色釉。

七、釉陶的烧制工艺

釉陶的烧制工艺包括烧成方法、装窑方法、温度控制、气氛控制四个方面。

1. 烧成方法

在通常情况下，钙质结核（料姜石颗粒）是陶胎内所含一种微不足道的杂质，往往被考古工作者忽视，例如陈列在甘肃省博物馆展厅内的彩陶上就有钙质结核将器表崩脱的现象，却没有引起人们的注意。然而，在北魏低温铅釉陶上出现钙质结核将胎壁和釉层崩脱的现象就值得高度重视了，笔者首次发现这些钙质结核为我们判断北魏釉陶采用一次烧成法或二次烧成法提供了可靠的依据，换言之，钙质结核是北魏釉陶与烧成方法之间的连接钮带，发现这个钮带，北魏釉陶如何烧成的问题也就迎刃而解了，这是对北魏釉陶烧制工艺认识上的飞跃、研究方法上的创新。

釉陶的烧成方法有一次烧成、二次烧成两种方法，现在分别叙述如下。

（1）一次烧成法

直接在坯体上涂釉，入窑后连胎带釉一次性烧制成釉陶。例如轮制平沿釉陶罐 M77:9（图 10－16，5），胎内含有钙质结核，腹下部有一处胎壁与酱色釉层同时被钙质结核崩脱，形成一个凹坑状疤痕，疤痕中央有一个圆点状小凹坑，这是钙质结核原先所在的位置。疤痕和小凹坑内都无釉，露出泥质红胎。胎与釉同时崩脱是直接在坯体上涂釉的证据。钙质结核的主要成分是碳酸钙，它一般在 700℃～800℃开始分解为氧化钙和二氧化碳，釉陶出窑后，氧化钙逐渐吸收空气中的水蒸气，生成氢氧化钙，这时其体积逐渐膨胀，并且变成粉末状，这种膨胀现象会产生很大的作用力，将釉陶的胎壁与釉层同时崩脱。这种崩脱现象是断定釉陶采用一次烧成法的可靠依据。

（2）二次烧成法

第一次将坯体入窑烧制，称为素烧，坯体陶化后变成素胎；在素胎上涂釉后，第二次入窑烧制，称为釉烧，结果成为釉陶。例如手制平沿釉陶罐 M124:2（图 10－15，2）、手制釉陶壶 M253:1（图 10－15，3），两件胎内都含有钙质结核，其外表各有一处被钙质结核崩脱，形成一个凹坑状疤痕，疤痕中央都有一个圆点状小凹坑，这是钙质结核原先所在的位置。引人注目的是：疤痕之内也涂满酱色或酱黄色釉，而且与外表的釉层自然地连为一体，至今依然存在，这是断定釉陶采用二次烧成法的可靠依据。因为只有经过素烧（第一次烧成），而且素烧温度高于碳酸钙开始分解的温度（700℃～800℃），钙质结核才能将素胎崩脱，出现凹坑状疤痕；只有在疤痕之内也涂釉，而且经过釉烧（第二次烧成），疤痕之内才会有釉。这是首次发现北魏釉陶采用二次烧成法，具有重要意义。笔者推测，一部分器物所含钙质结核颗粒较粗，可能将素胎崩裂或崩漏，成为废品，已经被制陶者淘汰掉，只将完好的素胎（正品）和虽然有疤痕但是尚未破裂的素胎（次品）进行涂釉和釉烧，结果节省了昂贵的釉料，提高了釉烧的成品率，降低了生产成本，可见二次烧成法意义重大。北魏釉陶的二次烧成法对后世釉陶的烧制工艺具有深远影响。

2. 装窑方法

采用一次烧成法、二次烧成法进行釉烧时，器物底下都以三角形支垫或四角形支垫作为隔离层，防止烧制过程中釉料熔化后器底与窑床（或垫板）之间粘连。三角形支垫的三个角上方各有一个支钉，四角形支垫的四个角上方各有一个支钉，用支钉支撑器物的优点是二者的接触面较小，粘连的面积不大，烧制成在器物上遗留的疤痕也较小。一部分釉陶外底留有三个或四个支钉疤痕。有的器底较小，而支垫较大，二者不配套，因此有一个或两个支钉疤痕留在外底，另外两个或一个支钉疤痕留在近底部。釉陶出窑后，用小棍轻轻敲打支垫，支垫就脱落了。

在41件手制釉陶中，有19件外底留有支钉疤痕，占46.34%。其中17件为三角形支垫上的支钉疤痕，2件为四角形支垫上的支钉疤痕，由此可见，主要使用三角形支垫作为隔离层。例如釉陶壶M230:1（图10－14，1），使用三角形支垫，外底有支钉疤痕2个，近底部有支钉疤痕1个；盘口釉陶罐M35:5（图10－14，3），使用三角形支垫，外底有支钉疤痕3个；平沿釉陶罐M124:2（图10－15，2），使用三角形支垫，外底有支钉疤痕3个；釉陶壶M253:1（图10－15，3），使用三角形支垫，外底有支钉疤痕1个，近底部有支钉疤痕2个。至于使用四角形支垫的实例，由于受本书篇幅的限制，这里省略不提。为了提高窑室空间的利用率和釉陶的产量，施釉之后的器物，在装窑时相距很近，有些甚至相依，烧制过程中，相依处产生粘连现象，例如釉陶壶M208:8（图10－17，2），外表粘有一块带釉的胎壁，是从与它相依的釉陶上粘下来的。

在8件轮制釉陶中，有2件外底各留有3个支钉疤痕，占25%。两件都使用三角形支垫作为隔离层。

如上所述，手制釉陶与轮制釉陶的装窑方法是相同的，二者应是同窑合烧。

3．温度控制

笔者做过500余次仿制古代陶器的模拟实验，每次实验都先设定烧成温度，再将坯体烧制成陶器，然后观察陶胎的硬度，从反复多次实验中了解到陶器的烧成温度与陶胎的硬度之间有一定的对应关系，反过来说，可以根据陶胎硬度的不同，估计陶器的烧成温度。笔者在本书第九章节第五节说过：以普通易熔黏土为原料制成的坯体，其耐火度（允许达到的最高温度）为1050℃，假如烧成温度超过其耐火度，就会产生液相、烧流、变形。基于上述理由，笔者从观察陶胎的硬度入手，估计北魏墓群49件釉陶的烧成温度如下：

烧成温度约900℃的有12件，占24.49%。其中手制的例如盘口釉陶罐M35:5（图10－14，3）、釉陶壶M228:6（图10－15，4）、釉陶壶采集:1（图10－17，1）、盘口釉陶罐M83:5（图10－18，2）；轮制的为矮领釉陶罐MM215:1（图10－16，1）。

烧成温度约950℃的有32件，占65.31%。其中手制的例如釉陶壶M253:1（图10－15，3）、釉陶壶M208:8（图10－17，2）、釉陶壶M240:8（图10－18，1）；轮制的例如塔形釉陶壶M26:7（图10－14，2）、矮领釉陶罐M128:2（图10－16，2）、釉陶壶M65:3（图10－16，3）、釉陶罐M134:11（图10－16，4）、平沿釉陶罐M77:9（图10－16，5）。

烧成温度约1000℃的有4件，占8.16%。均为手制，例如釉陶壶M230:1（图10－14，1）、平沿釉陶罐M124:2（图10－15，2），其中M124:2在素烧后钙质结核将腹下部一处胎壁崩脱，形成凹坑状疤痕，然后在外表及疤痕内涂釉，进行釉烧，已经证实采用二次烧成法。这4件釉陶的胎质坚硬，酱色釉的光泽度良好，相当美观，应当都是采用二次烧成法，素烧温度约1000℃，釉烧温度约900℃～950℃。釉烧温度应低于素烧温度。

烧成温度约1050℃的只有1件，占2.04%。为手制釉陶壶M156:5（图10－15，1），胎质坚硬，呈红褐色，击之有清脆的铿锵声，但未烧流变形，酱黄色釉的釉面发麻，不但没有光泽，而且有大量细碎斑点，肩部垂釉，产生这些现象应是采用一次烧成法、烧成温度过高所致，结果成为次品。

如上所述，在49件釉陶中，烧成温度约900℃～950℃的共有44件，占89.80%，这表明900℃～950℃是低温铅釉陶适宜的釉烧温度，950℃是最佳的釉烧温度。

4. 气氛控制

笔者根据胎色及釉色的不同，推测49件釉陶的烧成气氛有以下三种情况：

第一种，胎为红色或红褐色、釉为酱色或酱黄色的有45件，占91.84%。无论采用一次烧成法还是二次烧成法，均为氧化烧成，胎内所含铁质、釉料内所含着色剂铁都已经变成高价铁。

第二种，胎为灰色或深灰色、釉为酱黄色的只有2件，占4.08%。这些釉陶是：釉陶壶M204:5，胎为灰色；釉陶壶M65:1，胎为深灰色。胎为灰色是还原烧成的结果，深灰色是强还原烧成所致；釉为酱黄色，是氧化烧成的缘故。事实表明，这些釉陶采用二次烧成法：第一次为素烧，采用还原烧成；第二次为釉烧，采用氧化烧成。

第三种，胎为灰白色或灰色，釉为青绿色或偏绿色的只有2件，占4.08%。这些釉陶是：盘口釉陶罐M35:5（图10－14，3），胎为灰白色，釉为青绿色；釉陶壶M240:8（图10－18，1），胎为灰色，釉为偏绿色。胎为灰白色或灰色是还原烧成所致；釉为青绿色或偏绿色是氧化烧成的结果，因为釉料中所含的着色剂铜在氧化条件下呈现绿色。事实表明，这些釉陶采用二次烧成法：第一次为素烧，采用还原烧成；第二次为釉烧，采用氧化烧成。

这里需要说明的是：第二与第三种都采用二次烧成法，烧成气氛也相似，但是釉色不同，这是釉料内所含着色剂不同所致：第二种以铁作为着色剂，氧化烧成后呈现酱黄色釉；第三种以铜作为着色剂，氧化烧成后呈现青绿色或偏绿色釉。

参考文献

［1］山西大学历史文化学院、山西省考古研究所、大同市博物馆编著：《大同南郊北魏墓群》，科学出版社，2006年。

［2］山西省大同市博物馆、山西省文物工作委员会：《山西大同石家寨北魏司马金龙墓》，《文物》1972年第3期。

［3］山西大学历史文化学院、山西省考古研究所、大同市博物馆编著：《大同南郊北魏墓群》，科学出版社，2006年，第489页。

［4］姚青芳：《釉陶器的釉成分分析》，山西大学历史文化学院、山西省考古研究所、大同市博物馆编著：《大同南郊北魏墓群》，科学出版社，2006年，第579页。

第十一章
唐代三彩器的制陶技术

唐代（公元618～907年）是中国封建社会的鼎盛时期。唐代的三彩器简称唐三彩，属于低温铅釉陶范畴。回顾汉代的铅釉陶器一般为单色釉，即在同一件器物上只施一种色釉，多数为绿釉，少数为黄釉；北魏的铅釉陶器也是均为单色釉，大多数为酱色或酱黄色釉，少数为偏绿色或青绿色釉。然而在邺城（今河南安阳）北齐后主高纬武平六年（公元575年）范粹墓内出土的白瓷绿彩长颈瓶和三系白瓷绿彩罐，在白色透明釉上施数条绿色彩釉，有的残瓷器上，在施绿彩釉的同时还涂菊黄色釉[1]，这些彩釉器物的掛釉做法与唐三彩的做法相似，突破了汉代和北魏只施单色釉的框框，可谓唐三彩做法的前身。

唐三彩与汉代及北魏铅釉陶的区别在于：一般地说，汉代及北魏只有绿釉、黄釉或酱黄釉，而唐代增加了蓝釉；汉代及北魏在同一件器物上只用单色釉，而唐代集多色釉于一身，有黄釉、绿釉、白釉、蓝釉等，其中以黄、绿、白为主要呈色，因此称为“唐三彩”。

唐三彩主要出土于陕西、河南两省，尤其是西安、洛阳两个地区的唐墓内，大部分作为随葬的明器[2]。因为长安是唐朝的首都，洛阳是唐朝的陪都，都是唐朝政治、经济、文化的中心，而唐三彩是唐朝政治、经济、文化发展的产物，所以长安和洛阳也是唐三彩最集中、出土数量最多的地区。唐代盛行厚葬之风，官僚贵族、地主商贾大量使用三彩器作为随葬的明器。

唐三彩出现于初唐期（公元618—683年），在陕西富平县唐高宗上元二年（公元675年）李凤墓内出土的三彩双联盘，器内和边沿施绿、蓝、黄三色回纹彩釉，还有长方形三彩榻以及十余件三彩陶片[3]，这是目前所发现最早的有明确纪年的唐三彩器。唐三彩发展于盛唐期（公元684—735年），表现在唐三彩大量涌现，其中，开元朝是唐三彩的极盛时期。陕西高陵县马家湾乡米家崖唐武则天永昌元年（公元689年）李晦墓出土的三彩骑马俑[4]，是目前所发现较早的有明确纪年的唐三彩器。唐三彩衰退于中唐期（公元736—804年），表现在唐三彩急剧减少，仅在个别墓内偶然见到一些小件模型器或小型动物俑[5]。

目前发现的唐三彩窑址有河南巩县（现名巩义市）大小黄冶唐三彩窑址（以下简称巩县窑址）、陕西铜川市唐代黄堡窑址（以下简称黄堡窑址）。巩县窑址只经过调查和试掘[6]，《黄冶唐三彩窑》一书记述了该窑唐三彩制品的生产、发展、种类、制作等方面的情况[7]。黄堡窑址经过正式发掘[8]，1995年5月笔者在铜川市考察过黄堡窑址出土的三彩器。

唐三彩制陶技术中，比较值得注意的技术事件有以下六个方面：

（1）三彩器大部分以高岭土作为制胎原料，一部分以红黏土（属于普通易熔黏土）作为制胎原料，后者表面施一层白色化妆土（高岭土泥浆）。

（2）三彩器坯体的成型方法有模制、轮制与模制兼用、轮制、雕塑四类，其中绞胎模制法是唐代陶瓷工匠的创新，绞胎器是名贵的釉陶新品种。

（3）三彩器坯体上的装饰方法有旋划、刻划、戳印、模印、模贴五类，其中以模贴最有特色，类似浅浮雕，立体感强，装饰效果最佳。

（4）三彩器采用二次烧成法：素烧在大型半倒焰窑内进行，素烧温度为1150℃左右；釉烧在小型半倒焰窑内进行，釉烧温度为950℃左右。釉烧时在素胎下面使用窑具（包括窑柱、架板、垫具），窑内呈现氧化气氛。

（5）三彩器的釉料是以石英粉、高岭土、铅丹或炼铅的熔渣配制而成无色透明的基础釉，将它施于高岭土素胎或白色化妆土上则呈现白釉；在基础釉中分别加入适量的金属氧化物着色剂（氧化铁、氧化铜、氧化钴、氧化锰）就配制成黄釉、绿釉、蓝釉等，其中蓝釉是唐代陶瓷工匠新发明的。唐代配制蓝釉的原料氧化钴是强着色剂，它是进口的还是国产的，目前学术界看法不一。素胎上施釉的方法主要有点绘、线绘、填釉、涂釉四类。此外还有搅釉。

（6）从黄堡窑址来看，唐三彩制陶作坊规模较大、设施齐全、工具完备；生产组织严密、分工协作；既有试釉的小窑，又有正式釉烧的三彩窑；从胎料和釉料的制备、坯体的成型和装饰、素烧、施釉到釉烧，形成了一套规范化的工艺做法和工艺流程。

本章在引用发掘报告资料和前人研究成果的基础上，对唐三彩制陶技术进行论述。笔者还做了仿制三彩器的模拟实验。本章的重点是探讨各种颜色低温铅釉的配制方法、施釉方法和釉烧方法。

第一节　三彩作坊

在陕西铜川市的黄堡窑址发现三彩作坊1座，编号为ⅡZ2，位于漆水河西岸，比现在漆水的河床高8.5米，处于整个窑址的中心地带。ⅡZ2东西长31.8米、南北宽20米，面积636平方米。作坊由7孔窑洞构成，东西排成一行，即ⅡZ2－1～ⅡZ2－7。

ⅡZ2－1是工匠吃饭和休息的地方，或作为作坊看守人员的住所。

ⅡZ2－2是用作晾坯或施釉的场所。

ⅡZ2－3（图11－1），平面呈现长方形，南北残长14.9米、东西宽2.35～2.95米，面积39.49平方米。门内有踏步（即台阶）6级。室内地面上有一层2～5厘米厚的坩泥（这里将烧制瓷器用的高岭土叫坩子土）踩踏层，这是长期用作拉坯成型场所的证据。室内西南边墙角有火膛1个，半圆形，用耐火砖和石块砌成。里面有草木灰，距门道2.05米，东墙壁下有4块很光滑的石头平置地上，构成方形台子，似放置什物的地方。在西壁距火膛3.45米处有转盘（快轮装置的轮盘）

1个，圆形，木质，已朽，高出室内地面0.17米、直径0.8米。在转盘底下中心部位镶嵌1个铁质轮轴帽，孔径0.9米（应是0.09米之误）、距圆形转盘0.35米，往下深埋0.53米。圆形转盘中心安装正六边形铁圈，孔径0.09米、棱长0.08米、宽0.025米、厚0.04米（系指铁圈高0.04米）。在转盘东面和北面放置2块石头，磨得很光滑，应是工匠拉坯时作板凳用的。紧靠转盘西边，有一堆胎泥。在转盘北面2.7米处，立放着一卷卷得很紧的坩泥片。在坩泥片南，有3个盆坯。在坩泥片的东北角有用耐火砖砌成的平台，耐火砖上流有棕、黄、绿三彩釉滴，应是试釉作业留下的。有一个方形火膛与平台直接相连，火膛用耐火砖和石块砌成，底部有一层柴灰，火膛内出有“开元通宝”铜钱。在火膛北面，墙脚下有一道凹槽，凹槽向南通入一个大陶缸内。陶缸北边口沿被打掉一个缺口，和凹槽南口相连接。缸和凹槽内全是制胎用的坩泥。在凹槽和大陶缸西边，有一堆码好的坯件，器形以碗最多，另有烛台和盒。碗坯42摞，每摞7~13个，约有420件。烛台坯5件，盒坯1件。碗坯北边有一堆坩泥。贴近西壁墙脚下有6个蹲狮坯，均完好无损，形状相同。在狮子坯件附近还存放有塑造狮子的模具，模具分为前后两半。在狮坯南面，还有一堆碗坯，共23摞，每摞8~12个，约有230件。从窑洞内的平面布局和遗物观察，这里主要担负拉坯、模制等成型工艺，也承担三彩釉的试烧工艺，还生产一些不属于三彩范畴的瓷器，如碗、烛台、盆等。

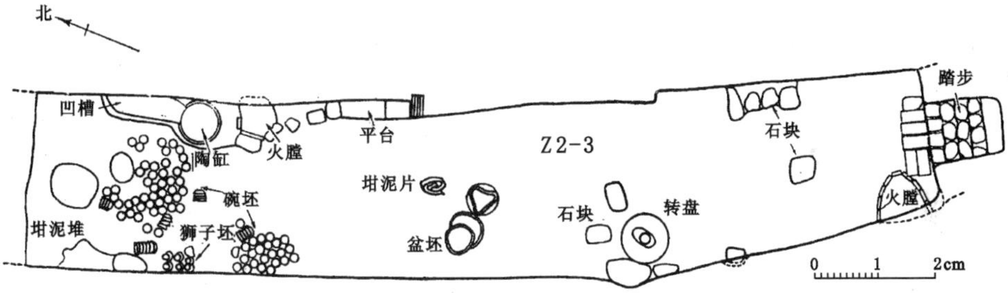

图11-1 陕西铜川市唐代黄堡窑址ⅡZ2-3平面图

ⅡZ2-4是模制成型的场所。在窑洞外西南角有试烧三彩釉的小窑，由落灰坑、窑门、燃烧室、烟囱四部分组成，用砖围砌。窑内积满柴灰，夹杂三彩釉滴。

ⅡZ2-5窑洞内装有两架转盘（即有两套快轮装置），存放坩泥3堆及大批码好的灯坯，表明这是灯坯成型的场所。

ⅡZ2-6窑洞内有一处安装转盘的痕迹，是以制作执壶（又称注子、注壶，是隋代开始出现的一种酒器，至清代还有执壶）坯件为主的场所。这种执壶应施三彩釉，或施黄、翠绿等低温单色釉。

ⅡZ2-7窑洞内有一处安装转盘的痕迹，也是专门制作执壶的场所。窑洞外西侧有匣钵（这是烧制瓷器的窑具，将施釉后的坯件装在匣钵内烧制，避免烟尘污染）一堆，东南处有石臼一个。

第二节 胎料和釉料的制备工艺

关于胎料和釉料的制备工艺从以下三个方面叙述。

1. 加工胎料和釉料的工具

黄堡窑址出土一批用于粉碎胎料或釉料的石杵和石臼。

石杵均为圆形长条状。有的杵头呈现圆形，由于长期使用，已经磨秃（图11－2，1）；有的杵头呈现尖圆形（图11－2，2）；有的下头大，上头小，杵头比较平（图11－2，3）；有的中部呈现鼓棱状，杵头尖圆（图11－2，4）。

石臼都呈现凹槽状。有的口部呈现圆形，口沿外面雕有四瓣莲瓣，外底呈现方形（图11－2，5）；有的口部呈现圆形，小平底，臼窝比较深（图11－2，6）；有的呈现圆形，平底，上部残缺（图11－2，7）。另外，在ⅡZ2－7窑洞外东南处有一个石臼。

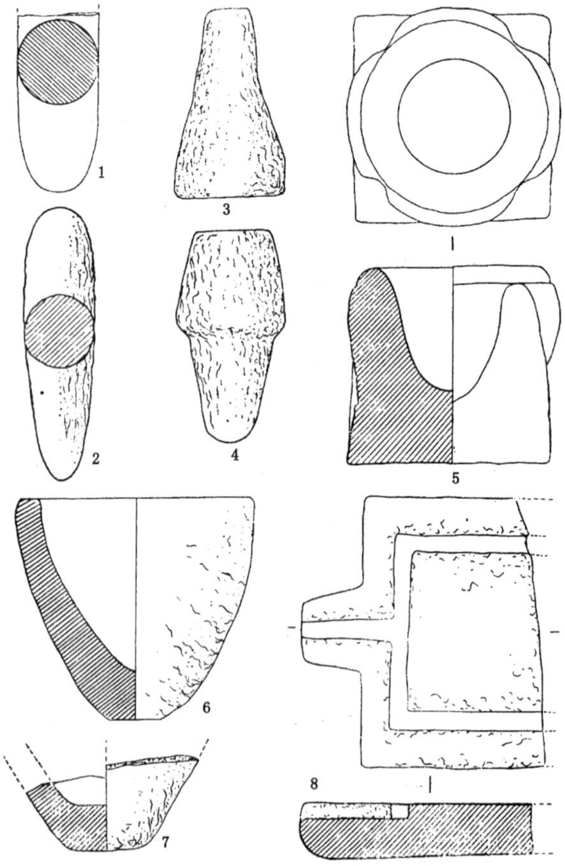

图11－2 陕西铜川市唐代黄堡窑址出土的石杵、石臼、石盘

1. 石杵ⅡZ2－4:13；2. 石杵ⅡT6⑤:8；3. 石杵ⅡT6④:7；4. 石杵ⅡT3⑤:30；5. 石臼Z2－4:4；6. 石臼ⅡT6④:8；7. 石臼ⅡT6⑤:9；8. 石盘ⅠT11②:84

石杵与石臼是配套使用的工具，杵头呈现圆形或尖圆形的石杵（图 11 －2，1、2），可以与臼窝比较深的石臼（图 11 －2，6）配套使用；杵头比较平的石杵（图 11 －2，3），可以与内底比较平的石臼（图 11 －2，7）配套使用；中部呈现鼓棱状、杵头尖圆的石杵（图 2 －11，4），可以与口圆底方的石臼（图 11 －2，5）配套使用。

黄堡窑址出土一件石盘（图 11 －2，8），半个已经残缺，复原之后应当呈现方形或长方形，一侧有流（即嘴），流向内通入环状凹槽。笔者推测，釉料用石杵和石臼粉碎之后，还要加水研磨成釉浆才能使用，石盘应是研磨釉浆的工具，在石盘内将釉料研磨成釉浆之后，先流入环状凹槽内，再经过“流”进入容器内。

2. 胎料的制备工艺

表 11 －1 示出唐三彩胎的化学组成为：氧化硅 63.84% ~67.52%，平均值 65.47%；氧化铝 26.56% ~29.82%，平均值 27.59%；助熔剂（氧化铁、氧化钛、氧化钙、氧化镁、氧化钾、氧化钠）总和 4.97% ~6.48%，平均值 5.84%。以低氧化硅、高氧化铝、低助熔剂为特征，这表明唐三彩以高铝质耐火黏土（高岭土）作为制胎的原料。

表 11 －1　唐三彩胎的化学组成和素烧温度及釉烧温度

标本序号	原编号	名　称	化学组成（%）									助熔剂总和	素烧温度（℃）	釉烧温度（℃）
			SiO_2	Al_2O_3	Fe_2O_3	TiO_2	CaO	MgO	K_2O	Na_2O	MnO			
1	TT1	河南巩县小黄冶村唐三彩胎	66.93	26.59	0.73	1.24	0.19	0.37	2.15	0.41	<0.01	5.09		
2	TT2	河南巩县小黄冶村唐三彩胎	64.52	27.15	1.17	1.45	0.89	0.39	2.09	0.44	<0.01	6.43		
3	TT3	陕西墓葬出土唐三彩胎	67.52	26.56	0.61	1.39	0.22	0.40	2.01	0.34		4.97		
4	B1	河南古胎	63.84	29.82	1.44	0.93	1.64	0.59	0.71	1.17		6.48	1150	950
5	B2	陕西古胎	65.90	27.85	1.15	1.21	1.48	0.55	1.32	0.51		6.22	1150	950

注：标本序号 1—3 数据引自李知宴、张福康：《论唐三彩的制作工艺》表 1，标本序号 4、5 数据引自李国桢、陈乃鸿、邱凤娟、曾凤琴：《唐三彩的研究》表 1，中国科学院上海硅酸盐研究所编：《中国古陶瓷研究》，科学出版社，1987 年。

大部分唐三彩器以高岭土制胎，其原因和理由有两点：一是高岭土可以在较高温度下素烧，致使胎质较硬，破损率低，还不易烧流变形；二是高岭土中氧化铁含量很低，为 0.61% ~1.44%，平均值 1.02%（表 11 －1），素烧之后多数胎呈现白色，以便在白胎上施加各种彩釉，即使少数胎呈现白中泛红或泛黄，对釉色的影响也不大。

一部分唐三彩器以红黏土（属于普通易熔黏土）制胎，由于氧化铁含量较高，素烧之后胎呈现红色，为了避免胎色对釉色产生不良影响，素烧之前在坯体表面施加一层含铁量很低、白度较高的化妆土（即高岭土泥浆），素烧之后素胎的表面呈现白色。

ⅡZ2－3窑洞内存放一堆胎泥、立放着一卷卷得很紧的坩泥片，ⅡZ2－5窑洞内共存放三堆坩泥。笔者认为，这些坩泥应是在三彩作坊之外的淘洗池和沉淀池内淘洗而成的，再运到三彩作坊内用于制坯。至于ⅡZ2－3东墙北段的墙脚下有一道凹槽，向南通入一个大陶缸内，凹槽和缸内全是坩泥。笔者推测，这些坩泥可能是就地利用凹槽和陶缸淘洗成细泥浆，用作坯体表面的化妆土，凹槽可能起淘洗池的作用，陶缸可能有沉淀池的功能。

3. 釉料的制备工艺

表11－2示出唐三彩釉的化学组成为：氧化硅25.07%～35.61%，平均值31.06%；氧化铝5.83%～8.22%，平均值7.05%；氧化铅36.70%～59.51%，平均值47.24%。笔者认为，氧化硅主要来自石英粉，一部分来自高岭土。石英硬度7，较难破碎，经过900℃～1000℃煅烧并且急冷，加剧产生内应力和裂纹，有利于粉碎。石英超过1713℃变为熔融态石英，它在釉料中的主要作用是熔融之后产生玻璃态。氧化铝来自高岭土，它是塑性黏土，在釉料中的主要作用是产生黏着力。高岭土的熔点为1785℃，烧成后一般呈现白色。氧化铅来自铅丹（Pb_3O_4）或炼铅的熔渣。铅丹是次生矿物，例如陕西某地产的铅丹为方铅矿（PbS）氧化的产物。铅丹呈现鲜红或褐红色，有时呈现黄色；硬度2.5～3，容易研磨成粉末；比重8.9～9.2，由于比重大，在釉料中容易沉淀。铅丹在500℃左右分解成氧化铅（PbO）和氧，880℃熔融。铅丹是强助熔剂，它在釉料中的重要作用是使耐火度相当高的石英和高岭土在较低温度下（950℃）充分熔融，产生玻璃态，从而使釉层具有透明度，釉面具有光泽度。在这里，所谓助熔就是铅丹有助于石英和高岭土的熔化。

由石英粉、高岭土、铅丹（或炼铅的熔渣）三种原料按照适当比例配制成釉料，焙烧之后呈现无色透明釉，称为基础釉，如果将它施于白胎或白色化妆土上，可以透过釉层看到白色，因而呈现白釉（表11－2，1）；如果将它施于绞胎上，可以透过釉层看到胎上两种不同颜色相间的纹理。

在基础釉中配入适量的金属氧化物着色剂（氧化铁、氧化铜、氧化钴、氧化锰）之后就成为各种彩色釉。

现在将各种彩色釉分别叙述如下（其中各元素含量以质量分数计）：

黄釉（表11－2，2～5），含氧化铁4.09%～4.87%，平均值4.46%。基础釉中配入少量氧化铁呈现黄釉，配入较多量氧化铁呈现棕黄釉。此外，赭釉、褐釉也是以氧化铁为着色剂，由于氧化铁的含量不同、除氧化铁外还含有别的着色剂、釉烧温度有所不同、烧成气氛有所不同等原因，釉色存在差异；

绿釉（表11－2，6～9），含氧化铜3.81%～5.24%，平均值4.43%。基础釉中配入少量氧化铜呈现浅绿釉，配入较多量氧化铜呈现深绿釉；

蓝釉（表11－2，10～12），含氧化钴1.03%～1.22%，平均值1.11%。与其他彩色釉相比，蓝釉中着色剂含量最低，因为氧化钴是强着色剂，发色能力很强。基础釉中配入微量氧化钴呈现浅蓝釉，配入少量氧化钴或钴料中含有微量氧化锰呈现深蓝釉。例如有些蓝釉（表11－2，10、11）中含有0.03%的氧化锰。

表11－2 唐三彩釉的化学组成

标本序号	原编号	名　称	化　学　组　成（%）											
			SiO_2	Al_2O_3	Fe_2O_3	PbO	CaO	MgO	K_2O	Na_2O	MnO	CuO	CoO	P_2O_5
1	G_2－W	陕西古代白釉	31.98	5.83	2.10	52.66	2.20	1.38	0.20	0.10				
2	TT1Y	河南巩县小黄冶村唐三彩黄釉	28.65	8.05	4.09	54.59	1.65	0.42	0.72	0.45				0.32
3	TT3Y	陕西墓葬出土唐三彩棕黄釉	25.07	8.22	4.71	41.16								0.09
4	G_2－y	陕西古代黄釉	30.54	6.93	4.87	50.54	1.20	2.10	0.20	微量				
5	G_1－y	河南古代黄釉	35.61		4.18	37.91	微量	2.45	0.20	微量				
6	TT1G	河南巩县小黄冶村唐三彩绿釉	30.66	6.56	0.56	49.77	0.88	0.25	0.79	0.36		3.81		0.29
7	TT3G	陕西墓葬出土唐三彩绿釉		6.71		59.51	1.28	0.38	0.81	0.28		5.24		0.06
8	G_2－g	陕西古代绿釉	34.17		0.68	36.70	2.54	0.36	0.50	微量		4.30		
9	G_1－g	河南古代绿釉	28.43		1.60	44.92	0.64	1.38	0.20	0.10		4.35		
10	T_1〔1〕	河南巩县小黄冶村唐三彩蓝釉			0.99	45	0.79	0.43	0.88	0.22	0.03	0.38	1.03	
11	T_2〔1〕	河南巩县小黄冶村唐三彩蓝釉			1.10	52	0.70	0.38	0.34	0.10	0.03	0.25	1.09	
12	G_1－B	河南古代蓝釉	34.40		1.07	42.11	2.28	0.54	0.30	0.10			1.22	

注：标本1、4、5、8、9、12数据引自李国桢、陈乃鸿、邱凤娟、曾凤琴：《唐三彩的研究》表2，标本2、3、6、7、10、11数据引自李知宴、张福康：《论唐三彩的制作工艺》表1，中国科学院上海硅酸盐研究所编：《中国古陶瓷研究》，科学出版社，1987年。

唐玄宗开元十一年（公元723年）鲜于庭诲墓随葬的骆驼载乐俑，施蓝、黄、绿、白、赭黄五种釉，每种釉色都纯正鲜艳，釉面光泽美观，代表了唐三彩极盛时期（开元朝）配制铅釉技术的最高水平。

在陶瓷工艺上，“用配方中所用原料的重量百分数（或重量）来表示配方组成的方法，叫做配料量表示法”[9]。在湖南长沙市的楚墓中随葬有春秋末期至战国中期的天平与砝码[10]，这表明当时人已经使用天平精确地称重量。笔者据此推测，唐代的陶瓷工匠能够熟练地使用天平称重量，采用配料量表示法去精确地配制釉料。

笔者从仿制唐三彩的模拟实验中得知以下三点：

（1）制备釉料时，应将石英粉、高岭土、铅丹以及各种金属氧化物着色剂分别研磨成粉末，而且经过淘洗，除去粗颗粒。然后按照配方将各种釉料混合在一起，加水研磨成质地细腻、浓度适当的釉浆。

（2）配制铅釉的关键在于配方要准确，也就是说釉料中各种成分的比例要适当。首先，基础釉的配方要准确，它不仅涉及白釉的效果，而且是配制彩色釉的基础。其次，在往基础釉中配入适量金属着色剂的同时，就要增加适量的助熔剂铅丹，以便保持铅丹在基础釉时那样的含量，从而保持原有的助熔能力。

（3）釉浆所含的各种成分中，以铅丹的密度最大（8.9～9.2g/cm³），它容易沉淀在釉浆底部，会导致施于器物上的釉料比例失调，因此使用釉浆时必须经常将它搅拌均匀。

上述三点是笔者从反复多次实践中总结出来的经验，是对唐三彩釉料制备工艺认识上的飞跃。

第三节 快轮装置

快轮装置是三彩作坊内最先进、最重要的设备，它不仅是轮制器物时必须使用的工具，而且可以作为模制器物和施釉的工作台。笔者分析和综合了《唐代黄堡窑址》发掘报告中的有关资料，绘制了唐代快轮装置复原图（图11－3），认为快轮装置应由木质圆形转盘、木质车筒、木质车轴、铁质荡箍、铁质轴顶碗、铁质转盘附件、瓷质转盘搅动器、木质搅棍、瓷质盘头等构件以及车坑组成。

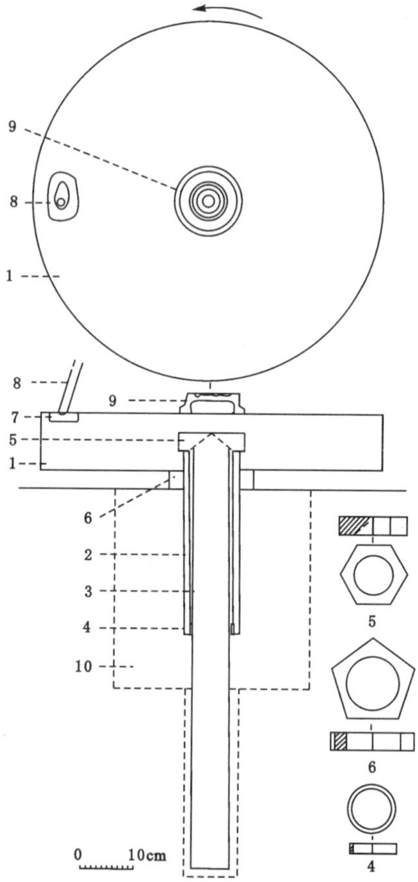

图11－3 陕西铜川市唐代黄堡窑址ⅡZ2－3快轮装置复原图

1. 木质圆形转盘；2. 木质车筒；3. 木质车轴；4. 铁质荡箍（“铁质轮轴帽”）；5. 铁质轴顶碗（“正六边形铁圈”）；6. 铁质转盘附件（ⅡZ2－3:47）；7. 瓷质转盘搅动器；8. 木质搅棍；9. 瓷质盘头（ⅡZ2－3:48）；10. 车坑

笔者将分散在《唐代黄堡窑址》发掘报告中各处涉及快轮装置的资料逐一进行分析，找出它们之间的内在联系，并且连贯起来作为一个有机整体来思索，做出正确的判断，得出可以复原唐代快轮装置的结论，这是认识上的飞跃、研究方法上的重要创新。前面第十章所讲北魏的慢轮装置由于结构简单，不难复原（图10－9），然而本章所讲唐代的快轮装置由于结构相当复杂，快轮装置上的构件应有尽有，对每一种构件的功能都要进行周到和必要的分析并不容易，将其复原成完整的快轮装置（图11－3）就更加困难，这是长期以来积累快轮制陶知识与遇到详细而可靠的资料共同作用的结果。由此可见，考古学研究上的创新是一个缓慢的逐渐积累知识的过程，一旦资料条件具备，加以连贯思索，新的研究成果也就瓜熟蒂落了，换言之，在现时代，知识资源是科研创新当中最重要的一项核心资源，值得高度重视，连贯思索是很重要的研究方法，要经常采用。

唐代黄堡窑快轮装置的具体情况如下：

ⅡZ2－3的木质圆形转盘（图11－3，1），“高出室内地面0.17米、直径0.8米”，但是报告中没有报道转盘本身的厚度。转盘的底面与地面之间只有保持一定的距离，转盘才能够转动，笔者据此推测转盘的厚度应小于0.17米，假设为0.15米。

ⅡZ2－3的“铁质轮轴帽”（图11－3，4），孔径“0.9米”（应是0.09米之误）。从所出位置上看，应是安装在车筒下端内壁的“荡箍”，它与里面的车轴接触，由此可知，此处车轴的直径稍微小于0.09米。荡箍的作用是：使车筒通过荡箍间接地箍住（与地平面呈现垂直状态的）车轴，从而防止车筒动荡，使圆形转盘能够平稳地旋转，这一点对于快轮拉坯成型和快轮慢用修整都极为重要。荡箍上距圆形转盘0.35米，车轴“往下深埋0.53米”，也就是说荡箍下距车轴下端0.53米。另据《唐代黄堡窑址》第468页报道：“轴亦为木质，埋入深度为0.9米”，0.9米应是圆形转盘底面至车轴下端的距离，由此可以推算出荡箍的高度为0.9米－（0.35米＋0.53米）＝0.02米。另外，笔者假设荡箍的厚度为0.05米。

ⅡZ2－3的“正六边棱形铁圈”（图11－3，5），安装在“圆形转轮中心”，应是位于车筒顶部之上的“轴顶碗”，它扣在车轴顶上。轴顶碗与荡箍的孔径都是0.09米，它们是车筒内壁与车轴之间发生关系的两个媒介，由于它们与车轴之间的接触面很小，旋转时所产生的摩擦力也甚小，这是轮盘能够快速旋转的关键，也是快轮装置与慢轮装置之间的根本区别。《唐代黄堡窑址》中没有报道轴顶碗内壁的形状如何，在复原图上只能用虚线来表示。

另据《唐代黄堡窑址》第468页报道，有一个编号为ⅡZ2－3:47的铁质“转盘附件”（图11－3，6；图11－4，1），安装在当时转盘下面，上面放置木质转盘，此附件套在木立轴的上面（应是套在车筒上部之外）靠近转盘处（即位于车筒与圆形转盘的连接处），呈五角形，已锈，孔径12.6厘米、棱边长12.4厘米、厚4厘米（实际上是指高4厘米）。根据“转盘附件”的孔径（12.6厘米），可知车筒的外径为12.6厘米，或稍微小于12.6厘米（如12.5厘米）。由于车筒套在车轴之外，车筒内径应大于车轴直径（9厘米），假设为10厘米。那么，车筒壁的厚度约2.5厘米。另外，窑址内出土的“转盘附件”Ⅰ:020（图11－4，3）和ⅣT2②:1（图11－4，4），每个角的内侧有一个小圆孔，笔者推测用铁钉穿过小圆孔将“转盘附件”钉在圆形转盘上，使车筒与圆形转盘更加牢固地结合在一起，致使车筒与圆形转盘始终保持垂直状态，从而保证圆形转盘呈现水平状态旋转，这一点对于快轮拉坯成型和快轮慢用

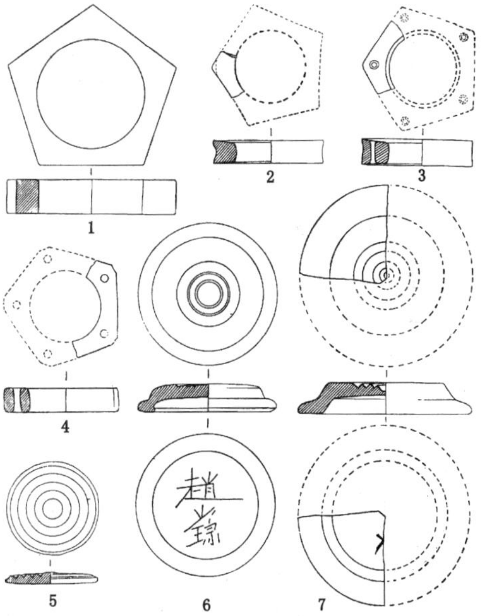

图11－4　陕西铜川市唐代黄堡窑址出土的转盘附件和盘头

1. Ⅰ式转盘附件ⅡZ2－3:47；2. Ⅱ式转盘附件ⅣT6④:5；3. Ⅲ式转盘附件Ⅰ:020；4. Ⅳ式转盘附件ⅣT2②:1；5. Ⅰ式盘头ⅠT11②:85；6. Ⅱa式盘头ⅡZ2－4:15；7. Ⅱb式盘头ⅡT2⑤:47

修整也极为重要。至于角的内侧没有小圆孔的"转盘附件"（图 11－4，1、2），不能用铁钉加固，应是镶嵌在转盘上。

ⅡZ2－6 的圆形坑（车坑），直径 0.45 米、深 0.45 米，俯视只有一个圆圈，可知呈现直壁状，可能是平底，坑底中央位置有一个"方形洞"（轴孔），由此可知车轴的下段呈现方柱状，由于方柱不会转动，比圆柱更加稳定。ⅡZ2－3 圆形转盘之下也应有车坑和轴孔，可以参考ⅡZ2－6 的车坑和轴孔复原，在复原图上用虚线表示（图 11－3，10）。

在圆形转盘上面的边缘部位安装一个特制的瓷质施黑釉的"转盘拨动器"（图 11－3，7），（应确切地称为"转盘搅动器"，因为拨动只能用棍子横着用力，使轮盘呈现左右方向移动；搅动可以用棍子连续不断转动，使轮盘做圆周运动）。其形状有方形、长方形、椭圆形（图 11－5），共同点是上面都有一个转窝，它是用木质搅棍搅动转盘使其加速旋转时使用的构件。大多数在转窝外侧有 2～4 个小圆孔，可以用铁钉穿过小圆孔将"转盘搅动器"钉在转盘上，加以固定；只有少数没有孔（图 11－5，1），只能镶嵌在转盘上。由于经过使用，不仅转窝里的釉层被磨掉，而且胎体也被磨掉一部分。从磨损现象上观察，转窝有外圈、内圈之分：外圈略呈椭圆形，窝较浅；内圈呈现圆形，窝较深，位于外圈的一端。工匠将搅棍（图 11－3，8）插入外圈之内，迅速地由浅向深的方向滑动，然后在内圈（深窝之内）不断地搅动，从而使转盘连续地做圆周运动。一些经过长期使用的"转盘搅动器"（图 11－5，3、9），转窝被严重磨损，变得很深。由于离心力的作用，转窝的内圈靠外一侧磨损比较严重，靠内一侧磨损比较轻，久而久之，内圈的位置逐渐移向外侧。确认搅棍由浅向深的方向滑动，内圈逐渐移向外侧这两点之后，就可以推断当时搅棍用力的方向，也就是转盘旋转的方向。凡是在平面图上绘出内圈的转窝（图 11－5，1、3、4、5、7、9），搅棍一律按逆时针方向搅动，换句话说，转盘一律按逆时针方向旋转，制陶者在拉坯时都是将左手放在内侧，右手放在外侧，主要靠右手用力。由此可见，唐代陶工快轮拉坯的操作方法已达到高度规范化的程度。

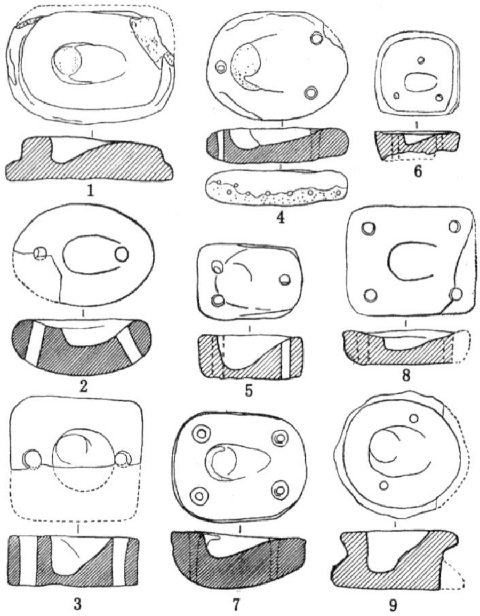

图 11－5　陕西铜川市唐代黄堡窑址出土的转盘搅动器

1. Ⅰ式ⅡT2④:4；2. Ⅱ式ⅣT9⑤:149；
3. Ⅲ式ⅠZ22:4；4. Ⅳ式ⅠT19②:80；
5. Ⅴ式ⅡT3④:8；6. Ⅵ式ⅡT4③:2；
7. Ⅶ式ⅣT5④:10；8. Ⅷ式ⅠT13③:58；
9. Ⅸ式ⅣT5④:11

在圆形转盘中央安装一个瓷质"盘头"ⅡZ2－3:48（图 11－3，9），据《唐代黄堡窑址》第 471 页报道，其底径 15 厘米、面径 12.9 厘米、高 4 厘米。窑址内出土的"盘头"大多数呈现覆盘形（图 11－4，6、7），少数呈现圆饼形（图 11－

4，5）。其特点是：大多数盘面旋划数周凹弦纹，即同心圆；少数盘面没有凹弦纹，但有圆形凹坑。有的盘面上有使用磨损痕迹。盘头的作用有三个：

（1）由于瓷质不怕水，在盘头上制作坯体可以保护木质转盘。

（2）盘面略高于转盘的平面，可以提高工作台，工匠坐在快轮旁边的石凳上操作正合适。

（3）由于盘头的圆心与转盘的圆心重合，而且盘面上有同心圆或圆形凹坑，只要将泥坨或坯体置于同心圆内或凹坑内，也就准确地置于转盘中央，即处于转盘的圆心位置，因而泥坨或坯体不会摇晃，这一点对于快轮拉坯成型和快轮慢用修整都很重要。由此可见，“盘头”上面旋划同心圆不是为了装饰，而是为准确地放置泥坨或坯体，起到定位的作用。

一件盘头内底刻有工匠“趙少琮”的名字（图 11－4，6），表明这件盘头甚至某台快轮装置是他专用的，这是实行生产责任制的反映；一件盘头内底刻字，残留“咸通七年三月廿□日”八字，即唐懿宗李漼时期，公元 866 年，为断定唐代黄堡窑的年代提供了可靠的依据，也说明黄堡窑到晚唐时期（公元 806～907 年）仍然在生产三彩器。

上述快轮装置构件及车坑的资料为绘制快轮装置复原图提供了详细而可靠的依据。从上述资料中可以看到，制陶者在设计和制造快轮装置时，充分考虑到以下三点：

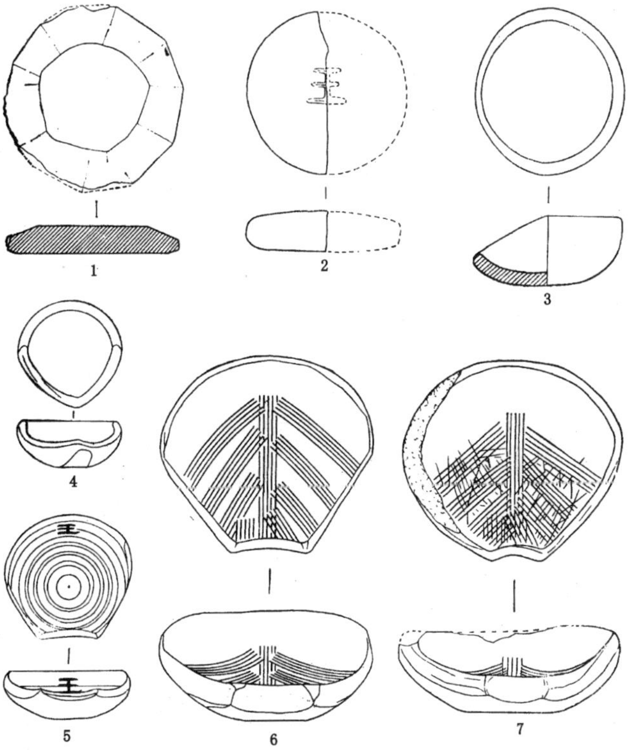

1. Ⅰa 式刮泥板ⅡT4④:11；
2. Ⅰb 式刮泥板ⅣT6⑤:18；
3. Ⅱa 式刮泥板ⅡZ2－4:18；
4. Ⅱb 式刮泥板ⅡZ2－4:19；
5. Ⅱc 式刮泥板ⅡZ2－4:20；
6. Ⅱd 式刮泥板ⅡZ2－4:21；
7. Ⅱe 式刮泥板ⅡZ2－4:22

图 11－6　陕西铜川市唐代黄堡窑址出土的刮泥板

（1）由于车筒与车轴之间只通过轴顶碗和荡箍发生小面积接触，使车筒旋转时与车轴之间所产生的摩擦力减少到最低程度，因而转盘能够快速旋转。

（2）由于车筒与转盘之间呈现垂直状态，使转盘在快速旋转时仍能保持水平状态，因而转盘能够平稳地旋转，不会上下摆动。

（3）由于盘头的圆心与转盘的圆心重合，使泥坨或坯体准确地置于转盘的中心位置，因而拉坯或修整坯体时坯体都不会左右晃动，可以平稳地旋转。

如上所述，由于制陶者在设计和制造快轮装置时考虑周密，快轮装置的结构合理，它既能够快速地旋转，又可以平稳地旋转，快速而平稳地旋转是快轮装置特有的性能和优越性，是慢轮装置不可能具备的。由此可见，快轮装置与慢轮装置之间在结构和性能上都存在质的差别。

快轮拉坯成型的毛坯还要经过快轮慢用修整才能变为成坯，窑址内出土的“刮泥板”（图11－6）就是修整坯体时使用的工具。“刮泥板”一般为瓷质，利用破碎瓷器的腹片或底部改制而成，有的经过长期使用，边沿磨得很光（图11－6，2）；个别为石质（图11－6，1）。一些“刮泥板”上刻有工匠的姓“王”字（图11－6，2、5），表明“刮泥板”归某个工匠专用，这也是实行生产责任制的反映。

第四节　坯体的成型工艺

三彩器坯体的成型方法有模制、轮制与模制兼用、轮制、雕塑四类。

一、模制

模制法有以下三种情况。

1. 常规的模制法

这是沿用秦汉以来的外模制法，用于制作三彩器当中形状不规则的器皿、俑类、小型艺术品。模制的工艺流程如下：

（1）先制作“母模”，经过素烧，但目前未发现“母模”。

（2）利用“母模”翻制成多个“造型模”，略干燥时用刀具将“造型模”切割成前后两半或左右两半，常在模外刻划吻合号，脱模之后经过素烧。例如双鱼瓶模ⅡT3⑤:31（图11－7，1），内刻双鱼，以鱼嘴作瓶口，圆肩，鼓腹，以束尾作圈足底，素烧；枕模ⅡZ2－2:6（图11－7，8），长圆形，前侧直边，其余三面均为弧形圆角，素烧；人头模ⅡZ2－4:24（图11－7，9），为俑头前半部分，模内刻俑的脸面，有眉毛、眼睛、鼻子、嘴，两眼圆睁，牙齿外露，模外顶部和左右两侧都刻有吻合号；三叉垫饼模ⅡT1②:4（图11－7，10），三角形，单模，素烧。又如狮模ⅡZ2－3:55（图11－7，11），前后合模，模内刻一蹲狮，颈毛成束，模内粘有坩土胎泥，表明经过使用，模外刻“×”状吻合号。笔者认为，吻合号是合模时前后两部分对准的标记，它的作用是：前后两半外模（如人头模、狮模）合成时只要对准吻合号，模内的前后两半坯体就不会产生错位现象。吻合号出现于汉代，但是当时还没有普遍采用。例如山西平朔汉墓出土的陶井3M191:2（本书第九章图9－6，1右上），井架的横梁为左右合模成型，两端都有龙首，由于合模时左右两半外模上下错位，龙首合模线的左右两边高矮不一，产生错位现象的原因是制陶者在（左右合模的）模具上还没有刻划吻合号。由于汉长安城窑址是位于都城的官办陶窑，其制陶技术比较先进，在模具上刻划了吻合号，例如该窑址出土的西汉陶俑外模 Y12:74（本书第九章图 9－7，8）两端壁上刻有线条状吻合号，这是目前在外模上所见年代最早的吻合号。唐代的外模上普遍刻有吻合号，再也不会产生错位现象了，从而明显地改进了外模制法。

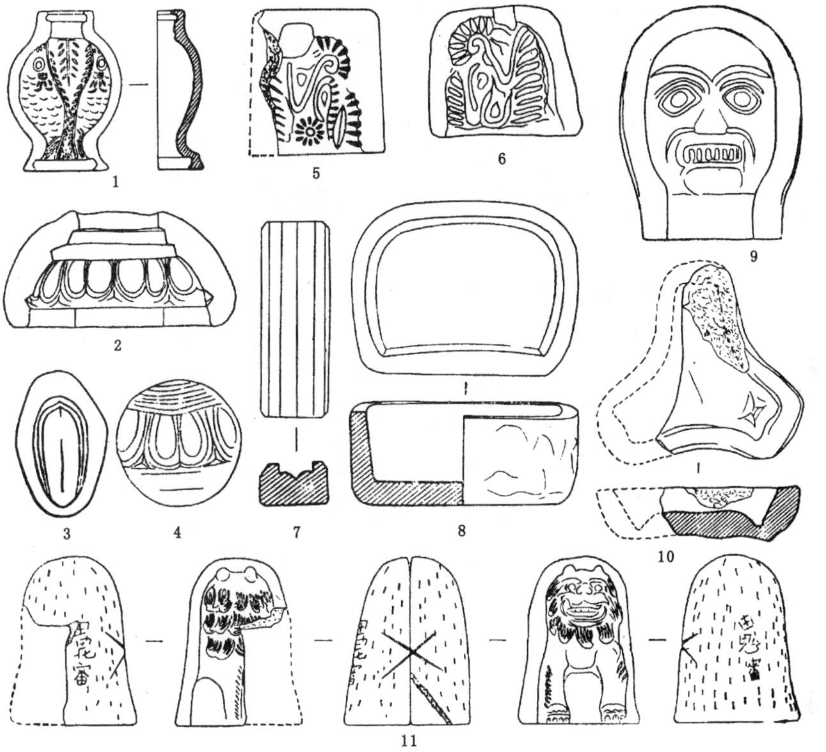

图 11－7　陕西铜川市唐代黄堡窑址出土的模具和纹样模

1. 双鱼瓶模ⅡT3⑤:31；2. 器座模ⅡZ2－4:30；3. Ⅳ式纹样模ⅠT19②:83；
4. Ⅴ式纹样模ⅡT4⑤:57；5. Ⅰ式壶嘴模ⅡZ2－6:5；6. Ⅱ式壶嘴模ⅠT9④:2；
7. Ⅱ式壶柄模ⅡZ2－4:32；8. Ⅰ式枕模ⅡZ2－2:6；9. Ⅰd式人头模ⅡZ2－4:24；
10. 三叉垫饼模ⅡT1②:4；11. Ⅱf式狮模ⅡZ2－3:55

（3）利用“造型模”翻制坯体，人物用前后合模，动物用左右合模或前后合模，坯体先经过素烧，后经过釉烧。例如棕黄釉双鱼瓶ⅡT4⑤:8；赭黄釉俑头ⅡT4④:1（图 11－8，1），显然是用人头模（图 11－7，9）翻制而成的。

2. 建筑构件的模制法

琉璃陶是从唐三彩派生出来的低温铅釉陶新品种，主要作为建筑用陶。据《魏书·西域传》“大月氏”条记载：“世祖时，其国人商贩京师，自云能铸石为五色瑠璃，於是采矿山中，於京师铸之。既成，光泽乃美於西方来者。乃诏为行殿，容百余人，光色映徹，观者见之，莫不驚（惊）骇，以为神明所作。”[11]由此可见，北魏前期京师平城（今山西大同市）已经有“五色瑠璃”，但是，目前学术界对魏书中所讲的“五色瑠璃”看法不一，有的学者认为它是琉璃陶，也有的学者认为是玻璃。

图 11－8　俑头和支垫及三彩釉绞胎陶器

1. 唐代黄堡窑址出土Ⅰ式赭黄釉俑头ⅡT4④:1；2. 唐代黄堡窑址出土三角形支垫ⅡT2⑤:60；3. 吉林省和龙市八家子镇北大村唐代渤海国墓地出土全绞胎三彩釉陶碗 88HBM7:6；4. 河南巩县三彩窑址出土半绞胎釉陶枕；左（E:51），右（E:52）；5. 菱形半绞胎长方形枕，长 15.6cm、宽 10.6cm、高 7.4cm

目前考古发现最早的琉璃陶是在唐代，例如黄堡窑址出土的三彩龙头构件ⅡZ2－3:5，高岭土胎，胎色发白。龙头形，张口，衔珠，龙须后飘。施赭、黄、绿三色釉。造型雄伟，色彩明亮，实属罕见。龙头后部中空，并留有钉孔位置。长 24 厘米、宽 13.5 厘米、高 17.5 厘米，很可能是木质构件上的装饰物。笔者认为，这件三彩龙头构件可能是先用左右合模方法制成中空的龙头大致形状，再于前部附加模制或手制而成的零部件，有的部位由于零件黏附不严密，产生缝隙。又如绿釉板瓦ⅡZ2－3:6 和绿釉筒瓦ⅠH7:1，凹面（即内壁）都有麻布纹。笔者认为，制作板瓦和筒瓦所用的内模应是用木片穿绳编排而成的圆筒，既便于安装，又可以拆卸，麻布纹则是从套在圆筒状内模之外的麻布袋上印成的，麻布袋在坯体与内模之间起隔离层的作用，防止二者粘连，模制后先拆掉内模，再取出麻布袋。再如残瓦当ⅠT19②:2，原先为圆形，只残存半个，饰莲瓣纹。笔者认为，莲瓣纹是从外模上印成的。绿釉异形瓦ⅡT5⑤:5，平面（朝下一面）有麻布纹。笔者认为，麻布纹是从垫在长方形木质外模之内的麻布上印成的，麻布在坯体与外模之间起隔离层的作用，防止二者粘连。

如上所述，制陶者根据建筑用陶中的不同的对象（不同品种），灵活地选择不同的模制方法：三彩龙头构件应是采用外模制法、左右合模成型；瓦当、异形瓦应是采用外模制法、单模成型；板瓦、筒瓦应是采用内模制法成型。黄堡窑生产的这些琉璃釉制品可能是供给京畿地区（都城长安及其附近地区）宫殿建筑的需要。宫殿建筑使用三彩龙头构件为三彩工艺的发展开辟了一个新的领域。琉璃釉制品对后世的宫殿建筑具有深远的影响。

3. 绞胎模制法

这是唐代陶瓷工匠新创造的一种模制方法。绞胎模制法包含以下两层意思：

一是绞胎。有的学者将绞胎写作“搅胎”。从字面上讲，绞是把两股以上条状物扭在一起。所谓绞胎，是利用两种不同色调的泥料，分别制成坯泥，并把不同色调的坯泥擀成板块（实际上呈现薄片状），相间叠合，然后进行特定的绞揉、切片、拼接、贴合、挤压，制作成型，器胎上便呈现不同色调相间，盘旋蹙结的纹理。经干燥、磨光、施釉，入窑焙烧，便成为绞胎器成品[12]。笔者认为，这种说法基本上是合理的，绞胎釉陶的特点是：处于无色或淡彩色透明釉层之下的胎体本身就具有天然形成的红白相间或褐白相间的纹理，有的类似树本年轮纹理（简称木纹），有的呈现花朵状，具有自然美，明显不同于用矿物颜料在坯体上绘成的纹饰，这些纹理的实质是层理，因此不宜称为纹饰。

二是模制。“把加工过的坯泥切片、拼接、手工挤压成型，绝非轮制拉坯成型”[12]。笔者认为，明确地指出“绝非轮制拉坯成型”是正确的、必要的；这里应当补充一句，“手工挤压成型”是以模具作依托为前提的，“手工挤压”必须在模具上进行，确切地说，绞胎器是采用“绞胎模制法”成型的，属于模制法范畴，既不是快轮拉坯成型，也不是手制法成型。

如上所述，绞胎模制法是以绞胎坯料作为制坯的先决条件，然后采用模制法成型，特殊之处在于所用坯料不同于常规的模制法。

绞胎器又可以细分为“全绞”、“半绞”[13]两种，因此绞胎模制方法也可以细分为全绞胎模制法、半绞胎模制法两种，现在分别论述如下：

（1）全绞胎模制法

特点是坯体只有一层胎，采用绞胎模制法成型，从外表至胎心和内壁的纹理（即层理）是相通的，也就是说，彼此连贯沟通。

陕西西安市东郊韩森寨出土的全绞胎釉陶带盖盂（彩版3，1），口径2.2厘米、高5厘米。盂呈圆形，鼓腹，平底。小口、内敛，带盖，盖中有圆钮。造型小巧玲珑。通体为深浅不同的褐色木纹状花纹，纹理自然活泼，如行云流水。此器即绞胎，比一般三彩工艺复杂，制作精细，是将两种不同色调的瓷土搅合在一起，然后拉坯雕型（应与拉坯无关），涂釉复烧，呈现这种特殊的装饰效果[14]。

笔者从发表的照片上看出三点：一是器盖的唇部也有绞胎纹理，由此可见，外表与胎心的纹理是相通的，胎心与内壁的纹理也应相通，表明器盖采用全绞胎模制法成型；二是盂的腹中部有一周大致呈现水平状的接合痕迹，它将腹上部、腹下部的绞胎纹理隔断，表明器身上下两段分别采用全绞胎模制法成型，然后接合在一起，不是利用快轮整体一次拉坯成型；三是木纹状纹理大致呈现竖向“S”形，假如这件盂是拉坯成型的，所产生的纹理应呈现螺旋式上升，不会呈现竖向。

笔者采用全绞胎模制法仿制了这件釉陶带盖盂，因未见到出土实物，不知“小口、内敛”的具体形状如何，故仿制品采用有子母口、无子母口两种形制：

一件全绞胎釉陶带盖盂仿制品，即仿:502（彩版3，2、3），用两种原料制成：一种是北京市昌平区红泥沟的红黏土（属于普通易熔黏土），经过淘洗和陈腐，成型时泥料的含水量为21.39%；另一种是湖北枝江市雅畈的白黏土（属于高铝质耐火黏土），也经过淘洗和陈腐，成型时泥料的含水量为21.04%。盂的上下两段分别利用内模，采用全绞胎模制法成型，将两种泥料分别擀成薄片状，然后相间叠合在一起，用刀具切割成长条状，再直接在内模上将它拼接、贴合在一起，用手指挤压成型。脱模之后，下段在内侧、上段在外侧套接在一起。坯体的含水量下降至约19%～18%时，用素面拍子拍打外表进行整形，使口部变成敛口状。含水量下降至约17%～16%时，毛坯尚有较弱的可塑性，先用素面圆棍进行横向滚压。滚压的方法是：在坯体上部按顺时针方向滚压；下部按逆时针方向滚压。由于工具在上下两部分用力的方向恰好相反，层理（纹理）移位的方向也恰好相反，结果绞胎纹理由竖直状变成“S”形，这是利用泥料的可塑性所致。之后，又经过刮削，刮掉表层，露出清晰的红白相间的纹理；刮削还使口部变成圆唇、子母口状，以便口上放置的器盖不致滑脱。坯体的含水量下降至约13%～11%时，用坚硬而光滑的素面圆棍对器表进行滚压（即滚动摩擦）。由于滚动摩擦时，圆棍用力的方向与器表垂直，器表既保持了清晰的绞胎纹理，又变得平整而光滑。这里需要注意的是：不能采用滑动摩擦的方法进行磨光，因为滑动摩擦会使器表的两种泥料互相掺和，绞胎纹理变得模糊不清。盂的口径3.6厘米、腹径10.2厘米、底径4厘米、高7.4厘米、胎厚0.5厘米。器盖也是利用内模，采用全绞胎模制法成型，盖钮采用榫卯法（插入法）安装而成。器盖的口径6厘米、高3.1厘米、胎厚0.6厘米。盂和器盖都先经过素烧，然后施基础釉，釉烧之后呈现无色透明釉。为了解助熔剂含量高低不同对釉的状况会产生什么影响，盂和器盖所用釉料配方中铅丹的含量略有差别：盂所用釉的配方见表11－3，2；器盖所用釉的配方见表11－3，6。施釉方法是：外表刷釉；内壁荡釉。荡釉是将釉浆倒入器物内，摇动器物，使釉浆均匀地散开，再倒出多余的釉浆。釉烧温度为950℃，保温1小时。由于盂所用釉的配方中铅丹含量（54.71%）较低，助熔能力不足，导致外表釉面的光泽度较差；器盖所用釉料配方中铅丹含量（59.32%）适当，内壁和外表釉面的光泽度和釉层的透明度都很好。

表 11－3　低温铅釉陶仿制品的釉料配方和釉烧温度及釉的状况

釉色名称	釉料配方 铅丹 Pb_3O_4 (g)	(%)	石英粉 SiO_2 (g)	(%)	高岭土 $A_2O_3 \cdot 2SiO_2 \cdot 2H_2O$ (g)	(%)	氧化铜 CuO (g)	(%)	氧化铁 Fe_2O_3 (g)	(%)	氧化钴 CoO (g)	(%)	总和 (g)	(%)	器物编号	器物名称	釉烧温度 (℃)	釉的状况 釉层透明度	釉面光泽度	彩版号	序号
白釉	29	54.71	17	32.08	7	13.21							53	100	仿499	全绞胎釉陶碗	900	内壁透明，内底半透明	内壁较好，外表较差		1
															仿502	全绞胎釉陶带盖盂的盂	950	内壁和外底半透明	外表较差	3，3	2
															仿501	半绞胎釉陶枕	950	顶面中部半透明	较差		3
	34	58.62	17	29.31	7	12.07							58	100	仿498	全绞胎釉陶盂	950	内壁半透明，外表透明	外表富有光泽	3，4	4
	35	59.32	17	28.81	7	11.87							59	100	仿503	全绞胎釉陶碗	950	内壁和外表均透明	内壁和外表均富有光泽	3，6	5
															仿502	全绞胎釉陶带盖盂的器盖	950	内壁和外表均透明	内壁和外表均富有光泽	3,2 上	6
															仿509	三彩带纹罐	950		富有光泽	4，3	7
															仿510	三彩菱形纹罐	950		富有光泽	4，4	8
															仿507	三彩盘	950		富有光泽	4，5	9
															仿508	三彩珍珠纹罐	950		富有光泽	4，1、2	10
浅绿釉	37.5	58.59	17	26.56	7	10.94	2.5	3.91					64	100	仿509	三彩带纹罐	950		富有光泽	4，3	11
															仿510	三彩菱形纹罐	950		富有光泽	4，4	12
深绿釉	38.5	58.33	17	25.76	7	10.61	3.5	5.30					66	100	仿507	三彩盘	950		富有光泽	4，5	13
															仿508	三彩珍珠纹罐	950		富有光泽	4，1、2	14
浅黄釉	37	58.73	17	26.99	7	11.1			2	3.18			63	100	仿507	三彩盘	950		富有光泽	4，5	15
															仿508	三彩珍珠纹罐	950		富有光泽	4，1、2	16
棕黄釉	38	58.46	17	26.15	7	10.77			3	4.62			65	100	仿509	三彩带纹罐	950		富有光泽	4，3	17
															仿510	三彩菱形纹罐	950		富有光泽	4，4	18
蓝釉	36	59.02	17	27.87	7	11.47					1	1.64	61	100	仿509	三彩带纹罐	950		富有光泽	4，3	19
															仿510	三彩菱形纹罐	950		富有光泽	4，4	20

另一件全绞胎釉陶带盖盂仿制品，即仿:498（彩版 3，4）。盂的口径 4 厘米、腹径 10.5 厘米、底径 3.2 厘米、高 8.8 厘米、胎厚 0.5 厘米；器盖的口径 7.5 厘

米、高3.5厘米、胎厚0.3厘米。与仿:502相比，所用泥料和模制方法相同，但是口部形状不同，为方唇，不是子母口，其缺点是釉烧之后置于口上的器盖容易滑脱；盂上段的纹理较细密，下段的纹理较粗疏。盂和器盖施相同的基础釉，配方见表11－3，4。釉浆浓度较高，釉烧温度为950℃，保温2小时。由于釉料配方适当、釉浆浓度较高、釉烧温度适当、保温时间较长等原因，盂的全身外表釉层透明度、釉面光泽度都很好，釉层有纤细的冰裂纹（即开片）。

还有一件全绞胎盂仿制品，即仿:500（彩版3，5），也是利用内模成型，敛口，圆唇，经素烧，但未施釉。口径6.3厘米、底径3厘米、高6.4厘米、胎厚0.2厘米。从内壁经过胎心到外表的绞胎纹理相通，显示出全绞胎的特点，由于没有釉，很不美观。由此可见，全绞胎、施釉二者缺一不可。

吉林和龙市八家子镇北大村唐代渤海国墓地出土的全绞胎三彩釉陶碗88HBM7:6（图11－8，3），完整，高岭土加泥质黄土为胎，轮制（应为绞胎模制）。敞口微外卷，圆唇，弧腹，矮圈足，碗底略平，腹中部有一圈凸弦纹。器内外施草绿、浅黄、米黄、白色釉，底内无釉。因胎土为两种颜色的搅胎，自然形成或水波或卷云或卷草纹，富于变化。口径11.6厘米、底径6.1厘米、胎厚0.5厘米、足高0.8厘米、通高5.4厘米[15]。这件碗1997年曾在中国历史博物馆举办的《全国考古新发现精品展》上展出，笔者从出土实物上看到：内壁与外表有同样的纹理；纹理呈现斜向或竖向。这两点表明，不是“轮制”成型，而是采用全绞胎模制法成型。

笔者仿制了这件全绞胎釉陶碗，有以下两件仿制品：

一件全绞胎釉陶碗仿制品，即仿:499，利用内模成型，因此，从器身至圈足可以采用整体一次成型的方法，结果从内壁经过胎心至外表、从腹壁经过圈足至外表的纹理都相通。口径10.8厘米、圈足径5.9厘米、通高4.6厘米、胎厚0.2厘米。素烧之后施基础釉，方法是外表刷釉，内壁荡釉。所用釉料配方见表11－3，1，釉烧温度为900℃，保温1小时。由于配方中铅丹的含量较低、釉烧温度偏低等原因，外表釉面的光泽度较差。

另一件全绞胎釉陶碗仿制品，即仿:503（彩版3，6），与仿:499的差别在于：器身利用外模成型，因此，圈足是后加的，结果圈足与器身的纹理不相通。口径10.4厘米、圈足径5.7厘米、通高4.1厘米、胎厚0.3厘米。所用釉料配方见表11－3，5，釉烧温度为950℃，保温1小时。由于釉料配方适当、釉烧温度适当等原因，全身内壁和外表的釉层透明度和釉面光泽度都很好。

关于唐代全绞胎器的成型方法，《隋唐文化》（学术出版社，1990年）和《中国工艺美术大辞典》（江苏美术出版社，1988年）都说是拉坯成型，《吉林省和龙县北大渤海墓葬》（《文物》1994年第1期）说是轮制成型。这些说法都背离了出土实物上所遗留的痕迹和现象。笔者通过仿制唐代全绞胎器的模拟实验发现唐代全绞胎器并非快轮拉坯成型，而是采用全绞胎模制法成型，既可采用外模制法成型，也可采用内模制法成型，这是认识上的飞跃、研究方法上的创新。有的学者说自己用快轮拉坯方法仿制了唐代全绞胎器，但笔者从其作品上看到的是现代工艺美术品，没有唐代全绞胎器的特征和风格。笔者认为，考古模拟实验的原则是如实地依照先民的方法进行，不能另辟蹊径。根据同样道理，仿制山东龙山文化的薄胎高柄杯不能用注浆法成型（见本书第五章第二节）。将考古模拟实验与现代工艺美术品严格区分开来才是正确的途径。

（2）半绞胎模制法

特点是坯体有两层胎：内层不是绞胎，采用常规的模制法成型；外层是绞胎，是后黏附在内层之上的，半绞胎系指外层而言。由于内层没有绞胎纹理，它与外层的纹理不相通。

河南巩县窑址出土的半绞胎釉陶枕（图 11－8，4），为两件残枕：左边一件编号为 E:51，破裂面露出两层胎，内层没有绞胎纹理，外层有绞胎纹理；右边一件编号为 E:52，枕面的绞胎纹理呈现花朵状。

笔者仿制了巩县窑址 E:52 半绞胎釉陶枕，即仿:501，内层利用外模（参考图 11－7，8），采用常规的模制法成型，即先将泥料用素面圆棍擀成薄片状，放入模内按压成型，然后在上面盖一层薄泥片作为枕面，略干燥后顺利脱模。外层以两种黏土为原料：一种是湖北宜昌市南津关的红黏土（属于普通易熔黏土），含铁量较高，烧制后呈现红色；另一种是南津关的黑黏土（属于高铝质耐火黏土），含铁量很低，但是含碳素较高，烧制后碳素消失，呈现白色。两种泥料质地都很细腻，干燥收缩率相近，适宜制作绞胎器。将两种泥料分别擀成薄片状，相间叠合，先用刀具切割成条状，再卷成弯曲状，拼接在一起形成花朵状，置于内层的外表，先用手指压实，再用素面圆棍滚压实。在枕坯前壁中部用锥状工具捅成一个圆形镂孔作为排气孔，在烧制过程中可以通过镂孔排出枕的空腔内由于受热而膨胀的气体，防止胎壁炸裂。枕长 12.1 厘米、宽 9.2 厘米、高 5 厘米、两层胎共厚 1 厘米。所用釉料配方见表 11－3，3。施釉采用两种方法：枕面采用浇釉法，由于釉浆未搅匀，釉浆上部铅丹含量较低，助熔能力不足，釉烧之后枕面的釉呈现半透明状，似有白色沉淀物和细小的气泡；四壁采用刷釉法，将笔插到盛釉浆的容器下部蘸釉浆，再涂刷在四壁上，由于釉浆下部铅丹含量较高，助熔能力充足，釉烧之后四壁的釉层透明度和釉面光泽度都很好，绞胎纹理清晰而鲜明。

《黄治唐三彩窑》一书中报道的绞胎釉陶枕，大多数为半绞胎，如杨永德先生捐赠的唐代“菱形纹长方枕”（图 11－8，5），器胎为灰白色与褐色相绞。器表黄色透明釉。枕面中央为菱形纹样，四边则绞成虎皮斑纹。前侧中部有一圆孔。器底大部露胎，有两处支烧痕。长 15.6 厘米、宽 10.6 厘米、高 7.4 厘米[16]。

1972 年陕西乾县懿德太子李重润墓内出土一件半绞胎唐三彩骑马狩猎俑，高 36.2 厘米、长 30 厘米。武士衣裳为绿色，胎体以白色和黑褐色作出树木年轮的花纹，马身和垫板均作深酱色褐釉，也用黑褐色作木纹，经窑火焙烧后，胎色和彩色熔融在一起，这种工艺，人们称为搅胎[17]。这件陶俑曾在中国国家博物馆展出，笔者从马腹部下面的孔洞观察到马为两层胎：内层较厚，不是绞胎，呈现白色；外层很薄，为绞胎，黏附在内层之上。据此断定这是一件半绞胎三彩骑马狩猎俑。笔者还看到骑马的武士与马之间有接合缝隙，这表明武士是另外模制的。武士和马的外层都是绞胎，制作工艺复杂，代表了唐代绞胎器制作工艺的最高水平。

笔者通过仿制全绞胎和半绞胎釉陶，了解到绞胎器工艺有五点特殊要求：

一是所用泥料特殊。采用两种含铁量高低相差悬殊的红黏土和高岭土，使绞胎纹理上的两种颜色形成鲜明对比。两种泥料都要经过精细淘洗、细腻程度要相近、陈腐时间长短要相近、含水量要相近、干燥收缩率也要相近，只要这些条件都能够达到，就可以防止坯体顺着层理（纹理）开裂。

二是坯体成型方法特殊。既不是轮制法，又不是手制法，也不同于常规的模制法，而是采用特殊的模制法即绞胎模制法（包括全绞胎模制法和半绞胎模制法）。其中以全绞胎模制法最难掌握、成品合格率最低。

三是坯体修整和磨光方法特殊。脱模之前，只能采用特殊的修整方法即滚压（包括横向滚压、纵向滚压、斜向滚压）方法对坯体进行修整，使绞胎层理（纹理）定向移位、弯曲自然、变化多样，而且清晰、美观，还不易产生开裂现象。避免用湿手抹平的方法进行修整。不可采用滑动的方法进行磨光。因为湿手抹平和滑动磨光都会使器表的两种泥料互相掺和，使绞胎纹理变得模糊不清。

四是对清洁的要求特殊。在制备泥料和模制坯体的过程中，制陶者始终要保持两手干燥、清洁，所用的工具也要干燥、清洁，防止不同颜色的泥料互相污染，确保绞胎层理（纹理）清晰和美观。

五是对釉的颜色要求特殊。只能采用无色透明的基础釉或透明的淡彩色釉，确保釉层的透明度和釉面的光泽度，绞胎纹理就可以透过釉层清晰地显现出来。模拟实验结果表明，在基础釉配方中，铅丹含量（质量分数）以 58.62% ~ 59.32% 为宜，釉烧温度以 950℃为宜。

上述五点要求表明绞胎工艺具有鲜明的特殊性，这五点要求是非常严格的、繁杂的、苛刻的。绞胎器“由于制作工艺繁杂不易掌握而成品率相当低（无釉残片之多即证明此点），因而产量和品类都远比不上黄冶窑所产的三彩制品”[12]，换句话说，许多绞胎器在素烧过程中就已经开裂，成为废品而被制陶者淘汰了。剩下为数不多的合格素胎才进行施釉和釉烧，在釉烧过程中还有可能出现开裂现象，成为废品，最后烧制成功的“绞胎器以其特有的华美、高雅的艺术风格，很快成为名贵陶瓷品种”[12]，尤其是全绞胎器比半绞胎器更稀罕、更珍贵。

二、轮制与模制兼用

一些圆形器皿的器身为轮制，嘴、柄、把手、器座（即底座）、三足等附件为模制，然后安装在器身上，因此，就整件器皿的成型方法而言是轮制与模制兼用。模制附件有专用的模具，例如器座模ⅡZ2-4，30（图 11-7，2），壶嘴模ⅡZ2-6:5（图 11-7，5）、ⅠT9④:2（图 11-7，6），壶柄模ⅡZ2-4:32（图 11-7，7）。这些模具均为外模。轮制与模制兼用成型的器物，例如执壶ⅡT2⑤:23 的器身为轮制成型，附件为模制成型。

三、轮制

圆形器皿一般为轮制。有三种情况：有些器物是整体一次拉坯成型的，例如陕西乾县永泰公主墓出土的三彩盘（唐神龙二年即公元 706 年）、河南洛阳北窑 76 号墓出土的三彩珍珠纹罐（盛唐）；有些器物带有器盖，器身、器盖是分别拉坯成型的，二者互相配套，例如洛阳龙门 18 号墓出土的三彩带纹罐（盛唐）、洛阳关林 3 号墓出土的三彩菱形纹罐（盛唐）；还有些器物上下两部分是分别拉坯成型的，然后粘接在一起，例如西安西郊中堡村出土的三彩塔式罐，器身、底座分别拉坯成型，然后粘接在一起，器盖是另外拉坯成型的，然后与器身配套。

四、雕塑

西安西郊中堡村唐墓出土的三彩山池为典型的雕塑作品，水池略呈椭圆形，手制成型；水池旁有峻峭的山，山腰有浮云在飘动，山顶有两只小鸟，山脚下有一只小鸟，这些均为雕塑成型。

第五节　坯体的装饰工艺和素烧工艺

本节先叙述坯体的装饰工艺，然后介绍素烧工艺。

素烧前坯体上的装饰方法有旋划、刻划、戳印、模印、模贴等。现在分别叙述如下：

1. 旋划

坯体随着陶轮旋转，用锥状或篦状工具在坯体上旋划成凹弦纹，例如唐代黄堡窑址出土的执壶ⅡT2⑤:23，肩部旋划凹弦纹数周；三彩塔式罐ⅡZ2－4:2，肩下部旋划凹弦纹3周。

2. 刻划

刻划也称刻花，用锥状工具或刀具在坯体上刻划出各种花纹图案。例如西安西郊南何村鲜于庭诲墓出土的骆驼载乐俑（唐开元十一年即公元723年），骆驼背上垫的圆氈刻划菱形网格纹，平台上铺的长氈周边刻划成穗状，骆驼颈部上下、前腿上端刻划成长毛状；唐代黄堡窑址出土的三彩龙头构件ⅡZ2－3:5，向后飘的龙须上留有刻划痕迹。

3. 戳印

戳印是用圆棍状或管状戳子在坯体上印成花纹。例如唐代黄堡窑址出土的三彩塔式罐ⅡZ2－4:2，腹下部模贴的莲蓬上用圆棍状戳子印成圆窝纹，表示内有莲子，底座上部用大小不同的管状戳子印成双圆圈纹，表示已经成熟的莲子；又如鲜于庭诲墓出土的骆驼载乐俑，平台上铺的长氈四边用管状戳子印成小圆圈纹，呈现联珠状图案。

4. 模印

模印也称印花，用阳纹印花模直接在坯体上印成阴纹图案。例如洛阳北窑段子沟1号墓出土的三彩飞雁翻花三足盘（唐盛），内底模印的图案有：大圆圈1个；大圆圈内有飞雁1只，云彩3朵以意天际；大圆圈外有浪花8个，以示水域；浪花之外还有荷叶8张。这是很复杂的模印图案，代表了三彩器坯体上模印工艺的水平。

5. 模贴

模贴也称贴花，是“模印贴花”的简称。先在贴花模内填泥压实印成带有贴花图案的泥片；再将贴花模连同泥片按压在坯体上，泥片自动脱模之后就粘贴在坯体上成为附属装饰。其特征是立体感强，类似浅浮雕，是一种立体装饰。由此可见，模贴在施纹方法和特征上都不同于模印。例如西安东郊王家坟村90号墓出土的三彩女坐俑，长裙上模贴柿蒂形花朵纹，排列成行，间距适当；西安西郊中堡村出土的三彩塔式罐，底座上端模贴三层悬空莲瓣，上下翻卷，具有极强立体感；唐代黄堡窑址出土的三彩塔式罐ⅡZ2－4:2，在腹下部先模贴莲蓬，排列成一周，再模贴内外两层仰莲瓣，然后在底座下部模贴一层覆莲瓣；香熏残片ⅡZ2－4:1，沿下模贴一周印有复杂图案的莲瓣。

坯体上的装饰工艺已经结束并且经过干燥之后，就可以将其入窑素烧了。

素烧是与釉烧相对而言的。唐三彩器、绞胎釉陶和建筑用琉璃制品都采用二次烧成法，先将未施釉的坯体在大型半倒焰窑内进行第一次烧成，称为素烧，经测定，素烧温度为1150℃（表11－1，序号4、5）。经过素烧，坯体失去原来的土坯性质，变成陶化烧结的器物，在工艺上将这些未施釉已烧结的器物称为素胎。

第六节　素烧后的施釉工艺

素烧后，将一部分开裂或烧流变形的素胎淘汰掉，只留下好的素胎，然后在这些素胎上施釉。

施釉工艺包括以下两个方面：

一、试釉作业和试烧三彩釉

唐三彩器上的釉色有白、黄、棕黄、赭黄、赭、褐、草绿、深绿、蓝等，各种色釉的配方是否合理，在同一件器物上各种色釉是否搭配适当，直接影响多色釉的艺术效果。因此黄堡窑的制陶者在施釉过程中，态度慎重，采取先试验后推广的办法。具体表现在ⅡZ2－3（图11－1）窑洞内有一个用耐火砖砌成的平台，耐火砖上流有棕、黄、绿三彩釉滴，应是进行试釉作业时留下来的；ⅡZ2－4窑洞外西南角有一个用砖围砌而成的试烧三彩釉的小窑，窑内积满柴灰，夹杂有三彩釉滴。笔者推测，试烧三彩釉是工匠按照配方将各种色釉配制出来以后，先在一些小件或小片素胎上施釉，将其置于小窑内进行釉烧试验。试验的内容有两个方面：一是如果釉色本身效果不佳，就要适当修改配方，即调整各种矿物在釉料中的含量和比例，重新配制釉料；二是如果在同一件素胎上各种釉色搭配不合理，对比效果差，就要修改搭配方案，重新搭配。制陶者经过多次试验，达到满意的效果时，才会在大件良好的素胎上施釉，然后将其置于三彩窑内进行釉烧。由此可见，试烧三彩釉是不断总结经验和改进方案的过程，实际上是科学实验的过程。笔者仿制唐代三彩器时经历了多次试烧三彩釉的全过程，切身体验到试烧的重要性，例如在绞胎钵内壁试烧蓝釉，即仿:505（彩版4，6）。

二、施釉的方法

施釉的方法主要有点绘、线绘、填釉、涂釉四类，此外还有搅釉。

1. 点绘

点绘也称点描、点施，是用毛笔蘸釉浆在素胎上绘成斑点纹。

点绘的情况如下：

西安西郊中堡村出土的三彩塔式罐，腹部点绘白、绿、蓝、黄釉，各种色釉混流在一起，这表明唐代的混流技法趋于成熟。底座中部和下部以白、绿、蓝釉点绘花卉图案。

陕西乾县永泰公主墓出土的三彩盘，在内壁采用点绘的方法，以两个或三个白点为一组绘成图案。笔者仿制了这件三彩盘，即仿:507（彩版4，5），以北方坩子土（即高岭土）作为制胎原料。素烧后在内壁点绘基础釉作为白釉，在白釉外围绘深绿釉，在深绿釉之间的空白处涂浅黄釉；在外表涂深绿釉。白釉配方见表11－3，9。深绿釉配方见表11－3，13，笔者所用的着色剂（氧化铜）是采用淬火方法得到的，将红铜片烧到红热程度时迅速将其浸入水中急冷，然后将一层层脱落下来的铜屑研磨成粉末。浅黄釉配方见表11－3，15，着色剂（氧化铁）是用赤铁矿研磨成粉末。釉烧温度为950℃，保温1小时。结果釉色和釉面光泽度都良好。

洛阳北窑段子沟1号墓出土的三彩飞雁翻花三足盘，在内壁，图案的外层点绘白色花纹，呈现为雨点状。

洛阳北窑76号墓出土的三彩珍珠纹罐，从口部至腹部采用点绘的方法，先绘白点，局部绘黄点，形成珍珠纹；然后在珍珠纹之间涂黄色、绿色或白色地釉，起衬托作用。由于点绘所用的釉比较浓厚，在釉烧过程中略向点的周围扩散，点的中部呈现微鼓状；地釉比较稀薄，釉烧后呈现微凹状。结果这件罐的外轮廓线稍微呈现波状起伏。笔者仿制了这件三彩珍珠纹罐，即仿:508（彩版4，1、2），以北方坩子土作为制胎原料。素烧之后在素胎上点绘白釉，局部点绘浅黄釉，空白处涂浅黄釉、深绿釉或白釉。白釉配方见表11－3，10；深绿釉配方见表11－3，14；浅黄釉配方见表11－3，16。釉烧温度为950℃，保温1小时。结果釉色和釉面光泽度都良好。

洛阳龙门18号墓出土的三彩带纹罐，从肩部至腹上部，在两组“带纹”之间采用点绘的方法，绘5个白色斑点，组成花朵纹。笔者仿制了这件三彩带纹罐，即仿:509（彩版4，3），以北方坩子土作为制胎原料。素烧之后在素胎上先以棕黄釉、白釉、蓝釉绘成并列的竖条纹，由这些竖条纹组成复合的“带纹”；然后在“带纹”之间点绘白釉，组成花朵纹；最后在“带纹”与花朵纹之间的空白处涂浅绿色地釉。白釉配方见表11－3，7；棕黄釉配方见表11－3，17；蓝釉配方见表11－3，19；浅绿釉配方见表11－3，11。釉烧温度为950℃，保温2小时。结果釉色和釉面光泽度都良好。

洛阳关林3号墓出土的三彩菱形纹罐，从肩部至腹中部，在菱形纹内采用点绘的方法，绘白釉组成4个花朵纹。笔者仿制了这件三彩菱形纹罐，即仿:510（彩版4，4），以北方坩子土作为制胎原料。素烧之后在素胎上以线绘的方法绘棕黄釉，组成菱形纹；在菱形纹内采用点绘的方法绘白釉，组成花朵纹；在花朵纹周围的空白处分别涂蓝釉、浅绿釉作为地釉。白釉配方见表11－3，8；棕黄釉配方见表11－3,18；蓝釉配方见表11－3，20；浅绿釉配方见表11－3，12。釉烧温度为950℃，保温2小时。结果釉色和釉面光泽度都良好。

关于上述仿制三彩器的模拟实验，需要说明三点：

（1）制胎所用的北方坩子土（笔者在调查河南密县西关窑时了解到坩子土与煤矿共生），因碳素含量较高呈现黑色，素烧之后碳素被氧化而消失，呈现白色泛黄。

（2）在绿釉配方中，浅绿釉氧化铜含量为3.91%，深绿釉氧化铜含量上升为

5.30%；在黄釉配方中，浅黄釉氧化铁含量为3.18%，棕黄釉氧化铁含量上升为4.62%。由此可见，随着釉料中着色剂含量的增加，釉的颜色也由浅变深。

（3）在蓝釉配方中，氧化钴的含量甚低，仅为1.64%，因为氧化钴是一种强着色剂，其发色能力很强。由此可见，蓝釉配方具有特殊性，其根源在于着色剂氧化钴具有特殊性。在各种着色剂当中，氧化钴是最珍贵的一种。

2. 线绘

线绘也称线描，是用毛笔蘸釉浆在素胎上绘成线条，由线条组成各种图案。例如西安西郊南何村鲜于庭诲墓出土的骆驼载乐俑，在长毾上以蓝、黄、绿、白、赭黄五种色釉绘成相间的竖条纹，各种色釉形成鲜明对照，非常美观；西安西郊中堡村出土的三彩塔式罐，在肩部和器盖上分别以蓝、黄、白三种色釉绘成弧线，由弧线组成莲瓣纹，线绘的莲瓣纹与模贴的莲瓣纹互相呼应，这是平面装饰与立体装饰相结合的上乘之作；洛阳龙门18号墓出土的三彩带纹罐，以黄、白、蓝三种色釉绘成并列的竖条纹，由这些竖条纹组成复合的“带纹”；洛阳关林3号墓出土的三彩菱形纹罐，以棕黄釉绘成斜线，由斜线组成菱形纹。

3. 填釉

填釉是用毛笔蘸釉浆填充在刻划、戳印、模印、模贴的花纹之内，也是将平面装饰与立体装饰密切地联系在一起。填釉有以下四种情况：

（1）在刻划的花纹内填釉。例如骆驼载乐俑，在圆毾上刻划的菱形网格纹内填白、黄、绿三种色釉。

（2）在戳印的花纹内填釉。例如骆驼载乐俑，在长毾四边戳印的小圆圈纹内填白釉。

（3）在模印的花纹内填釉。例如三彩飞雁翻花三足盘，在内底模印的荷叶内填绿釉。

（4）在模贴的花纹内填釉。例如西安东郊王家坟村90号墓出土的三彩女坐俑，在长裙上模贴的柿蒂形花朵纹内填赭黄釉；西安西郊中堡村出土的三彩塔式罐，在模贴的莲瓣内填蓝、黄、白三种色釉；唐代黄堡窑址出土的三彩塔式罐ⅡZ2－4:2，在模贴的莲蓬内填白釉，莲瓣内填绿釉。

4. 涂釉

涂釉又称刷釉，是用毛笔或排笔蘸釉浆涂刷在素胎上，有以下四种情况：

（1）在花纹之外涂刷与花纹颜色不同的地釉，作为花纹的衬托面。例如西安东郊王家坟村90号墓出土的三彩女坐俑，在长裙的贴花外涂绿色地釉；西安西郊中堡村出土的三彩塔式罐，在底座中、下部的点绘花纹外分别涂白、棕黄两种地釉；陕西乾县永泰公主墓出土的三彩盘，在白色斑点纹外涂绿色地釉，又在绿色地釉之外涂黄色地釉，使白、绿、黄三种色釉形成鲜明对照；洛阳北窑段子沟1号墓出土的三彩飞雁翻花三足盘，在内层的飞雁和云彩外涂绿色地釉，中层的浪花外涂白色地釉，外层的斑点之间涂黄色地釉；三彩珍珠纹罐，在黄点之间涂白色地釉，一部分白点之间涂绿色地釉，其余白点之间涂黄色地釉；三彩带纹罐，在“带纹”和花朵状斑点纹外涂绿色地釉；三彩菱形纹罐，在菱形纹内、花朵状斑点纹外分别涂绿色、蓝色地釉。

（2）在同一件素胎上各部位有规则地涂刷不同颜色的釉。例如三彩女坐俑，短衫涂白釉，衬衣、裙带涂赭黄釉；陕西高陵县马家湾乡米家崖李晦墓出土的三彩骑马俑（唐永昌元年即公元689年），在马上涂黄釉、白釉，俑衣涂绿釉，翻领涂白釉；骆驼载乐俑，骆驼身上涂白釉，头部、颈部、前腿上部的长毛涂黄釉，长氈周边的穗涂绿釉。平台上左侧前方的胡俑（中国古代泛称北方和西方各民族为胡人，将随葬的胡人偶像称为胡俑），所穿的窄袖长衣涂蓝釉，翻领涂黄釉；左侧后方的汉俑，所穿的圆领窄袖衣涂绿釉；右侧前方的汉俑，所穿的圆领窄袖长衣涂浅黄釉；右侧后方的胡俑，所穿的翻领窄袖长衣涂赭黄釉；中间站着的胡俑，所穿的圆领窄袖长衣涂绿釉。

（3）在同一件素胎上，各部位草草地、无规则地、随意地涂刷不同颜色的釉。例如吉林和龙市八家子镇北大村唐代渤海国墓地出土的全铰胎三彩釉陶碗88HBM7:6（图11－8，3），内壁、外表随意涂草绿、浅黄、米黄、白四种色釉；西安西郊中堡村唐墓出土的三彩山池，随意涂翠绿、棕黄两种色彩；唐代黄堡窑址出土的执壶ⅡT2⑤:23，随意涂红、黄、绿三种色釉；灯ⅠZ4:3、香熏残片ⅡZ2－4:1、三彩龙头构件ⅡZ2－3:5都随意涂赭、黄、绿三种色釉；残瓦当ⅠT19②:2，随意涂黄、绿两种色釉。

（4）在同一件素胎上，只涂一种彩色釉，严格地说单色釉不属于三彩范畴，但所用的釉料与三彩器相同，都属于低温铅釉，因此将它与三形器放一起叙述。例如唐代黄堡窑址出土的俑头ⅡT4④:1（图11－8，1），只涂赭黄釉；双鱼瓶ⅡT4⑤:8，只涂棕黄釉；异形瓦ⅡT5⑤:5、板瓦ⅡZ2－3:6、筒瓦ⅠH7:1都只涂绿釉；西安东郊韩森寨出土的绞胎带盖盂（彩版3，1）只涂无色透明的基础釉。

综合上述情况，唐代三彩器的装饰工艺相当复杂，在很多器物上，平面装饰与立体装饰配合使用，数种色釉配合使用，数种施釉方法配合使用，组成各种复杂的图案，成为色彩斑斓、绚丽多姿的三彩釉陶，充分地显示出唐代文化的风貌。

最后讲一下“搅釉工艺”，在黄冶唐三彩窑仅发现在碗的内壁先后施以两种不同色调的釉料，再采用晃动手法，使两种色釉搅拌成（相间的）不规则的条纹，形成一种风格独特的装饰纹样，进一步丰富了黄冶三彩窑陶瓷装饰的内容[18]。这里需要注意的是：“搅釉”属于装饰工艺范畴，而“绞胎”属于成型工艺范畴，不可将“搅釉”与“绞胎”混淆在一起。

第七节　三彩窑和釉烧工艺

将经过施釉的素胎置于小型半倒焰窑内进行第二次烧成，称为釉烧。与大型半倒焰窑相比，小型半倒焰窑的优点是便于控制釉烧温度和窑内气氛，因而可以提高三彩器釉烧的成品合格率。

下面先介绍三彩窑的结构，然后介绍窑具的使用方法，最后介绍釉烧工艺。

1．三彩窑的结构

在黄堡窑址发现三彩窑3座，即ⅡY10、ⅡY11、ⅡY14，都分布在三彩作坊ⅡZ2的附近，平面都呈马蹄形，都由窑门、燃烧室、窑室、烟囱四部分组成。燃烧室呈扇面形，窑室都近似长方形，窑室后面两侧各砌一个烟囱。从窑床的面积估算，每座窑的容量大约只有5立方米，是一种体积很小的窑。三座窑的燃烧室都比窑床低，点火后火势上升进入窑室，流经装好的已施三彩釉的器物，一直升到窑室顶部，由于窑顶是封闭的，火势受阻又返折向下、向后运动，通过设在后下方的四个排烟孔，分别进入两侧的两个烟囱内，由烟囱将烟排放出去。从这类窑的结构和火焰流向上看，属于半倒焰式馒头窑。现以ⅡY10为例介绍如下：

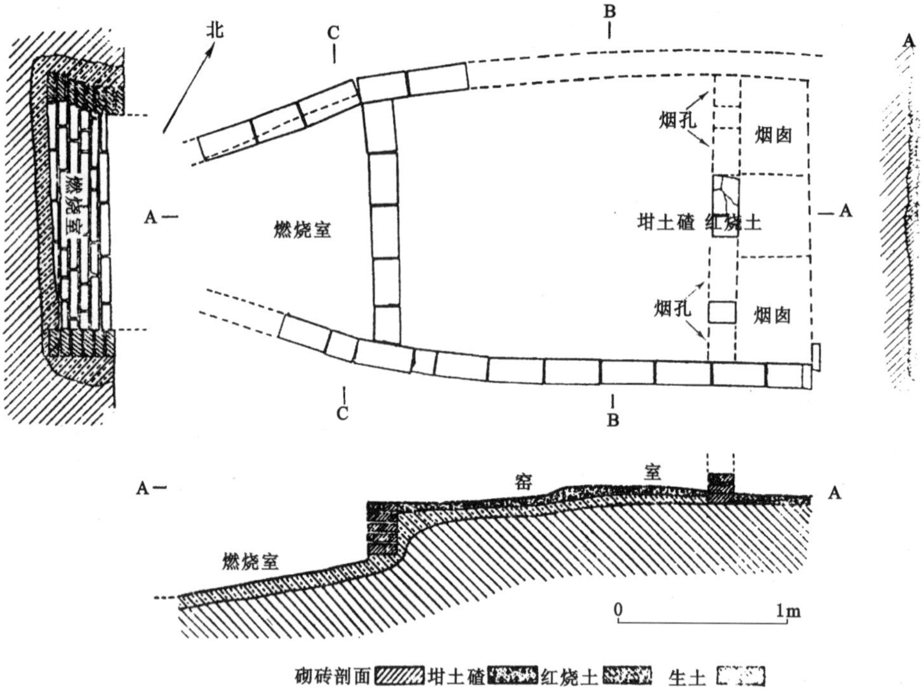

图11－9　陕西铜川市唐代黄堡窑址ⅡY10平、剖面图

ⅡY10（图11－9），位于三彩作坊ⅡZ2的西北角，距ⅡZ2－7有13米。窑平面呈马蹄形，东西长3.6米、南北残宽2米，由窑门、燃烧室、窑室、烟囱四部分组成。燃烧室呈扇面形，用耐火砖砌成。长1.4米、宽0.8～1.4米、深0.36～0.48米，底部呈斜坡状。燃料使用木柴，燃烧室堆满柴灰，并夹杂大量的三彩残片和粘有三彩釉滴的三角形支垫。窑室和燃烧室相连接，平面近长方形。长2.05米、宽1.4～1.7米、壁残高0.05米。窑室南、北两边略带弧形，用耐火砖砌成。窑室底面坚硬、红色，厚0.05～0.10米，上铺一层厚0.04～0.10米的瓷土矿渣，被烧成暗红色。瓷土矿渣上有放过圆形窑柱的痕迹，窑柱直径0.06米。两个烟囱设在窑室的后部，用耐火砖砌成一道隔墙，残高0.18米。其底部有四个排烟孔，通入两个烟囱。

2. 窑具的使用方法

三彩器釉烧时必须使用窑具，窑具包括窑柱、架板和三角形支垫三种。

ⅡY10窑床上铺的瓷土矿渣上面留有圆形窑柱痕迹。在三彩窑附近的唐代地层内出土用耐火材料烧制成的架板3件，其中一件上面流有三彩釉滴，一件上面粘有三角形支垫。例如架板ⅡT2⑤:50，长37.5厘米、宽7.8厘米、厚4.5厘米，为薄板型长方大砖。据此推测装窑的方法是：先在窑床上用圆形窑柱撑底，然后上面棚架多层耐火的架板，将已施釉的器物置于架板上面，窑柱之间有空当子（形成火道），有利于火焰运动。有的架板上面粘有三角形支垫，这表明以三角形支垫作为器物与架板之间的隔离层，支垫的平面朝下，三个支钉朝上与器物接触，其作用是防止器物上的釉料熔融后往下流使器物与架板粘连。ⅡT2⑤:60（图11－8，2），三件三角形支垫上都流有大面积的彩色釉斑，表现出支垫的使用方法。

3. 釉烧工艺

黄堡窑址ⅡY10、ⅡY14的燃烧室内都堆满柴灰，ⅡY11燃烧室底部存有0.05～0.10米厚的木炭灰，这表明三彩窑都以木柴作为燃料。现有考古发掘资料表明，唐以前（含唐代）的陶窑都以木柴作为燃料。

釉烧工艺包括温度控制、气氛控制两个方面：

（1）温度控制

经测定，唐三彩的釉烧温度为950℃（表11－1，序号4，5）。笔者从试烧三彩釉的实验中了解到：在850℃条件下进行釉烧的三彩器，釉料尚未充分熔融，釉层尚未形成玻璃态，釉面缺乏光泽；在950℃条件下进行釉烧的三彩器，釉料已经充分熔融，釉层已经形成玻璃态，釉面光泽良好。笔者所仿制的9件三彩器和绞胎釉陶（见表11－3）当中，只有1件（仿:499）的釉烧温度为900℃，釉层透明度和釉面光泽度都较差；其余8件（仿:498，501，502，503，507，508，509，510）的釉烧温度均为950℃，釉层透明度和釉面光泽度都良好。模拟实验的结果表明，三彩器的釉烧温度以950℃为宜，其原因在于三彩釉料中的强助熔剂铅丹是在880℃条件下熔融的，至950℃釉料中的石英和高岭土就充分熔融了。

由于素胎已经达到烧结程度，机械强度大，施釉和装窑时都不易损坏；还由于釉烧温度（950℃）明显低于素烧温度（1150℃），釉烧过程中不会产生开裂或烧流变形现象。由此可见，采用二次烧成法，并且控制住釉烧温度，使其明显低于素烧温度是提高三彩制品合格率的一项重要措施。

这里顺便讲一下垂釉现象。由于低温铅釉熔融之后流动性大，它会向周围扩散或往下垂流，在三彩器的下部凝聚成蜡泪状或玻璃珠状的釉滴，这种现象称为“垂釉”，垂流下来的釉滴称为“泪痕”。笔者仿制的三彩带纹罐，即仿:509（彩版4，3），腹下部的浅绿釉就有“垂釉”现象，但是尚未形成“泪痕”，从中了解到“垂釉”现象的产生与釉料中的助熔剂含量较高、釉浆较浓、釉层较厚、釉烧温度较高诸因素有关。

（2）气氛控制

黄堡窑址ⅡY10窑床上面铺的一层瓷土矿渣已被烧成暗红色；一部分三彩器的胎呈现为白里微泛红或泛黄，这是胎中所含的少量铁质被氧化所致，表明利用三彩窑进行釉烧时都采用氧化气氛。釉烧后以氧化铜为着色剂的铅釉呈现浅绿或深绿色，以氧化铁为着色剂的铅釉呈现浅黄或棕黄色，以氧化钴为着色剂的铅釉呈现蓝色。

最后，讲一下开相工艺。多数唐三彩人物俑的头部和足部是不施釉的，釉烧之后在这些部位施加彩绘，以便人物的相貌具有真实感，这种工艺称为“开相工艺”[19]。例如陕西高陵县马家湾乡米家崖李晦墓出土的三彩骑马俑，在没有施釉的部位采用开相工艺：用墨绘出胡人男俑的浓眉、短鬓和瞳孔，将幞头（古代男子用的一种头巾）和长靴用墨涂黑。此外，引人注目的是在马上也采用开相工艺：马鞍用墨涂黑，垫在马鞍下面的鞯涂赭色，甚至在马的白色、黄色釉面上，用墨线绘成马的睫毛和络辔（驾驭牲口用的爵子和缰绳）。笔者认为，唐代三彩器上的开相工艺应是承袭了汉代的彩绘陶工艺，换句话说，开相工艺是传统的彩绘工艺在三彩器上的沿用。

参考文献

[1] 河南省博物馆：《河南安阳北齐范粹墓发掘简报》，《文物》1972 年第 1 期。

[2] 陕西省文物管理委员会编：《陕西唐三彩俑》，文物出版社，1964 年。陕西省博物馆编：《唐三彩》，陕西人民美术出版社，1985 年。中国社会科学院考古研究所编著：《唐长安城郊隋唐墓》，文物出版社，1980 年。洛阳博物馆：《洛阳唐三彩》，文物出版社，1980 年。本章引用了这些书中的一部分资料，不一一注明。

[3] 富平县文化馆、陕西省博物馆、文物管理委员会：《唐李凤墓发掘简报》，《考古》1977 年第 5 期。

[4] 《中国文物精华》编辑委员会编：《中国文物精华》，文物出版社，1997 年。

[5] 河南省文物研究所编：《河南考古四十年》，河南人民出版社，1994 年，第 376 页。

[6] 郭建邦、刘建洲：《巩县黄冶唐三彩窑址的试掘》，《河南文博通讯》1977 年第 1 期。刘建洲：《巩县唐三彩窑址调查》，《中原文物》1981 年第 3 期。本章图 11-8，4 引自该调查简报。傅永魁：《河南巩县大、小黄冶村唐三彩窑址的调查简报》，《考古与文物》1984 年第 1 期。傅永魁：《河南巩县唐三彩窑遗址》，《景德镇陶瓷》总第 26 期（1984 年）。

[7] 河南省巩义市文物保护管理所编著：《黄冶唐三彩窑》，科学出版社，2000 年，“内容简介”。本章图 11-8，5 引自该书。

[8] 陕西省考古研究所：《唐代黄堡窑址》，文物出版社，1992 年。本章图 11-1；图 11-2；图 11-4～图 11-7；图 11-8，1、2；图 11-9 都引自该书。本章中凡是涉及黄堡窑址的资料都引自该书，不一一注释。

[9] 吴绳愚编著：《陶瓷计算》，轻工业出版社，1983 年，第 1 页。

[10] 高至喜：《湖南楚墓中出土的天平与砝码》，《考古》1972 年第 4 期。

[11]《魏书·西域传》“大月氏”条，中华书局，1974 年。

[12] 河南省巩义市文物保护管理所编著：《黄冶唐三彩窑》，科学出版社，2000 年，第 47 页。

［13］刘兰华、张柏著：《中国古代陶瓷纹饰》，哈尔滨出版社，1995 年，第 127 页。

［14］陕西省博物馆编：《隋唐文化》，学术出版社，1990 年，图版一五。本书彩版 3，1 翻拍自该书。

［15］延边博物馆、和龙县文物管理所：《吉林省和龙县北大渤海墓葬》，《文物》1994 年第 1 期。本章图 11－8，3 引自该简报。

［16］河南省巩义市文物保护管理所编著：《黄冶唐三彩窑》，科学出版社，2000 年，第 48 页。本章图 11－8，5 引自该书彩版六三，1。

［17］王仁波：《唐三彩骑马狩猎俑》，《文物》1979 年第 1 期。

［18］河南省巩义市文物保护管理所编著：《黄冶唐三彩窑》，科学出版社，2000 年，第 47 页。

［19］李知宴、张福康：《论唐三彩的制作工艺》，中国科学院上海硅酸盐研究所编：《中国古陶瓷研究》，科学出版社，1987 年。

第十二章
宋元明清的制陶技术

北宋（公元960～1127年）和辽（公元907～1125年）生产的三彩釉陶器分别称为宋三彩、辽三彩。河南的宋三彩专业窑场已经在济源县勋掌发现，其烧制品种，除大量三彩枕外，还有建筑用的琉璃瓦和脊兽等[1]。修武县当阳峪窑生产的绞胎器，其纹理有如羽毛再现，又有花卉图案[2]。笔者认为，当阳峪窑的绞胎器虽然承袭了唐代绞胎器的成型方法（绞胎模制法），但是所施的釉不同，为高温石灰釉，应属于瓷器范畴。从中可以看到，绞胎器从唐代的陶器发展为宋代的瓷器这一演变过程。

辽朝是契丹族在我国北方建立的地方政权，辽代的釉陶在中国陶瓷史上占有重要地位，不仅单色釉出色，而且三彩釉更是为人所称道，除"唐三彩"外，只有"辽三彩"独步其后了[3]。辽三彩以内蒙古赤峰市缸瓦窑烧制的产品质量最好，其精美可与唐三彩相比[4]。缸瓦窑是辽代的官窑，窑场面积约1平方公里。

宋三彩和辽三彩的制陶技术中，比较值得注意的技术事件有以下六个方面：

（1）宋三彩和辽三彩都以高铝质耐火黏土（高岭土）作为制胎原料。其中，辽三彩胎质较粗，杂质较多，因此胎上普遍施一层白色化妆土（高岭土泥浆）。

（2）宋三彩和辽三彩都属于低温铅釉陶。二者都没有蓝釉，没有蓝釉是它们与唐三彩之间的显著区别。辽三彩由黄、绿、白三色组成明丽的釉调[5]。

（3）宋三彩坯体的成型方法有模制、轮制两类。辽三彩采用内模制法成型的碟，其形制渊源于木制品，具有契丹民族特色。

（4）宋三彩和辽三彩素烧之前在坯体上的装饰方法有旋划、刻花等，其中以刻花立体感较强。

（5）宋三彩和辽三彩素烧之后在素胎上的施釉方法有填釉、涂釉两种。其中填釉要求严格，操作规范化；涂釉则带有随意性，比较马虎。

（6）宋三彩和辽三彩都用半倒焰窑烧制，辽三彩的釉烧温度为880℃～990℃。从宋代、辽代开始用煤作为烧制陶瓷器的燃料，但后来用木柴作燃料仍然存在。

元明清时代的制陶技术已经到了尾声，只有紫砂陶、琉璃陶、珐华陶、石湾陶的制陶技术还有所发展。本章在引用前人研究成果的基础上，对宋元明清的制陶技术进行论述。笔者没有亲自从出土实物上做过研究，因此没有切身体验，这是本书的薄弱环节，也是中国古代制陶技术史研究工作中有待填补的失落片段。

第一节　宋辽三彩器胎料和釉料的制备工艺

下面分别叙述胎料的制备工艺、釉料的制备工艺。

1. 胎料的制备工艺

宋三彩坯体以高岭土为原料制成，选料严格，加工精细，一般经过粉碎、搅拌、淘洗、沉淀等工序，这使宋三彩的胎质细腻、致密、坚硬，击之能发出清脆的金属声[6]。

河南禹县扒村窑宋三彩胎的化学组成为：氧化硅 64.09%，氧化铝 26.22%，助熔剂总和 7.93%（表 12，1），以低氧化硅、高氧化铝、低助熔剂为特征，表明制胎原料为高铝质耐火耐土（高岭土）。因含少量铁、钛杂质，素烧后胎色泛红。

表 12－1　河南禹县扒村窑宋三彩釉陶残片胎和釉的化学组成

名称	氧化物含量（重量%）													吸水率
	SiO_2	Al_2O_3	Fe_2O_3	TiO_2	CaO	MgO	MnO	K_2O	Na_2O	PbO	CuO	烧失量	总量	
胎	64.09	26.22	2.90	1.35	0.70	0.55		2.08	0.35			1.95	100.19	12.33
绿釉	32.26	4.83	1.41		2.24	0.47	<0.01	0.65	0.31	54.84	2.80		99.81	

注：胎、釉的化学组成分别引自张福康、张志刚：《中国历代低温色釉和釉上彩的研究》，表三、表四，中国硅酸盐学会编：《中国古陶瓷论文集》，文物出版社，1982 年。经引者计算，胎的助熔剂总和为 7.93%。

辽三彩制胎所用原料也经过粉碎。赤峰市缸瓦窑所使用的粉碎工具有石辊（能滚动的圆柱形机件）和石臼。

石辊有两种：一种呈现有齿碾砣形，长约 86 厘米，圆径约 58 厘米，圆径外有高约 10 厘米、宽约 12 厘米的尖状齿共 11 个，圆径中有方形孔，这种有齿石辊应是初次粉碎胎料时所用的工具；另一种呈现无齿碾砣形，长约 68 厘米，圆径约 62 厘米，两端中部有方形孔，一端于方形孔外刻八瓣花饰，周边有 8 厘米宽边，这种无齿石辊应是第二次粉碎胎料时所用的工具[7]。经过第二次粉碎，胎料变细。

石臼有长圆形和长方形两种，大小宽窄基本相同，长约 95 厘米、宽约 74～81 厘米、高约 55～57 厘米。面中部有一圆形坑，圆径有大有小[7]。

辽三彩胎的化学组成为：氧化硅 61.62%～63.33%，氧化铝 27.04%～28.67%，助熔剂总和 7.81%～9.11%（表 12－2），以低氧化硅、高氧化铝、低助熔剂为特征，表明制胎原料亦为高铝质耐火黏土（高岭土）。因含少量铁、钛杂质，素烧之后胎呈现淡红或淡黄色。

宋代磁州窑制胎的原料低劣，含有较多碳素，胎多呈现灰色而且粗糙，依靠施加一层化妆土使胎呈现白色，化妆土是用高岭土淘洗而成的白泥浆。

辽三彩的胎上普遍施一层白色化妆土。例如三彩釉印複瓣莲纹碟（图 12－1，2），淡红色胎，施白色化妆土[8]。辽三彩化妆土的化学组成为：氧化硅 48.95%～55.98%，氧化铝 31.35%～34.71%，助熔剂总和 7.29%～9.29%（表 12－2），以低氧化硅、高氧化铝、低助熔剂为特征，表明化妆土也是以高铝质耐火黏土

（高岭土）为原料。引人注目的是：化妆土中氧化铝含量（31.35%～34.71%）明显高于胎中氧化铝含量（27.04%～28.67%）；起着色作用的氧化铁含量（1.13%～1.33%）明显低于胎中氧化铁含量（2.10%～2.34%），氧化钛含量（0.93%～1.18%）略低于胎中氧化钛含量（0.87%～1.27%）。因此胎上施化妆土之后，将淡红色或淡黄色的胎遮盖起来，具有明显的增白作用。可以设想，化妆土是选用纯度较高的高岭土，又经过精细淘洗而成的，在淘洗过程中除去大部分铁、钛等杂质，进一步提高了纯度和白度。

表 12－2　辽三彩釉陶的胎和化妆土及釉的化学组成

名称		氧化物含量（重量%）														
		SiO_2	Al_2O_3	Fe_2O_3	TiO_2	CaO	MgO	K_2O	Na_2O	PbO	NiO	CuO	CoO	MnO	SnO	烧失量
三彩印花大碗	胎	63.33	27.04	2.15	1.06	2.78	0.52	1.76	0.84							0.93
	化妆土	55.98	31.35	1.33	1.18	2.74	0.77	1.78	1.49							2.95
	白釉	42.56	10.59	0.43	0.10	0.96	0.11	0.01	0.46	43.31	0.41	0.06	0.09	0.01		
	绿釉	33.28	3.45	1.48	0.05	0.93	0.12	0.49	0.24	57.22	0.14	2.09	—	0.01	—	
绿釉鸡冠壶	胎	61.62	28.19	2.34	0.87	2.78	0.52	1.52	0.60							1.70
	化妆土	48.98	34.71	1.13	0.93	1.91	1.60	0.60	1.12							3.76
	绿釉	35.87	7.42	0.75	0.01	0.51	0.08	0.47	0.02	45.91	0.02	1.39		0.01	7.48	
黄釉碗残片	胎	62.84	28.67	2.10	1.27	2.03	0.39	1.04	0.98							0.91
	黄釉	33.56	7.07	4.03	0.04	1.10	0.08	0.39	0.27	52.71	0.07	0.20	—	0.02	—	

注：本表数据引自李家治主编：《中国科学技术史·陶瓷卷》，科学出版社，1998 年，表 15－7。经引者计算，胎的助熔剂总和为：三彩印花大碗，9.11%；绿釉鸡冠壶，8.63%；黄釉碗残片，7.81%。化妆土的助熔剂总和为：三彩印花大碗，9.29%；绿釉鸡冠壶，7.29%。

2. 釉料的制备工艺

宋三彩多为黄、绿、白、褐等色彩相互搭配[4]，一般按照印花、刻花的花朵、枝叶或器表图案的不同部位，分别涂以黄、白、绿或红各色釉[6]，值得注意的是宋三彩中没有蓝釉。禹县扒村窑宋三彩绿釉的化学组成中，助熔剂氧化铅含量为 54.84%，着色剂氧化铜含量为 2.80%（表 12－1），属于低温铅釉。

辽三彩施黄、绿、白三色釉，值得注意的是辽三彩中也没有蓝釉。辽三彩白釉的化学组成中，助熔剂氧化铅含量为 43.31%（表 12－2），是无色透明的基础釉，施于白胎或白色化妆土上呈现为白釉；绿釉的化学组成中，助熔剂氧化铅含量为 45.91%～57.22%，着色剂氧化铜含量为 1.39%～2.09%（表 12－2），这表明在基础釉中加入适量的氧化铜就配制成绿釉；黄釉的化学组成中，助熔剂氧化铅含量为 52.71%，着色剂氧化铁含量为 4.03%（表 12－2），这表明在基础釉中加入适量的氧化铁就配制成黄釉。

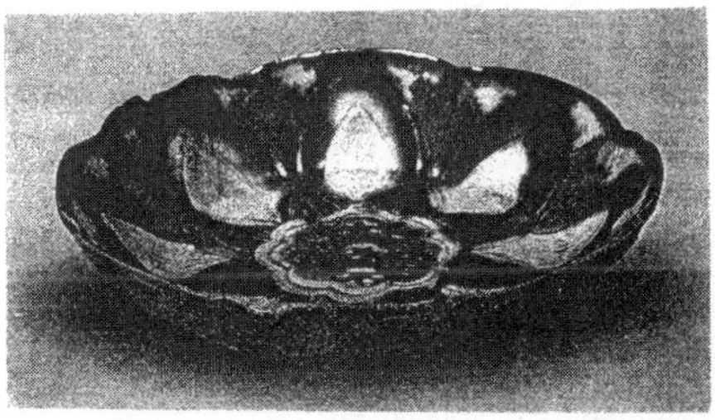

图 12－1　辽三彩釉陶器

1. 三彩釉印牡丹花方碟；

2. 三彩釉印複瓣莲纹碟

第二节　宋辽三彩器坯体的成型工艺

宋辽三彩器坯体的成型方法有模制、轮制两大类。

一、模制

模制法包括外模制法、内模制法两种。

图 12－2　辽三彩釉龙鱼形注壶

1. 外模制法

辽宁阜新蒙古族自治县于寺乡出土的辽三彩釉龙鱼形注壶（图 12－2），呈现飞鱼形，头部上扬，尾鳍翅起，腹上两侧生出双翅，身略弯曲，其整体呈现鼓翼奋飞之态，造型生动，极为传神。鱼头呈现兽首状，顶生曲角，巨鼻上昂，圆眼突目，张口露齿，鬣毛猥然，背鳍连续不断，分立背上，此皆为龙的形象，而身确系鱼形，布满鳞纹。为求得注壶放置稳定，在鱼身下部加有底足，并托以莲瓣纹作为（鱼身向底足的）过渡。长 30.4 厘米、宽 11.8 厘米、足径 9.2 厘米、高 21.1 厘米[9]。笔者认为，这件龙鱼形注壶的主体部分，应是采用外模制法左右合模成型；至于双翅，应是分别用外模制法单模成型，然后安装在鱼身上部两侧。

2. 内模制法

内模制法只见于辽三彩器，均为单模成型。其形制渊源于木制品，具有契丹民族特色。例如辽三彩釉印牡丹花方碟（图 12－1，1），呈现方形，侈口，曲边，平底。以模印的条纹将内壁分为 8 组，每组内各模印一朵花卉及卷云纹，碟心模印一大朵团菊花，四角饰叶，这种三彩方碟器形渊源于木制的同式器皿，作餐具之用，盛行于辽代晚期，口径12厘米、底径7.5厘米、高2厘米[10]。笔者认为，这件方碟应是采用内模制法单模成型。内壁和碟心的各种纹饰均为阳纹，都是直接从内模的阴纹上翻印下来的。方碟的制作工艺流程应当有两步：第一步，制作内模，模面是凸的，在模面上采用刻花方法形成条纹、花卉、卷云纹、团菊花和叶，均为阴纹，经过烧制；第二步，在内模的外面用泥料制作方碟坯体，阴纹变成阳纹。

辽三彩釉印複瓣莲纹碟（图12－1，2），模制成型，呈现八曲海棠花式，浅腹，弧壁，平底。碟内满印複瓣莲花一朵，与碟的造型相重合，使整个碟宛如一朵盛开的莲花，此碟设计奇巧，做工精湛，应是赤峰缸瓦窑产品，口径13.3厘米、底径8.7厘米、高2.6厘米[8]。笔者认为，碟内的複瓣莲花为阳纹，而且複瓣之间有明显的层次，表明这件碟也是采用内模制法单模成型。可以设想，制作内模时，在模面上采用刻花方法形成阴纹複瓣莲花，后来在模制过程中翻印成阳纹。

图12－3　宋代磁州窑的三彩刻花花口瓶

二、轮制

宋代磁州窑三彩刻花花口瓶（图12－3），瓶口翻卷五瓣花式，细长颈，圆鼓腹，喇叭形圈足，口径9厘米、高30厘米[11]。笔者认为，这件瓶应是采用轮制法成型，具体地说，器身（腹部至口部）、圈足两段分别拉坯成型，然后接合在一起。至于瓶口翻卷成五瓣花式，应是在修整过程中用素面圆棍滚压变形的结果。

第三节　宋辽三彩器坯体的装饰工艺和素烧工艺

前述辽代三彩器，采用模制法成型的坯体，一般是在模具（包括外模、内模）上采用刻花等方法形成各种图案，后来在模制坯体的过程中，这些图案都翻印在坯体上，成为印花图案，同时间接地反映出（在模具上）刻花等装饰方法。宋代磁州窑各种制品的坯体上都施一层白色化妆土，划、刻、剔、绘等装饰方法皆于化妆土层施展[12]。由此可见，宋代三彩器的特点是先施化妆土后装饰。

现在将旋划、刻花的方法分别叙述如下：

1. 旋划

坯体随着陶轮旋转，手持锥状或篦状工具固定不动，在坯体表面（或化妆土层上）旋划成凹弦纹。例如宋代磁州窑三彩刻花花口瓶（图 12－3），肩部、腹下部分别旋划凹弦纹 2 周。

2. 刻花

用锋利的刀具在坯体上刻掉一部分泥土，呈现出具有一定立体感的浅浮雕式纹样。例如宋代磁州窑三彩刻花花口瓶（图 12－3），腹部刻一周花卉纹，枝叶花瓣粗犷放达，衬以敦实俊美的造型，使之达到实用与美观的统一[11]。

坯体上的装饰工艺结束之后，经过干燥，就可以将其入窑烧制了。

宋三彩和辽三彩都采用二次烧成法，其中第一次为素烧。由于宋三彩制胎所用黏土中铁、钛杂质含量与唐三彩相近，素烧后使胎带红色，其烧结程度与唐三彩亦接近[4]。据测定，辽三彩的素烧温度为 960℃～1150℃（表 12－3），不同器皿的素烧温度相差较大；吸水率为 11.70%～14.52%（表 12－3），变化范围并不大，与唐三彩和宋三彩胎的吸水率相近，由此可见，所使用的制胎原料在成分上有较大波动[13]。宋三彩和辽三彩素烧时都采用氧化气氛。

表 12－3 辽三彩的素烧温度和釉烧温度及吸水率

名称	素烧温度（℃）	釉烧温度（℃）	吸水率（%）
三彩印花大碗	1120±20	880	12.92
黄釉碗残片	970±20	900	14.19
绿釉鸡冠壶	960±20	940	14.52
黄釉碗残片	1010±20	960	14.11
三彩印花方碟	1150±20	990	11.70

注：表 12－3 数据引自李家治主编：《中国科学技术史·陶瓷卷》，科学出版社，1998 年，表 15－8。

第四节　宋辽三彩器的施釉工艺和窑炉及釉烧工艺

宋三彩和辽三彩施釉的方法有填釉、涂釉两种，有些器物两种方法并用。

1. 填釉

填釉操作规范，要求严格，在刻花、印花图案上的不同部位，分别填以黄、绿、白色釉，先填纹样后填地釉，普遍采用相间填不同色釉的方法，以便在不同色彩之间形成强烈对比，增强纹样的层次感，其中以在印花（系指模印）图案上填釉的艺术效果最佳，最有特色。

现在将在刻划图案上、印花（模印）图案上填釉的方法分别介绍如下：

（1）在刻花图案上填釉

例如宋代磁州窑三彩刻花花口瓶（图 12－3），腹部刻花，花朵填黄釉、白釉，茎叶填绿釉，地釉填黄釉，使刻花图案具有层次感。

（2）在印花（模印）图案上填釉

常见于辽代三彩器，例如辽三彩釉印牡丹花方碟（图 12－1，1），在内壁印花上填黄、白、绿三色釉彩，外部施半釉[10]。具体地说，内壁的条纹、花卉和碟心团菊花的外层填黄釉，内壁的卷云纹、团菊花的内层及四角的叶填绿釉，地釉填白釉。黄、绿、白三色形成鲜明对比。又如辽三彩釉印複瓣莲纹碟（图 12－1，2），在内壁模印的複瓣莲纹上填黄、绿、白三彩釉，更显得光彩明艳[8]。具体地说，从花瓣的外层至内层，以黄、绿、白、黄、绿色釉相间，花蕊的外层填白釉，内层填黄釉，口内的地釉填白釉。由于层次分明，釉色对比鲜明，增强了印花（模印）图案的层次感。再如辽三彩釉龙鱼形注壶（图 12－2），鱼头填黄釉，眼白填白釉，眼珠填深绿釉，腮（鳃）填白釉，双翅上从前往后，以黄、白、绿、白、黄、白色釉相间，增强了羽毛的层次感，鱼鳍填绿釉，鱼尾填白釉。这件龙鱼形注壶是填釉工艺最复杂，艺术效果最佳、最有特色的一件辽三彩器。

2. 涂釉

涂釉又称刷釉，操作不规范，要求不严，带有随意性，往往施釉面积较大，既可在素面上涂釉，也可在印花图案上涂釉，有时各种色釉的分布不规则，没有规律性，有时釉色深浅不匀，并且留有明显的涂刷痕迹。例如宋代磁州窑三彩刻花花口瓶（图 12－3），颈部涂深绿色釉，釉面有细碎开片纹（即冰裂纹）[11]，此外，喇叭形圈足上横向涂刷绿釉，操作比较马虎，釉色深浅不匀。可以设想，涂釉的方法是：涂刷完一片，转动一下素胎，再涂刷另一片。又如辽三彩釉龙鱼形注壶（图 12－2），鱼身涂黄釉，莲瓣纹和底足涂绿釉。如上所述，涂釉是在不显眼的部位进行的。

下面介绍陶窑的情况：

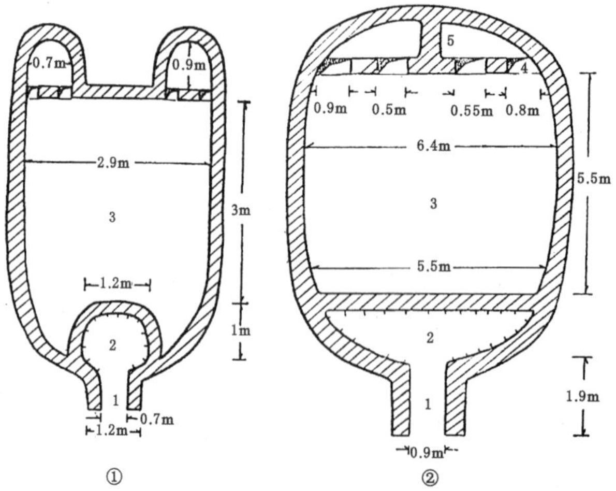

①内蒙古赤峰市缸瓦窑；
②辽宁抚顺市大官屯窑
（1. 窑门；2. 燃烧室；
3. 窑床；4. 吸咽孔；
5. 烟囱）

图 12－4　辽代半倒焰窑平面图

从总体上看，赤峰市缸瓦窑是一处烧制瓷器的窑场，但是在这处窑场中有专门的窑烧制釉陶器物。它烧制的单色釉有白釉、黄釉、绿釉，同时也烧制黄、绿、白三色组成三彩釉陶。此窑场的釉陶，质较粗硬，胎呈现浅淡的粉红色或黄白色，火候（这里指烧成温度）较高。掛白陶衣（即化妆土），其上施釉，釉色鲜明光艳[14]。已经发表的辽代陶窑有：赤峰市缸瓦缸（图 12－4，1），两个烟囱分设在后窑墙的两侧，以木柴作为燃料；辽宁抚顺市大官屯窑（图 12－4，2），容积甚大，以煤作为燃料，烧成温度约 1230℃[15]。从平面图上看，这两座陶窑的烟囱都设在窑室的后面，应属于半倒焰窑。这些陶窑既可以烧制瓷器，又可以烧制釉陶（包括单色釉陶和辽三彩釉陶）。

关于陶窑，值得注意以下两点：

一是赤峰市缸瓦窑的性质。考古工作者在调查该窑址时发现“官”字款匣钵残器 1 件，“新官”字款垫柱残器 1 件，二者都是窑具，据此得出初步结论：缸瓦窑是辽代经历“官”和“新官”两个时期的官窑遗址[16]。

二是陶窑所用的燃料。唐代以前（含唐）烧制陶瓷器都只用木柴作为燃料，从辽代和宋代开始出现以煤作为燃料：辽代烧煤的陶窑例如上述抚顺市大官屯窑；宋代烧煤的陶窑例如陕西铜川市耀州窑址第 4 号窑，在炉栅下的落渣中堆满煤渣和未燃尽的煤核[17]，但是，后来用木柴作燃料的现象仍存在，例如宋代的钧窑和景德镇窑都以木柴作为烧制瓷器的燃料。

关于釉烧工艺的情况如下：

宋三彩的釉烧温度与唐三彩相同[4]，为 950℃。辽三彩的釉烧温度则略高于唐三彩，也许与使用了耐火度高的化妆土层的影响有关，要有稍高些的釉烧温度方能使釉达到较好的成釉效果[18]。据测定，辽三彩的釉烧温度为 880℃～990℃（表 12－3），而唐三彩的釉烧温度为 950℃（本书表 11－1，序号 4、5）。由此可见，辽三彩釉烧温度的上限略高于唐三彩的釉烧温度。

宋三彩和辽三彩釉烧时都采用氧化气氛，经过釉烧之后，以氧化铜为着色剂的铅釉呈现为绿釉，以氧化铁为着色剂的铅釉呈现为黄釉。

第五节　元明清的制陶技术

元明清时代（公元 1271～1911 年）全国各地许多窑场还在继续烧制陶器，尤其是在农村，使用陶器仍然比较普遍。然而，制陶技术的发展已经到了尾声，只有紫砂陶、琉璃陶、珐华陶、石湾陶的技术还有所发展。

现在将紫砂陶、琉璃陶、珐华陶、石湾陶的技术分别叙述如下：

一、紫砂陶的技术

紫砂陶独产于江苏宜兴市，用当地产的一种质地细腻、含铁量高的紫砂泥制作而成，紫砂陶一般没有釉，充分利用陶泥的本色，呈现紫红、淡黄、紫黑等颜色。在宜兴丁蜀镇羊角山北宋、南宋时期古窑址堆积中出土了紫砂陶片，这表明紫砂陶始烧于宋代。明代中期以后紫砂陶盛行。明代的紫砂陶以壶类著称，例如正德年间宜兴制壶名家龚春制作的“龚春壶”，但是现在已经很难见到。在南京中华门外大定坊油坊桥发现明嘉靖十二年（公元 1533 年）司礼太监吴经墓，墓中出土一件紫砂提梁壶[19]，这是目前考古发现年代最早的一件紫砂壶，现藏南京博物院。

紫砂壶的优点是：透气性好，泡茶隔夜不馊；耐温度急变性能良好，即使在数久寒天将沸水注入紫砂壶内也不致炸裂，因此深受人们的喜爱。

明代后期出现一种施釉的紫砂陶，因釉面与宋代钧窑乳浊釉相似，为避讳与宋钧混同，称之为“宜均”。“宜均”的胎有白色、紫色两种，白胎用宜兴白泥制成，紫胎用宜兴紫泥制成。“宜均”的釉料中加入含磷的石灰窑窑汗（室炉内壁产生的一种玻璃态物质称为窑汗，其成因有二：一是窑炉本身含有的助熔物质在高温下形成；二是燃料中的助熔物质附着在窑壁上）作为助熔剂，由于引入窑汗使釉层带有乳浊感，以含铁、铜、钴、锰的矿物作为着色剂，在生坯上施釉[20]。

清代无釉的紫砂陶和施釉的“宜均”都得到发展。

宜兴紫砂泥，这类黏土属于高岭—石英—云母类型，其特点是含铁量较高。据测定，历代紫砂陶的化学组成中，氧化铁含量高达7.06% ~9.95%[21]。

紫砂陶的成型方法有轮制、印坯和手制三类。圆器为轮制成型。印坯又称模印，是将粗坯（即轮制而成的毛坯）放入木模之内压印而成。手制包括泥条筑成法、泥片镶接法和捏塑法。方器有四方、六方、八方、长方等不同形状，都采用泥片镶接法成型。有些紫砂陶的器身或部件模拟自然界的瓜果花木、虫鱼鸟兽的造型，则采用捏塑、浮雕、半圆雕、堆雕、镂空等方法制作而成。

无釉的紫砂陶在龙窑（平焰窑）内烧制而成，烧成温度一般介于1100℃ ~1200℃之间，采用氧化气氛[19]。施釉的“宜均”也是在龙窑内烧成，烧成温度为1200℃左右，采用氧化气氛[20]。

二、琉璃陶的技术

琉璃陶系指陶胎琉璃制品，是从唐三彩低温铅釉陶中派生出来的新品种，主要作为建筑用陶。元代初期山西南部一带成为琉璃陶的主要产地。明代以山西阳城、平遥、文水等县为主要产地，这与山西各地寺庙建筑的发展有关，后来南京、北京和陕西朝邑（靠近山西西南角）也生产琉璃陶，例如北京的琉璃厂生产琉璃瓦，后来迁到门头沟的琉璃渠村烧制。现存大同市内的琉璃九龙壁，是明初山西琉璃建筑的代表作，壁长45.5米、高8米、厚2.02米，竣工于洪武25年（公元1392年），全部为琉璃镶砌，下设束腰基座，顶部为琉璃斗拱脊瓦，壁间九龙飞腾，气势磅礴，是中国保存最完美、最古老、最大的琉璃照壁[22]，2002年8月17日笔者由大同市博物馆的王雁卿女士陪同考察了该琉璃九龙照壁。明清两代是建筑琉璃陶的鼎盛时期，琉璃陶广泛用于宫殿、皇家园林、陵寝、坛庙、王府等建筑上，常见的建筑琉璃陶有琉璃砖、琉璃瓦、琉璃瓦当、琉璃屋脊、琉璃宝顶以及琉璃仙人、走兽、套兽、正吻等。位于北京城中部的故宫是明清两朝皇宫，故宫建筑群的屋顶普遍使用黄色琉璃陶，是建筑技术与琉璃陶技术巧妙结合的典范。

琉璃砖瓦除个别采用易熔黏土以外，大都选用难熔黏土作为制胎的原料[23]；以含铜、铁、钴、锰的矿物作为着色剂，以铅作为助熔剂，再加以石英粉制成釉料；一般采用二次烧成法，先烧成素胎，素烧温度在1030℃ ~1260℃之间[24]，后施琉璃釉，再经过釉烧，釉烧温度在747℃ ~1150℃之间[25]，在氧化气氛中烧成。釉烧之后琉璃陶的釉色主要有绿、黄、蓝、紫等几种。

三、珐华陶的技术

珐华又称法华，由于采用佛寺壁画中的沥粉技术而得名。珐华陶出现于元代晚期，是从琉璃陶中派生出来的一种低温色釉日用器皿和艺术陶器。珐华陶发祥于山西南部的潞安（今长治）、泽州（今晋城）、蒲州（今永济）一带，明代中期以后十分流行。山西产的珐华陶为灰黄色陶胎，器形有小件的花瓶、香炉、动物等。明代嘉靖年间江西景德镇曾经仿制过珐华器，但是用瓷胎，器形有饰以花鸟、人物的瓶、罐、钵等。清代以后珐华陶逐渐消失。

珐华釉的配方与琉璃釉有共同之处，表现在着色剂也是铁、铜、钴、锰四种元素，但是助熔剂有差异，是以牙硝即硝酸钾（KNO_3）全部或部分代替氧化铅[26]。釉色以孔雀蓝、孔雀绿和紫三种为主，再配以黄色和白色。其中紫釉如同茄皮紫，是用锰着色的[27]。

珐华陶的装饰方法是采用佛寺壁画中的沥粉（泥浆一滴一滴地落下称为沥粉）技术：以特制带管的泥浆袋作为工具，在生坯上用泥浆勾勒成凸起的纹饰轮廓线，或用泥料贴塑成纹饰图案。先经过素烧，素烧温度一般为1250℃。然后在沥粉勾勒而成的纹饰轮廓线内，或在泥料贴塑而成的纹饰图案上，分别填以紫、黄、蓝、绿各色釉料进行装饰。再经过釉烧，釉烧温度为1000℃[28]。这种装饰方法具有浓郁的山西地方特色。

四、石湾陶的技术

位于广东佛山市石湾镇的石湾窑又称广窑，是民窑，非官府所办。石湾窑从元代开始仿制北宋钧釉，但釉色比较单纯，仅见青釉、酱黑釉、酱黄釉和窑变釉四种。其中窑变釉数量极少，可能元代处于仿钧釉的萌芽阶段。所谓窑变就是在窑内烧制过程中，釉料中所含金属氧化物，经过高温熔融所起的化学作用，使其呈现出五彩缤纷的变化。为避讳与宋钧混同，将石湾窑生产的仿制宋钧的釉陶称为“广均”。石湾窑在明代主要生产盆、瓶、罐、碗、灯盏等日用釉陶，在清代以生产陶塑的人物神仙、鸟兽虫鱼、瓜果器物等美术釉陶著称。

石湾窑制胎所用的原料有本地产的陶土、从广东各地运来的瓷土两类。其中，石湾本地陶土的含铁量高于宜兴陶土，含铝量约为20%～23%（质量分数）左右，耐火度不及瓷土，须在1000℃～1050℃左右烧成[29]。有时在陶土中羼入适量的瓷土，以便陶胎的颜色变白，并且提高耐火度。

明清两代石湾陶坯体的成型方法有轮制、手轮兼用、捏塑等，装饰方法有雕刻、贴塑、模印、镂孔等。

“广均”的黑色底釉为铅釉，其着色剂为铁和铜[30]。石湾窑唐代烧青釉为主，酱釉次之；宋元时期则以酱釉为主，青釉次之；发展到明清，石湾的陶工已摸索出大量颜色釉，五彩斑斓（系指窑变器）[29]。

石湾窑的窑炉，唐代是采用平面近似半椭圆形的馒头窑，宋代则采用长条形斜坡式龙窑，元代和明清对龙窑都进行过改革，明清时期，石湾窑仿制的南北各地的名窑产品，特别是五彩缤纷的“窑变”器，就是用这种改革后的龙窑烧制出来的[29]。

参考文献

［1］赵青云:《河南陶瓷史》，紫禁城出版社，1993年，第123页。

［2］赵青云：《河南陶瓷史》，紫禁城出版社，1993 年，第 124 页。

［3］冯永谦：《辽代陶瓷的成就与特点》，中国陶瓷全集编辑委员会：《中国陶瓷全集·第九卷辽西夏金》，上海人民美术出版社，2000 年，第 15 页。

［4］李家治主编：《中国科学技术史·陶瓷卷》，科学出版社，1998 年，第 470 页。

［5］冯永谦：《辽代陶瓷的成就与特点》，中国陶瓷全集编辑委员会：《中国陶瓷全集·第九卷辽西夏金》，上海人民美术出版社，2000 年，第 17 页。

［6］赵青云：《河南陶瓷史》，紫禁城出版社，1993 年，第 121 页。

［7］中国硅酸盐学会主编：《中国陶瓷史》，文物出版社，1987 年，第 317、318 页。

［8］中国陶瓷全集编辑委员会：《中国陶瓷全集·第九卷辽西夏金》，上海人民美术出版社，2000 年，图版一〇九说明。

［9］中国陶瓷全集编辑委员会：《中国陶瓷全集·第九卷辽西夏金》，上海人民美术出版社，2000 年，图版一二二说明。

［10］中国陶瓷全集编辑委员会：《中国陶瓷全集·第九卷辽西夏金》，上海人民美术出版社，2000 年，图版一〇三说明。

［11］中国陶瓷全集编辑委员会：《中国陶瓷全集·第七卷宋》（上），上海人民美术出版社，2000 年，图版一六〇说明。

［12］王莉英：《磁州窑装饰艺术》，中国陶瓷全集编辑委员会：《中国陶瓷全集·第七卷宋》（上），上海人民美术出版社，2000 年，第 32 页。

［13］李家治主编：《中国科学技术史·陶瓷卷》，科学出版社，1998 年，第 471 页。

［14］中国陶瓷全集编辑委员会：《中国陶瓷全集·第九卷辽西夏金》，上海人民美术出版社，2000 年，第 15 页。

［15］刘可栋：《试论我国古代的馒头窑》，中国硅酸盐学会编：《中国古代陶瓷论文集》，文物出版社，1982 年，第 185～187 页。

［16］冯永谦：《赤峰缸瓦窑村辽代瓷窑址的考古新发现》，文物编辑委员会编：《中国古代窑址调查发掘报告集》，文物出版社，1984 年，第 387、391 页。

［17］陕西省考古研究所铜川工作站：《耀州窑作坊和窑炉遗址发掘简报》，《考古与文物》1987 年第 1 期。

［18］李家治主编：《中国科学技术史·陶瓷卷》，科学出版社，1998 年，第 471、472 页。

［19］中国硅酸盐学会编：《中国陶瓷史》，文物出版社，1982 年，第 394 页。

［20］中国硅酸盐学会编：《中国陶瓷史》，文物出版社，1982 年，第 395 页。

［21］李家治主编：《中国科学技术史·陶瓷卷》，科学出版社，1998 年，第 458 页。

［22］山西省地名委员会、山西省古建筑保护研究所：《山西古建筑通览》，山西人民出版社，2001 年。

［23］张子正、车玉荣、李英福、盛厚兴：《中国古代建筑陶瓷的初步研究》，

中国科学院上海硅酸盐研究所编：《中国古陶瓷研究》，科学出版社，1987 年，第 121 页。

［24］李家治主编：《中国科学技术史·陶瓷卷》，科学出版社，1998 年，第 473 页表 15－10。

［25］李家治主编：《中国科学技术史·陶瓷卷》，科学出版社，1998 年，第 472 页表 15－9。

［26］李家治主编：《中国科学技术史·陶瓷卷》，科学出版社，1998 年，第 473 页。

［27］张福康、张志刚：《中国历代低温色釉和釉上彩的研究》，中国硅酸盐学会编：《中国古陶瓷论文集》，文物出版社，1982 年，第 36 页。

［28］李家治主编：《中国科学技术史·陶瓷卷》，科学出版社，1998 年，第 474 页。

［29］曾广亿：《古代石湾陶器》，中国陶瓷编辑委员会编：《中国陶瓷·石湾窑》，上海人民美术出版社，1983 年。

［30］李家治主编：《中国科学技术史·陶瓷卷》，科学出版社，1998 年，第 443 页。

第十三章
保留至今的传统制陶技术

传统制陶技术系指世代相传、具有特点的制陶技术。就陶轮装置而言，传统制陶技术与现代制陶技术有两点明显区别：一是传统的陶轮一律用人力驱使轮盘旋转，而现代的陶轮改用电力躯使轮盘旋转；二是传统的陶轮、慢轮是车筒与车桩接触，快轮是轴顶碗和车脚与车桩接触，而现代的陶轮以轴承取代轴顶碗和车脚。此外，烧砖亦属制陶范畴。本章只论述保留至今的传统制陶技术和烧砖技术。

第一节　云南和贵州的慢轮制陶技术

我国考古工作者对云南省传统的慢轮制陶技术做过多次调查和报道[1]，下面只引用其中一篇即《记云南景洪傣族慢轮制陶工艺》所报道的资料进行研究。

1. 慢轮装置及其他工具

“陶轮是制陶场内最主要的装置，是在地下挖一个直径约 25、深约 19 厘米的小坑，中间楔入一根圆木桩。陶轮的上面较底面的直径长，呈倒截圆锥体状，底部中间有一方孔，上面不通，其中插入一段竹管，用来套在木桩头上，使其可以旋转”，“使用时用手或脚趾拨动，陶坯（坯体）置在轮面上”（图 13－1）。笔者认为，景洪曼斗寨傣族的慢轮装置有两点引人注目：一是其核心部件比较原始，表现在竹管（车筒）内壁直接而且全部与木桩（车桩）接触，由于接触面很大，旋转时所产生的摩擦力也很大；二是使用时只能用手或脚趾拨动。由于这两个原因限制了轮盘的转速，只能慢速旋转，这是典型的慢轮装置。

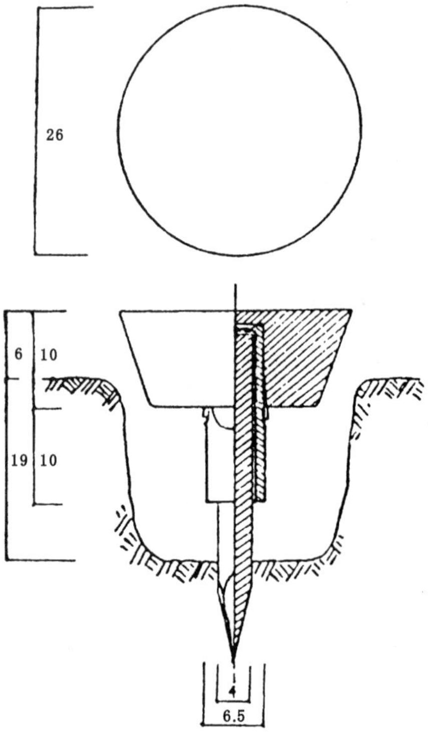

图 13－1　云南景洪曼斗寨傣族的慢轮装置

除了慢轮装置外，“其他的工具只有一些木制的拍子、竹片制的陶刀和卵石”。“陶刀”即刮板，是刮削工具；卵石在拍打外表时，置于内壁作为垫子使用。

2. 原料的制备工艺

从村外取来的陶土先经过“晒晾”、“碓舂”和“过筛”，后经过“和泥”、“揉泥”和“滋润”。“滋润”在工艺上称为“陈腐”，其作用是可提高泥料的可塑性。

3. 坯体的成型工艺

报道中将成型工艺称为“制坯”，主要有三点值得注意：

一是“先在陶轮上撒一点草木灰，然后把泥放在轮上”。草木灰起隔离层的作用，可以防止泥料与轮盘粘连。

二是“一面用左脚的拇指（向前）拨动轮盘，使它慢慢顺时针转动，一面用陶拍的柄部拍打泥团”，使它成为“扁泥饼”状器底。接着在器底上用泥条“圈接”成器壁，“往往一根泥条不够接成一整圈，那就再取一根泥条来补接”，使其“闭合”。这是采用正筑圈筑法成型，从底部开始一直筑到口部，泥条一圈又一圈垒叠而上。

三是“盘塑好第一圈器壁以后，要用拇指把上沿修成外高内低的斜面，作为接塑第二圈的接口”。这表明上下两圈泥条之间采用套接的方法，套接的优点是接触面较大，接合得较牢固，还表明泥条是从器壁内侧加上的，从剖面上看，泥条向器内倾斜。报道中将初部成型的半成品称为“桶坯”，在工艺上称为“毛坯”。

3. 坯体的修整工艺

报道中将修整工艺称为“成型”，主要有三种方法：

（1）刮削。用“竹片制的陶刀”“将下腹部削薄，使器壁（各部位厚薄）均匀”。

（2）拍打。先用“光面拍子”（即素面拍子）拍打，再用“带条纹”（即篮纹）拍子拍打，或者用“带折线纹或方格纹”拍子拍打。拍打外表时“内衬卵石”，即内壁以卵石垫子作依托，二者形成内外夹攻之态势。由于“带花纹的陶拍有反复挤压捏合的作用，使器壁和器表紧密起来”。换句话说，用带花纹拍子进行拍打比用素面拍子进行拍打，可以更有效地消除泥条缝隙、提高胎壁的致密度（组成各种晶体构造的最小体积单位称为晶胞，致密度是指晶胞中所包含的原子体积与晶胞体积的比值，比值越大，致密度越高）。此外，拍打还可以使“器形有了显著的变化”，由“直壁侈口的半成品”“桶坯”（毛坯）变成“小口大腹的罐子”，由此可见，拍打兼有整形的作用。

（3）湿布抹平。“用湿布将内壁抹一遍”，它是由湿手抹平演变而来的。

经过上述修整工序，毛坯变为成坯，制坯过程到此结束。

4. 陶器的烧制工艺

烧窑过程包括初干、预热、装坯、烧成四个步骤：

（1）初干。将成坯放“在棚架上”晾干，即阴干，排除自由水（又称机械结合水）。

（2）预热。将已阴干的坯体“放在高约 80 厘米的竹制方格烘架上”，“烘架下面燃放木柴，架上温度约达 70℃～80℃”，用低温烘干和预热，排除吸附水。

（3）装坯。“窑床就在平地上，用树枝和木片铺成”，将经过预热的坯体“趁热放在窑床上”，上面盖数层稻草，四周也围上稻草，然后“涂泥封窑”，“不到1厘米厚度”的“泥壳”就成为“窑体”。

（4）烧成。从四角下方的“点火口”点火，“在窑体上部用食指戳几个出烟孔”，燃烧数小时后，“泥皮”逐渐干燥、开裂、坍塌，“烧成温度大约在700℃左右”。“这种简单的薄壳窑，只能使用一次，但还是有了一个起均热保温作用的罩盖，可以成功地控制烧成温度和窑内气氛。”

参考云南景洪傣族烧制陶器的工艺，笔者推测，在新石器时代早期，先出现平地露天烧制陶器，这是无窑烧制，后出现平地封泥烧制陶器，这是从无窑烧制向有窑烧制过渡的形态，严格地讲，平地封泥烧制亦属无窑烧制范畴。平地露天烧制与平地封泥烧制统称为平地堆烧。新石器时代中期出现坑穴封泥窑，例如贾湖文化的坑穴封泥窑，可以多次使用（见本书第二章第五节图2－16），这是目前所发现有窑烧制的最初形式。由此可见，云南景洪傣族的“平地封泥烧制”正好“是由没有窑到有固定的多次使用的窑发展过程中，一个过渡的形态”，为研究陶器烧制工艺的起源提供了参考资料。

1997～1998年贵州省博物馆张元女士和贵州省文物考古研究所梁太鹤先生调查了贵州省传统的慢轮制陶技术，承蒙他们提供了部分调查资料，现引用如下：

“主要产地：织金、黔西、金沙、遵义、都匀、丹寨、安顺、平坝等，以织金最为有名。转轮：轮盘木制，或整块，或两块拼接。轮盘背面中心有木制空心车筒，直径约8～10厘米，长约25～30厘米，筒内顶端装有铁制顶子，俗称‘担口’，形如圆饼，中央有锥状凹口。筒下端装有直径相同的铁制车脚。车桩固定于地下圆形坑内，木制，顶端装铁帽，帽中心突起高约1～2厘米的顶针，与轮盘车筒‘担口’中的凹口相接。轮盘车筒下端的车脚与车桩相扣，转动十分灵便。轮盘高于地面约10厘米，操作时坐于小凳，一般用手拉动，大器物用脚推动。”

上述贵州织金等地传统的慢轮装置，其核心部件有所改进，表现在：车筒内顶端装有铁制顶子（即轴顶碗），与装在车桩顶端的铁制顶针接触；车筒内下端装有铁制车脚，与车桩接触。可见车筒内壁只能通过顶子和车脚间接地与车桩接触。由于接触面很小，旋转时所产生的摩擦力也很小，因此，“转动十分灵便”。

然而操作方法依旧，制作一般器物时用手拉动轮盘旋转，制作大器物时用脚推动轮盘旋转，与云南景洪傣族的慢轮“使用时用手或脚趾拨动”完全相同，这种原始的操作方法限制了轮盘转速的提高，因此仍然属于慢轮范畴。

笔者认为，贵州织金等地的陶轮，核心部件有所改进，操作方法依然原始，正好处于由慢轮向快轮过渡的形态，为研究快轮制陶的起源提供了参考资料。

第二节 河南和湖北的快轮制陶技术

考古工作者可以发掘出古代快轮的遗迹，例如唐代黄堡窑快轮的遗迹，并且可以绘成快轮装置复原图（见本书第十一章图11－3），但是挖不出快轮的操作方法，因为操作方法是无形的。笔者对河南和湖北传统的快轮制陶技术进行调查，目的是参考传统快轮的结构及其操作方法，去研究古代快轮的结构及其操作方法，将有关传统快轮制陶技术的知识灵活地、恰当地运用到研究古代制陶技术当中去，实际上已经这样做，并且取得良好的研究成果，将跨越不同时期的同类事物连贯起来思索，这是认识上的飞跃、研究方法上的创新。

1989 年 12 月 14 日笔者由郑州市大河村遗址博物馆的李昌韬先生陪同，在博物馆内目睹来自二七区后寨乡盆刘村的陶工，利用快轮仿制古代陶器的全过程，笔者在现场绘制了快轮装置图（图 13 –2），现在报道如下：

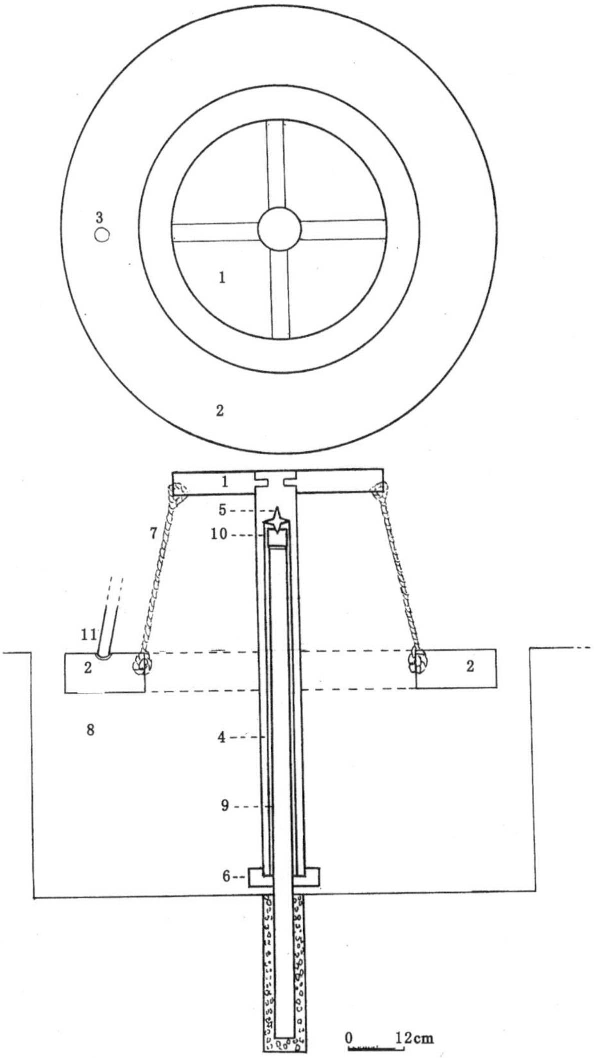

图 13 –2　河南郑州市大河村传统的快轮装置

1. 轮盘；2. 搅盘；3. 轮窝；4. 轮筒；5. 六尖；6. 套子；
7. 绳索；8. 车坑；9. 轮轴；10. 碾窝；11. 搅棍

转轮的特殊之处在于有上下双轮：陶工将上面一个称为“轮盘”（图 13 –2，1），由安装在轮筒上部的四根木条和固定在木条上的木板构成，呈现圆形，直径约 45 厘米、厚约 4. 5 厘米，在轮盘上面制作坯体；下面一个称为“搅盘”（图 13 –2，2），用荆条编成，上下两面抹泥，呈现环形，外径约 93 厘米、内径约 60 厘米、厚约 8 厘米。在搅盘上面靠近边缘部位，安装一个扣放的瓷碗圈足，呈现圆窝状，称为“轮窝”（图 13－2，3），内径约 3 厘米。搅盘上面与周围的地面平齐。位于轮盘中央的木制圆筒，称为“轮筒”（图 13－2，4），其上部有一段为实心，长约 10 厘米、直径约 8.5 厘米，以下为空心，长约 75 厘米、外径约 8.5 厘米、内径约 5.4 厘米。轮筒内壁顶端装有一个铁制的部件，称为“六尖”（图 13－2，5），朝上一个尖钉入轮筒顶部，周围四个尖卡在轮筒顶部的沟槽内，使六尖固定不动，朝下一个尖与安装在轮轴顶端的铁制碾窝接触。轮筒下端装有一个铁制部件，称为“套子”（图 13－2，6），呈现圆圈状，外径约 15 厘米、内径约 4 厘米，套子下部的内壁与轮轴接触。轮盘与搅盘之间的垂直距离约 32.5 厘米，用四条略呈倾斜状的绳索（图 13－2，7）将搅盘悬挂在轮盘下方，绳索实际上起传动带的作用。在屋内的地面上挖成一个坑，呈现圆形、直壁、平底，称为“车坑”（图 13－2，8），直径约 106 厘米、深约 50 厘米。车坑中央有一个圆形洞，洞内栽入一根圆木桩，圆木桩是用硬木制成的，称为“轮轴”（图 13－2，9），轮轴周围的空当子用石块和黏土夯实，使轮轴固定不动。轮轴直径约 5 厘米、全长约 101 厘米，栽入坑底以下部分长约 29 厘米，以上部分长约 72 厘米。轮轴顶端安装一个铁制部件，称为“碾窝”（图 13－2，10），呈现圆饼状，直径约 5 厘米、高约 3.5 厘米，其上面中央有一个凹窝，与六尖中朝下的一个尖接触，凹窝的剖面呈现圆锥状，窝内放入油脂，起润滑作用，以便减少旋转时六尖与碾窝之间产生的摩擦力。陶工操作时坐在车坑旁边的板凳上，先用右脚向前蹬搅盘，使其按逆时针方向旋转，后将木制搅棍（图 13－2，11）迅速而准确地插入搅盘上的轮窝内，用力搅动多次，使搅盘加速旋转。搅棍长约 100 厘米、上端直径约 3 厘米、下端直径约 2 厘米。

上述郑州大河村传统的快轮装置，其改进更加明显，具体表现在三个方面：

（1）核心部件“六尖”和“碾窝”均为铁制，耐磨损，接触面很小，而且窝内有油脂起润滑作用；“套子”与“轮轴”的接触面也不大，因此旋转时所产生的摩擦力很小。值得注意的是：郑州快轮“六尖”（凸）在上，“碾窝”（凹）在下，贵州慢轮“顶针”（凸）在下，“顶子”（凹）在上，二者核心部件凹凸的朝向恰好相反，这是地区特点不同所致。

（2）“搅盘”与“轮盘”既分开又相互联系，这种结构的好处有两点：一是“搅盘”呈现环形，大而厚，类似如今机器上的飞轮，旋转时产生的惯性力大而均匀，它通过四条绳索带动“轮盘”快速而均匀地旋转；二是用搅棍搅动“搅盘”时，即使它产生上下波动，“轮盘”仍然能够保持平稳地旋转。

（3）利用搅棍搅动，可使“搅盘”加速旋转。

由于上述核心部件、转轮结构和操作方法都有明显改进，成为快轮装置，具有搅动省力、转速很快、旋转平稳的优点。

1984 年，笔者对湖北枝江市（原名枝江县）陶器厂（位于城西 27 km 的善溪窑）和枝江市马家店镇陶器厂（位于城西 2 km 的熊家窑）传统的快轮制陶技术进行了调查，目的是查明快轮装置的结构和操作方法以及快轮制陶的特点。1990 年 4 月，笔者对湖北天门市石河镇陶器厂传统的快轮制陶技术进行了调查，目的是查明轮盘转速与拉坯成型之间的关系。

枝江市传统的快轮装置结构如下：

陶工将整个快轮装置（图 13－3）称为“陶车”。在屋内的平地上挖一个圆坑称为“车坑”（图 13－3，1），它分为上下两部分，坑壁剖面呈现阶梯状，上部直径约 85 厘米、深约 21 厘米，下部直径约 40 厘米、深约 40 厘米。车坑底部中央垂直栽入一根枣木制成的木柱，称为“车桩”（图 13－3，2），高约 32 厘米、直径约 11 厘米，下端平齐，周围的空当子用石块砸实，上部逐渐变细，顶端呈现圆锥状。车桩实际上就是轮轴机械的轴。

轮盘称为“车盘”（图 13－3，3），上部较小，直径约 70 厘米；下部较大，直径约 80 厘米；中间较薄，厚约 7.5 厘米；边缘较厚并且下垂，厚约 17 厘米。车盘的上面与车坑的口部处于同一水平面。

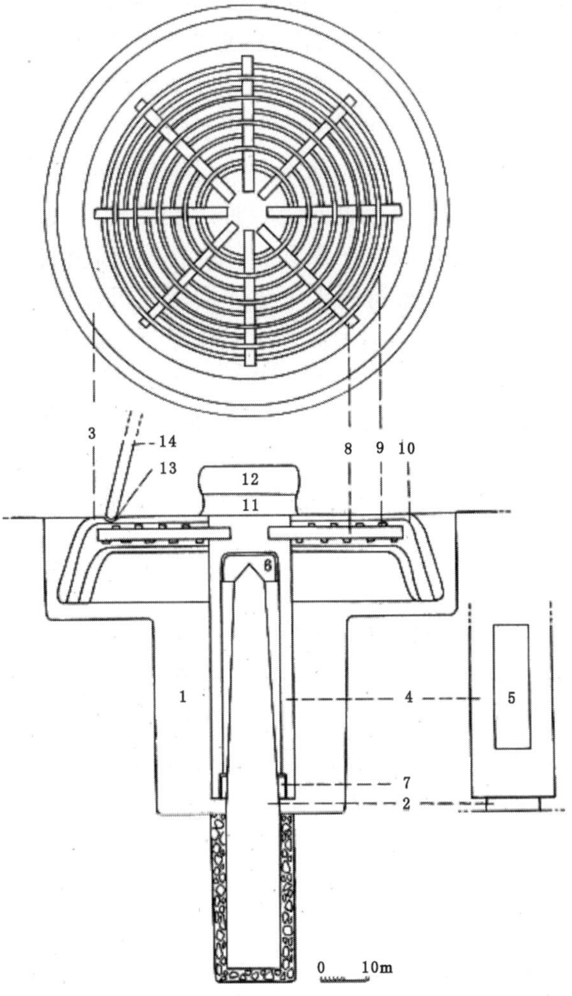

图 13－3　湖北枝江市传统的快轮装置

1. 车坑；2. 车桩；3. 车盘；4. 车筒；5. 长方形孔；6. 顶子；7. 车脚；
8. 车爪；9. 竹盘；10. 棕丝；11. 泥料；12. 木盘；13. 转窝；14. 搅棍

轮盘的中轴用一根松木制成，高约 57 厘米、直径约 17 厘米，其顶部大约有

7.5 厘米为实心，以下中空，因此称为“车筒”（图 13－3，4）。由于车筒是套在车桩（轴）外面使用的，也可以称为轴筒。其内径约 12 厘米、壁厚约 2.5 厘米。车筒中部有四个长方形孔（图 13－3，5），每个高约 25 厘米、宽约 8 厘米，制陶者的手可以穿过长方形孔对安装在车筒顶部内壁的“顶子”（图 13－3，6）即轴顶碗进行维修。顶子是一个呈覆碟形的陶器，直径约 11 厘米、高约 5.5 厘米，用泥料黏结在车筒顶部内壁，正好扣在车桩的顶上。车筒下端内壁用泥料黏结一个环形陶器，称为“车脚”（图 13－3，7），其外径约 13 厘米、内径约 11 厘米、高约 5 厘米、厚约 1 厘米。顶子和车脚的内壁经常涂抹油脂，起润滑作用。车筒通过顶子和车脚与车桩接触，换句话说，顶子和车脚是车筒与车桩之间发生关系的媒介。

车筒顶部四周有八个方孔，安装八根木条，排列成放射状，称为“车爪”（图 13－3，8）。车爪与车筒垂直，车爪之间用竹篾盘成网状，称为“竹盘”（图 13－3，9）。车爪和竹盘构成轮盘的骨架。在骨架上下两面涂抹棕丝拌泥，棕丝拉力较大，可以防止泥料开裂。此外，在骨架上下两面的泥料中间还各夹一层棕丝（图 13－3，10），棕丝一端沿着骨架的边缘下垂，对轮盘边缘下垂部分的泥料起牵制作用。轮盘中部的泥料抹得较薄，以便旋转时比较轻快灵活，边缘的泥料抹得较厚并且下垂，以便旋转时产生较大的惯性力，旋转速度较快而均匀。将棕丝拌泥锤打瓷实后，表面用泥抹平，等待轮盘干燥透彻后才可以投入使用。轮盘连同车筒重约 40 公斤，一人可以搬动。这种土木竹结构轮盘一般可以使用 3～5 年。

在轮盘中央用高约 4 厘米的泥料（图 13－3，11）黏结一个木制扁圆体，称为“木盘”（图 13－3，12），上面平整，直径约 20 厘米、高约 6 厘米。轮盘上面的边缘安装一个圆窝状陶器，称为“转窝”（图 13－3，13），内径约 3 厘米、窝深约 1 厘米。还有一根用于搅动轮盘的木棍，称为“搅棍”（图 13－3，14），长约 100 厘米、上端直径约 3 厘米、下端直径约 2 厘米。将车筒套在车桩上，即可转动轮盘。

快轮的操作方法如下：

陶工在拉坯之前，已经将泥料练熟并且经过陈腐，堆放在车坑右边，形成一个大泥坨。车坑左边放一盆水，以便拉坯时将手沾湿，水在手与坯体之间起润滑作用。制坯时，用弓形割泥器上的细铁丝从大泥坨上切割一块泥料，将泥料拍打几遍，使其所含水分分布均匀，形成扁圆形泥坨，置于木盘中央，粘在木盘上。

陶工坐在轮盘后面的凳子上，左脚踩在车坑边上，右脚踩在轮盘上面，连续向前蹬数次，使轮盘产生初速度，开始按逆时针方向旋转。再迅速而准确地将搅棍插入转窝内，双手紧握搅棍，连续搅动轮盘，使其加速旋转，这一动作称为搅车盘（图 13－4，1）。

拔出搅棍之后，由于惯性力的作用，轮盘继续快速旋转一段时间。这期间双手用力蒙住泥坨，两个大拇指放在泥坨上面，其余手指放在泥坨两侧，一边向里挤，一边向上推，使泥坨变成圆柱形，这一动作称为挤泥柱（图 13－4，2）。

再用两个大拇指从泥柱中央插下去，接近木盘时，两指向右前方推泥，便形成器底，这一动作称为推器底（图 13－4，3）。内底出现大拇指推泥时所遗留的螺旋式拉坯指痕，由于轮盘按逆时针方向旋转，拉坯指痕就按顺时针方向旋转。

然后左手放在内侧，右手放在外侧，两手同时（但主要靠右手）用力将泥料逐渐向上提拉，便形成器壁，这一动作称为拉坯（图 13－4，4）。内壁、外表分别出现螺旋式拉坯指痕，由于轮盘按逆时针方向旋转，拉坯指痕就按顺时针方向螺旋式上升。

上述内底、内壁、外表所出现的螺旋式拉坯指痕，其旋转的方向都与轮盘旋转的方向恰好相反。

制作较大的器物，例如口径约 25 厘米、高约 15 厘米的钵或盆，需要再次搅动轮盘。因为器形越大，拉坯所需时间就越长，所用泥料重量越大，对轮盘旋转时所产生的阻力也越大，轮盘的转速会逐渐变慢，在器壁大约达到一半的高度时，转速明显变慢了，不可能再往上提拉坯体。此时，第二次搅动轮盘，使轮盘再次加速旋转，将坯体从下往上重新提拉一遍，使器壁达到应有的高度。

初步成型的坯体称为毛坯，修整毛坯时将轮盘的转速放慢一些，称为“快轮慢用修整”。如果转速太快，很软的胎壁就会“飞掉”，达数米远，因为快速旋转所产生的离心力很大，超出了胎壁的承受能力。修整毛坯所用的工具是用薄木板制成的刮板，一侧为平刃，另一侧为弧刃，两端有角，因此称为角板，长约 20 厘米、宽约 5 厘米、厚约 0.5 厘米。左手放在器壁内侧作依托，右手持角板放在器壁外侧，从下往上逐渐刮掉螺旋式拉坯指痕和多余的泥料。原来较厚的地方，两手用力大一些，多刮掉一些，较薄的地方少刮掉一些，用力大小全凭制陶者的手感和经验。口沿既可用角板修整，也可用手指修整。上述修整毛坯的动作称为修坯（图 13－4，5）。经过修坯，胎壁变薄，腹部向外鼓出，形状规整浑圆。

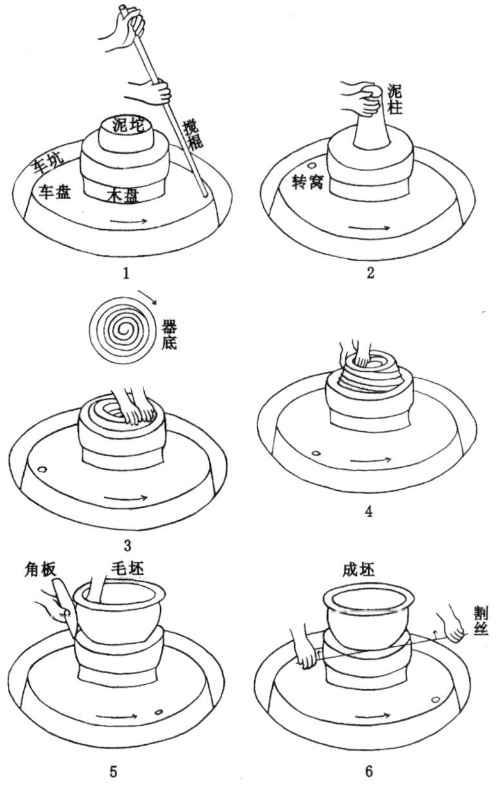

图 13－4　快轮制陶工艺流程图

1. 搅车盘；2. 挤泥柱；3. 推器底；4. 拉坯；5. 修坯；6. 割坯

然后用一块沾水的布搭在口沿上，边旋转边将口沿抹平，再用湿布将外表抹平。也可以用湿手抹平。抹平后，器表留有细密轮纹。修整完毕的坯体称为成坯。

最后，轮盘尚在慢速旋转时，用一根细铁丝将成坯从木盘上面切割下来，这一动作称为割坯（图 13－4，6）。细铁丝称为割丝，长约 40 厘米，两端各绑一块布条，便于抓住布条使用割丝。由于坯体是在旋转的条件下切割下来的，外底产生一个偏心涡纹。由于轮盘按逆时针方向旋转，偏心涡纹的涡心偏向外底圆心的左边（简称涡心偏向左边）。假如轮盘按顺时针方向旋转，则涡心偏向右边。

整个制坯过程可以分为拉坯和修坯两个阶段，通过拉坯，制成毛坯，通过修坯，变为成坯，整件器物就定型了。经过笔者测定，制作一件较大的钵或盆需要5分钟，制作一件小罐只需1分钟时间。由此可见，虽然工序多，但是制坯的速度是很快的。

快轮制陶的特点如下：

第一，快轮的构造合理、转速快。

车筒内部的核心部件（包括顶子和车脚）的出现是一大进步。车桩顶部呈现尖状，与顶子内壁接触，它承载着轮盘的全部重量；车桩中部呈现圆柱状，与车脚内壁接触，由于车脚箍在车桩外侧，使车筒在旋转时保持垂直状态，从而使轮盘在旋转时保持水平状态，不会晃动。在车筒内部只有顶子和车脚与车桩接触，由于接触面很小，旋转时产生的摩擦力也很小，这是轮盘能够快速旋转的关键。

笔者在马家店镇陶器厂反复测定过轮盘的转速，情况如下：所用轮盘重量为40 kg，木盘上没有放置泥坨，空转。陶工是壮年男子，用右脚连续六次向前蹬轮盘后，立即测定“快轮慢用”的转速，测定三次，平均值为80周/分，轮盘旋转3分钟后停下来；然后陶工用搅棍连续搅动轮盘16圈，立即测定“快轮快用”的转速，测定三次，平均值为160周/分，轮盘旋转6分钟后停下来。“快轮快用”与“快轮慢用”相比，不但转速提高了1倍，而且轮盘旋转时间也延长了1倍。

第二，快轮的操作技术复杂。

必须将泥料牢牢粘在木盘上。双手必须平稳地控制住正在做快速旋转运动的泥料，不可左右晃动，这是拉坯和修坯的关键，否则胎壁就会“飞掉”。由于快速旋转的泥料有相当大的离心力，放在器壁外侧的手费力较大。两手与轮盘中轴线的距离远近，决定了坯体各部分的直径大小。两手之间的距离大小决定了胎壁的厚薄，两手距离保持相对稳定，胎壁各部位的厚薄才会均匀，修坯时尤其要注意这一点。两手向上移动的速度要适当，太快则提拉不成，太慢会影响拉坯速度。手指移动速度的快慢，决定了螺旋式拉坯指痕的宽窄和密度。各个手指用力大小要均匀，否则有的手指用力太大，它所产生的指痕太深，使胎壁厚薄不匀，甚至会导致胎壁在干燥收缩过程开裂（参考本书第五章图5－24，4）。

第三，快轮拉坯成型的速度快、效果好。

利用快轮制陶的直接目的是为了使泥料产生快速旋转运动，因为泥料在做快速旋转运动的条件下，受到手的作用力时产生形变的速度快、效果好，可以提拉成各种形状的坯体。所谓形变是泥料受到外力作用时所产生形状的改变。那么，形变速度快、效果好的原因何在？假定拉坯时快轮的转速为100周/分，从理论上讲，两手相对静止，泥料以100周/分的速度从两手之间挤过去，与泥料相对静止，两手以100周/分的速度，分别从泥料内外两侧压过去，二者所得效果是相同的。也就是说利用快轮拉坯，两手工作的效率之高是惊人的。正因为这样，泥料在做快速旋转运动的条件下，受到手的作用力时产生形变的速度快、效果好。

第四，快轮拉坯所遗留的痕迹和现象特殊。

螺旋式拉坯指痕是在快轮拉坯过程中产生的特殊痕迹，这是常见的痕迹。由于制陶者用手的习惯不同，轮盘旋转的方向不同，所遗留的拉坯指痕，其旋转的方向也不同。如今一般制陶者都习惯于用右手，轮盘按逆时针方向旋转，右手放在外侧，左手放在内侧，主要靠右手用力，这是正常的操作方法，所产生的螺旋式拉坯指痕则按顺时针方向旋转；个别制陶者是“左撇子”，习惯于用左手，轮盘按顺时针方向旋转，左手在外侧，右手在内侧，主要靠左手用力，所产生的螺旋式拉坯指痕则按逆时针方向旋转，这是“左撇子”的操作方法。两种操作方法的共同点是：螺旋式拉坯指痕旋转的方向都与轮盘旋转的方向恰好相反。

麻花状扭转皱纹是在快轮拉坯过程中产生的特殊现象，这是罕见的现象，细心观察才能够发现。在泥料较软的条件下，如果轮盘按逆时针方向快速旋转，两手按顺时针方向用力拉坯，两手和轮盘分别将坯体上下两端向相反的方向扭转，坯体被扭成麻花状，内壁、外表都产生细密的麻花状扭转皱纹，内壁的皱纹由右上方向左下方倾斜，外表的皱纹由左上方向右下方倾斜。如果轮盘按顺时针方向旋转，麻花状扭转皱纹倾斜的方向就与上述情况相反。1984 年，笔者请马家店镇陶器厂的陶工仿制屈家岭文化晚期的高圈足杯时，偶然发现仿制品内壁有细密的麻花状扭转皱纹，当即与陶工一起查明了产生这种皱纹的原因。出土陶器上的麻花状扭转皱纹，如山西曲沃县、翼城县天马—曲村春秋居址轮制的陶豆（本书第七章图 7 – 30），柄内壁有细密的麻花状扭转皱纹；山西大同市南郊北魏平城墓葬轮制的陶罐（本书第十章图 10 – 2），颈部内壁或外表也有细密的麻花状扭转皱纹。

上述两种痕迹和现象均为轮制陶器所特有，在手制陶器上是不会产生的，因此都可以作为鉴别快轮制陶的直接证据。

另外，凡是轮制的陶器，外底都有切割时形成的偏心涡纹，有些轮制陶器不见偏心涡纹，这是由于经过修整而消失的缘故。然而，偏心涡纹并非轮制陶器所特有，例如陕西临潼县姜寨遗址出土的新石器时代晚期仰韶文化半坡类型（也称半坡文化）的泥质红陶敛口瓮 T8W233:2，在圆饼底上侧用 24 周泥条圈筑成器壁（壁压底），属于手制范畴，但是外底有偏心涡纹，涡心偏右边。由此可见，偏心涡纹有时在手制成型的陶器外底也存在，偏心涡纹只能作为轮制陶器的旁证。

轮盘转速与拉坯成型的关系如下：

1990 年 4 月笔者在天门市石河镇陶器厂，调查了轮盘转速与拉坯成型之间的关系，目睹陶工利用快轮制作高约 30 厘米的泡菜坛子，轮制过程可以分为三个阶段：

（1）快速阶段。先用右脚向前蹬轮盘，再用搅棍尽力搅动轮盘，使轮盘按逆时针方向快速旋转。笔者测定过六次，轮盘转速在 90 ~ 108 周/分之间，平均值为 97 周/分，在此阶段将毛坯提拉成型。

（2）中速阶段。再次用搅棍搅动轮盘，测定过四次，轮盘转速在 80 ~ 90 周/分之间，平均值为 88 周/分，在此阶段修整毛坯，使其变为成坯并且定型。

（3）慢速阶段。再次用右脚向前蹬轮盘，测定过两次，轮盘转速为 60 ~ 65 周/分，平均值为 62.5 周/分，在此阶段再次修整口沿。

为了查明轮盘转速与拉坯成型之间究竟关系如何，还用与上述制作泡菜坛子同样大小的泥坨做过对比实验：当时泥坨湿重 1856 克，后来泥坨干重 1380 克，也就是说，当时泥坨的含水量为（湿重 1856 – 干重 1380）÷湿重 1856 × 100% = 25.65%。陶工只用右脚向前尽力蹬轮盘，没有用搅棍搅动轮盘，测定过三次，其中轮盘转速最快的一次为 80 周/分，刚达到中速的下限，由于转速明显不够，三次都未能将泥坨拉坯成型，没有制成泡菜坛子，笔者将这块泥坨带回北京，作为测定轮制成型所用泥料含水量的标本。对比实验结果表明，轮盘快速旋转是快轮拉坯成型的先决条件。

第三节 河南的烧砖技术

1970年笔者与中国社会科学院考古研究所的同事一起，在河南息县东岳村利用原有的半倒焰式馒头窑，参加过模制砖坯、装窑、烧制红砖、砌砖墙盖房的全过程，对烧砖技术有了亲身感受和初步认识，但当时没有烧过灰砖。

考古工作者可以发掘出古代的陶窑甚至是保存完好的陶窑，可以看清陶窑的结构（见本书第四章图4－32，图4－33；第七章图7－35），因为它是有形的。但是挖不出烧制陶器的方法，因为它是无形的。

1995年11月笔者对河南渑池县班村传统的烧砖技术进行了18天跟踪调查，边观察烧砖过程和方法，边采访窑工，目的是参考传统烧砖的方法，去研究古代烧制陶器的方法。

现将砖窑结构、红砖的烧制技术、灰砖的烧制技术分别介绍如下。

一、砖窑

砖窑位于黄河南岸的二级阶地上，建在生黄土中。关于砖窑，涉及三个问题：

1. 砖窑的结构

砖窑由窑室、大窑门、二窑门、火膛、窑床、封火台、排烟设施七部分构成，火膛与窑室共处一个馒头形空间之内，因此属于同穴型窑。

窑室也称“烧成室”，平面呈现圆形，大窑门向北，二窑门向南，窑口直径3.80米，窑底直径7.75米（图13－5，1）；窑壁往上逐渐收缩，封闭窑顶后呈穹窿形，从窑口至封火台深4.15米、窑口至窑床深6.65米，近口部周壁砌一层砖，起加固作用（图13－5，2、3）。“大窑门”设在低处，用砖砌成拱形，宽2.85米、高2.50米，可分下、中、上三部分：下部是落灰坑的出口；中部是火膛的北壁，用砖砌成，留有一排小的捅火孔，窑工称之为“枪眼”；上部是在装窑之后用砖砌成的，留有一个较大投煤孔，称为“火门”，两个较小进风孔，称为“风哨子”，三个小的观火孔，称为“老君眼”（图13－5，4）。大窑门前面有筒拱形甬道，长4米，与制作砖坯的场地相连接，它是烧窑的操作场所，也是运进砖坯和煤、运出砖和炉灰的通道（图13－5，3）。“二窑门”设在半中腰，是在装窑之后用砖砌成的，呈现拱形，宽1.3米、高1.95米，留有两个小的“放潮孔”兼“观火孔”（图13－5，5）。“二窑门”前面有筒拱形甬道，长2米，与斜坡路相连接，也是运进砖坯、运出砖的通道。

火膛也称“燃烧室”，位于大窑门内侧，四壁用砖砌成，平面呈现长方形，东西长2.05米、南北宽1.60米，剖面呈现竖穴状，深0.60米，底部用七条钢管架设成炉栅，间距相近。炉栅下面为“落灰坑”，也称“储灰坑”，四壁用砖砌成，深0.75米（图13－5，1、3、6）。

窑床呈现水平状，与火膛口部平齐，平面呈现马蹄形，东西长7.75米（图13－5，1、3）。在窑床及火膛北侧、大窑门上面有生土台，称为“封火台”，平面呈现半月形，东西长6.50米，台面高于窑床2.50米，其南壁中部砌一层砖，起加固作用（图13－5，1～3）。

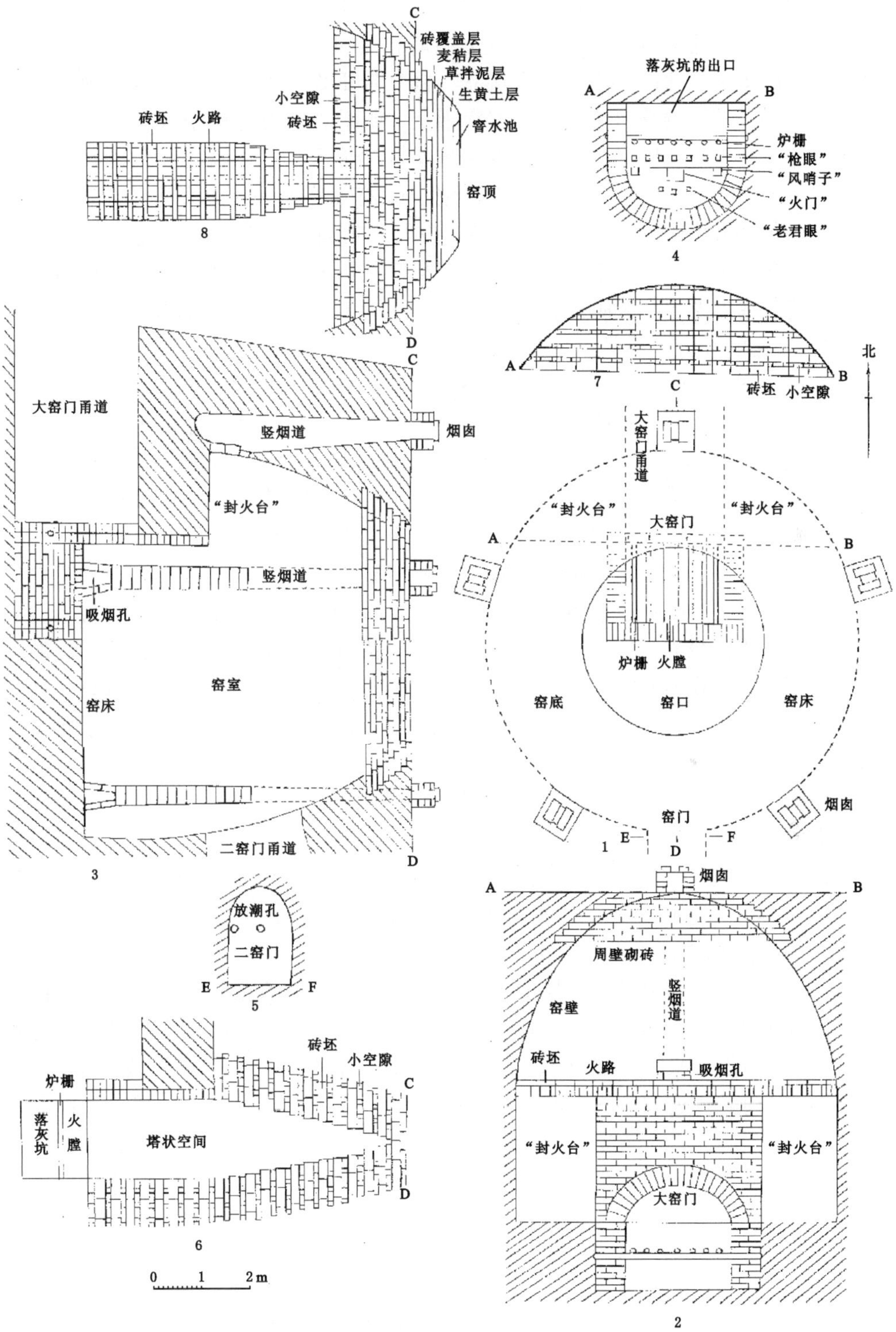

图 13－5　河南渑池县班村传统的砖窑平、剖面图

1. 平面图；2. 横剖面图；3. 纵剖面图；4. 大窑门横剖面图；

5. 二窑门横剖面图；6. 装坯纵剖面图；7. 封火台上的装坯平面图；

8. 装坯及封闭窑口纵剖面图

在窑壁四周有五处排烟设施，间距相近，其中四处位于窑床边缘，一处位于封火台边缘，每处都由吸烟孔、垂直竖烟道和烟囱三部分构成。竖烟道可分上下两段：上段呈现管状；下段呈现夹墙状。修筑排烟设施的方法是：在窑壁下部挖成竖向明槽，其下端有凹坑，用于积存烟灰，明槽边沿设有榫子（呈子母口状），便于砌砖坯，先用数块竖立与横放的砖坯搭成梯形吸烟孔，再用横放的砖坯自下而上封闭明槽，形成夹墙竖烟道；在窑壁上部挖成暗洞，成为管状竖烟道，其下端与夹墙竖烟道相连接；在管状竖烟道出口处（地面上）用砖砌成方柱状的烟囱，口上平放两块砖，可以左右移动位置，烧窑时利用两块砖之间的空隙大小来调节排烟设施的抽力大小，从而控制空气的进量多少和窑内的气氛（图13－5，1～3）。

2. 装窑的方法

由于窑室空间较大，一窑可装砖坯五万块。先从大窑门、再从二窑门、最后从窑口将砖坯运入窑内，从火膛边缘开始逐层向外码垛砖坯，这道工序称为“装窑”。从装砖坯的纵剖面图（图13－5，6）上看，火膛南侧及封火台上的砖坯，侧放的一块块相依，平放的各块之间留有小空隙；火膛东侧的砖坯（图13－5，8），侧放的两块相依，与左右邻近的砖坯之间留有大空隙，形成火路，平放的一块块相依。从封火台上的装坯平面图（图13－5，7）上看，平放的砖坯一块块相依排列成行，各行之间留有小空隙。从横剖面图（图13－5，2）上看，封火台上的砖坯，侧放的两块相依，与左右邻近的砖坯之间留有大空隙，形成火路，平放的一块块相依。这样装坯的结果是：低于封火台的砖坯，靠火膛一侧呈现垂直，高于封火台的砖坯，靠火膛一侧往上逐渐收缩，最后合拢，因而在火膛上边形成一个塔状空间（图13－5，6）。

装窑之后封闭窑口，封闭的方法是：先在码垛的砖坯上平铺数层砖；再铺一层麦秸，起隔离层的作用；然后抹一层草拌泥；最后覆盖一层生黄土。如果要烧制灰砖，还要在黄土层之上修筑一周土埂，使窑顶上形成一个圆形的“窨水池”（图13－5，8）。这里顺便说一下，有的发掘报告将窨水写成“饮水”，这是不确切的。

3. 火焰的流向

上述砖窑的结构和码垛砖坯的方法决定了窑内火焰的流向，使该窑成为传统的半倒焰式馒头窑。煤在火膛内燃烧之后产生的火焰，沿着塔状空间上升，遇到封闭的窑顶便倒下来，一部分通过砖坯之间的小空隙往封火台和窑床方向流动，另一部分通过砖坯之间的火路往窑壁方向流动。上述火焰流动的过程也是不断向砖坯传热的过程，先将窑室上部和中央的生坯烧熟变成砖，后将下部和周围的生坯烧熟变成砖，余下的热烟气集中之后进入各个吸烟孔，经过竖烟道和烟囱排出窑外，窑外的冷空气又从大窑门进入窑内，由于砖窑内外空气的温度不同，形成对流。

二、红砖的烧制技术

采用氧化气氛烧制五万块红砖需用一万五千公斤烟煤（烟煤发热量较高，燃烧时火焰长而多烟）。烧窑时，窑工用水将煤浇湿，用铁锹将煤拌和成团，从火门投入火膛；然后用铁钩插入一块方形铁板中央的小洞钩起铁板，用它把火门堵上；用钢钎穿过枪眼插入火膛内捅火；从老君眼观察窑内的火候。

烧制红砖的过程可以分为五个阶段[2]，现在分别叙述如下：

(1)“干燥阶段（入窑温度至120℃），升温速度25℃～35℃/时”，主要作用是除去窑内和砖坯内的吸附水，窑工称之为“撵潮阶段”。这时火门和烟囱都敞开，加强窑内空气流通。用小火烧窑，严格控制升温速度，防止砖坯内的吸附水强烈汽化产生破坏应力而导致砖坯开裂。烟囱和二窑门的放潮孔徐徐冒出白色水汽。至不冒水汽时，可以用麦秸插入烟囱内测试撵潮的程度，麦秸取出之后如果已经变软，表明潮气尚未撵尽；如果已经变脆，表明砖坯已经干燥。

(2)“预热阶段（120℃～600℃），升温速度50℃～80℃/时”，用中火烧窑，添煤后堵上火门，略微减少空气进量，但是烟囱仍然敞开。温度升到300℃左右进入氧化期。

(3)“焙烧阶段（600℃至烧成温度），升温速度40℃～70℃/时”。用大火烧窑，添煤频率提高，看到火路深处有点发暗时就要添煤，以便提高火力。添煤之后堵上火门，但是烟囱仍然敞开。在氧气供应充足，煤中所含的炭完全燃烧的条件下产生氧化焰，其主要成分是二氧化碳，这是一种无烟而透明的火焰，窑内的气体常是明澈而清晰的。至该阶段中间，“熟火”已经到达窑底，可以见到窑床上的砖坯逐渐烧红的过程：先是表皮烧红；然后胎心也烧红，结果整块砖烧得红透发亮。笔者估计此时烧成温度达1000℃。

(4)“保温阶段，烧成温度维持一段时间基本不变，停止升温而保持其最高温度”，窑工称之为“烤火阶段”。添煤之后堵上火门，烟囱上两块砖之间只留2厘米宽的空隙，减少排烟量，从而减少（大窑门上的）风哨子空气的进量。每次可添一手推车的煤，但是添煤之后间隔的时间长达8小时。看到火路末端（位于窑壁与窑床交界处的角落里）的砖已经烧得红透发亮时，便可以断定整窑砖都已经烧熟，没有生烧现象了。经过保温阶段，砖坯内所含铁质得到充分氧化，成为红色的氧化铁，从而使砖获得红颜色。

(5)“冷却阶段，600℃以前降温速度控制在110℃/时左右，600℃以后控制在40℃～70℃/时”。看到火膛内的煤快要烧完时，先后将大窑门上的落灰坑出口、枪眼、火门、风哨子、老君眼和二窑门上的观火孔都用砖封闭，并且抹一层草拌泥封严。将烟囱上的两块砖并拢之后抹一层草拌泥，再盖一层土。如果封窑不严密，外界的冷空气漏入窑内，砖的冷却速度太快，内外收缩不匀，会产生破坏应力而导致开裂。等待砖冷却之后，依次打开窑顶、二窑门、大窑门，先后将红砖从这些地方运出窑外，这道工序称为“出窑”。

三、灰砖的烧制技术

烧制灰砖所用时间比较长，消耗燃料比较多，操作技术比较复杂，因而生产成本较高，然而灰砖具有耐酸、耐碱、耐用的三大优点，是比红砖更好的建筑材料，因而其市场价格也比较高。烧制灰砖的过程可以分为六个阶段。其中前四个阶段采用氧化气氛，与烧制红砖前四个阶段的技术完全相同，这里不再赘述。后两个阶段采用还原气氛，使红砖变成灰砖，烧制技术特殊。

现在将后两个阶段的烧制技术叙述如下：

(1) 窑工称之为“撵烟阶段”，又称“赶烟阶段”。“撵烟”是方言，意思是加快添煤速度，使窑室内保持有烟而浑浊的状态。其实质是还原烧成，特殊之处在于：要求达到供氧不足与保持高温二者矛盾对立的统一。将二窑门上的观火孔用砖封闭后再抹一层草拌泥。烟囱上两块砖之间只留1厘米宽的空隙，使排烟设施的抽力明显变小，因而从大窑门上的风哨子进入窑内的冷空气明显减少。添煤动作要快，添煤之后迅速堵上火门，尽量减少冷空气进入窑内。在氧气供应不足、煤中所含的炭不完全燃烧的条件下，产生还原焰，其主要成分是一氧化碳，这是一种有烟而浑浊的火焰。炭不完全燃烧会使燃料的发热量几乎减少三分之一[3]，为了使窑内保持高温，必须提高添煤频率，采取勤添煤，每次少添煤的措施来弥补窑内热量的不足。窑工的经验是：看到窑内的气体由浑浊变成半清半浑、似看到砖又看不清砖时就立即添煤，从而使窑内的气体又恢复到有烟而浑浊的状态。

一氧化碳具有还原性，是一种还原剂，在高温下它能将砖内红色的氧化铁还原成灰色的氧化亚铁，即由高价铁变成低价铁，反应式如下：

$$Fe_2O_3 + CO \rightarrow 2FeO + CO_2\uparrow$$

掌握好还原的程度十分重要，如果看到窑内燃烧气体成为波状，那就是还原性过强的表现[4]。如果看到火路两旁的砖移动了位置，表明火力太大，砖可能已经烧流变形，就应当控制火力。

窑工根据下列现象判断撵烟的结果：从老君眼看到火路内呈现出纵横交错的“蜘蛛网”状；在烟囱附近闻到窑内排出来的烟气带有香味，没有刺激性，已经不呛人；将手伸到烟囱上测试，搓手时有滑腻感，已经不发涩；用点燃的木柴放入烟囱口内将窑内的火焰引出来，柴火熄灭之后，如果引出来的火焰却不熄灭，表明窑内的砖不需要吸收热量了。将这些现象综合起来就可以断定撵烟已经足够了，确切地说，砖的还原烧成已经充分，可以闭窑了。

（2）窨水阶段（高温至出窑温度）。闭窑后保温约两小时，然后开始窨水。“窨水”是俗语，意思是将水从窑的顶部逐渐往下渗透到窑室内。有的发掘报告中讲到还原烧成技术时，写成“饮水”，这是不确切的，因为“饮水”不能表达逐渐往下渗透之意。将水慢慢地倒入窑顶上的窨水池内，水透过窑顶各覆盖层逐渐渗入窑室内，遇到高温立即变成蒸气，呈现雾状，其作用是：将经过还原烧成的砖与外界隔绝，防止新鲜空气侵入窑内再次出现氧化气氛而使灰色的氧化亚铁又变成红色的氧化铁；窨水还可以加速砖的冷却，结果使砖获得稳定的灰颜色。窨水的量是逐渐增加的，最初，倒入池内的水深约5厘米，后来逐渐加深，最深时达30厘米。在窨水正常的情况下，窑顶徐徐冒水蒸气。如果水蒸气猛然变大，表明窑顶的覆盖层已经出现漏洞，有大量的水漏入窑内，直接浇在砖上。高温的砖遇到急冷，内外收缩不匀产生破坏应力会产生炸裂现象，严重时会将窑门炸开，这种事故是由于窑顶的覆盖层封闭不严或者窨水时加水的速度太急而造成的。窑工采用以下方法测试窨水的程度：将纸片系在绳上，从烟囱内坠到竖烟道底部，取出来后如果纸片已被烧掉，表明窑内的火尚未熄灭，窨水还不够；如果纸片没有着火，表明窑内的火已经熄灭，即可停止窨水。等待砖冷却之后，依次打开窑顶、二窑门、大窑门，先后将灰砖从这些地方运出窑外，这道工序称为“出窑”。

最后讲一下笔者数十年来在观察实物和模拟实验过程中的几点体会。

1980～2010 年，笔者考察过数千件古代陶器和数十万块古代陶片，从实物中发现古代制陶技术问题，并且逐步解决问题；调查过多处传统的快轮制陶技术；还做过 500 多次仿制古代陶器的模拟实验，每次实验都按照先后顺序编号，最后一次是 2008 年 6 月仿制深圳市咸头岭遗址（属于新石器时代晚期）出土的凸点纹陶钵，编号为仿:511，每次实验的目的、方法、过程和结果都做了详细记录。本书中只选用其中一部分陶器仿制品（见附录 1）。

三十年来，笔者在考察出土实物和模拟实验过程中经常遇到以下三个问题：

第一，泥料及坯体的含水率与工艺流程的关系。

含水率问题贯穿坯体制作工艺的全过程，从成型、修整到装饰，每一道工序都必须在各自适宜的含水率范围内进行，哪些工序安排在前，哪些工序安排在后，都取决于泥料或坯体的含水率高低。

现在以红黏土泥料为例，将泥料或坯体的含水率与工艺流程的关系叙述如下（表 13－1）：

表 13－1　红黏土泥料或坯体的含水率与工艺流程的关系

序号	泥料或坯体的含水率	泥料或坯体的颜色	泥料或坯体的性质（黏性、可塑性、韧性、吸附性、脆性）	适宜进行的各道工序（成型、整形、修整、装饰、阴干、装窑）
1	26%～25%	浅黄	此时泥料黏性强，会粘手，需要用水作润滑剂；泥料在做快速旋转运动时受到手的作用力，产生形变的速度快，效果好，可以充分体现泥料的可塑性	将泥坨置于轮盘的中央，利用轮盘做快速旋转运动所产生的离心力和惯性力直接将泥料拉坯成型
2	22%～20%	土黄	此时用手捏泥条，泥条既不会粘手又不会开裂，手感泥条具有韧性；泥料的可塑性很强；泥料与制陶工具之间尚有粘连现象	采用泥片筑成法、泥条筑成法或模制法成型；在成型过程中，毛坯上产生线纹、绳纹、篮纹或方格纹
3	19%～18%	黄红	此时泥料还有较强的可塑性，毛坯受到外力作用时，还可以改变局部的形状	在毛坯的外表采用拍打或滚压的方法进行整形，整形时内壁可以使用垫子作依托；在整形的过程中，毛坯上产生线纹、绳纹、篮纹或方格纹，兼有装饰作用；用手指按压可以使胎壁变形

序号	泥料或坯体的含水率	泥料或坯体的颜色	泥料或坯体的性质（黏性、可塑性、韧性、吸附性、脆性）	适宜进行的各道工序（成型、整形、修整、装饰、阴干、装窑）
4	17% ~16%	土红	此时用小棍敲击毛坯，会发出噗噗的响声；毛坯还有较弱的可塑性；施加纹饰时，坯体与工具之间几乎没有粘连现象	高圈足或袋足与器身接合在一起；对毛坯进行刮削、湿手抹平、慢轮修整或快轮慢用修整，使毛坯变为成坯；在轮修的过程中，故意旋留凸棱纹或凸弦纹；在整形之后故意重新施加整齐而清晰的线纹、绳纹、篮纹或方格纹作为装饰，用工具捅成镂孔或窝纹，用手指抹成宽弦纹，模贴，模印
5	15% ~14%	深红	此时成坯上的泥料具有较强的韧性，用工具旋划或刻划坯体时，划下来的泥丝就像刨花那样自动卷起，与坯体之间毫无粘连现象，因而所划成的纹理清晰而美观。此时坯体具有吸附泥浆的性能	修整之后，在成坯上故意旋划凹弦纹，施刻划纹、戳印纹、附加堆纹、贴弦纹、压印齿状花边。安装器耳等附件。涂刷陶衣，绘彩色图案
6	13% ~11%	红褐	此时用坚硬而光滑的工具摩擦器表，器表上的矿物晶体（云母、石英等）会顺着工具用力的方向有规则地排列，从而使器表变得致密而光滑，具有光泽	在涂刷陶衣、绘彩之后，采用滚动摩擦或滑动摩擦的方法将器表磨光
7	10%	褐	此时用小棍敲击坯体，会发出当当的响声；胎壁的韧性最强，受到外力作用时不易开裂；还可以最后一次利用泥料的可塑性	在器表磨光之后，用前端圆钝而光滑的工具在器表上滑压暗纹；用锋利的刀具在胎壁上雕刻成镂孔或者别的纹样；用钻头在胎壁上或附件上钻成镂孔
8	9% ~5%	土红	此时坯体上的泥料已经没有可塑性，错过了装饰的时机；如果坯体各部位的干燥收缩相差悬殊，会产生破坏应力而导致开裂	在阴干坯体的过程中，及时将坯体翻转扣放，使各部位干燥收缩一致，以免产生开裂现象
9	4%以下	土红泛黄	此时坯体仅存少量自由水（机械结合水）或吸附水；用工具刻划坯体时会掉粉末；坯体具有脆性，因而受到外力作用时容易开裂	可以将坯体装入陶窑内先用小火烘干，然后逐渐加大火力烧制成陶器

所谓泥料或坯体的含水率系指泥料或坯体中所含水的重量与泥料重量（湿重）之间的百分比，即含水率＝（湿重－干重）÷湿重×100%。例如湖天门市石河镇陶器厂的陶工在1990年利用快轮制作泡菜坛子时，所用的泥坨湿重1856克，后来泥坨干重1380克，当时泥坨的含水率为（1856－1380）÷1856×100%＝25.65%。随着泥料或坯体的含水率逐渐由高向低变化，泥料或坯体的颜色由浅变深再变浅，其性质（包括黏性、可塑性、韧性、吸附性、脆性，其中最重要的是可塑性）也在不断地发生变化，制陶者正是根据这些性质的变化，依次进行各道工序（包括成型、整形、修整、装饰、阴干、装窑）。模拟实验表明，泥料或坯体的颜色和性质发生变化的根源在于含水率的变化，然而制陶者在制坯过程中，不是也不便于采用测定的方法去了解含水率的变化，而是凭借经验，通过观察泥料或坯体上颜色的变化和性质的变化，去准确地判断含水率的变化，换句话说，透过现象看本质，因此密切注视颜色和性质的变化，对于正确地安排整个工艺流程是相当重要的。模拟实验还表明，在含水率允许的范围内，可以适当地将某道工序提前或推迟，有时几道工序可以交替进行，换句话说，制陶者安排工序时，可以有一定的灵活性。然而，如果违背工艺流程与含水率之间客观存在的关系，制坯工作是不会成功的。

第二，陶器的烧成温度与陶胎硬度的关系。

笔者从众多的陶器仿制品中挑选出数十件，其所用原料均为普通易熔黏土，成型方法、修整方法、烧成气氛都相同，唯独烧成温度不同，分别在600℃，650℃，700℃，750℃，800℃，850℃，900℃，950℃的条件下烧制而成。另外，选用一套摩氏硬度不同的岩石标本：滑石硬度为1～1.5，石膏硬度为2，方解石硬度为3，萤石硬度为4，磷灰石硬度为5，长石硬度为6～6.5，石英硬度为7。然后利用这些岩石标本上的锋利部位，分别在上述陶器仿制品上刻划，通过观察陶胎上刻划痕迹的深浅和岩石标本上的磨损情况，去（间接地）估计陶胎的硬度大小。实验结果表明，随着烧成温度的提高，陶胎的硬度也相应地变大，换句话说，在其他情况都相同的条件下，陶胎硬度的大小取决于烧成温度的高低，这表明陶胎硬度与陶器烧成温度之间有一定的对应关系。

总之，笔者在考察出土实物和模拟实验过程中体会到：了解泥料及坯体的含水率与工艺流程的关系，有助于研究古代陶器的制作工艺，在描述陶器时不致将工艺流程先后颠倒；了解陶器的烧成温度与陶胎硬度的关系，有助于研究古代陶器的烧制工艺，可以根据陶胎的硬度，估计陶器的烧成温度大约多少度，虽然这是一种“土办法”，不够准确，但是可以作为“科学测定”烧成温度的补充，因为在成千上万块陶片当中，经过科学手段测出烧成温度的标本只有极少数。

第三，考察出土实物与鉴别陶器真假之间的关系。

目前，国内出现很多文物爱好者和收藏者，呈现出文物收藏热。文物是中华民族文化的一个组成部分，热爱文物、弘扬中华民族文化是一件好事。可是有少数人伪造文物（包括陶器在内），在文物市场上出现一些赝品，扰乱了文物市场。笔者认为，有必要揭露陶器造假的方法，并且介绍鉴别陶器真假应当具备的条件。

陶器造假的方法主要有以下五种：

一是原料造假。甘青地区出土的彩陶，常以碱性土制作，有时陶胎内含有钙质结核，陶胎的比重较大。造假者却用某种质地较纯、比重较小的陶土制作彩陶。

二是成型造假。马家窑文化的彩陶都采用手制法（这里指泥条筑成法）成型，造假者却用左右合模制法成型，器表留有合模线痕迹。山东龙山文化的薄胎黑陶都采用快轮拉坯成型，造假者却用注浆法成型。采用注浆法需要具备两个条件：一是在石膏模内进行；二是所用泥浆中要添加水玻璃（俗称硅酸钠，又称泡花碱）作为黏合剂。

三是装饰造假。甘青地区出土的彩陶是在坯体上用含铁锰的矿物颜料绘成黑彩图案，然后器表经过磨光，再烧制成彩陶。造假者却先烧制成素面的陶器，再用墨绘成黑彩图案，然后在器表上涂刷三甲树脂，以便加固黑彩并且呈现光泽。

四是局部造假。一些彩陶器身是真的，口部已残，造假者用另外的彩陶片粘接在口部，或者用另外的素面陶片粘接在口部，然后用墨在口部绘成黑彩图案。

五是移花接木。在一件马家窑文化的彩陶罐（属于平底器）的底部粘接了齐家文化陶鬲的袋足（属于空足三足器），造假者将不同时代、不同文化的器物粘接在一起来欺骗别人。

鉴别陶器真假应当具备以下两个条件：

一是既有文物考古工作经验，通过考察出土实物，熟悉出土陶器的特点，又有仿制或复制古代陶器的经验，熟悉赝品的制作特点，从而了解真品与赝品之间的差别。

二是鉴别陶器真假不仅要看器形和纹饰，还要看制陶技术。一些收藏者受骗上当的主要原因是只看器形和纹饰，不了解制陶技术。本书中所讲的中国古代制陶技术大部分是笔者考察出土实物得来的第一手资料，读者仔细阅读本书就可以了解中国古代的制陶技术，从根本上增强识别陶器真假的能力，防止受骗上当。

我国历史悠久，地域辽阔，各时代、各地区、各文化的制陶技术有明显差异，本书既讲述了古代制陶技术，又介绍了研究古代制陶技术的方法，目的是引导读者和后继的研究者掌握研究方法，然后根据自己的特长和所遇到制陶技术方面的资料，从实际出发去进行研究，在实践中获得新的知识和研究成果，一旦掌握了研究方法就有无限的发展空间。在这个意义上可以说，掌握研究方法比学习有限的知识更加重要。笔者在考古学研究领域中首次比较系统地阐明了方法论，这是本书的重要创新。

参考文献

[1] 李仰松：《云南省佤族制陶概况》，《考古通讯》1958年第2期。李仰松：《从佤族制陶探讨古代陶器制作上的几个问题》，《考古》1959年第5期。林声：《云南傣族制陶术调查》，《考古》1965年第12期。傣族制陶工艺联合考察小组：《记云南景洪傣族慢轮制陶工艺》，《考古》1977年第4期。杨原：《云南元谋红告村的制陶工艺》，《考古》1986年第12期。

[2] 本章关于烧制红砖过程中各阶段的温度和升温速度资料都引自苏国准等

编：《怎样烧砖瓦》，中国建筑工业出版社，1986 年，第 196 页。

［3］江西省轻工业厅景德镇陶瓷研究所编：《陶瓷制品烧成》，江西轻工业出版社，1961 年，第 164 页。

［4］叶麟趾：《陶瓷烧窑法》，轻工业出版社，1957 年，第 38 页。

附录1　古代陶器仿制品索引

曲贡遗址猴面贴饰仿制品，仿:201（图版 7，9）
天马—曲村西周墓葬联裆鬲仿制品，仿:458（图版 8，1 俯视，2 正视，3 仰视）
天马—曲村西周墓葬平裆鬲仿制品，仿:459（图版 8，4 正视，5 仰视）
天马—曲村西周墓葬分裆鬲仿制品，仿:462（图版 8，7 正视，8 仰视）
平朔汉墓彩绘陶盒仿制品，仿:296（图版 9，1 俯视，2 正视）
平朔汉墓彩绘陶壶仿制品，仿:291（图版 9，3）
平朔汉墓陶井仿制品，仿:318（图版 9，4）
平朔汉墓彩绘陶钫仿制品，仿:331（图版 9，5 俯视，6 正视）
平朔汉墓圈足碗形熏炉仿制品，仿:295（图版 10，1 为俯视，2 为正视）
平朔汉墓彩绘陶鸭形熏炉仿制品，仿:290（图版 10，3 为俯视，4 为正视）
平朔汉墓博山盖豆形熏炉仿制品，仿:313（图版 10，5 为俯视，6 为正视）

附录2 李文杰著作目录

1. （笔名“华西”）《仡佬族的族源和迁徙》，《民族研究》1960 年第 2 期。

2. 《山东平度东岳石村新石器时代遗址与战国墓》遗址部分，《考古》1962 年第 10 期。

3. 《华阴横阵母系氏族墓地剖析》，《考古》1976 年第 3 期。

4. 《试论大溪文化与屈家岭文化、仰韶文化的关系》，《考古》1979 年第 2 期。

5. 《试论青龙泉文化与屈家岭文化、庙底沟二期文化的关系》，《中国考古学会第二次年会论文集》，文物出版社，1980 年。

6. 《湖北枝江关庙山遗址第二次发掘》第一、二节陶器与遗迹部分，《考古》1983 年第 1 期。

7. 《浅说大溪文化陶器的渗碳工艺》，《江汉考古》1985 年第 4 期。

8. 《大溪文化的类型和分期》，《考古学报》1986 年第 2 期。

9. 《大溪文化房屋的建筑形式和工程做法》，《考古与文物》1986 年第 4 期。

10. 《蛋壳彩陶制作的奥秘》，《文物天地》1986 年第 5 期。

11. 《大溪文化之最》，《江汉考古》1988 年第 1 期。

12. 《宁夏海原县菜园村遗址、墓地发掘简报》，《文物》1988 年第 9 期。

13. 《试论快轮所制陶器的识别》，《文物》1988 年第 10 期。

14. 《大溪文化的制陶工艺》，《中国原始文化论集》，文物出版社，1989 年。

15. 《湖北省枝江县现存的快轮制陶技术调查》，《中国历史博物馆馆刊》总第 11 期（1989 年）。

16. 《宁夏菜园窑洞式建筑遗迹初探》，《中国考古学会第七次年会论文集（1989 年）》，文物出版社。

17. 《骨针的仿制——模拟考古实验记实》，《文物天地》1990 年第 5 期。

18. 《青龙泉与大寺》青龙泉上层陶器部分，科学出版社，1991 年。

19. 《宁夏固原县红圈子新石器时代墓地调查简报》，《考古》1993 年第 2 期。

20. 《宁夏南部山区新石器时代的制陶工艺》，《考古与文物》1993 年第 2 期。

21. 《黄河流域新石器时代制陶工艺的成就》，《华夏考古》1993 年第 3 期。

22. 《城背溪文化的制陶工艺》，《中国历史博物馆馆刊》总第 20 期（1993 年）。

23. 《京山屈家岭遗址第三次发掘遗存的制陶工艺和年代问题》，《中国历史博物馆馆刊》总第22期（1994年）。

24.《中国古代制陶工艺的分期和类型》，《自然科学史研究》第15卷第1期（1996年）。

25.《甘肃秦安大地湾一期制陶工艺研究》，《考古与文物》1996年第2期。

26.《中国古代制陶工艺研究》，科学出版社，1996年。

27.《垣曲商城陶器的制作工艺》，《垣曲商城》附录2，科学出版社，1996年。

28.《河南渑池县班村传统烧砖技术调查》，《中国科学技术史料》第18卷第2期（1997年）。

29.《渑池县郑窑遗址二里头文化制陶工艺研究》，《华夏考古》1998年第2期。

30.《湖北天门市石河镇肖家屋脊和邓家湾遗址制陶工艺研究》，《江汉考古》1999年第1期。

31.《舞阳贾湖》（下卷）第五章第一节“陶制品制造工艺”，科学出版社，1999年。

32.《肖家屋脊遗址石家河文化制陶工艺》，《肖家屋脊》附录2，文物出版社，1999年。

33.《曲贡遗址制陶工艺实验研究》，《拉萨曲贡》附录9，中国大百科全书出版社，1999年。

34.《商周时代南方印纹硬陶的工艺特征和工艺规律》，《广西民族学院学报·自然科学版·增刊·少数民族科技史研究专辑》，1999年。

35.《湖北关庙山及红花套遗址石家河文化的制陶技术》，《文物春秋》2000年第1期。

36.《湖北枝江关庙山遗址屈家岭文化晚期的制陶技术》，《中国历史博物馆考古部纪念文集》，科学出版社，2000年。

37.《河南密县西关窑五代珍珠地划花白釉瓷钵工艺分析》，《文物春秋》2001年第5期。

38.《垣曲古城东关遗址制陶工艺研究》，《垣曲古城东关》附录3，科学出版社，2001年。

39.《盘龙城遗址普通陶器、硬陶、釉陶工艺研究》，《盘龙城》（上）附录9，文物出版社，2001年。

40.《城背溪文化的制陶工艺》，《宜都城背溪》附录3，文物出版社，2001年。

41.《内蒙古扎赉诺尔出土的东汉拓跋鲜卑石灯》，《文物春秋》2003年第3期。

42.《西汉和隋代陶扑满以及元代塔式罐的轮制工艺》，《文物春秋》2004年第4期。

43.《广西桂林甑皮岩遗址陶器的成型工艺》，《文物春秋》2005年第6期。

44.《大同南郊北魏墓群》下编第六章“陶器的制作工艺”，科学出版社，2006年。

45.《河南新郑市郑韩故城战国晚期空心砖工艺研究》，《二十一世纪的中国考古学——庆祝佟柱臣先生八十五华诞学术文集》，文物出版社，2006 年。

46.《中国古代的轮轴机械制陶》，《文物春秋》2007 年第 6 期。

47.《陶器工艺鉴定分析》，《赫章可乐 2000 年发掘报告》第四编第三节，文物出版社，2008 年。

48.《陶瓷技术》，《走进殿堂的中国古代科技史》（中），上海交通大学出版社，2009 年。

49.《忆俞伟超先生对中国古代制陶技术研究的关注》，《俞伟超先生纪念文集·怀念卷》，文物出版社，2009 年。

50. 评《中国考古学·新石器时代卷》——兼谈考古学研究中的三个问题，《文物春秋》2012 年第 2 期。

51.《大溪文化红烧土房屋研究》，《中国国家博物馆馆刊》2012 年第 6 期；转载于吕章申主编：《百年国博纪念学术文集》，安徽人民出版社，2012 年。

52.《山东青州市汉墓出土的空心砖制作工艺》，《纪念国博百年考古文集》，科学出版社，2012 年。

53.《深圳咸头岭 2006 年发掘报告》（下篇）第三章“咸头岭遗址出土陶器工艺研究”，文物出版社，2013 年。

54.《从传统机械入手探索古代玉器钻孔技术》，《澳门黑沙史前轮轴机械国际会议论文集》，澳门特别行政区民政总署文化康体部，2014 年。

55.《再论中国古代的轮轴机械制陶》，《澳门黑沙史前轮轴机械国际会议论文集》，澳门特别行政区民政总署文化康体部制作，2014 年。

56.《论〈中国古代制陶工程技术史〉的研究方法》，《无限悠悠远古情——佟柱臣先生纪念文集》，科学出版社，2014 年。

57.《黄河流域快轮制陶的历程和问题》，《大河上下——黄河流域史前陶器展》，文物出版社，2015 年。

58.《长江以南地区古代制陶工艺的成就》，《中国国家博物馆馆藏文物研究丛书·陶器卷》，上海古籍出版社，2015 年。

59.《中国古代制陶技术》、《中国古代制瓷技术》，《中国科学技术通史》（第Ⅳ卷《技进于道》），上海交通大学出版社，2015 年。

60.《山西襄汾陶寺遗址制陶工艺研究》，《襄汾陶寺 1978—1985 年考古发掘报告》（下编），文物出版社，2015 年。

61.《关于快轮制陶的新概念、新判断和新理论》，《文物春秋》2016 年第 4 期。

62.《我的考古生涯》，中国言实出版社，2016 年。

63.《我与邹衡先生》，《古代文明》（第 10 卷），上海古籍出版社，2016 年。

64.《自主创新精神具有很强的生命力——我谈〈我的考古生涯〉》，《文物春秋》2017 年第五期。

65.《中国古代制陶工程技术史》，山西教育出版社，2017 年。

66.《枝江关庙山》（任式楠、李文杰、陈超合著），文物出版社，2017 年。

67.《模拟实验揭开全绞胎釉陶的秘密》，《文物春秋》2018 年第 4 期。

68.《如何创造红烧土建筑考古学》，《文物春秋》，2018 年第 6 期。

69.《如何创建制陶技术考古学——访考古学家李文杰先生》（荼荼、李文杰、乔玉），中国考古网，2018 年 10 月 9 日。

70.《古代制陶技术研究中的热点问题》，《文物春秋》，2019 年第 4 期。

71.《古代制陶工程技术的含义、影响和研究目标》，《文物春秋》，2019 年第 5 期。

72.《怎样处理制陶技术考古学的十种关系》，《西部考古》，2020 年第 20 期。

73.《古代手制陶器上的泥片缝隙和泥条缝隙》，《文物春秋》，2020 年第 5 期。

74.《古代制陶所用黏土及羼和料——兼及印纹硬陶与原始瓷原料的区别》，《文物春秋》，2021 年第 1 期。

75.《情系陶史四十载，水到渠成结硕果——李文杰研究馆员访谈录》，广西民族大学学报（自然科学版），2021 年第 1 期·第 27 卷。

后　　记

笔者出生于浙江省缙云县稠门村，汉族，1935 年出生，1955 年毕业于辽宁省实验中学（原东北实验学校），1960 年毕业于北京大学历史系考古专业，1987 年 7 月以前在中国社会科学院考古研究所湖北队从事新石器时代田野考古工作，以后调到中国历史博物馆考古部从事发掘和研究工作。从 1980 年开始研究中国古代制陶技术史，主要是力图将制陶技术史研究的理论、方法、内容、重点、体例、名词术语都达到规范化，建立一个具有中华民族特色的制陶技术史研究体系。如果说考古学是社会科学与自然科学之间的边缘学科，那么制陶技术史研究则是边缘学科当中的一个边缘研究课题，因此，多学科互相渗透才能将制陶技术史研究建立在科学的基础上，笔者 30 年来的实践经验证明了这一点。例如本书中涉及的模拟实验都是笔者与夫人即中国社会科学院考古研究所实验室的黄素英合作进行的，笔者关于物理、化学方面的知识主要是向她学习的，如果没有她的帮助，就难以取得今天的研究成果。

本书引用了有关单位和学者的许多文献资料、线图及图版，例如新石器时代早期的陶器、夏家店下层文化的彩绘陶、秦始皇陵兵马俑、唐三彩、宋三彩、辽三彩等。对于引用的资料都一一注明出处，慎重选用，而且提出了自己的见解。如笔者从唐代黄堡窑址发掘报告中引用了陶轮结构和部件的资料及线图，分析了各个部件的作用，在此基础上绘制了唐代黄堡窑址的快轮装置复原图。

本书在撰写过程中得到我国文物考古界有关单位和学者的大力帮助和支持，例如中国社会科学院考古研究所湖北队、山西队、西藏队、实验室、图书资料室的帮助，北京大学邹衡教授、河南省文物考古研究所张居中先生、湖北省文物考古研究所杨权喜先生和陈贤一先生、湖北省荆州市博物馆张绪球先生、山西省大同市博物馆王银田先生、宁夏固原县文物管理所马东海先生、中国社会科学院考古研究所高炜先生和王仁湘先生的支持，特别是中国历史博物馆（2003 年中国历史博物馆与中国革命博物馆合并后更名为中国国家博物馆）俞伟超教授、信立祥先生、佟伟华女士、张素琳女士、甄秀鸣女士、戴向明先生、张广如先生的支持。笔者最初遵照俞伟超教授的意见，开始集中全力研究中国古代制陶技术史。研究成果《中国古代制陶工艺研究》一书 1996 年由科学出版社出版，承蒙俞伟超教授为该书撰写了序言并且题写了书名。同年笔者应中国科学院自然科学史研究所和《中国古代工程技术史大系》编委会的邀请，承担了编写《中国古代制陶工程技术史》的任务，作为《大系》当中的一部专著。此后再次到河南、山西、山东、陕西、湖北、江苏、宁夏、内蒙古等地考察了古代制陶技术，于 2001 年初写完初稿。俞伟超教授审阅了初稿，他在患重病住院期间，于 2001 年 9 月 17 日为本书撰写了序言，使我深受感动。我跟俞伟超教授交往的过程中，获益匪浅，因为他是一位具有远见卓识的考古学家，对中国古代制陶技术史研究特别关注，是我的良师益友。2006 年笔者在书稿中补充了一部分新的内容。2007 年至 2008 年进行了修改。2009 年 3 月至 6 月承蒙北京大学严文明教授认真地审阅了书稿，提出了宝贵的意见，他站得高看得远，从全国考古发掘的成果和古代制陶技术发展的状况两个方面指出：书稿中哪些内容是重要的（例如周代的陶鬲），应当突出和加强；哪些内容是次要的，可以适当地精减。这样就为笔者进一步修改书稿指明了正确的方向，他还亲自改写了第一章至第七章当中的一些重要段落。为了提高本书的质量和学术价值，2009 年 11 月至 2010 年 5 月笔者依照严文明教授的意见再次修改了书稿，一边消化精减，一边重新书写，两步合在一起；观点的交流带来思想的活跃，电脑高效方便，终于顺利定稿。经过这次修改，书中的观点更加鲜明，重点更加突出，各章节之间的联系更加密切，论述的逻辑性明显增强，并尽量做到通俗易懂。

本书注重两点：一是“证据确凿”，二是“理性分析”，前者列举事实，是研究的基础；后者阐述道理，是提高和创新，二者缺一不可。2011 年笔者以深入浅出、取其精华、放开手脚、敢于创新的精神又一次认真地修改了书稿，在一些具有创新见解的论述前后简明而突出地介绍了研究方法。本书的特点是将考察实物与模拟实验相结合，以模拟实验作为验证结论的手段。总之，为逐步实现理想目标，举 30 年之力，走出了创新之路，这是撰写本书的最大收获。

我国疆域辽阔，历史悠久，各地区、各时代出土的制陶窑场、制陶工具较多，尤其是陶器的数量极多，差异较大，本书只研究了其中较具代表性的部分，而且考古发掘工作日新月异，有关制陶技术的资料不断发现，因此本书难免有局限性，尚有待于后继的考古工作者、科技史研究者去进一步研究、补充和完善。

本书的英文目录承蒙中国航天科技集团公司的程健民先生翻译、中国国家博物馆考古部的戴向明先生校正，本书选题策划是原山西教育出版社编辑、现中国科学院研究生院的王佩琼先生，责任编辑是山西教育出版社的康健先生，特约编辑是科学出版社编辑李增全先生，他们都为本书的出版付出了艰苦努力，在此向他们致谢。最后，向邀请或陪同笔者在各地考察中国古代制陶技术的各单位文物考古工作者，向支持和帮助本书的编写工作、修改工作、为本书提供文献资料、线图和图版的有关单位和学者表示衷心感谢。还要感谢中国科学院自然科学史研究所、《中国古代工程技术史大系》编委会，尤其是副主编何堂坤先生，他们多年来做了大量的工作，为各学科学者相互交流和学习，为多学科综合研究提供了良好的机会，在学术上给予了宝贵的帮助。

中国国家博物馆研究员

李文杰

2017 年 8 月 27 日

图书在版编目（CIP）数据

中国古代制陶工程技术史/李文杰著．—太原：山西教育出版社，2017.9（2021.8 重印）

ISBN 978－7－5440－9436－8

Ⅰ．①中… Ⅱ．①李… Ⅲ．①制陶方法（考古）－技术史－中国 Ⅳ．①K876.3

中国版本图书馆 CIP 数据核字（2017）第 218863 号

中国古代制陶工程技术史

ZHONGGUO GUDAI ZHITAO GONGCHENG JISHUSHI

责任编辑 康 健
复　　审 李梦燕
终　　审 彭琼梅
装帧设计 王耀斌
印装监制 蔡 洁

出版发行 山西出版传媒集团·山西教育出版社
（太原市水西门街馒头巷 7 号 电话：4035711 邮编：030002）
印　　装 山西新华印业有限公司
开　　本 787×1092 1/16
印　　张 30
字　　数 649 千字
版　　次 2017 年 10 月第 1 版 2021 年 8 月山西第 2 次印刷
书　　号 ISBN 978－7－5440－9436－8
定　　价 120.00 元